Veröffentlichungen
des Deutschen Historischen Instituts London

Band 8

Publications
of the German Historical Institute London

Volume 8

Klett-Cotta

Der „Führerstaat":
Mythos und Realität

Studien zur Struktur und Politik des Dritten Reiches

The "Führer State":
Myth and Reality

Studies on the Structure and Politics of the Third Reich

Herausgegeben von Gerhard Hirschfeld
und Lothar Kettenacker
mit einer Einleitung von Wolfgang J. Mommsen

Klett-Cotta

CIP-Kurztitelaufnahme der Deutschen Bibliothek

Der „Führerstaat": Mythos und Realität:
Studien zur Struktur u. Politik d. Dritten Reiches =
The "Führer State": myth and reality /
hrsg. von Gerhard Hirschfeld u. Lothar Kettenacker.
Mit e. Einl. von Wolfgang J. Mommsen. —
1. Aufl. — Stuttgart: Klett-Cotta, 1981.
(Veröffentlichungen des Deutschen Historischen Instituts London; Bd. 8)
ISBN 3-12-915350-0
NE: Hirschfeld, Gerhard [Hrsg.]; PT; Deutsches
Historisches Institut ⟨London⟩:
Veröffentlichungen des Deutschen . . .

1. Auflage 1981
Alle Rechte vorbehalten
Fotomechanische Wiedergabe nur mit Genehmigung des Verlages
Verlagsgemeinschaft Ernst Klett — J. G. Cotta'sche Buchhandlung
Nachfolger GmbH Stuttgart
© Ernst Klett, Stuttgart 1981
Printed in Germany
Satz: Alwin Maisch, Gerlingen
Druck: Verlagsdruck Gerlingen

Inhalt

Wolfgang J. Mommsen

Einleitung

Die in diesem Bande vereinigten Studien sind aus einer wissenschaftlichen Tagung des Deutschen Historischen Instituts London über „Herrschaftsstruktur und Gesellschaft des Dritten Reiches" hervorgegangen, die vom 9. bis 11. Mai 1979 in Cumberland Lodge, Windsor Great Park, stattfand. Gerade die britische Geschichtswissenschaft hat in den vergangenen Jahrzehnten, beginnend mit Alan Bullocks großer Hitler-Biographie, bemerkenswerte Beiträge zur Erforschung des Nationalsozialismus erbracht. Umgekehrt besteht auf britischer Seite ein genuines Interesse daran, aus erster Hand über die Natur und die Hintergründe der Forschungskontroversen zu erfahren, die gegenwärtig in der Bundesrepublik über die Geschichte des Nationalsozialismus ausgetragen werden. Dies gab den Anlaß zur Durchführung der Tagung. Ihr Thema war darauf gerichtet, ausgehend von einer aktuellen Kontroverse, aber unter Einbeziehung der neueren Forschungen zu den Trägergruppen des nationalsozialistischen Herrschaftssystems, die grundlegenden politischen und gesellschaftlichen Faktoren in den Blick zu bekommen, die die Herrschaft des Nationalsozialismus in einer keineswegs durchweg auf nationalsozialistische ideologische Positionen eingeschworenen Gesellschaft möglich gemacht hat.

Es gelang, eine vergleichsweise repräsentative Gruppe von Forschern aus beiden Ländern in Cumberland Lodge, einem unter anderem der deutsch-englischen Begegnung zugewandten Tagungszentrum, zu versammeln. Man diskutierte intensiv und mitunter leidenschaftlich, nicht nur in den Sektionen, sondern auch in privaten Gesprächen, über die Probleme, die die Forschung insbesondere in der Bundesrepublik gegenwärtig beschäftigen. Die Hoffnung, daß vor einem gleichsam neutralen Forum von Fachleuten eines anderen Landes manche spezifisch deutsche Kontroversen an Schärfe verlieren und ins rechte Maß gerückt werden würden, erfüllte sich freilich nur teilweise. Vielmehr zeigte der Verlauf der Tagung, daß die grundsätzlichen Unterschiede hinsichtlich der Fragestellungen und Methoden zur Erforschung der Geschichte des Dritten Reiches sich auch über die nationalen Grenzen hinweg erstrecken, wenngleich auf britischer Seite durchweg ein vergleichsweise stärker pragmatischer Zugang zu den Problemen festzustellen war, verbunden mit einem hohen Grad von empirischer Sättigung der vorgetragenen Ergebnisse.

Ausgangspunkt der Tagung, und damit zugleich des hier der Öffentlichkeit vorgelegten Bandes, war die Frage nach dem Charakter des nationalsozialistischen Herrschaftssystems und der es tragenden politischen und sozialen Gruppen.

9

Dabei kam der Rolle, die Hitler innerhalb dieses Systems tatsächlich gespielt hat, besonderes Gewicht zu. War das Dritte Reich ein „Führerstaat" in eben jenem Sinne, in dem Goebbels nicht müde wurde, die breiten Massen auf blinde Gefolgschaft für Adolf Hitler einzuschwören, oder verbarg sich hinter der Fassade des sakrosankten Führerwillens ein polykratisches Herrschaftssystem von zunehmend chaotischem Zuschnitt, in dem schließlich alle Wertmaßstäbe verloren gingen und eine immanent angelegte Tendenz zu beständiger Radikalisierung ungehemmt zum Ausbruch kam? Wie war es möglich, daß die Herrschaft des Nationalsozialismus so gewaltige politische und militärische Energien freisetzen konnte, daß zeitweilig nahezu ganz Europa hilflos der deutschen Herrschaft unterworfen war und mindestens fünfeinhalb Millionen Juden und darüber hinaus mehrere Millionen von Angehörigen vor allem der Völker Osteuropas, einschließlich zahlloser russischer Kriegsgefangener, hingemordet wurden, ohne daß sich nennenswerter Widerstand dagegen erhob? Die Deutungen der Nachkriegsjahre, die in erster Linie auf den systematischen Terror des Nationalsozialismus und den totalitären Charakter seines Herrschaftssystems abhoben, haben sich als unzureichend erwiesen, um diese elementaren Fragen zu beantworten. Es muß vielmehr davon ausgegangen werden, daß Hitler und der Nationalsozialismus zumindest zeitweilig ein vergleichsweise hohes Maß an Zustimmung in breiten Kreisen der Bevölkerung gefunden haben, obschon sich diese keinesfalls mit allen Aspekten der nationalsozialistischen Ideologie und Politik identifizierten, geschweige denn wirklich gläubige Nationalsozialisten waren. Ebenso läßt sich nicht übersehen, daß der Nationalsozialismus ohne ein erhebliches Maß an Kooperation von seiten der traditionellen politischen, wirtschaftlichen und militärischen Eliten niemals so weit hätte kommen können, wie ihm dies in den Jahren nach 1933 gelang. Dazu haben weniger die NSDAP selbst, als einige ihrer Gliederungen wesentlich beigetragen, zumal sie wichtigen Teilgruppen die Chance entweder raschen sozialen Aufstiegs oder partieller Befriedigung ihrer Sonderinteressen boten.

Die nachfolgenden Abhandlungen vermögen keine schlüssige Gesamtinterpretationen zu liefern; sie skizzieren jedoch Forschungsstrategien, die in Teilbereichen praktisch angewendet werden und damit zu konkreten Antworten hinführen. Einigkeit über deren Gültigkeit konnte freilich nicht erzielt werden; obschon die hier vorgelegten Studien die Einwände und Argumente, die in der Diskussion vorgetragen wurden, durchweg aufgegriffen und berücksichtigt haben, kommen sie doch zu unterschiedlichen Schlußfolgerungen. Die Positionen sind nach wie vor kontrovers. Dennoch, so scheint es, ist man sich in der Sache doch in vielem nähergekommen; zumindest wurden Wege gewiesen, die weiterzuverfolgen lohnend sein dürfte.

Der erste Teil des nachfolgenden Bandes geht zunächst auf die Führungsstellung Adolf Hitlers innerhalb des nationalsozialistischen Herrschaftssystems ein und damit eng verbunden auf die Frage nach den Methoden und Forschungsstrategien, die für eine Erfassung der komplexen Wirklichkeit des Dritten Reiches am angemessensten sind. In seinem Beitrag „Intention and Explanation: A Current Controversy about the Interpretation of National Socialism" gibt *Tim Mason* einleitend eine Übersicht über die gegenwärtig konkurrierenden Interpretationsansätze, deren Vertreter er in, wie uns scheint, durchaus treffender Weise als „Intentionalisten" einerseits, als „Funktionalisten" andererseits bezeichnet. Die „Intentionalisten" heben in erster Linie auf das Herrschaftsprogramm des Nationalsozialismus, speziell Hitlers selbst, ab und betonen darüber hinaus die diktatorische Machtstellung des „Führers" innerhalb des Systems als letzthin allentscheidend; die „Funktionalisten" legen den Akzent auf die strukturellen Faktoren, die einer zunehmenden Radikalisierung des Regimes Vorschub leisteten. *Mason* macht aus seinem eigenen Standpunkt, der mehr der letzteren Gruppe zuneigt, keinen Hehl; gleichwohl entgehen auch die „Funktionalisten" nicht seiner scharfsinnigen Kritik. *Hans Mommsen* faßt in seinem Beitrag umsichtig, im Ton eher ausgleichend und dennoch entschieden, die Gründe zusammen, die seiner Ansicht nach zu einer „kumulativen Radikalisierung" des nationalsozialistischen Herrschaftssystems geführt haben; dies aber sei, obschon die persönliche Verantwortung des „Führers" keineswegs in Zweifel gezogen werden solle, nicht ohne die mehr oder minder aktive Kollaboration der traditionellen Eliten möglich gewesen, in Situationen oder unter Bedingungen, unter denen die überkommenen Wertvorstellungen weitgehend außer Kurs geraten zu sein schienen. Die traditionellen Eliten seien verständlicherweise bestrebt gewesen, ihre gefährdeten Positionen innerhalb dieses ständig in Bewegung befindlichen Systems durch Anpassung zu behaupten und zuweilen gar zu stabilisieren. Dabei aber seien sie immer tiefer in den Sog dieses Radikalisierungsprozesses hineingezogen worden. *Klaus Hildebrand* listet demgegenüber mit großer Entschiedenheit und Präzision die Gesichtspunkte auf, die einer solchen Interpretation entgegenstehen, und verweist gegenüber der, wie er es nennt, „Neuerungssucht" der „Revisionisten" auf den gesicherten Bestand von zwanzig Jahren Hitlerforschung. Hier treten freilich zugleich tiefverwurzelte methodische Differenzen hervor, einerseits ein neohistoristischer Standpunkt, der sich streng an die Primärquellen zu halten bemüht ist und in erster Linie auf die Motivationen der Handelnden abhebt, andererseits ein deklariert um politische Aufklärung bemühter sozialgeschichtlicher Ansatz, der es ungenügend findet, den Schlüssel zur Erklärung der katastrophalen Politik des „tausendjährigen Reiches" ausschließlich in der Persönlichkeit Hitlers zu suchen.

Die folgenden Beiträge von *Kettenacker* und *Kershaw* untersuchen die Ursachen der großen Ausstrahlung Hitlers auf die breiten Schichten der Bevölkerung mit jeweils verschiedenen Akzenten. Während *Kettenacker* das Geheimnis des Erfolges des „Führers" darin sieht, daß dieser gewissermaßen die Inkarnation kleinbürgerlicher Ideale und Wunschvorstellungen gewesen sei, geht *Kershaw* den Wurzeln des „Führermythos" in Bayern nach. Es ergibt sich dabei eine bemerkenswerte Diskrepanz zwischen der persönlichen Stellung Hitlers und derjenigen der NSDAP, deren Verfehlungen dem „Führer" zumeist eben gerade nicht angelastet wurden. Hier ist ein bedeutsamer Ausgangspunkt für eine empirische Analyse der Integrationsfunktion Hitlers gewonnen. Das Ansehen Hitlers unterschied sich interessanterweise fundamental von jenem der nationalsozialistischen Bewegung; es war in erster Linie von Inhalten geprägt, die nicht eigentlich der nationalsozialistischen Ideologie im engeren Sinne zugerechnet werden können. Diese Beiträge werfen neues Licht auf die Tatsache, daß die integrative Funktion Hitlers — gleichviel ob dieser „objektive" oder nur „affektive", d. h. die grundlegenden sozialen Spannungen nur überspielende, Wirkung zukommt — von der konkreten Politik des Nationalsozialismus vielfach ganz abgelöst wirksam war.

In einem zweiten Teil wird dann die Rolle einer Reihe von zentralen Trägergruppen des Systems untersucht, dies vor allem unter dem Gesichtspunkt, wie weit sie effektiv zur Stützung des Regimes beitrugen, aber auch wie weit es hier Ansätze zu oppositionellen Einstellungen gegenüber der nationalsozialistischen Führung gegeben hat. Dabei ist der Gedanke leitend, daß die relative Stabilität des nationalsozialistischen Herrschaftssystems mit Terror und mit der charismatischen Ausstrahlung Hitlers allein schwerlich erklärt werden kann; ohne die mehr oder minder aktive Mitwirkung der traditionell staatstragenden Gruppen einerseits, sowie der verschiedenen Gliederungen der NSDAP andererseits, hätte weder die Konsolidierung des „Führerstaats" effektiv erreicht, noch eine sich zu immer extremeren Methoden und Zielsetzungen steigernde Politik durchgesetzt werden können. *Jane Caplan* analysiert, unter Konzentration auf bestimmte Beamtengruppen, die überwiegend attentistische Einstellung der Beamtenschaft zum System; diese war in hohem Maße von dem Bestreben zur Erhaltung des eigenen herausgehobenen Status innerhalb des Staates geprägt, aber von Resistenz keineswegs ganz frei. *Jeremy Noakes* und *Horst Matzerath* behandeln die politische Stellung der Oberbürgermeister; diese verfügten bekanntlich in der Weimarer Zeit über ein ungewöhnliches Maß an lokaler Hausmacht und konnten daher innerhalb des politischen Systems eine vergleichsweise eigenständige Rolle spielen. Ihre Machtstellung wurde nach 1933 schrittweise gebrochen, vor allem zugunsten der Gauleiter. Gleichwohl gelang es dem Nationalsozialismus nicht, eine neue zuverlässige Schicht von überzeugt nationalsozialistisch eingestellten Oberbürgermeistern heranzubilden. Auch in diesem Bereich stellte sich ein hoher Grad von Fraktionierung ein, die einerseits die Effizienz der politischen Ordnung auf kommunaler Ebene zunehmend herabsetzte, andererseits keine rechten Ansatzpunkte für die Formierung einer politischen Opposition in nennenswertem Umfang bot. *Elke Fröhlich* zeigt anhand von empirischem Material aus Bayern, wie labil die Position der NSDAP innerhalb des gesellschaftlichen Systems tatsächlich gewesen ist und wie wenig sie in der Lage war, die ihr zugedachte Funktion, nämlich die Bevölkerung an das herrschende System zu binden, wirksam zu erfüllen, in behutsamer Korrektur landläufiger Auffassungen. *Horst Gies* untersucht die Funktionäre des Reichsnährstandes in ihrer zum Scheitern verurteilten Doppelrolle als Vertretungsinstanz der Bauernschaft und als Instrument zu deren Disziplinierung. *Milan Hauner* demonstriert die Richtungskämpfe unter den für die Formulierung der Außenpolitik des nationalsozialistischen Deutschland zuständigen oder sich für zuständig erachtenden Instanzen in einem Bereich besonderer Art, hinsichtlich der Möglichkeit subversiver Aktivitäten in Indien und Afghanistan und der „Dritten Welt" überhaupt, einschließlich Rußlands. Dabei zeigte sich, daß die Nationalsozialisten tatsächlich nicht in der Lage waren, eine alle Möglichkeiten ausschöpfende außenpolitische Strategie zu entwickeln, die im Einklang sowohl mit den nationalsozialistischen Wunschvorstellungen wie mit den objektiv vorgegebenen Möglichkeiten einer Revolutionierung weiter Regionen der „Dritten Welt" gestanden hätte. In der Tat vermochte der Nationalsozialismus hier ohne die „professionals" (in diesem Fall des Auswärtigen Amtes) ebenso wenig auszukommen wie in zahlreichen anderen Bereichen der deutschen Gesellschaft. *Mathilde Jamin* schildert eindrucksvoll den Prozeß der Degeneration der SA von einer Kampftruppe der nationalsozialistischen „Revolution" hin zu einer zunehmend den bürgerlichen Moral- und Verhaltensnormen angepaßten Massenorganisation, deren stabilisierende Funktion für das Regime eher negativ als positiv zu veranschlagen ist. *Gunnar Boehnert* hingegen vermag am Beispiel der Rolle der Berufsgruppe der Juristen innerhalb der SS zu zeigen, daß diese eine wichtige Funktion in der Bindung und Mobilisierung von Teilen der traditionellen Eliten sowie aufsteigender Gruppen der bürgerlichen Akademikerschaft erfüllten und insofern in nicht unerheblichem Maße zur sekundären Integration der konservativen Eliten in das System beitrugen, bis hin zu der Tatsache, daß gerade Angehörige der SS mit sogenannter gutbürgerlicher oder adliger Herkunft bereitwillig an der „Endlösung" mitwirkten.

Diese Studien beanspruchen nicht, auch nur ihren engeren Bereich erschöpfend darzustellen; vielmehr steht durchweg die Analyse paradigmatischer Fälle für das Ganze. Es handelt sich vielmehr um „pilot-studies", die Forschungsansätze formulieren, deren Entwicklung weiteren Forschungen überlassen bleiben muß. Wichtige Trägergruppen konnten nicht einbezogen werden, vor allem die Wirtschaft (vornehmlich, weil die Forschung der Bundesrepublik hier noch ein erhebliches Defizit aufzuweisen hat) und die Reichswehr, deren stabilisierende, wenngleich tendentiell rückläufige Rolle innerhalb des Herrschaftssystems freilich im ganzen bereits gut erforscht ist. Auch einige sozialpolitisch relevante Parteigliederungen wie die NSBO oder die DAF werden hier nicht behandelt, obwohl sie hinsichtlich der weiterhin strittigen Frage von Bedeutung sind, wie weit tatsächlich eine Integration der Arbeiterschaft in das Herrschaftssystem gelungen ist, die über eine bloß passive Hinnahme der Zerschlagung ihrer Organisationen hinausging. Die Kirchen hingegen treten in den Beiträgen von *Kershaw* und *Fröhlich* als ein Widerlager hervor, in dem sich Resistenz formieren konnte, wozu es freilich angesichts des oft elastischen Zurückweichens des Nationalsozialismus bei ernstem Widerstand nur in sehr begrenztem Umfang kam.

Als ein konvergierendes Resultat dieser Studien ergibt sich, daß die national-sozialistische Führung, obschon sie über einen fast perfekten Unterdrückungs-apparat gebot, doch stets auf die Erhaltung ihrer Popularität bedacht war. Dies gilt in besonderem Maße für Adolf Hitler selbst, dessen zeitweilig hartnäckiges Schweigen oder aber auch plötzliches Eingreifen in innenpolitische Auseinander-setzungen, nicht selten mit dem Ziel, extreme politische Tendenzen in Partei und Staat publikumswirksam „abzubremsen", durchweg der Sorge um die Erhaltung des eigenen „Führermythos" entsprang. Dieses ging allerdings auf Kosten einer rationalen, kontinuierlichen Politik. Zugleich wurde dadurch die Bildung einer politischen Opposition gleich welcher Art sehr erschwert.

Die Diskrepanz zwischen den erklärten Zielsetzungen des nationalsozialistischen Systems und der politischen Realität zeigte sich schließlich auch im Bereich der Wirtschafts- und Gesellschaftspolitik des Dritten Reiches. Die hier veröffentlich-ten Analysen von *Alan Milward, Bernd-Jürgen Wendt* und *Peter Hüttenberger* stellen gleichsam Variationen des gleichen Themas dar: es geht um die Frage, wie weit man der Realität des nationalsozialistischen Systems beikommen kann, wenn man sich in erster Linie von den Intentionen des Programms der NSDAP oder von Äußerungen Adolf Hitlers leiten läßt, oder ob nicht ein Verfahren weiterführt, das die politischen und sozialen Gegebenheiten zunächst einmal für sich analysiert und dann gegebenenfalls mit den Intentionen der herrschenden Gruppen konfrontiert. *Alan Milward* greift dabei in unorthodoxer Weise einen Gegenstandsbereich der nationalsozialistischen Politik der Vorkriegszeit auf, über den bisher weitgehendes Einverständnis der Forschung zu bestehen schien, nämlich die Außenwirtschaftspolitik gegenüber den Staaten Südosteuropas. *Milward* gelangt aufgrund einer Analyse der globalen statistischen Daten zu einem Ergebnis, das in gewissem Sinne einer Herausforderung an bisher allge-mein akzeptierte Deutungen gleichkommt. In rein ökonomischem Sinne könne von einer „Ausbeutung" der Balkanstaaten im Rahmen des sogenannten „Reichs-markblocks" eigentlich nicht gesprochen werden; vielmehr seien jene Staaten die Nutznießer dieses Systems gewesen. Im Hintergrund steht hierbei natürlich die grundsätzliche Frage, ob die Außenwirtschaft des Dritten Reiches von vornher-ein als Teil einer langfristig auf Krieg und Expansion angelegten, und als solche auch „erfolgreichen", politischen Strategie interpretiert werden darf. *Milward* jedenfalls kommt zu dem Schluß, daß die deutsche Außenwirtschaftspolitik, selbst wenn sie der Intention nach als Politik eines mehr oder minder informellen Imperialismus angelegt war, tatsächlich Auswirkungen gehabt hat, die objektiv im Gegensatz zu den nationalsozialistischen Deklarationen und Zielsetzungen standen. Wenn *Milward* dazu neigt, die Politik des „Reichsmarkblocks" in erster Linie als eine durch den Übergang zur Autarkie und die damit verbundene Schwächung der deutschen Exportpositionen diktierte *make shift policy* zu se-hen, so wird dieser Interpretation von *Bernd-Jürgen Wendt* allerdings energisch widersprochen. *Wendt* vertritt mit großem Nachdruck die Auffassung, daß eine derartige Politik, obschon sie den betreffenden Staaten in einzelnen Punkten vielleicht tatsächlich zugute gekommen sein mochte, gleichwohl als essentieller Bestandteil einer langfristigen Strategie anzusehen ist, die auf die Kontrolle ganz Südosteuropas als Teil eines wirtschaftlichen Großraumes abzielte. Die Frage, wie weit die Außenwirtschaftspolitik des Dritten Reiches durch die eigenen langfristigen Intentionen, die eindeutig auf einen europäischen Krieg hinsteuerten, bestimmt worden ist, oder ob sie nicht weitgehend durch die Schwierigkeiten der deutschen Wirtschaft in einer Periode hektischer, wenngleich vergleichsweise ineffizienter Rüstungsbemühungen diktiert wurde, konnte hier verständlicherweise nicht ausdiskutiert werden; es wird dies ein wesentliches Aufgabengebiet der künftigen Forschung sein müssen, zumal sich daraus wichtige Schlüsse hinsichtlich der Leistungsfähigkeit des nationalsozialistischen Herrschaftssystems, gemessen an den von ihm selbst gesetzten Maßstäben, ergeben dürften. *Peter Hüttenberger,* der mit einer Untersuchung über „Interessenvertretung und Lobbyismus im Dritten Reich" thematisch und methodisch Neuland betritt, zeigt abschließend, wie weit der Nationalsozialismus von der Verwirklichung einer grundlegend neuen Gesellschaftsordnung entfernt war. Jene Formen der Interessenvertretung im politischem Raum, die während der von den Nationalsozialisten so verteufelten Weimarer Republik durchweg üblich gewesen waren, wurden nach 1933 zwar unter anderen ideologischen Firmierungen und mit veränderten Taktiken, gleichwohl aber in entsprechender Weise fortgeführt. Der Instanzenwirrwar des nationalsozialistischen Herrschaftssystems und die Abneigung Hitlers, in die Richtungskämpfe der *pressure groups* im gesellschaftlichen Raum entscheidend einzugreifen, boten der Durchsetzung von einseitigen Gruppeninteressen sogar ungleich günstigere Möglichkeiten als zuvor, wenn auch auf Kosten eines rationalen Ausgleichs der gesellschaftlichen Gruppeninteressen. Hier zeigt sich wiederum, daß die Wirklichkeit der nationalsozialistischen Herrschaft von ihren eigenen Ansprüchen tatsächlich weit entfernt gewesen ist.

Es ist unübersehbar, daß zwischen den Analysen des Herrschaftssystems im Inneren und den Deutungen der nationalsozialistischen Außenpolitik einstweilen ein breiter Graben besteht und das Mittelfeld zwischen beiden, nämlich die Analyse der Bedingungsfaktoren der Entscheidungsprozesse auf dem Gebiete der äußeren Politik, noch weitgehend brach liegt; eigentlich haben nur *Tim Masons* Arbeiten eine Brücke zwischen beiden geschlagen. Allerdings sind *Masons* Interpretationen kontrovers aufgenommen worden, ohne daß jedoch alternative Erklärungsmodelle entwickelt wurden, die den seinen an Materialreichtum und Originalität zur Seite gestellt werden könnten. Einen Ansatz dazu bietet, wenn auch in sehr spezieller Form, der hier abgedruckte Beitrag von *Milan Hauner.* Doch kann selbstverständlich auch eine Tagung, bzw. eine Publikation wie die vorgelegte, Forschungslücken nicht über Nacht schließen. Eine auch nur einigermaßen erschöpfende Behandlung der nationalsozialistischen Außenpolitik und ihres internationalen Koordinatensystems aber hätte im Rahmen eines solchen

Symposions ohnehin nicht geleistet werden können. Allein deshalb, nicht aber aus inhaltlichen Gründen, ist dieser Bereich daher hier ausgespart worden.

Namentlich die Diskussionsbeiträge der deutschen Teilnehmer reflektierten in erheblichem Maße den gegenwärtig durch eine polarisierende Frontenbildung bestimmten Forschungsstand. Bei der unterschiedlichen Interpretation von konkreten Sachfragen traten die gegensätzlichen methodologischen und nicht zuletzt politischen Standpunkte deutlich hervor. Während einerseits eine primär personen- und programmbezogene Interpretation des Nationalsozialismus als ungenügend empfunden wurde, weil sie die Phänomene nicht ausreichend erkläre und zudem weitgehend die politischen und gesellschaftlichen Voraussetzungen vernachlässige, unter denen ein solches System erst seine zerstörerische Kraft habe entfalten können, wurde andererseits, insbesondere von *Klaus Hildebrand,* geltend gemacht, daß sozialgeschichtliche Strukturanalysen mit von außen an den Gegenstand herangetragenen Kategorien, wie die hier vorgetragenen, eigentlich gar keine legitime historische Verfahrensweise darstellten, vor allem aber die großen geschichtlichen Entscheidungen, wie etwa den Entschluß zum Krieg oder zur völligen Ausrottung der Juden, weitgehend außer acht ließen. In diesem Zusammenhang wurde eingehend und, wie nicht anders zu erwarten, sehr kontrovers die These einer angeblichen „Trivialisierung" bzw. „Verharmlosung" des Nationalsozialismus durch die sogenannten „Funktionalisten" diskutiert. *Karl Dietrich Bracher* sah sich veranlaßt, diesen von ihm bei anderer Gelegenheit erhobenen Vorwurf wie folgt zu qualifizieren: dieser sei nicht moralisch, sondern im Sinne einer „Unterschätzung" des Nationalsozialismus zu verstehen. Besonders *Tim Mason* und *Hans Mommsen* wiesen demgegenüber darauf hin, daß eine Reduzierung der Geschichte des Nationalsozialismus auf die Herrschaft Hitlers nicht nur methodisch unzulänglich sei, sondern auch jene gesellschaftspolitischen Faktoren ausblende, die den Amoklauf des Nationalsozialismus erst möglich gemacht hätten. Es gelte vielmehr, diese Faktoren im einzelnen aufzuzeigen, um eine Wiederholung ein für allemal unmöglich zu machen. Wer die „Geschichtsmächtigkeit Hitlers" herausstelle, so argumentierte *Hans Mommsen,* stehe noch ganz im Banne des deutschen Idealismus und begnüge sich im Grunde mit der Erzeugung kollektiv-moralischer Ablehnung, während man über die politischen Voraussetzungen der Herrschaft des Nationalsozialismus weitgehend hinwegsehe.

Vor allem *Hans Mommsen* und *Peter Hüttenberger* vertraten die These, daß dem nationalsozialistischen Regime die Fähigkeit zu wirklicher politischer Integration gefehlt habe, und daß unter der Oberfläche nationalsozialistischer Herrschaft vielerorts überkommene politische Strukturen, oftmals nur unter leicht verändertem Vorzeichen, fortbestanden. Demgegenüber wurde geltend gemacht, daß von Hitler ein bemerkenswertes Maß an politischer Integration ausgegangen sei, wiewohl die Meinungen darüber, wie weit dies auf konkrete politische Maßnahmen oder aber auf den von Goebbels sorgfältig konservierten „Führermythos" zurückzuführen sei, einigermaßen auseinandergingen. Namentlich *Eberhard*

Jäckel betonte, es sei an dem Tatbestand nicht vorbeizukommen, daß das nationalsozialistische Herrschaftssystem zunächst einmal als „Monokratie", als Alleinherrschaft, zu kennzeichnen sei, in der Hitler die wesentlichen politischen Entscheidungen selbst getroffen habe. *Andreas Hillgruber* verwies auf die für die Geltungsgrundlagen des Nationalsozialismus so wichtigen außenpolitischen Entscheidungen und bezweifelte, ob eine Geschichte des Dritten Reiches, die die historisch folgenreichsten Ereignisse, nämlich die zum Kriege treibende Außenpolitik, den rassenideologischen Vernichtungskrieg im Osten und die systematische Ausrottung der Juden im gesamten deutschen Machtbereich in Europa, angemessen berücksichtige, mit den Methoden einer strukturgeschichtlichen Forschung, die sich naturgemäß in erster Linie an den inneren Verhältnissen des Systems orientiere, überhaupt geschrieben werden könne. Dem wurde entgegengehalten, daß die Kriegspolitik des Dritten Reiches nicht zuletzt dem Bedürfnis nach immer neuen Beutekriegen zur Befriedigung der wirtschaftlichen Bedürfnisse des Reiches entsprungen sei, und daß vor allem die Politik der „Endlösung" ohne den Prozeß einer „kumulativen Radikalisierung" der nationalsozialistischen Herrschaft und der wachsenden Kollaborationsbereitschaft der traditionellen Eliten, insbesondere auch der Wehrmacht, niemals möglich gewesen wäre. Demzufolge sei eine Erklärung der Phänomene unter Rekurs auf die ideologischen Prämissen des Nationalsozialismus und die Entschlüsse Hitlers allein nicht ausreichend. *Wilhelm Deist* wies in diesem Zusammenhang darauf hin, daß die von der militärischen Führung voll mitgetragene Aufrüstungspolitik bereits 1936 in einem Rüstungsprogramm Niederschlag gefunden habe, das auch nach dem Urteil der verantwortlichen Offiziere aus rüstungswirtschaftlichen Gründen die politische Führung ab 1940 vor die Alternative „Exportoffensive oder militärische Lösung" stellen mußte. Immer wieder tauchte die Frage auf, ob nicht die nationalsozialistische Führung zunehmend zum Opfer selbstinduzierter Sachzwänge geworden sei, auf die sie nur beschränkt entscheidungsfähig zu reagieren vermochte und ebenso wurde zunehmend klar, welch tiefer Graben zwischen den Deklamationen nationalsozialistischer Propaganda und deren tatsächlicher Einlösung bestanden hat. Der diese Phänomene aufs äußerste zuspitzenden These von der fortschreitenden Selbstzerstörung des nationalsozialistischen Herrschaftssystems, das zu rationalen politischen Problemlösungen und zu einer effektiven Reproduktion seiner selbst nicht fähig gewesen sei und deshalb gleichsam notwendig beständig die „Flucht nach vorn" in immer neue Aggressionen ergriffen habe, wurde allerdings namentlich von englischer Seite, so von *Robert Cecil, Alan Milward* und *John Farquharson,* widersprochen. Ungeachtet einer zunehmenden Zerfaserung der Herrschaftsordnung habe das System auf vielen Gebieten eine erstaunliche Leistungsfähigkeit besessen; nicht zufällig habe beispielsweise die britische Besatzungsmacht die Organisation des Reichsnährstands noch zwei Jahre fortbestehen lassen.

In den stärker sachbezogenen Themenbereichen, wie sie insbesondere von den Referenten des zweiten Teils angeschnitten wurden, stellte sich dann freilich ein weit höheres Maß an Übereinstimmung ein. Ohne auf Widerspruch zu stoßen, konnte *Peter Hüttenberger* davon sprechen, daß das „Beutemachen" quasi das Kennzeichen des Regimes auf allen Ebenen gewesen sei, nach außen wie nach innen. Ebenso war man sich weitgehend einig darüber, daß sich ein Teil des innenpolitischen „Erfolges" eben darauf zurückführen ließ, daß große Teile der Bevölkerung zeitweilig von den Aufrüstungsprogrammen profitierten. Namentlich *Ian Kershaw, Jeremy Noakes, Horst Matzerath* und *Elke Fröhlich* zeigten Gründe auf, weshalb sich, trotz nicht unerheblicher Kritik an der Partei und ihren Maßnahmen, keine nennenswerten Formen institutionalisierter Opposition herausbilden konnten. Gerade der amorphe Charakter nationalsozialistischer Herrschaft, verbunden mit der fortschreitenden Verwicklung von wesentlichen Teilen der alten Eliten in den Herrschaftsprozeß, hat die Kristallisation ernsthaften Widerstands offenbar erschwert, zumal das Regime ernstlichem Widerstand von seiten der Bevölkerung nicht selten mit einem taktischen Rückzug, oft unter Desavouierung der zunächst Verantwortlichen, zu begegnen suchte, in dem fast ängstlichen Bestreben, die Popularität wenn nicht des Regimes, so doch des „Führers" mit allen Mitteln zu konservieren. Die Frage, wie weit der Nationalsozialismus eine reale und nicht, wie *Mason* und *Jane Caplan* im Anschluß an die Ausführungen *Kershaws* treffend formulierten, eine nur „affektive Integration" der breiten Massen, einschließlich der Arbeiterschaft, verwirklichen konnte, blieb freilich umstritten. Während einerseits darauf verwiesen wurde, daß sich der „Führermythos" gleichsam von der politischen Realität abgelöst und demgemäß nur eine „fiktive, nicht eine reale Identifikation" der Bevölkerung mit dem „Führer" stattgefunden habe *(Kershaw)*, betonten andere, namentlich *Lothar Kettenacker*, daß die „nationalsozialistische Volksgemeinschaft" durchaus eine reale Grundlage besessen habe und bemerkenswert erfolgreich gewesen sei. Demgegenüber wurde von *Martin Broszat* auf die zunehmende Diskrepanz zwischen den Erscheinungsformen und der Realität des nationalsozialistischen Regimes hingewiesen. Die propagandistisch so betonte Einheit des politischen Willens und der „Volksgemeinschaft" zerfiel, wie *Broszat* ausführte, in Wirklichkeit in ein zunehmendes Chaos von Partikulargewalten, die der „absolute" Führer keineswegs verhindern, sondern nur jeweils neu zuordnen oder umgruppieren konnte, von deren konkurrierender Existenz seine eigene Stellung aber elementar abhängig blieb. Demgemäß stelle sich — so *Broszat* — nicht nur die Frage, ob und inwieweit die politische Radikalisierung des Regimes nach innen und nach außen — von den ideologischen Faktoren ganz abgesehen — in erheblichem Maße durch diese Entstaatlichung mitverursacht worden sei, sondern damit stände auch die Systemfähigkeit des Regimes zur Disposition. *Tim Mason* und *Hans Mommsen* erklärten abschließend, daß das Regime zu einer wirklich dauerhaften und (selbst im Sinne nationalsozialistischer Vorstellungen) konstruktiven Entfaltung seiner Macht gar nicht fähig gewesen sei; konsequenterweise habe es seine eigene Selbstzerstörung betrieben. Demgegenüber wurde von *Robert Cecil* auf die Tatsache hingewiesen, daß im August 1941 ein totaler Sieg für Hitler in

18

greifbare Nähe gerückt war, und daß es der gemeinsamen Anstrengungen aller großen Industrienationen bedurfte, um Deutschland schließlich zu Fall zu bringen.

Es war ursprünglich beabsichtigt, diesem Bande zugleich Ausschnitte aus der Diskussion über die den einzelnen Beiträgen zugrunde liegenden Thesen bzw. Erklärungsansätze anzugliedern. Doch stellte sich nach einer gewissen Vorarbeit heraus, daß eine einigermaßen angemessene, ausgewogene Präsentation der zahlreichen, oft mit Vehemenz vorgetragenen Äußerungen nicht möglich war, teilweise auch deshalb, weil die Bandaufzeichnungen sich als lückenhaft und streckenweise schwer verständlich erwiesen und Versuche einer Rekonstruktion fehlender Passagen leider Stückwerk blieben. Hinzu kam, daß die Beiträge in der hier vorgelegten Form die in der Diskussion vorgebrachten Einwände und Anregungen zu einem großen Teil bereits aufgegriffen und eingearbeitet haben. Dies führte zu einer erheblichen Erweiterung des Umfangs der Texte, ein Umstand, der schließlich auch aus redaktionellen und ökonomischen Gründen einen Verzicht auf einen auszugsweisen Abdruck der Diskussionsbeiträge angeraten sein ließ. Es sind, um dies noch einmal ausdrücklich festzuhalten, nicht Gründe inhaltlicher Art gewesen, die uns zu dieser Entscheidung veranlaßten.

Viele Anregungen und Gesichtspunkte, die hier nur in stichwortartiger Form skizziert werden konnten, sind in die nachstehend veröffentlichten Beiträge eingegangen. Freilich, die Differenzen in grundsätzlichen Fragen bestehen im wesentlichen fort. Uns scheint, dies ist gut so. Wissenschaftlicher Erkenntnisfortschritt bedarf kontroverser Diskussion. Vielleicht hat jedoch die Tagung ein wenig dazu beitragen können, daß diese Debatte fortan etwas sachbezogener und weniger in persönlichen Formen geführt wird, als dies bislang vornehmlich in der Bundesrepublik der Fall gewesen ist. Zugleich hoffen wir, daß der hiermit der Öffentlichkeit vorgelegte Band als ein Beitrag zur gegenseitigen Befruchtung der in ihren Ausgangspunkten teilweise spezifisch unterschiedlichen englischen und deutschen Forschung positiv aufgenommen werden und sich als Wegweiser für weitere Arbeiten nützlich erweisen möge. An dieser Stelle sei allen jenen gedankt, die zu seinem Zustandekommen beigetragen haben, sei es durch Beiträge, sei es durch ihre Teilnahme an der Tagung und den intensiven Diskussionen, deren Ertrag, wie wir zuversichtlich hoffen, weit über das Wenige hinausgeht, das wir in diesen einleitenden Bemerkungen haben andeuten können. Dank sei auch Mr. *Walter James* dafür gesagt, daß wir drei Tage die großzügige Gastfreundschaft von Cumberland Lodge in Anspruch nehmen durften, und schließlich ebenso den Mitarbeitern des DHIL, die an der Durchführung der Tagung mitgewirkt haben. Insbesondere aber sollte dabei *Jane Williams* genannt werden, die bei der Erstellung der Druckvorlagen wesentliche Hilfe geleistet hat. Dank gebührt schließlich auch Dr. *Alan Sked* von der London School of Economics, der uns bei der Durchsicht der Zusammenfassungen und der Formulierung des Titels behilflich war.

I.

Hitlers Führerstellung
und das nationalsozialistische Herrschaftssystem

Hitler and
the National Socialist Power Structure

Tim Mason

Intention and Explanation: A Current Controversy about the Interpretation of National Socialism *

For the past eleven years or so a subterranean debate has been going on among German historians of National Socialism. It has been growing increasingly bitter, and yet it has not really come out into the open, as a debate with a clear literary form. One has to trace its erratic public progress through a series of book reviews and odd passages within articles in journals and anthologies. The debate has reached such a pitch of intensity that some historians are now accusing other historians of "trivializing" National Socialism in their work, of implicitly, unwittingly, furnishing an apologia for the nazi regime [1]. This is perhaps the most serious charge which can be made against serious historians of the subject. Since the historians so accused have not the least sympathy for fascist causes, past or present, but are on the contrary progressive in their political positions, the debate is not a political slanging match (although in a strange way it is that too) — it raises in an acute and bitter form fundamental questions about modes of historical understanding and methods of interpretation, and fundamental questions about the moral and political responsibility of the historian.

The purpose of this paper is to draw attention to this partly hidden debate; to put forward in the form of theses (rather than of extended and documented historical arguments) a critique of both positions in the controversy; and to suggest that the terms of debate can be and should be transcended. It is not an easy subject to write about. The issues concerned are both abstract and highly emotive, at once theoretical and personal, scholarly in one form and the engine of harsh professional in-fighting in another. It is beyond the scope of this paper to give an historical account of the origins and development of the controversy and the purposes which it has served: although it is a somewhat artificial procedure, the positions adopted and the arguments deployed will be abstracted from their context of the pressures within (and acting upon) the German historical profession. This does not make for good intellectual history but it does guide *our* concern away from the purely polemical uses to which the charge

* I am deeply grateful to Jane Caplan and Wolfgang J. Mommsen for their detailed advice and criticism in the revision of this paper.

[1] Thus among others, *Karl Dietrich Bracher,* Tradition und Revolution im Nationalsozialismus, in: *Manfred Funke* (ed.), Hitler, Deutschland und die Mächte, Düsseldorf 1977, p. 18. The customary German term is „Verharmlosung".

of "trivializing" National Socialism has been put, and towards the central theoretical conflicts — the argument is worth confronting at its most serious and difficult level, which should not be lost sight of amid the grape-shot and the imprecations. It is still going on and the issues are not closed.

Unlike the debates of the the 1960s on theories of fascism, debates in which marxist concepts were the main focal point, this more recent German debate is not in any straightforward sense political or ideological in character. We have to do with two different schools of *liberal* thought about historical work and about the responsibility of the historian, rather than with a confrontation between two antagonistic views of history which entail or grow out of totally opposed political commitments. And yet the differences are fierce, sometimes also sharp. Although the debate about "trivialization" is different in kind from and owes no overt intellectual or political debts to the preceding controversies over marxist theories, in both cases the role of impersonal forces in historical development, the role of collective processes as opposed to self-conscious decisions in determining political outcomes, is at the centre of the argument. If for no other reason than this, marxists cannot afford to ignore the current dispute among liberal historians.

The historians under attack for offering an unwitting apologia for National Socialism have been called functionalists [2]. The label is not strictly appropriate since, unlike the schematic writings of self-consciously functionalist authors, those of Hans Mommsen and Martin Broszat do not pass over human agency in politics and do not assign historical and moral responsibility for nazi policies to blind forces and pressures [3]. However, the label is worth retaining as a rough form of shorthand: it indicates the emphasis which these historians have placed on the machinery of government and its effect upon decision-making in the Third Reich, on the dynamic interaction of the different component institutions of the regime and of the different forms of political power on the structure of nazi politics. The "cumulative radicalization" of nazi policies which ended in total war and genocide, the progressive selection for implementation of only the destructive elements within the regime's *Weltanschauung,* are portrayed not as the work of a deliberate dictatorial will, but rather as the consequences of the way in which the nazi leadership conceived of political power and of the way in which political power was organised in the Third Reich: the dominant tendency was a striving towards "politics without administration", or towards

[2] See the constribution of *Klaus Hildebrand* to this colume.

[3] Contrast on this point the emphasis which *Martin Broszat does* allow to agency in: Soziale Motivation und Führer-Bindung des Nationalsozialismus, in: VjhZG 18 (1970), pp. 329—65, with the full-blown functionalism of *Ludolf Herbst,* (Die Krise des nationalsozialistischen Regimes am Vorabend des Zweiten Weltkrieges und die forcierte Aufrüstung, in: VjhZG 26 (1978), pp. 347—92) in which the sub-systems have taken over from the people.

the substitution of propaganda for administration [4]. The traits of systematization, regularity, calculability inherent in the construction of a comprehensive administrative base for the dictatorship, were perceived, particularly by Hitler, Himmler and Goebbels, as limiting factors, as constraints, actual or potential, on their power as they understood it. The regime thus characteristically produced both non-policies or evasions which were of great political consequence at a later date (civil service policy; economic policy in the late 1930s; treatment of the Jews 1939—40), or sudden and drastic decisions which had not been prepared in the governmental machine and thus both disrupted existing policies and practices and had quite unforeseen administrative and political results, which latter in turn called for further ill-considered decisions (Reichskristallnacht, occupation policies in Poland). These characteristics of the political system were enhanced in the late 1930s by the consequences of earlier decisions to establish special new agencies and jurisdictions directly responsible to Hitler, whenever political tasks of especial urgency or interest arose (Himmler's career to 1936, DAF, Ribbentrop's Office, Todt: Autobahns, Four Year Plan, Speer: cities). This trend was symptomatic of the disintegration of government into an aggregation of increasingly ill co-ordinated special task-forces; it also reinforced the fragmentation of decision-making processes, since lines of political responsibility became increasingly blurred as ministerial and party jurisdictions expanded, were fractured, eroded and contested. That ministers learned of important decisions from the newspapers is significant less of their personal (or collective) dispensability, than of fundamental changes which were taking place in the processes and procedures of government and administration. There was less and less co-ordination.

It is argued by those suspected of "trivializing" Nazism that Hitler was the beneficiary rather than the architect of the increased powers which necessarily devolved upon the institution/person of the Führer in step with these changes. Hitler certainly did not encourage his subordinates to collaborate politically with each other (unless it was a case of them resolving a disagreement which he did not wish to adjudicate); he personally had a decisive preference for creating new organs of state to carry out specific projects, for choosing "the right man for the job" and giving him powers to carry it out, regardless; and there is no doubt that he carefully sought out men who were loyal to/dependent upon him for all top positions in the regime. But it does not follow from this that his power grew out of consistent application of the maxim "divide and rule". The relevant political and institutional divisions needed no nurturing — they had been present in the nazi movement before 1933 and had been greatly augmented by the "legal" seizure of power. Within the regime they took the form

---

[4] These points have been repeatedly emphasised by *Hans Mommsen*, National Socialism — Continuity and Change, in: *Walter Laqueur* (ed.), Fascism. A Reader's Guide, London 1976, p. 179—210.

of conflicts for particular powers, in which Hitler was generally recognised as arbiter, a role which he more often found tiresome or awkward than profitable. Göring became convinced that he wished to take as few decisions of this kind as possible.

More important as a source of power was his personal popularity, but while this shielded him against ultimative contradiction by ministers and generals, it was not much help in the practical business of selecting goals, reaching decisions and making policy. It may on the contrary have been a real obstacle to policy making: Hitler's sense of dependence upon his own popularity was so great and the possibility that that popularity might be sharply diminished by specific decisions was so difficult to assess in advance, that the cult of the Führer may well have been conducive to governmental inaction in internal affairs: Hitler was certainly careful not to associate himself with any measure which he thought might be unpopular, and to prevent the enactment of many such proposals, put forward by government agencies [5]. In this sense Hitler can be said to have been a "weak dictator" [6]: dependence upon his personal popularity for the political integration of German society under the dictatorship circumscribed the regime's freedom of action.

His power to co-ordinate policy in an effective manner was further limited by his characteristic deference to the senior leaders of the nazi movement. It was not just that he enjoyed their company and trusted their political instincts: he continued to consider himself an agent of the movement, and, in that sense, dependent upon/beholden to it. The dissolution of governmental policy-making procedures marked out a political space around Hitler which the movement's leaders were able individually to occupy — their advice was usually taken seriously, and their requests for the extension of their own particular jurisdictions or for specific policy initiatives were frequently granted, quite regardless of their (usually problematic) relationship to existing institutional arrangements or policies. It is of decisive importance in this connection that the leaders of the movement were in no way united among themselves; they were neither an organised group with regular functions, nor were they pursuing practical common goals. Their policy concerns were limited to their own jurisdictions, and they were frequently in competition with each other. In no sense did they furnish a possible basis for general policy-making. They were agreed only on the desirability of making Germany, in particular the country's government and administration, "more national socialist".

This latter goal was intrinsically and irreducibly vague; in practice it could at best be defined negatively in the persecution of the designated enemies of the

[5] I have pointed to some of the evidence for this in: Sozialpolitik im Dritten Reich, Opladen 1977, ch. VI.

[6] Hans Mommsen first used this term in: MGM 1 (1970), in a review essay which helped to start the present controversy.

cause. More important, the anti-practical nature of the *Weltanschauung* meant that the most radical steps on any issue were always those which could be presented as "most national socialist" — there was no practical yardstick for judgement. Thus *radicalism,* and, in society at large, continual political *mobilisation,* became ends in themselves, substitutes of a kind for policy goals. While Hitler was clearly not antipathetic to this trend, he was not, it is argued, its self-conscious or purposeful author. The decay of policy-making institutions combined with the specific contentlessness of the ideology to generate a larger historical process, which, once firmly in motion, was not fully in the control of those who held power — not, because the (dis-)organisation of political power, the manner in which decisions were reached and the normative power of the demand for the most radical solutions all limited the effective range of choice. In the absence of policies, political improvisation, especially in occupied Eastern Europe, rested upon the deployment of extreme physical violence, which handicapped the prosecution of the war. There were no coherent war aims, only a number of mutually contradictory ones (race war/military conquest). There was no way within the regime to resolve the contradictions.

The central point in this "functionalist" position is an insistence upon the fact that the way in which decisions are reached in modern politics is vital to their specific outcomes, and thus vital to the historian for an understanding of their meaning. Only in retrospect and without consideration of decision-making do policies appear to *unfold* over the years with a necessity which is *coherent.* Nor, given the high degree of interdependence between all sectors of public life, can this be a matter of individual decisions to be taken a "case studies" or "models": uncoordinated, unprepared, and arbitrary decisions, decisions taken with regard only to a single project or goal (e. g. the Siegfried Line 1938; the battle fleet 1939) and without reference either to side-effects or to their impact upon other imperative projects, always further fragmented the processes of policy-making, making them cumulatively more arbitrary in their character, more violent and radical in their implementation, more conducive to competitive struggle among the executive organs of the regime. Policy-making on this analysis is simply not comprehensible as the enforcement of consistent acts of dictatorial will — the view that it can be so comprehended is superficial and does not do justice to the available evidence on the conduct of politics in the Third Reich.

"Intentionalism" is the name which has been given by "functionalists" to the position of those historians who regard the consistent dictatorial will as being of the essence of national socialist rule [7]. The difference between the two schools of thought was first and most clearly exemplified by the controversy over responsibility for the Reichstag Fire, a controversy which has engaged an enormous amount of time and energy, although the significance and con-

---

[7] See *Hans Mommsen,* in: *Funke* (ed.), p. 33.

sequences of the event are not a matter of dispute. In the absence of conclusive evidence about the identity of the arsonist(s), two different hypotheses have been constructed which rest upon and reinforce two fundamentally different interpretations of nazi politics. For intentionalist historians (who on this issue, as on others, are a politically most heterogeneous group) the Reichstag Fire is a part (a very important part) of the deliberate erection of a bestial dictatorship, a necessary preparation for war and for crimes against humanity: it is in alleged conformity with these later acts that the arsonists should have been nazis. There is thus a presumption of intention and responsibility on their part. To deny this is to under-rate the capacity of nazi leaders for pre-meditated evil and to run the risk of making the regime appear less monstrous than it was. If, on the other hand, the opposite inference is drawn from the inconclusive evidence, if there was no nazi arsonist, the fire and its consequences stand in alleged conformity with that swift and ruthless opportunism, with that capacity for violent improvisation and for seizing the main chance regardless of wider consequences, which, it is argued, was the hallmark of all later nazi decision making. And it is these traits, not calculated intention, which offer the key to the cumulative radicalization of the regime towards world war and genocide. This particular controversy is thus about fundamentals.

The "intentionalist" position appears to be less difficult to summarize than that of the "functionalists", if only because these historians have been less explicit about their methods. They are in essence those of classical liberal and conservative historiography. Intentionalist writers are far from rejecting all of modern political science, but in this controversy it is the most basic elements of their historical understanding which are at stake. In their recent essays Karl Dietrich Bracher and Klaus Hildebrand are largely concerned with the intentional actions of Hitler, which, they believe, followed with some degree of necessity from his political ideas [8]. They formulate the question: why did the Third Reich launch a murderous war of genocide and the destruction of human life on a hitherto unprecedented scale? They come in the end to the conclusion that the leaders of the Third Reich, above all Hitler, did this because they wanted to do it. This can be demonstrated by studying early manifestations of their *Weltanschauung*, which are wholly compatible with the worst atrocities which actually occurred in the years 1938—1945. The goal of the Third Reich was genocidal war, and, in the end, that is what National Socialism was all about. From this it seems to follow that the regime is "unique", "totalitarian", "revolutionary", "utopian", devoted to an utterly novel principle for the public order, scientific racism. The leaders, in particular Hitler, demonstrably wanted

[8] See *Bracher's* essay in the volumes edited by *Funke* and *Laqueur*, cited above; *Hildebrand's* essay in *Oswald Hauser* (ed.) Weltpolitik II, Göttingen 1975, and in the volume edited by *Funke*.

all this, and it is thus, as Hildebrand has recently suggested, wrong to talk of National Socialism; we should talk of Hitlerism.

This approach does not lead its advocates to concentrate narrowly upon nazi race and occupation policies, nor upon Hitler himself. They range widely in their writing, but the above point is their central point of reference. And having identified the problem in this way, intentionalist historians then appear to stand back from their subject and to meditate on the enormity of the regime's crimes, on the enormity of the destruction of human life. This entails trying to *understand* National Socialism, for an intentionalist historian *must* understand (in the German sense of *verstehen*). In this case understanding is possible only through an empathy born of hatred. This probably yields a less sure type of understanding than does an empathy born of respect or admiration, but given the historical personages concerned, there is no choice but to take those risks. They then invite their readers to hate and abhor too. This is where the political and moral responsibility of the historian comes in: it is clearly implied that it is the historian's public duty to write in this way. Faced with genocidal war, historians should not emphasise decision-making procedures, administrative structures or the dynamics of organisational rivalries. These things were at best secondary. To make them a vital part of a general interpretation of National Socialism is to trivialize the subject, to write morally incompetent history. What really matters is the distinctive murderous will of the nazi leadership.

Since the historians who write from this vantage point have, in a tactical sense, taken the offensive in the controversy, their position should be subjected to a critique first. Two general comments seem to be called for, and then a number of specific criticisms will be raised.

First, the intentionalist attack on the incorporation of functionalist types of explanation into our understanding of National Socialism proposes, implicitly but clearly, a retreat by the historical profession to the methods and the stance of Burckhardt. On the evidence above all of his "Reflections on World History" (a book which greatly impressed anxious conservatives when it was re-issued in the late 1930s) Burckhardt saw the historian's task as to investigate, to classify and to order, to hate and to love and to warn — but *not,* except upon the smallest of scales, to explain. This approach had almost no explanatory power at all. The attempt at explanation in any and all of the various different traditions of rationalist historiography seems to be put on one side in intentionalist writing on National Socialism. The view that Hitler's ideas, intentions and actions were decisive, for example, is not presented in these works as an argument, but rather as something which is both a premise and a conclusion. It can perhaps be said that historians have a public duty to attempt to explain, and that informed explanatory reasoning about the past (however indirect or surprising its routes may be) has its own moral purpose and power. This is not generally questioned with respect to other topics in modern history, however much argument there may be about specific types of explanation.

The second methodological point concerns the role of individualism in ethics and the social sciences. Following the arguments of Steven Lukes, methodological individualism simply cannot work as a way of giving a coherent account of social, economic and political change[9]. Marx, Weber, Durkheim and their successors buried this approach with a variety of different funeral rites, and still it lives on, on borrowed time — a commodity with which historians are especially generous. Unless virtually the whole of modern social science constitutes an epochal blind alley, "Hitler" *cannot* be a full or adequate explanation, not even of himself. To dismiss methodological individualism is *not,* of course, to abolish the category of individual moral responsibility in private or public life: explanation is one thing, responsibility something else. As Isaiah Berlin points out, even advocates of determinism continue to *behave* as if individuals were fully free and responsible agents: it is a necessary assumption for human interaction[10]. But it is an impossible *basic* assumption for the writing of history, for it would require us to concentrate upon the actions of individual free agents in such a way as to elevate them to the status of prime cause, and to deny that we can in some respects better understand the significance of the actions of people in the past than they themselves could. Such a history would banish all processes of change and constitute the subject as "one damn choice after another".

Thus to argue that the dynamic of nazi barbarism was primarily institutional and/or economic does not entail any denial that Hitler was a morally responsible political leader who made choices which were inspired by distinctive malevolent intentions — it is only to insist that his will cannot carry the main burden of explanation. And by the same token, to insist in detail upon the unique character of his political will and intentions does not of itself establish an argument about the importance of these attributes in an account of National Socialism. That requires a comprehensive social, economic and institutional history.

In addition to these general observations there are a number of specific objections to the intentionalist position. The first is both technical and obvious, but it must be continually re-stated. The hypothesis that Hitler was the sole author of all the crimes of the Third Reich cannot be proved in the most mundane sense — the source materials are inadequate both in quantity and in quality to prove it. At this elementary level we know less about Hitler's control over German policy, much less about his motives and calculations, than we know about the conduct of most other nineteenth- or twentieth-century political leaders. For this reason alone, an analysis of his choices and of his influence is exceptionally difficult to execute. Caution is always called for, areas of inescapable ignorance emerge everywhere. It is particularly difficult to assess how far subordinates were able to bring influence to bear upon him, how

---

[9] *Steven Lukes,* Individualism, Oxford 1973, esp. ch. 17.
[10] *Isaiah Berlin,* Four Essays on Liberty, London 1969, pp. ix—lviii.

suggestible or complaisant to insistent requests or proposals he was. The inadequacy of the sources in this sphere (which is of vital concern to an intentionalist interpretation) is a direct consequence of the fragmented and informal character of the decision-making procedures referred to above, as well as of Hitler's personal aversion to the written word: motives were rarely formulated, reasons rarely given, policy options rarely recorded as such, the origins of policy initiatives rarely disclosed. Concerted policy-making would have produced more and better records of calculations and intentions.

Second, even before radically different methods of interpretation are considered, it must be pointed out that, at a very simple level, the sources which we do possess on Hitler's goals and intentions can be read in very different ways, depending upon the different kinds of other historical knowledge which is brought to bear upon these texts. To come to the very few good records of Hitler's policy statements between 1936 and 1941 from the papers of the Ministries of Labour and Economics and of the War Economy Staff is a very different intellectual experience from coming to the same texts from the papers of the Foreign Office or of the Frankfurt Auschwitz Trial. Ideally one ought to come at the texts from all of these angles, and more, but in the meantime there are legitimate grounds for provisional disagreement about the meaning of the evidence concerning what Hitler thought he was doing. There are different, sometimes contradictory emphases in the evidence. Disagreements on these points will be clarified by further contextual research (why did Hitler make the speech to the press in November 1938? why did his Reichstag speech of 30 January 1939 take that particular form?), rather than by further philological research. Meanwhile these sources can be interpreted in different ways, even if one confines oneself to a literal reading.

There is however, third, no reason why sources should be read *solely* in a literal manner. Intentionalist historians tend to do so — they identify the goals and choices of their historical actors by reading the words on the page in the archive and assuming that they can only mean what they appear to mean on a common-sense reading. Intentions are established by taking the relevant sources at their face value (at least wherever a literal reading yields internally coherent sense). This is one of the reasons why Martin Broszat's designation of *Lebensraum* as an ideological metaphor has aroused such indignation [11]. (Insofar as he is thought to be belittling what happened in German-occupied Russia, he was simply been misunderstood.) He was attempting a partly functional analysis of Hitler's stated intentions, arguing that the full political significance of his words on this subject is of a different order from their literal meaning: that the goal of *Lebensraum* served as a focus for boundless political mobilization. Broszat may or may not have clinched this particular argument, but that type of approach to the interpretation of ideas and sources is not only legitimate;

[11] *Broszat*, Soziale Motivation, p. 407.

it is essential. Notions of symbolic meaning are commonplace in psychology and literary criticism, and a variety of efforts have been made in order to systematize techniques for eliciting symbolic or hidden meaning — and thus for redefining the "intentions" being studied. While work of this kind is not easy and seldom yields indisputable conclusions, it can, as Klaus Theweleit has shown, greatly enlarge our understanding of motivation and human agency[12]. And it is precisely the exceptional quality of nazi politics, the compulsive repetitiveness and the extremes of violence, which make non-literal interpretations seem so urgently necessary and literal readings so unsatisfactory, simplistic. What *were* Hitler's intentions in his hate-filled outbursts against "the Jews"? Various suggestions have been made of motives and meanings which perhaps lay behind or went beyond the anti-semitic words on the page, but which do comprehend these words[13]. To deny in principle or to disregard the possibility of analyzing evidence of intentions in a complex manner and of thus identifying intentions which are not explicit in the sources, to say, that is, that Hitler ordered the extermination of the Jews and instigated other racial policies because he wanted to, is a form of intellectual surrender. Intention is an indispensable concept for historians, whether they are determinists or not, but we do not have to take people in the past at their own word concerning their intentions. The realm of their self-consciousness as presented in historical sources is not trivial, but it does not define the limits of our understanding. It is a starting-point; it constitutes a problem, not an answer.

This point can perhaps best be illustrated from that branch of historical enquiry which has hitherto been the pre-eminent stronghold of intentionalist research and writing — the study of foreign policy. Klaus Hildebrand's book, "Vom Reich zum Weltreich", is in parts sensitive to the effects of pressure-groups on policy-making, but it concentrates very strongly upon the evolution of Hitler's intentions and it eschews functional analysis of foreign policy. Hitler is presented as an uneasy amalgam of two character-types: the ruthless, aggressively calculating strategist, and the obsessive doctrinaire ideologue. This dual personality havers during the decisive stage of nazi foreign policy, 1938—1941, between two quite different paths of conquest. Why? I cannot find in Hildebrand's work a satisfactory answer to this question. My failure to find explanations may well be due to my own short-comings as a reader, but for the moment the extended re-enactment of Hitler's restless strategic intentions in these years does not make sense. Alternative goals and tactics crowd in on each other; means and ends change places at bewildering speed; and all changes in

---

[12] *Klaus Theweleit,* Männerphantasien, 2 vols., Frankfurt a. M. 1977.

[13] The suggestions which seem most helpful and most capable of further development detect strong elements of self-hatred in Hitler's anti-semitism. See *Norman Cohn,* Warrant for Genocide, London 1967, pp. 251—268. The weakness of much other psychological work does *not* invalidate this approach to the texts.

policy can be comprehensively rationalised. In the course of a single day, 21 May 1940, for example, Hitler is recorded as making two completely different statements about fundamental strategic priorities to two different military leaders; the inconsistency is allowed to pass without comment by the historian [14]. Elsewhere Hildebrand suggests the possibility of knowing Hitler's mind almost on a week-to-week basis. There are, it seems, in principle reasons for everything the Führer does or says (or omits to do), reasons which are usually reconstructed in the interrogative mode by an elaborate process of intuitive/empathic speculation. But one is very little the wiser. There are many reasons why Hitler is and is not interested in overseas colonies... The outcome is a detailed picture of confusion.

A literal reading of the sources on Hitler's strategic intentions leaves several dimensions and questions out of account. It lacks insight into the real anxieties, confusions and uncertainties of Hitler himself. (Would this detract from his responsibility?) By treating every recorded utterance as though it were carved in marble it makes his foreign policy seem more confusing than it would if at least some utterances were read as *evidence of confusion* (and not of intention). A literal reading also lacks insight into Hitler's habitual, though not universal, deference to the interests and views of his immediate advisers and subordinates while he was talking to them. For this reason alone he was unlikely to hold out the same strategic prospects to both Halder and Raeder in their separate discussions on 21 May 1940. This pervasive and evasive complaisance was, for all that it was non-committal and revokable, an important part of policy-making in the Third Reich. That is, Hitler's latent, as opposed to manifest, intention in making many pronouncements was probably to avert dissension within the regime, to encourage or mollify his subordinates. Last, an intentionalist diplomatic history skirts around the question of the basic expansionist dynamics of the regime — economic and military dynamics, the dynamics of political mobilization, forces which made it impossible for the Third Reich to stop anywhere short of total defeat. While it is possible to identify the decisions and the reasoning behind them which originally set these dynamics in motion (1933—1936), one must ask whether they did not later emancipate themselves from their creators. If it is true, or even only a useful hypothesis, that the process of nazi territorial expansion created its own momentum, and that this momentum could at best be guided but not held under control by the leadership, then the relative importance of Hitler's musings on alternative goals, strategies and power constellations is diminished. While it was clearly not a matter of indifference which territory and which people the Third Reich at any one point in time devoured next, the history of the years 1938—1942 strongly suggests that there *had* to be *a* next victim. Perhaps the ambivalences of Hitler's foreign policy and strategy in these years, the changes in emphasis and direction, the

[14] *Klaus Hildebrand*, Vom Reich zum Weltreich, München 1969, p. 643.

promiscuity of aggressive intentions can be seen as a product of, or response to this expansionist imperative. The appearance of control and of historic choice may be in large part appearance, the practised posture of the dictator. This loosely functionalist approach suggests that much of the source material, which in the intentionalist account is presented as reasoning prior to action, is better understood as symptom of the internal and external pressures for further aggression and conquest. If none of the above criticisms have any weight, it is difficult to see how historians of World War II can talk about the causes of developments, as well as about the reasons for policy decisions.

The fourth criticism of intentionalist writing concerns decision-making processes and the power structure. It seems to me simply wrong, mistaken, contrary to the evidence to argue that enquiries in this field shed little light on the great facts about the Third Reich. The methodological principle that it is essential to study policy-making processes in order to understand any specific outcome or decision, has been brilliantly stated and illustrated by Hans Mommsen; and its value has been demonstrated beyond doubt and in a wealth of detail by Wilhelm Deist and Manfred Messerschmidt in their new study of re-armament and foreign policy, a study un-touched by functionalist theory but full of general implications for our understanding of the power structure [15]. It is true that there are pitfalls in this type of analysis: in the study of decision-making processes it is possible to get entrapped within the fascination of that subject, and to fail to place the results in a wider context of interpretation; and, more important, if the debate about polycracy is reduced to a discussion of how polycratic or monocratic the Third Reich was, if polycracy is understood as a *static* concept which will help only to produce a cross-section of the complex layer-cake of power structures, then this concept will indeed be of little use to historians. But the work to those attacked for trivializing National Socialism has *not* fallen into these pits. Hans Mommsen has moved the discussion about polycracy into its proper dynamic political context. He has shown, though not yet in an extended historical account, how this discussion illuminates the formulation of policy and the selection of goals in the Third Reich — and not just the regime's secondary goals.

If this point is correct, it must be concluded that the study of institutions and decision-making processes and enquiry into the polycratic nature of national socialist rule form an essential part of a liberal/moral history of the regime and its crimes. They are not in themselves alien considerations or factors, nor are they morally neutral. To introduce them into a moral historical enquiry is simply to insist that the responsibility of political leaders needs to be and can be more widely defined than reference to their policy intentions alone will

[15] *Wilhelm Deist et al.*, Ursachen und Voraussetzungen der deutschen Kriegspolitik, vol. 1 of the series: Das deutsche Reich und der Zweite Weltkrieg, ed. by Militärgeschichtliches Forschungsamt, Stuttgart 1979.

allow, defined to include the workings of institutions. From this it follows that the moral responsibility of the historian can be more widely defined too. The monstrous will and administrative diletantism were, at the very least, necessary to each other. It seems trivial to resist this line of enquiry.

Finally there is one immanent argument against the intentionalist case. Hitler can be demonstrated to have known that a great deal depended for the nazi regime upon his own capacity to exaggerate his personal domination: his capacity to exaggerate it *both* to the elite in the closed meetings where policy was announced or debated, *and* also to his popular audience. Hitler well understood his own function, the role which he *had* to act out as "Leader" of the Third Reich. He was good at the street theatre of dictatorship; it is arguable that he transformed himself into a function, the *function of Führer*. Several aspects of his behaviour in this respect are well documented: his aversion to identifying himself in public with any specific policies (other than the major foreign policy decisions); his reluctance to refuse requests or reject suggestions from the old guard of the party leadership; his calculated use of his own personal popularity in conflicts within the regime; his evasiveness when faced with conflicts which were hard to arbitrate. He always appeared more ruthless, more cold-blooded, more certain than he actually was. This role-playing aspect of Hitler's power, his instrumental attitude to his own person, is not, of course, the whole Hitler-story. But it is a very important part of it. However one may read his intentions, there is no doubt that Hitler was *also* a "good functionalist". And this is, at *the level of "Verstehen"*, an important fact about the personality to whom intentionalist historians would attach such overriding importance: that personality was in large measure a self-consciously constructed role, the nature of which was conditioned by the nature of the regime.

The present weaknesses of the "functionalist" position are not, I believe, those held up for disapprobation by intentionalist critics. They are quite different. The first is a vulnerability rather than a weakness. We do not yet have a full-length historical study along these lines. Aside from Martin Broszat's "Der Staat Hitlers" (which, because it could touch only lightly on foreign and military affairs, does not fully meet the points now raised by Bracher and Hildebrand), the position has been worked out in essays and articles. An unambiguous demonstration of the fruitfulness of the approach will be achieved by a large-scale study. But this is an extremely difficult intellectual undertaking, much more difficult than to give an account of this or that policy in its development and implementation. It requires a sustained analysis of the (shifting) relation of interdependence between the human agents and their power structures, a relation of a peculiarly complex kind. Aside from conceptual precision, aside from source materials the significance of which is often overlooked in conventional studies, this work also needs a language which is capable of conveying clearly the complexity of its findings — it cannot get by with the vocabulary of intention, calculation and consequence, and the mechanistic vocabulary of functionalist sociology is positively unhelpful [16]. Thus the promise may take some time to be fulfilled.

Second, and more important, there are ambiguities and difficulties in the formulation of the liberal functionalist position. Hans Mommsen writes, for example, of the dynamic expansive power of the Third Reich:

The root of these forces lay in the movement's own apolitical and millenial dynamics and also in the antagonistic interests among the various groups in the National Socialist leadership.

While this is a suggestive sentence, it is not an analytically clear statement of a hierarchy of determining causes, nor does it specify a non-causal relationship between the two "roots". A passage on the bases of Hitler's position as Führer raises similar difficulties:

Playing off rival power blocks against one another was not so much a matter of securing his own omnipotence, but rather done for the satisfaction of an instinctive need to reward all and any fanatical pursuit of an end, no matter whether institutionally fixed competences were ignored or whether, an advantage having been gained, its bureaucratic safeguards were sacrificed to over-dynamics [17].

There are, so to speak, too many things going on in that sentence for one to be quite sure what importance the author is attributing to the different factors. What was the relationship between the existence of the rival power blocks and Hitler's "instinctive need"? — Were the rival power blocks a condition for the articulation of the instinctive need? Had the need contributed decisively to their creation in the first place? Or can the two in the end not be distinguished in this way? Indistinctnesses of this kind grow out of real difficulties of historical interpretation, but they also point to a continuining uncertainty about the explanatory power of the approach. If the presentation is not *analytically* clear it tends to become just a description of a particular mode or style of the exercise of dictatorial power.

Third, the so-called "functionalists" have written rather little about the German economy, and have not integrated this theme into their overall schema. Given their concern with the dynamics of dicatorial power and expansion, this is, to say the least, surprising.

As indicated at the start, marxist historians and political theorists seem to have paid little attention to this debate between two schools of liberal historians; they have also written rather little about nazi genocide, the subject which raises the question of agency and cause in its most acute form. There is no compelling reason for this. Marxism offers a dynamic theory of the development of all modern industrial capitalisms, which incorporates, or rests upon, a structural

[16] The difficulty of Broszat's prose in „Soziale Motivation" clearly reflects the intellectual difficulty of specifying the relationships which he is analysing.

[17] *Laqueur* (ed.), pp. 183, 198.

(some would argue "functional") analysis of these systems. The dynamic element introduces human agency, and human agency is central to Marx's writings:

Men do make their own history, but they do not make it as they please, not under conditions of their own choosing, but rather under circumstances which they find before them, under given and imposed conditions. (18th Brumaire)

This sentence ought to introduce all biographical studies of Hitler! It formally encapsulates intentions and structures, and suggests the necessity of relating the two in historical writing. However, if intentionalist writers all too often ignore or misunderstand the "given and imposed conditions", marxists have paid too little attention to "men do make their own history" when they have been concerned with the ruling class and the holders of power. This deficiency in giving an account of intentions and actions is a weakness in marxist work on fascism; but the weakness is not inherent in the theory as such, for the challenge can be met by further research along the lines of the various non-literal ways of reading sources referred to above [18]. It is an urgent task, for studies which exhaust themselves with the conditions which "permitted" certain developments, or made certain policies "possible" or "necessary" fall short of historical explanation; they cut off before reaching those human actions which actually require explanation — mass murder. But it is the stopping short which is mistaken, not the original effort.

What was permitted by conditions, or was possible, must be analysed, and it is here that marxism offers a more comprehensive framework than an approach which concentrates heavily upon political institutions and decision-making processes. We need to understand how it is decided what the available options are, which political leaders can choose among. Which alternative possibilities in the Third Reich were never even entertained as such by the leadership? Which got lost in the lower ranks of the bureaucracy or party and were thus never presented as policy options? [19] These non-decisions are an important part of any system of power. They define the parameters of possible intentions at the top of the system, which are almost always narrow at that level. It is in this analytically difficult area that the economy and the state need to be taken as a whole in the study of the Third Reich, for the dynamic of economic development played a primary role in the filtering out of impossible options, in determining what it was that could be decided in terms of policy.

I cannot develop this argument in detail here, either in the form of a specific historical analysis or in that of a theoretical discussion. A few historiographical remarks must suffice. A marxist approach, which attaches pre-eminent weight to the processes of capital accumulation and class conflict is neither outflanked

[18] See above, p. 31 f.

[19] *Joachim Radkau,* Entscheidungsprozesse und Entscheidungsdefizite in der deutschen Außenwirtschaftspolitik 1933—1940, GG 2 (1976/1), pp. 33—65, makes a first, stimulating but empirically unsatisfactory attempt to ask questions of this kind.

nor contradicted by some of the more important conclusions of liberal functionalist writing. It can on the contrary broaden their scope by identifying background ecnomic determinants and conditions of state action. David Schoenbaum, for example, has developed an influential argument around the contradictions between the provisional achievements of the regime and many of the
movement's original declared aims and policies [20]: in the late 1930s autobahns,
Salzgitter, intensive technological innovation, concentration in industry and
rapid urbanisation stood as consequences of a programme which had included
the corporate state, rural settlement, some degree of de-urbanisation and, at a
political level, notions of the liberation of a nationalist citizenry among its
serious goals. It must be insisted upon that the points which were not achieved
(were filtered out) ran strongly counter to the most elementary processes of
capitalist accumulation. And these processes should not be reduced to the
formula "requirements of re-armament". In this instance the workings of the
economic system can be seen in a broadly determinant role, which can be
exemplified in part by the activities of the heads of leading industrial concerns.
With respect to the "selection of negative goals", to the emergence of the race
war as a dominant part of nazi political practice, it is a question rather of
economic conditions and constraints than of determination. The genocidal
tendency in the original programme was one of the few which the regime did
pursue with extreme logical rigour. It was also probably less disruptive of the
capitalist system than, for example, a fully fledged attempt to 'return' to a
small-scale artisan/peasant economy would have been. This is *not* to argue that
genocide was enacted for that reason, nor to imply that there is little more to be
said about it. It is to make a suggestion concerning the background processes of
the selection of negative goals, of the practical definition of what was and what
was not possible. The mass destruction of life in the extermination camps and
in occupied Poland and Russia does not seem to have had really serious negative effects upon the German economy in the short term. Would it all have
been different if there had been large numbers of skilled engineering workers
and technicians among the Jews of Germany? Questions of this kind are necessary in order to identify limiting conditions as precisely as possible.

At one level the argument concerning nazi foreign policy can be put less
tentatively than the above remarks. In anticipating and accounting for the
war of expansion in the late 1930s, the explanatory power of pressures which
in their origin were economic was apparent to many actors and observers. Thus

[20] *David Schoenbaum*, Hitler's Social Revolution, London 1967. In anticipation of
the present controversy, this book was immediately attacked in exactly the same way
that the work of Mommsen and Broszat is now being attacked. See the superficial,
moralizing review by *Heinz Lubasz*, New York Review of Books [vol. XI no. 11]
who failed to understand that one can attempt to explain mass murder without actually writing about it at length.

the argument that the decisive dynamic towards expansion was economic does not in the first instance depend upon the imposition of alien analytical categories on a recalcitrant body of evidence, nor in the first instance upon the theoretical construction of connections between "the economy" and "politics". For the years 1938—1939 a very wide variety of different types of source materials discuss explicitly and at length the growing economic crisis in Germany, and many of the authors of these memoranda, books and articles could see the need to speculate then about the relationship between this crisis and the likelihood of war. The view that this was a major urgent problem was common to many top military and political leaders in Germany, to top officials in Britain, to some German industrialists and civil servants, to German exiles and members of the conservative resistance, and to non-German bankers and academics. The nature of the relationship between economic crisis and war is not easy to specify precisely. I do not for the moment see a need to modify my own view that the timing, tactics and hence also the strategic confusion of Hitler's war of expansion were decisively influenced by the politico-economic need for plunder, a need which was enhanced by the very wars necessary to satisfy it [21]. This appears to me to have been the basic logic of Hitler's foreign policy and strategy in the decisive period 1938—41; without a firm conception of it, the institutional dynamics of the regime and the various specific intentions of Hitler remain less than comprehensible. This is, of course, *not* to argue that Hitler was "forced to go to war" in the sense of not wanting to, but rather that the wars which the Third Reich actually fought bore very little relation to the wars which he appears to have wanted to fight: and that this was so, because of domestic pressures and constraints which were economic in origin and also expressed themselves in acute social and political tensions. Human agency is defined or located, not abolished or absolved by the effort to identify the unchosen conditions.

But then the will and the intention still have to be specified. It may be helpful here if we can find ordering concepts for the analysis of National Socialism, which *both* capture objective processes (capital accumulation, institutional darwinism, expansionism) *and* also relate clearly to the self-consciousness of the political actors. One such bridging concept is "struggle", which incorporates notions of both competition and war. Competition and struggle were of the essence of economic and institutional processes, and they furnished one context of social life in general — the individual struggle for advancement and advantage, social mobility. In war too struggle appeared as an inexorable process. Struggle was also for the nazi leaders a basic intention, the title of Hitler's book.

---

[21] See *Mason*, Sozialpolitik, ch. VI. I understand *Jost Dülffer's* criticism as, rightly, adding a further dimension (the arms race) to this analysis, not as offering a substitute interpretation: Der Beginn des Krieges 1939. Hitler, die innere Krise und das Mächtesystem, in: GG 2 (1976/4), pp. 443—470.

Struggle was, in a distinctive and extreme manner, what their politics was all about, struggle against certain enemies but not struggle for any clearly perceived ends. Politics is struggle, as Hitler says in "Mein Kampf". That one remark *does* perhaps have to be taken literally. But from this distance in time it can legitimately be, must be, related back to wider contexts than its author had in mind — to the highly competitive economic, social and institutional order over which he came to preside and which went under his leadership to destruction.

It might be suggested that just beneath the surface the nazi leadership sensed that their particular struggle was a hopeless one. The enemies were too numerous, and, in the case of "the Jews," they were by Hitler's definition too clever and too powerful *ever* to be beaten, even by the Third Reich. The crucial problem for national socialist politics was to destroy as many enemies as possible while going down fighting to the very bitter end. Genocide was the most distinctively nazi, the most terrible part of an over-arching politics of struggle. And these were the politics of a whole capitalist epoch.

This suggests in conclusion the need for a materialist history of Social Darwinism, a history which sees that subject in terms of economic forces and institutional power, in terms of social and economic practice and individual behaviour (intentions), and not just as a peculiar set of ideas which were influential around the turn of the century. It was that too, but it was also capitalist economic competition, economic and territorial competition between states, ethnic, national and cultural conflict, the struggle for eugenic improvement, the struggle on a group and individual basis for material advantage, respectability, virtue and God's grace. Only then in Germany did it become struggle as war and race war. In this broader sense of an interlocking pattern of structures, forces, ideologies and motives Social Darwinism was, of course, not peculiar to Germany. There are British, American and French versions; liberal conservative, fascist and nazi versions. May be there is the framework for an enquiry here which is both structural and dynamic, and within which the specifically distinctive features and force of the national socialist political will can be precisely identified.

The precision of the identification matters. Contrary to the implication in the charge that "functionalists" or marxists trivialize National Socialism, it is logically and morally possible to hold a system responsible for terrible crimes, as well as those persons who exercised power within the system. While systems of domination and exploitation cannot be represented as individual moral actors can, it can be demonstrated that they generate barbarism. The demonstration of exactly how they have done so is often complex, but complex historical arguments are not indifferent to moral issues just because they are complex. If historians do have a public responsibility, if hating is part of their method and warning part of their task, it is necessary that they should hate precisely.

Zusammenfassung

In letzter Zeit ist die Auseinandersetzung über den Charakter des National-sozialismus durch einen höchst polemisch ausgetragenen Meinungsstreit gekenn-zeichnet, dem nicht primär politisch-ideologische Gegensätze, sondern fundamen-tale Widersprüche hinsichtlich der dem Gegenstand angemessenen historischen Methode zugrundeliegen. Doch steht nicht geringeres auf dem Spiel als die poli-tisch-moralische Verantwortung des Historikers, da eine Seite der anderen eine Unterschätzung, wenn nicht sogar Verharmlosung des Nationalsozialismus vor-wirft. Die Kontroverse dreht sich um die Frage, ob das Dritte Reich durch ob-jektive Bedingungen, d. h. auf Grund sozialer und ökonomischer Prozesse seinem Untergang entgegentrieb, oder ob hierfür die Absichten und Entscheidungen des Mannes an der Spitze dieses Systems letztlich ausschlaggebend waren. Mason be-zeichnet die Vertreter beider Richtungen als *Funktionalisten* und *Intentionalisten*. Einer Darstellung beider Interpretationsmethoden folgt ein kritischer Kommen-tar, der den Versuch unternimmt, mit Hilfe eines unorthodoxen marxistischen An-satzes zu einer überzeugenderen Erklärung des Nationalsozialismus zu gelangen.

Die Analyse der funktionalistischen Methode stützt sich im wesentlichen auf die Arbeiten von Hans Mommsen, die davon ausgehen, daß die politische Entwick-lung im Dritten Reich in weit höherem Maße durch die jeweiligen Entscheidungs-prozesse als durch die ihnen zugrundeliegenden Motive oder Intentionen gesteuert wurde. Unter der im Grunde entscheidungswilligen Führung Hitlers entwickelte sich der zwar hektische Aktivität entfaltende, aber völlig unkoordinierte Maß-nahmenstaat in einen Zustand fortschreitender Radikalisierung. Die stark frag-mentarisierten, immer mehr in den Sog selbstinduzierter Zwangslagen geraten-den Entscheidungsprozesse trieben das Staatsschiff mit Vehemenz dem Abgrund zu. Die zunehmende Mobilisierung aller Reserven und die steigende, an einem nicht näher definierten Führerwillen orientierte Radikalisierung bestimmten den weiteren Gang der Entwicklung. Kurzum, nicht der Wille des Diktators war ent-scheidend, sondern die von den Impulsen eines naiven Politikverständnisses aus-gelöste und im weiteren Verlauf von den Umständen gelenkte Reaktionskette.

Die Intentionalisten betrachten dagegen gerade die Konsistenz des Führer-willens und seinen nachweisbaren Geltungsbereich als das eigentliche Kennzei-chen der nationalsozialistischen Herrschaft. Auf die Frage, warum das Dritte Reich die Welt in den mörderischsten aller Kriege verwickelt hat, gibt es für ihre Vertreter (namentlich Karl Dietrich Bracher und Klaus Hildebrand) nur die eine Antwort: weil Hitler es so wollte, weil sich alles durch seine Aussagen wortwörtlich belegen läßt. Um das nationalsozialistische System zu begreifen, ist es unerläßlich Hitler, seine Weltanschauung und sein daraus abgeleitetes Pro-gramm zu *verstehen*. Den Nationalsozialismus mit den Verstehenskategorien des 19. Jahrhunderts erklären zu wollen, ist aber nach Ansicht Masons ein me-thodologisch hoffnungsloses Unterfangen. Indem die Intentionalisten die Ge-danken, Absichten und Taten Hitlers zum Maßstab ihres Erkennens erheben, gehen sie auf individualistische und historische Positionen zurück, die bereits von Marx, Weber und Dürkheim überwunden worden sind.

Mit Hitler, betont Mason, ist nichts adäquat zu erklären, nicht einmal er selbst. Auch wenn die individuelle Verantwortung des einzelnen ethisch nach wie vor unverzichtbar ist, kann sie doch nicht als Grundlage einer modernen Geschichtsforschung dienen, damit würden doch alle Erkenntnisse über die Prozesse sozialen Wandels in Frage gestellt. Abgesehen von solchen methodologischen Bedenken läßt es die Quellenlage gar nicht zu, sich ein genaues Bild der von Hitler getroffenen Entscheidungen zu machen. Außerdem ist der Aussagewert der überlieferten Quellen durchaus begrenzt, sofern man lediglich auf entsprechende Äußerungen Hitlers rekurriert. Mit jedem Wechsel der historischen Perspektive kommt man zu anderen Schlüssen, nicht zuletzt deshalb, weil sich Hitler in seinen Äußerungen beispielsweise ganz auf seinen jeweiligen Gesprächspartner einzustellen pflegte. Da man ihn kaum beim Wort nehmen kann, muß man sich auf neue Methoden einlassen, wie es etwa Martin Broszat mit dem Versuch gewagt hat, den metaphorischen Charakter der auf absichtslose Mobilisierung der Massen gerichtete Rhetorik Hitlers freizulegen. Den Absichtserklärungen des „Führers" ist auch deshalb zu mißtrauen, weil dieser sich ständig selbst in seiner Rolle als oberster Gebieter stilisierte, indem er sich rücksichtsloser, kaltblütiger und entschlossener gab als er tatsächlich war.

Die Kritik an der funktionalistischen Methode fällt milder aus: ihr fehlt es an analytischer Schärfe; auch hat sie sich noch nicht in einer umfassenden, auch den Bereich der Wirtschaft einbeziehenden Darstellung ausgewiesen, abgesehen von dem Werk Broszats über den Staat Hitlers, das freilich die Außenpolitik weitgehend außer acht läßt. Als die beste, weil umfassendste funktionalistische Methode bietet sich das marxistische Erklärungsmodell an, das auch den Forderungen der *Intentionalisten* insofern gerecht wird, als Marx die Relevanz individueller Entscheidungen innerhalb des historischen Bedingungsystem keineswegs in Frage gestellt hat. Allerdings ist der marxistischen Geschichtsschreibung vorzuhalten, daß sie den Absichten und Intentionen Hitlers bislang zu wenig Bedeutung beigemessen und so auch für die ungeheuren Verbrechen des Regimes keine überzeugende Erklärung geliefert hat. Kapitalakkumulation und Klassenkonflikt bilden das entscheidende Raster: so konnten sich die an einem vormodernen, korporativen Gesellschaftsbild orientierten Vorstellungen des Nationalsozialismus nicht durchsetzen, anders als die auf den Genozid hinauslaufenden Tendenzen des Programms, die mit der kapitalistischen Wirtschaftsform nicht in Konflikt gerieten. Die Entscheidung zum Krieg deckte sich nicht nur mit Hitlers Absichten, sondern war in erster Linie Ausdruck einer ökonomischen Notwendigkeit, nämlich der Erschöpfung aller wirtschaftlichen Resourcen des Reichs. Es bedarf einer materialistischen Theorie des Sozialdarwinismus; denn die Verabsolutierung des Kampfes, des Wettbewerbs um jeden Preis und in jeder Form, ist das ideologische Grundmuster, das den Nationalsozialismus ebenso kennzeichnet wie den Kapitalismus schlechthin.

Hans Mommsen

Hitlers Stellung im nationalsozialistischen Herrschaftssystem

Selten in der Geschichte ist ein so hohes Maß an Machtfülle auf eine Person delegiert worden, wie dies in der Geschichte des Dritten Reiches der Fall war. Die Stellung des Führers und Reichskanzlers Adolf Hitler war durch keinerlei institutionelle Vorschriften beschränkt. Nach dem Tode des Reichspräsidenten von Hindenburg und der Vereinigung der Ämter des Reichspräsidenten und des Reichskanzlers gab es auch formell keine Instanz mehr, der Hitler de jure hätte Rechenschaft ablegen müssen. Das mehrfach verlängerte Ermächtigungsgesetz gab Hitler als Regierungschef außerordentliche Vollmachten. Die Ausdehnung der Geltungsdauer des Ermächtigungsgesetzes auf unbeschränkte Zeit durch einseitige Erklärung des Reichskanzlers im Mai 1942 räumte auch in der Form die Souveränität des ohnehin zum dekorativen Organ abgesunkenen Großdeutschen Reichstags beiseite. Mit der Übernahme des Oberbefehls über die Wehrmacht unterstellte Hitler die einzige noch relativ autonome Machtgruppe innerhalb des nationalsozialistischen Herrschaftssystems seiner unmittelbaren Befehlsgewalt. Das Reichskabinett hielt seine letzte Sitzung im Februar 1938 ab. Schon zuvor waren die Minister in die Rolle von gehorsampflichtigen Vollstreckern der Anweisungen des Reichskanzlers herabgesunken. Der zunächst als Koordinationsstelle fungierende Staatssekretär und seit 1937 Reichsminister der Reichskanzlei, Hans Lammers, konnte das regelmäßige Vortragsrecht beim Reichskanzler auf die Dauer nicht aufrechterhalten. Im Zweiten Weltkriege beschnitt ihm überdies der Leiter der Parteikanzlei, Martin Bormann, den Zugang zum Führer. Indem Hitler sich allen routinemäßigen Regierungsgeschäften immer mehr entzog und formalisierte politische Beratungen unterband, bestand faktisch für keine Instanz innerhalb des Dritten Reiches die Möglichkeit, auf die Entscheidungsbildung im Umkreis des Führers kontrollierend Einfluß zu nehmen [1].

---

[1] Neben der Darstellung von *Martin Broszat,* Der Staat Hitlers. Grundlegung und Entwicklung seiner inneren Verfassung, München 1969 ist vor allem auf die Analyse *Lothar Gruchmanns,* Die „Reichsregierung" im Führerstaat. Stellung und Funktion des Kabinetts im nationalsozialistischen Herrschaftssystem, in: *Günther Doeker* und *Winfried Steffani* (Hrsg.), Klassenjustiz und Pluralismus. Festschr. f. Ernst Fraenkel, Hannover 1973 zu verweisen.

Der seit 1934 entstehende informelle Regierungsstil, den Hitler aus jedem institutionalisierten Gefüge herauslöste, entsprach der seit 1920 innerhalb der NSDAP geschaffenen Führungsstruktur, die Hitler und dem kleinen Kreis enger Vertrauter in der Münchner Ortsgruppe die absolute Entscheidungsgewalt in allen die Partei betreffenden Fragen einräumte. Das Führerprinzip, das in den frühen 20er Jahren von Hitler der NSDAP aufgeprägt wurde und das jede kollektive Willensbildung auf allen Ebenen der Partei unterband, verdrängte seit der Neugründung 1925 alle älteren Formen innerverbandlicher Willensbildung. Als Artur Dinter 1927 die Bildung eines Führerrats beantragte, wurde dies von der Hitler-treuen Gruppe sofort abgeblockt. Nach der Machtergreifung wurde die Schaffung eines „Senats der nationalsozialistischen Bewegung" wiederholt erwogen; abgesehen von der Einrichtung des dafür vorgesehenen Senatssaals im „Braunen Haus" in München, blieb dieser Gedanke, obwohl ihn Hitler zeitweilig in Aussicht gestellt hatte, selbst in der Modifikation eines Führerwahlsenats zur Sicherung der eventuellen Nachfolge Hitlers unausgeführt [2]. Ebensowenig gab es ein institutionalisiertes Führungsgremium der NSDAP. Die Bezeichnung „Reichsleiter der NSDAP" war ein bloßer Titel. Die mit größtem Propagandaaufwand in Szene gesetzten Parteitage hatten, wie schon vor der Machtergreifung, keinerlei Einfluß auf die politische Willensbildung; sie waren Akklamationsorgan und Staffage zur Selbststilisierung des Regimes [3]. Auch die in den Anfängen des Regimes häufigeren, später nur vereinzelt zusammengerufenen Konferenzen hoher Potentaten des Regimes dienten im wesentlichen nur der Affirmation der von Hitler und der ihn umgebenden informellen Führungsgruppe erteilten politischen Direktiven. Die regelmäßig am Ende der Parteitage stattfindenden Versammlungen des Korps der Politischen Leiter der NSDAP, auf denen Hitler nicht erschien, dienten nur als Klagemauer für die wegen ihres sinkenden politischen Einflusses unzufriedenen Parteifunktionäre. Ihre kritische Stimmung suchte der Stellvertreter des Führers, Rudolf Hess, mit euphemistischen Beschwörungen zu neutralisieren [4]. Auf diese Weise war die Führergewalt sakrosankt und, selbstverständlich, *legibus absolutus,* zumal Minister, Beamtenschaft und Armee anstelle des früheren Verfassungseids den persönlichen Treueid auf Hitler abzulegen hatten.

Mit der Konsolidierung des Führerstaats gab es, sehr im Unterschied zum faschistischen Italien, wo der Duce die ihm freilich willige Monarchie zu tolerie-

---

[2] Vgl. *Wolfgang Horn,* Führerideologie und Parteiorganisation in der NSDAP (1919—1933), Düsseldorf 1972, S. 268; *Broszat,* Staat Hitlers, S. 360 ff.; auch von Alfred Rosenberg ging eine entsprechende Initiative aus.

[3] Vgl. *Hamilton T. Burden,* The Nuremberg Party Rallies 1933—1939, London 1967.

[4] Vgl. z. B. den Auszug der Rede von Heß vom 16. 9. 1935 in: Faschistische Diktatur in Deutschland, Politische Bildung 5. Jg. H. 1, 1972, S. 20 ff.; die Parteitagsreden von Hess in BA Koblenz, NS 26/vorl. 1183.

ren hatte, keinerlei institutionelle Ansatzpunkte dafür, eine stabile Gegenkraft gegen die Alleinherrschaft Hitlers zu entfalten. Auch die Wehrmacht verlor, abgesehen von der zugunsten Hitlers geänderten Spitzengliederung und der konkurrierenden Waffen-SS, ihre politisch-moralische Autonomie spätestens mit dem Beginn des Rußlandfeldzuges [5]. Karl Dietrich Bracher hat daher über Hitlers Machtstellung geurteilt: „Grundlegend für den Nationalsozialismus und sein Herrschaftssystem ist, daß es von Anfang bis zum äußersten Ende mit diesem Manne stand und fiel" [6]. In der Tat fand sich nach der Ermordung Ernst Roehms, der nahezu der einzige der hohen NS-Satrapen war, der sich gegenüber Hitler eine unabhängige Stellung bewahrte und ihm offen zu widersprechen wagte, keine einflußreiche Persönlichkeit innerhalb der verzweigten NS-Führungsclique mehr, die sich nicht bedingungslos Hitler unterordnete und Bedenken gegen die Führungsentscheidungen des Diktators nicht zurückstellte. Erst in den letzten Wochen des Krieges wagte es Albert Speer, sich den unsinnigen Zerstörungsbefehlen Hitlers zu entziehen, die die wirtschaftliche Fortexistenz der Nation vollends zerstört hätten. Bezeichnenderweise setzten die Diadochenkämpfe zwischen Goering, Himmler, Goebbels und Bormann erst zu einem Zeitpunkt ein, als Hitlers Absicht, freiwillig aus dem Leben zu scheiden, feststand — offiziell in der historischen Stilisierung, bis ans Ende im Führerbunker unter der Reichskanzlei auszuharren und mit der Waffe in der Hand zu fallen.

Hitler besaß die einzigartige Begabung, Politiker und Militärs, die sich seinen strategischen und diplomatischen Entscheidungen widersetzen wollten, umzustimmen und — noch in den späten Jahren des Zweiten Weltkriegs — mit Siegeszuversicht zu erfüllen. Dies galt für Generalfeldmarschall von Kluge ebenso wie Generalfeldmarschall Rommel, für Rüstungsminister Albert Speer wie für einzelne skeptisch werdende Gauleiter. Die Ausstrahlungskraft Hitlers hatte daran einen wichtigen Anteil, aber sie setzte Anpassungsbereitschaft voraus. Es ist erstaunlich zu sehen, daß Männer, die sonst ein unabhängiges Urteil hatten, Hitlers Faszination widerstandslos erlagen. Hitlers Fähigkeit, sich auf den jeweiligen Gesprächspartner instinktiv einzustellen, und seine Gewohnheit, Zweifelnde durch Überredung zu überzeugen, eine Konfrontation hingegen zu vermeiden, bieten eine gewisse psychologische Erklärung. Gleichwohl reicht dies als Begründung dafür nicht aus, daß sich ihm niemand entgegenzustellen wagte, nachdem es offenkundig geworden war, daß das Reich dem Abgrund zusteuerte. Auch die Bewegung des 20. Juli 1944 zögerte lange, Hitler durch ein Attentat auszuschalten, und Carl Goerdeler war von der Überzeugung durchdrungen, daß es

[5] Vgl. dafür neben der Darstellung von *Klaus-Jürgen Müller,* Das Heer und Hitler. Armee und nationalsozialistisches Regime 1933—1940, Stuttgart 1969 die Untersuchung von *Christian Streit,* Keine Kameraden. Die Wehrmacht und die sowjetischen Kriegsgefangenen 1941—1945, Stuttgart 1978, insbes. S. 58 ff.

[6] *Karl Dietrich Bracher,* Zeitgeschichtliche Kontroversen. Um Faschismus, Totalitarismus, Demokratie, München 1976, S. 85.

möglich sein müsse, Hitler durch einen offenen Protestschritt seiner Generäle von der Unhaltbarkeit seiner Politik zu überzeugen [7].

Wie kam es, daß die große Mehrheit auch der traditionellen Eliten im Banne der Ausstrahlungskraft Hitlers stand, obwohl die Inhaber hoher Positionen, anders als die Masse der Bevölkerung hinreichend Informationsmöglichkeiten besaßen, um sich davon zu überzeugen, daß Hitlers militärischer Amoklauf die ganze Nation ins Verderben riß? Sicherlich spielte für ihre psychologische Gleichschaltung der mit größtem propagandistischen Aufwand und massivem psychologischen Druck durchgesetzte Führerkultus eine maßgebende Rolle [8]. Goebbels war es in der Tat gelungen, die ganze Nation auf die Person Hitlers als des schicksalhaften Führers, dessen Tatkraft, dessen Einsicht und dessen Opferbereitschaft angeblich alles Dagewesene überstieg, zu fixieren. Der Führermythos erwies sich als erstaunlich stabil; er verselbständigte sich in zunehmendem Maße von dem Prestige der NS-Bewegung. Als Anfang 1945 deutsche Kriegsgefangene von amerikanischen Dienststellen auf ihre Haltung zum NS-Regime befragt wurden, äußerten diese schärfste Kritik an der Partei, an der Bonzokratie, an der Korruption, aber nahmen Hitler bezeichnenderweise von dieser Polemik aus [9]. Der vielzitierte Satz „Wenn das der Führer wüßte" spiegelt die in der Öffentlichkeit dominierende Mentalität, wonach die offenkundigen Mißstände, das Luxusleben vieler nationalsozialistischer Funktionäre, aber auch die Verbrechen des Regimes nicht Hitler anzulasten seien, sondern seinen Unterführern [10].

Die extreme Fixierung breiter Bevölkerungsgruppen auf Hitler äußerte sich auch darin, daß die Popularitätskurve des Regimes nach dem gescheiterten Attentat vom 20. Juli 1944 vorübergehend scharf anstieg und die Auffassung verbreitet war, nicht Hitler, sondern die konservative Generalität sei für die schweren Niederlagen an der Ostfront verantwortlich [11]. Für viele großbürgerlichen Anhänger des Regimes, wie Albert Speer, und zahlreiche hohe Offiziere war es bezeichnend, daß ihre persönliche Bewunderung für Hitler mit einer weitgehenden politischen Indifferenz und relativen Kritik an der nationalsozialistischen

---

[7] Zusammenfassend *Ger van Roon*, Widerstand im Dritten Reich, München 1979, vor allem S. 146 ff.

[8] Es erscheint charakteristisch, daß der „Führerkult" auf die Münchner engeren Parteigänger Hitlers, vor allem Hess und Esser, zurückging und ihm in gewisser Beziehung aufgedrängt wurde; vgl. *Albrecht Tyrell*, Vom Trommler zum Führer! Der Wandel von Hitlers Selbstverständnis zwischen 1919 und 1924 und die Entwicklung der NSDAP, München 1975.

[9] Vgl. *Marlis G. Steinert*, Hitlers Krieg und die Deutschen. Stimmung und Haltung der deutschen Bevölkerung im Zweiten Weltkrieg, Düsseldorf 1970, S. 556 f.

[10] Der Anregung meines Kollegen Winfried Schulze, daß diese Haltung im deutschen Kaisermythos angelegt ist, wäre im einzelnen nachzugehen.

[11] Vgl. *Steinert*, S. 487 f.

Bewegung einher gehen konnte[12]. Namentlich die Liquidierung der SA-Führung vom 30. Juni 1934 hatte viele konservative Bündnispartner des Regimes in dem bleibenden Eindruck bestärkt, daß Hitler, anders als der in ihren Augen sozialrevolutionäre Flügel der NSDAP, im Grunde für eine gemäßigte Politik eintrete und daß man ihn gegenüber den Radikalen in der Partei unterstützen müsse. Dieser verhängnisvolle Irrtum bewirkte, daß die Wehrmachtsführung, ohne von Hitler dazu gezwungen zu sein, die Armee einen persönlichen Treueid auf die Person des Diktators schwören ließ. Hitlers radikale öffentliche Reden nahm man zunächst vielfach nicht als ernsthafte Absichterklärungen, sondern als Lippendienst an die nationalsozialistische Bewegung.

All dies bildet jedoch keine hinreichende Erklärung für die Fixierung auch der nicht ausdrücklich nationalsozialistisch eingestellten Machteliten auf die Person Hitlers, zumal als dieser in der Außenpolitik das nationalkonservative Programm der Revision von Versailles durchbrach und einen imperialistischen Annexionskrieg entfesselte, an dessen Ende das Großgermanische Reich deutscher Nation, die totale Beherrschung des Kontinents durch das Deutsche Reich und der Anspruch auf Weltherrschaft stehen sollte. Die innenpolitischen Widerstände, die durch die dann vermittels des Münchner Abkommens unterbundene Absicht Hitlers, die Tschechoslowakei militärisch zu zerschlagen und das Risiko eines Weltkriegs einzugehen, und den Entschluß zum Überfall auf Polen im August 1939 ausgelöst worden waren, entfielen nach den unerwarteten Siegen über Polen und Frankreich. Nach dem Frankreichfeldzug befand sich Hitler innenpolitisch auf dem Gipfel seines Erfolges. Abgesehen von den illegal konspirierenden Kommunisten und den oppositionellen sozialdemokratischen Gruppen waren auch diejenigen, die vorher noch skeptisch geblieben waren, von der Genialität und Führungsbegabung Hitlers überzeugt; die Militäropposition sollte sich, abgesehen von der kleinen Gruppe um Generaloberst Beck, erst Jahre später wieder konsolidieren.

Die bedrohliche Kriegssituation nach der verlorenen Winterschlacht vor Moskau und der angebliche Existenzkampf gegen die Gefahr des Bolschewismus sicherten Hitler erneut die Loyalität breiter Gruppen der Nation. Erst die Wende von Stalingrad brachte im Januar 1943 ein Umkippen der „Stimmung" und verzweifelte Anstrengungen von Goebbels, den Durchhaltewillen der Nation „anzukurbeln". Goebbels' berühmte Sportpalast-Rede „Wollt Ihr den totalen Krieg" und die stürmischen Ovationen, die seiner verantwortungslosen Demagogie gespendet wurden, belegen noch einmal mehr, wie sehr viele Deutsche den Sinn für die Realität verloren hatten und allzuleicht bereit waren, sich dem Rausch nationalsozialistischer Endsiegbeschwörungen hinzugeben[13].

---

[12] *Hans Mommsen*, Spandauer Tagebücher. Bemerkungen zu den Aufzeichnungen Albert Speers im Internationalen Militärgefängnis, in: PVS 17 (1976), S. 108—114.

[13] Vgl. *Steinert*, Hitlers Krieg, S. 334 ff.; *Ernest K. Bramstedt*, Goebbels und die nationalsozialistische Propaganda 1925—1945, Frankfurt 1971, S. 356 ff.

Die Ursachen dafür sind vielfältig. Es gehörte zum Wesen des Regimes, den einzelnen nicht zur Besinnung kommen zu lassen. Die Lebensverhältnisse in den letzten Kriegsjahren, die Auswirkungen des Bombenkrieges, die ständige Überforderung des einzelnen am Arbeitsplatz und die Inanspruchnahme aller freien Energien zur Sicherstellung der alltäglichsten Lebensbedürfnisse wie die der nationalsozialistischen Indoktrinierung parallel gehende Entpolitisierung der Bevölkerung hatten einen wesentlichen Anteil daran, daß Kritik an Einzelerscheinungen des Regimes sich nicht zu wirklicher Oppositionshaltung verdichtete [14]. Die *unconditional surrender*-Forderung, die von Goebbels' Propaganda geschickt ausgeschlachtet wurde, und die nachwirkende antibolschewistische Indoktrinierung, so wenig sie mit den Erfahrungen der Soldaten an der Ostfront einherging, riefen, zusammen mit fehlenden Informations- und Kommunikationsmöglichkeiten, das Bewußtsein einer ausweglosen Lage hervor, in der alles darauf anzukommen schien, die deutschen Kriegsanstrengungen zum Erfolg zu führen. Es gab — dies war eine Auswirkung der jahrelangen Propaganda — für den durchschnittlichen Deutschen keine psychologische Alternative zur Loyalität gegenüber Hitler, wenn er sich nicht außerhalb der Nation stellen wollte. Hitlers Person symbolisierte, obwohl er sich nicht mehr in der Öffentlichkeit zeigte und immer seltener über den Rundfunk sprach, die Einheit und den Bestand der Nation. Der terroristische Druck, die konkrete Gefährdung, daß regimekritische Äußerungen zur Einweisung in ein Konzentrationslager führten, wirkten zusätzlich ein.

Unter den Bedingungen eines terroristischen Diktaturregimes und einer vollständig manipulierten öffentlichen Meinung bestanden ohnehin keine Chancen, daß innerhalb der breiten Bevölkerung politische Gegenkräfte gegen den selbstmörderischen Kurs des Regimes mobilisiert werden konnten. Es gehörte zum Schicksal des kommunistischen wie des bürgerlichen Widerstands, daß sie im ganzen über ein begrenztes Anhängerpotential nicht hinausgelangten und insbesondere, mit wenigen Ausnahmen, keinen Widerhall bei der jüngeren Generation fanden, die eine andere politische Struktur als die faschistische nicht mehr kennengelernt hatte [15]. Gegenkräfte mußten von den Machtbastionen des Regimes innerhalb der öffentlichen Apparate wie der Kader der NSDAP und den sekundär entstandenen Bürokratien wie der SS und der zahllosen Einsatzstäbe im Spannungsfeld von Partei und Staat ausgehen. Es gab Ansätze zur Opposition auch innerhalb der systemnahen Apparate, darunter einzelnen Teilen der

<hr>

[14] Dies ist das charakteristische Moment der über Unzufriedenheit und partielle Opposition in der Bevölkerung Auskunft gebenden Stimmungsberichte; vgl. *Martin Broszat* u. a. (Hrsg.), Bayern in der NS-Zeit. Soziale Lage und politisches Verhalten der Bevölkerung im Spiegel vertraulicher Berichte, München 1977, insbes. S. 554 f. und 595 f.

[15] Hierin unterscheidet sich meine Position von der wesentlich optimistischeren Einschätzung durch *van Roon*, S. 39 ff. Vgl. *Steinert*, S. 589.

SS-Bürokratie. Ebenso breitete sich im Funktionärskorps der NSDAP Unzufriedenheit und Kritik an Einzelerscheinungen des Regimes aus. Die geheimen Stimmungsberichte der Gestapo, die gewiß kein ungeschminktes Bild der Wirklichkeit darboten, enthalten reiches Anschauungsmaterial für die anwachsenden inneren Spannungen des Regimes [16]. Indessen artikulierte sich die allenthalben vorhandene Unzufriedenheit nicht politisch, sondern erzeugte eher Apathie und Resignation. Die häufige Teilkritik an den Korruptionserscheinungen des Regimes, vor allem an der Haltung der Parteifunktionäre, erstickte zudem in der unablässigen Rivalität der zersplitterten Machtapparate des Systems. Sie verdichtete sich nicht zu einer Gesamtablehnung und sparte insbesondere Hitlers Person aus.

Unter normalen Bedingungen hätten sich in einem so starken Streß ausgesetzten politischen System — auch unter totalitär-terroristischen Bedingungen — Gegenkräfte herausbilden müssen, die die politische Führung gezwungen haben würden, um der Systemstabilisierung willen die übersteigerten Expansionsziele abzubauen und den innenpolitischen Status quo zu sichern. In der Tat hatten die konservativen Bündnispartner Hitlers im Januar 1933 geglaubt, daß Hitler, wenn er einmal im Besitz der politischen Gesamtverantwortung sei, seine radikalen Zielsetzungen herunterschrauben würde. Das konservative „Zähmungskonzept" schien sich auch zunächst, wenn auch nicht im Sinne des Vizekanzlers von Papen und Alfred Hugenbergs, die, wie die öffentliche Meinung, damit rechneten, daß Hitler in wenigen Monaten abgewirtschaftet haben würde, zu bewahrheiten. Der Demagoge Hitler stilisierte sich in der ersten Phase seines Regimes als gemäßigter Staatsmann. Dies galt insbesondere in außenpolitischer Beziehung. In den ersten Jahren nach der Machtergreifung schlug Hitler einen unerwartet behutsamen außenpolitischen Kurs ein, der, in seiner taktischen Intention nicht voll verstanden, zum großen Teil von den deutschnationalen Bündnispartnern — so bezüglich des deutsch-polnischen Nichtangriffspakts — kritisch aufgenommen wurde. Auch schien die Niederschlagung der angeblichen Röhm-Revolte zu beweisen, daß Hitler entschlossen war, eine sozialrevolutionäre Entwicklung, wie sie sich in dem gerüchtweise verbreiteten Slogan von der „zweiten Revolution" abzeichnete, rücksichtslos abzublocken. In zahlreichen anderen Fragen der Innenpolitik desavouierte Hitler die weiterreichenden Wünsche der NSDAP und SA. Die Reichsregierung unterband spontane Eingriffe von Parteidienststellen in die Wirtschaft und machte alle Anstrengungen, um das spontan entstandene Kommissar-System von SA und NSDAP wieder abzubauen. Die NSDAP, geführt von dem wenig energischen Stellvertreter des Führers, Rudolf Hess, erlangte keineswegs den erwarteten Einfluß auf die öf-

---

[16] Die von Martin Broszat (Bayern in der NS-Zeit) vorgelegten Materialien bedürfen noch einer differenzierten Auswertung; grundlegend nach wie vor *Heinz Boberach*, Meldungen aus dem Reich. Auswahl aus den geheimen Lageberichten des Sicherheitsdienstes der SS 1939—1944, Neuwied 1965.

fentliche Verwaltung, von Einbrüchen auf der kommunalen Ebene abgesehen. Die Politischen Leiter fühlten sich gegenüber der Bürokratie zurückgesetzt [17].

Die Partei, deren Propagandaapparate dem Reichsministerium für Propaganda unterstellt wurden, verlor, trotz des „Gesetzes zur Sicherung der Einheit von Partei und Staat" und trotz der Erhebung von Rudolf Hess in den Ministerrang allen effektiven Einfluß auf die zentralen politischen Entscheidungen. Zwar vermochte Martin Bormann, zunächst als Stabsleiter von Hess, dem Verbindungsstab des Stellvertreters des Führers einen gewissen Einfluß auf die staatliche Gesetzgebung zu sichern, indem er seiner Dienststelle die Funktion einer mit dem Chef der Reichskanzlei konkurrierenden Koordinationsinstanz zwischen der Ministerialebene und dem engeren Führungsstab Hitlers verschaffte; aber der Tatbestand, daß der von Bormann aufgebaute Apparat bis in die letzten Kriegsjahre hinein nicht in der Lage war, den Einfluß der führerimmediaten Gauleiter zu neutralisieren, und daß dieser weder den Vierjahresplan Hermann Goerings noch den sich alsbald verselbständigenden, vielfältigen Machtapparat Heinrich Himmlers kontrollieren konnte, deutet auf die relative Schwäche der NSDAP als politischer Organisation hin; ihre Funktionen beschränkten sich nach und nach darauf, soziale Betreuungsaktionen durchzuführen und das Winterhilfswerk zu betreiben, zumal mit dem Wegfall von Wahlkämpfen und Plebisziten ihre ursprüngliche Zweckbestimmung nicht mehr benötigt wurde. Auf Betreiben des Sicherheitsdienstes wurde der NSDAP die Unterhaltung eines eigenen internen Nachrichtenapparates untersagt. Wirklicher politischer Einfluß stand hohen NS-Funktionären nur dann offen, wenn es ihnen gelang, öffentliche Ämter in Personalunion mit zu versehen oder öffentliche Aufgaben zu usurpieren.

Gleichwohl erfüllte sich die Hoffnung zahlreicher autoritär konservativ eingestellter Mitglieder der traditionellen Führungseliten nicht, daß die Entmachtung der SA und die zunehmende Reduzierung des Einflusses der NSDAP als Massenorganisation zum reibungslosen Funktionieren eines in sich geschlossenen staatlichen Machtapparats führen würde. Zwar konnte der Reichsminister des Inneren, Wilhelm Frick, durch die Gleichschaltung der Länderbürokratien, seinen Verwaltungsapparat vervielfachen und brachte die freilich unvollkommene Vereinigung der preußischen und der Reichs-Verwaltung eine lang angestrebte Rationalisierung, aber es erwies sich rasch, daß das Reichsinnenministerium, trotz seiner gesteigerten Kompetenzen, nicht in der Lage war, sich gegenüber den auf ihre territorialen Positionen gestützten Gauleitern durchzusetzen, so daß die erstrebte Reichsreform ebenso wie die Reorganisation der öffentlichen Verwaltung auf der Strecke blieb und außer der Deutschen Gemeindeordnung und dem nach vielen Querelen schließlich 1937 verabschiedeten Reichsbeamtengesetz die Verfassungsreformpläne Fricks Makulatur wurden. Frick, der mit seinen Vorschlägen bei Hitler nicht durchdrang und der die Zuständigkeit für die Polizei

[17] Vgl. *Hans Mommsen*, Beamtentum im Dritten Reich, Stuttgart 1966, S. 32 ff. und oben Anm. 4.

an Himmler verlor, obwohl dieser formell dem Reichsminister des Innern unterstellt blieb, erkannte schließlich die Aussichtslosigkeit seiner auf eine eigenständige nationalsozialistische Verfassung gerichteten Reorganisationspläne. Nach Hitlers mehrmals aufgeschobener Einwilligung in Fricks Demission trat dieser an die Stelle des Barons von Neurath als Reichsprotektor in Böhmen und Mähren[18].

Es war ein Charakteristikum des Dritten Reichs, daß Hitler es teils förderte, teils billigte, wenn sich der zunächst nur gleichgeschaltete Staatsapparat in eine Fülle konkurrierender Instanzen auflöste und dieser durch eine beständig wachsende Zahl kommissarischer Apparate, die sowohl als öffentliche wie als Parteieinrichtungen fungierten, aufgeschwemmt wurde. Die vielbeschriebene Ämteranarchie des Dritten Reiches hatte ihren Ursprung in der spezifischen Struktur der NSDAP vor der Machtergreifung. Die Partei war ausschließlich als Wahlorganisation konzipiert; Einfluß auf die Führungsentscheidungen hatten die Parteikader allenfalls akzidentiell, und eine institutionalisierte innerparteiliche Willensbildung gab es ohnedies nicht. Die Erteilung von ad hoc-Vollmachten an die verschiedenen Unterführer und die Belassung eines breiten Bewegungsspielraums für die einzelnen Hoheitsträger entsprang dem Bedürfnis, die Werbewirksamkeit der Partei zu erhöhen.

Die Partei besaß — sehr im Unterschied zum kommunistischen Typus — keine bürokratische Führungsstruktur. Ihre innere Organisation glich auch nicht dem Befehlsweg der Armee, sondern beruhte auf dem Prinzip weitgehender Handlungsfreiheit ihrer einzelnen Unterorganisationen bei gleichzeitiger Fixierung des für „unabänderlich" erklärten Parteiprogramms. In der Praxis handelte es sich nicht um ein stufenhaftes System der Zuständigkeiten, sondern um eine konkurrierende Führungsstruktur, wie sich einerseits aus dem Prinzip der doppelten — disziplinarischen wie politischen — Unterstellung der einzelnen Parteifunktionäre[19] ergab, andererseits aus der fehlenden Koordination zwischen politischer Organisation, SA, SS und der zahlreichen angegliederten Verbände und Berufsorganisationen. Die kurzfristigen Vorteile dieses Systems der „Menschenführung" gegenüber bürokratischer Organisation liegen auf der Hand[20]. Sie erlaubten es, die notwendig auftretenden Rivalitäten zwischen Apparaten und Unterführern in den Dienst der ungeheuren politischen Mobilisierung zu stellen, die das eigentliche Novum der Organisations- und Propagandatechnik der NSDAP als spezifisch faschistischer Partei darstellte.

Eine dem Umkreis der Parteikanzlei entstammende Denkschrift von 1942 beschrieb diesen für Hitler charakteristischen Führungsstil durchaus kritisch. „Das Prinzip des Wachsenlassens", heißt es dort, „bis der Stärkste sich durchgesetzt

---

[18] Vgl. dazu die grundlegende Arbeit von *Jane Caplan*, The Civil Servant in the Third Reich, D. Phil. thesis Oxford 1973 (ungedruckt).

[19] Vgl. *Horn*, S. 283 ff.

[20] Vgl. *Mommsen*, Beamtentum, S. 115 f.

hat, ist sicherlich das Geheimnis der geradezu verblüffenden Entwicklung und Leistung der Bewegung". Doch habe dieses Prinzip, das „in der Aufbauzeit sicherlich nützlich gewesen" sei, den Nachteil, daß sich die Energien der Bewegung auf die Dauer in „Kompetenzstreitigkeiten bis in die Ortsgruppen hinein" verzehrten und daß es politische „Despoten" heranzüchte, die „keine andere Meinung neben sich" duldeten [21]. Die spezifische Organisationsstruktur der NSDAP, die den jeweiligen Unterführer praktisch nur auf die unbedingte Loyalität gegenüber der Person des Diktators verpflichtete, im übrigen alle Interessendivergenzen auf den Weg persönlich gefärbter Rivalitäten oder Konflikte lenkte angesichts des Verbots, Meinungsverschiedenheiten weder nach außen dringen zu lassen noch innerparteilich zu erörtern, stimmte mit den sozialdarwinistischen Vorstellungen Hitlers und seiner engeren Clique überein. Auch entsprach diese im strikten Sinne politisch *amorphe* Struktur dem Bedürfnis der Münchner Ortsgruppe, keine konkurrierenden Machtzentren innerhalb der Partei aufkommen zu lassen [22].

Sicherlich war dieses von Hitler nachdrücklich begünstigte Organisationsprinzip nicht einfach der Ausfluß einer divide-et-impera-Taktik, obwohl solche Erwägungen sicherlich mitspielten. Wäre dies ausdrücklich der Fall gewesen, hätte Hitler sich der Herausbildung von politisch unkontrollierbar werdenden Machtapparaten widersetzen müssen, nicht zuletzt dem Wachstum des SS-Imperiums Heinrich Himmlers. Indessen pflegte Hitler diesen Prozeß noch zu unterstützen und in die von sekundären Apparaturen vorangetriebene Politik nur zögernd und erst dann einzugreifen, wenn seine eigene Machtstellung unmittelbar tangiert schien. Dies gilt auch für den angeblichen Röhm-Putsch, der, hochgespielt von Himmler und Göring und begleitet von einer verstärkten Aktivität der neokonservativen Gruppen hinter dem Vizekanzler von Papen, die Gefahr anzukündigen schien, daß die Reichswehr, ausgestattet mit dem Vollzug des Ausnahmezustandes, das Kabinett Hitler lahmlegen und den Weg zu einer autoritären Militärdiktatur bahnen würde; Hitler entschied sich erst spät und nach langen Vermittlungsversuchen, unter dem massiven Druck der SS, zu einem dann freilich „rücksichtslosen" Eingreifen [23].

Andererseits tat Hitler wenig, um die sich schon unmittelbar nach der Machtergreifung abzeichnenden Führungsrivalitäten zu kanalisieren. Dies entsprach

[21] Vgl. das ursprünglich Röver zugeschriebene Memorandum von Paul Wegener vom Sommer 1942 (*Dietrich Orlow*, The History of the Nazi Party 1933—1945, Pittsburgh 1973, S. 352 f.), NSDAP-Parteikanzlei, IfZ, Bl. 9 ff.

[22] *Horn*, S. 65 ff.; vgl. die grundlegende Studie von *Joseph Nyomarkay*, Charisma and Factionalism in the Nazi Party, Minneapolis 1967.

[23] Eine abschließende Analyse der Vorgänge fehlt; vgl. vor allem *Karl Martin Graß*, Edgar Jung, Papenkreis und Röhmkrise 1933/34, Phil. Diss. Heidelberg 1966 (Mschr.), insbesondere S. 236 ff., ferner *Charles Bloch*, Die SA und die Krise des NS-Regimes 1934, Frankfurt 1970, der freilich teilweise ältere, unzuverlässige Überlieferungen übernimmt.

der von ihm als Parteiführer immer wieder praktizierten Devise, in innerparteiliche Konflikte nicht einzugreifen, sondern deren Ausgang abzuwarten und jede
persönliche Festlegung, die sich später als schädlich erweisen könnte, zu vermeiden. Es war außerordentlich bezeichnend, daß Hitler auf die beredten Klagen
Fricks über die Eigenmächtigkeit der Reichsstatthalter entschied, daß es im allgemeinen unterbleiben müsse, Meinungsverschiedenheiten zwischen den Reichsstatthaltern und dem RMdJ „seiner Entscheidung zu unterbreiten", abgesehen
von Fragen „von besonderer politischer Bedeutung" [24]. Auch im Reichskabinett
entzog sich Hitler entsprechenden Konflikten und verlangte, daß sich die Res-
sortchefs zu einer gemeinsamen Linie zusammenfinden müßten, bevor eine Ka-
binettsvorlage verabschiedungsreif sei. In der Sache führte dieser Regierungsstil
dazu, daß strittige Fragen entweder vollständig tabuisiert — wie die Reichsreform [25] — oder auf die lange Bank interministerieller und parteibürokratischer
Auseinandersetzungen geschoben wurden.

Das System der Verzögerung oder der Vermeidung politischer Grundsatzent-
scheidungen durch Hitler — abgesehen von den Bereichen, denen er momentane
oder dauernde Priorität einräumte, darunter bestimmten Aspekten der äußeren
Politik — war von der ebenfalls aus der Kampfzeit übernommenen Gewohnheit
begleitet, für politische Aufgaben, die als besonders dringlich erachtet wurden,
ungeachtet der bestehenden Kompetenzen, neue kommissarische Bürokratien und
Verwaltungsstäbe einzurichten, ohne die bisherigen Geschäftsverteilungen zu verändern. Das bekannteste Beispiel dafür ist die Schaffung der weitgehend von der
IG Farben bestückten Bürokratie des Vierjahresplans, die nach und nach das
Reichswirtschaftsministerium mattsetzte [26]. Eine derartige Problemlösungsstrate-
gie entsprang Hitlers tiefer Abneigung gegen die staatliche Bürokratie und die
Juristen, denen er Effektivität und Schlagkraft nicht zutraute, und sie erwies sich
kurzfristig als relativ erfolgreich, wie vor allem die von Albert Speer, unter
Umgehung fast aller konkurrierender Zuständigkeiten, darunter der des Vierjah-
resplans, erreichte vorübergehende Steigerung der Rüstungskapazitäten bewies.

Die ausschließliche Konzentration auf eine als vordringlich empfundene Aufgabe und die Vernachlässigung alternativer Strategien für den Fall eines Miß-
erfolges entsprachen exakt der von der NSDAP vor der Machtergreifung betriebenen Wahlkampfstrategie, die extreme programmatische und propagandistische Widersprüche aus agitatorischen Bedürfnissen in der Erwartung zuließ,
diese nach der Machteroberung nicht einlösen zu müssen. Auch das Konzept der
Blitzkriegsstrategie, die auf kurzfristigerAnspannung der verfügbaren Ressourcen, nicht auf Tiefenrüstung beruhte, reflektiert diesen spezifisch faschistischen

---

[24] Lammers an Frick am 27. 6. 1934, BA Koblenz R 43/II 495; vgl. *Peter Diehl-
Thiele*, Partei und Staat im Dritten Reich, München 1969, S. 69.

[25] Vgl. *Broszat*, Staat Hitlers, S. 151 ff.

[26] Im einzelnen siehe *Dietmar Petzina*, Autarkiepolitik im Dritten Reich. Der nationalsozialistische Vierjahresplan, Stuttgart 1968.

Führungsstil. Die Gleichschaltung des Staatsapparats im Frühjahr 1933 brachte keine qualitative Änderung dieser die nationalsozialistischen Führungsgruppen bestimmenden Mentalität. Der Führungsstil der Partei wurde gleichsam auf das Reich übertragen, obwohl unter den Bedingungen der Machtsicherung andere Tugenden gefordert waren als die des nationalsozialistischen „Haudegen" und Propagandisten. Daraus resultierte die weitgehende Unfähigkeit der NSDAP selbst, die übernommenen wie die neu entstehenden bürokratischen Apparaturen ihrer effektiven Kontrolle zu unterwerfen [27].

Dieses vielbeschriebene System, das ein hoher Beamter der Reichskanzlei als „vorläufig wohlgeordnetes Chaos" bezeichnete [28], hatte nun freilich unabsehbare politische Konsequenzen. Das Prinzip der „Allzuständigkeit" der jeweiligen Funktionsträger wirkte sich im Zusammenhang mit stets offen bleibenden, gelegentlich durch Privatverträge vereinbarten Kompetenzabgrenzungen, in einer zunehmenden Zersetzung des Staatswesens und Auflösung der inneren Geschlossenheit des nur propagandistisch integrierten politischen Systems zugunsten partikularer Machthaber aus. Dem Kampf um Zuständigkeiten stand die verbreitete Tendenz entgegen, sich dort für unzuständig zu erklären oder Kompetenzen bereitwillig abzugeben, wo unbequeme und moralisch fragwürdige Aktionen im Spiel waren. Die Justiz machte keinerlei Anstalten, ihre Zuständigkeit zu behaupten, wenn es um Maßnahmen gegen Juden, Zigeuner und Angehörige slawischer Nationalitäten ging [29]. Am Abend des 8. November 1938 lehnte es beispielsweise der Generalstaatsanwalt in einer Weisung an die nachgeordneten Behörden ab, in Fällen der Schutzhaftnahme von Juden tätig zu werden [30]. Das Reichsministerium des Innern achtete sorgfältig darauf, daß Deportationsmaßnahmen durch Verordnungen abgestützt wurden, die ausdrücklich seine Nichtzuständigkeit festlegten [31]. Daher konnten sich die Gestapo und später der Volksgerichtshof gegenüber der regulären Justiz immer weiter durchsetzen. Regimegegner und Juden waren in zunehmendem Maße des Schutzes jeglicher Rechtssprechung beraubt und fielen direkt in die Zuständigkeit der Gestapo. Die Rechtsprechung war nahezu ausnahmslos bereit, das positive Recht zu durch-

[27] Vgl. *Hans Mommsen*, Ausnahmezustand als Herrschaftstechnik des NS-Regimes, in: *Manfred Funke* (Hrsg.), Deutschland und die Mächte. Materialien zur Außenpolitik des Dritten Reiches, Düsseldorf 1976, S. 35 ff.

[28] NG-1296, Bl. 4, IfZ.

[29] Vgl. u. a. *Hermann Weinkauff*, Die deutsche Justiz und der Nationalsozialismus. Ein Überblick, in: Die deutsche Justiz und der Nationalsozialismus Bd. I, Stuttgart 1968, S. 152 ff.

[30] Vgl. *Wolfgang Scheffler*, Ausgewählte Dokumente zur Geschichte des Novemberpogroms 1938, in: Beilage zum Parlament. Aus Politik und Zeitgeschichte B 44/78, S. 3—30.

[31] Vgl. *Hans Mommsen*, Aufgabenkreis und Verantwortlichkeit des Staatssekretärs der Reichskanzlei Dr. Wilhelm Kritzinger, in: Gutachten des Instituts für Zeitgeschichte Bd. II, Stuttgart 1966.

brechen und einem Ermessungsstrafrecht zu folgen, das das „gesunde Volks-empfinden" zur zweifelhaften Grundlage hatte, und sie verschrieb sich will-fährig der nationalsozialistischen Ideologie [32].

Die mangelnde Widerstandskraft auch der konservativen Eliten in Bürokratie und Rechtssprechung gegenüber den sich häufenden Willkürakten und verbrecheri-schen Tendenzen der NS-Führungscliquen hängt aufs engste mit der tiefgreifen-den Aushöhlung des liberalen und des Rechtsstaatsgedankens zusammen, die in die Weimarer Republik zurückreicht. Dies erklärt jedoch die Widerstandslosig-keit, mit der sich der überkommene Staatsapparat den Provokationen der NS-Potentaten beugte, nicht hinreichend, zumal Anpassung keineswegs allein un-ter terroristischem Druck erfolgte. Der Mechanismus, der die alten Eliten in die verbrecherische Politik des Regimes verwickelte und sie systematisch moralisch korrumpierte, beruhte vor allem darauf, daß die Dienststellen aller Ressorts in immer stärkerem Maße bereit waren, die Radikalisierung des Regimes mit zu tragen, um nicht einfach umgangen oder ausgeschaltet zu werden. Der Versuch, ihre Existenzrecht zu sichern, war regelmäßig mit rechtsstaatlichen und inhalt-lichen Konzessionen erkauft. Es war bezeichnend, daß man von dieser abschüs-sigen Ebene schließlich überhaupt nicht mehr herunterkam [33]. Das galt nicht zu-letzt für die Wehrmacht, deren Zustimmung zum rassischen Vernichtungskrieg gegen die Sowjetunion ihren moralischen Anspruch verwirkte, Hüter der preu-ßischen Tradition zu sein.

Die Frage, warum sich zahllose, in ihrem privaten Leben in der Regel integre Persönlichkeiten durch das Regime korrumpieren ließen, ist nicht allein damit zu beantworten, daß sie in vielen Punkten inhaltlich mit der nationalsozialistischen Poltik übereinstimmten, insbesondere dem Antibolschewismus und teilweise dem Antisemitismus; verschiedentlich vertraten Mitglieder der traditionellen Eliten die Auffassung, daß die Judenverfolgung nun einmal der Preis sei, der gezahlt werden müßte, um die NS-Bewegung von sozial-radikalen Maßnahmen — Ein-griffen in die Eigentumsverfassung und die herkömmlichen sozialen Privilegien des deutschen Großbürgertums — abzuhalten. Auch bei Angehörigen der Wi-derstandsbewegung wurde die Judenfrage erst dann zu einem Ärgernis, als die Verfolgungsmaßnahmen die assimilierten jüdischen Gruppen sowie Halbjuden und jüdische Mischehen erfaßten, während man bereitwillig der Fiktion folgte,

---

[32] Ein eindrucksvolles Beispiel bietet die Untersuchung von *Hans Robinsohn*, Justiz als politische Verfolgung. Die Rechtsprechung in „Rassenschandefällen" beim Land-gericht Hamburg 1936—1943, Stuttgart 1977.

[33] Dies gilt insbesondere für die Haltung der Ressorts zu der Ausschaltung von Juden und anderen verfolgten „rassischen" Gruppen. Ein typisches Beispiel ist die Äußerung von Johannes Popitz in der Chefbesprechung im RWM am 20. August 1935 (Handakten Lösener, F 71/2, Vermerk Löseners vom 20. August, Bl. 3, IfZ): es sei not-wendig, „daß die Regierung eine bestimmte Grenze — *gleichviel wo* — für die Be-handlung der Juden setze, dann aber mit Nachdruck dafür sorge, daß diese Grenze ein-gehalten werde".

55

daß es notwendig sei, den Einfluß des Ostjudentums in der deutschen Gesellschaft zu eliminieren[34]. Die mangelnde Resistenzfähigkeit breiter Gruppen in der Armee, der Wirtschaft und der Verwaltung hing ferner damit zusammen, daß sowohl innerhalb wie außerhalb des Parteiapparats die gesamte institutionelle Struktur flüssig wurde. Es gab keinen Bereich innerhalb des nationalsozialistischen Staatswesens, in dem nicht für dieselben Aufgaben mehrere Instanzen zuständig waren oder eine Mitzuständigkeit usurpierten. Dies betraf auch die Spitzengliederung und Befehlsstruktur der Wehrmacht. Keiner der nationalsozialistischen Machthaber konnte sicher sein, daß seine arrondierte Machtposition nicht einer plötzlichen Konstellationsänderung zum Opfer fiel, ohne daß es dazu eines ausdrücklichen Eingriffs von Hitler bedurft hätte. Göring, designierter Nachfolger Hitlers und Vorsitzender des Ministerrats für die Reichsverteidigung verlor nach und nach die meisten seiner zusammengeklaubten Vollmachten, zumal sein Ansehen als Reichsluftfahrtminister und Luftwaffenchef nach dem katastrophalen Ausgang der Luftschlacht über dem Kanal und seiner Hilflosigkeit angesichts der alliierten Bomberoffensiven dem Nullpunkt entgegenging. Auch Goebbels fürchtete vorübergehend um seine Stellung bei Hitler; dies war eines der Motive, warum er die Pogrome gegen die jüdische Bevölkerung entfesselte, die unter dem allzu euphorischen Namen der „Reichskristallnacht" in die Geschichte eingegangen sind[35]. Selbst Heinrich Himmler wurde in den letzten Kriegswochen durch eine geglückte Intrige Martin Bormanns kaltgestellt.

Der Zustand notorischer Unsicherheit über die jeweils erkämpfte Machtposition, der von Hitler eher gewohnheitsmäßig als absichtlich gefördert wurde und der im weiten Umfang einfach ein Resultat der Unfähigkeit der Nationalsozialisten war, sich in ein einmal geschaffenes institutionelles Gefüge einzupassen, bewirkte bei den Satrapen des Regimes einen beständigen Wettlauf um die Gunst des Führers. Er veranlaßte fast alle hohen Funktionäre des Regimes, sich durch die Propagierung radikaler Maßnahmen hervorzutun, sofern sie auf der Linie der Hitlerschen ideologischen Tiraden lagen und — was wichtig ist — nicht andere, dominante Interessen innerhalb des Systems in Frage stellten. Martin Broszat hat diesen Mechanismus als Selektion der negativen „Weltanschauungselemente" beschrieben[36]; die kumulative Radikalisierungstendenz, die sich eben aus der andauernden Führungsrivalität herleitete, fand daher ein besonderes Ventil in der Judenfrage. Denn — zumal nach dem Scheitern der Schachtschen

[34] Goerdelers Rücktritt als Oberbürgermeister von Leipzig Anfang 1937 wegen des Konflikts über die Entfernung des Mendelssohn-Denkmals (vgl. *Gerhard Ritter*, Carl Goerdeler und die deutsche Widerstandsbewegung, München ²1964, S. 89) ist symptomatisch, da sie eine gemäßigt antisemitische Haltung bezeugt, die das assimilierte oder der deutschen Kultur zugehörige Judentum ausnimmt.

[35] Vgl. *Helmut Heiber*, Joseph Goebbels, Berlin 1962, S. 280.

[36] *Martin Broszat*, Soziale Motivation und Führerbindung des Nationalsozialismus, in: VjhZG 13 (1970), S. 392 ff.

Devisenpolitik — die Ausschaltung der jüdischen Bevölkerungsgruppe, zunächst aus offiziellen Positionen und angesehenen Berufen, dann aus der Wirtschaft, tangierte keine einflußreichen Interessen, während die Arisierung des jüdischen Vermögens und die Proletarisierung des deutschen Judentums sonst divergierende Interessengruppen gleichermaßen, wenn auch nicht konfliktfrei, zufriedenstellte.

Unter den Bedingungen eines formal funktionierenden politischen Systems — unabhängig von der Verfassungsform — würde eine Interessenabwägung stattgefunden haben, die die unterschiedlichen Auswirkungen angestrebter politischer Maßnahmen gegeneinander verrechnete. Im Dritten Reich war dies jedoch immer seltener der Fall. Dies hing damit zusammen, daß Hitler keineswegs die „Richtlinien der Politik" in dem Sinne bestimmte, daß die jeweils betroffenen Ressorts und Parteistäbe die jeweils von ihnen in Gang gesetzten „Maßnahmen" auf klar festgelegten Anweisungen der Regierungsspitze abstützten[37]. Zwar gab es unzählige, detaillierte Eingriffe in die Verwaltung, die Rechtsprechung und die Personalpolitik; hingegen blieben, abgesehen von der generalstabsmäßigen Vorbereitung der kriegerischen Expansion — die grundsätzlichen Direktiven allgemein, unklar und häufig widersprüchlich.

Planung in einem rational-kalkulierten, alle Eventualitäten berücksichtigenden Sinne gab es nur auf der Ebene der einzelnen, unkoordinierten Apparate. Hitler handelte — aus Gewohnheit, aus Bequemlichkeit und weil er sich davon eine höhere Effektivität versprach — umgekehrt. Er pflegte die rivalisierenden Macht- und Hoheitsträger zu Initiativen zu ermuntern und nur dann, in der Regel bremsend, einzuschränken, wenn ihm wichtig erscheinende politische Prioritäten dadurch gefährdet schienen oder wenn offene Konflikte auftraten, die die propagandistische Geschlossenheit des Regimes in Frage gestellt hätten. Es entwickelte sich daher ein Regierungsstil, der durch eine Unzahl von Einzelinitiativen der verschiedenen Ressorts und Dienststellen bestimmt war, ohne daß eine Koordination der Maßnahmen erfolgte. Stellte sich heraus, daß infolge der mangelnden Prioritätensetzung existentielle Ziele des Regimes nicht hinreichend verwirklicht wurden, betraute Hitler einen neuen Bevollmächtigten mit dieser Aufgabe und räumte diesem eine Generalkompetenz ein, wobei es offen blieb, ob dieser in der Lage war, sich auch wirklich durchzusetzen. Das Regime beugte daher krisenhaften Entwicklungen — in der Rohstoffversorgung, auf dem Arbeitsmarkt, bezüglich der Devisenlage oder der Versorgung der Bevölkerung — höchst unzureichend vor und reagierte auf mutwillig geschaffene emergency-Situationen und Engpässe in der Regel hypertroph und häufig unangemessen. Trotz beachtlicher kurzfristiger Effektivität führte dieses Vorgehen zu sich potenzierenden Reibungsverlusten, wie die im Vergleich zu Großbritanniens

[37] Vgl. *Edward N. Peterson*, The Limits of Hitler's Power, Princeton 1969, S. 7 ff.; *William Carr*, Hitler. A Study in Personality and Politics, London 1978, S. 40 ff.; abweichend *Joachim C. Fest*, Hitler. Eine Biographie, Frankfurt 1973, insbes. S. 572 ff., vgl. aber S. 923 f.

späten Rüstungsanstrengungen wenig erfolgreiche Tätigkeit des Vierjahresplans beweist. Das nur fallweise Eingreifen der Reichsführung hatte notwendig zur Folge, daß die Aktivität der einzelnen Apparate des Regimes in die verschiedensten Richtungen lief, so daß häufig an einem Ort Gesetzesentwürfe oder Verordnungen vorbereitet wurden, während an einflußreicherer Stelle bereits Pläne vorhanden waren, die diese überholten. Die Kriegsanstrengung überdeckte partiell diese inneren Zerfallssymptome, die auch rüstungstechnisch zu schweren Fehlentscheidungen Anlaß gaben.

Wichtiger waren die psychologischen Desorganisationserscheinungen, die von diesem System ausgingen. Da es — von wenigen Ausnahmen abgesehen — keine geregelte Information der maßgebenden Positionsinhaber über die laufenden oder beabsichtigten politischen Maßnahmen gab, es sich vielmehr einbürgerte, daß — nicht nur aus Gründen der Geheimhaltung — Sonderaufträge nur den damit unmittelbar befaßten Dienststellen zur Kenntnis gegeben wurden, trat gerade auf der mittleren Führungsebene ein extremer Kommunikationsverlust ein [38]. Die Folge davon war, daß zwar innerhalb der jeweiligen Ressorts ein eingehender Überblick über die dort anstehenden Probleme bestand, während bereits die interministeriellen Beziehungen vielfach zufällig zustande kamen oder willkürlichen Charakter hatten, daß aber eine planmäßige Koordinierung der Führungsentscheidungen nur fallweise stattfand. Daher waren selbst höchste Positionsinhaber nur unzureichend über die tatsächliche innere Situation, über die diplomatischen Abläufe, die militärische Lage und insbesondere die in den okkupierten Gebieten ergriffenen Maßnahmen offiziell und korrekt informiert [39].

Gleichzeitig entwickelte die nationalsozialistische Führungsschicht eine Mentalität der gezielten Verdrängung unbequemer Tatbestände. Zum Kommunikationsverlust trat die ausgesprochene Kommunikationsverweigerung. Daher konnte Albert Speer nach dem Kriege versichern, daß er über die Endlösung der Judenfrage nicht informiert gewesen sei [40]. Das System der Eskamotierung der Verantwortung, der Umstand, daß niemand bereit war — vielleicht mit Ausnahme Martin Bormanns als der „grauen Eminenz" des zerfallenden NS-Systems —, das Ganze im Blick zu halten und daß alles politische Denken in technokratischen Detailfetischismus umschlug, führten dazu, daß Proteste und Widerstände

---

[38] *Albert Speers* „Spandauer Tagebücher" (Frankfurt 1975) sind voller Anschauungsmaterial. Eine systematische Analyse der Verteiler der verschiedenen Informationsdienste wäre wünschenswert.

[39] Das gilt etwa für den Staatssekretär der Reichskanzlei, Dr. Kritzinger (vgl. oben Anm. 31).

[40] Vgl. Albert Speer: Entgegnung auf die Ausführung von Professor Erich Goldhagen in „Midstream", Oktober 1971 (Juli 1972), sowie: Ergänzung zu meinen Ausführungen über den Artikel von Professor Erich Goldhagen (Juli 1973), IfZ Archiv ED 99. Vgl. Anm. 12.

gegen politische und militärische Fehlentscheidungen nur in Ausnahmefällen artikuliert wurden. Von noch grundsätzlicherer Bedeutung erscheint, daß in einem solchen Klima Proteste gegen Gewaltmaßnahmen und Verbrechen keinerlei Resonanz fanden, wenn sie überhaupt geäußert wurden. Die stufenhafte Gewöhnung an systematisch betriebene Rechtszerstörung und Gewaltakte bewirkte stumpfe Resignation und frivole Gleichgültigkeit, längst ehe das Regime die Ausrottungspolitik gegen die jüdische Bevölkerung Europas, gegen Slawen und Angehörige angeblich minderwertiger Rassen bewußt in Gang setzte und nach dem Beginn des Rußlandfeldzugs mit zynischer Perfektion betrieb.

Welche Rolle spielte Hitler in dem kumulativen Radikalisierungsprozeß, der das NS-Regime endgültig erfaßte, nachdem im September 1939 innen- und schließlich außenpolitische Rücksichtnahmen zunehmend entfielen? Der Diktator hatte grundlegende Reformen auf staatlicher Ebene, wie sie Frick mit dem Ziel einer Verfassung des Großdeutschen Reichs anstrebte [41], verhindert. Die laufenden Regierungsgeschäfte interessierten ihn wenig. Anders als Mussolini war Hitler nicht bereit, regelmäßig Akten zu studieren. Bormann, der Nationalsozialist mit der größten bürokratischen Neigung, konnte seine Machtstellung auch darauf begründen, daß er wie kein anderer die täglichen Akteneingänge der Ressorts und Parteidienststellen kannte und zu intervenieren imstande war, wenn er es für notwendig hielt, Maßnahmen abzuändern oder zu verhindern. Hitler studierte eingehend die Presseauszüge, die ihm der Reichspressechef Dietrich vorlegte. Er las wohl auch die diplomatische Korrespondenz, und er besaß zweifelsohne die Fähigkeit, vor entscheidenden Verhandlungen mit auswärtigen Staatsmännern den Problemstand relativ exakt aufzuarbeiten. Sonst kümmerte er sich nur unregelmäßig um die Regierungsgeschäfte. In der Mehrzahl der Fälle pflegte Hitler nach mündlichem Vortrag zu entscheiden, häufig ohne Kenntnis der in den zuständen Ressorts vorliegenden Vorgänge. Diese wesentlich mündliche Regierungsführung, die zudem belastet war durch Hitlers Neigung, die Nacht zum Tage zu machen und sich vor 1941 einem routinemäßigen Tagesablauf weitgehend zu entziehen, gab inoffiziellen Beratern, die teils Adjutantenpositionen innehatten, teils zufällig mit dem Diktator in Berührung kamen, vielfach einen maßgebenderen Einfluß als den zuständigen Amtschefs.

Unter derartigen Umständen war es Hitler trotz seines stupenden Gedächtnisses für Details und seiner raschen Auffassungsgabe schlechterdings unmöglich, die Fäden der Regierung wirklich in der Hand zu halten. Er war auch gar nicht daran interessiert. Er ließ es ausdrücklich zu, daß den einzelnen Ressorts, nach Beginn des Krieges auch dem freilich wenig wirkungsvollen „Ministerrat für die Reichsverteidigung" unter Görings Vorsitz, legislative Vollmachten eingeräumt wurden, allerdings mit der Maßgabe, daß der Reichskanzler diese im Einzelfall wieder an sich ziehen konnte [42]. Dieses Verfahren verstärkte die Polykratie der

[41] Vgl. *Broszat,* Staat Hitlers, S. 361 ff.
[42] Vgl. *Gruchmann,* S. 201.

Ressorts und die Entfaltung der sekundären Bürokratien [43], die sich, wie der Polizeiapparat der SS, institutioneller Kontrolle, abgesehen von der Zuständigkeit des Reichsfinanzministeriums, entzogen. Angesichts der räumlichen Ausdehnung des deutschen Herrschaftsbereiches und der Zersplitterung und Vervielfachung der in den besetzten Gebieten an der Verwaltung und Beherrschung beteiligten Dienststellen wäre eine Übersicht über die tatsächlichen Abläufe in den einzelnen Gauen, Gouvernements und Reichskommissariaten selbst dann nicht sicherzustellen gewesen, wenn dies systematisch angestrebt worden wäre. Namentlich im Osten kam es zu einer weitgehenden Verselbständigung der einzelnen Gebietskommissare, die an neofeudale Strukturen erinnert [44]. Zudem war Hitler durch die Übernahme des Oberbefehls über die Wehrmacht und durch die persönliche Leitung der Operationen vor allem an der Ostfront derart in Anspruch genommen, daß die Lenkung des NS-Imperiums mehr und mehr seinen Händen entgleiten mußte.

Mangelnde Koordination selbst kriegswichtiger Maßnahmen und weitgehende Unkenntnis der militärischen und politischen Gesamtsituation kennzeichneten daher nicht nur die Verhältnisse auf den unteren und mittleren Führungsebenen, sondern auch die engere, entscheidungsrelevante Umgebung des Diktators. Unter den Bedingungen des Zweiten Weltkrieges nahm das Informationsgefälle zwischen den Berliner Ministerien und dem Führerhauptquartier unvorstellbare Ausmaße an. Dies wurde potenziert durch die sich zuspitzende Neigung Hitlers, unangenehme oder seinem Wunschdenken widersprechende Nachrichten nicht zur Kenntnis zu nehmen; er verfügte, ihn mit solchen Angelegenheiten nicht mehr zu behelligen [45]. Realitätsblindheit verband sich mit Realitätsverweigerung. Je mehr sich der Diktator im Führerbunker abkapselte, Reisen durch Deutschland nur nachts oder mit verhängten Fenstern unternahm, immer seltener zur Front kam und einen Besuch der zerbombten Großstädte mied, desto mehr wurden die Beratungen im Führerhauptquartier, das nur noch durch das Nachrichtennetz mit der deutschen Wirklichkeit und der militärischen und politischen Lage in den okkupierten Territorien verknüpft war, durch eine selektive Wahrnehmung der tatsächlichen Lage bestimmt. Der – seiner Ausdehnung nach – gewaltigste Großstaat, den Europa je gekannt hatte, wurde aus einer geisterhaften und

[43] Ich führe diesen Terminus ein, da die während des Regimes entstehenden neuen bürokratischen Apparate — darunter der Vierjahresplan, das Reichssicherheitshauptamt, der Apparat des Reichskommissars für die Festigung des deutschen Volkstums — nicht als Parteibehörden oder parteinahe Einrichtungen der herkömmlichen Verwaltung gegenüber gestellt werden können, da deren Funktion darin bestand, die vorhandenen staatlichen Steuerungsmechanismen zu ersetzen oder zu umgehen.

[44] Vgl. *Robert Koehl*, Feudal Aspects of National Socialism, in: American Political Science Review 54 (1960), S. 921—933.

[45] Ein eindrucksvolles Beispiel ist Hitlers Amerika-Politik; vgl. *Hans-Jürgen Schröder,* Deutschland und die Vereinigten Staaten 1933—1939, Wiesbaden 1970.

gespenstisch anmutenden Szenerie des Führerhauptquartiers heraus in Gang gehalten – denn Regierung kann man jenen Stil fallweiser und unsystematischer Eingriffe in das politische Getriebe des Dritten Reiches schwerlich nennen.

Nach außen hin blieb Hitlers Suprematie unangetastet. Es war bezeichnend, daß an die Seite der üblichen gesetzesvertretenden Verordnungen, die der Gegenzeichnung des Chefs der Reichskanzlei, zunächst auch der betroffenen Ressorts bedurften, die formlosen Gesetzesbefehle der Führererlasse und -verordnungen traten, die Bormann ausfertigte und die allzu häufig hingeworfenen Meinungen des Diktators Gesetzeskraft verschafften [46]. Sie spiegelten jeweils wechselnde Einflüsse und entsprachen im seltensten Fall einem geplanten, stufenhaften Vorgehen.

Mit steigendem Wirklichkeitsverlust und in der Vorahnung der militärischen Katastrophe des Dritten Reiches traten bei Hitler und seinen engsten Gefolgsleuten zunehmend die ursprünglichen utopisch-fanatischen Endzielvorstellungen in den Vordergrund, entfielen zugleich alle Rücksichten auf Verbündete, auf neutrale Mächte und mögliche Repressalien der Gegner. In dem Maße, in dem die machtpolitischen Zielsetzungen sich als brüchig erwiesen und die militärischen Niederlagen die nach außen zur Schau getragene Siegeseuphorie beiseite drängten, rückten die ideologischen Fernziele in den Mittelpunkt der Hitlerschen Tiraden, und es gab stets ergebene Fanatiker genug, die diese eilfertig in konkrete Maßnahmen und Strategien umzusetzen bemüht waren. Je grauer die Gegenwart des sich auflösenden Großgermanischen Reichs wurde, desto intensiver berauschten sich Hitler und seine Gefolgsleute an den durch angeblich falsche Kompromisse verspielten radikalen Erwartungen der Kampfzeit oder lenkten sie ihre Phantasien auf den chimärischen Zeitpunkt hin, an dem der noch auf unabsehbare Zeit andauernde Überlebenskampf zum Triumph Deutschlands und zur „reinen" Verwirklichung des Nationalsozialismus führen würde [47].

Es ist wichtig, sich klar zu machen, daß die Endlösungspolitik, die Liquidierung von mehr als einer Million russischer Kriegsgefangener, die grauenhaften Verbrechen gegen die Zivilbevölkerung in Osteuropa wie die chimärischen Siedlungspläne Himmlers nur in einem Entscheidungsklima politische Realität annehmen konnten, dem jederlei bürokratische Rationalität abging. Es ist nicht einfach Geheimhaltung oder Raffinesse gewesen, daß die von Himmler systematisch betriebene „Endlösung der Judenfrage" in Gang gesetzt wurde, ohne daß es dazu eines förmlichen, geschweige denn schriftlich fixierten Befehls von seiten Hitlers bedurft hätte [48]. Nur vor dem Hintergrund eines ausschließlich propagandistischen Verständnisses von Politik und einer extremen Informalisierung des politischen Entscheidungshandelns war es überhaupt denkbar, daß politische

---

[46] Vgl. *Gruchmann*, S. 199 ff.

[47] Vgl. *Gerhard L. Weinberg* (Hrsg.), Hitler's Secret Book, New York 1962.

[48] Vgl. *Martin Broszat*, Hitler und die Genesis der „Endlösung", in: VjhZG 25 (1970), S. 746 ff.

Ziele dieser Art, deren Auswirkungen in vielfältiger Form den realen Interessen des Regimes, nicht zuletzt seinen verzweifelten Rüstungsanstrengungen, zuwiderliefen, ohne Einsprüche nachhaltiger Art in die Realität umgesetzt werden konnten. Daß es dazu kommen konnte, hing nicht allein mit Hitlers fanatischer Einstellung zusammen, die ihn intern, aber häufig auch in offizieller Funktion, die Sprache nackter und rücksichtsloser Gewaltanwendung sprechen ließ, an die sich die Satrapen des Regimes ebenso gewöhnten wie an die absurden Ehrenkodexe der SS und die stilisierend-verbergende Sprache der Schergen des Regimes.

So wenig es ein Argument dafür geben kann, daß Hitler die Ausrottungspolitik im Osten nicht uneingeschränkt befürwortet und seine Untergebenen nicht direkt und indirekt dazu angetrieben hat, so bitter ist die Einsicht, daß ohne die konkurrierende Betriebsamkeit der um die Gunst des Diktators buhlenden Würdenträger, zusammen mit der Automatik perfektionistisch-zweckfrei arbeitender sekundärer Bürokratien, die rassenfanatischen Ziele Hitlers schwerlich in die grauenhafte Wahrheit der Ausrottung von mehr als fünfeinhalb Millionen Juden und mehreren Millionen slawischer und anderer Opfer des Regimes hätten übersetzt werden können. Die Umsetzung ideologischer Fernziele wie der Vernichtung der jüdischen Rasse in Europa, die als Eventualüberlegungen schon früh auftauchen, aber keine reale politische Strategie enthalten, stellt das eigentliche Problem bei der Aufklärung des verwickelten Wegs zur „Endlösung" dar [49]. Noch bei Kriegsbeginn dachten weder Himmler noch Heydrich in Kategorien systematischer Liquidierung und die endlosen Überlegungen, die dem Madagaskar-Plan, auch im Denken Hitlers, bis tief in den Krieg hinein gewidmet wurden, belegen dies deutlich. Selbst Hitlers öffentlich geäußerte Absicht, einen Weltkrieg zur Zerschlagung des Judentums zu benützen, blieb in dem für ihn typischen propagandistisch-drohenden Horizont, und es wäre müßiges Spekulieren, inwieweit Hitler für sich konkrete Vorstellungen entwickelte.

Die Drohung einer Vernichtung „der jüdischen Rasse in Europa" ist noch kein ausreichender Schlüssel, um die Ingangsetzung der praktischen Endlösungspolitik hinreichend zu erklären. Daß der Zweite Weltkrieg und die die innere Stellung des Regimes nachhaltig festigenden militärischen Erfolge in Polen und Frankreich sowohl innenpolitische Widerstände verringerten wie die Schubkraft der Radikalisierungstendenz verstärkten, ist evident. Die bis ins Frühjahr 1941 noch vorhandenen Hemmungen, die teilweise diplomatischen Rücksichten entsprangen, entfielen Stück für Stück bei der Vorbereitung des als ideologischem Vernichtungskrieg konzipierten Feldzugs gegen die Sowjetunion [50]. Wichtig in

[49] Vgl. *Karl A. Schleuners*, The Twisted Road to Auschwitz. Nazi Policy Toward Jews 1933—1939, Urbana 1970.
[50] Grundlegend *Andreas Hillgruber*, Die „Endlösung" und das deutsche Ostimperium als Kernstück des rasseideologischen Programms des Nationalsozialismus, in: VjhZG 20 (1972), S. 133—153.

diesem Zusammenhang war, daß der Antibolschewismus, der gerade von den konservativen Funktionseliten nachdrücklich vertreten wurde, nun auch direkt in den Dienst des Rassenvernichtungsprogramms gestellt werden konnte.

Um den Weg nach Auschwitz, damit zur planmäßigen und schließlich mit einem unerhörten bürokratischen Aufwand betriebenen Ausrottung der jüdischen Bevölkerung im deutschen Machtbereich, zu gehen, waren zahlreiche Zwischenschritte notwendig, die sich nur rückblickend als konsequente Verwirklichung einer festliegenden Absicht darstellen, im einzelnen jedoch sehr verschiedenen Initiativen entsprangen und auf wechselnde Interessen der jeweiligen Machthaber beruhten. Die ersten Euthanasieaktionen, die abgebrochen werden mußten, im Krieg jedoch eine begrenzte, strikt geheimgehaltene Fortsetzung fanden, öffneten dem Gedanken technischer Menschenvernichtung den Weg in den politischen Alltag. Die verheerenden Folgen der unkoordinierten Deportationen der deutschen Juden wie die Gettoisierungsmaßnahmen im Generalgouvernement waren von zentraler Bedeutung, weil sie unhaltbare und mit den bisherigen Methoden nicht lösbare Verhältnisse schufen und weil sie jene zynische Abstumpfung bei den Funktionsträgern des Regimes nach sich zog, die Männer vom Schlage Himmlers und Heydrichs auf den Plan rief, ihre Fähigkeit zu perfekten Problemlösungen unter Beweis zu stellen. Die gleiche Wirkung hatten die Maßnahmen im besetzten Polen, vor allem die Tätigkeit der Einsatzgruppen, die, gleichsam aus innerer Dynamik heraus, die ideologische Gleichsetzung von Juden, Untermenschen und Bolschewisten in eine wirkliche verwandelten. Gleichwohl bedurfte es erst eines schrittweisen Herantastens der von Himmler aufgebauten Unterdrückungsapparatur über die planmäßige Liquidierung sowjetischer Kommissare und Offiziere und vermeintlicher oder tatsächlicher Regimegegner, bis die „Endlösung" der planmäßigen Genozid-Politik erreicht werden konnte. Es ist in diesem Zusammenhang wichtig, daß die zunächst für die „Sonderbehandlung" sowjetischer Kriegsgefangener Offiziere und Kommissare errichteten Lager den Ursprung der Vernichtungsmaschinerie abgaben, wie die Technik des Mords zunächst an der Euthanasie und der T 4-Aktion erprobt wurde.

Die „Idee", d. h. die fanatischen Bekundungen des Rassenantisemitismus bei Hitler allein genügten nicht, um die planmäßige Judenvernichtung in Gang zu setzen. Es mußten die eskalierenden, die Schergen an ihr Mordhandwerk gewöhnenden und die Zeugen abstumpfenden Gewalttaktionen hinzukommen, um den systematischen Mord als Methode konkrete Wirklichkeit werden zu lassen. Das Schicksal der sowjetischen Kriegsgefangenen in deutscher Hand, von denen nicht mehr als ein Drittel die Gefangenschaft überlebte, spielte hierbei eine nicht geringe Rolle, wie die bemerkenswerte Untersuchung von Christian Streit eindrücklich zeigt [51]; Auschwitz entstand als SS-eigenes „Kriegsgefangenen-Arbeits-

---

[51] Vgl. *Streit*, Keine Kameraden, S. 217 ff.; vgl. ferner *Helmut Kransnick*, Kommissarbefehl und „Gerichtsbarkeitserlaß Barbarossa" in neuer Sicht, in: VjhZG 25 (1977), S. 682—738.

lager" in der Absicht, „eine gewaltige Häftlings-Rüstungs-Zentrale" zu errichten, nachdem es vorher nur eines der unbedeutenden Konzentrationslager gewesen war. Als sowjetische Kriegsgefangene nicht mehr in hinreichendem Umfang zur Verfügung standen, wurden Ausschwitz und Birkenau zur „Umschlagzentrale" Hunderttausender europäischer Juden.

Das Schicksal von mehreren Millionen russischer Kriegsgefangener ging keineswegs allein auf das Konto der SS-Instanzen und der Einsatzgruppen. Armee-Einheiten wirkten immer wieder direkt und indirekt daran mit, daß ein Teil der Gefangenen selektiert und liquidiert werden konnte; OKW und OKH hatten maßgebenden Anteil daran, daß ungezählte russische Kriegsgefangene in den Lagern verhungerten, nicht primär – wenngleich es dies gab – weil es an Lebensmitteln fehlte, sondern weil russische Menschenleben im Licht der „Untermenschen"-Theorie und des Lebensraumgedankens nichts galten. Die erschreckende Behandlung der russischen Kriegsgefangenen vor allem in den ersten anderthalb Jahren des Rußlandfeldzuges ist, von ganz wenigen Ausnahmen abgesehen, von der großen Mehrzahl der Truppenführer mitgetragen oder bewußt hingenommen worden. An diesem – neben der „Endlösung der Judenfrage" vielfach übersehenen – Massenmord hatte die den ideologischen Prämissen des Rußlandkrieges überwiegend zustimmende Generalität wesentlichen Anteil. Die Katastrophe der russischen Kriegsgefangenen in deutscher Hand war nicht durch Eingriffe oder Anweisungen Hitlers veranlaßt, der die von den Dienststellen der Wehrmacht, in Zusammenarbeit mit SS und Partei, vorbereiteten bürokratischen Maßnahmen größtenteils erst nachträglich zur Kenntnis nahm. Sie lagen allerdings auf der Linie der von Hitler zur Aushungerung und Vernichtung Leningrads und Moskaus vorbereiteten Befehle.

Dieses Beispiel zeigt ebenso wie die Endlösungspolitik, daß trotz Hitlers unbestrittener Machtstellung die Handlungen des Diktators keineswegs die alleinige Endursache für die Eskalation des Verbrechens gewesen sind. Eine breite Gruppe von Militärs, Beamten und Technokraten, auch Repräsentanten der Großindustrie, haben sich bereitwillig in den Dienst einer in ihren Ausmaßen erst ex post voll sichtbar gewordenen Akkumulation der Unmenschlichkeit und barbarischen Gewaltanwendung gestellt. Es kann auch keine Rede davon sein, daß sich die Generalität den mit der Konzeption des Rassenvernichtungskrieges notwendig verbundenen und mit diesen „legitimierten" brutalen Gewalt- und Genozidmaßnahmen konsequent entgegengestellt hätte. In der Regel überwog die defensive und ressortbezogene Einstellung, eine disziplinarische Verrohung der Truppe zu unterbinden, sich allenfalls aus verbrecherischen Maßnahmen herauszuhalten. Die Protagonisten einer brutalen Unterdrückungs- und Ausrottungspolitik innerhalb der Partei- und SS-Apparate und im OKW trafen so ein unerwartet geringes Maß an Widerstand an; sie konnten sich auch bei der Durchführung antijüdischer Aktionen in der Regel auf die direkte oder indirekte Kooperation der Truppe stützen. Der Antibolschewismus, der aufs engste mit dem Antisemitismus verknüpft war, bildete ein zentrales Motiv für die Bereitschaft, völkerrechtliche und humanitäre Gesichtspunkte im Ostkrieg preiszugeben[52].

Die fanatischen Parolen Hitlers und einer abgrenzbaren Gruppe von radikalen Nationalsozialisten, die ständig Eingang in die offizielle Propaganda fanden und nicht nur auf internen Zusammenkünften geäußert wurden, gaben das Leitmotiv zur Verschärfung der Gewaltpolitik des Regimes. Gerade diese Gruppe war entschlossen, alle zaghaften Bestrebungen beiseite zu wischen, die darauf gerichtet waren, die schlimmsten Perversionen strafrechtlicher Behandlung zu unterwerfen. Die konkrete Ausführung der verbrecherischen Maßnahmen des Regimes lag in aller Regel nicht bei denjenigen, die Hitler in seinen fanatischen Zielvorstellungen bestärkten und dessen Tiraden vor ihren Untergebenen imitierten. Sie lag in den Händen eilfertiger und dienstbarer subalterner Geister, die auch in den höchsten Positionen des Regimes zu finden waren und sich gerade wegen ihrer Bedenkenlosigkeit und ihres Durchsetzungsvermögens bei der engeren Führungsclique des Regimes Vertrauen erwarben. Männer wie Höß, Eichmann und Kaltenbrunner legten eine erschreckende Perfektion an den Tag, wenn es galt, Liquidierungs- und Deportationsprogramme in die Wirklichkeit umzusetzen. Sie waren von unterschiedlichen Motiven geleitet, wenn auch Ehrgeiz und Eitelkeit eine wichtige Rolle spielten. Neben blinden Rassenantisemiten und Antikommunisten überwogen die bloßen Befehlsvollstrecker und Machttechniker, die zynisch genug waren, ein spießbürgerlich-ordentliches Privatleben von ihrer verbrecherischen Tätigkeit abzuschirmen.

Für nahezu alle mit der Durchführung der Judenvernichtung befaßten Funktionäre galt, daß sie die von Himmler und anderen angebotenen Vorwände aufgriffen, wonach ihr Handeln einer einmaligen Ausnahmesituation entspränge. Dies verweist auf typische Merkmale des Entscheidungsprozesses innerhalb des nationalsozialistischen Systems. Da die politische Konfliktlösung nicht im Zeichen langfristiger Planung erfolgte, vielmehr Konflikte regelmäßig bis zur äußersten Zuspitzung weitertrieben, wobei es stets Interessenten genug gab, die diese mutwillig herbeiführten, fielen Entscheidungen in aller Regel im Zwielicht einer Ausnahmesituation, die rasches und „robustes" Eingreifen gebot. Die Röhm-Krise vom Juni 1934 ist ein klassisches Beispiel dafür ebenso wie die Maßnahmen nach der Kristallnacht; in der äußeren Politik verhielt es sich häufig nicht viel anders. Dies entsprach Hitlers persönlicher Neigung, seine an sich lethargische Stimmungslage durch äußere Dramatisierung in höchste Spannung zu versetzen, die es ihm erlaubte, über eigene Bedenken wie diejenigen seiner Ratgeber gleichsam als von der „Vorsehung getrieben" hinwegzugehen.

Die Politik der NSDAP hatte schon in der Kampfzeit vor allem darin bestanden, die Konfrontation um jeden Preis zu suchen und von der politischen Ausweglosigkeit der Präsidialregime zu profitieren. Sie war Nutznießer politischer Instabilität. Diese in der ganzen Struktur der NS-Bewegung angelegte Einstel-

[52] *Streit,* S. 109 ff.

lung blieb nach der Machtergreifung in vieler Hinsicht erhalten, wenngleich überdeckt von den zahllosen Disziplinierungsversuchen derjenigen Funktionsträger,
die Spitzenpositionen im Staatsapparat einnahmen und unter den maßgebenden
Einfluß der konservativ eingestellten Ministerialbürokratie gerieten. Die Politik
Hitlers wie der nationalsozialistischen Führungsgruppen tendierte dazu, Krisen-
situationen geradezu herbeizuführen, um sie dann zum Anlaß propagandistischer
Mobilisierung zu machen, die das Lebenselexier der Partei darstellte; in der Re-
gimephase blieb dieses Aktionsmuster erhalten, wenn es auch nicht mehr auf die
in Passivität zurückfallende politische Organisation der NSDAP zutraf. In den
ständigen Führungsrivalitäten lag eine zusätzliche Quelle zur Herbeiführung von
anscheinend ausweglosen Situationen, die gleichsam nur in einer Flucht nach vorn
überwunden werden konnten.

Derartige Mechanismen haben für die Durchsetzung der verbrecherischen Politik des Regimes, die sich immer im Zwielicht mutwillig provozierter Ausnahmesituationen vollzog, eine maßgebende Rolle gespielt. Politik war im Dritten Reich
letztenendes nichts anderes als eine unablässige Kette politischer, militärischer
und moralischer Ausnahmesituationen vor der Staffage kleinbürgerlicher Normalität, wie sie Hitlers Lebensstil auf dem Obersalzberg kennzeichnete und wie sie
von den Massenmedien ständig reproduziert wurde – eine verniedlichte Welt
bürgerlicher Ordnung und Rechtschaffenheit, die gleichsam als Wunschbild der
NS-Funktionäre zur psychologischen Rechtfertigung der Zerstörung der zwi-
schenmenschlichen Normen bei der Behandlung von Regimegegnern benutzt
wurde.

Man wird Hitlers antreibende Rolle nicht unterschätzen, die mit gleichsam
innerer Notwendigkeit zur Selbstvernichtung hintrieb, wird aber andererseits erkennen müssen, daß der Diktator nur extremer Exponent einer durch den Wegfall aller institutionellen, rechtlichen und moralischen Barrieren freigesetzten an-
tihumanitären Impulskette war, die, einmal in Gang gebracht, sich potenzierend
fortzeugte. Nicht in allen Fällen war der Diktator Protagonist der Radikalisierung. Gegenüber Martin Bormann setzte er durch, daß die äußere Existenz der
christlichen Kirchen nicht angetastet wurde. Bekanntlich reagierte er auf Stim-
mungsänderungen in der Bevölkerung höchst sensibel, wie seine Bedenken
gegen die Lebensmittelrationierung, die Einschränkung der Konsumgüterpro-
duktion und eine konsequente Arbeitsmarktregulierung deutlich machen. Insbesondere scheute er dort vor entscheidenden Maßnahmen zurück, wo er entschlossen Widerstand relevanter Bevölkerungsgruppen befürchtete. Mit hoher
Wahrscheinlichkeit hätten massive Proteste der christlichen Kirchen und nicht nur
vereinzelter Repräsentanten wie des Offizierskorps die Endlösungspolitik und
viele Konsequenzen des Rassenvernichtungskrieges in engen Grenzen gehalten.
Gerade in der Periode vor 1939 tendierte Hitler vielfach dazu, radikale Forderungen der Bewegung abzumildern, eine Haltung, die im Verlauf des Krieges
zugunsten eines skrupellosen Fanatismus zurücktrat.

Man macht es sich daher vielfach zu einfach, wenn als Endursache für die verbrecherische Zuspitzung und terroristische Hybris der nationalsozialistischen Politik der bestimmende Einfluß Hitlers herausgestellt wird. Es ist zwar richtig, daß mit diesem Manne das System stand und fiel, aber diese zunächst trivial anmutende Beobachtung bedarf einer differenzierten Erklärung. Der biographische Zugriff, der von verschiedensten Seiten unternommen worden ist, hilft allein nicht weiter. Neuere psychologische Untersuchungen, so problematisch sie in der ihnen eigenen Verengung der den Weg des Dritten Reiches bestimmenden Faktoren auf psychische Veranlagungen Hitlers erscheinen [53], lassen deutlich werden, wie wenig es angebracht ist, Hitler den Rang staatsmännischen Handelns oder einer negativen „historischen Größe" einzuräumen. Sie zeigen beiläufig, daß sich Hitler schon frühzeitig von großen Teilen der Regierungsgeschäfte zurückzog und von einem zunehmenden Realitätsverlust bei gleichzeitiger Realitätsverweigerung bestimmt gewesen ist.

Die uns bei Hitler entgegentretende Mischung von partieller Begabung und extremem Dilettantismus, die neurotisch anmutende Tendenz, die propagandistische Spiegelung des Regimes für die Wirklichkeit zu halten, Effizienz mit Fanatismus zu verwechseln, und die sich verstärkende Abneigung, abweichende Auffassungen zur Kenntnis zu nehmen, ist von klügeren Anhängern schon früh konstatiert worden [54]. Diese Haltung vermittelte Dritten den Eindruck innerer Geschlossenheit und Gradlinigkeit; dies vermag Hitlers demagogische Ausstrahlungskraft mit zu erklären. Das grandiose Mißverständnis, Hitler staatsmännische Fähigkeiten zuzuschreiben, beruhte auf der Bereitschaft seiner Untergebenen, und dazu gehörte nicht nur die engere NS-Führungsgruppe, die mit ihm in persönliche Berührung kam, sondern auch die Mehrheit der Generalität, sich der Autorität des „Führers" bedingungslos unterzuordnen, wobei persönlicher Ehrgeiz, Antibolschewismus, Machtverherrlichung und obrigkeitsstaatliche Überlieferung zusammenwirkten.

Das Klischee des genialen, machivellistischen, raffiniert kalkulierenden Machttechnikers, das Hitlers zweifellos überragendem taktischen Geschick und seiner psychotisch anmutenden politischen Sensibilität entsprang, verdeckte die mensch-

---

[53] Vgl. *Robert G. L. Waite*, The Psychopathic God Adolf Hitler, New York 1977, S. 219 ff. Den weitreichenden psychologischen Schlußfolgerungen, insbesondere der Parallelisierung zur deutschen Geschichte S. 244 vermag ich nicht zu folgen; vgl. ferner *Rudolph Binion*: Hitler Among the Germans, New York 1976; *Carr*, S. 45 ff. Vgl. *Helm Stierlin*, Adolf Hitler: Familienperspektiven, Frankfurt 1975, vor allem S. 104 ff.

[54] Bemerkenswert erscheint mir die von Otto Wagener Pfeffer von Salomon für 1929 zugeschriebene Äußerung: Hitlers unangezweifelte und unbestrittene Führerstellung begründe die „große Verantwortung" seiner engeren Parteigänger: „Wehe, wenn die Dynamik, die in dieser Bewegung liegt, falsch gelenkt wird, wenn also der Führer falschen Ratgebern folgen würde, oder ... selber seine Ziele übersteigen würde! Sie würden mitlaufen, hinter ihm her, blindlings, auch wenn sie dabei dem sicheren Tod in die Arme laufen würden" (*Henry A. Turner* (Hrsg.), Hitler aus nächster Nähe. Aufzeichnungen eines Vertrauten 1929—1932, Frankfurt 1978, S. 29 f.).

liche Mittelmäßigkeit und fachliche Inkompetenz eines Mannes, den die Verhältnisse nach oben trieben und dem jede Fähigkeit, normale soziale Beziehungen zu unterhalten, abging. Es ist bezeichnend, daß der Diktator dazu neigte, Konflikten mit hohen Positionsinhabern aus dem Wege zu gehen, und daß er sich nur in seltensten Fällen dazu entschloß, diese nach außen hin fallen zu lassen, daß er vielmehr Gegner, die zuvor der Bewegung gedient haben, von wenigen Ausnahmen abgesehen, nur widerstrebend liquidieren ließ. In vielen Konfliktfällen setzte er sich durch das Mittel der Überredung gegenüber Kritikern und Zweiflern durch.

Hierin liegt eine der biographischen Ursachen dafür, daß sich gegenüber Hitler keine wirksame Opposition innerhalb der engeren Gefolgschaft zu bilden vermochte. Neben der Disposition breiter Gruppen der Bevölkerung, den durch die Goebbelsche Propaganda systematisch geschürten „Führerkult" anzunehmen, ist die Bereitschaft in den traditionellen Funktionseliten, sich der Autorität des „genialen" Führers zu beugen, von größter Bedeutung gewesen. Dies spiegelt sich in der weit verbreiteten Einstellung, die „den Führer" von der Verantwortung für Mißstände innerhalb des Regimes ausnahm und ihn in Gegensatz zu den Exponenten von NSDAP und SS stellte. Die tieferliegenden autoritären Dispositionen entspringende Identifikation mit Hitler als Träger der Staatsmacht wie Repräsentant der Nation erwies sich als entscheidendes Hindernis einer politischen Isolierung oder Ausschaltung des Diktators, die, wie Stauffenberg richtig erkannte, eine wichtige psychologische Voraussetzung eines Umsturzes war.

Unter den Bedingungen des Krieges verstärkte sich diese psychologisch gegebene Schlüsselstellung des Diktators, obwohl er zunehmend öffentliche Auftritte scheute und sich in die Scheinwelt des Führerbunkers zurückzog. Für den normalen Staatsbürger gab es keine Möglichkeit, nationale Identifikation und Führermythos voneinander zu trennen; es war nicht zufällig, daß nach dem Attentat des 20. Juli 1944 die Popularität des Regimes vorübergehend anstieg[55]. Die psychologische Reaktion nach 1945 war begreiflicherweise genau die umgekehrte: die Ernüchterung führte nun zu der Mentalität, die Verbrechen und Fehler des Regimes in einer ersten Linie bei Hitler und der engeren Führungsclique als dem Inbegriff eines statisch und unpolitisch begriffenen „totalitären" Systems aufzusuchen, weniger nach deren strukturellen Ursachen zu fragen. Die historische Analyse wird sich damit nicht zufriedengeben, sondern die Mechanismen aufzudecken suchen, die das Regime als ganzes zu einer Politik virtueller Selbstzerstörung veranlaßten.

Die innere Amorphie des NS-Herrschaftssystems hatte einen wesentlichen Anteil daran, daß sich stabilisierende Gegenkräfte immer weniger herauszubilden und Geltung zu verschaffen vermochten. Die fortschreitende Aushöhlung und Zersetzung der institutionellen, rechtlichen und sozialen Grundlagen des zu-

[55] *Steinert,* S. 485 ff.

nächst nur „gleichgeschalteten" politischen Systems schlug sich notwendigerweise in einer wachsenden Korrumpierung auch derjenigen Funktionsgruppen nieder, die sich zunächst aus den Gewaltakten und rechtsbrechenden Übergriffen herauszuhalten oder diese einzuschränken versuchten. Zugleich verbreitete sich selbst bei höchsten Funktionsträgern im staatlichen Apparat wie den Dienststellen der Partei das Gefühl, ohnehin nichts ändern zu können, da die institutionendurchbrechende Dynamik keinen Ansatzpunkt bot, um sich Gehör zu verschaffen.

Bittere Erfahrungen der Geschichte nach dem Zweiten Weltkrieg haben deutlich gemacht, daß voraussetzungslose zynische Machtausübung einer regierenden Clique, die entschlossen ist, alle Brücken hinter sich abzubrechen, relative politische Stabilität besitzen kann. Das späte nationalsozialistische Regime trug ähnliche Züge. Es war zu einer mittelfristigen Stabilisierung des Systems nicht mehr fähig. Dieses löste sich in einzelne Satrapien der Gauleiter und Gebietskommissare und isolierte Befehlsbereiche auf, die nur noch durch die Fiktion des angeblichen „Führerwillens" und die Überzeugung vom nationalen Existenzkampf zusammengehalten wurden. Äußerlich ist dieser Prozeß innerer Auflösung auf die extremen Belastungen durch die Kriegsführung zurückzuführen. Indessen ist diese Tendenz in der Struktur der NS-Bewegung von vornherein angelegt gewesen und hat sich nur unter den Bedingungen des Krieges, die nach und nach innenpolitische Rücksichtnahmen entfallen ließen, voll durchgesetzt. Die Aushöhlung der Zuständigkeiten des Reichsinnenministeriums, die Verselbständigung des in sich antagonistisch strukturierten SS-Imperiums und die Rolle der Reichsverteidigungskommissare sind ein Beispiel dafür.

Es wäre daher irreführend, die militärische Niederlage für die Zerschlagung des Regimes verantwortlich zu machen, ohne sogleich hinzuzufügen, daß diese Niederlage unabwendbar war, weil die inneren Triebkräfte des Regimes notwendig zur Übersteigerung der Ressourcen und militärischen Potentiale gerade aufgrund erster militärischer Erfolge führten und weil eine immer enger werdende Kette strategischer, rüstungspolitischer, wirtschaftlicher und diplomatischer Fehlentscheidungen mit dem fortschreitenden Rationalitäts- und Realitätsverlust notwendig einherging. Insofern tendierte das NS-System zu parasitärer Zersetzung der übernommenen staatlichen und gesellschaftlichen Grundlagen, ohne neue Gestaltungen dauerhafter Art an die Stelle der bisherigen Einrichtungen zu setzen.

Indem das Regime durch das ihm eigentümliche Gemisch von Brutalität und zynischem Terrorismus einerseits und administrativen und politischem Dilettantismus andererseits der Auflösung der bisher geltenden gesellschaftlichen und moralischen Normen und ihrer institutionellen Verankerungen mutwillig Vorschub leistete, schob es die zivilisatorischen Dämme beiseite, die einem atavistischen Rückfall in den sozialdarwinistisch geprägten Kampf aller gegen alle entgegenstanden. Es scheint sich so zu verhalten, daß diese tiefgreifenden Deformation des gesellschaftlichen und politischen Systems erst jene unerhörten destruktiven Energien freisetzte, die die innerlich brüchige und zum Scheitern verurteilte, nur auf den ersten Blick hin eindrucksvolle Gewalthegemonie des „tausendjährigen Reiches" auf dem europäischen Kontinent möglich gemacht haben.

Es ist nicht zu erwarten, daß politische Falschmünzer vom Schlage Hitlers in Zukunft politische Chancen haben werden. Insofern ist es verfehlt, das Studium der nationalsozialistischen Gewaltherrschaft auf die Analyse der Rolle zu reduzieren, die Hitler darin einnahm. Diktatoren sind ebensowohl von den politischen Bedingungen abhängig, die ihnen die Macht verschaffen, wie sie dieselben beeinflussen. Die zerstörerischen und zutiefst inhumanen Bestrebungen, die das nationalsozialistische System auf allen seinen Ebenen freisetzte, können unter ganz anderen politischen Verhältnissen und Strukturen, in veränderter Form und sicherlich mit verringerter Mächtigkeit, wieder auftreten. Unter diesem Gesichtspunkt muß die Erfahrung des Dritten Reiches aufgearbeitet werden, und es wäre verfehlt, die politischen Implikationen, die der Amoklauf einer zivilisierten und hoch entwickelten Industriegesellschaft wie der deutschen auch für unsere Gegenwart hat, hinter einer Sehweise zu verstecken, die Hitler als Endursache einsetzt, ohne erklären zu können, warum dieser die wechselnd starke Gefolgschaft beträchtlicher Gruppen der deutschen Bevölkerung hat finden können.

Summary

Under the NS regime Germany was ruled in an informal, almost casual way which owed much to Hitler's style of leadership during his struggle for power. Step by step the German dictator managed to rid himself of all constitutional and bureaucratic restraints. At the same time his foreign policy successes, as well as the *Führerkult* skilfully organised by Goebbels, enhanced his prestige beyond that of his party. Constitutionally and psychologically his position became absolutely unassailable and offered no chance for any effective opposition from outside; henceforth resistance could only develop from inside the regime. However, Hitler did not allow any person or institution to grow so strong as to be able to challenge his position. Nor did he antagonise potential trouble-makers to the point of provoking opposition. In particular he knew how to win the support of the conservative elites.

This did not lead, however, to further consolidation of the governmental machine, as had been hoped for by those who helped Hitler into power. They had assumed that he would give up his expansionist aims in order to concentrate on the consolidation of his regime inside Germany. During the first months of government Hitler did seem to fulfill these expectations, in that he behaved like a moderate statesman, especially in foreign policy. The Röhm affair suggested that he was determined to stop further revolutionary upheavals. Moreover, the party did not gain a controlling influence over the state bureaucracy. Party officials could only hope to exercise real power if they managed to acquire administrative functions in addition to their party positions. Nevertheless the regime did not change into an autocratic system of government with the conservative elites in charge. In fact the system experienced a process of disintegration due to Hitler's haphazard style of leadership which he had evolved during the approach to power. While his readiness to improvise and to appoint new men for special tasks had proved to be highly successful during the *Kampfzeit,* these methods turned out to have disastrous consequences once they were applied to the governmental machine as a whole. Bureaucratic procedures were ignored and no overall planning or evaluation of priorities in the domestic field ever took place. Instead an increasing number of ad-hoc institutions were created for special purposes, but without clearly defined responsibilities. A general struggle for power ensued, in particular for Hitler's favours at the expense of rivals. This gave rise to emergency situations of all kinds, which in turn led to a process of what Hans Mommsen calls „cumulative radicalisation", based on the assumed *Führerwillen,* that is to say on a propagandistic understanding of politics.

Hitler should be seen, Mommsen argues, as the initiator of a chain of self-generating impulses which led to the systematic disintegration of the political and social fabric of society. This, however, does not imply that a historical assessment of the Third Reich can conveniently be reduced to the role of Hitler who is a singular phenomenon unlikely to re-emerge in the future. The conditions and structures which allowed him to gain overall control of a civilised and sophisticated industrial society may not, however, have changed that much and are therefore a more worthwhile topic for further scrutiny.

The most horrific crimes cannot be explained solely by reference to Hitler as the *prima causa,* but call for a special investigation into the role of the traditional elites. His "idea" of how to eliminate the Jews is not enough to explain the actual process of the "final solution". The execution of the plan matters as much as, if not more than its original conception in a pathologically deformed mind. The war against the Soviet Union, which was in itself conceived as a genocidal enterprise for the creation of new living space, is crucial for the radical turn of the anti-semitic tenets of the regime. The ways in which millions of Russian prisoners of war were disposed of opened the gates, both psychologically and physically, to further large-scale atrocities. The Army leaders, who had raised no objection to and even initiated the extermination of Russian soldiers, acquiesced when the level of criminal activities was unobtrusively raised. Under the impact of the first setbacks in the Eastern campaign the struggle for survival pushed all other considerations aside. This applied to Hitler in particular, who tended to perceive reality in terms of his far-fetched ideological assumptions. The question has to be asked as to why there was not more resistance, given the fact that Hitler did show, as we know, a certain degree of sensitivity towards public opinion, as in the case of the euthanasia programme. Firstly, there was an unbelievable lack of, or rather a compartmentalisation of information concerning the true state of affairs, due to the extremely unbureaucratic methods of running the governmental machine. Secondly, no one could be bothered to find out what really happened. The war encouraged a technocratic state of mind which confined itself to detailed planning at the expense of any concern for the situation as a whole. This was faithfully left in the hands of the Führer, whose position was strengthened under the conditions of war. For the normal citizen the identification with the nation was embedded in the Führer myth. Apart from the disorganised character of government with more than one power centre, the *Führerkult* was one of the chief impediments to the emergence of opposition to the regime. It is worth noting that Hitler's popularity rose as a consequence of the assassination attempt on 20 July 1944. The war provided the excuse for the most atrocious crimes such as the "final solution" which was, as Mommsen argues, conceived as an emergency measure by those who participated in it, rather than as the logical expression of ideological tenets. Thus the explosion of energy sparked off by the war served only to increase the volume of destruction and ultimately of self-destruction too.

Klaus Hildebrand

Monokratie oder Polykratie?
Hitlers Herrschaft und das Dritte Reich [1]

I.

Nach dem Ende des Zweiten Weltkrieges stand die Mehrzahl der Zeitgenossen, besonders aber vom nationalsozialistischen Regime Verfolgte und Vertreter des Widerstandes gegen die Diktatur Hitlers, unter dem übermächtigen Eindruck, daß das Dritte Reich „ein rational durchorganisiertes, perfektes System terroristischer Herrschaft dargestellt habe" [2]. Diese Vorstellung wurde durch die historische Forschung nach und nach differenziert. Im Hinblick auf die allmächtig und integrierend wirkende Führerpersönlichkeit Hitlers wurde dieses Bild zwar insgesamt bestätigt, in bezug auf die unübersehbar vorhandene Existenz und Kompetenzenvielfalt miteinander konkurrierender Ämter und Bürokratien im nationalsozialistischen Staat konnte es jedoch erheblich modifiziert und ergänzt werden.

Repräsentativ und im Grunde nach wie vor gültig hat Karl Dietrich Bracher bereits in seiner Berliner Antrittsvorlesung vom 9. Juni 1955 und danach in seinen verschiedenen Werken zur Geschichte der nationalsozialistischen Zeit [3] diese für das Gefüge des Dritten Reiches kennzeichnende Ambivalenz von monokratischen und polykratischen Elementen beschrieben, die ihre Orientierung im Prinzip stets in der Persönlichkeit und Politik Hitlers fanden [4]: „Der Antagonismus der Machtfunktionen ist einzig in der omnipotenten Schlüsselstellung des Führers aufgehoben. Gerade darin, nicht im Funktionieren des Staates per se, liegt die tiefste Absicht der keineswegs perfekten Gleichschaltung. Denn die Schlüssel-

---

[1] Die folgenden Ausführungen lehnen sich eng an die einschlägigen Abschnitte meines neuen Buches über „Das Dritte Reich", München 1979, ²1980, an.

[2] *Hans Mommsen*, Nationalsozialismus, in: Sowjetsystem und demokratische Gesellschaft. Eine vergleichende Enzyklopädie, Bd. IV, Freiburg 1971, Sp. 702.

[3] Vgl. vor allem *Karl Dietrich Bracher, Wolfgang Sauer, Gerhard Schulz*, Die nationalsozialistische Machtergreifung. Studien zur Errichtung des totalitären Herrschaftssystems in Deutschland 1933/34, 2. Aufl. Köln 1962; *Karl Dietrich Bracher,* Die deutsche Diktatur. Entstehung, Struktur, Folgen des Nationalsozialismus, Köln ⁵1976; *ders.,* die Krise Europas 1917—1975. Propyläen-Geschichte Europas, Bd. 6, o. O. o. J. (Berlin 1976).

[4] *Karl Dietrich Bracher,* Stufen totalitärer Gleichschaltung: Die Befestigung der nationalsozialistischen Herrschaft 1933/34, in: VjhZG 4 (1956), S. 42.

stellung des Diktators ist gerade in dem unübersichtlichen Neben- und Gegeneinander der Machtgruppen und persönlichen Bindungen begründet. Auf dieser Verflechtung beruht auch die steigende Wirksamkeit der Kontroll- und Zwangsinstanzen im totalen Polizeistaat".

Vor dem Hintergrund dieses umfassend alle charakteristischen Merkmale des Aufbaus und der Organisation der nationalsozialistischen Diktatur berücksichtigenden Befundes hat man nunmehr die gegenüber dieser Einsicht kritische Forschungsdiskussion der kommenden Jahre zu betrachten. Bis heute andauernd, betont sie gegenüber der monokratischen Dimension stärker die pluralistischen bzw. die polykratischen Faktoren in „Hitlers Machtausübung" [5], zieht das Moment der inneren Rationalität der Diktatur und die Planmäßigkeit im Handeln des „Führers" in Zweifel und beurteilt die Tendenz zur Selbstzerstörung des Dritten Reiches als systemimmanente Notwendigkeit der a priori krisenhaft und ruinös wirkenden nationalsozialistischen Diktatur. Vergleicht man beide Positionen, die traditionelle und die ihr gegenüber kritische, miteinander, so ist vorab dies festzustellen: Die im Zeichen der Totalitarismus-Theorie stehende „ältere" Forschung hat durchaus angemessen und wissenschaftlich genau „die Diskrepanz zwischen dem monolithischen Herrschaftsanspruch und den dualistischen oder polykratischen, vom anarchischen Kompetenzenwirrwarr eines „gelenkten Chaos" bestimmten Herrschaftsstrukturen erkannt und analysiert" [6]. Diese Tatsache ist später „im Bemühen um einen ganz ‚neuen' Ansatz" — bis zu einem gewissen Grade vielleicht noch verständlich — häufig übersehen worden. Gerade die Arbeiten Karl Dietrich Brachers, aber beispielsweise auch die von Gerhard Schulz [7], kreisen ja gerade darum, „staatliche Ineffizienz und Willkür des NS-Führersystems" im „Verhältnis zum totalitären Anspruch der Führerdiktatur" [8] als Problem zu erkennen und zu thematisieren, wenn sie freilich im Ergebnis auch alles in allem das Improvisierte und Chaotische eher als Voraussetzung und Bedingung des Führer-Absolutismus einschätzen, ohne damit der Gefahr einer Dämonisierung der Persönlichkeit und Politik Hitlers zu erliegen.

Doch nicht zuletzt unter dem Eindruck der in die Bundesrepublik Deutschland zurückgeleiteten und der Forschung zugänglich gemachten Akten zur Geschichte des Nationalsozialismus wurde, in den sechziger Jahren beginnend, das bis dahin

[5] *Michael Kater*, Monokratische und pluralistische Elemente in Hitlers Machtausübung, in: Frankfurter Allgemeine Zeitung vom 2. 12. 1972, Nr. 280. Siehe auch *Peter Hüttenberger*, Nationalsozialistische Polykratie, in: GG 2 (1976), S. 417 ff.

[6] *Karl Dietrich Bracher*, Tradition und Revolution im Nationalsozialismus, in: *Ders.*, Zeitgeschichtliche Kontroversen. Um Faschismus, Totalitarismus, Demokratie, München 1976, S. 64.

[7] Neben dem in Anm. 3 genannten Standardwerk zur nationalsozialistischen Machtergreifung siehe *Gerhard Schulz*, Aufstieg des Nationalsozialismus. Krise und Revolution in Deutschland, Berlin 1975, und *ders.*, Deutschland seit dem Ersten Weltkrieg 1918—1945, Göttingen 1976.

[8] *Bracher*, Tradition, S. 64.

gültige Bild vom Dritten Reich mehr und mehr in Frage gestellt und versuchsweise revidiert. Von empirischen Einzelbefunden ausgehend, die jedoch, wie z. B. die nach wie vor andauernde Kontroverse um die Täterschaft des Reichstagsbrandes zeigen mag, alles andere als unumstritten sind [9], prangerte Hans Mommsen die Überrationalisierung im Hinblick auf die Beurteilung des Dritten Reiches an. Ähnlich wie Martin Broszat in seiner auf diesem Gebiet führenden Darstellung über die innere Verfassung des Hitler-Staates [10] stellt er „eine institutionelle Anarchie ohnegleichen und eine zunehmende Entsachlichung der Entscheidungsprozesse auf allen Ebenen des Systems" fest, „das äußerlich durch den Führermythos zusammengehalten wurde". Ihm scheint Hitler als ein „entscheidungsunwillige[r], häufig unsichere[r], ausschließlich auf Wahrung seines Prestiges und seiner persönlichen Autorität bedachte[r], aufs stärkste von der jeweiligen Um-

[9] Nach dem Erscheinen des ersten Bandes: Der Reichstagsbrand. Eine wissenschaftliche Dokumentation, Bd. 1, *Walther Hofer u. a.* (Hrsg.), Berlin 1972, der sich mit der von *Fritz Tobias* (Der Reichstagsbrand. Legende und Wirklichkeit, Rastatt 1962) und *Hans Mommsen* (Der Reichstagsbrand und seine Folgen, in: VjhZG 3 (1964), S. 351 ff.) vertretenen These von der Alleintäterschaft van der Lubbes kritisch auseinandersetzte, liegt nunmehr der zweite Band vor: Der Reichstagsbrand. Eine wissenschaftliche Dokumentation, Bd. 2, *Walther Hofer u. a.* (Hrsg.), München 1978. Vgl. auch *Walther Hofer* und *Christian Graf,* Neue Quellen zum Reichstagsbrand, in: GWU 27 (1976), S. 65 ff., und: Der Reichstagsbrand. Die Provokation des 20. Jahrhunderts. Forschungsergebnis. Internationales Komitee Luxemburg, München 1978. Zu der positiven Rezension über dieses Buch und den zweiten Band der Dokumentation, die die Alleintäterschafts-These angesichts des *gegenwärtigen* Erkenntnisstandes nicht überzeugend erscheinen lassen, durch *Wolfgang Schwarz* in der Süddeutschen Zeitung vom 2. Mai 1979 hat *Hans Mommsen* ebd. am 23./24. Mai 1979 im Sinne seiner Auffassung Stellung genommen, ohne selbstverständlich die reichhaltigen und minutiösen Befunde von Dokumentenbänden mit einem Zeitungsartikel entkräften zu können. Siehe auch *ders.,* Historisches Himmelfahrtskommando, in: Die Zeit vom 21. 9. 1979, S. 23 f., und *ders.,* Ansichten zum Reichstagsbrand, in: Die Zeit vom 28. 9. 1979, S. 50. Vgl. in diesem Zusammenhang auch die vierteilige Serie von *Karl-Heinz Janßen,* Kabalen um den Reichstagsbrand, Teil I—IV, in: Die Zeit vom 14. 9. 1979, vom 21. 9. 1979, vom 28. 9. 1979 und vom 5. 10. 1979. Alles in allem neigt die einschlägige Forschung zu der Einschätzung, daß der Brand von nationalsozialistischer Seite aus geplant und verwirklicht worden ist. Vgl. beispielsweise die zusammenfassende Beurteilung des Sachverhalts bei *Gordon Craig,* Germany 1866—1945, Oxford 1978, S. 573 f. Durchgehend wird von der Geschichtswissenschaft in diesem Zusammenhang betont, daß die Frage nach der Reichstagsbrandtäterschaft an sich nicht überschätzt werden darf, da sie erst durch ihre folgenreichen politischen Konsequenzen (und durch die viel zu weit gezogenen historiographischen Schlußfolgerungen) ihre politische (und wissenschaftliche) Bedeutung erlangte. Vgl. dazu *Klaus Hildebrand,* Nationalsozialismus ohne Hitler? Das Dritte Reich als Forschungsgegenstand der Geschichtswissenschaft, in: GWU 31 (1980), S. 293.

[10] *Martin Broszat,* Der Staat Hitlers. Grundlegung und Entwicklung seiner inneren Verfassung München [5]1975.

gebung beeinflußte[r], in mancher Hinsicht schwache[r] Diktator" [11]. Damit waren „The Limits of Hitler's Power [12] überdeutlich markiert, und das bis dahin geläufige Urteil über die nahezu unumschränkte Machtfülle des Diktators wurde mit dieser Behauptung grundsätzlich in Zweifel gezogen.

Im Rahmen solcher Interpretation erscheint Hitler insgesamt als ein zwar mehr oder minder wichtiger, in erster Linie jedoch nicht autonom handelnder, sondern repräsentierender, ausführender, ja, abhängiger Handlungsträger, der sich im Banne letztlich übermächtig wirkender Vorgänge bewegt. Demgemäß wird er vornehmlich nicht als politischer Gestalter, sondern weitgehend als gesellschaftliches Medium beurteilt. In diesem Sinne plädiert Hans Mommsen für eine „Normalisierung" des seines Erachtens dämonisierten Bildes vom Diktator. Ihm gilt Hitler lediglich als Repräsentant „des Faschismus in Deutschland" [13].

Dieser revisionistischen [14] Anschauung vom nationalsozialistischen Staat als einem im innen- und außenpolitischen Bereich polykratischen Chaos ist entgegengehalten worden, „der Hinweis auf den polykratischen, oft anarchischen Charakter nationalsozialistischer Innenpolitik" [15] treffe im Grunde gar nicht das Wesentliche des Regimes. Er beziehe sich mehr auf Unvollkommenheiten der „Durchführung", ohne damit die auch auf diesem Gebiet beobachtbare Ambivalenz als das Kennzeichen des Nationalsozialismus zu bestreiten. Sie erscheint „geradezu als das Wesen eines unverrückbar festgehaltenen Programms, oder besser einer ideologischen Fixierung, die durchaus Widersprüchliches einschloß, ohne von dem Ziel der radikalen Verwirklichung abzulassen", und ist auch nicht nur „im Sinne und als Folge eines geschickten Machiavellismus Hitlers" [16] zu verstehen.

Eben diesen Aspekt im Verhältnis von Führerdiktatur und Polykratie hat jetzt Sebastian Haffner erneut betont, indem er das Chaos im Dritten Reich als „Hitlers Schöpfung" charakterisierte. „Die Funktionsfähigkeit des Staates" habe der Diktator nämlich „zugunsten seiner persönlichen Allmacht und Unersetzlichkeit bewußt zerstört, und zwar von Anfang an". Absichtlich habe er einen Zustand hergestellt, „in dem die verschiedenen eigenständigen Machtträger unabgegrenzt, miteinander konkurrierend und einander überschneidend, nebeneinander und gegeneinander standen, und nur er selbst an der Spitze von allen . . . Denn er hatte das vollkommen richtige Gefühl, daß . . . absolute Herrschaft nicht in einem intakten Staatswesen möglich ist, sondern nur in einem gebändigten Chaos.

[11] *Mommsen*, Nationalsozialismus. Sp. 702.

[12] *Edward N. Peterson*. The Limits of Hitler's Power, Princeton, N. J. 1969.

[13] *Hans Mommsen*, Die Auflösung der Weimarer Republik und die nationalsozialistische Machteroberung, in: Faschistische Diktatur in Deutschland. Historische Grundlagen — gesellschaftliche Voraussetzungen — politische Struktur, in: Politische Bildung 5 (1972), S. 1.

[14] Vgl. zum Begriff differenzierend *Andreas Hillgruber*, Tendenzen, Ergebnisse und Perspektiven der gegenwärtigen Hitler-Forschung, in: HZ 266 (1978), S. 612.

[15] *Bracher*, Tradition, S. 64.

[16] Ebd., S. 65.

Deswegen ersetzte er von Anfang an den Staat durch ein Chaos — und man muß ihm zugestehen, daß er es, solange er lebte, zu bändigen verstand" [17]. Zweifellos wird diese pointiert vorgetragene Interpretation über das Herrschaftsgefüge des Dritten Reiches wegen ihrer stark rationalisierenden Methode Widerspruch finden. Dennoch läßt sich, intentionale und funktionale Faktoren in Hitlers Staat gegeneinander abwägend, alles in allem zumindest das Folgende feststellen: Im Nebeneinander von monokratischen und polykratischen Elementen im nationalsozialistischen Staat offene Gegensätzlichkeiten und nahezu Unvereinbares zu entdecken und zu beschreiben, kann nicht darüber hinwegtäuschen, daß die Existenz eines Kompetenzenchaos im nationalsozialistischen Regime nichts besagt „gegen den definitiven und letztlich auch konsequenten Willen Hitlers und seiner Politik" im Banne ihrer „Endziele" [18].

Am nachdrücklichsten — dies mag aus dem bislang Ausgeführten bereits hervorgegangen sein — ist die Kritik der „Revisionisten", die traditionelle Position stehe allzu leicht in Gefahr, das Dritte Reich zu überrationalisieren und Hitler zu dämonisieren, von Karl Dietrich Bracher zurückgewiesen worden [19]. Er lehnt sowohl die „neu-linke' und marxistische Dogmatik einer pauschalen Faschismus-Interpretation" als auch die „neuere revisionistische Interpretation" ab, „die sich gegen die ‚altliberale' Totalitarismusforschung wenden und einer relativierenden, die ‚improvisatorische' Macht- und Herrschaftspolitik des Nationalsozialismus betonenden Deutung das Wort reden. Sie möchten die Schuld- und Verantwortungsfragen zugunsten einer angeblich moderneren, realistischen Analyse hinter sich lassen, geraten dabei aber in die Gefahr einer neuerlichen Unterschätzung und Bagatellisierung des Nationalsozialismus selbst, wie sie auf andere Weise auch das linke Allerweltsgerede von Faschismus und Reaktion mit sich bringt". Ohne es zu beabsichtigen, könnten die „Revisionisten" tatsächlich Gefahr laufen, die ideologische und totalitäre Dimension des Nationalsozialismus zu verkleinern und möglicherweise zu verkennen, damit das Wesentliche der Geschichte des Dritten Reiches zu verfehlen und eine die totalitäre Diktatur verharmlosende, demgegenüber die freiheitlich westliche Verfassungs- und Gesellschaftsordnung über Gebühr belastende Interpretation zu fördern. Im Zuge ihres Versuchs, das Bild vom Dritten Reich zu normalisieren und die eigenständige Ambivalenz des Nationalsozialismus vornehmlich aus dem Vorhandensein bzw. im Dienste traditionell überlieferter „Strukturen" zu erklären, relativieren die „Revisionisten" Autonomie und Geschichtsmächtigkeit der Diktatur Hitlers und ihrer Ziele [20].

Ob die Politik des Dritten Reiches ferner in jedem Fall mit innerer Notwendig-

[17] *Sebastian Haffner,* Anmerkungen zu Hitler, München 1978, S. 58 f.
[18] *Bracher,* Tradition, S. 65.
[19] Siehe jetzt auch *ders.,* Schlüsselwörter in der Geschichte, in: Schriften der Carl Friedrich von Siemens Stiftung. *A. Peisl* und *Armin Mohler* (Hrsg.), Bd. 1: Der Mensch und seine Sprache, o. O. o. J. (1979), S. 286 und 309.
[20] *Ders.,* Tradition, S. 62.

keit und ohne äußere Einwirkung zur Selbstzerstörung des Regimes führen mußte, ist darüber hinaus ein ungeklärtes und wohl nur schwer lösbares Problem, über das es in der Forschung durchaus kontroverse Ansichten gibt. Als Tatsache ist jedenfalls erst einmal festzuhalten, daß „das Deutsche Reich ... von außen her militärisch besiegt und von den Alliierten besetzt" [21] wurde. Geht man aber unter Absehung vom tatsächlichen Verlauf und Ende der nationalsozialistischen Diktatur daran, nach systemimmanenten „Alternativen außer den verwirklichten" [22] zu fragen, dann kann man durchaus erwägenswert zu der Schlußfolgerung gelangen, die Norman Rich in diesem Zusammenhang gezogen hat [23]: „Had Hitler died soon after naming Göring as his successor, German policy during the Second World War might have been very different".

Während die Revisionisten annehmen, Hitler sei im Grunde von der Polykratie des nationalsozialistischen Regimes abhängig gewesen und getrieben worden, hat vor einiger Zeit der englische Wirtschaftshistoriker Alan S. Milward in einer gewissen Parallele zu Haffners Ausführungen die genau entgegengesetzte These aufgestellt. Seinen scharfsinnigen Überlegungen und plausiblen Beobachtungen zufolge waren es das Führerprinzip und der Primat der nationalsozialistischen Weltanschauung Hitlers, die das Kompetenzenchaos in gewissem Maße erforderlich machten, und gerade die (scheinbare) Vielfalt politischer Herrschaft kennzeichnete demgemäß die (tatsächliche Eigen-)Macht der Diktatur Hitlers. Denn die NSDAP „war äußerst mißtrauisch gegenüber jedem Verwaltungsapparat, der nicht ihrer eigenen Aufsicht unterstand und nicht von ihrer eigenen Weltanschauung durchtränkt war. Die Errichtung einer neuen Gesellschaft bedeutete die Errichtung eines neuen administrativen und politischen Apparates. Deshalb wurde es eine normale Erscheinung in der NS-Verwaltungspraxis, wenn wichtige Verwaltungsaufgaben erledigt werden mußten, einen neuen Leiter mit eigenem Verwaltungsapparat zu ernennen. Das Führerprinzip lief darauf hinaus, die Entschlußlosigkeit und Langsamkeit der Weimarer Bürokraten abzustellen und natürlich auch darauf, die persönlichen Entscheidungen des Führers über die Stufen der Verwaltungshierarchie ohne Verzögerung weiterzubefördern. Normalerweise war der Leiter jedes neuen Apparates entweder einem sehr hohen Leiter oder sogar direkt dem Führer selbst verantwortlich" [24].

[21] *Jost Dülffer,* Der Einfluß des Auslandes auf die nationalsozialistische Politik, in: *Erhard Forndran* u. a. (Hrsg.), Innen- und Außenpolitik unter nationalsozialistischer Bedrohung. Determinanten internationaler Beziehungen in historischen Fallstudien, Opladen 1977, S. 309.

[22] *Wolfram Fischer,* Probleme von Außenhandel und Aufrüstung, in: *Friedrich Forstmeier und Hans-Erich Volkmann* (Hrsg.), Wirtschaft und Rüstung am Vorabend des Zweiten Weltkrieges, Düsseldorf 1975, S. 135.

[23] *Norman Rich,* Hitler's War Aims, Bd. 1, New York 1973, S. 75.

[24] *Alan S. Milward,* Der Einfluß ökonomischer und nicht-ökonomischer Faktoren auf die Strategie des Blitzkrieges, in: *Forstmeier und Volkmann,* Wirtschaft und Rüstung, S. 197.

Es ist zweifellos ein Verdienst der seit den sechziger Jahren unternommenen Differenzierungs- und Revisionsbemühungen in der Geschichtswissenschaft, im Hinblick auf die Beobachtung der monolithischen oder pluralistischen, der monokratischen oder polykratischen Organisation der nationalsozialistischen Diktatur auf die Gefahren und Grenzen einer „Hitlerzentrik" nachdrücklich hingewiesen und „die andere Seite" des nationalsozialistischen „Doppelstaates" näher betrachtet zu haben. Daß dabei teilweise erheblich über das Ziel hinausgeschossen wurde und die Geschichtswissenschaft sich gegenwärtig mit den dementsprechend einseitig anmutenden Ergebnissen der Revisionisten auseinanderzusetzen hat, kennzeichnet nunmehr die gegenwärtige Lage der Forschung.

II.

Während Reinhard Bollmus beispielsweise die Relativierung der Position Hitlers im Dritten Reich in erster Linie auf den innenpolitischen Sektor bezieht [25], in der Außenpolitik dagegen nach wie vor von einem absoluten Regiment Hitlers ausgeht, versuchen Hans Mommsen, Martin Broszat und Wolfgang Schieder diese revidierte Sicht der nationalsozialistischen Diktatur gleichfalls auf die Außenpolitik des Regimes anzuwenden.

Von der Überlegung getragen, daß es nicht ausreiche, die Außenpolitik des Dritten Reiches vornehmlich oder allein aus dem Blickwinkel Hitlers zu betrachten, hat aber bereits 1968 Hans-Adolf Jacobsen in seinem Werk über „Nationalsozialistische Außenpolitik" [26] deren „Struktur" zu zeichnen versucht und in diesem Rahmen die Vielzahl der Ämter und Institutionen beschrieben, die sich im Dritten Reich mit außenpolitischen Problemen beschäftigten. An Hitlers letztlich ausschlaggebender und programmatisch fixierter Kompetenz und Entscheidungsgewalt hat Jacobsen dabei jedoch keinen Zweifel gelassen. Demgegenüber versucht gegenwärtig die revisionistische Schule innerhalb der deutschen Zeitgeschichtsschreibung Hitlers nationalsozialistische Außenpolitik in ihren entscheidenden Elementen weitgehend als „ideologische Überhöhung einer gesellschaftlichen Dynamik" [27] zu verstehen. In Auseinandersetzung mit den sog. „Programmologen" [28] schlagen ihre Vertreter vor, Hitlers Omnipotenz auch im

[25] *Reinhard Bollmus,* Das Amt Rosenberg und seine Gegner. Zum Machtkampf im nationalsozialistischen Herrschaftssystem, Stuttgart 1970, S. 236 ff.

[26] *Hans-Adolf Jacobsen,* Nationalsozialistische Außenpolitik 1933—1938, Frankfurt a. M. 1968.

[27] *Wolfgang Schieder* und *Christof Dipper,* Einleitung, in: Dies. (Hrsg.), Der Spanische Bürgerkrieg in der internationalen Politik (1936—1939), München 1976, S. 18.

[28] *Wolfgang Schieder,* Spanischer Bürgerkrieg und Vierjahresplan. Zur Struktur nationalsozialistischer Außenpolitik, in: *Schieder* und *Dipper,* Der Spanische Bürgerkrieg, S. 163.

außenpolitischen Bereich zu relativieren und „die polykratischen Machtstrukturen des sogenannten Führerstaates auch auf die Außenpolitik" [29] zu übertragen. Den in dieser Hinsicht wohl reflektiertesten Versuch, zu zeigen, „daß das polykratische Binnensystem des NS-Staates... sich auch auf die Außenpolitik auswirkte" [30], hat vor einigen Jahren Martin Broszat in seinem Aufsatz über „Soziale Motivation und Führer-Bindung des Nationalsozialismus" [31] unternommen. Er möchte das nationalsozialistische Herrschaftssystem und Hitlers Außenpolitik im Begriff der „ideologischen Metapher" miteinander verrechnen. Dabei begreift er die Endziele Hitlers als Symbole zur Begründung immer neuer Aktivität des nationalsozialistischen Regimes, dessen Gesetz die im Grunde inhalts- und ziellose Bewegung gewesen sei.

Diese Auffassung, Hitlers Außenpolitik und Kriegführung nicht in erster Linie als eigenständige Phänomene, sondern als Funktionen gesellschaftlicher Abläufe zu interpretieren, ist bislang von der internationalen Forschung kaum rezipiert worden [32]. Demgegenüber führte sie in der Bundesrepublik Deutschland zu einer noch andauernden Kontroverse, in der ihr mit folgenden Argumenten widersprochen wurde [33]:

1. Die revisionistische Interpretation nationalsozialistischer Außenpolitik übersieht die relativ hohe Eigenständigkeit des Hitlerschen „Programms", dessen inhaltlich umrissene Ziele vom Diktator als Intentionen formuliert und verwirklicht wurden. Sie zu stark zu funktionalisieren, verkennt darüber hinaus, daß Hitler im Prinzip nach der Überwindung, nicht nach der Perpetuierung des bestehenden Herrschafts- und Gesellschaftssystems trachtete.

2. Hitlers weltanschaulich fixierte Ziele in erster Linie als ideologisches Derivat gesellschaftlicher Vorgänge zu begreifen, wird kaum der Tatsache gerecht,

[29] Ebd., S. 166.

[30] Ebd., S. 169.

[31] *Martin Broszat*, Soziale Motivation und Führer-Bindung des Nationalsozialismus, in: VjhZG 18 (1970), S. 392 ff.

[32] Führende Darstellungen zur Geschichte der Außenpolitik und Kriegführung des Dritten Reiches wie *Gerhard L. Weinberg*, The Foreign Policy of Hitler's Germany. Diplomatic Revolution in Europe 1933—36, London 1970, bzw. *Norman Rich*, Hitler's War Aims, 2 Bände, New York 1973—1974, schenken der revisionistischen Interpretation ebensowenig Beachtung, wie auch *Gordon Craig* ihr in seiner großen Gesamtdarstellung der Geschichte des preußisch-deutschen Nationalstaates (vgl. Anmerkung 9) nicht folgt. In dem informativen Überblick über den Stand der Forschung zur Geschichte des Nationalsozialismus und des Dritten Reiches von *Pierre Ayçoberry*, La question nazie. Les interprétations du national-socialisme 1922—1975, Paris 1979, findet das Problem gleichfalls keine Berücksichtigung, siehe S. 273 ff. ("Sur le régime nazi: la théorie de la polycratie") und S. 282 ff. ("Sur la politique extérieure: rupture ou continuité?").

[33] *Klaus Hildebrand*, Innenpolitische Antriebskräfte der nationalsozialistischen Außenpolitik, in: *Manfred Funke* (Hrsg.), Hitler, Deutschland und die Mächte. Materialien zur Außenpolitik des Dritten Reiches, Düsseldorf 1976, S. 223 ff.

daß beispielsweise Antisemitismus und Antibolschewismus des Diktators nicht allein und auch nicht vornehmlich funktional, sondern primär und eigenmächtig als politische Ziele einzuschätzen sind.

3. In diesem Sinne erliegen die Revisionisten der Gefahr, unbestreitbare Wirkungen und Konsequenzen der Politik Hitlers zu deren primären Zwecken zu erheben und zwischen dem Abgeleiteten und dem Ursächlichen nicht mehr angemessen zu unterscheiden.

4. Denn die sich im Gefolge der Realisierung programmatischer Ziele, die konkret entworfen und autonom verfolgt wurden, einstellende Dynamik des Systems, die immer schwerer von Hitler kontrolliert werden konnte, riß den Diktator niemals zu grundsätzlichen Alternativen fort. Für solche war er nicht offen. Die Dynamik berührte nicht die Formulierung der Endziele, die Hitler sich und seinem Volk gesetzt hatte, ja, sie drängte vielmehr programmatisch in ihre Richtung, betraf allerdings — und dies zeitweise gravierend — ihre Verwirklichung.

Nicht zuletzt vor dem Hintergrund dieser Überlegungen mag verständlich werden, daß auch Tim Masons in der Einleitung zu seiner Dokumentation [34] über „Arbeiterklasse und Volksgemeinschaft" entwickelte These in der Forschung bislang eher kritisch aufgenommen worden ist, wonach die sich mehr und mehr zuspitzende wirtschaftliche und soziale Krise des Dritten Reiches das Regime im Spätsommer 1939 zur „Flucht nach vorn" und in den Krieg gegen Polen getrieben habe [35]. Denn zum einen blieben die sogenannten wirtschaftlichen Zwänge gegenüber Hitlers politisch autonomen Zielen sekundär. Sie liefen der Politik und Kriegführung des Diktators nicht entgegen, sondern wurden von ihnen initiiert, forcierten sie, dienten ihnen und fanden im „Blitzkrieg"-Konzept ihre politisch und wirtschaftlich entsprechende Strategie. Zum anderen überschätzt Mason Ausmaß und Qualität der sogenannten ökonomischen und sozialen „Krise" des Dritten Reiches. Für ihre Beurteilung gilt, was Ernst Nolte in anderem Zusammenhang einmal so formuliert hat [36]: „Eine Wirtschaftskrise kann Radikalisierung nur dann hervorbringen, wenn sie sich im Rahmen eines parlamentarischen Systems vollzieht". Für Hitlers Gedankenbildung und Entscheidungen war die sogenannte „Krise" nicht ausschlaggebend, die er letztlich immer mit Gewalt und Terror hätte unterdrücken können. Man kann in diesem Rahmen auch nicht übersehen, daß Hitler im Zeichen seiner politischen Erfolge bis zum Sommer 1939 in der deutschen Bevölkerung und auch in der Arbeiterschaft Popularität besaß. Sein Kriegsentschluß entstammte allein politischen Motiven und orientierte sich

---

[34] Zur Kritik an der Methode dieser Dokumentation vgl. *Ludwig Herbst*, Die Krise des nationalsozialistischen Regimes am Vorabend des Zweiten Weltkrieges und die forcierte Aufrüstung, in: VjhZG 26 (1978), S. 347 ff.

[35] *Timothy W. Mason*, Arbeiterklasse und Volksgemeinschaft. Dokumente und Materialien zur deutschen Arbeiterpolitik 1936—1939, Opladen 1975, bes. S. 100 ff.

[36] *Ernst Nolte*, Hitlers Aufstieg und die Großindustrie, in: *Ders.*, Der Nationalsozialismus, Frankfurt a. M. 1970, S. 193.

im „timing" primär an den Bedingungen der internationalen Konstellation [37]. Ökonomische und gesellschaftliche Faktoren blieben funktional und wurden von ihm nicht zuletzt auch als Argumentationshilfen benutzt, um mit dem Hinweis auf wirtschaftliche Notwendigkeiten vor dem Kriegsentschluß zögernde Vertreter aus den konservativen Eliten zu überzeugen. Niemals bestimmten krisenhafte Eigengesetzlichkeiten im Dritten Reich den politischen Kurs des Regimes. Sie konvenierten vielmehr mit Hitlers Politik, und sie waren in ausschlaggebendem Maße nicht einmal für den Zeitpunkt der Kriegsauslösung bestimmend. Denn der politischen Motiven entspringende, bis 1941 auch für die Funktionsfähigkeit der deutschen Kriegswirtschaft so entscheidende Pakt mit Stalin [38] war in diesem Zusammenhang für den Termin des Kriegsbeginns gegen Polen weit entscheidender als die von Mason scharfsinnig, aber überspitzt gezeichneten innenpolitischen und gesellschaftlichen Motive. Auf diese gewiß recht subtile Art und Weise aus der Wirksamkeit der „sozioökonomischen Gesetzmäßigkeiten des Klassenkonflikts" [39] darauf zu schließen, hinter den handelnden Personen, durch sie und über sie hinaus, stifte der objektiv voranschreitende historische Prozeß, anonym und mächtig zugleich, die historische Verbindung zwischen Kapitalismus und „Faschismus", ist einfach deshalb unzutreffend, weil die damit vorsichtig verbundene Annahme einer Indienststellung des Politischen für ökonomische und gesellschaftliche Zwecke unzutreffend und vielmehr das Gegenteil davon der Fall gewesen ist.

Diese Kritik darf insgesamt allerdings nicht dazu führen, die Verdienste und Möglichkeiten gering zu achten, die der revisionistischen Interpretation zukommen und die eine solche Sicht der Dinge vielleicht eröffnen kann:

1. Eindringlich warnt der neue Ansatz vor der früher freilich auch schon erkannten und beachteten Gefahr, Hitlers Außenpolitik zu stark im Sinne einer angenommenen Gesetzmäßigkeit und Kohärenz zu verstehen und darüber die Betrachtung der Aktivitäten anderer Institutionen und Personen zu vernachlässigen. Freilich entgeht ihm im Eifer des als ganz neuartig eingeschätzten Bemühens, daß sich die Beschreibung solcher Alternativen durchaus bereits in den Werken der „Programmologen" und „Traditionalisten" findet.

2. Mit ihrer Kritik treffen die Revisionisten zweifellos einen Zug und

---

[37] *Jost Dülffer,* Der Beginn des Krieges 1939: Hitler, die innere Krise und das Mächtesystem, in: GG 2 (1976), S. 443 ff.

[38] Siehe dazu jetzt *Andreas Hillgruber,* Der Hitler-Stalin-Pakt und die Entfesselung des Zweiten Weltkrieges — Situationsanalyse und Machtkalkül der beiden Pakt-‚Partner‘, in HZ 230 (1980), S. 339 ff., und *Karl Dietrich Erdmann,* Stalins Alternative im Vorfeld des Zweiten Weltkrieges: Bündnis gegen oder mit Hitler?, in: Deutsches Allgemeines Sonntagsblatt vom 26. 8. 1979, Nr. 34, der sich darin unter anderem mit dem neuen Werk des sowjetischen Historikers *W. Sipols,* Das diplomatische Ringen am Vorabend des Zweiten Weltkrieges, Moskau 1979, auseinandersetzt.

[39] *Mason,* Arbeiterklasse, S. 16.

Effekt in der Geschichte der Außenpolitik des Dritten Reiches, die zu ihrer Darstellung gehören. Ihr Vorbehalt gegenüber einer zu starken „Hitlerzentrik" der Interpretation nationalsozialistischer Außenpolitik kann in diesem Zusammenhang so weit überzeugend wirken, wie er nicht seinerseits zu dem Irrtum führt, den Diktator als einen Funktionär gesellschaftlicher Vorgänge mißzuverstehen.

3. Klarer als zuvor mag die revisionistische Kritik die Aufgabe bewußt gemacht haben, der sich die Forschung allerdings niemals verschlossen hat, nämlich die monokratischen und polykratischen Elemente nationalsozialistischer Außenpolitik darzustellen und zu gewichten.

Alles in allem besteht in der *internationalen* Forschung trotz der Kritik der Revisionisten weitgehende Einigkeit darüber, daß Hitler im außenpolitischen Bereich noch deutlicher sichtbar als im prinzipiell parallelen Feld der Innenpolitik uneingeschränkt dominierte und daß seine Außenpolitik nicht, wie Martin Broszat annimmt, metaphorisch, also uneigentlich, sondern eigentlich, d. h. auf Verwirklichung angelegt war. Sie zielte auch nicht vornehmlich auf innenpolitische Integration, sondern auf außenpolitische Expansion und Rassenherrschaft, und sie war keineswegs Produkt gesellschaftlicher Dynamik, sondern besaß vergleichsweise hohe Autonomie, von der sich die (freilich oftmals zur Verselbständigung drängende) Dynamik des nationalsozialistischen Regimes ableitete.

Im Zusammenhang mit der Auseinandersetzung über den eher autonomen oder funktionalen Charakter der Außenpolitik des Dritten Reiches ist eine andere Kontroverse näher zu betrachten, die den Bereich der mit der Außenpolitik ursächlich zusammenhängenden Fragen der Rassenpolitik Hitlers betrifft [40]. Auch in ihr geht es darum, den intentionalen oder improvisatorischen Charakter der nationalsozialistischen Judenvernichtung zu bestimmen. Angesichts der Tatsache, daß ein Befehl Hitlers zum Mord an den Juden bislang noch nicht gefunden wurde, ging die traditionelle Forschung im allgemeinen davon aus, der Diktator habe einen entsprechenden, erst einmal auf die sowjetischen Territorien bezogenen, später auf das gesamte übrige Europa ausgeweiteten Geheimbefehl im Zusammenhang mit den Vorbereitungen zum Rußlandkrieg, dem Kernstück seines ideologischen und politischen „Programms", gegeben. In einem 1978 erstellten „Gutachten zur Judenverfolgung" macht Andreas Hillgruber die Annahme wahrscheinlich, daß Hitlers „mündlich Himmler oder Heydrich erteilte Weisung zur Erschießung aller Juden in Rußland Ende Mai 1941, also einige Wochen vor Angriffsbeginn, in der Grenzpolizeischule in Pretzsch (bei Wittenberg) vom Chef des Reichssicherheitshauptamtes, zugleich Chef der Sicherheitspolizei und des SD, R. Heydrich, mündlich den Führern der sogenannten ‚Einsatzgruppen' und

---

[40] Auf diesen Zusammenhang haben vor allem *Eberhard Jäckel*, Hitlers Weltanschauung. Entwurf einer Herrschaft, Tübingen 1969, und *Andreas Hillgruber,* Die „Endlösung" und das deutsche Ostimperium als Kernstück des rassenideologischen Programms das Nationalsozialismus, in: *Ders.,* Deutsche Großmacht- und Weltpolitik im 19. und 20. Jahrhundert, Düsseldorf 1977, S. 252 ff. nachdrücklich hingewiesen.

‚Einsatzkommandos' übermittelt wurde" [41]. An Hitlers in diesem Zusammenhang maßgeblicher Rolle, an seinem ausschlaggebenden Eingriff, an seiner persönlichen Aktivität und an seiner direkten und vollen Verantwortung besteht dabei kein Zweifel.

Während die 1975 vorgelegte, vorläufig letzte Gesamtdarstellung zur „Judenfrage" im Dritten Reich aus der Feder von L. Dawidowicz [42] nicht in erster Linie „The Twisted Road to Auschwitz" [43], sondern vor allem die Zielgerichtetheit nationalsozialistischer Rassenpolitik, nicht nur im Verlauf des Zweiten Weltkrieges, sondern auch während der Friedensjahre betont, hat Uwe Dietrich Adam in seinem Buch über „Judenpolitik im Dritten Reich" [44] 1972 eine davon erheblich abweichende Meinung vorgetragen, die vor allen Dingen dadurch charakterisiert ist, daß Hitlers Rolle im Rahmen der Judenpolitik des Dritten Reiches insgesamt doch erheblich relativiert wird. Zwar veranschlagt auch er den Einfluß des Diktators auf die Behandlung der „Judenfrage" und auf den „Prozeß der Vernichtung" nicht eben gering. Doch sieht er in letztlich bestimmendem Maße das institutionelle Gefüge des Dritten Reiches für die Entstehung des Vernichtungsbefehls als verantwortlich an. Bereits das durch die Judentransporte in die besetzten Territorien des Ostens dort entstandene Chaos habe die für den Nationalsozialismus spezifische Planlosigkeit noch potenziert. Als dann im November/Dezember 1941 der deutsche Vormarsch in Rußland ins Stocken geriet, der für die Judendeportation zur Verfügung stehende Raum mithin noch knapper wurde und Eroberungen neuer Territorien unwahrscheinlich erschienen, habe die organisatorische Unfähigkeit des Regimes Hitler dazu getrieben, improvisierend den Judenmord zu befehlen: „Gewiß war der Befehl Hitlers zur Tötung von mehreren Millionen Menschen seine eigene, persönliche Entscheidung; doch letztlich ist die Dynamik und Entwicklung seines Staates nicht das Ergebnis eines ausgeklügelten Kalküls, sondern einer inneren Entwicklung, die auch Hitler zu einem nicht geringen Teil band" [45]. Diese Auffassung hat vor kurzem Martin Broszat in einem scharfsinnig durchdachten und erwägenswert argumentierenden Aufsatz über „Hitler und die Genesis der ‚Endlösung'" [46] weiterentwickelt. Darin geht er von der Annahme aus, daß es wahrscheinlich gar keinen einschlägigen Befehl Hitlers für das Genocid an den Juden gegeben habe. Vielmehr beurteilt er

[41] *Andreas Hillgruber*, Gutachten zur nationalsozialistischen Judenverfolgung auf dem Territorium der Sowjetunion (betr. Strafverfahren gegen Manfred R. K. Roeder, Az.: Js 175/77 (KLs)), S. 9.

[42] *Lucy S. Dawidowicz*, The War Against the Jews 1933—1945, London 1975.

[43] *Karl A. Schleunes*, The Twisted Road to Auschwitz. Nazi Policy Toward German Jews, 1933—1939, Urbana Ill. 1970.

[44] *Uwe Dietrich Adam*, Judenpolitik im Dritten Reich, Düsseldorf 1972.

[45] Ebd., S. 360.

[46] *Martin Broszat*, Hitler und die Genesis der „Endlösung". Aus Anlaß der Thesen von David Irving, in: VjhZG 25 (1977), S. 739 ff.

das Zusammenwirken von weltanschaulichem Dogma und pathologischer Improvisation als den entscheidenden Faktor für Hitlers Haltung zur „Judenfrage". Dabei schätzt er das Problem des Antisemitismus für die Außenpolitik des „Führers" so zentral ein, daß er die These wagt, der Diktator habe den Krieg im September 1939 auch deshalb riskiert, um das Judentum zu bekämpfen. Insgesamt aber bewertet er eben nicht die ingeniöse Planung Hitlers, sondern die unkontrollierte, zur Improvisation drängende Dynamik des Regimes und ihre daraus sich entwickelnde, beständig steigernde sowie endlich überschlagende Radikalisierung als entscheidend für die Vernichtung des europäischen Judentums. Zwar bestreitet er nicht die in der nationalsozialistischen Weltanschauung grundsätzlich vorhandene Bereitschaft zur radikalsten Lösung der „Judenfrage". Doch sieht er die konkrete historische Lage als ausschlaggebend an für die in einzelnen Etappen und unkoordinierten Schüben sich vollziehenden Aktionen der Judenpolitik. Broszat zufolge waren es die Ausweglosigkeit der durch die Deportationen entstandenen Situation in den besetzten Gebieten des Ostens und die selbständigen Initiativen lokaler Stellen, die die oberste Führung mehr und mehr unter Zugzwang setzten, die sie dann zur „Flucht nach vorn" fortrissen und die die sich auf diesem Weg entwickelnde „Endlösung" endlich zum Programm erhoben: „Die Lage, in die die NS-Führung bei ihrer Planung umfassender Judendeportationen geraten war, tritt schon aus den zitierten Dokumenten mit genügender Deutlichkeit hervor: Hitler, Himmler und Heydrich hatten sich in der Vorbereitung umfassender Deportationen zur Entfernung der Juden, die für sie, wie vor allem aus Hitlers Äußerungen hervorgeht, eine mit fanatischem Eifer verfolgte Weltanschauungs-Frage darstellte, nach innen und außen grundsätzlich festgelegt; dies geschah nicht zuletzt auch gegenüber einzelnen Gauleitern mit judenreichen Städten (Goebbels in Berlin, Schirach in Wien) oder dem Generalgouverneur, die ihrerseits auf Entfernung ihrer Juden drängten. Der Chef der Sicherheitspolizei (Heydrich) und sein Judenreferent (Eichmann) hatten Transportpläne aufgestellt und waren — auch über die nach Preßburg, Bukarest und Agram (Zagreb) entsandten „Judenberater" – an die Satellitenregierungen der judenreichen Verbündetenländer im Südosten herangetreten mit dem Ziel, auch deren Juden in die Deportation nach dem Osten einzubeziehen. Der Plan der großen Evakuierung der Juden sollte – so sah Hitler es sehr wahrscheinlich – keinesfalls gestoppt werden, weil die militärischen Schwierigkeiten und Belastungen im Osten sich als größer erwiesen als im Sommer 1941 angenommen. Aus dieser Situation heraus scheint es im Herbst 1941 einerseits zu einer Verlangsamung und Reduzierung der ursprünglichen Deportationspläne, andererseits zu Entschlüssen gekommen zu sein, die darauf hinausliefen, zumindest Teile der deportierten Juden ‚auf andere Weise', d. h. durch gezielte Tötungsaktionen aus der Welt zu schaffen. Die Judenvernichtung entstand, so scheint es, nicht nur aus vorgegebenem Vernichtungswillen, sondern auch als ‚Ausweg' aus einer Sackgasse, in die man sich selbst manövriert hatte. Einmal begonnen und institutionalisiert, erhielt die Liquidierungspraxis jedoch dominierendes Gewicht und führte schließlich faktisch zu einem umfassenden ‚Programm' " [47]. Allerdings gibt diese neue Sicht der Dinge Broszat nicht die geringste Veranlassung, an Hitlers Verantwortung zu zweifeln: „Wenn unsere Interpretation davon ausgeht, daß die Judenvernichtung auf solche Weise ‚improvisiert', nicht von langer Hand her geplant und durch einen einmaligen Geheimbefehl in die Wege geleitet wurde, so schließt das ein, daß die Verantwortung und Initiative für die Tötungsaktion nicht nur bei Hitler, Himmler oder Heydrich lagen. Es entlastet Hitler aber keineswegs" [48]. Klar tritt er jedoch der traditionellen Auffassung entgegen, die Hitlers Judenpolitik als planvolle und früh fixierte Handlung deutet: „. . . sicher ist, daß der dogmatische ideologische Antisemitismus Hitlers nicht zeit- und aktualitätsunabhängig war. Er entfaltete sich nicht einfach ‚programmatisch', sondern pathologisch, wurde mehr oder weniger aufgeladen, und diese ‚Aufladungen' waren als Motiv der Entschlüsse und Handlungen mindestens ebenso wichtig wie das feststehende Dogma. Dem entspricht auch der Grundzug der nicht gleichmäßig und planvoll, sondern eher improvisiert und sprunghaft, durch jeweils forcierte Adhoc-Aktionen, vorangetriebenen Judenpolitik und -vernichtung" [49].

Broszats Interpretationsvorschlag dürfte zweifellos Widerspruch finden, der sich unter anderem wohl auf folgende Argumente stützen wird:

1. Daß bislang kein Befehl Hitlers zur Judenvernichtung aufgefunden wurde, schließt keineswegs aus, daß er nicht mündlich oder schriftlich gegeben worden ist. Diese Wahrscheinlichkeit anzunehmen, hat auch nichts zu tun mit einer sogenanntem „idealistischem Intentionalismus" entspringenden „Konspirationskonstruktion" traditioneller Historiographie. Denn Geheimhaltung des vom „Führer" Beabsichtigten gehörte belegt und aktenkundig zum Prinzip der Politik des Dritten Reiches. Demgegenüber erscheint die Valenz der These vom improvisatorischen Charakter des Regimes doch nach wie vor eher als umstritten.

2. Die mit dem deutschen Einmarsch in die Sowjetunion koordiniert anlaufenden Erschießungsaktionen von russischen Juden, die ohne Ansehen ihrer Person, ihres Standes oder ihres Berufes und allein aufgrund der Tatsache ihrer Rassenzugehörigkeit ermordet wurden, vermag Broszats stärker funktionale und situationsgebundene Interpretation nicht zureichend zu erklären. Sie wurden vielmehr von Hitler befohlen und dementsprechend planmäßig durchgeführt. Als Auftakt zur „physischen Endlösung" hoben sie sich von deren letzter Stufe der technisch perfekt durchgeführten Vergasungen qualitativ im Prinzip nicht ab.

3. Selbst wenn man dazu bereit ist, der historischen Situation einen vergleichsweise hohen Stellenwert für die Verwirklichung der nationalsozialistischen Judenpolitik einzuräumen, so ist doch nicht zu übersehen, daß die Genesis der „Endlösung" lange vorher in Hitlers programmatischen Überlegungen angelegt war und die Vernichtung der europäischen Juden auf das Vorhandensein des

---

[47] Ebd., S. 752 f.
[48] Ebd., S. 756.
[49] Ebd., S. 770.

rassenideologischen Dogmas in der nationalsozialistischen Weltanschauung zurückgeht. Ohne deren Existenz hätte auch die angeblich so geschichtsmächtige Improvisation keinen Orientierungspunkt gehabt. Grundlegend für das nationalsozialistische Genocid war Hitlers Rassendogma. Es mag Situationen geschaffen haben, die im Sinne seiner Erfüllung auf die a priori mögliche und langfristig anvisierte radikalste Lösung beschleunigend drängten. Mit anderen Worten: Das situative Element nationalsozialistischer Judenpolitik könnte in diesem Sinne sekundär zur Erfüllung des rassenpolitischen Dogmas beigetragen haben, keineswegs aber schuf es dieses neu, wesentlich und programmatisch. In diesem Sinne haben

4. historische Situationen möglicherweise verstärkend auf das ursprünglich Gewollte und planmäßig (wenn freilich auch pathologisch) in Gang Gesetzte eingewirkt. Als primär und verursachend, als Motiv und Ziel, als Vorsatz und Fluchtpunkt der Judenpolitik des Dritten Reiches aber sind nach wie vor Hitlers programmatische Ideen über Judenvernichtung und Rassenherrschaft einzuschätzen. Sie stifteten jene Dynamik des Regimes, die Hitlers Planungen gewiß verändernd beschleunigte, ihn jedoch niemals zu Lösungen fortriß, die er nicht schon lange vorher anvisiert und gefordert hatte.

Von einem methodisch gegenüber der revisionistischen Interpretation ganz unterschiedlichen Standpunkt aus hat dagegen jetzt Sebastian Haffner zum Problem der nationalsozialistischen Judenpolitik im Zweiten Weltkrieg Stellung genommen und die im Dezember 1941 begonnene Form der technisch perfekt durchgeführten „physischen Endlösung", die ab 1942 auf alle unter deutschem Einfluß stehenden Länder Europas ausgedehnt wurde, zu erklären versucht [50]. In diesem Zusammenhang mißt er dem Kalkül Hitlers für Verursachung, Beginn, Entwicklung und Zeitplanung der Judenvernichtung die allein ausschlaggebende Bedeutung bei. Solange Hitler in Rußland noch auf einen ähnlich schnellen Sieg gehofft habe wie ein Jahr zuvor in Frankreich, sei für den Diktator damit die Hoffnung auf ein Einlenken Englands verbunden gewesen, das nach der russischen Niederlage ohne seinen letzten „Festlandsdegen" dagestanden hätte. Zu diesem Zweck aber habe er für die Briten verhandlungsfähig bleiben müssen. Daher sei der „systematische Judenmord" erst einmal auf Polen und Rußland beschränkt worden, „und seine umständliche Methode waren Massenerschießungen ... Was er in Polen und Rußland tat, mochte er hoffen, wenigstens solange der Krieg dauerte, vor der Außenwelt geheimhalten zu können; Massenmord in Frankreich, Holland, Belgien, Luxemburg, Dänemark, Norwegen, auch in Deutschland selbst, mußte dagegen sofort in England bekannt werden und Hitler dort endgültig unmöglich machen, wie es ja auch geschah ... Seinen lang gehegten Wunsch, die Juden ganz Europas auszurotten, durfte er sich erst erfüllen, wenn er jede Hoffnung auf einen Ausgleichsfrieden mit England (und die damit verbundene Hoffnung, den Kriegseintritt Amerikas zu vermeiden) auf-

[50] *Haffner*, Anmerkungen, S. 172 ff.

gab. Und das tat er erst nach dem 5. Dezember 1941, dem Tag, an dem ihn die russische Offensive vor Moskau aus seinem russischen Siegestraum riß" [51].

Haffner postuliert mithin zwischen den Massenerschießungen osteuropäischer Juden auf den Territorien Polens und der Sowjetunion bis zum Dezember 1941 und den (seit dem Juni/Juli 1941 vorbereiteten) danach praktizierten Massenvergasungen (auch west-) europäischer Juden in einem den europäischen Kontinent insgesamt ergreifenden Maßstab keinen qualitativen Unterschied. Vielmehr beurteilt er beide Vorgänge als verschiedene, lange zuvor geplante Phasen der Judenpolitik Hitlers und leitet ihre jeweilige Realisierung unmittelbar aus den strategischen und weltanschaulichen Entscheidungen des Diktators ab. Wie weit sich diese im Zuge scharfsinniger Konjektur vorgetragene – in mancher Beziehung bestreitbare – Interpretation quellenmäßig erhärten läßt, um von der Forschung akzeptiert zu werden, bleibt dem künftigen Gang der wissenschaftlichen Beschäftigung mit der Judenpolitik des Dritten Reiches vorbehalten.

Festzuhalten ist demgegenüber, daß Haffner die nationalsozialistische Judenvernichtung aus Hitlers spezifischem, pathologischem Antisemitismus ableitet, den dieser „von Anfang an, wie einen angeborenen Buckel" [52] mit sich herumtrug und der sich von dem in erster Linie funktional orientierten europäischen „Normalantisemitismus" in seiner Programmatik und Praxis prinzipiell unterschied. Mit Recht beurteilt Haffner in diesem Zusammenhang die Judenpolitik des Regimes als sein ausschlaggebendes Konstituens, dessen geschichtsmächtige Folgen bis heute nachwirken.

Mit seiner Einschätzung der historischen Bedeutung der Judenpolitik Hitlers steht Haffner dabei im Gegensatz zu zwei Tendenzen, die sich gerade gegenwärtig in der Behandlung dieser Frage in der Bundesrepublik Deutschland abzeichnen, sich ihrerseits grundsätzlich voneinander abheben und in ihren extremen Ansichten doch berühren. Denn auf der einen Seite wird beispielsweise von Helmut Diwald aufs neue unübersehbar versucht, aus falsch verstandenen patriotischen Motiven heraus die Tatsache der Judenvernichtung zu verharmlosen [53], und auf der anderen Seite wird beispielsweise von Jürgen Kocka [54] in ideologisch ver-

---

[51] Ebd., S. 178 f.

[52] Ebd., S. 15.

[53] *Helmut Diwald*, Geschichte der Deutschen, Frankfurt a. M. 1978, S. 163 ff. Zur Annäherung an den gegenwärtig gültigen Forschungsstand siehe jetzt die Korrekturen in der 2. Auflage, ebd., 1979, S. 163 ff., bes. S. 164.

[54] *Jürgen Kocka*, Gegen einen Begriffskrieg. Was leisten die Formeln „Faschismus" und „Totalitarismus"? Vom Abstand zwischen Begriff und historischer Realität. Ein Diskussionsbeitrag, in: Frankfurter Allgemeine Zeitung vom 18. 12. 1978, S. 21. Diese trotz aller sprachlichen Elastizität nur scheinbar um eine Position des Ausgleichs und der „Mitte" zwischen „Faschismus"- und Totalitarismus-Begriff bemühte Stellungnahme plädiert im Grunde recht konventionell für den Gebrauch eines vornehmlich in ökonomischer und gesellschaftlicher Perspektive entworfenen „Faschismus"-Begriffs, der nicht so neu ist, daß der Autor ihn — wie er es tut — als seinen spezifischen „Faschismus"-

engter Perspektive im Rahmen einer sogenannten „Faschismus"-Theorie die Judenpolitik des Regimes gar nicht erwähnt, da diese im Grunde auf das Problem der Kapitalismusstabilisierung reduzierte – mithin wissenschaftlich längst überholte und orthodoxe — „Theorie" in der Auseinandersetzung mit der Judenpolitik Hitlers ansonsten scheitern müßte.

III.

Die alles in allem von der Forschung nach wie vor als überragend beurteilte Bedeutung, die Hitler als dem Repräsentanten und Gestalter des Nationalsozialismus und des Dritten Reiches zukommt und die einer der besten Sachkenner der modernen deutschen Geschichte, Norman Rich, kürzlich in der lapidar formulierten Einsicht [55]: „Hitler was master in the Third Reich" zusammenfaßte, legt es endlich auch nahe, jene allgemeinen Interpretationen, die das Dritte Reich als eine Variante des europäischen Faschismus zu verstehen versuchen, nicht zuletzt einmal daraufhin zu überprüfen, ob sie dazu imstande sind, „Hitler und sein Programm" [56] angemessen zu interpretieren oder ob sie nicht weitgehend scheitern an dem sogenannten „Rest" Hitler, der eben für die Geschichte des Nationalsozialismus und des Dritten Reiches maßgeblich war. Mit anderen Worten: Es gilt zu fragen, ob Hitlers Herrschaft und Politik mit einem Begriff und einer Theorie des „Faschismus" erklärt werden können. Für eine solche Überprüfung in Frage kommt dabei in erster Linie jene strukturell-funktionale Theorie des „Faschismus", deren Entstehung und Entwicklung mit der revisionistischen Betrachtung des Dritten Reiches in engem Zusammenhang steht.

Die hier als strukturell-funktional gekennzeichnete Theorie versteht „Faschismus" bzw. „die Faschismen als eine besondere Form der Herrschaft in Gesellschaften, die sich in einer kritischen Phase des gesellschaftlichen Transformationsprozesses zur Industriegesellschaft befinden und zugleich objektiv oder in den Augen der herrschenden Schichten von der Möglichkeit eines kommunistischen Umsturzes bedroht sind" [57]. Diese Interpretation ordnet dem „Faschismus" vor dem Hintergrund einer besonderen historischen „Struktur" eine spezifische poli-

---

Begriff vorschlagen müßte und dessen seit langem bekanntes Grundmuster angesichts der darüber hinausgeschrittenen Entwicklung der Forschung wissenschaftlich nicht befriedigen kann.

[55] *Rich,* Hitler's War Aims, Bd. 1, S. 11.

[56] *Karl Dietrich Erdmann,* Deutschland unter der Herrschaft des Nationalsozialismus und der Zweite Weltkrieg, in: Ders., Die Zeit der Weltkriege. Gebhardt, Handbuch der Deutschen Geschichte, 9., neu bearbeitete Auflage, *Herbert Grundmann* (Hrsg.), Bd. 4, Stuttgart 1976, S. 83.

[57] *Wolfgang J. Mommsen,* Gesellschaftliche Bedingtheit und gesellschaftliche Relevanz historischer Aussagen, in *Eberhard Jäckel* und *Ernst Weymar* (Hrsg.), Die Funktion der Geschichte in unserer Zeit, Stuttgart 1975, S. 219.

tische Funktion zu. Sie begreift „Faschismus" mithin als „eine bestimmte Stufe der gesellschaftlichen Entwicklung im Übergang von der bürgerlichen zur pluralistischen Industriegesellschaft" und leitet „seine enorme politische Stoßkraft ... in erster Linie aus dem Widerstand residualer Eliten gegen deren [der Industriegesellschaft. K. H.] egalitäre Tendenzen" [58] ab.

Vor allem zwei Einwände dürften diese von der Betrachtung des Nationalsozialismus, der ihr als „eine Form faschistischer Herrschaft" gilt, abgeleitete Theorie beeinträchtigen und ihren Interpretationswert begrenzen:

1. Die „enorme Stoßkraft" des „Faschismus" wird primär auf den Widerstand „residualer Eliten" zurückgeführt. Eine solche Annahme vermag im deutschen Fall natürlich nur unzureichend das Wirken Hitlers zu erklären. Gewiß sind Hitlers „Ermöglichung" und der gewaltsame Charakter des nationalsozialistischen Staates in einem gar nicht zu unterschätzenden Maße auch auf die vergleichsweise hartnäckige Ablehnung der Moderne durch die traditionell führenden Schichten in Preußen-Deutschland zurückzuführen. Was allerdings die spezifische Stoßkraft des etablierten Dritten Reiches mit Hitler an der Spitze angeht, so muß sie sicherlich aus ganz anderen historischen Zusammenhängen heraus erklärt werden. Denn ihre Dynamik entstand ja zu weiten Teilen gerade erst aufgrund des Zusammenwirkens der Nationalsozialisten mit den konservativen Eliten. Darüber hinaus findet sie ihr Motiv und ihre Richtung, ihr(e) Maß(losigkeit) und ihr Ziel letztlich jedoch in Hitlers (den Einflüssen seiner Zeit einerseits verhafteter und sie andererseits radikalisierender) Desperado-Mentalität, auf deren schwer zu ergründende Bedeutung bereits relativ früh — 1953 — Alfred Weber sinngemäß hingewiesen hat [59]. Die sich daraus entwickelnden politischen Zielvorstellungen des Dritten Reiches aber besaßen ein so hohes Maß an geschichtlicher Autonomie, daß sie als Phänomene sui generis zu beurteilen und vornehmlich in ihrer Entstehung erst noch zu untersuchen sind [60]. Diese politischen Absichten, mithin das Wesentliche des Dritten Reiches, entziehen sich der Erklärung durch die strukturell-funktionale Theorie in entscheidendem Maße, weil ihre Intentionalität nur sehr bedingt mit den (ursprünglichen) Funktionen der Diktatur zusammenhängt und weil die in der Funktionalität des Regimes ohne Zweifel zutage tretenden und nicht vorhersehbaren Ergebnisse nationalsozialistischer Politik für den Gang der Geschichte in Hitlers Staat und in „Hitlers Europa" (Arnold Toynbee) maßgeblich wurden.

[58] Ebd., S. 220.
[59] *Alfred Weber,* Der dritte oder der vierte Mensch. Vom Sinn des geschichtlichen Daseins, München 1963, S. 43.
[60] Vgl. dazu zuletzt *Geoffrey Stoakes,* The Evolution of Hitler's Ideas on Foreign Policy, 1919—1925, in: *Peter D. Stachura* (Hrsg.), The Shaping of the Nazi State, London 1978, S. 22 ff.

2. Es erhebt sich die Frage, auf welche Staaten der Zwischenkriegszeit das Kriterium, sich im Übergang von der bürgerlichen zur pluralistischen Industriegesellschaft zu befinden, überhaupt angewendet werden kann. Für den Bereich der deutschen Entwicklung mag diese Bedingung zutreffen. Doch konstituierte sich gerade hier nicht ein „Normalfaschismus", der „strukturellen" Erfordernissen gegenüber seine entsprechende politische Funktion erfüllt hätte, nämlich die überkommene Sozialstruktur zu bewahren und die Arbeiterschaft niederzuhalten. Im Gegenteil: der Nationalsozialismus streifte die ihm ursprünglich noch eigene Funktionalität bald schon ab und entwickelte eine bis dahin kaum bekannte Eigenmacht und -gesetzlichkeit, die das überlieferte Gesellschaftsgefüge in nationaler (und dann auch in internationaler) Perspektive gerade zerstörte, oder es zumindest schwer erschütterte. Während die Pläne der gegen Hitler in der zweiten Hälfte der dreißiger Jahre opponierenden konservativen Kreise, die den Kriegskurs und die Rüstungswirtschaft der Diktatur aus innen- (wirtschaftlichen sowie gesellschaftlichen) und außenpolitischen Gründen ablehnten und demgegenüber für die Errichtung einer aus konservativen Vertretern sowie gemäßigten Nationalsozialisten gebildeten, vielleicht als „normalfaschistisch" zu charakterisierenden Regierung (im Stile des italienischen Modells) möglicherweise unter Görings Führung eintraten, durchaus im Erklärungsbereich der strukturell-funktionalen Theorie liegen, vermag sie die Geschichte des sich entfaltenden Dritten Reiches kaum angemessen zu begreifen. Welche europäischen Staaten, so sei noch einmal gefragt, befanden sich aber überhaupt auf dem Weg von der bürgerlichen zur pluralistischen Industriegesellschaft? Trifft diese Voraussetzung für Italien zu, und vermag sie den Aufstieg des Faschismus zu erfassen? Wie kann sie auf die zumindest doch weitgehend noch agrarisch organisierten iberischen Staaten angewendet werden? „Faschismus" in den Ländern Südosteuropas zu erklären, dürfte anhand dieser Theorie sicherlich nicht möglich sein, da das Phänomen der Industriegesellschaft in welchem Entwicklungsstadium auch immer in diesen Regionen einfach fehlte.

Vergleicht man aber darüberhinaus einmal die beiden am weitesten entwickelten und als repräsentativ anzusehenden Ausformungen sogenannter „faschistischer" Herrschaft in Europa, das nationalsozialistische Deutschland und das faschistische Italien, miteinander, so kommen gar nicht zu übersehende Bedenken auf gegenüber dem Sinn und der Benutzbarkeit eines übernational dimensionierten „Faschismus"-Begriffs. Wiederholt ist in diesem Zusammenhang – vor allem von Renzo De Felice für die italienische Außenpolitik Mussolinis und von Andreas Hillgruber für die nationalsozialistische Außenpolitik Hitlers [61] – auf das vergleichsweise gut erforschte Feld der auswärtigen Politik verwiesen worden, auf dem der „Faschismus"-Begriff im Zuge einer komparatistischen Be-

[61] *Renzo De Felice,* Beobachtungen zu Mussolinis Außenpolitik, in: Saeculum XXIV (1973), S. 314 ff., und *Andreas Hillgruber,* Grundzüge der nationalsozialistischen Außenpolitik 1933—1945, ebd., S. 328 ff.

trachtung zwischen Italien und Deutschland vor dem für die Geschichte der Epoche in ausschlaggebendem Maße bestimmenden Hintergrund der internationalen Politik scheitert.

Sieht man beispielsweise die Komponenten des Antisemitismus und der rassischen Höherzüchtung, das rassenpolitische Dogma in Hitlers Gedankenbildung und Politik, und das Ziel der „Weltvorherrschaft" (wenn nicht „Weltherrschaft") als konstitutiv für die nationalsozialistische Außenpolitik an [62], dann scheint im Hinblick auf Mussolinis italienischen Faschismus die gemeinsame Basis der Vergleichbarkeit zu entfallen. Seine außenpolitischen Forderungen nach einem faschistischen „Impero Romano", nach kolonialer Herrschaft, nach dem „mare nostro" sowie seine Diplomatie des „peso determinante" („Zünglein an der Waage") sind letztlich nicht mit Hitlers Zielen zu vergleichen, die kriegerische Eroberung und rassische Herrschaft in globaler Dimension ins Auge faßten. Viel eher scheint hier die Differenz zwischen einer traditionell imperialistisch orientierten Außenpolitik und Hitlers „neuartiger" Kriegs- und Rassenpolitik hervorzutreten, deren qualitative Unterschiede mögliche Gemeinsamkeiten in den Hintergrund drängen. Die Überlegungen des einen bewegten sich durchaus noch in historisch vertrauten Kategorien, die des anderen sprengten eben diesen Rahmen, beabsichtigten den historischen Verlauf zu überholen und in einer biologischen Utopie letztlich stillzulegen. Zumindest in dem für Europa und die Welt so geschichtsmächtig und entscheidend gewordenen Feld der internationalen Politik läßt sich von einem für Deutschland und Italien konstitutiven und einheitlichen „Faschismus"-Begriff kaum sprechen. Henry A. Turner hat schon vor einiger Zeit empfohlen zu überlegen [63], ob der – vom Anspruch her auch den Nationalsozialismus erklärend einbeziehende — „Faschismus" als Gattungsbegriff tatsächlich zur Klarheit der wissenschaftlichen Erkenntnis beitrage oder ob sein Gebrauch nicht vielmehr dazu geeignet sei, Verwirrung zu stiften. Beim *gegenwärtigen* Stand der Forschung ist kaum zu übersehen, daß der „Faschismus" als politisches Schlagwort so vielfältig und erfolgreich eingesetzt werden kann, wie er als wissenschaftlicher Begriff vorläufig noch der notwendigen Schärfe und Distinktion entbehrt.

Angesichts dieser Feststellung, die im Hinblick auf die die diversen „Faschismen" voneinander trennenden Unterschiede wohl noch beträchtlich untermauert

[62] Siehe dazu jetzt auch *Milan Hauner,* Did Hitler Want a World Dominion?, in: JCH 13 (1978), S. 15 ff., und *ders.,* India in Axis Strategy Germany, Japan, and Indian Nationalists in the Second World War, Stuttgart (erscheint 1980). Vgl. auch die zusammenfassenden Ausführungen von *Meir Michaelis,* World Power Status or World Dominion? A Survey of the Literature on Hitler's Plan of World Dominion (1937—1970), in: HJ 15 (1972), S. 331 ff.

[63] *Henry A. Turner, jr.,* Faschismus und Anti-Modernismus, in: *Ders.,* Faschismus und Kapitalismus in Deutschland. Studien zum Verhältnis zwischen Nationalsozialismus und Wirtschaft, Göttingen 1972, S. 180.

werden könnte, neigt auf der einen Seite eine Reihe von Forschern (H. A. Turner; R. De Felice; K. D. Bracher [64]) dazu, vorläufig eine individualisierende Begriffsbildung zur Charakteristik der deutschen Diktatur in den dreißiger und vierziger Jahren zu benutzen. Karl Dietrich Brachers Urteil zufolge [65] läßt sich der Nationalsozialismus, will man seine totalitäre Herrschaft nicht verharmlosen und die kapitalistischen Wirtschafts- und Gesellschaftsordnungen im damaligen Europa nicht dämonisieren, kaum als eine Spielart des europäischen Faschismus erklären und als „deutscher Faschismus" oder als „Hitler-Faschismus" kennzeichnen. Sieht man aber einmal von denjenigen ab, die den „Faschismus"-Begriff als politische Waffe einsetzen, um das sogenannte „kapitalistische System" zu bekämpfen und die mit der schillernden Formel vom „Antifaschismus" über die totalitäre Qualität des (sowjetischen) Kommunismus hinwegtäuschen, so ist auf der anderen Seite doch nicht zu übersehen, daß eine Reihe von Forschern nach wie vor mit sehr erwägenswerten Argumenten am Gebrauch des „Faschismus"-Begriffs festhält. Im Sinne der erst kürzlich wieder geltend gemachten Überlegungen von Karl Dietrich Erdmann, Hans-Ulrich Thamer und Wolfgang Wippermann [66], die sie in Übereinstimmung mit den bzw. im Anschluß an die Arbeiten von Ernst Nolte, Stuart Woolf oder Wolfgang Schieder vorgetragen haben, scheinen dabei die Übereinstimmungen in den verschiedenen „Faschismen" auszureichen, um an einem generischen „Faschismus"-Begriff sinnvoll festhalten zu können. Dabei scheint die Forschung gegenwärtig erst einmal dahin zu tendieren, die Tragfähigkeit des Begriffs in einem intensiver gezogenen Vergleich zwischen Deutschland und Italien zu überprüfen – eine arbeitstechnisch durchaus verständliche Einschränkung des ursprünglich und theoretisch viel weiter gehenden Begriffs vom europäischen „Faschismus". Möglicherweise wird damit in gewissem Maße auch der Warnung Karl Dietrich Brachers Rechnung getragen, der inflationäre Gebrauch des „Faschismus"-Begriffs bedeute „im Grunde eine Bagatellisierung totalitärer Diktatur, weil damit alles in einen Topf geworfen wird: ob es sich um Militärregime, Entwicklungsdiktaturen, lateinamerikanische Oligarchien handelt oder ob gar westliche Demokratien an ihren Krisenpunkten als faschistisch beschimpft werden. Das läuft entweder auf eine Dämonisierung aller Diktaturtendenzen oder aber auf eine Bagatellisierung derjenigen Regime

[64] *Turner*, Faschismus; *Renzo De Felice*, Der Faschismus. Ein Interview von M. A. Leeden. Mit einem Nachwort von Jens Petersen, Stuttgart 1977; *Bracher*, Zeitgeschichtliche Kontroversen.

[65] *Karl Dietrich Bracher*, Der Faschismus. Sonderbeitrag aus Meyers Enzyklopädischem Lexikon, Mannheim 1973, S. 551.

[66] *Karl Dietrich Erdmann*, Nationalsozialismus—Faschismus—Totalitarismus, in: GWU 27 (1976), S. 457 ff.; *Wolfgang Wippermann*, Faschismustheorien. Zum Stand der gegenwärtigen Diskussion, Darmstadt ³1976; *Hans-Ulrich Thamer und Wolfgang Wippermann*, Faschistische und neofaschistische Bewegungen. Probleme empirischer Faschismusforschung, Darmstadt 1977; *Hans-Ulrich Thamer*, Ansichten des Faschismus, in: NPL 22 (1977), S. 19 ff.

hinaus, die sich wie das nationalsozialistische Gewalt- und Vernichtungssystem auch vom italienischen Faschismus unterscheiden" [67].

Differenzen zwischen dem Nationalsozialismus und dem Faschismus sieht Karl Dietrich Erdmann durchaus. Doch hält er an der Sinnfälligkeit des „Faschismus"-Begriffs fest, da ihm „die festgestellten Unterschiede [als] Modifikationen bzw. stärkere oder schwächere Intensitätsgrade von beiden gemeinsamen Struktur-elementen" erscheinen [68]: „Die Modifikation und unterschiedliche Intensität be-stimmen die historische Individualität der beiden Bewegungen. Das hier wie dort kongruent angelegte Grundmuster erlaubt es jedoch, sie (abweichend von Bra-cher) dem gleichen Typus zuzurechnen und den Terminus „Faschismus" trotz der genannten Vorbehalte als Gattungsbegriff zu verwenden". Dementsprechend er-kennt auch Hans-Ulrich Thamer „Unterschiede in den politischen und sozialen Voraussetzungen, in Ausprägung und Gewicht einzelner ideologischer Kompo-nenten, in Tempo und Ausmaß der faschistischen Durchsetzungskraft bzw. Radi-kalität". Allerdings wird seinem Urteil zufolge „in der prinzipiellen Heteroge-nität, im Bündnischarakter und Herrschaftskompromiß, in der nicht identischen Identität von konservativ-autoritären und faschistischen Kräften sowie in der Ambivalenz von Tradition und Revolution des Faschismus als Antwort auf eine spezifische Krisensituation ... der gemeinsame Kern aller seiner Erschei-nungsformen" sichtbar und damit die „Legitimität eines generischen Faschismus-Begriffs" [69] plausibel.

Wenn Karl Dietrich Erdmann in diesem Zusammenhang der historischen Indi-vidualität des Nationalsozialismus innerhalb des europäischen Faschismus auch weit höhere Bedeutung beimißt, als sie in der sehr mißverständlichen Formel vom „deutschen Faschismus" zum Ausdruck kommt, und wenn er auch im Ge-gensatz zu Ernst Noltes Anspruch den „Faschismus"-Begriff als Epochensignatur dezidiert ablehnt, so darf angesichts seines Vorschlages, an einem allgemein für die Zwischenkriegszeit in Europa verbindlich angesehenen „Faschismus"-Begriff festzuhalten, doch nicht übersehen werden, daß der Nationalsozialismus im Hinblick auf die programmatische Rasseutopie Hitlers und der SS singulär und unvergleichbar bleibt [70]. Eben das rassische Dogma aber wurde gerade für das Dritte Reich nicht zuletzt in seinen geschichtlich verheerenden und bis heute nachwirkenden Folgen zum entscheidenden Kennzeichen. Mögen auch manche Bereiche in den beiden Bewegungen einander ähneln, obwohl etwa Renzo De Fe-lice in bezug auf Basis, Funktion und Ziele des italienischen Faschismus und des deutschen Nationalsozialismus eher die Unterschiede als die Gemeinsamkeiten betont [71], so korrespondiert das Wesen des Nationalsozialismus doch kaum mit

---

[67] *Bracher,* Faschismus, S. 551.

[68] *Erdmann,* Nationalsozialismus, S. 459.

[69] *Thamer,* Ansichten, S. 35.

[70] Vgl. dazu jetzt auch *Meir Michaelis,* Mussolini and the Jews. German-Italian Rela-tions and the Jewish Question in Italy 1922—1945, Oxford 1978.

[71] *De Felice,* Der Faschismus, passim, beispielsweise S. 90.

dem der anderen „Faschismen", und mithin bleibt die Einheitlichkeit des Begriffs problematisch. Angesichts des heutigen Forschungsstandes dürften die von Henry A. Turner, Renzo De Felice und Karl Dietrich Bracher im wesentlichen vorgetragenen Bedenken insofern berechtigt sein [72], als sie es nahelegen, im Hinblick auf Hitlers „Bewegung" und Staat nicht vom „deutschen Faschismus", sondern vom Nationalsozialismus zu sprechen. So fragwürdig (beim Wort genommen) der Begriff eines übernational existierenden „Faschismus" erscheint, so singulär stellt sich Hitlers deutsche Diktatur im Lichte der Forschung dar.

Ohne die entscheidenden innen- und außenpolitischen, internationalen und sozialhistorischen Faktoren im einzelnen nennen und gewichten zu können, die für Hitlers „Ermöglichung" entscheidend waren [73], und ohne die Vielschichtigkeit historischer Wirklichkeit zu unterschätzen, die auch die Geschichte des Dritten Reiches charakterisierte [74], kann nunmehr abschließend die Frage, ob Hitlers Herrschaft und das Dritte Reich als Monokratie oder Polykratie anzusehen sind, mit einer Feststellung des englischen Historikers Hugh R. Trevor-Roper beantwortet werden, die dieser vor über 30 Jahren traf und die heute nach wie vor aktuell und wissenschaftlich durchaus zutreffend erscheint [75]: „Emigranten, marxistische Theoretiker und verzweifelte Reaktionäre haben vorgegeben oder sich selbst eingeredet, daß Hitler selbst nur eine Schachfigur in einem Spiel war, das nicht er spielte, sondern einige andere Politiker oder gewisse kosmische Kräfte. Das ist ein fundamentaler Irrtum. Welche unabhängigen Kräfte immer er benutzt, welche zufällige Unterstützung er sich erborgt haben mag, Hitler blieb bis zum Schluß der alleinige Herr und Meister der Bewegung, der er selbst

---

[72] Siehe jetzt auch *Gilbert Allardyce,* What Fascism Is Not: Thoughts on the Deflation of a Concept (AHA-Forum), in: AHR 84 (1979), S. 376 ff.

[73] Vgl. dazu neuerdings *Thomas Nipperdey,* 1933 und die Kontinuität der deutschen Geschichte, in: HZ 227 (1977), S. 86 ff.; den Versuch einer Zusammenfassung des Forschungsstandes bietet *Konrad H. Jarausch,* From Second to Third Reich. The Problem of Continuity in German Foreign Policy, in: CEH 12 (1979), S. 68 ff. Zu einem Überdenken der in diesem Zusammenhang benutzten Beurteilungsmaßstäbe regt das Buch von *David Calleo,* The German Problem Reconsidered. Germany and the World Order, 1870 to the Present, Cambridge 1978, an.

[74] Wie gerade in diesem Kontext die von der Sache her komplizierten und von der seriösen Forschung differenziert dargestellten Zusammenhänge zwischen „Struktur und Persönlichkeit", Gesellschaft und Hitler aufgrund von Voreingenommenheit und mangelhafter Sachkenntnis verzerrt und simplifiziert beschrieben werden können, demonstriert *Hans-Ulrich Wehlers* Beitrag über „Geschichtswissenschaft heute", in: *Jürgen Habermas* (Hrsg.), Stichworte zur ‚Geistigen Situation der Zeit', edition suhrkamp 1000, 2. Bd.: Politik und Kultur, Frankfurt a. M. 1979, bes. S. 732 und 748. Da sich dieser Artikel jedoch nicht mehr im verbindlichen wissenschaftlichen Argumentationsrahmen bewegt, sondern sich darin erfüllt, politische Meinungsäußerungen und persönliche Verunglimpfungen aneinanderzureihen, ist er für den Zusammenhang ernsthafter wissenschaftlicher Diskussion unbrauchbar.

[75] *Hugh R. Trevor-Roper,* Hitlers letzte Tage, ³1965, Frankfurt a. M. 1973, S. 70.

das Leben eingehaucht, die er selbst gegründet hatte und die er selbst, durch seine persönliche Führerschaft, vernichten sollte".

Summary

The author surveys the historical debate on the character of the Third Reich, a debate which has been in progress since 1945, or even earlier. In the immediate post-war period Hitler's regime appeared to be a rational and well-organized system of a totalitarian nature, but subsequent historical research has revealed a more complex picture.

As far as Hitler himself is concerned, his power could hardly be exaggerated. The governmental machine, however, was by no means running as smoothly as the first, ill-informed impressions suggested. Here the power structure was almost chaotic: a ruthless competition amongst the German leadership for power and influence, without much control from above or regard to the whole. Karl-Dietrich Bracher was one of the first historians to draw attention to the peculiar ambivalence which marked the NS regime. But he also observed that the unchecked rivalry between the various organs of State and Party helped to consolidate and enhance Hitler's supreme power and did not hamper further tightening of police control. The ensuing debate among historians was primarily concerned with the evaluation of these findings. Should the main emphasis be laid on the monocratic aspects of Hitler's rule or rather on the polycratic and altogether chaotic structure of the governmental system?

The traditional view as propounded by Bracher and others was criticised by Hans Mommsen, who took exception to what he called the "over-rationalisation" of the political system and described Hitler as, in many respects, "a weak dictator". He depicted the German dictator as the mere agent of German Fascism, not somebody following his own ideas and fully in command of the forces at his disposal. The author does not deny that this view, which he terms "Revisionist", has opened up important avenues of research, throwing new light on the decision-making process in the Third Reich. However, he feels that criticism of the old liberal school of Bracher and Gerhard Schulz, who stressed the totalitarian impact of the regime, has gone far too far. After all, the chaotic structure of the governmental machine was not the essential feature of the Third Reich. Compared with Hitler's determination to pursue his political "programme", the state of affairs among his subordinates was clearly of secondary importance. To emphasize the latter at the expense of the ideological and totalitarian nature of National Socialism is to trivialize the character of Hitler's regime which was more than an autocratic dictatorship along traditional lines. For someone who proceeds from historical evidence rather than from certain preconceived ideas about "fascism", there is no contradiction in terms between Hitler's supreme power and a polycratic system of government: both conditioned and enforced one another.

Whereas the "Revisionists" were initially content to dwell on the domestic field, they have now attempted to apply their approach to foreign policy, where Hitler's decisive say has hitherto never been questioned. His intentions are played down as metaphorical terms of reference serving as a basis for constant activity, without any ulterior purpose (Martin Broszat). Tim Mason's highly ingenious interpretation of the outbreak of war as an escape from the predicament of an economic crisis is, after all, less convincing than an appreciation of the international situation in August 1939 brought about by the non-aggression treaty between Berlin and Moscow. Attempts to interpret Hitler's foreign policy as mere reflections of social processes have not met with much approval by historians outside Germany. The "Revisionists" tend to overlook the comparatively high degree of autonomy inherent in Hitler's "programme" as derived from his anti-semitic and anti-bolshevist beliefs. The policies initiated by him may have developed a momentum of their own which it was difficult to control. However, the German dictator was never open to alternative courses beyond his own terms of reference. The general direction of the regime, the author maintains, was never determined by any crisis situation that was not of its own making. Any interpretation exaggerating the influence of the polycratic power structure on the course of events is in danger of missing the essential feature of the Third Reich, its ideological impetus as expressed in Hitler's racialist plans for world domination. By their disregard for the political assumptions of Hitler and his followers, the "Revisionists" are turning a blind eye to the most conspicuous horrors perpetrated by the regime, the genocidal war against Russia and the wilful extermination of the Jews. There is plenty of evidence to show that the "final solution" had priority over the exigencies of the war. The fact that no written order issued by Hitler has been unearthed so far does not prove very much. Whatever allowances are made for the emergencies of the war, no measure of improvisation can explain the thorough-going approach to the "final solution". The Third Reich should be judged by its worst crimes, and these did not happen just by chance, due to unforeseeable or unmanageable situations, but as a consequence of clearly-defined ideological propositions. Certain circumstances and conditions may have speeded up plans, but did not shape them.

In view of the indisputable fact that Hitler was "master of the Third Reich" (Norman Rich), the term Fascism does not seem to be applicable to Germany. Any close comparison with Italy reveals more differences than similarities, above all in the sphere of foreign policy, which after all decided the course of events. The Second World War as a turning point in world history was Hitler's doing, not Mussolini's. What happened may be explained in terms of Germany's political culture, but not by reference to any functionalist theory, such as the interpretation of Fascism as a phase in the social process of modernisation (Wolfgang J. Mommsen). To stress the crucial role played by the German dictator is to emphasize the historical autonomy and uniqueness of National Socialism.

Lothar Kettenacker

Sozialpsychologische Aspekte der Führer-Herrschaft

Mit dem Begriff Vergangenheitsbewältigung wird das bekannte Phänomen der Verdrängung angesprochen, die mangelnde Bereitschaft der deutschen Bevölkerung, die vom NS-Regime in ihrem Namen begangenen Verbrechen zur Kenntnis zu nehmen und sich mit ihnen auseinanderzusetzen. Denn so fragwürdig es auch ist, von Kollektivschuld zu sprechen, so unbestritten ist die Verantwortung einer Gesellschaft für ihre jüngste Vergangenheit. Nicht ohne Grund beklagt Alexander Mitscherlich „die Unfähigkeit" der Deutschen „zu trauern", die er mit der enttäuschten Liebe zum Führer erklärt, der post bellum et mortem nun an allem schuld sein soll [1]. Die historische Wissenschaft hat es trotz eines beachtlichen Forschungsvolumens nicht vermocht, daß es jenseits der aufgeklärten und um Aufklärung bemühten öffentlichen Meinung zu einer nachweisbaren und nachhaltigen Bewußtseinsänderung kam. Zum guten Teil liegt es an den Schwierigkeiten des Vermittlungsprozesses zwischen den „Produzenten" und „Konsumenten" historischer Erkenntnis, nicht zuletzt durch die zunehmende Theoriebeflissenheit [2] auf einem Gebiet, dessen wichtigste Fakten weitgehend erforscht sind. Entscheidender jedoch dürfte der Eindruck sein, daß der Verdrängungsprozeß vor der Historiographie nicht halt gemacht hat. Bei aller postulierten Abkehr vom Historismus Rankes stand doch auch für die zeitgeschichtliche Forschung die Frage im Vordergrund, wie Hitler zur Macht kam und wie er sie handhabe. Was sich hinter den Kulissen abspielte, den Zeitgenossen verborgen war und nun enthüllt werden konnte, übte die größte Faszination aus. Verdrängt wurde damit das keineswegs hinreichend erklärte, in der Tat „fragwürdige" Problem, warum sich zahlreiche Deutsche, nach 1933 mutmaßlich die überwältigende Mehrheit der Deutschen, mit dem österreichischen Demagogen identifizierten. Diese Frage wird erst gar nicht gestellt und dort, wo der in ihr enthaltenen Behauptung wenigstens

---

[1] Vgl. *Alexander und Margarete Mitscherlich*, Die Unfähigkeit zu trauern. Grundlagen kollektiven Verhaltens, München 1968, S. 27 ff. und S. 71 ff.

[2] Letzte Übersicht über die Literatur bei *Klaus Hildebrand*, Das Dritte Reich, München und Wien 1979, S. 202 f.; außerdem *Wolfgang Wippermann*, Faschismustheorien, Darmstadt 1976; *Richard Saage*, Faschismustheorien, München 1976; *Manfred Clemenz*, Gesellschaftliche Ursprünge des Faschismus, Frankfurt 1976; *Renzo De Felice*, Interpretations of Fascism, übs. aus dem Italienischen, Harvard UP 1977; *Reinhard Kühnl* (Hrsg.), Texte zur Faschismusdiskussion, Hamburg 1974; *Helga Grebing*, Aktuelle Theorien über Faschismus und Konservatismus. Eine Kritik, Stuttgart 1974. Ein Ende dieser mitunter von der historischen Realität allzu stark abstrahierenden Debatte ist nicht abzusehen.

andeutungsweise zugestimmt wird, wie etwa in dem Begriff „plebiszitäre Akklamation" [3], interessiert im Grunde mehr das Herrschaftssystem als die Motivation der Beherrschten. Es gibt gewiß gute Gründe dafür, sich der offensichtlichen Popularität Hitlers, der sich weder seine Gegner noch das Ausland verschließen konnten, mit kritischem Vorbehalten zu nähern. Aber es geht doch entschieden zu weit, diese Tatsache einfach zu ignorieren oder etwa mit Begriffen wie „affektive Integration" [4] als historisch unerheblich abzutun. Es steckt dahinter ein geradezu elitäres Selbstverständnis der Wissenschaft, die sich selbst und ihre mitunter allzu spitzfindigen Interpretationsversuche bei weitem wichtiger nimmt als das historische Phänomen der Hitler-Bewegung. Kein Wunder also, daß Journalisten und Publizisten sich hier mitunter als die besseren Geschichtsschreiber erweisen [5], weil für sie das Verhältnis zwischen Führer und Geführten nicht mit irgendwelchen Faschismustheorien ein für alle mal erklärt ist. Denn hat sich die jüngste Forschung nicht fast ausschließlich auf das Herrschaftssystem konzentriert, auf seine Durchsetzung im Innern und seine Anfangserfolge in der Außenpolitik, die Rivalitäten der neuen Herren und dergleichen, aber kaum Interesse gezeigt für die Mentalität des kleinen, unscheinbaren, irregeleiteten Volksgenossen, dem es mit „Heil Hitler" ganz ernst war? Als ob mit der Machtergreifung am Anfang, dem Funktionieren des Herrschaftssystems und dem Widerstand am Ende schon alles gesagt sei!

Obwohl es nicht an sozialpsychologischen Erklärungsversuchen fehlt, denen z. T. wichtige Erkenntnisse zu verdanken sind, fällt auf, daß diese sich im allgemeinen nicht von der stark individualpsychologisch geprägten Psychoanalyse zu befreien vermögen. Die historische Dimension kommt dabei durchweg zu kurz. Das gilt für den sogenannten „sexualökonomischen" Ansatz Wilhelm Reichs ebenso wie für Theodor W. Adorno und Erich Fromm, die die Strukturmerkmale der autoritären Persönlichkeit freizulegen suchten [6]. Stets sah ihnen Sigmund Freud über die Schulter, jene übermächtige, die ganze neue Zunft überschattende

[3] Siehe das Kapitel „Das System plebiszitärer Akklamation" bei *Karl Dietrich Bracher* (Stufen der Machtergreifung, Ausg. Frankfurt/M. (Ullstein TB) 1974, S. 472—98), in dem vorwiegend von Zwang, Terror und Manipulation die Rede ist, so daß dadurch ein etwas schiefes Bild von den Vorgängen nach der Machtergreifung vermittelt wird.

[4] So in einem Diskussionsbeitrag von Tim Mason auf der Tagung, aus der dieser Band entstanden ist. Siehe die Einleitung von Wolfgang J. Mommsen.

[5] Das gilt insbesondere für die m. E. sehr gelungene Biographie von *Joachim Fest* (Hitler, Frankfurt/M., 1973) und die scharfsinnigen Betrachtungen von *Sebastian Haffner* (Anmerkungen zu Hitler, Köln 1978).

[6] Überblick über die bisherige sozialpsychologische Forschung bei *Wippermann*, S. 56—63 sowie *De Felice*, S. 78—87. Auch die letzte „psychohistorische" Untersuchung von *Rudolph Binion* (Daß ihr mich gefunden habt. Hitler und die Deutschen, Stuttgart 1978) hält nicht, was sie auf dem Buchdeckel verspricht Es handelt sich um psychoanalytische Impressionen und Spekulationen, die der komplexen historischen Realität, insbesondere der politischen Kultur Deutschlands, kaum gerecht werden.

Vaterfigur. Immerhin wurde hier auf Grund wissenschaftsspezifischer Fragestellungen die aus Wahlanalysen am Ende der Weimarer Republik gewonnene Einsicht bestätigt, daß der Mittelstand „die Kerntruppe des Hakenkreuzes" [7] war und daß auch die Industriearbeiterschaft infolge einer Verbürgerlichung ihres Lebensstiles nicht immun war gegen Anfechtungen des Faschismus, mit seiner vorgeblichen Überwindung der durch die forcierte Industrialisierung ausgelösten Entfremdungserscheinungen.

Die bisherige Forschung soll damit keinesfalls in Frage gestellt oder entwertet werden. Bei der Erforschung des Hitler ermöglichenden sozialpsychologischen Bedingungssystem stand sich die Geschichtswissenschaft gewissermaßen selbst im Weg, einmal wegen der Befangenheit der meisten Historiker nach 1945, andererseits wegen der nicht unerheblichen methodischen Schwierigkeiten. Es gab nach dem Krieg einen verständlichen Konsens unter konservativen und liberalen Historikern, angesichts der dem angelsächsischen Re-education-Konzept [8] zugrundeliegenden Verwerfung der politischen Kultur Deutschlands, die Singularität des Nationalsozialismus als Machtergreifung Hitlers zu betonen und den Widerstand als „Aufstand des Gewissens" [9] der Nation ins rechte Licht zu rücken. Für den Marxismus stellte sich das Problem der Gesamtverantwortung der deutschen Gesellschaft erst gar nicht, weil der Nationalsozialismus schon vor 1933 als Krisenerscheinung des Kapitalismus abgestempelt worden war [10]; die faschistoide Mentalität breiter Schichten der Bevölkerung ist im Kontext einer dogmatischen Geschichtsbetrachtung völlig unerheblich. Abgelöst wurde die Phase moralischer Qualifizierung von dem nüchternen Interesse an dem Vorgang der Machtergreifung und dem Funktionieren des neuen Herrschaftssystems, begleitet von Bemühungen um die Einordnung der deutschen Entwicklung in den größeren Zusammenhang des internationalen Faschismus. Aber auch jetzt noch wirkte der ursprüngliche Verdrängungsimpuls nach, in der stillschweigenden Annahme, als lasse sich mit einer Analyse des Systems, seiner Entstehung und Wirkungsweise, das Phänomen der Popularität Hitlers aus der Welt schaffen. Mit dem Hinweis

[7] *Wilhelm Reich*, Die Massenpsychologie des Faschismus, Frankfurt/M. (Fischer TB) 1979, S. 58.

[8] Von den Fachleuten der britischen Militärregierung (Education Branch) wurde allerdings dieser Begriff, "the horrible word 're-education'", und nicht die Kultur des besetzten Landes verworfen. Siehe dazu jetzt Robert Birley, British Policy in Retrospect, in: *Arthur Hearnden* (Hrsg.), The British in Germany. Educational Reconstruction after 1945, London 1978, S. 46.

[9] Vgl. die beiden von *Annedore Leber* in Zusammenarbeit mit *Willy Brand* und *Karl Dietrich Bracher* hrsg. Bände: Das Gewissen entscheidet und Das Gewissen steht auf, Berlin 1959 und 1960.

[10] Zur frühen, zeitgenössischen Deutung *Hildebrand*, S. 123 ff.; im übrigen *Wippermann*, S. 11—55. Zur Auseinandersetzung mit den aktuellen Theorien siehe *Grebing* sowie *Heinrich August Winkler*, Revolution, Staat, Faschismus, Göttingen 1978, S. 65 bis 117.

auf das Ergebnis der letzten, nur noch halbfreien Wahlen, bei denen die Hitler-Bewegung keine Mehrheit der Stimmen auf sich vereinigen konnte [11], wurde den Deutschen sozusagen auf demokratische Weise Entlastung erteilt. Nicht nur für Hitler mit seiner zynischen Verachtung der Massen, sondern auch für die Historiker war die Bevölkerung nach ihrer Entmündigung durch das Ermächtigungsgesetz und die alle Bereiche des öffentlichen Lebens erfassende Gleichschaltung nur mehr Gegenstand raffinierter Manipulationstechniken und terroristischer Einschüchterungsmethoden. Derweil wußte jeder unbedarfte „Volksgenosse" von damals, daß dies nur die halbe Wahrheit war, daß ungeachtet aller Forschungsergebnisse der so vermittelte Eindruck dem Verhältnis zwischen Hitler und den Deutschen nicht gerecht wird. Die Kluft zwischen dem wissenschaftlichen und dem populären Verständnis der deutschen Zeitgeschichte ist hier am größten.

Wenn die Bedeutung Hitlers als eine der wichtigsten Legitimationsgrundlagen des NS-Regimes ernstlich nie in Frage stand, so gerät man mit dem Versuch, den charismatischen Charakter seiner Wirkung auszuloten, hart an die Grenzen der bisher praktizierten historischen Methode, vergleichbar etwa dem Problem, mit dem sich der Verfassungsrechtler bei der Bestimmung des Begriffs „Führer" [12] konfrontiert sieht. Die Identifikation der „Geführten" mit dem „Führer" entzieht sich weitgehend der quellenmäßigen und quantitativen Analyse. Auch die geheimen SD-Berichte über die Stimmung der Bevölkerung führen hier im Grunde nicht weiter, weil sie zwar Reaktionen zu einzelnen Maßnahmen von Staat und Partei, zu außenpolitischen Ereignissen, Versorgungsschwierigkeiten und dergleichen verzeichnen [13], aber die Person des „Führers" wohlweislich nicht der Kritik aussetzten. Selbst im Bewußtsein der Bevölkerung scheint Hitler sakrosankt gewesen zu sein, erhaben über die von ihm geschaffene und von ihm zu verantwortende Realität [14]. Als Reichskanzler, Oberbefehlshaber und Staatsoberhaupt sind seine Entscheidungen und ihre Folgen genau zu rekonstruieren, nicht jedoch die von ihm als „Führer" bewirkte Magnetisierung der Massen, die

[11] Die NSDAP errang bei den letzten halbfreien Wahlen am 5. März 1933 17 277 180 Stimmen (43,9 %). Siehe Statistisches Jahrbuch für das Deutsche Reich, Jg. 52, Berlin 1933, S. 540. Zur gängigen Interpretation siehe zuletzt *Hildebrand*, S. 5: „Sie (die NSDAP) ist also niemals von der Mehrheit des deutschen Volkes gewählt worden".

[12] Mit der Übernahme des Reichspräsidentenamtes nach dem Tod Hindenburgs erhielt der Führerbegriff durch Gesetz vom 1. 8. 1934 auch amtliche Geltung, ein entscheidender Schritt in dem Prozeß der Verselbständigung der Exekutive. Siehe *Martin Broszat*, Der Staat Hitlers, in: Deutsche Geschichte seit dem Ersten Weltkrieg, Bd. 1, Stuttgart 1971, S. 757—62. Zu „Hitlers Emanzipation vom ‚Staat'" auch *Peter Diehl-Thiele*, Partei und Staat im Dritten Reich, München 1971, S. 21 ff.

[13] Dazu die beiden Einleitungen von *Heinz Boberach* (Hrsg.), Meldungen aus dem Reich. Auswahl aus den geheimen Lageberichten des Sicherheitsdienstes der SS, 1939 bis 1944, Neuwied und Berlin 1965 sowie Berichte des SD und der Gestapo über Kirchen und Kirchenvolk in Deutschland, 1934—1944, Mainz 1971.

[14] Siehe dazu den Beitrag von *Ian Kershaw* in diesem Band.

sowohl seine Machtbasis als auch seine historische Bedeutung überhaupt begründeten. Der Zugang zu diesem Phänomen wird durch die mangelnde Distanz zum Untersuchungsobjekt, zur Mentalität des „gemeinen Mannes" [15], erschwert. Die außenpolitischen Bedingungen der Zwischenkriegszeit, aber auch die staatsauflösenden Herrschaftsformen des NS-Regimes sind zu historischen Formationen erstarrt, wie etwa die Rivalitäten der oberitalienischen Stadtstaaten zur Zeit Machiavellis. Zwar hat sich auch der Hitler-Mythos zum historischen Forschungsgegenstand objektiviert, doch hat die Mentalität breiter Schichten, die ihn ermöglichte, nicht mit der gleichen beruhigenden Gewißheit den Charakter eines einmaligen, unnachahmlichen Vorgangs angenommen. Der sozialpsychologische Resonanzboden ist nur verdeckt. Von Ausnahmen wie Broszats Untersuchung über soziale Motivation und Führer-Bindung [16] abgesehen, hat die Forschung den Konnex zwischen Hitlers Voreingenommenheit und der ideologischen Disposition der Massenbasis außer acht gelassen. Es fehlt nicht an Hinweisen auf Sujets und Manipulationstechniken der NS-Propaganda. Daß diesen aber eine spezifische Empfänglichkeit auf Seiten der Anhängerschaft entsprach, wird im allgemeinen unterschlagen. Verdrängt wird die historiographisch unmodern gewordene Erkenntnis, daß es ideologisch-spirituelle Bedürfnisse breiter, sozial und psychologisch verunsicherter Bevölkerungsschichten gab, die sich eben nicht auf einen ökonomischen Nenner bringen lassen. Hitler und der auf den Krieg zudrängenden Wirtschaft mochten Handwerker und kleine Gewerbetreibende als „der entbehrliche Stand" [17] erscheinen, der „Führer" blieb deshalb trotzdem für das Kleinbürgertum die unverzichtbare Integrationsfigur. Viel zu unbefangen wird das Politikverständnis der ersten Republik an den Urteilskriterien der erst im zweiten Anlauf erfolgreichen Demokratie gemessen. So ist es zu erklären, daß den ökonomischen Entscheidungsmomenten, die gewiß für das rationale Wahlverhalten in der Demokratie kennzeichnend sind, auch bei der Erklärung des Nationalsozialismus eine Art Monopolstellung eingeräumt wird. Als ob eine abscheulich primitive Ideologie, nur weil sie uns heute als „nonsense" erscheint, auch historisch keinen „Sinn" beanspruchen kann! Auch wenn erst die Wirt-

---

[15] Dieser historische Begriff, dem *Peter Blickle* (Die Revolution von 1525, München und Wien 1975, S. 177 ff.) für die frühe Neuzeit wissenschaftliche Geltung verschafft hat, eignet sich m. E. auch für die Mentalitätsforschung späterer Jahrhunderte.

[16] *Martin Broszat*, Soziale Motivation und Führer-Bindung des Nationalsozialismus, in: Wolfgang Michalka (Hrsg.), Nationalsozialistische Außenpolitik, Darmstadt 1978, S. 92—116. Dazu auch *J. P. Stern*, Hitler. The Führer and the People, London (Fontana PB) 1975.

[17] *Heinrich August Winkler*, Der entbehrliche Stand. Zur Mittelstandspolitik im Dritten Reich, in: AfS 17 (1977), S. 1—40. An anderer Stelle betont Winkler mit Recht die vor allem bei der Angestelltenschicht zu beobachtende „Zurückstellung konkreter ökonomischer Interessen gegenüber vermeintlichen Standesinteressen" („Extremismus der Mitte? Sozialgeschichtliche Aspekte der nationalsozialistischen Machtergreifung", jetzt in: Liberalismus und Antiliberalismus, Göttingen 1979, S. 212).

schaftskrise die Nationalsozialisten an die Macht brachte, darf daraus nicht geschlossen werden, daß die „Führer-Bindung" der Massen primär ökonomischen Ursprungs gewesen sei. Es wäre dies eine Verwechselung von Anlaß und Ursache. Hitlers Erfolg allein damit erklären zu wollen, daß er jeder Berufsgruppe und Bevölkerungsschicht Rettung aus wirtschaftlicher Not versprach, ist eine viel zu eindimensionale Betrachtungsweise. Das Parteiprogramm der NSDAP diente demselben Zweck und wurde von den wenigsten ernst genommen, am wenigsten von Hitler selbst [18]. Nach der Machtergreifung kam Hitler sehr wohl ohne diese taktischen Rücksichten aus.

In Anbetracht der methodischen Probleme scheint es gerechtfertigt, dem Phänomen der Führerherrschaft auf spekulative Weise näher zu kommen. In bewußt heuristischer Absicht sollen daher im folgenden vier Thesen zur Diskussion gestellt werden:

I. Die Machtergreifung der Nationalsozialisten war die Revolution des Kleinbürgertums, des zahlenmäßig am stärksten expandierenden, aber sozial und ideologisch verunsicherten unteren Mittelstandes.

II. Der Begriff „Volksgemeinschaft" war keine bloße Propagandaphrase zur Kaschierung der nach wie vor vorhandenen Klassengegensätze. Ihm entsprach vielmehr ungeachtet der sozialen Realität eine nicht zu unterschätzende historische Wirksamkeit.

III. Hitler war der deutsche Kleinbürger seiner Epoche par excellence und insofern nicht nur „Führer", sondern zugleich Exponent bzw. „representative individual" [19] einer Extremform des deutschen Nationalismus, der sich bei aller Kontinuität im einzelnen von dem eher bürgerlichen Nationalismus des wilhelminischen Deutschlands unterschied.

IV. Hitlers Charisma beruhte nicht zuletzt auf seinem Gebaren als „Overlord" eines unbürokratischen, am treffendsten als Neo-Feudalismus zu beschreibenden Herrschaftssystems, das atavistische Instinkte einer immer noch stark dynastisch geprägten Gesellschaft ansprach.

I.

Die These, daß die widerspruchslose Hinnahme der Machtergreifung Hitlers nicht einfach durch den Prozeß der Gleichschaltung von oben erklärt werden kann, sondern dem Selbstverständnis der Zeit entsprechend als Revolution gelten

---

[18] Vgl. dazu *Albrecht Tyrell* (Hrsg.), Führer befiehl. Selbstzeugnisse aus der Kampfzeit, Düsseldorf 1969, S. 307 ff.

[19] Der Begriff wurde m. W. zum ersten Mal von *J. P. Stern* verwendet (S. 9—22): "One is struck by the representativeness of the public and private figure alike, by his grasp of most aspects (other than literature) of the 'culture' of his day" (S. 20).

muß, ist vor allem von Ralf Dahrendorf und David Schoenbaum [20] betont worden. Tatsächlich treffen wesentliche Merkmale des modernen Revolutionsbegriffs, wie er etwa von Karl Griewank entwickelt worden ist, insbesondere die Vorstellung vom Umsturz der bestehenden politischen und sozialen Verhältnisse auf der Grundlage einer eigenen Ideologie und hervorgerufen durch eine Massenbewegung, auf die nationalsozialistische Machtergreifung zu [21]. Daß die Bezeichnung Revolution zwar als Beschreibung der Vorgänge von 1918/19 allgemeine Anerkennung gefunden hat, nicht aber für das Jahr 1933, hängt weniger mit dem Phänomen als solchem zusammen als mit der längst als selbstverständlich hingenommenen Okkupation des Begriffs durch die Revolutionstheorien der Aufklärung und des Marxismus. Hinzu tritt die Anziehungskraft eines anarchistisch geprägten Revolutionsmythos. Theodor Schieder meint, die Frage, ob der Umsturz des bürgerlich-liberalen Staates als Revolution „im echten Sinne des Worts" zu bewerten sei, könne nicht eindeutig beantwortet werden, weil zwar revolutionäre Elemente zur Geltung kämen, die Ereignisse aber „im spezifisch-emanzipatorischen Sinne folgenlos" geblieben seien [22]. Angesichts dieses ideologischen Vorverständnisses schien es den Nationalsozialisten angezeigt, den konservativen, gegenaufklärerischen und legalen Charakter ihrer Revolution hervorzuheben, im Unterschied zu der von ihnen mit Fluch und Bann belegten „Novemberrevolution", die unserem heutigen Revolutionsverständnis mehr entgegenkommt. Niemand wird die revolutionären Veränderungen beim Übergang von der römischen Republik zum Kaiserreich bestreiten wollen, nur weil Augustus die äußeren Formen der republikanischen Legalität zu wahren wußte. Während die Revolution von 1919 durch den von außen herbeigeführten Kollaps des kaiserlichen Deutschlands ausgelöst worden war, keineswegs durch die bewußte Machtergreifung der zu planvollen revolutionären Veränderungen entschlossenen Linken [23], hatten die Nationalsozialisten zielstrebig auf den Umsturz der bestehenden politischen Verhältnisse hingearbeitet. Mochte auch die kleinbürgerliche Trägerschicht dieser Revolution in ihrer Motivation antimodernistisch gesinnt sein, in seinen Konsequenzen kann der Nationalsozialismus durchaus auch das Kriterium der sozialen Umschichtung für sich in Anspruch nehmen. Indem er die politischen Veränderungen der von außen oktroyierten und in der Erwartung eines gemäßigten Friedens widerwillig akzeptierten Weimarer Demokratie beseitigte, hat er gleichwohl, als Ergebnis eines in dieser Form nicht inten-

---

[20] *Ralf Dahrendorf*, Gesellschaft und Demokratie in Deutschland, München 1966, S. 431—47; *David Schoenbaum*, Hitler's Social Revolution. Class and Status in Nazi Germany 1933—1939, London 1967.

[21] *Karl Griewank*, Der neuzeitliche Revolutionsbegriff, Frankfurt/M. 1973, S. 21 f.

[22] Stichwort „Revolution", in: Sowjetsystem und Demokratische Gesellschaft, Bd. 5, Freiburg 1972, S. 697.

[23] Hierzu zuletzt *Wolfgang J. Mommsen*, Die deutsche Revolution 1918—1920. Politische Revolution und soziale Protestbewegung, in: GG 1978, S. 372—391.

dierten Prozesses, die in ihr angelegte, aber nicht ausgeführte soziale Modernisierung bewirkt. „Der brutale Bruch mit der Tradition und Stoß in die Moderne", so charakterisiert Dahrendorf diesen Vorgang, „ist das inhaltliche Merkmal der sozialen Revolution des Nationalsozialismus" [24]. Schoenbaum hat dann mit seiner im gleichen Jahr erschienenen Studie die Belege für diese These erbracht, wobei er sich freilich nur auf eine Untersuchung der sozialen Realität der Volksgemeinschaftsideologie beschränkte. Zur Interpretation der nationalsozialistischen Revolution gehört jedoch nicht nur der Anfang, das Selbstverständnis, sondern auch die Katharsis der Katastrophe, die sozialen Folgen des totalen Krieges und der nicht minder totalen Niederlage. Eine Revolution kann nie nur das sein, was sie darzustellen vorgibt. Auch wenn Hitler im Hinblick auf die primär außenpolitische Zielsetzung seines Programms mit der Liquidierung der SA-Führung den unmittelbaren Übergang von der politischen zur sozialen Revolution verhinderte, so hat er sich doch nie mit der Eroberung der Staatsmacht zufrieden gegeben und den Nationalsozialismus auch nach 1933 stets als „Bewegung" aufgefaßt. Vor 1933 findet sich die Bezeichnung „Hitlerbewegung", die ja viel mehr über das ganze Phänomen aussagt als der propagandistisch gemünzte Parteiname, mitunter auch im offiziellen Sprachgebrauch [25]. Tatsächlich war das Regime für die ganze Zeit seines Bestehens in Bewegung, in steter Veränderung begriffen. Hitler selbst konnte sich bis zu seinem Ende aus dem Spannungsfeld zwischen taktischen Rücksichten und rassistischem Utopismus nie ganz lösen.

So diente auch der Pakt mit den konservativen Eliten der Machtergreifung im Innern und der Machtausdehnung nach außen, nicht aber primär der Wahrung des überkommenen Besitzstandes der Oberschicht, wie es linke Faschismustheoretiker auf Grund schnellfertiger Aussagen über das Wesen des Kapitalismus wahrhaben wollen. Es ist nicht einzusehen, warum die Bereitschaft einer politisch und wirtschaftlich verunsicherten Führungsschicht, sich der Gunst des über einen Massenanhang verfügenden Volkstribuns zu vergewissern, schon zu den konstitutiven Elementen des Faschismus oder gar des Kapitalismus gehören soll. Die Verantwortung der traditionellen Eliten, die sich von einer Kollaboration mit dem neuen, zunächst nur auf den Umsturz der politischen Ordnung bedachten Regime eine Schonung oder Durchsetzung ihrer Interessen versprachen, soll damit nicht bestritten oder auch nur geschmälert werden [26]. Nur ist damit der Cha-

---

[24] *Dahrendorf*, S. 432.

[25] So im Statistischen Jahrbuch des Deutschen Reiches, Jg. 52, Berlin 1933, S. 539.

[26] Vgl. dazu *Hans Mommsen*, Zur Verschränkung traditioneller und faschistischer Führungsgruppen in Deutschland beim Übergang von der Bewegungs- zur Systemphase, in: *Wolfgang Schieder* (Hrsg.), Faschismus als soziale Bewegung. Deutschland und Italien im Vergleich, Hamburg 1976, S. 157—181; *Fritz Fischer*, Bündnis der Eliten. Zur Kontinuität der Machtstrukturen in Deutschland 1871—1945, Düsseldorf 1979 sowie die Beiträge von *Wolfram Wette* und *Wilhelm Deist*, in: Ursachen und Voraussetzungen der deutschen Kriegspolitik, hrsg. vom Militärgeschichtlichen Forschungsamt, Stuttgart 1979.

rakter des Nationalsozialismus, um den es hier geht und um den es bei einer Auseinandersetzung mit dem Faschismus allgemein in erster Linie gehen sollte, noch keineswegs hinlänglich beschrieben, schon gar nicht seine Massenbasis, die ihn überhaupt erst bündnisfähig machte. Auch beim italienischen Faschismus geht ja das Phänomen der Massenbewegung dem dann erst in der Regimezeit voll zur Geltung kommenden Bündnis Mussolinis mit den konservativen Eliten voraus[27]. Einem Parteiführer mit Hitlers Anhang wäre auch in einer stabilen Demokratie früher oder später die Regierungsverantwortung zugefallen, verbunden mit der Loyalität der sozialen Führungsschicht. Nur hätte eben dort ein Politiker, der etwa die Mörder von Potempa öffentlich in Schutz nimmt[28], es nie zu einer Massengefolgschaft gebracht. So wenig wie die katholische Kirche durch den Abschluß eines Konkordats ihr Organisationswesen zu behaupten vermochte, so wenig konnten Bürokratie, Industrie und Reichswehr nach 1933 einer schrittweisen Depossedierung entgehen, einer Entwicklung, die weder durch den Sieg noch durch die Niederlage abzuwenden war, allenfalls durch einen erfolgreichen Staatsstreich zur rechten Zeit. Der Nationalsozialismus war zu allem fähig, gewiß jedenfalls zu einer Politik, die in der Praxis antibürgerlicher und antikapitalistischer ausfallen konnte als es den Nachgeborenen, die von eben diesem Bewußtsein durchdrungen sind, theoretisch statthaft erscheint. Es ist nicht auszuschließen, daß auch der preußisch-deutschen Oberschicht nach einem Sieg, ähnlich wie dies mit der katholischen Kirche beabsichtigt war, der Garaus gemacht worden wäre. Die bedenkenlose und grausame Ermordung des am 20. Juli beteiligten preußischen Adels läßt jedenfalls nicht auf besondere Hemmungen im Umgang mit der Oberschicht schließen. „In Hitlers maßloser Reaktion", schreibt Fest, „kam noch einmal das nie aufgegebene Ressentiment gegen die alte Welt zum Vorschein, der Haßeffekt, der auch sein Verhältnis zum Bürgertum so doppeldeutig geprägt hat"[29]. Am liebsten hätte er jetzt das Offizierskorps so gründlich gesäubert, wie Stalin dies getan hatte[30]. Wenn man Napoleon in den Vorgang der französischen Revolution miteinbezieht, so kann man mit dem gleichen Recht auch Hitler und seine zwölfjährige Herrschaft als „deutsche Revolution" bezeichnen, ohne damit ein Prädikat vergeben oder ein Verdammungsurteil ausgesprochen zu haben. Vom Grad der politischen Mobilisierung und der durch sie

[27] Siehe *Renzo De Felice,* Der Faschismus. Ein Interview mit Michael A. Ledeen, mit einem Nachwort von Jens Petersen, Stuttgart 1977, S. 54: „Das wirkliche Problem, das man lösen muß, wenn man die Machtergreifung des Faschismus verstehen will, liegt nicht in der Haltung, die die Wirtschaft ihm gegenüber einnahm, sondern in dem Verhalten der den Faschismus stützenden Massen in den Jahren 1921—22, sowohl der direkten Anhänger wie im Bereich der öffentlichen Meinung".

[28] Siehe dazu *Paul Kluke,* Der Fall Potempa. Eine Dokumentation, in: VjhZG 1957, S. 279—97.

[29] *Fest,* S. 976.

[30] So nach *Adolf Heusinger,* Befehl im Widerstreit, Tübingen 1950, S. 367.

bewirkten weltpolitischen Veränderungen her gesehen war die ganze Epoche eine einzige „levée en masse", wie sie die deutsche Geschichte bis dahin und seitdem nicht gekannt hat. Man kann die Massen in Deutschland nicht wieder mobilisieren wollen, ohne die Folgen dieser Entwicklung zu bedenken.

Anfang und Ende, Machtergreifung und bedingungslose Kapitulation, sind auch insofern als eine Einheit zu begreifen, als sich in ihnen die Integrationsfähigkeit der Revolution erweist. Es muß zu denken geben, daß die Weimarer Republik nicht etwa nach einem Bürgerkrieg unterging, wie manche Zeitgenossen es sich vorstellten, sondern in einem nationalen Rausch, der mancherorts Erinnerungen an die Eruption nationaler Gefühle im August 1914 wachrief [31]. „Die Opposition wäre nicht einfach auszuschalten", mutmaßte Fritz von Unruh im Frühjahr 1931, „ein Generalstreik wäre die Folge. Die Gewerkschaften gäben den Rückhalt des erbittertsten Widerstandes; dazu käme das Reichsbanner und die Mithilfe aller für die Zukunft Besorgten. Und wenn Hitler selbst die Reichswehr gewönne, Geschütze aufführe, — er würde Millionen Entschlossene finden" [32]. Nichts dergleichen geschah [33], stattdessen Anbiedern, Selbstauflösung, freiwillige Gleichschaltung, allenfalls Resignation und Emigration. In der Folgezeit sollte der deutsche Diktator keinem Attentat zum Opfer fallen, obwohl er sich mehr als jeder andere europäische Staatsmann den Massen präsentierte und sich häufig genug im offenen Wagen durch die Lande chauffieren ließ. Erst nach einem langen, entbehrungsreichen Krieg, in dessen Verlauf sich fast die gesamte zivilisierte Welt gegen Deutschland verband, konnte der Hitler-Bewegung der Atem ausgeblasen werden. Das Ende wurde nicht durch eine aktiv kämpfende Widerstandsbewegung wie in den von deutschen Truppen besetzten Ländern beschleunigt. Noch kurz vor Kriegsende ergaben Meinungsumfragen unter deutschen Kriegsgefangenen eine überzeugte Gegnerschaft zum Nationalsozialismus von nur 9 %, dazu noch einmal 15 % „passive anti-Nazis" [34]. Selbst im Herbst

---

[31] Die Reaktion der deutschen Bevölkerung auf die Machtergreifung gehört nicht gerade zu den Lieblingsthemen der Forschung. Die Berichte in der noch nicht völlig gleichgeschalteten Presse können nicht alle auf Manipulation beruhen. Siehe dazu die Dokumentation von *Joachim Kuropka* u. a. (Hrsg.) über „Die Machtergreifung der Nationalsozialisten", am Beispiel der Stadt Münster (Münster 1979), einer durchaus bürgerlichen, zentrumstreuen Stadt.

[32] Zit. nach Philipp W. Fabry, Mutmaßungen über Hitler. Urteile von Zeitgenossen, Düsseldorf 1969, S. 153.

[33] Siehe dazu das klägliche Ende des einzigen Kampfbundes der Weimarer Koalition: *Karl Rohe,* Das Reichsbanner Schwarz Rot Gold, Düsseldorf 1966, S. 110 ff.; auch *Karl Dietrich Bracher,* Die Deutsche Diktatur, Köln 1969, S. 235 ff.

[34] *Barbara Marshall,* German Attitudes to British Military Government 1945—1947, in: JCH 1980/81. In den meisten Gefangenenlager herrschte noch bis Ende des Krieges ein militanter nationalsozialistischer Geist, wie *Barry Sullivan* herausgefunden hat (Treashold of Peace. Four Hundred Thousand German Prisoners and the People of Britain London 1979, S. 86—112). Die britischen Wachmannschaften konnten nicht ver-

1946, nachdem die deutsche Bevölkerung mit der grauenhaften Wirklichkeit der Konzentrationslager konfrontiert worden war, ermittelten die britischen Besatzungsbehörden noch 10 % überzeugter Nationalsozialisten und ungefähr 60 % „drifters", die sich durch eine überwiegend autoritäre Mentalität auszeichneten [35].

Daß der Nationalsozialismus seinen Aufstieg vor allem dem durch die Wirtschaftskrise in besonderem Maße verunsicherten Mittelstand verdankte, war eine Erkenntnis, die sich dem deutschen Soziologen Theodor Geiger bereits unmittelbar nach den Septemberwahlen 1930 aufdrängte. Auch die Wahlergebnisse der nächsten Jahre änderten nichts an diesem Trend, der Dezimierung der bürgerlich-liberalen Parteien zugunsten der NSDAP. Aus der ersten großen Parteistatistik des Jahres 1935 [36] geht zudem hervor, daß auch unter den Parteimitgliedern vor dem 14. September 1930 die Angehörigen des alten und neuen Mittelstandes, nämlich Handwerker, kleine Gewerbetreibende und Angestellte, eindeutig dominierten: 33 944 Arbeitern und 3586 freiberuflich Tätigen standen nicht weniger als 52 044 Mitglieder des unteren Mittelstandes gegenüber; rechnet man Bauern und Beamte hinzu, so steigt die Zahl auf 79 240, mit einem prozentualen Anteil innerhalb der Partei von 61 % gegenüber 26,3 % Arbeitern und 2,8 % freien Berufen. Dagegen betrug der Anteil der Beamten und Angestellten, der mit 31,7 % größten Gruppe an der Gesamtzahl der Erwerbstätigen im Jahre 1925 nur 16,5 %. Berücksichtigt man dazu noch das Gewicht der in der Partei aktiven Politischen Leiter vor 1930, so nimmt der Mittelstand gar 73 % ein, gegenüber 18,5 % Arbeitern und 2,3 % freien Berufen [37]. Während die Beamten, einschließlich der Lehrer, noch nicht zur Partei drängten, — ihre Zahl stieg dann erst nach der Machtergreifung gewaltig an, sie sind die eigentlichen „März-Gefallenen" — betätigte sich doch schon ein sehr hoher Prozentsatz dieser Parteimitglieder, fast jeder zweite, als Politischer Leiter. Noch vor dem Einbruch der Wirtschaftskrise setzten sich also die Kader der Partei und die Gefolgschaft vorwiegend aus Angehörigen des unteren Mittelstandes zusammen. Trotz aller Verschiebung in den oberen Rängen änderte sich auch nach 1933 nichts an der „geistigen Vorherrschaft der Kleinbürger" [38].

Die schon früh erkannte Affinität zwischen Mittelstand und Nationalsozialis-

hindern, daß politische Dissidenten von fanatischen Nationalsozialisten „exekutiert" wurden. Die Vernehmungsoffiziere mußten feststellen, daß die Kriegsgefangenen den Nationalsozialismus vor allem wegen seiner angeblichen sozialen und wirtschaftlichen Leistungen in Ehren hielten, insbesondere auch wegen der durch ihn bewirkten Überwindung der Klassengegensätze (S. 95).

[35] Ebd.

[36] Parteistatistik (im IfZ), hrsg. vom Reichsorganisationsleiter der NSDAP (Robert Ley), Bd. 1, München 1935, S. 70.

[37] Statistisches Jahrbuch des Deutschen Reiches, Jg. 52, Berlin 1933, S. 19 sowie Parteistatistik, Bd. 2, S. 164.

[38] *Michael H. Kater*, Sozialer Wandel in der NSDAP im Zuge der nationalsozialistischen Machtergreifung, in: *Schieder* (Hrsg.), S. 53.

mus wurde bisher überwiegend, wenn nicht ausschließlich, unter sozio-ökonomischen Gesichtspunkten untersucht [39]. Nur vereinzelt finden sich Ansatzpunkte zu einer weiter ausgreifenden, sozialpsychologischen Betrachtungsweise [40]. Am fruchtbarsten sind hier bezeichnenderweise die Studien, die aus den letzten Jahren der Weimarer Republik stammen, von Soziologen und nicht von soziologisch argumentierenden Historikern, insbesondere die Untersuchungen von Theodor Geiger [41] und Hans Speier [42], deren Ergebnisse nach dem Krieg dann vor allem von Rainer Lepsius [43] wieder aufgegriffen wurden. Richtungweisend ist die von Geiger vorgenommene Unterscheidung zwischen Ideologie und Mentalität. Letztere wird definiert als „geistig-seelische Disposition", als „unmittelbare Prägung des Menschen durch seine soziale Lebenswelt und die von ihr ausstrahlenden, an ihr gemachten Lebenserfahrungen" [44]. So fragwürdig es ist, von einem „falschen Bewußtsein", oder einer „falschen Ideologie" zu sprechen, wie es das Denken in marxistischen Kategorien nahelegt [45], so sehr ist es zu begrüßen, daß Geiger für den Begriff Mentalität die Frage „richtig oder falsch" als logisch unstatthaft zurückweist und nur Attribute wie typisch oder atypisch gelten läßt. „Einzugsfeld ‚falscher Ideologien' zu sein", heißt es bei ihm, „kann gerade der typischen Mentalität einer ganzen Schicht entsprechen, wenn nämlich die soziale Lage oder die historischen Bindungen derart sind, daß die Schicht sich nicht (noch nicht) selbst

[39] Siehe dazu vor allem *Seymour Martin Lipset*, Fascism. Left, Right and Center, in: Political Man. The Social Bases of Politics, Garden City 1960, S. 217—79. Zur Kritik, die jedoch die Mittelstandsthese nicht in Frage stellt, wohl aber das bisher angenommene Rekrutierungsfeld, siehe *Jürgen W. Falter*, Radikalisierung des Mittelstands oder Mobilisierung der Unpolitischen? Die Theorien von Seymour M. Lipset und Reinhard Bendix über die Wählerschaft der NSDAP im Lichte neuerer Forschungsergebnisse, in: *Peter Steinbach* (Hrsg.) Partizipation als Mittel der politischen Modernisierung, Stuttgart 1980.

[40] Siehe dazu vor allem die Arbeiten von *Jürgen Kocka* (Klassengesellschaft im Krieg 1914—1918, Göttingen 1973), *Heinrich August Winkler* (Mittelstand, Demokratie und Nationalsozialismus, Köln 1972) und *Arthur Schweitzer* (Die Nazifizierung des Mittelstands, Stuttgart 1970) über die Entwicklung des alten und neuen Mittelstands vom Ersten zum Zweiten Weltkrieg, die jedoch allesamt sehr stark von sozio-ökonomischen Fragestellungen bestimmt sind und damit suggerieren, als ob mit der ökonomischen Interessenlage schon alles gesagt sei.

[41] *Theodor Geiger*, Die soziale Schichtung des deutschen Volkes. Soziographischer Versuch auf statistischer Grundlage, Stuttgart 1932.

[42] *Hans Speier*, Die Angestellten vor dem Nationalsozialismus, Göttingen 1977. Speier sucht nach Antworten auf die Frage: „Die Klassentheorie erklärt die mittelständische Ausrichtung der bürgerlichen Angestelltenverbände aus dem ‚falschen Bewußtsein'. Wie aber erklärt sie das falsche Bewußtsein?" (S. 87).

[43] *Rainer Lepsius*, Extremer Nationalismus. Strukturbedingungen vor der nationalsozialistischen Machtergreifung, Stuttgart 1966.

[44] *Geiger*, S. 77.

[45] Vgl. etwa *Reich*, S. 40 ff.

verständigen konnte"[46]. Leider fehlt es dann in dem sonst vorzüglichen Exkurs über die Mittelstände im Zeichen des Nationalsozialismus an einer Konkretisierung dieser Einsicht. Es ist immer wieder bezeugt worden, daß Hitlers einzigartiges Talent vor allem darin bestand, in seinen Reden die Unmutsgefühle seiner Zuhörer in Worte zu fassen. Damit ist das Verhältnis zwischen Hitlers sozialdarwinistischer Ideologie und der zeitspezifischen Mentalität des im Niemandsland zwischen Kapital und Arbeit angesiedelten Mittelstandes mit seinen anti-bourgeoisen Affekten und eingebildeten Ängsten vor der Proletarisierung angesprochen.

Einen weiteren Radius als Geiger zieht Hans Speier mit seiner erst nach dem Krieg erschienenen Untersuchung über die Angestellten vor dem Nationalsozialismus, in dem er auch Fragen wie die Funktion der Bildung und die nationale Gesinnung als Statuskriterien einbezieht. Die „Armen des Mittelstandes glaubten", so führt er aus, „durch Betonung ihrer nationalen Gesinnung vor der Verwechslung mit Proletariern gefeit" zu sein. Sozialdiskriminierende Vorurteile sind immer besonders scharf bei Grenzschichten ausgeprägt, die den Opfern der Vorurteile, d. h. den Diskriminierten, geographisch, ökonomisch, religiös oder in anderer Hinsicht nahestehen. Er kann nachweisen, daß der von der Proletarisierung bedrohte Mittelstand sich als das Volk schlechthin betrachtete, das er sowohl durch die „atomisierende Wirkung der liberal-demokratischen Idee" als auch durch den destruktiven Impetus des marxistischen Klassenkampfes bedroht sah[47]. Der Weg zur nationalsozialistischen Volksgemeinschaft, die sich an dem Organisationsmodell der Armee orientiert, war hier vorgezeichnet. In seiner Antrittsvorlesung über den extremen, schichtspezifischen Nationalismus hat Lepsius dann den Anspruch des Mittelstandes hervorgehoben, die „Normalmoral der Gesellschaft" zur Geltung zu bringen[48]. Der Kampf gegen den Klassenkampf zur Durchsetzung der sozial heilen Welt vorindustrieller Prägung hat mit seiner „Diktatur der Tugend" ein unglaubliches Potential aggressiver Energien freigesetzt. So gesehen kam 1933 nicht die Trägerschicht einer ganz bestimmten Ideologie an die Macht, sondern der Mann, der die an kleinbürgerlichen Rechtschaffenheitsnormen orientierte Volksgemeinschaft zu verwirklichen vorgab. Der zeitgenössische Begriff für die zur Staatsmoral beförderte Mittelstandsmentalität, das eigentliche Ferment zwischen Führer und Gefolgschaft, hieß „gesundes Volksempfinden".

[46] *Geiger*, S. 78.
[47] *Speier*, S. 120.
[48] *Lepsius*, S. 13 f

110

II.

Die gegen den demokratischen Parteienstaat gerichtete Volksgemeinschaftsideologie des Nationalsozialismus schöpfte ihre Inspiration aus der Erinnerung an den „Burgfrieden" von 1914, der nunmehr für alle Zeiten, nicht nur in Kriegszeiten, institutionalisiert werden sollte. Auch nach dem Selbstverständnis der Zeit blieb indessen die Überwindung der Klassengegensätze, die Versöhnung von Arbeiterklasse und Nation, eine Zielsetzung, die mit der äußerlichen Gleichschaltung nicht schon erreicht war. Obwohl die NSDAP auch in Industriegebieten beträchtliche Stimmengewinne erzielen konnte, vor allem in Schlesien und Sachsen [49], sowie vorwiegend unter den Jungwählern und Arbeitslosen, ließ doch die Wahlstatistik deutlich erkennen, daß die Arbeiterschaft den angestammten Parteien der Linken im allgemeinen mehr vertraute als der nationalsozialistischen Propaganda. Auch nach der Machtergreifung blieb die Mitgliedschaft von Arbeitern in der NSDAP vorerst noch weit unter ihrem Anteil in der Bevölkerung, während Angestellte, Selbständige und insbesondere Beamte eindeutig überrepräsentiert waren, so daß Reichsorganisationsleiter Ley 1935 darauf drang, „mit erhöhter Energie" Arbeiter und Bauern als neue Parteigenossen und Politische Leiter anzuwerben. „Es muß hier von dem Grundsatz abgegangen werden", dekretierte er, „demzufolge die in die Partei aufgenommen werden, die in die Partei kommen wollen. Man sollte hier wie in der Kampfzeit wieder daran gehen, Männer für uns zu werben, die die Partei als Mitglieder haben will" [50]. Hinzu kam die Denunzierung bürgerlicher Standesvorurteile durch die nationalsozialistische Propaganda. Viele Arbeiter mochten nach wie vor skeptisch sein, wenn Hitler vorgab, nicht die Produktionsmittel, sondern den Menschen sozialisieren zu wollen [51]. Für den Rest der Gesellschaft, vor allem das Kleinbürgertum, den Stand mit der größten Zuwachsrate als Folge industrieller Umschichtungsprozesse, hatte dieser Gedanke, wie Sebastian Haffner mit Recht betont [52], durchaus mehr Überzeugungskraft, als man heute wahrhaben will. Sozialismus als Verstaatlichung der Industrie bedeutete noch mehr Bürokratie, die sich ohnehin schon wie ein Krebsgeschwür auszudehnen schien und zunehmend

[49] Die höchsten Stimmanteile für die NSDAP wurden in den agrarischen Ostgebieten gezählt, vor allem in Ostpreußen (56,5 %) und Pommern (56,3 %). Aber auch in den Wahlkreisen Chemnitz-Zwickau (50,0 %) und Breslau (50,2 %) entfielen die Hälfte aller gültigen Stimmen auf die Hitler-Bewegung. Statistisches Jahrbuch des Deutschen Reiches, Berlin 1933, S. 540.

[50] Parteistatistik, Bd. 1, S. 56.

[51] *Hermann Rauschning*, Gespräche mit Hitler, Zürich 1940, S. 181. Vgl. dazu auch Hitlers Reden zum 1. Mai, vor allem zum 1. Mai 1933, kurz bevor er die Gewerkschaften auflöste (*Max Domarus* (Hrsg.), Hitler. Reden und Proklamationen, Bd. I, München 1962, S. 259 ff.).

[52] *Haffner*, S. 50 f.

als Entfremdung zwischen Staat und Bürgern empfunden wurde. Gerade die Masse der Angestellten, Handwerker und Kaufleute sah den Weimarer Staat als Pfründenkartell von Politikern und Bürokraten auf Kosten der Volksgemeinschaft.

Der Aufschwung der Wirtschaft, zumal die Beseitigung der Arbeitslosigkeit, und die außenpolitischen Erfolge Hitlers hatten auch das liberale Bürgertum und weite Teile der abseits stehenden Arbeiterschaft für das Regime gewonnen. Für die nationalsozialistische Trägerschicht, den unteren Mittelstand, war dies indessen nur eine Bestätigung der in das neue System gesetzten Erwartungen. Volksgemeinschaft war Ausdruck einer bestimmten Mentalität und bedurfte nicht einer genau definierten Ideologie, sowenig etwa wie das katholische Milieu auf die Theologie angewiesen ist, wenn es sich auf ein breites Geflecht sozialer Bedingungen und Verhaltensnormen stützen kann. So wie Renan die Nation als „plébiscite de tous les jours" definiert hat, war Volksgemeinschaft das täglich praktizierte, beglückende Gemeinschaftserlebnis einer sich fremd gewordenen, bzw. unter zunehmender Entfremdung leidenden Gesellschaft. Es war die am militärischen Erscheinungsbild orientierte Stilisierung des nunmehr für alle verbindlichen kleinbürgerlichen Vereinswesens. Die Stammtischmentalität, wie sie sich in zahlreichen Vorstadt- und Kleinstadtkneipen manifestierte, war das eigentliche Terrain des „gesunden Volksempfindens", der „bürgerlichen Normalmoral" (Lepsius): das Haushaltsjahr für höhere Töchter, der Reichsarbeitsdienst für die verweichlichten Bürgersöhne, die Wehrpflicht als „Schule der Nation", der sprichwörtlich „kurze Prozeß" der nationalsozialistischen Rechtssprechung für Kriminelle aller Art [53], das Ausmisten „entarteter Kunst" aus Museen und zur Belohnung der Goldmedaillensegen der Olympiade; über allem der omnipotente, doch volkstümliche „Führer", der sich nicht hinter Aktenbergen verkriecht, sondern sich bei jeder Gelegenheit dem Volk zeigt [54], zu ihm spricht, es lobt, anspornt, ermahnt, schließlich das Ausland in die Schranken weist. Seine bramarbasierenden Reden, sei es in der Pose des pater familias oder des prae-

[53] Auf dem Gebiet der Justiz tritt der Konnex zwischen Hitler und dem „gesunden Volksempfinden" besonders deutlich zutage. So heißt es in einem SD-Bericht über die Stimmung der Bevölkerung, nachdem sich Hitler am 26. April 1942 über die „formalen Auffassungen der Justiz" entrüstet hatte, mit seinen Worten über Justiz und Beamtentum habe der „Führer" „einem großen Teil des Volkes aus der Seele gesprochen". *Boberach*, Meldungen, S. 259. Zu Hitlers Kritik an der Rechtsprechung der Gerichte siehe auch *Henry Picker*, Hitlers Tischgespräche im Führerhauptquartier, Stuttgart 1976, S. 103 f. sowie *Martin Broszat*, Zur Perversion der Strafjustiz im Dritten Reich (Dokumentation), in: VjhZG 1958, S. 390—443.

[54] Und sei es auf Zigarettenbildern, für die es ein Album gab, in dem die engsten Mitarbeiter Hitlers über ihren wunderbaren Chef berichteten. Siehe z. B. Adolf Hitler. Bilder aus dem Leben des Führers, hrsg. vom Cigaretten-Bilderdienst, Hamburg-Bahrenfeld 1936, vor allem das Kap. seines Fahrers *Julius Schreck* „Der Führer auf Reisen", S. 9 ff.

ceptor Germaniae, in denen er die „Dekadenz" der sogenannten Systemzeit anprangerte und das Gute, Kräftige und Gesunde im deutschen Volk beschwor,
waren so ganz auf das unpolitische, naive Gemüt des deutschen Provinzbürgers
zugeschnitten, mit seinem Widerwillen gegen die Großstadt und den dort sein
Unwesen treibenden Zeitgeist. Er gebärdete sich wie der deutsche Messias, —
stets wußte er den „Herrgott", den „Allmächtigen" oder zumindest „die Vorsehung" auf seiner Seite [55] — der die jüdischen Händler, die Internationalisten
und Marxisten, aus dem Tempel der Nation verjagte, um für die gläubige Gemeinde Platz zu schaffen, die einfach ergriffen werden sollte statt immer nur die
Welt, ihren Wandel und ihre Krisen, begreifen zu müssen. Wenn Hitler ständig
auf die Bedeutung eines gesunden Bauernstandes hinwies, die Frau vom Arbeitsmarkt verdrängte, indem er ihre Rolle als Mutter pries [56], die Jugend vor dem
übermäßigen Bierkonsum warnte [57] und zu körperlicher Ertüchtigung aufrief,
gegen die Nörgelei der kritiklüsternen Intellektuellen wetterte [58] und überhaupt
zu allen möglichen Themen hausväterlichen Rat erteilte, so kann man die Wirkung seiner Worte bei breiten Bevölkerungsschichten, die solche Ansprache von
Politikern im allgemeinen nicht gewohnt waren, gar nicht hoch genug veranschlagen. Es waren ja nicht nur alle Gegenstimmen ausgeblendet, die Nationalsozialisten machten zudem besten Gebrauch von den ihnen mit den neuen Massenmedien zu Gebote stehenden Manipulationstechniken. Unter der jungen Generation übten Rundfunk und Grammophon eine große Faszination aus. Vor der
Wahl vom 31. Juli 1932, bei der die Nationalsozialisten ihren Stimmenanteil im
Reichstag verdoppeln konnten, besprach Hitler eine Schallplatte, damit auch an
Orten, in denen er nicht auftreten konnte, wenigstens seine Stimme zu hören war.
Seine Standardrede in diesem Wahlkampf war ein Appell an die Volksgemeinschaftsmentalität des kleinen Mannes, der durch die Vielzahl der Weimarer Parteien und ihre Versprechungen irritiert war. „Diese Versuche aber", ließ sich
Hitler vernehmen, „die Nation in Klassen, Stände, Berufe und Konfessionen zu

[55] Siehe dazu das Stichwort „Vorsehung" im Register bei *Domarus* (Hrsg.), Bd. II,
S. 2290.
[56] Vgl. dazu die Rede auf der Tagung der NS-Frauenschaft vom 5. 9. 1934 bei
Domarus (Hrsg.), Bd. I, S. 449 ff. Zur NS-Frauenpolitik allgemein: *Dörte Winkler*,
Frauenarbeit im „Dritten Reich", Hamburg 1977.
[57] Rede vor der HJ am 14. 9. 1935, in der dann die später oft zitierten Worte fielen,
wonach die deutschen Jungen „flink wie Windhunde, zäh wie Leder und hart wie
Kruppstahl" sein sollten; *Domarus* (Hrsg.), Bd. I, S. 532 f.
[58] Inbegriff des Intellektuellen in der Politik war für Hitler Reichskanzler von
Bethmann-Hollweg. Seiner Meinung nach war es „ein Verhängnis, daß unser Volk
seinen Daseinskampf ausfechten mußte unter der Reichskanzlerschaft eines philosophierenden Schwächlings", statt „einen robusteren Volksmann als Führer" zu besitzen
(Mein Kampf, 241./245. Aufl., München 1937, S. 481). Siehe auch die zahlreichen Verweise zum Stichwort „Intellektuelle" bei *Domarus* (Hrsg.), Bd. II, S. 2283 („ausrotten", „minderwertige Subjekte", „Ausschußware der Nation" etc.).

zerlegen und bruchstückweise dem wirtschaftlichen Glück der Zukunft entgegenzuführen, sind heute endgültig gescheitert [59]". Kein Politiker seiner Zeit hat sich bei Wahlkämpfen solchen Menschenmassen ausgeliefert wie Hitler. Um nur ein Beispiel herauszugreifen: am 28. Juli 1932 sprach er in Aachen und Köln, in der Frankfurter Festhalle und auf dem Wiesbadener Sportplatz, stets mit dem Flugzeug von einer Versammlung zu anderen unterwegs, nicht selten unter der Menge landend. Später wurde Hitlers Stimme durch den Volksempfänger in alle Winkel getragen; für den von der Partei organisierten Gemeinschaftsempfang in Betrieben und größeren Versammlungslokalen stand seit 1935 der leistungsstarke „Arbeitsfrontempfänger" zur Verfügung [60]. Durch die Reduktion des Anschaffungspreises von anfänglich RM 76 auf RM 35 konnten sich jedoch bald auch die ärmsten Volksgenossen das damals billigste Gerät der Welt, den „deutschen Kleinstempfänger" leisten. Kein Wunder, daß der jährliche Zugang an Hörern etwa eine Million betrug, im Krisenjahr 1938/39 sogar 1,8 Millionen.

Noch intensiver dürfte die Wirkung des Films gewesen sein. Es war die erste Generation, die sich, psychologisch ganz unvorbereitet, den Illusionsprodukten der Filmindustrie ausgesetzt sah. Selbst in den kleinsten Orten schossen Filmtheater aus dem Boden. Mehr als heute nahm das Publikum an dem sentimentalen Leinwandgeschehen Anteil: unbekümmert wurde geschluchzt, gelacht und gebangt. Beim Erscheinen des „Führers" — wohl die Mehrheit der Deutschen bekam ihn überhaupt nur als „Filmstar" zu Gesicht — stellte sich dem Vernehmen nach bei vielen Zuschauern ein quasi-religiöses Schauergefühl ein. Auch im Kino war also Volksgemeinschaft zu erleben. Der nationalsozialistischen Propaganda kam vor allem die tönende Wochenschau zustatten, eine Erfindung der frühen 30er Jahre [61]. Bei einer geradezu filmsüchtigen Gesellschaft war die kostenlose Beigabe zum Hauptfilm von einer phantastischen Reklamewirkung. Die politische Bedeutung der Wochenschau war auch schon in der Weimarer Republik erkannt worden. So suchte die SPD mit der „Emelka-Woche" auf das Volk Einfluß zu nehmen, während die Kommunisten ihr Weltbild in der „Hektor-Woche"

---

[59] *Domarus* (Hrsg.), Bd. I., S. 116.

[60] Näheres über den Rundfunk als Medium der Politik bei *Heinz Pohle*, Der Rundfunk als Instrument der Politik, Hamburg 1955, S. 252—72, dort auch Übersichten über Themen und Statistiken zur Höhrerzahl (S. 328 ff.). Siehe auch *Willi A. Boelcke*, Die Macht des Radios. Weltpolitik und Auslandsfunk, 1924—1976, Frankfurt/M. 1977, zu den Berliner Machtkämpfen um die Auslandsrundfunkpropaganda, die sich vor allem auch an die deutschen Minderheiten im Ausland richtete.

[61] Vgl. *Hans-Joachim Giese*, Die Film-Wochenschau im Dienste der Politik, Dresden 1940, S. 49 ff.; zum Film allgemein: *Erwin Leiser*, Deutschland Erwache. Propaganda im Film des Dritten Reiches, Hamburg (rororo) 1968; *Gerd Albrecht*, Nationalsozialistische Filmpolitik. Eine soziologische Untersuchung über die Spielfilme des Dritten Reiches, Stuttgart 1969 sowie aus marxistischer Sicht: *Wolfgang Becker*, Film und Herrschaft, Berlin 1973 und nicht zuletzt *Walter Hagemann*, Publizistik im Dritten Reich. Ein Beitrag zur Methodik der Massenführung, Hamburg 1948, S. 61 ff.

verbreiteten; alles vergebliche Versuche, der populären Ufa-Wochenschau des Hitler-Freundes Hugenberg den Rang streitig zu machen.

Im übrigen hat es die Weimarer Republik nicht vermocht, dem Staat jene repräsentative Würde zu geben, die den noch stark dynastisch geprägten Deutschen soviel bedeutete. Es gab nach Niederlage und Revolution keinen Ersatz für Pomp und Gepränge des Kaiserreichs, für die schimmernde Wehr oder die Flottenparade. Die Regierungsparteien hatten es nicht für nötig gefunden, der Selbstdarstellung des Staates besondere Aufmerksamkeit zu widmen. Von einem Tag zum anderen wurde der deutschen Gesellschaft ohne Rücksicht auf ihre politische Kultur ein völlig rationales Politikverständnis abverlangt. Allzu bereitwillig wurde das politische Showbusiness, Fahnen und Uniformen, Aufmärsche mit Pauken und Trompeten, den staatsfeindlichen Parteien der Rechten und Linken überlassen. Verglichen mit den Parteitagen der NSDAP vor 1931, bei denen Tausende von Anhängern in Sonderzügen, auf offenen Lastwagen, und nicht zuletzt in langen Fußmärschen ihre Gesinnung demonstrativ zur Schau trugen [62], hatten entsprechende Veranstaltungen der staatstragenden Parteien den Charakter langweiliger Honoratiorenversammlungen. Dieses eklatante Repräsentationsdefizit der Weimarer Republik, das auch von der Person des greisen Hindenburg, „the wooden titan", wie Wheeler-Bennet [63] ihn nannte, nicht ausgeglichen werden konnte, war in Deutschland nicht zuletzt deshalb besonders verhängnisvoll, weil hier ganz andere sozialpsychologische Voraussetzungen vorlagen als in den westlichen Demokratien.

Nach der unfaßbaren Niederlage und dem plötzlichen Wegsinken der Monarchie im Reich wie in den Einzelstaaten, hatten die in Jahrhunderten gewachsenen dynastischen Bindungen und sozialpsychologischen Dispositionen mit einem Mal ihren zentralen Bezugspunkt verloren. Noch Anfang dieses Jahrhunderts entfalteten die Duodezhöfe der Provinz beachtlichen Pomp [64]. Die Wertvorstellungen und Bewußtseinsstrukturen konnten sich dem Wandel der Verhältnisse nicht anpassen. Das Scheitern des von Naumann geforderten Volkskaisertums, nicht zuletzt bedingt durch den rapiden Autoritätsverlust Wilhelms II. im Laufe des Weltkriegs [65], machte den Weg frei für den aus der Anonymität des Schützengrabens aufsteigenden Demagogen, der die allgemeine Psychose der Nach-

---

[62] Siehe dazu jetzt die vom Bundesarchiv (Filmarchiv: Findbuch Bd. 8, Koblenz 1977) zur Verfügung gestellten Filmstreifen über die Nürnberger Parteitage vor 1933. Dazu auch der Kommentar von *Haffner* (S. 35 f.) über die NS-Wahlkampfmaschine im Vergleich zu den spießbürgerlich anmutenden Veranstaltungen der anderen Parteien.

[63] *John W. Wheeler-Bennett,* Hindenburg. The Wooden Titan, London 1936.

[64] Zu dem noch um die Jahrhundertwende sehr ausgeprägten Hofzeremoniell deutscher Fürstenhäuser siehe jetzt: *Helmut Reichold,* Bismarcks Zaunkönige. Duodez im 20. Jahrhundert, Paderborn 1977, S. 130—57.

[65] Vgl. *Elisabeth Fehrenbach,* Wandlungen des Kaisergedankens, 1871—1918, München 1969, S. 216 f.

115

kriegszeit ausnutzte, um dann nach 1933 auf dem leerstehenden Sockel des entthronten Monarchen Platz zu nehmen. Daß es Hitler gelang, sich in wenigen Jahren vom demagogischen Parteiführer zum charismatischen Volksführer, um nicht zu sagen Volkskaiser, aufzuschwingen, kann gewiß nicht allein mit den raffinierten Manipulationstechniken des Regimes erklärt werden. Die in der deutschen Geschichte einmalige Mobilisierung der Bevölkerung in Friedenszeiten zu immer neuen Massenkundgebungen, von örtlichen Parteiappellen bis zum Reichsparteitag der NSDAP in Nürnberg, war keine Zwangsveranstaltung. Man will heute einfach nicht mehr wahrhaben, daß sich in der nationalsozialistischen „Volksgemeinschaft" eine zwar schwer begreifliche, irrationale Partizipation manifestierte, gewiß keine politische Meinungsbildung, aber doch eine ernstzunehmende Willensäußerung, nicht bloß plebiszitäre Akklamation. Es ist durchaus zu fragen, ob nicht Begriffen wie dem pragmatischen „common sense" und der revolutionären „volonté général" das „Volksempfinden", mit dem dubiosen Attribut „gesund", vergleichbar an die Seite zu setzen ist und zwar als „Normalmoral", die zwar, wie Lepsius erkannt hat, schichtenspezifisch ist [66], aber doch keine Klassenmoral. Vielleicht sollte man den Begriff „Volksmoral" einführen, als Synthese aus dem dialektischen Gegensatz von „Privatmoral" und „Staatsmoral". Das „gesunde Volksempfinden" war in vieler Hinsicht eine Usurpierung des Kategorischen Imperativs durch den nationalsozialistischen Staat, dem die kleinbürgerlicher Rechtschaffenheit immanente Intoleranz als Grundlage seiner Gesetzgebung und Rechtsprechung diente. Damit wurde wiederum das Rechtsempfinden des Einzelnen, auf den sich Kant ursprünglich bezog, korrumpiert. Freilich muß man sich davor hüten, hier einen direkten Kausalzusammenhang zu den phänomenalen Verbrechen des Regimes, der Vernichtung der Juden und dem ebenfalls Genozidcharakter tragenden Lebensraumimperialismus, herzustellen. Wie man weiß, waren weder die Kristallnacht noch der Krieg gegen Polen sonderlich populäre Ereignisse [67], zum Leidwesen des deutschen Diktators. Mit Recht weist Broszat darauf hin, daß in der Machtergreifungsphase nicht der Antisemitismus und die Lebensraumideologie im Mittelpunkt der nationalsozialistischen Propaganda standen, sondern der Kampf gegen den Marxismus und gegen den demokratischen Parteienstaat sowie die Phraseologie der nationalen Wiedergeburt [68], Themen also, die dem „gesunden Volksempfinden" entsprachen.

Die Volksgemeinschaftsideologie wird gewöhnlich daran gemessen, wieweit ihr die Integration der Arbeiterschaft gelang. Dies für die Zeit nach 1933 nachzuweisen ist indes ein außerordentlich schwieriges Unterfangen. Die Frage ist ja keineswegs schon damit beantwortet, daß im Dritten Reich in den Produktions-

[66] *Lepsius*, S. 4.
[67] Vgl. dazu *Marlis G. Steinert*, Hitlers Krieg und die Deutschen. Stimmung und Haltung der deutschen Bevölkerung im Zweiten Weltkrieg, Düsseldorf 1970, S. 91 f.
[68] *Broszat*, Soziale Motivation, S. 103 f.

verhältnissen kein grundlegender Wandel eingetreten ist. Auch die zentrale Untersuchung von Tim Mason über den Machtkampf zwischen Industrie und DAF im Staat Hitlers kann nur als eine Vorstufe betrachtet werden [69], es sei denn, man geht davon aus, daß der subjektiven Einstellung der Arbeiter zum Regime allenfalls marginale Bedeutung zukommt. Immerhin zeigen neue Forschungsergebnisse hinsichtlich des Wählerverhaltens vor 1933, daß es der NSDAP mit ihrem extremen Nationalsozialismus und ihrer Volksgemeinschaftsideologie gelang, Deutsche aller Altersgruppen, Schichten, Stände und Konfessionen „in so großer Zahl für sich zu mobilisieren, daß bei aller Überrepräsentation des protestantischen Mittelschichtenbereichs sie stärker als jede andere politische Gruppierung jener Jahre Volksparteicharakter trug" [70]. Man darf annehmen, daß dieser Prozeß infolge der durch Übernahme der Staatsmacht verliehenen Legitimation eine erhebliche Beschleunigung erfuhr. Für Hitler waren Kapital und Arbeit gleichermaßen subsidiäre Größen [71]. Er favorisierte das freie Unternehmertum nur deshalb, weil es für seine Zwecke ein noch willfährigeres, da stets existenzbedrohtes, und noch effizienteres Instrument seiner Lebensraumstrategie war als eine total bürokratisierte, sozusagen von österreichischen Pensionsangestellten regierte Wirtschaft. So wichtig die Entwicklung der Preise und Löhne ist, man muß doch auch die Tätigkeit der Arbeits- und Ehrengerichte genau unter die Lupe nehmen [72] und sich fragen, ob es dem Regime nicht doch gelungen war, den Arbeitern das Gefühl zu vermitteln, daß vor dem „Führer" auch die Industriellen stramm stehen mußten und daß jeder Betriebsleiter gut daran tat, es mit den Politischen Leitern aus der Belegschaft es nicht zu verderben. Daß die nationalsozialistische Propaganda nicht müde wurde, wie heute in den Ostblockstaaten, die Gleichrangigkeit von „Hand- und Kopfarbeit" zu betonen, verbunden mit einer Herabsetzung des Intellektuellen als Typ, war für die Bewußtseinsbildung der Arbeiter nicht ohne Belang. Von dem NS-Dichter Hans Johst befragt, warum er seiner Bewegung den Namen Arbeiterpartei gegeben habe, erklärte Hitler, er habe diesen Begriff „wieder einbürgern" wollen „in die Gewalt der deutschen Sprache und in die Hoheitsrechte und Pflichten des deutschen Volkes" [73]. Jeder Volksgenosse sollte sich als Staatsbürger und Arbeiter

---

[69] *Tim Mason*, Sozialpolitik im Dritten Reich. Arbeiterklasse und Volksgemeinschaft, Opladen 1977. Auch Mason räumt ein, daß es der DAF um eine wirtschaftliche und soziale Besserstellung der Arbeiter ging.

[70] *Jürgen W. Falter*, Wer verhalf der NSDAP zum Sieg?, in: Aus Politik und Zeitgeschichte. Beilage zur Wochenzeitung Das Parlament, 1979, B 28/29, S. 19.

[71] Siehe dazu *Henry A. Turner*, Hitlers Einstellung zu Wirtschaft und Gesellschaft, in: GG 1976/1, S. 89—117.

[72] Zur Statistik der Rechtsstreitigkeiten (die nicht auf Null zurückgingen, sich aber zwischen 1932 und 1935 immerhin auf die Hälfte reduzierten [371 600 auf 188 900]) siehe *Willy Müller*, Das soziale Leben im neuen Deutschland unter besonderer Berücksichtigung der DAF, Berlin 1938, S. 153.

[73] *Domarus* (Hrsg.), Bd. I, S. 350 f. (27. 1. 1943).

fühlen, weder als Bourgeois noch als Prolet. Der Nationalsozialismus war der Versuch, wie Schoenbaum treffend bemerkt hat, das von Marx definierte Abhängigkeitsverhältnis von Sein und Bewußtsein umzukehren [74]. Eine Münchner Dissertation über die NS-Gemeinschaft „Kraft durch Freude" kommt geradezu widerwillig zu dem Schluß, daß dem Regime dies in der Tat gelungen sei, nämlich die Integration der Arbeiterschaft mit Mitteln, die „die reale Ungleichheit der Arbeiter und die gegebene Klassenstruktur nicht veränderten, daß also die Integration über das Bewußtsein der Menschen erfolgte" [75].

Ein schlüssiger Beweis ist auch für dieses Forschungsergebnis nicht zu erbringen, es sei denn, man sieht wie Dahrendorf die Evidenz in der Tendenz zur Verbürgerlichung der Arbeiterschaft nach dem Zweiten Weltkrieg [76]. Zwar lagen die Arbeiter 1935 mit 32 % innerhalb der NSDAP noch beträchtlich unter ihrem Anteil von 46 % an der arbeitenden Bevölkerung [77]. Das gleiche Bild boten indes auch die Parteigenossen bäuerlicher Herkunft, die nicht im Rufe mangelnder Regimetreue standen, rekrutierten sich doch aus ihren Reihen relativ gesehen die meisten Politischen Leiter [78]. Immerhin gehörte jetzt jeder 20. Arbeiter der Partei an. Außerdem stellten sie mit 112 328 Politischen Leitern mehr Aktivisten als jede andere Berufsgruppe [79]. Wenn sich die Arbeiter vor 1933 von der NSDAP im allgemeinen fernhielten, dann nicht nur deshalb, weil sie der nationalsozialistischen Propaganda mißtrauten bzw. infolge ihrer eigenen marxistischen „Glaubensfestigkeit", sondern weil die SPD in Konkurrenz zur bürgerlichen Geselligkeit ihr eigenes quasi-kleinbürgerliches Milieu etabliert hatte, samt Kegel-, Turn- und Gesangverein. Die kleinbürgerliche Mentalität, aus der die Ideologie des Nationalsozialismus erwuchs, war den Arbeitern jedenfalls keineswegs fremd [80].

[74] *Schoenbaum,* S. 107.
[75] *Wolfgang Buchholz,* Die nationalsozialistische Gemeinschaft „Kraft durch Freude". Freizeitgestaltung und Arbeiterschaft im Dritten Reich, Diss. München 1976, S. 398.
[76] *Dahrendorf,* S. 447 f.
[77] Parteistatistik, Bd. 1, S. 53. 5,1 % aller Arbeiter gehörten der NSDAP an, dagegen 12,0 % aller Angestellten, 15,2 % aller Selbständigen und nicht weniger als 20,7 % aller Beamten. Innerhalb der Partei erreichten die drei zuletzt genannten Berufsgruppen mit 53,8 % die absolute Mehrheit.
[78] Die Bauern machten 20,7 % der arbeitenden Bevölkerung aus (Arbeiter: 46,3 %), stellten 10,7 % (Arbeiter: 32,1 %) der Parteigenossen und 14,7 % (Arbeiter: 23,0 %) der Politischen Leiter. Siehe Parteistatistik, Bd. 2, S. 157.
[79] Siehe ebd. Wenn auch der Mittelstandssozialismus, wie er vor 1933 verheißen worden war, nicht in Erfüllung ging (vgl. *Winkler,* Anm. 17 und *Schweitzer,* S. 100—36), dominierten Angestellte, Selbständige und Beamte (einschließlich der Lehrer) noch eindeutig innerhalb der Partei. Obwohl ihr Anteil an der arbeitenden Bevölkerung nur 26,8 % betrug, stellten sie 53,8 % aller Parteigenossen und nicht weniger als 59,7 % aller Politischen Leiter.
[80] Zum sozialdemokratischen Vereinswesen und seiner Wirkung siehe jetzt *George L. Mosse,* Die Nationalisierung der Massen, Frankfurt/M. 1976, S. 190—212. Dazu

III.

„Die charismatische Herrschaft ist", schreibt Max Weber, „als das Außeralltägliche, sowohl der rationalen, insbesondere der bureaukratischen, als der traditionalen, insbesondere der patriarchalen und patrimonialen oder ständischen, schroff entgegengesetzt" [81]. Im Grunde ist mit dieser negativen Definition noch wenig gesagt, weil sie auf Jesus Christus ebenso zutrifft wie auf Adolf Hitler. Mit dem Attribut charismatisch wird nur zu oft das Eingeständnis umschrieben, daß man es mit einem nicht nur irrationalen, sondern auch rational nicht erfaßbaren Phänomen zu tun hat. Im folgenden soll der Versuch unternommen werden, den unscharfen Begriff am Beispiel Hitlers zu präzisieren und zwar an Hitler als „representative individual" [82], der, wie Broszat hervorhebt, „einerseits nur Exponent einer breiten nationalistischen Psychose" war, „andererseits Integrationsfigur dieser ,Bewegung'" [83]. Im allgemeinen werden die Erfolge des deutschen Diktators den besonderen Zeitumständen zugeschrieben und seiner Fähigkeit, diese seinen Zwecken dienstbar zu machen. Es fragt sich jedoch, ob die Analyse nicht eine Formation tiefer ansetzen sollte. Der sozialpsychologische Konnex zwischen Führer und Gefolgschaft — von Legitimationseinverständnis soll noch gar nicht die Rede sein — lag im Falle Hitlers nicht in seinen sogenannten „Endzielen", sondern in der Inkarnation kleinbürgerlicher Mentalität. Inkarnation bedeutet in diesem Zusammenhang die Profilierung, sozusagen die plastische Herausbildung, dieser zunächst als gewöhnlich empfundenen Mentalität zur Ideologie. Daß Hitlers Weltanschauung ein zwar irrationales, aber durchaus kohärentes und somit ernstzunehmendes Gedankengebäude war, hat Jäckel überzeugend nachgewiesen [84]. Kennzeichnend für das Erweckungserlebnis vieler frühen Jünger der Hitler-Bewegung, anders ausgedrückt für die Kristallisation von kleinbürgerlicher Mentalität zu nationalsozialistischer Ideologie, ist etwa die Aussage des badischen Gauleiters Robert Wagner aus dem Jahre 1941: „Als ich diesen Mann zum ersten Mal sprechen hörte, fiel es mir wie Schuppen von den Augen. Er sprach das aus, was ich gern ausgesprochen hätte, aber damals nicht

---

auch *Reich*, S. 80: „Das kleinbürgerliche Schlafzimmer, das sich der ,Prolet' anschafft, sobald er Möglichkeiten dazu hat, auch wenn er sonst revolutionär gesinnt ist, die dazugehörige Unterdrückung der Frau, auch wenn er Kommunist ist, die ,anständige' Kleidung am Sonntag, steife Tanzformen und tausend andere ,Kleinigkeiten' haben bei chronischer Wirkung unvergleichlich mehr reaktionären Einfluß, als Tausende von revolutionären Versammlungsreden und Flugzetteln gutmachen können".

[81] *Max Weber*, Wirtschaft und Gesellschaft, hrsg. von Johannes Winkelmann, 1. Halbbd., Tübingen 1976, S. 141.

[82] Siehe Anm. 19.

[83] *Broszat*, Soziale Motivation, S. 106 f.

[84] *Eberhard Jäckel*, Hitlers Weltanschauung. Entwurf einer Herrschaft, Tübingen 1969.

aussprechen konnte" [85]. Es war nicht einfach Hitlers demagogisches Talent, sondern nicht zuletzt auch sein Selbstverständnis als Künstler, das er oft genug bezeugt hat und dessen Funktion für das Regime von der Forschung bislang zu wenig Beachtung geschenkt wurde. In seinem geistigen Habitus und in seiner Lebensführung war Hitler Künstler, Bohemien, wenn man so will. Die ausbleibende gesellschaftliche Anerkennung ändert daran nichts. Es war gerade seine Mediokrität als Künstler, die Affinität zum Massengeschmack, verbunden mit dem Geltungsbedürfnis des verkannten Genies, die ihn dazu befähigte, aus dem Chaos einer allgemeinen, aber vor allem unter dem Kleinbürgertum verbreiteten Malaise eine machtvolle Massenbewegung zu formen. Fritz Stern hat in seiner Studie über die kulturhistorischen Wurzeln des Nationalsozialismus mit Recht auf die bedenkliche Resonanz des überaus konfusen Buches von Julius Langbehn über „Rembrandt als Künstler" hingewiesen, jenen trotzigen Aufstand gegen Wissenschaft und Moderne im Namen der Kunst [86]. Hitlers immer wieder vorgebrachte Kritik an den Intellektuellen und „Verstandesmenschen", an ihrer Unfähigkeit zu konstruktiver, hingebungsvoller Mitarbeit, bewegte sich zwar auf einer tieferen Ebene, dürfte aber gerade wegen ihres denunziatorischen Charakters noch mehr Zustimmung gefunden haben. Durch ihn erhielt das bis an den Kitsch grenzende, altväterlich-handwerkliche Kunstverständnis den Nimbus des Erhabenen, ewig Gültigen, dem der wankelmütige Zeitgeist nichts anzuhaben vermochte. In der Kunst stand die Zeit still, gab es ein unverrückbares Maß für alle Dinge, war die Utopie des tausendjährigen Reiches geboren. Hitlers zahlreiche Ansprachen zu kulturellen Anlässen [87] sind ein beredtes Zeugnis für das Schönheitsideal des „kleinen Mannes", der wiederum zu seinem „Führer" als dem Gralshüter des „Guten, Wahren und Schönen" aufblickte. Ressentiments und Minderwertigkeitskomplexe wurden zum Monument des Trotzes aufgetürmt, zur pathetischen Geste der Verneinung, so daß der „kleine Mann" dann ergriffen vor seinem zum großartigen Anspruch objektivierten Kummer stand. Hitler verstand es, der kollektiven Realitätsverweigerung, der Zurückweisung der Niederlage, des Friedensvertrages, der nicht mehr als primär deutsch erkennbaren politischen Verfassung, reale Gestalt zu geben. Der Frieden,

[85] Straßburger Neueste Nachrichten, 10. 2. 1941. Weitere Beispiele bei *Binion*, S. 166 f. *Fest* zitiert die erste Ergebenheitsadresse des jungen Goebbels an den in Landsberg inhaftierten Hitler: „Ihnen gab Gott, zu sagen, was wir leiden. Sie faßten unsere Qual in erlösende Worte" (S. 288).

[86] *Fritz Stern*, Kulturpessimismus als politische Gefahr, Stuttgart und Wien 1963, S. 190 ff.

[87] Vgl. die vor allem in München und Nürnberg gehaltenen Kulturreden; Verweise bei *Domarus* (Hrsg.), Bd. II, S. 2284. Siehe auch *Arne Fryksen*, Hitlers Reden zur Kultur. Kunstpolitische Taktik oder Ideologie, in: Probleme deutscher Zeitgeschichte, Läromedelsförlagen 1970, S. 235—66; ferner *Hildegard Brenner*, Die Kunstpolitik des Nationalsozialismus, Hamburg (rororo) 1963, S. 82 ff.

so lautete seine Botschaft, war nicht definitiv: er war im Grunde nur die Fortsetzung des Krieges mit anderen Mitteln; mit den Mitteln des politischen Kampfes auf der Grundlage militärischer Organisationsformen, wie dem Führerprinzip und der uniformierten Einheit, und allen möglichen Requisiten des Kriegsspiels, zur Faszination der eigenen Reihen und zur Einschüchterung des Gegners. Man denke nur an die feldmarschmäßige Ausrüstung vieler SA-Formationen, die Fahnenweihen, Parteiappelle, Propagandamärsche oder auch das Lagerleben am Rande der Parteitage; alles dies war im höchsten Maße ebenso reaalitätsfremd wie bewußtseinsbildend. Daß der Machtergreifung im Innern der Eroberungskrieg nach außen mit Notwendigkeit folgen sollte, war nur den wenigsten bekannt[88], wurde allgemein sowenig vorausgeahnt wie die revolutionären Konsequenzen des Systemwechsels. Die Identifikation mit den wirtschaftlichen und außenpolitischen Erfolgen des Regimes und mit dem von ihm geschaffenen politischen Milieu verdrängte das dahinter stehende Dogma. Der Übergang vom Kriegsspiel über die systematische Kriegsvorbereitung zur kaltblütigen Auslösung des blutigen Krieges vollzog sich so theatralisch-unwirklich wie das Herabsteigen Hitlers vom Rostrum des Demagogen, der die Welt nur eifernd interpretierte, zum Revolutionär, der sich anschickte, sie auch tatsächlich zu verändern. Wenn Bracher völlig zu recht betont, der Nationalsozialismus sei stets unterschätzt worden [89] — Fabrys faszinierendes Buch über Hitler im Urteil der anderen [90] ist eine einzige Bestätigung dieser These — so lag es an der Konfusion, die sich daraus ergab, daß Schein und Wirklichkeit, Anspruch und Realität, Antisemitismus als Ideologie und Endlösung ineinander integriert waren. Die Realität des Dritten Reiches, so könnte man überspitzt formulieren, hatte synthetischen Charakter. Für Hitler, der bei Tisch ganze Passagen von Schopenhauer zitierte [91], war die Welt allen Ernstes Ausdruck der einem entschlossenen Willen zugrundeliegenden Vorstellung. Die reale Macht seines Wortes, seiner im Brustton der Überzeugung vorgetragenen kleinbürgerlichen Vorurteile, hat seine Veranlagung zur Tagträumerei weiter gefördert. Es ist oft bezeugt, daß er es fertig brachte, sich selbst etwas vorzumachen, daß er sich bisweilen von seinem hysterischen Redeschwall und seinem theatralischen Auftreten fortreißen ließ [92].

[88] Eine Ausnahme bildeten die Befehlshaber der Reichswehr, die Hitler schon am 3. Februar 1933 in seine weitreichende Pläne einweihte. Vgl. *Wolfram Wettes* Beitrag in: Ursachen und Voraussetzungen der deutschen Kriegspolitik, Bd. 1 der Reihe: Deutschland und der Zweite Weltkrieg, hrsg. vom Militärgeschichtlichen Forschungsamt, Stuttgart 1979, S. 121 f.

[89] *Karl Dietrich Bracher*, Zeitgeschichtliche Kontroversen um Faschismus, Totalitarismus, Demokratie, München 1976, S. 81.

[90] Siehe Anm. 32.

[91] So *Picker*, S. 122. Zu Hitler und seiner Philosophie des Willens vgl. *Stern*, S. 56 ff.

[92] Zu Hitlers Rhetorik siehe die glänzende Wiedergabe der Atmosphäre bei *Fest*, S. 448 ff.

Er war der Schauspieler, der sich mit seiner Rolle so sehr identifizierte, daß er den Mord, den er vorstellen sollte, tatsächlich beging, ohne daß es das applaudierende Publikum recht gewahr wurde. Seine zynischen Äußerungen über die Beinfluß-barkeit der Massen [93] sind kein Gegenbeweis, denn noch in ihnen spiegelt sich seine kleinbürgerliche Vorstellung vom großen Staatsmann. So wie er einmal im Zusammenhang mit der Reichsreform von der „Tonmasse" sprach, aus der er die „bleibende Gestalt des neuen Deutschland" herausmodellieren wollte [94], war für ihn schlechterdings alles verfügbar, manipulierbar. So waren auch die Massen nur der Rohstoff, um seine politischen Visionen Gestalt werden zu lassen. Sein Er-folg ist jedoch nur damit zu erklären, daß er selbst sozusagen aus demselben Holz geschnitzt war. In diesem Zusammenhang ist nicht seine Weltanschauung, die zweite Stufe des Transformationsprozesses von Mentalität zu Realität, von Interesse, sondern das, was ihn mit der Masse seiner Anhänger verband: vor allem die Implikationen der sozialen Herkunft und die Erfahrungen des ersten Weltkrieges.

Daß Hitler kleinbürgerlichen Verhältnissen entstammte und bis zu seinen dreißiger Jahren nicht darüber hinausgelangte, ja tatsächlich vom sozialen Ab-stieg bedroht war, ist hinlänglich bekannt. In *Mein Kampf* bezeichnete er sich selbst als „Emporkömmling" und attestiert seinem Jugendmilieu „die Furcht einer Gesellschaftsgruppe, die sich erst ganz kurze Zeit aus dem Niveau der Handwerker herausgehoben hat, wieder zurücksinken in den alten, wenig geachteten Stand, oder wenigstens noch zu ihm gerechnet zu werden" [95]. Nach seiner sozialen Herkunft zählte Hitler damit zu der zwischen 1882 und 1925 am stärksten expandierenden Schicht der kleinen Beamten und Angestellten, die nach dem verlorenen Krieg und der Inflation um ihren Status bangte und sich davor fürchtete, zwischen den Mühlsteinen des „organisierten" Kapitalismus und der „organisierten" Arbeiterklasse zerrieben zu werden. Hans Speier hat auf die daraus resultierende Volksgemeinschaftsideologie verwiesen und andererseits auf die dazu durchaus im Widerspruch stehende Funktion der Bildung und Halbbil-dung als Standesmerkmal. Wie für die breite, weitgehend noch amorphe Gesell-schaftsschicht des sogenannten „neuen" Mittelstandes, die kleinen Beamten, Ange-stellten und entproletarisierten Arbeitnehmer, waren auch in Hitlers Augen Kunst und Bildung, namentlich in ihrer unangefochtenen, klassischen Ausprägung, nicht nur erstrebenswert an sich, sondern auch Abgrenzungskriterien gegenüber der Arbeiterklasse: die Arbeiter, wie er sie im Wien der Vorkriegszeit kennengelernt hatte, frequentierten eben nicht Opernhaus und Volksbücherei, ihnen fehlte der Sinn für das „Höhere". Dieser bei Hitler in besonderem Maße ausgeprägte Auf-stiegswille stand in peinlichem Gegensatz zu den realen Lebenschancen, die sich ihm boten; dem Linzer Hauptzollamt, Endpunkt der väterlichen Karriere und

---

[93] Mein Kampf, S. 369 ff.
[94] *Rauschning*, S. 189.
[95] Mein Kampf, S. 22.

Symbol für die von ihm zeitlebens verachtete Bürokratie [96], zog er das Vagabundieren des freien Künstlers vor. Es war die auch seinen späteren Lebensweg kennzeichnende und der seelischen Disposition vieler Zeitgenossen nach 1918 so adäquate Einstellung, sich nicht mit den einmal vorhandenen Realitäten abzufinden, sich nicht zu „akkomodieren", wie es im Österreichischen heißt, sondern stets bereit zu sein, um des grandiosen Erfolges willen das Risiko der Niederlage einzugehen, des in Anbetracht der Umstände keineswegs schmählichen, sondern immer noch heroischen Scheiterns. Aber Hitler fühlte sich nicht nur vom sozialen Abstieg bedroht, den er durch sein Selbstbewußtsein als Maler und die Bildungsbeflissenheit des Autodidakten abzuwenden suchte, sondern zudem auch als Angehöriger des österreichischen Vielvölkerstaates von der Überfremdung durch die rassisch ebenso wie kulturell als minderwertig eingestuften Slawen. Es war dies eine Erfahrung, die er mit den Grenzdeutschen im Osten teilte, unter denen dann auch die NSDAP in den letzten Wahlen über 50 % der Stimmen für sich verbuchen konnte [97]. Weniger bekannt ist, daß Hitler im Privatleben zeitlebens seinem kleinbürgerlichen Milieu treu geblieben ist. Die Verhaltensindizien können hier nur angedeutet werden: die primitiv-beschaulichen, keinesfalls dem Wilhelminischen Kunststil nachempfundenen Landschaftsbilder der Frühzeit, der stets bescheidene, später dann von der Propaganda als „spartanisch" ideologisierte Lebensstil, die von Rauschning als kleinbürgerlich charakterisierte Einrichtung des Berghofs vor dem Ausbau [98], die Vorliebe für die heile Welt des Kleinbürgers Karl May [99], die Verfügungen für den Lebensunterhalt seiner anonym bleibenden Verwandtschaft [100]. Es war eine Seite, die den Führer menschlich erscheinen ließ, zumal wenn die Propaganda nachhalf. Daneben gab es den meist im Zentrum der Betrachtungen stehenden „Bühnengeschmack" Hitlers, der zwar ebenfalls kleinbürgerlicher Mentalität entsprang, d. h. kaum individuelle Züge erkennen läßt; er war jedoch die Ausdrucksform des demonstrativen Herrschaftswillens, der Stil des Deutschland und seine Weltgeltung repräsentierenden „Führers". Statt einfach, wie George L. Mosse, von „Hitlers Geschmack" zu sprechen [101], sollte hier, wie in der Darstellung von Thies über Hitler als „Architekt der Weltherrschaft" [102], die Funktion der Herrschaftssymbolik im Mittelpunkt

[96] Vgl. *Picker*, S. 61 (1. 8. 1941). So sprach sich Hitler gegen eine reichseinheitliche Gesetzgebung aus. Häufig meinte er die Beamten, wenn er gegen die Juristen herzog.

[97] Siehe Anm. 49.

[98] *Rauschning*, S. 58.

[99] Vgl. *Fest*, S. 615, der berichtet, daß Hitler sogar als Reichskanzler Zeit gefunden habe, sich noch einmal die meisten Bände dieser Jugendliteratur zu Gemüte zu führen.

[100] Dazu *Picker*, S. 168 f. Schwester und Halbschwester sollten aus seinem Nachlaß soviel bekommen, wie „zur Erhaltung eines kleinen bürgerlichen Lebens notwendig" war.

[101] *Mosse*, S. 213—239.

[102] *Jochen Thies*, Architekt der Weltherrschaft. Die Endziele Hitlers, Düsseldorf 1976, S. 70 ff.

der Erörterung stehen. Beide Geschmacksrichtungen verhalten sich zueinander wie Mentalität und Ideologie, oder, um ein Begriffspaar von Theodor Geiger heranzuziehen, wie „Haut" und „Gewand". Hitler war, noch salopper formuliert, eine kleinbürgerliche „Haut", die seinem gedemütigten, geistig und geschmacklich total verwirrten Volk in die Tunika des Imperators Positur stand, mit stolz erhobenem Haupt, würdevoller Miene, stechendem Blick und ausgestrecktem Arm, genauso wie es die Regieanweisungen für das Provinztheater der Vorkriegszeit bzw. die Drehbuchhinweise für antiken Filmstoff vorsahen. Nur spielte sich dergleichen eben nicht auf der Bühne ab, auf den Brettern, die die Welt nur bedeuten, sondern auf der Tribüne des Nürnberger Reichsparteitagsgeländes, im Angesicht der zur symmetrisch angeordneten Masse instrumentalisierten Gefolgschaft. Dieser Führer entsprach dem Bild, das sich der „kleine Mann" der dreißiger Jahre von seinem als „groß" gefeierten alter ego machte, für das die Geschichte bereits den Denkmalsockel bereitgestellt hatte. Was man als Hitlers Masseninstinkt bezeichnet hat, ein Begriff, der schon etwas mehr verrät als Charisma, ist eben dieses Gespür für die „mise en scène" des kleinbürgerlichen, vom Kintopp der Epoche geprägten Klischees. Das Verhältnis zwischen Führer und Gefolgschaft war ein ganz anderes als etwa das zwischen Kaiser Wilhelm und seinen bürgerlichen Untertanen: nicht ständisch-respektvolle Unterordnung, sondern freiwillige, vorbehaltslose Unterwerbung des Volkes. Wilhelm II. konnte für sich nie in Anspruch nehmen, ein Mann des Volkes zu sein, ohne Familie, ohne Titel und Mittel. Hitler konnte dies und verstand es, sich in immer neuen demagogischen Wendungen als der selbstlose, klassenlose Sohn des Volkes zu präsentieren, dem nur eines am Herzen lag, die starke, in sich geeinte „Volksgemeinschaft". So trat er etwa 1936 vor Krupp-Arbeitern für die Aufrüstung ein, mit der Behauptung: „Ich bin vielleicht der einzige Staatsmann in der Welt, der kein Bankkonto besitzt. Ich habe keine Aktie, ich habe keinen Anteil an irgendeinem Unternehmen. Ich besitze keine Dividende" [103]. Solche Ehrenerklärungen dürften mehr Eindruck auf die Arbeiter gemacht haben als manche lehrreichen Ausführungen über das Wesen des Kapitalismus, schien sich doch hier die Möglichkeit abzuzeichnen, daß es so etwas gab wie Kapitalismus ohne Kapitalisten.

Zur Kriegserfahrung. Man kann natürlich die ideologische Vorgeschichte des Nationalsozialismus nach Belieben in die deutsche Vergangenheit zurückverfolgen, ohne daß des Haltens ein Ende wäre. Bei der Suche nach den sozialpsychologischen Kongruenzen zwischen Hitler und der Gesellschaft, an deren Spitze er sich setzen sollte, ist es tunlich, sich auf eine Analyse des Weltkriegs und seiner Auswirkungen auf das kollektive Unterbewußtsein zu beschränken. Dazu gehören die sogenannten „Ideen von 1914" [104], nämlich die emotionale Überwindung der Klassengegensätze im Rausch des Kriegsausbruchs und die Verherrli-

[103] *Domarus* (Hrsg.), Bd. I, S. 613 (27. 3. 1936).
[104] Siehe dazu *Klaus Schwabe*, Wissenschaft und Kriegsmoral. Die deutschen Hochschullehrer und die Grundfragen des Ersten Weltkriegs, Göttingen 1969, S. 21 ff. Vgl. auch

chung des Militarismus; dazu zählt die Erosion der Monarchie und der bürgerlichen Vorkriegswelt im Schützengraben, die Propaganda der Obersten Heeresleitung und ihrer nationalistischen Erfüllungsgehilfen [105], der Schock der unerwarteten Niederlage. Der Krieg gab Hitlers Leben Sinn und Richtung, formte aus dem Bohemien und ideologischen Irrläufer den militärisch-geschulten Organisator und politische Virilität ausstrahlenden Demagogen. Da er ohne Familie, ohne persönliche Bindung und Anteilnahme war, identifizierte er sich ganz mit dem Wohl seiner Wahlnation, freilich ohne Rücksicht auf deren Tradition, anders ausgedrückt, mit dem Schicksal des deutschen Volkes, dem auch er angehörte, weniger mit dem Bismarckreich, das Österreich verstoßen hatte. Die pseudo-intellektuelle Kriegspropaganda, die seiner Halbbildung so sehr entsprach, nahm er wörtlich. Die anti-bürgerlichen Ressentiments des von der Vorkriegsgesellschaft verstoßenen Musenjünglings verdichteten sich jetzt zum sozialen Protest des Frontsoldaten gegen die Etappe, gegen die bürgerlichen Kriegsgewinner und sozialdemokratischen Kriegsgegner. In der Folgezeit konnte sich der hochdekorierte, aber einfache und einfach gebliebene Frontsoldat als Sprachrohr der um den Sieg betrogenen Generation Geltung verschaffen. An der Front wird die Matrix der nationalsozialistischen Mentalität vorgeformt. Der Künstler aus kleinbürgerlichen Verhältnissen, dazu Österreicher und Katholik, als solcher im deutschen Heer zunächst mit Komplexen behaftet, lernte alle Stände und Klassen kennen, andere Stämme und Konfessionen. Die Idee der Volksgemeinschaft ist die des Schützengrabens, aus der eigentlich niemand mehr in die bürgerliche Welt entlassen werden sollte, in der sich wieder alte Stammes- und Standesunterschiede durchsetzen mußten. Die bürgerliche Ordnung gehört der Vergangenheit an.[106] Die Rangordnung der Zukunft gründet sich nicht auf Bildung, das verpönte Schulwissen, mit dem man Leutnant werden konnte ohne Fronterfahrung, oder das Fachwissen, das etwa den Juristen gestattete, in der Etappe oder in der Heimat eine ruhige Kugel zu schieben. Noch mehr Anstoß erregt das Besitzbürgertum. „Wahnwitzig" nennt Hitler später in Gesprächen mit Rauschning die „demokratischen Ideen einer Rangordnung aufgrund des Geldsacks", aufgrund der „zufälligen Spekulationsgeschäfte von smarten Geschäftsleuten" [107]. Das Vokabular des Frontsoldaten, der im Unterstand über die Zivilisten herzieht, ist hier unverkennbar. Gegen die bürgerliche Welt wird die Rangordnung des Kampfes gestellt. Hitlers Gesellschaftsbild ist die später jeder-

---

Thomas Mann, Gedanken im Kriege, in: Politische Schriften und Reden, Bd. 2, Frankfurt/M. (Fischer Bücherei) 1968, S. 7—20.

[105] Zur Vaterlandspartei, die hier gemeint ist, siehe *Dirk Stegmann*, Die Erben Bismarcks. Parteien und Verbände in der Spätphase des Wilhelminischen Reiches, Köln 1970, S. 497—519.

[106] Zum Konnex zwischen Kriegserfahrung und Gesellschaftskritik siehe *Rudolf Vierhaus*, Faschistisches Führertum, in: HZ 1964, S. 614—39.

[107] *Rauschning*, S. 44.

zeit ansprechbare Utopie des Frontsoldaten [108]. Anstelle des degenerierten Adels und des besserwisserischen Bürgertums soll eine neue Herrenschicht treten, ein neuer Schwertadel wie zu Beginn der Feudalgesellschaft: keine weiteren Voraussetzungen als Bewährung im Kampf und Treue zum Führer. Symbolfigur für die dekadente bürgerliche Welt war der Jude, der es sich zuhause gut sein ließ, während andere den Kopf hinhielten, der fette Kriegsgewinne einstrich, oder aber als Journalist bzw. Sozialist mit zersetzenden Reden von Verständigung die Heimatfront schwächte. Um weiterhin seine Geschäfte machen zu können, stänkerte er gegen Annexionen, den so notwendigen Lebensraum, der allein das Volk sowohl gegen die Blockade durch die englische Flotte als auch gegen die internationale Handelsplutokratie immunisieren konnte. Die große Konspiration des Weltjudentums ist schnell bei der Hand, fast genauso wie die panische Angst des Soldaten vor der Syphilis, hervorgerufen durch die Prostitution, die „Verjudung des Seelenlebens" und „Mammonisierung unseres Paarungstriebes" [109]. Die Personalisierung unverstandener Mächte, die Reduktion von Entscheidungen und Argumenten auf ein klar umrissenes, auf Kimme und Korn zu nehmendes Feindbild, entsprach geradewegs dem Bedürfnis des Frontsoldaten mit seinem höchst beschränkten Erfahrungshorizont in einer außerordentlich bedrängten psychologischen Situation. Gleichzeitig löste der Stellungskrieg um einige Quadratmeter den Lebensraumatavismus aus. Vor Verdun verbluteten Hunderttausende, während doch nur im Osten der große Landgewinn zu erwarten war [110]. Besonders beeindruckt war Hitler von der großen Organisationsleistung des deutschen Heeres im Krieg. Durch die Außerkraftsetzung bürgerlich-ziviler Wertmaßstäbe und ihre Substituierung durch Befehl und Gehorsam schien mit einem Mal kein Ding unmöglich zu sein. Die Masse Mensch wurde zum willfährigen Instrument eines höheren Willens. Wenn es diesem an brutaler Entschlossenheit nicht mangelte, war kein Ziel unerreichbar, konnte aus der Utopie von heute die Realität von morgen werden. „Wenn ich eines Tages den Krieg befehlen werde", erklärte Hitler zu Rauschning in der Pose des Herrn über Leben und Tod, „kann ich mir nicht Gedanken machen über die 10 Millionen junger Männer, die ich in den Tod schicke" [111]. Es war typisch für seine brutalisierte Denkweise, aus der jederzeit blutiger Ernst werden konnte. Andere Einstellungen sollen hier nur angedeutet werden: Das Recht ist immer auf seiten des Stärkeren, Mutigeren; das militärische Standgericht die beste,

[108] Siehe dazu *Rohe*, Reichsbanner, S. 110 ff. sowie *Peter H. Merkl*, Political Violence under the Swastika, Princetown UP 1975, S. 138 ff.; ferner *Kurt Sontheimer*, Antidemokratisches Denken in der Weimarer Republik, München 1962, S. 115—39.

[109] Mein Kampf, S. 270.

[110] Siehe *Lothar Kettenacker*, Nationalsozialistische Volkstumspolitik im Elsaß, Stuttgart 1973, S. 34.

[111] *Rauschning*, S. 79.

weil schnellste Form der Rechtssprechung [112]; Kunst ist archaisierte Wirklichkeit, die Darstellung von Ewigkeitswerten, wie die Heroisierung des Kampfes; sie dient der Hebung des Selbstbewußtseins, der Kampfmoral; die Wirtschaft ist eine Dienstmagd der Politik, Inflation nur eine Frage der Disziplin [113]; das Dasein schrecklich und einfach: Sieg oder Untergang, Hammer oder Amboß. Es ist die simplifizierende Perspektive des Frontsoldaten und späteren Stammtischveteranen, der alles besser weiß, weil er in seinem Leben für ihn eigentlich unfaßbare, psychisch nicht verkraftete Erfahrungen gemacht hat: „Wenn ich der Kaiser wär' ..." [114].

Die Verabsolutierung von außergewöhnlichen Erfahrungen, die Hitler mit anderen seiner Generation teilte, und ihre ideologische Aufwertung bildeten die sozialpsychologischen Rahmenbedingungen für seinen späteren Erfolg. Wollte man ihm ein Denkmal errichten, so müßte er dargestellt werden als der auf einem Stammtisch aufgepflanzte Schwadroneur, den visionären Blick auf eine imaginäre Zuhörerschaft gerichtet, zugleich umgeben von bierseligen, vom Tarockspiel aufblickenden Kriegsveteranen und Kleinbürgern.

IV.

Die Forschung hat mittlerweile zur Genüge nachgewiesen, daß die imponierende Fassade strukturierter Einheit, die der Staat Hitlers nach außen darstellte, in Wirklichkeit eine Attrappe war, hinter der sich, für die Volksgemeinschaft und das Ausland unsichtbar, ein ständiger Kampf aller gegen alle abspielte. Neue Ergebnisse werden diese Erkenntnis nicht mehr umstürzen können, so daß es an der Zeit ist, dieses Phänomen einer Deutung zuzuführen, die den Widerspruch zwischen Schein und Wirklichkeit rational überzeugend zu erklären vermag. Nicht von ungefähr hat der amerikanische Historiker Robert Koehl als einer der ersten auf die feudalistischen Aspekte des Nationalsozialismus hingewiesen [115]. Während die europäische Forschung die Frage der universellen Anwendbarkeit des Feudalismus-Begriffs skeptisch beurteilt, wird diesem in Amerika seit Erscheinen eines Sammelbandes über „Feudalism in History" [116] ein höherer Erkennungswert zugebilligt. Robert Koehl war bei seinen Untersuchungen über Himmler als Reichskommissar für die Festigung des

---

[112] Siehe dazu die Ausführungen zum Thema „Justiz im Krieg" bei *Picker*, S. 103 (8. 2. 1942); auch *Stern*, S. 116—29, der über die beim einfachen Volk großen Anklang findende Einführung der Todesstrafe für Autobahnräuber berichtet und zwar durch Hitler persönlich im Ruckzuckverfahren.

[113] Vgl. *Rauschning*, S. 25.

[114] Titel des vor 1914 anonym erschienenen Buches von *Heinrich Claß* (Daniel Frymann), dem Führer des Alldeutschen Verbandes.

[115] *Robert Koehl*, Feudal Aspects of National Socialism, in: American Political Science Review, 1962, S. 921 ff.

[116] *Robert Coulborn* (ed.), Feudalism in History, Princeton 1956.

Deutschen Volkstums [117] auf neufeudalistische Merkmale der nationalsozialistischen Ideologie gestoßen. Die schwärmerischen Vorstellungen von einem „Neuadel aus Blut und Boden", wie sie Darré seit 1935 propagierte [118], der auch von der nationalsozialistischen Linken akzeptierte Ständestaatsgedanken oder die von Himmler mit heißem Bemühen betriebene Stilisierung der SS als eines neuen Ritterordens [119], alle diese Indizien wiesen in die gleiche Richtung. Am hervorstechendsten waren natürlich die Lebensraumobsessionen Hitlers, die in seiner Phantasie mit einem neuen Herrenmenschentum arischen Geblüts einhergingen.

Heute interessieren an Koehls Ansatz vielleicht weniger die ideologischen Aspekte als die staatsauflösenden Tendenzen der nationalsozialistischen Herrschaftsstruktur, die in der Tat verblüffende Ähnlichkeit mit Entwicklungen zu Beginn der Feudalgesellschaft aufweisen. Obwohl es natürlich fragwürdig erscheinen muß, zuliebe der Abgrenzung eines Begriffs die Ausweitung eines anderen inkauf zu nehmen, kann man doch nicht umhin, auf die unterschiedliche Rolle des Staates im Faschismus und Nationalsozialismus als Kriterium der Differenzierung beider Begriffe hinzuweisen. Mussolinis Utopie orientierte sich am zentralistisch und legalistisch ausgerichteten Imperium Romanum, während die Nationalsozialisten, allen voran Hitler, von der Wiedergeburt des mittelalterlichen Feudalreichs der Ottonen und Hohenstaufen träumten. Hitler war auch insofern Österreicher, als er in der Tradition des alten Reiches stand: aus dem heiligen römischen Reich deutscher Nation sollte ein nachchristliches germanisches Imperium unter deutscher Führung werden. Dabei mußte man achtgeben, daß der Staat, der wie die Wirtschaft nur eine instrumentale Funktion hatte, sich bei der Erreichung dieses weitgesteckten Ziels nicht als bürokratisches Hindernis in den Weg stellte. „Indeed, to Nazi theorists", betont Koehl, „the Roman tradition as well as all modern state bureaucracy was anathema" [120]. Daß Hitler gleichzeitig wie ein Schuljunge vom römischen Weltreich fasziniert war [121], ändert nichts an seiner extrem antibürokratischen Einstellung und Regierungsweise [122].

Gerade letzterem Gesichtspunkt kommt im Zusammenhang mit der sozialpsychologischen Fundierung der Führerherrschaft erhöhte Bedeutung zu. Hitler

[117] *Robert L. Koehl*, RKFDV. German Resettlement and Population Policy 1939—1945, Harvard 1957.

[118] Dazu *Horst Gies*, R. Walther Darré und die nationalsozialistische Bauernpolitik 1930—1933, Diss. Frankfurt/M. 1965.

[119] Vgl. *Josef Ackermann*, Heinrich Himmler als Ideologe, Göttingen 1970.

[120] Koehl, *Feudal Aspects*, S. 921.

[121] Vgl. *Picker*, S. 463 (26. 7. 1942).

[122] Dieser Aspekt wird vor allem von *Hans Mommsen* betont, so in dem Artikel: Ausnahmezustand als Herrschaftstechnik des NS-Regimes, in: *Manfred Funke* (Hrsg.) Hitler, Deutschland und die Mächte, Düsseldorf 1978, S. 30—45. Siehe auch den Beitrag in diesem Band.

verkörperte die Überwindung der bürokratisierten Macht, von der sich viele Deutsche in zunehmendem Maße abgestoßen fühlten. Bürokratisierung bedeutete einerseits Rationalisierung der politischen Herrschaft, andererseits aber auch Entpersonalisierung und Entheroisierung. Kaiser und Fürsten waren von der Bildfläche verschwunden, die kleinen und großen Kriegshelden ohne Stellung und was folgte, waren die wachsenden, anonymen Bürokratien der Parteien, der staatlichen und kommunalen Versorgungsanstalten. Dagegen die archaische Verkörperung der Macht durch Hitler, erst als „Parteiherzog“, der die Dreistigkeit besaß, der demokratischen Legitimierung das Führerprinzip entgegenzusetzen, danach als „Volkskaiser“, der — wie einst der römische Kaiser — durch die Lande zog, nicht hoch zu Roß, aber im offenen Wagen neben dem Chauffeur, damit schon seine Nähe zum Volk bekundend. Wie das pittoresk-anachronistische Herrschaftsgebaren des Bayernkönigs Ludwig beim einfachen Volk durchaus Anklang fand, so beruhte Hitlers Popularität bei den Massen darin, daß in seiner Person als „Overlord“ die Staatsmacht sichtbar wurde. Er war nicht die Marionette in der Hand einer immensen Staatsbürokratie oder gar der Industrie, sondern, wie der einstige Herrscher in seiner sagenhaften Bedeutung, Schöpfer und Spender originärer Macht. Mit seinem Namenszug unter einen Führerbefehl konnte er große Machtbereiche wie Lehen vergeben, ganze Reichsgaue, Kompetenzen für die Wirtschaft, für Umsiedlungsmaßnahmen im Osten und dergleichen, ohne Rücksicht auf bürokratische Strukturen, nur dem „gesunden Volksempfinden“ verpflichtet. Gleichzeitig war er die Quelle der Macht für Tausende von Posten und Pöstchen in der Partei und ihren Gliederungen, für die kleinen Machtträger und Amtswalter, für viele, die vor ihm von der Macht, dem Quentchen alleiniger, unkontrollierter Verantwortung, nur geträumt hatten, oder aber diese Macht nur für die begrenzte Zeitspanne des Krieges ausgeübt hatten. Entscheidend war jetzt das persönliche Treueverhältnis der neuen Vasallen zum Führer. Doch wurde sein Prestige durch die Rivalitäten der Unterführer nicht in Frage gestellt. Im Gegenteil, diese kamen seiner Autorität als oberstem „Arbiter“ und Rechtssprecher noch zustatten. Hitler garantierte durch seine Person, daß keine bürokratische Erstarrung eintrat, daß das Rad der Geschichte in Bewegung blieb. So faszinierte an ihm vor allem, daß er, und er allein, über die ultima ratio, über Krieg und Frieden, entschied, die Prärogative aller wahren Herrscher aus der Sicht des Volkes.

Feudalistisch war nicht nur der Herrschaftsstil, sondern insbesondere auch Hitlers Lebens- und Großraumvision, die bewußte Wiederaufnahme der mittelalterlichen Ostkolonisation. Der Osten wurde sozusagen zum „Wilden Westen“ erklärt, wo Gesetz und Recht vorerst nichts verloren hatten. Die Landnahme diente gleichzeitig der Herausbildung eines neuen Schwertadels, der „nicht mit Glacéhandschuhen“ [123] vorgehen konnte. Seine Vasallen sollten ihm nach 10 Jahren den Vollzug der Germanisierung ihrer Lehen melden [124], ohne

---

[123] *Picker*, S. 285 (12. 5. 1942).   [124] Ebd., S. 62 (1. 8. 1941).

über ihr Vorgehen Rechenschaft ablegen zu müssen. Durch die Errichtung von Grenzmarken sollte eine das ganze Großreich umspannende Zentralverwaltung vermieden werden. Die Gefahr, daß aus den Gauleitern „Reichsfürsten" werden könnten, sah er dadurch gebannt, daß sie jederzeit absetzbar waren und ihre Macht nicht vererben durften [125]. Verkehrstechnisch sollte das Riesenreich mit den modernsten Mitteln erschlossen werden, mit einem Netz von Eisenbahn-linien mit vier Meter breiten Gleisspuren und einem von Berlin ausgehenden radialen System 11 Meter breiter Reichsautobahnen [126]. Während sich Hitler durch die Bürokratie gehemmt und gegängelt sah, berauschte sich seine ausgreifende Phantasie an den Möglichkeiten der modernen Verkehrstechnik. Auch diese Schizophrenie teilte Hitler mit vielen seiner Zeitgenossen. Antimodernistisch war nur die Inspiration, die politische Ausführung seiner Pläne war ohne den Großeinsatz der Technik nicht zu meistern. Letztlich ging es um eine ganz neue Zivilisation, die Verwirklichung einer Utopie. Insofern ist die national-sozialistische Lebensraumvision ein Imperialismus sui generis, bei aller „Kontinuität der Machtstrukturen" durch das Bündnis der alten und neuen Eliten doch auch qualitativ verschieden von dem bürgerlich-merkantilen, überseeischen Konkurrenzimperialismus der Vorkriegszeit.

Die meisten Faschismustheoretiker stimmen darin überein, daß der Mittelstand, zumal der untere, die eigentliche Basis der nationalsozialistischen Bewegung darstellte [127]. Aus dieser Erkenntnis werden dann aber im allgemeinen keine weiteren Schlußfolgerungen für die Interpretation dieses Phänomens gezogen, weil die stringente Logik der bestimmte Aspekte verabsolutierenden Theorie Schaden nehmen könnte. Das hervorstechendste Merkmal des deutschen Faschismus ist zweifellos seine starke Zuordnung auf die Person Hitlers, so daß man mit dem zeitgenössichen Begriff Hitler-Bewegung den Nationalsozialismus am treffendsten charakterisieren könnte. Das Medium Hitler, das es in diesem Beitrag zu analysieren galt, ist mit der Stellung des „Führers" im NS-Herrschaftssystem nicht hinreichend erklärt, nicht einmal mit der stark manipulierten Funktion des Führerkults, wie ihn Goebbels systematisch in Szene setzte. Der einzigartige „appeal" dieses Mannes, so wurde behauptet, beruhte letztlich darauf, daß er der Exponent einer noch nicht ideologisch, geschweige denn politisch artikulierten Mentalität war, und zwar des „gesunden", in der politischen Praxis dann höchst ungesunden, intoleranten „Volksempfindens". In der Hitler-Bewegung erlebte Deutschland seine einzige genuine Revolution, auch wenn diese dann nicht ganz dem theoretischen Modell entsprach. Der Nationalsozialismus verkörpert eine grundsätzlich neue Variante des Revolutionsbegriffs, näm-

---

[125] Ebd., S. 381 (23. 6. 1942).
[126] Ebd., S. 247 (27. 4. 1942) und S. 440 (18. 7. 1942).
[127] Siehe *Wippermann*, S. 147.

lich den verspäteten Aufstand der kleinbürgerlichen Massen gegen die Moderne, gegen die Folgen einer forcierten, politisch und sozial nicht verkrafteten Industrialisierung. Aus der „verspäteten Nation" hatte sich mit einer gewissen Folgerichtigkeit die verspätete, sozialpsychologisch gestörte Industriegesellschaft entwickelt, in der symptomatischen Sprache der Propaganda das „junge Volk", das partout nicht Industriegesellschaft werden, sondern „Volksgemeinschaft" bleiben wollte.

Summary

In spite of detailed research on various aspects of the Third Reich, in particular on the seizure of power and Nazi foreign policy, one rather crucial element seems to have been overlooked or taken for granted: Hitler's immense popularity which carried him to power and helped him to consolidate it. When the fanatical agitator turned into the head of government his prestige soon outgrew that of his party. Though he had, of course, no mandate from the people to launch another war and to round up the Jews, he shared with them a collective mentality rooted in the German lower middle class. The author suggests that research should focus on this peculiar relationship between Hitler and his followers, which is not sufficiently explained by reference to Nazi ideology or by the various pledges made to all sections of society. In a crisis situation such as the depression, people are not motivated by economic interests only. There are obvious methodological problems in trying to gauge public opinion or rather the public mood (vox populi) in any dictatorship, not least in Hitler's Germany. One way of approaching this subject is to take propaganda seriously and assume that it was not only a means of manipulation but also an indicator of what people sincerely hoped to be true. The author develops four theses with which he tries to establish the pattern of interdependence between Hitler and his following and which he regards as crucial for an understanding of National Socialism as a historical phenomenon:

1. Hitler's seizure of power is to be seen as the revolution of the German lower middle class, which expanded greatly during and after the war, was thrown out of place by the inflation of 1923 and thereafter felt politically neglected by the established parties. Though not intended as a social revolution, the Nazi period, which has to be assessed as a whole, did have a more modernising effect than the revolution of 1918. The "old" and "new" *Mittelstand* brought Hitler to the threshold of power before he was let in by the conservative elites and later furnished the unswerving loyalty which prevented widespread resistance to the regime when it embarked on its increasingly aggressive and intimidating course. The essential connection between Hitler and his following was the collective mentality of the German *Kleinbürgertum*, its opposition to modernity in all its non-technological aspects, which was shared to some extent by the middle and working classes. This is why no stratum of

German society proved to be completely immune to the Nazi virus. Under Hitler private prejudice against all forms of non-conformism gained official recognition as the true sense of propriety of the German people *(gesundes Volksempfinden)*.

2. The most successful claim of Nazi propaganda was the idea of freeing German society from the evils of class conflicts and re-establishing some sort of corporative or rather pre-industrial society. This was a powerful message because most people resented the growing polarisation of German society towards the end of the Weimar Republic. Compared to this general malaise, public ownership of the means of production was not an issue of great concern, outside the politically conscious sections of the working class. It was bound to produce more bureaucracy which was as much resented as unbridled capitalism. The answer was a strong man like Hitler who did away with all allegedly divisive forces in society, in a concerted effort to overcome the economic problems and restrictions imposed by the Versailles treaty. The author argues that the impact made on ordinary people by the use of the modern mass media like radio and film cannot be exaggerated. The Nazis developed a new-style pageantry, especially in their mass rallies, on an unprecedented scale, which more than filled the vacuum left by the monarchy. The question as to what extent Hitler succeeded in rallying the working class to his cause is difficult to answer. His open rejection of middle class values, e. g. his repeated denunciation of the intellectuals, was of some importance. Even though the workers were still under-represented within the Party in relation to their proportion of German society, by 1935 they did, after all, supply more political activists than any other social group (Politische Leiter).

3. Hitler knew how to articulate the national and social anxieties of the lower middle class in the most forceful way because he happened to be the petit-bourgeois of his epoch par excellence. His social background, his appreciation of mass culture as a secound-rate artist and his experience of the war were vital elements in his career as a "representative individual". The millenium which he dreamt up and kept on advertising was the *mise en scène* of the lower middle class frustrations and clichées.

4. Hitler ruled Germany as though he were the overlord of a neo-feudal system of government. His handling of power was so out of line with bureaucratic practices that this goes part of the way to explaining his charisma. The whole governmental machine was dissolved into a network of personal loyalties. The Empire in the East which he visualised was neo-feudal in character too. In many ways Hitler fulfilled the popular expectation of a legendary *Volkskaiser* who established a personal relationship, some sort of metaphysical communion, with his adherents, transcending traditional political representation. His very personal style of government had a tremendous appeal to a society which, after the sudden loss of the monarchy, still remained under the influence of dynastic feelings.

Ian Kershaw

The Führer Image and Political Integration: The Popular Conception of Hitler in Bavaria during the Third Reich *

Considerable advances are currently being made in understanding the social history of the Third Reich by looking at the regime as it were from below, from the vantage point of the people, by attempting to analyse behavioural patterns and the forming and influencing of popular opinion and political attitudes [1]. Despite methodological problems, such work is casting new light on relationships between the regime and the people, and opening up interesting and potentially fruitful avenues of research. The whole question of popular opinion within the framework of a dictatorship with monopoly control over the mass media, a dynamic "official" ideology, an "educative" zeal and to back all this up a ruthless terror apparatus, is an intriguing one, if one which raises considerable and obvious problems of interpretation. Such work as is going on suggests, nonetheless, that this approach can help break new ground in looking at, for instance, the penetrative capabilities of the nazi ideological message, the effectiveness of propaganda, the persistence and characteristics of economic or class-based discontent, and changing attitudes towards the regime itself. This leads directly of course into one of the central areas for an understanding of the phenomenon of nazism: the relationship between the policies of the regime and the resonance they found among the people. Put another way, it comes face to face with the question of political conformity, support and acquiescence in the regime on the one hand, with nonconformist behaviour, opposition and resistance on the other.

These concepts are of course themselves problematic. If one takes "resistance" as one end of the spectrum, meaning all-out root-and-branch rejection of all

* I am most grateful to the Alexander von Humbolt-Stiftung for their support in financing the research for this paper.

[1] See for example the two volumes which have so far been published by the Institut für Zeitgeschichte within the framework of the research project „Widerstand und Verfolgung in Bayern 1933—1945": *Martin Broszat, Elke Fröhlich* and *Falk Wiesemann* (eds.), Bayern in der NS-Zeit. Soziale Lage und politisches Verhalten der Bevölkerung im Spiegel vertraulicher Berichte, Munich 1977; and *Martin Broszat* and *Elke Fröhlich* (eds.), Bayern in der NS-Zeit II. Herrschaft und Gesellschaft im Konflikt, Munich 1979. Further volumes are in progress.

that nazism stood for, and a planned attempt to work for its complete downfall, then obviously this forms quantitatively little part in the scale of attitudes encountered. "Opposition", active refusal to cooperate with specific measures or directives of the regime, either by individuals, or by groups, is met with more frequently. Finally, "nonconformity" — by which one can understand all signs or forms of discontent which have a political expression — was extraordinarily widespread. One problem in fact in working with the type of materials one is forced to use — government, party, SD, Gestapo, Justice administration reports, and court or Schutzhaft files — is that there is a danger of exaggerating the extent and gravity of the oppositional tendencies or the forms of political nonconformity which one finds. The scale of discontent, dissatisfaction and unrest is truly striking. From the Bavarian evidence, the degree of economic-based discontent among the peasantry by the later 1930s for example, the class-conscious grievances of workers, and above all the hostility created by the persecution of the churches is quite remarkable. There was therefore no shortage of political nonconformity, and even open opposition to the regime. But one is struck most of all by the *partial* nature of most of this opposition or nonconformity. Opinion and behaviour seem to have been verticalised in content: they concerned specific elements of nazi rule, but were not extended in their implications. A person's behaviour could therefore be conformist and nonconformist at one and the same time — nonconformist towards the specific, conformist towards the general nature of nazi rule.

Hence it becomes crucially important, too, to study not just the areas where attitudes or behaviour deviated from the norm required by the regime, but also those areas of opinion where the regime met with the greatest conformity and acceptance, where therefore the population was integrated most completely into the Third Reich. As Friedrich Zipfel put it some years ago: "Die ganz überwiegende Masse der Deutschen gehörte nicht zum 'anderen Deutschland', sondern sie marschierte, gläubig, träge, gehorsam oder murrend, aber sie marschierte! Dieses Phänomen bedarf der Klärung" [2].

A regime with a deep split between the leadership and the people could hardly have exhibited the dynamism and drive shown by the nazi dictatorship. We know that the regime was highly sensitive towards popular opinion, and towards its own popularity, and there were occasions — most notably the ending of the euthanasia action — when the regime was forced to capitulate in the face of hostile opinion. The basic dynamism and manoeuvrability of the regime were therefore not independent of widespread popular support. But where did this support focus? What were the forces for integration in the Third Reich? To what extent did the figure and the image of the

[2] *Friedrich Zipfel*, Die Bedeutung der Widerstandsforschung für die allgemeine zeitgeschichtliche Forschung, in: Aus Politik und Zeitgeschichte. Beilage zur Wochenzeitung „Das Parlament" 28 (1965), pp. 10—11.

Führer function as the fulchrum of support and popularity of the regime, and thus as a most powerful integrating agent? Even if devised and employed by the propaganda machine as such, did it serve this function in practice? And was there any significant difference between what people *thought* they were supporting, and what in actual fact they *were* supporting? Can in fact the popularity of the regime be attributed in large degree to the personal popularity of an image of Hitler far removed from reality, and thereby also removed from the reality of the disenchantment of everyday life in the Third Reich? Max Weber's conceptualisation of charismatic leadership, contrasting with rational bureaucratic and traditional forms of rule, sees its essence in the fact that it is not directed at the solution of everyday but at the overcoming of supra-dimensional crises and emergencies. *Veralltäglichung* was the constant danger threatening charismatic authority. Only the dynamism of recurring success could preserve its charismatic nature [3]. Is it possible to see Hitler's popularity in such terms to understand why he was so popular, to perceive the discrepancy between image and reality?

The functional role of the Führer cult in integrating the centrifugal and potentially disintegrative social tensions and forces in the Third Reich has been scarcely touched upon in the wave of recent publications on Hitler. Such study as has been made of the integrative function of Hitler's leadership has concentrated on the period before the seizure of power, and on the pivotal role of the Führer ideologically and organisationally *within the nazi movement itself* [4].

The only attempt so far to conceptualise the integrative function of the Führer as an element of nazi rule during the dictatorship is the article of Martin Broszat, "Soziale Motivation und Führer-Bindung des Nationalsozialismus" [5]. Here too the focus of the analysis is the relationship between Hitler and the NS-Movement. The core of the argument is that the Führer, as the embodiment of a *Weltanschauung* able only through its progressive negative

---

[3] *Max Weber*, Wirtschaft und Gesellschaft, 3rd edn., Tübingen 1947, pp. 755, 761—2, 770; and see *Karl-Dietrich Bracher, Gerhard Schulz* and *Wolfgang Sauer*, Die nationalsozialistische Machtergreifung, Ullstein Edn., Frankfurt a. M. 1974, vol. 3, p. 17. Weber's model has been criticised in its application to specific political circumstances by, among others, *Carl J. Friedrich*, Political Leadership and the Problem of the Charismatic Power, in: Journal of Politics 23 (1961) and *Claud Ake*, Charismatic Legitimation and Political Integration, in: Comparative Studies in Society and History 9 (1966/7).

[4] See for example *Wolfgang Horn*, Führerideologie und Parteiorganisation in der NSDAP (1919—1933), Düsseldorf 1972; *Joseph Nyomarky*, Charisma and Factionalism within the Nazi Party, Minneapolis 1967; and *Manfred Weißbecker*, Zur Herausbildung des Führerkults in der NSDAP, in: *Karl Drechsler* et al. (eds.), Monopole und Staat in Deutschland 1917—1945, Berlin 1966, pp. 115—126.

[5] In: VjhZG 18 (1970), pp. 392—409.

dynamic to hold together the basically antagonistic social forces which the essential incompatibility of the nazi social policies were incapable of uniting, was the "unerläßliche Integrationsfigur" within the nazi movement. Whatever doubts one may have about the functional argument in terms of an ultimate explanation of the struggle for *Lebensraum* or the extermination of the Jews, carried out in secret, Broszat's article grappled in a new way with the central problem of the Third Reich: Hitler's position within the framework of the political and social system of nazi rule. Can one, however, explain the integrative role of Hitler within German society as opposed to within the nazi movement in the context of the dynamic components of NS-Ideology? If the "stereotype Negationen" of the NS-*Weltanschauung,* personified by Hitler, functioned as a binding force within the nazi movement, can this also satisfactorily explain the bond between Hitler and the German people as a whole? Recent work suggests, for instance, that it would be difficult to interpret the persecution of the Jews, the central point of the NS-*Weltanschauung,* as an integrating element between nazi leadership and the broad mass of the population, whatever its binding function within the movement itself[6]. The hostility to the euthanasia programme early in the war also demonstrates the lack of penetration of another key area of nazi ideology. The at least partial alienation of the population through such measures, at the same time that Hitler's personal popularity was still reaching dizzy heights, suggests that if the Führer did serve an integrative function within society as a whole, then one must seek to understand it by looking in a different way at Hitler's popular image, at the way ordinary people viewed the Führer figure. One would have to look here not at Hitler as he was, but at how he seemed to be.

What follows is intended as a contribution to a discussion of such a problem. It is based upon particularly rich series of regular reports on political attitudes and behaviour in the Bavarian population coming from different authorities (Party, State, Police, Justice, SD etc.) and surviving more plentifully in Bavaria than elsewhere. A selection of such reports has recently been published by the Institut für Zeitgeschichte[7]. In the present context, it is impossible to do full justice to the nuances and complexity of this type of material which, with its remarkably frank and open comment from officials who were evidently often closely reflecting the attitudes of the communities in which they

[6] See for example: *Ian Kershaw,* Antisemitismus und Volksmeinung. Reaktionen auf die Judenverfolgung, in: *Broszat* and *Fröhlich* (eds.), Bayern in der NS-Zeit II, pp. 281—348; *Marlis G. Steinert,* Hitlers Krieg und die Deutschen, Düsseldorf 1970, pp. 236—63; *Lawrence D. Stokes,* The German People and the Destruction of the European Jews, in: Central European History 6 (1973), pp. 167—191; *O. D. Kulka,* "Public Opinion" in National Socialist Germany and the Jewish Question, in: Zion 40 (1975), pp. 186—290 (text in Hebrew, summary in English, documentation in German).

[7] In: Bayern in der NS-Zeit (see note 1).

lived and worked, is despite its interpretational problems a source of prime importance for the social history of the Third Reich [8].

Analysis of this type of material is obviously fraught with problems. Clearly, one cannot quantify the popularity of Hitler at any given time. What we are dealing with is not a series of public opinion polls but a large number of quite varied subjective comments on the state of opinion and morale in the population. With regard to attitudes towards Hitler, there are a number of other easily apparent difficulties of interpretation. One is the evident reluctance to make unfavourable comments about the Führer, which permeated society. The fear of the citizen in criticising Hitler was compounded by the fear of the reporter in offending his superiors. One has to face the possibility, therefore, that eulogies of praise in the reports might reflect the opinion — genuine or forced — of the reporter rather than the public. Even if the comments faithfully reflect public attitudes, these attitudes may be of course themselves the expression of a more or less coerced conformity rather than of Hitler's genuine popularity. In the nature of things, it is more difficult to interpret the pro-regime comments of the reports, where one is always rightly sceptical about the elements of fear and coercion, than it is to evaluate the anti-regime comments and actions of the population, which often speak for themselves. The danger is an overestimation of the oppositional tendencies in the population, and a playing-down of conformist or popular attitudes. Given the type of material with which one is working, there is no clear objective or external criterion for solving this difficulty. Patient criticism of the sources, and above all acquaintance with the complete mass of material available, from different types of reporting agency, does however allow a "feel" for the nuances of the reports and develops an ability to read between the lines. It is also worth pointing out that the reports are not beyond direct criticism of Hitler. From the mid-war years, adverse comments about him occur frequently, strengthening therefore the argument that the positive tenor of the reports before this time had reflected genuine popularity and absence of widespread and substantial criticism of Hitler in the population. Without being able to go further here into these interpretational problems, let it be said that despite the difficulties and the impossibility of quantifying or measuring support for Hitler, there are ample indirect internal indicators of the underlying bases and trends of Hitler's popularity. There is plenty of evidence for the widespread popularity of the Führer, and indications of the basic reasons for this popularity. There is sufficient evidence to be able to point at least in an imprecise way to the pattern of development of Hitler's image. And finally, there is material in the reports

---

[8] Full documentation and analysis of the points discussed in this paper will be included in my forthcoming book dealing with changing popular attitudes towards Hitler and the Nazi Party see: *Ian Kershaw*, Der Hitler-Mythos. Volksmeinung und Propaganda im Dritten Reich, Stuttgart 1980.

themselves, in the *Sondergerichtsakten,* and in other individual police or judiciary files to demonstrate the type of negative comments being made about Hitler during the Third Reich. Again, there is no way of assessing just how representative such comments were, though indirect evidence would suggest that they were for the most part reflective of the views of a small minority of the population.

One last point to consider at the outset is to what extent evidence from a case-study of Bavaria has implications for attitudes and behavioural patterns elsewhere in Germany. Though Bavaria has many peculiar characteristics, and though attitudes towards the Third Reich were formed at least in part as a result of regional or even local factors, the basic attitudes towards Hitler show few signs of divergence from those registered in other parts of the Reich [9] — though certain areas which were crucial for the relationship of the people to the regime in Bavaria, such as the church question, obviously brought their own slant to the Führer's image.

After glancing briefly at the way Hitler was profiled by nazi propaganda, the following enquiry seeks to explain the dichotomy between the image of Führer and Party as illustrated by three specific episodes in domestic policy, and then the dichotomy between image and reality in the framework of foreign policy.

I.

Before 1933 the creation and employment of the Führer image by nazi propaganda had two main purposes. First, by focusing the idea, the vision and the movement in one single person, it was aimed at bringing recruits into the party, and at winning voters. Secondly, and even more importantly, the Führer image was intended as an integrative force within the party itself, and its success in this capacity has been demonstrated by various studies of the nazi movement before 1933 [10].

After the seizure of power the function of the Führer image changed in certain decisive ways. The party now turned from an organisation aimed at attaining power into an instrument of rule. Identification with the Führer in visionary ideological goals now served to preserve the dynamism and to direct the energy and frustrations of a movement whose social forces, as Broszat has argued, were basically antagonistic, into the pursuit of negative but ultimately realizable aims. This was then the integrative function of the

[9] This generalisation is based on a comparison of the Bavarian reports with the evidence of the central SD reports and with some non-Bavarian regional reports of the SD from 1938 onwards, and with such series of reports as survive for the pre-war period for regions other than Bavaria.

[10] See for example the studies by *Horn* and *Nyomarky* referred to in note 4.

Führer image for the party faithful. But the integrative purpose of the Führer image as built up and profiled by the nazi propaganda machine went much further than that. After 1933 it was no longer as a vote catcher in a pluralist electoral system, nor as a recruiting magnet for a party already closing its doors to new members. The aim of the propagated Führer image was now no longer simply the cementing together of the party faithful and the winning of support in the fight for power, but extended to the total integration of the entire population in complete identification with the Führer, with the consequent stabilisation of the political system in the interests of the regime. The basic underlying objective function of the manipulated Führer image was from the beginning what has been described as the political "Massenbeeinflussung im Sinne der Verdummung der Massen, der Irreführung der Menschen und der Ablenkung von ihren ureigensten Interessen"[11]. After 1933, however, it was a question of the extension and consolidation of influence on the whole population, providing the solid mass support upon the basis of which the strategic and tactical aims of the regime could be carried out without danger from within. This meant from 1933 the gradual creation by the now monopolistic propaganda machine of a supradimensional Führer image, in which the legendary Führer figure draws his main strength from being detached from the normal framework of political activity.

The essence of the projected Hitler image in the peace-time years of the Third Reich was its dual nature. On the one hand Hitler was depicted as the unerring statesman of genius both in domestic and foreign affairs, bearing a crushing burden of work and the lonely weight of responsibility for the nation. On the other hand, the Führer was profiled as a man of the people, a person reflecting in full measure all the most positive human characteristics. His modest life-style was emphasised, he was seen as kind, diligent, firm in pursuit of aims, simple in demeanour, understanding, generous, courageous, devoted to his people and, not least, devoutly religious[12].

Towards the end of 1941, at the height of nazi power and domination in Europe, Goebbels claimed the creation of the Führer myth as his greatest propaganda achievement[13]. It has, however, been rightly pointed out that "der Führer was as much an image created by the masses as it was imposed on them — as much a heroic norm as an embodiment of their self-understanding"[14]. We now turn from the propaganda projection of the Führer image to the more difficult task of assessing this image as seen by the people themselves. What

[11] *Weißbecker*, p. 122.
[12] See *Ernest K. Bramsted*, Goebbels and National Socialist Propaganda, 1925—1945, Michigan 1965, pp. 197—229 for a brief survey of the propaganda projection of the Hitler image.
[13] *Robert Semmler*, Goebbels. The Man Next to Hitler, London 1947, pp. 56—7.
[14] *J. P. Stern*, Hitler. The Führer and the People, London 1975, p. 111.

light does such an assessment cast upon the question of the attitude of the population toward nazism, and the function of the Führer image as a significant integration element in the nazi state? The Bavarian evidence offers some suggestive pointers.

II.

From the seizure of power, even more so after the creation of the one-party state, Hitler's public image seems to have altered in a fundamental way which is of the greatest importance in accounting for his subsequent overwhelming popularity.

Before 1933, Hitler was completely identified with his party. As leader of the NSDAP he was regarded by many as little more than a demagogic rabble-rouser and political agitator. At the time of the presidential campaign in 1932, reports from Lower Franconia, for instance, noted that people even in nazi circles were claiming that Hitler did not have the right qualities for the office of Reich President: "Hitler habe sich bisher nur als politischer Agitator betätigt; man könne ihn jedoch sich nicht als Reichspräsident vorstellen" [15]. From January 1933 Hitler had the legitimation, prestige and authority of the office of Chancellor, which brought a new dimension to his popular image. Even so, as long as any alternative political allegiance remained possible, Hitler continued to be regarded by many as no more than the head of government and the leader of Germany's ruling party.

After the elimination of all other parties by mid-1933 and even more so following Hindenburg's death in 1934, however, Hitler's popularity and prestige grew to a very considerable degree *at the expense of the nazi party*. That is to say, a dichotomy developed between the image of National Socialism which the party in its varied forms represented, and the image of National Socialism which the Führer represented.

The nazi party had always claimed to be, and profiled itself, as not just another political party, but as a social-revolutionary, almost millenarian mass-movement, aiming at moral-ethical as well as political and economic renewal, "eine 'Partei über den Parteien' . . ., die ihre Legitimation aus dem nur scheinbar klar definierten Ziel, der 'Rettung' Deutschlands, bezog" [16]. The promise was for a new start for Germany under the NSDAP.

The reality after 1933 was different. Disillusionment, even among party members, with *the party*, as it was seen in action, especially on the local level, was considerable and growing, as the wave of unrest in the spring and summer of 1934 demonstrated. Real politics were now seen to be dominated by the party. This meant of course on the one hand that there were great advantages in be-

[15] Geheimes Staatsarchiv (GStA), Munich: MA 102151, Regierungspräsident von Unterfranken, 4. 3. 32.
[16] *Horn*, p. 422.

140

longing to the party, that the party became more popular among the sections of society which traditionally formed the social and political elites at the local level [17]. On the other hand, it meant too that party functionaries, the "little Hitlers" — and especially those social upstarts who had forced their way into office in 1933 — were frequently seen to reveal all the faults and vices, sometimes in excessive degree, which they had previously criticised in other politicians. During the first years of the Third Reich the extent of criticism of the party, both at a local level and of party leaders, the number of complaints of corruption, high-handed behaviour, personal scandals, attacks on them as individuals and on the party as an institution, is most striking. It would not be going too far to describe it as a crisis of confidence in the party, certainly on the local and regional level. Later in the 1930s, one is equally struck by the patent lack of interest and involvement in the party's activities in so many areas, and the massive hostility which the party provoked in broad sections of the population in Bavaria as a result of the bitter conflicts with both the protestant and catholic churches. The *party* was seemingly unable to solve *real* problems, was creating animosity and conflict where none had previously existed, and was run by men with feet of clay, dealing — often very inadequately — with day to day political issues, which beneath the surface of the one-party state retained their basic social and ideological tensions and antagonisms, and by men who were involved directly both on a local and national level in taking decisions which were sometimes distinctly unpopular. This essentially negative image of the *party* contrasts diametrically with the popularity of the *Führer*.

The very positive Führer image has to be seen clearly against this background. That is to say, one can only understand the overwhelming popularity of Hitler, the complete unwillingness of so many Germans to think ill of the Führer, the ready belief that the Führer did not make mistakes, the obviously genuine belief accompanying this that he was ignorant of the many evils of the regime, if one is aware of the extent of disconent, dissatisfaction and grievance which existed in Germany in the Third Reich. Many of these grievances were quite specific ones, often small-scale, seldom resulting in real political "resistance". But they were genuine sources of actual discontent for all that. And the discontent found frequent political expression in criticism of the party and its representatives. Just as the medieval king was cushioned from unpopularity through blame being attached to his "evil counsellors", and his lack of knowledge of the evil conducted in his name, so Hitler's charismatic image was preserved by the belief that he stood outside and above the normal channels of

[17] See *Elke Fröhlich* and *Martin Broszat,* Politische und soziale Macht auf dem Lande. Die Durchsetzung der NSDAP im Kreis Memmingen, in: VjhZG 25 (1977), pp. 546—72.

political life [18]. The certainty that the Führer would act if he knew what was going on — the "wenn das der Führer wüßte" syndrome — acted as an outlet for the frustrations of the individual and as a safety-valve for the regime. Psychologically, the one saving feature of everyday life in the Third Reich for many people was that the Führer could not be blamed for the mistakes and ills of the regime, that his concern was with the great affairs of state. And in this sphere, the evident successes accrued to his prestige alone.

Hitler himself was aware of the divide between his own popularity and the unpopularity of the party and — at least when speaking before the party faithful at the Nürnberg Rally of 1935 — sought to disclaim any distinction:

Ich muß ... hier Stellung nehmen gegen die besonders von bürgerlicher Seite so oft vorgebrachte Phrase: "Der Führer ja, aber die Partei, das ist doch etwas anderes!" Nein, meine Herren! Der Führer ist die Partei, und die Partei ist der Führer [19].

Nonetheless the dichotomy continued, and was recognised as such by the regime. In his comments in 1941, referred to earlier, Goebbels pointed out that through "his creation of the Führer myth, Hitler had been given the halo of infallibility, with the result that many people who looked askance at the party after 1933 had now complete confidence in Hitler". This was "why even now millions of Germans drew distinction between the Führer and the party, refusing their support to the latter while believing in Hitler" [20].

In the space available, it is not possible to demonstrate the exclusion of the Führer from the many expressions of economic-based discontent of peasants and workers, who did not refrain from attacking the party and its organisations. We can, however, effectively illustrate the apparently paradoxical dichotomy of party and Führer image by glancing briefly at three quite different episodes during the Third Reich where the regime was faced with serious unrest, and where the Führer image served an integrating, stabilising function. These illustrations serve also to highlight three quite different sides of the Führer image: Hitler as the epitome of *Volksjustiz*, the restorer of "order" through removing the ulcer of corruption and immorality within the movement; Hitler the pious defender of Christianity against the nazi radicals; and

---

[18] See the "good king and bad counsellor" syndrome in the comments of ex-party members in: *Milton Mayer,* They thought they were free. The Germans 1933—1945, Chicago 1955, pp. 64—5; the gap between the popularity of Hitler and that of the Party is brought out by *Lawrence D. Stokes,* The Sicherheitsdienst of the Reichsführer SS and German Public Opinion, unpublished Dissertation, John Hopkins University 1972, pp. 514—16.

[19] Der Parteitag der Freiheit vom 10.—16. September 1935. Offizieller Bericht über den Verlauf des Reichsparteitages mit sämtlichen Kongreßreden, München 1935, p. 287.

[20] *Semmler,* pp. 56—7.

Hitler the representative of the nation's struggle against Bolshevism in contrast to the "bolshevics" within the party.

The first example is the so-called Röhm Putsch of June 1934. This took place at a time when the popularity of the regime had already fallen somewhat. There were many signs in summer 1934 of an unmistakable discontent. Economic complaints, worries about the relations between the churches and the regime, a feeling of political insecurity, and the antagonism felt towards many local party and especially SA leaders contributed to the feeling of discontent. Though of course there is no question of Hitler's own prestige having fallen to a low ebb, in the early summer of 1934 he might well have had difficulty in attaining even the 84.6 % of the votes, regarded by the nazis as disappointingly low, which he received in the plebiscite of August that year. For there can be little doubt that his brutal repression of the SA leadership brought him a resounding increase in popularity and prestige. This is the unanimous impression created by a wide variety of reports from many different areas and localities. Typical of many comments is this one:

Die Art der Liquidierung der Röhmrevolte hat die Sympathien, die der Führer beim Volk genießt, ganz bedeutend erhöht. Unumwunden wird zugegeben, daß der Führer jederzeit ohne Rücksicht auf Rang und Stand der Schuldigen bereit ist, das zu tun, was zum Wohle des Volkes nötig ist [21].

As a public admission of political mass murder, Hitler's Reichstag speech on the 13th July 1934 has few, if any, parallels. Yet all indications are that even with due respect for the circumstances there was remarkably little criticism and an immediate and considerable increase in Hitler's prestige in all sections of the population as a result of his liquidation of the SA leadership. The admiration for Hitler at this time seems to have derived above all from the fact that Hitler had attacked the corruption within the system, that as the representative of "the little man", the Führer had intervened against the "Bonzen". The morality of the action had according to this point of view nothing to do with conventional bourgeois notions of a fair trial and abstract justice. Given the extent of the apparent corruption and immorality of the SA leadership and the obvious unpopularity of the SA, most people were blind to the immorality of summary executions. On the contrary: they praised the Führer for his speedy action and thanked him for his act of liberation. He was seen as the symbol of elementary morality and justice, the "man of the people" attacking the evil in the system. Just as everything points to Hitler having gained popularity in spring 1933 because of the assault on the Left, so he now extended that popularity through a purge of his own movement. And whilst the arbitrary terror and wild excesses of SA and party formations were clearly unpopular because they resulted in civil disturbances, Hitler's massive use of

---

[21] Arbeitsamt Ingolstadt, 9. 8. 34. GStA: MA 106 767.

extra-legal force found its legitimation precisely in the fact that it restored "order". Ruthlessness in the interests of bourgeois "order" was by no means the least of Hitler's popular attributes.

The authorities were well aware of the fact the Röhm affair had opened up a wave of criticism, which did not stop at the SA leadership. There was a great deal of criticism, also from party members themselves, of the party. One report on the eve the Röhm-Putsch spoke of a far-reaching loss of confidence in the party, whose leadership had lost touch with the people, also among party members, and of the hopes of "ein großes Reinemachen" in the party as well as the SA [22]. The Führer was exempted from this criticism. Confronted daily with the corruption and injustice of the regime, many people evidently felt the need to believe in a Führer and head of government who was beyond complaint, a "Führer ohne Sünde" as one report expressed it [23]. The Röhm affair thus deepened the already existent divide between the image of the nazi movement, where corrupt misgovernment and maladministration was there for all to see and had been highlighted by the Röhm business, and the image of the "Volkskanzler", as some reports called him [24], standing outside and above the system, free from its blameworthy aspects and ready to wipe out corruption in the highest places of the land should he experience it. Misinterpreted as his action on the 30th June was by the people, Hitler seemed to have indeed shown himself willing to attack injustice and evil also within the system, to have been ready to burn out "die Geschwüre unserer inneren Brunnenvergiftung... bis auf das rohe Fleisch" [25].

At this point of real crisis for the regime, Hitler had been able to strengthen his own popular standing, and with it that of the regime itself, and to integrate and bind the population in greater identification with the Führer, even at the expense of members of his own movement. The affair was a propaganda coup par excellence. The bolstering of the Führer image bound the masses closer to Hitler at a critical moment, and in so doing helped stabilise the regime, and with it the position of Germany's ruling elites.

Two spectacular cases of mass unrest in Bavaria arising from the regime's attack on the Christian Churches will serve to demonstrate not only the depths of bitterness regarding the party, but again the way in which a completely

---

[22] Arbeitsamt Weißenburg i. Bayern, 9. 6. 34 (wrongly dated as 9. 5. 34). GStA: MA 106 765.

[23] Arbeitsamt Marktredwitz, 11. 9. 34. GStA: MA 106 767.

[24] For example: Arbeitsamt Cham, 10. 9. 34. GStA: MA 106 767. The appellation "Volkskanzler" was consciously propagated by the NS-Press and became common currency in the first months of Hitler's chancellorship, though by mid-1934 it was used much less frequently.

[25] Max Domarus (ed.), Hitler. Reden und Proklamationen 1932—1945, Wiesbaden 1973, p. 421.

mistaken image of Hitler provided a stabilising influence at a time when the unrest might otherwise have threatened to get out of hand.

The attack on the Protestant Bishop Meiser, launched by the Franconian party leadership, and the summary deposition and placing under house arrest of the Bishop, was the signal for a dramatic eruption of civil unrest among the traditionally pious Christian and fervently National Socialist population of the Lutheran diaspora regions of northern Bavaria. The Bavarian Minister President Siebert wrote in alarming terms to Reich Minister of the Interior Frick telling of "Bergen von Telegrammen" and hundreds of protest declarations which he had received promising "einmütige[n] Widerstand bis zum äußersten", and of sizeable demonstrations and mass assemblies in Nürnberg, where it was only a matter of time before police would be faced with the decision to use arms in order to disperse the crowds [26]. The blame for the affair was laid by the people squarely at the door of the party. Siebert told of reports coming in from anxious party leaders throughout the area. One Kreisleiter, an "Alter Kämpfer" from Middle Franconia, told him "daß er nichts zu tun habe, als wie sich zu bemühen, die Bauern vom Austritt der Partei abzuhalten". A pastor, a long-time supporter of the movement, reckoned that 50 % of his flock, who had voted 100 % "Ja" in the plebiscite on 19th August, would leave both Church and party if Meiser were not restored. There were at least four deputations to Siebert representing the anger and bitterness towards the party of thousands of Franconian peasants. One deputation told Siebert:

Die Gewaltmaßnahmen in der evangelischen Kirche erregten allgemein Ärgernis und die Bevölkerung sei kolossal erbittert. Auf dem Lande identifiziere man den Kirchenstreit mit der Partei, denn man sage, die Verhaftung Meisers könne nur durch die Partei erfolgt sein; aus diesem Grunde solle auch niemand mehr zum Winterhilfswerk etwas geben. Es sei schon so weit, daß die Leute sagen, in der SA müsse man Bolschewist sein . . .

Another deputation, claiming to speak in the name of 70,000 peasants, asked to be heard as National Socialists and Christians. A third deputation, bearing a petition of 60,000 signatures, called the newspaper reports of Deputy Gauleiter Holz open lies and said he was not fit to speak on behalf of Protestant Christians. Siebert sought to assuage the fears of the peasants, but one Erbhofbauer told him: "Die Bauern kannten nur drei Begriffe, den Führer, die Religion und Grund und Boden, ließen sich aber von diesen drei Dingen nichts nehmen". The deputation claimed 95 % of the Franconian peasantry stood behind Meiser and that if their demands were not met they could not be held back from a rebellion.

[26] The following is based on two letters from Siebert to Frick dated the 15th and 20th October 1934, and the minutes of Siebert's reception of deputations by Franconian protestants on the 19th, 23rd and 29th October 1934, all in GStA: MA 107 291.

The protests did not of course amount to root-and-branch opposition to the regime. They had a very limited intention — to restore Meiser and do away with the threat to the Protestant Church. Hence this could all happen in an area of solid nazism, with many "Alte Kämpfer" and holders of the party's golden badge taking part. The Church Conflict was enormously bitter, but it affected no other area of nazi politics.

As the comments of the Franconian deputations to Siebert clearly show, despite the catastrophic consequences for the party, the Führer's image was completely separated from the negative image of the party. The bitterness and anger were directed wholly at the party. The Führer was scarcely drawn into the criticism at all. The hints at rebellion by the peasants meant rejection of the party, not of the Führer, as the trinity of things precious to the Franconian Erbhofbauer cited above shows. The deputation in fact pressed Siebert to ensure "daß vom Führer auch einmal einige fränkische Bauern über die wahre Stimmung in Franken gehört würden". The Führer was linked quite clearly with the protection of traditional religion against the attacks of radicals in the party. One deputation was of the opinion "daß Volk und Führer nur vom 'bodenständigen Christentum' getragen würden". The Führer image was thus not only completely dissociated from the image of the party, but was actually during the Church Conflict, which brought the first major internal disruption in nazi Germany, without question an important stabilising factor between the people and the regime. The only hint of criticism of Hitler was the expressed astonishment that the Führer should let such things go on. But through his non-involvement in the conflict and his careful aloofness from the entire issue, then his speedy intervention about the restoration of Meiser in office, Hitler's position remained untouched. His positive attitude towards the Churches had seemingly been confirmed, his religious pose demonstrated, his position on the side of moderation restated, and the result was according to one report a significant strengthening of the regard the population had for Hitler. The Führer had again revealed himself to the people as a "Deus ex machina", compelled to intervene in order to quell the disorder stirred up by the radical elements in the party. Significantly, too, Bishop Meiser himself, enjoying massive popularity and reverence from the population, in no way distanced himself from Hitler. Characteristic for his stance were his comments shortly after his reinstatement in a speech in Munich:

> Die Evangelischen würden sich schämen, wenn sie durch den Dienst am Evangelium unfähig für den Dienst am Volk und unfähig für treueste Gefolgschaft für den Führer unseres Volkes in allen Schwierigkeiten würden[27].

The affair had ended in complete victory for the Protestant Church and total defeat for the party. The Reichskirche suffered a defeat from which it never

---

[27] *Helmut Witetschek* (ed.), Die kirchliche Lage in Bayern 1933—1943, vol. 1, Mainz 1966, p. 36, Lagebericht of the Polizeidirektion München, 6. 12. 34.

recovered, peace was restored to Middle Franconia and other parts of Bavaria, but relations between party and the people were never the same again in this area. An ideal had been demolished in the few weeks of autumn 1934 — a deep-rooted, naive idealism that nazism, founded on the Christian religion, would bring about the rebirth of Germany. Once destroyed, this belief in the mission of the party could not be restored. For their part, the authorities had had a fright, as Siebert's correspondence with Frick shows. They were anxious to play it very coolly as far as Church issues were concerned. But the Führer's own position had been strengthened rather than weakened by his intervention, concern, and apparently moderating influence. The unpopularity of nazism with regard to the attack on the Protestant Church and faith was not carried over into hostility towards the Führer, and therefore not into hostility towards the system itself. The popularity of the regime was embodied in Hitler's own popularity, and this greatly outweighed the specific conflict over Church issues and the distaste this left for the party.

Unlike the dramatic but brief eruption in the Protestant Church, the struggle between the regime and the Catholic Church simmered on at just below boiling point throughout the 1930s. It came close to exploding in 1936-7, when tension focussed in particular on the school question. In Bavaria, with a large rural Catholic population, and with most of its schools church-run, relations were particularly bitter. Without question, the nazi party was seriously damaged by the struggle with the Catholic Church, not least in areas where it had made spectacular gains in 1933. Even Hitler was not exempted from all criticism, though all the evidence points to the fact that his own prestige was remarkably little affected by the assault on the Church. It appears that Hitler lost less popularity than one might have thought as a result of the deep discontent over the church question. Growing disgust over the anti-Church measures was seemingly compatible with a practically undiminished respect, even reverence, for the Führer, as the following typical report from 1937 indicates:

> Die Kirchenpolitik verstimmt vor allem die Landbevölkerung immer mehr und mehr. Auch über die Entfernung der klösterlichen Lehrkräfte empört sie sich. Das Vertrauen zum Führer wird dagegen dadurch nicht erschüttert. Man hört vielmehr überall, daß der Führer von vielem nicht unterrichtet sei und daß insbesondere die Kirchenpolitik hinter seinem Rücken und gegen seinen Willen betrieben wird [28].

In similar vein, many people in another Catholic district were reportedly of the opinion "daß im Falle einer Abstimmung über innenpolitische Angelegenheiten bei vollständig freier Wahl, sich ein wesentlich anderes Bild ergeben

[28] Bezirksamtsvorstand of Bad Aibling, 5. 1. 37 (date wrongly given as 5. 1. 36). Staatsarchiv (StA) München: LRA 47 140.

würde. Dabei kommt immer wieder die Stimmung wohl für den Führer aber in der Regel gegen seine Unterführer zum Ausdruck" [29]. A naive belief in the Führer coupled with complete rejection of those elements in the party, above all Rosenberg, who were hostile to the Church seems to have reflected a widely held attitude among those deeply affected by the Church Conflict. That ordinary churchgoers should be victims of what seems an absurd ambivalence between a party bent on destroying the Church and the leader of that party sincerely striving to defend Christianity against the horrors of atheistic Bolshevism is less surprising when one recalls the way in which leading members of the Catholic Hierarchy not only failed to distance themselves from Hitler, but contributed — on many occasions seemingly unnecessarily — to his positive image. Nor was this necessarily mere ritualistic formal respect. Cardinal Faulhaber, no less, in a confidential report on his three-hour talk with Hitler on 4 November 1936 described how deeply impressed he had been by Hitler. He, too, was convinced that Hitler was a deeply religious man: "Der Reichskanzler lebt ohne Zweifel im Glauben an Gott. Er anerkennt das Christentum als den Baumeister der abendländischen Kultur..." [30].

In 1941 the simmering tension of the past eight years finally came to the boil in the extraordinary crucifix episode. In April that year Gauleiter Wagner, in his capacity as Kulturminister, and showing a quite astonishing lack of sensitivity (for which he was allegedly later berated by Hitler personally [31]) towards the depth of feeling on such an obviously provocative issue, ordered crucifixes to be removed from Bavarian schools. The degree of the ensuing massive unrest ought to have been, but was not, foreseen. The unrest lasted into the autumn and after a wave of civil disobedience including demonstrations, school strikes, petitions, storms of protest letters and the threat of undermining the morale of soldiers at the front, the "crucifix action" was eventually stopped and in most cases the crosses brought back into the schools. Within this restricted sphere of politics, it was a victory for public opinion which has its parallel only in the similar embarrassment for Party and State in Oldenburg in 1936 [32].

[29] StA Amberg, BA Amberg 2398, Gendarmerie-Station Schnaittenbach (Amtsbezirk Amberg), 24. 8. 36.

[30] Cited in: *Ludwig Volk*, Kardinal Faulhabers Stellung zur Weimarer Republik und zum NS-Staat, in: Stimmen der Zeit 177 (1966), p. 187.

[31] *Edward N. Peterson*, The Limits of Hitler's Power, Princeton 1969, p. 219.

[32] For the Oldenburg crucifix affair see *Jeremy Noakes*, The Oldenburg crucifix struggle of November 1936. A case study of opposition in the Third Reich, in: *Peter Stachura* (ed.), The Shaping of the Nazi State, London 1978, pp. 210—33. Noakes's comments (p. 230) about the dissociation of Hitler from criticism or blame by the Oldenburgers are particularly relevant to the present enquiry.

The results of the crucifix episode were quite catastrophic for the party. The incident destroyed the basis of authority of the local representatives of the party. The defeat of the party, coming as it did hard on the heels of the embarrassment of the Hess affair, produced the first serious inroads into the self-confidence of party members. And the crucifix affair demonstrated unmistakeably that the ideological struggle between party and Catholic Church was being won decisively by the Church. Finally, however, and most significant for the present enquiry, the episode showed once more that despite the annihilatory impact on the party, the Führer's image remained spared the worst consequences, and that once more in a critical situation the Führer-figure proved an integrating element, whose popular image as distinct from that of the party served to shield the regime itself to some extent from the unpopularity of the party, and to act as a counter-weight to this unpopularity.

There are many indications of what seems to be a genuine dissociation of Hitler from any blame for the affair. In one demonstration, for example, "tat sich eine Frau hervor und schrie: 'Ich bin 100 %ige Hitlerin, bin seit 1923 Nationalsozialistin, so etwas geht zu weit, das will der Führer nicht und er weiß bestimmt nichts von dieser Kreuzentfernung' " [33].

The main divide between the images of party and Führer was now framed by the struggle in the east which had just begun. The party was characterised as Bolshevism from within, while the Führer was out at the front leading his soldiers in the struggle against Bolshevism. Anonymous letters abusing party and state make this contrast clear. The following crudely-written letter, sent to the Bürgermeister/Ortsgruppenleiter of the village of Ramsau near Berchtesgaden, comes from a person with an obvious nazi mentality:

... Habt Ihr sonst keine Vergnügungsarbeiten (!), nur immer den Glauben anzugreifen? Ihr Juden, und möcht Deutsche Männer sein? pfui, pfui, pui, pfui. Nach allem Anschein habt Ihr nie das Buch von unsern (!) Führer gelesen, mein Kampf, das wird nicht der Fall gewesen sein, Braune Hemden trägt Ihr von Oben, Innen raus seid Bolschewisten u. Juden sonst könnt Ihr nicht handeln des Führers Rücken ... Den (!) solche Sachen was Ihr feigen Helden macht ist den (!) Adolf Hitler nicht geholfen unser Führer befiehl solche Sachen *nicht*. Er kümmert sich täglich um seine Soldaten im Felde und nicht um die Kreuzer (!) in der Schule das raus müssen wird keine Rede sein ... Heil Hitler. Ramsau [34].

---

[33] Landratsamt Neumarkt i. d. Oberpfalz (Registratur: LRA Parsberg 939) report of 19. 9. 41 to the Regierung von Niederbayern u. d. Oberpfalz on the "Durchführung des Kreuzerlasses in Parsberg".

[34] Gendarmerie-Station Ramsau (Landkreis Berchtesgaden), 9. 10. 41 (Spelling and grammar as in the original). StA München: LRA 31 933.

The content of numerous anonymous letters, the behaviour of participants in protest meetings, and the tone of the reports from all authorities concur in indicating that in contrast to the bad odour in which the party stood, the Führer's own popularity was remarkably unaffected by the crucifix affair.

As we have seen, one of the main points of contrast in the respective images of party and Führer revolved around the party's implication in matters which affected the daily lives of ordinary people, often in a very unpopular manner, whereas the Führer stood outside and above the humdrum of normal affairs and was involved in the more elevated level of statesmanship, diplomacy, war and peace and the needs of the nation. Conflict therefore was carried out with, and in, the party. The Führer was on a different plane altogether, that of the transcendent unity of the nation. We must at this point, therefore, turn briefly to consider the Führer's image in the realm of foreign policy, the sphere where above all the legendary Führer-myth came to its full expression.

III.

During the 1930s, in particular from 135 onwards, Hitler withdrew increasingly from the internal scene, and became ever more associated in popular consciousness with the massive, spectacular foreign policy successes. There can be little doubt that the Hitler image which Goebbels propagated, of the infallible master of the art of statesmanship, the genius who had single-handedly restored Germany's greatness within a remarkably short time, was extraordinarily successful. When Hitler's popularity is viewed from the vantage point of the opinion reports, however, a number of striking features emerge.

The first point to make is that when all due force is given to the resentments against the Versailles treaty and to the search for a new, strong Germany, the firm impression gained from the wealth of report material is that the overwhelmingly dominant factor in the population's response to foreign policy was the fear of another war. This dread of a new conflict is a constant leitmotiv of all reports. As a factor shaping opinion it cannot be rated too highly. Fear of war was in the last resort more significant than any expansionist or revisionist desires in framing the attitude of the broad mass of the population to Hitler's foreign policy.

The second point is that this constant anxiety was completely compatible with Hitler's image in the 1930s. He profiled himself, and this image is well mirrored in the report material, as a fanatical nationalist, a revisionist aiming at the upturning of the unjust treatment of Germany after the First World War, a selfless seeker after Germany's rights which were constantly being denied and threatened by others, but finally and especially as a man of peace, whose demands were not only entirely rightful but above all defensive and peaceful [35]. The strong army was necessary therefore to defend Germany should need be against the war-mongers on all sides threatening the peace. Improbable though it might seem, Hitler's image was put forward as that of a frustrated peace-seeker. Hitler himself, in his speech to the leaders of the press in November 1938, admitted both the conscious peace-image and also hinted at its success:

Die Umstände haben mich gezwungen, jahrzehntelang (!) fast nur vom Frieden zu reden. Nur unter der fortgesetzten Betonung des deutschen Friedenswillens und der Friedensabsichten war es mir möglich, dem deutschen Volk ... die Rüstung zu geben, die immer wieder für den nächsten Schritt als Voraussetzung notwendig war. Es ist selbstverständlich, daß eine solche jahrelang betriebene Friedenspropaganda auch ihre bedenklichen Seiten hat; denn sie kann nur zu leicht dahin führen, daß sich in den Gehirnen vieler Menschen die Auffassung festsetzt, daß das heutige Regime an sich identisch sei mit dem Entschluß und dem Willen, einen Frieden unter allen Umständen zu bewahren ...[36].

The third point is, therefore, that the popularity of Hitler in the arena of foreign politics was based on a total misconception of what he and nazism stood for. That is to say, whereas in internal matters, the image of the Führer was divorced from that of the party of which he was the head, in foreign affairs we see how far removed the Führer's image was from the racial-imperialist ideology which was at the core of his own thinking, and of the actual policies of the regime. Again, the Führer image provided therefore a protection, a shield against the consequences of unpopular policies and gave the regime the scope and freedom it required, supported by an overwhelming consensus opinion, to carry out policies which were the opposite of those it was preaching.

Hitler's popularity in the realm of Germany's foreign relations in the 1930s hinged therefore on the question of peace or war, and can best be summarised by the phrase "triumph without bloodshed". Hitler's extraordinary prestige was dependent on *successes* in foreign policy *without leading Germany into war*. In actual fact, it was not a political programme as such which the population admired and supported. It was the success of an already triumphantly completed political coup, and success was defined by the absence of bloodshed. In this sense, the comment of the Gendarmerie reporter in a small south-Bavarian village following the *Anschluß* is evocative of widespread feeling: "Mit Rück-

[35] See the impression that one seventeen-year-old German girl had of Hitler in 1939: "Hitler was a great man, a genius, a person sent to us from heaven ... Rumours of an impending war were spreading steadily but we did not worry unduly. We were convinced that Hitler was a man of peace and would do everything he could to settle things peacefully." *Ilse McKee*, Tomorrow the World, London 1960, p. 27.

[36] In: VjhZG 6 (1958), p. 182.

sicht auf das große Geschehen, und weil die Sache sich so reibungslos und ohne jedes Blutvergießen abgespielt hat, wird die Sache nicht so tragisch genommen. Die Bevölkerung hat deshalb ein unbegrenztes Vertrauen zu unserem Führer ..." [37]. Of course the national-revisionist successes of the regime were wholly in accord with the widespread chauvinistic patriotism of broad sections of the population, especially, though by no means exclusively, in middle class, bourgeois circles, which was bolstered by the nazi propaganda. The population was genuinely ecstatic about the bloodless triumphs of 1936 and 1938. Significantly, however, people drew back from the prospect of a war on account of the Sudetenland or the Polish Corridor.

The Sudetenland crisis in the summer of 1938 was in fact the first time that the Germans had been faced with a long period of foreign political tension. In the case of the Rhineland and Austria, the coup had been completed before any widespread tension could build up. In the Sudetenland case, however, the entire summer was taken up with massive and growing tension, and the widespread feeling that war was a certainty. Significantly, there are indications of this crisis bringing the first endangering of Hitler's popularity. Reports refer frequently to the war psychosis of the summer months and contain comments, allegedly representing widely held views, such as „Wie kann uns nur der Führer in einen Krieg stürzen!", or „das nötige rückhaltlose Vertrauen zum Führer fehlte". Some reports expressed the feeling „daß man wegen den Sudetendeutschen keinen Mann opfern soll" and that a large proportion of the population „innerlich nicht bereit war" to fight for the Sudetenland [38]. Though most people naturally enough fought shy of criticising the Führer directly, reluctance to enter a war for the Sudeten Germans was itself an expression of doubt in Hitler. The files of the Sondergericht Munich show also a significant increase at this time in the number of cases concerning comments critical of Hitler, particularly in terms of his responsibility for an inevitable war [39]. Such comments

[37] Gendarmerie-Station Wallgau (Amtsbezirk Garmisch-Partenkirchen), 30. 3. 38. StA München: LRA 61 616.

[38] Propagandawalter des NSLB für den Kreis Weilheim, 3. 10. 38. StA: München: NSDAP 983. Kreisleiter of Erding, for the months October—December 1938, NSDAP 126. Gendarmerie-Station Hirschau (Amtsbezirk Amberg), 22. 8. 38. StA Amberg: BA Amberg 2398. Regierungspräsident von Unterfranken, 7. 9. 38. GStA: MA 106 681.

[39] A rough count indicates that Hitler was the direct target of criticism in 81 out of 448 (18.1 %) Heimtücke cases of the Sondergericht München in 1937, but 297 out of 1302 cases (22.8 %) in 1938, 290 out of 1269 cases (22.9 %) in 1939, and 234 out of 812 cases (28.8 %) in 1940. Whereas the comments about Hitler in the early years of the dictatorship tend to be unspecific insults, including a significant minority of remarks about his sexuality — especially around the time of the Röhm-Putsch — those between 1938 and 1940 concern themselves rather with Hitler's responsibility for specific international issues — the Anschluß, Sudetenland and the beginning of the war. Jokes and comments about his sexuality disappear almost completely and un-

were undoubtedly the tip of the iceberg. The enthusiastic applause for Chamberlain on his visit to Bad Godesberg and the boycott of a troop display in Berlin on 27th September were signs of the mood of the people[40]. In Munich the subdued tone of the Oktoberfest which had just opened revealed the same mood[41]. It would go too far to suggest a dramatic collapse in the Führer image which had been so carefully built up by the propaganda machine. But Hitler's popularity was for the first time threatened.

It is a matter of speculation about the chances of success for the Putsch which military circles had been considering, had there been war in autumn 1938. What is quite clear is that, as the potential resistance realised, the ground was taken from under their feet by the Munich Agreement[42]. At one stroke the Führer's prestige was won back, all criticism disarmed. However, as the authorities were aware, it was the saving of peace — yet another "triumph without bloodshed" after all — rather than the homecoming of the Sudeten Germans into the Reich which created the almost unimaginable feeling of euphoria and relief. As one report put it:

Die Freude über die friedliche Lösung der sudetendeutschen Frage ist so groß, daß vielen die weltgeschichtliche Bedeutung des deutschen Erfolges noch nicht voll zum Bewußtsein gekommen ist[43].

Similarly, the lack of enthusiasm for war in 1939, compared with 1914, was patent to contemporary observers[44]. The population was ready to fight if absolutely necessary, stressed report after report, but this was emphatically thought of as in defence of Germany's rights, not as an aggressive contest for *Lebensraum*. Comments such as the following, literally on the very eve of the invasion of Poland, reveal just how little expansion meant to peasants in northern Bavaria in the climate of summer 1939:

Das Vertrauen zum Führer wird jetzt wohl der härtesten Feuerprobe seit je unterstellt. Der überwiegende Teil der Volksgenossen erwartet von ihm die

specific insults decline in percentage terms. Directly on account of their anti-regime comments on the Sudetenland issue, 79 persons were arrested for trial before the Sondergericht München — the great majority of them unskilled labourers, skilled workers and craftsmen, and farmers.

[40] *Nevile Henderson*, Failure of a Mission, London 1940, pp. 154, 161, 166; *William L. Shirer*, Berlin Diary 1934—1941, Sphere edn., London 1970, p. 117; see also *Steinert*, pp. 77—9 and *Stokes*, Sicherheitsdienst, pp. 268—72.

[41] *Joseph Ströbl*, Ende September vor vierzig Jahren, in: Süddeutsche Zeitung, 30. Sept./1. Okt. 1978, p. 17.

[42] *Joachim C. Fest*, Hitler. Eine Biographie, Ullstein paperback edn., Frankfurt a. M. 1973, pp. 773—4; see also *Steinert*, p. 79.

[43] Regierungspräsident von Oberbayern, 10. 10. 38. GStA: MA 106 671.

[44] See for example *Shirer*, pp. 152, 158—9; *Steinert*, pp. 91—2; *Stokes*, Sicherheitsdienst, p. 471; *Fest*, p. 849.

Verhinderung des Krieges und zwar wenn es nicht anders möglich ist, selbst unter Verzicht auf Danzig und den Korridor [45].

The Führer's popularity was, according to this, still built upon his preservation of peace. And yet war was what the Germans got in autumn 1939. Why then was there no apparent drop in Hitler's popularity? There seem to be a number of reasons to exlain this. First, there was the widespread conviction that the war against Poland was justified and necessary in a conflict which had been forced upon Germany [46]. Secondly, the war brought, as indeed in all countries, some closing of ranks and rallying round the government. The identification of the nation with Hitler was stressed by propaganda slogans such as: „Deutschland ist Hitler und Hitler ist Deutschland" [47]. Thirdly, the continued belief that Hitler was anxious for a rapid peace should not be underestimated. Hitler was quite frank in private about the fact that he had used his peace image as an alibi towards the German people „um ihm zu zeigen, daß ich alles getan hatte, den Frieden zu erhalten" [48]. In the circumstances, many were willing to blame the allies for refusal to accept Hitler's peace offer, and thus for the prolongation of war. Finally, the rapid and inexpensive war against Poland, achieved with a minimum of effort and bloodshed, provided another astounding success for Hitler. His popularity had throughout depended upon success. The minimal losses and speedy victories of the Wehrmacht in Poland ensured that the widespread depression which had been felt at the beginning of September soon lifted, and that confidence in Hitler's leadership remained unshaken.

That Hitler's popularity had suffered few setbacks during the first months of the war seems reflected in the shock, anger and relief registered in all sections of the population, allegedly even among those who had been previously coolly disposed towards the regime, following the assassination attempt in the Bürgerbräukeller in November 1939.

At the end of 1939 enthusiasm for the victory in Poland had long since died away. The attitude towards the war, especially among Bavarian workers [49], was pessimistic, the longing for peace undiminished, the threat of unrest in the midst of a coal crisis and the hardest winter for years growing. But despite the discontent, misery, and genuine ill-feeling in many sections of the population towards party and regime, Hitler's own assessment of the situation seems to have been well-founded. Just before the start of hostilities, Hitler had referred to his own personality as a valuable factor in the life of the German

---

[45] Landrat of Ebermannstadt, 31. 8. 39. StA Bamberg: K8/III/18473.

[46] This represents not only the tenor of the reports, but was also the impression gained by Shirer in Berlin; see his Berlin Diary, p. 138.

[47] Kriegsinformationsdienst, Folge 1, Sept. 1939. StA München: NSDAP 980.

[48] *Paul Schmidt*, Statist auf diplomatischer Bühne 1923—45, Bonn 1953, p. 469.

[49] *Heinz Boberach* (ed.), Meldungen aus dem Reich, Neuwied 1965, p. 36, SD-Report of 12. 1. 40.

people. He had united the people, possessed their confidence, and his authority was accepted by them to a degree which no successor would be capable of achieving [50]. In the autumn of 1939 Hitler claimed in an address to his generals that an internal revolution was impossible, and that the German people stood behind him, their morale as good as it was likely to be [51].

All political power structures depend to some extent on both consensus and coercion. In the nazi state both elements were very strong. If of course the Gestapo and the SD had not a little to do with it that a revolution as in 1918 was inconceivable in 1939, this was only one side of the relationship of the population to the NS-Regime. Consensus was also a vital force, and, as we have argued, this focused directly on Hitler — if for completely misconceived reasons. Support for Hitler was massive, crossed sectional, denominational and class boundaries — even if with little doubt one could assert that the real hard core of fanatical Hitler support remained the broad middle classes which had traditionally formed the base of the nazi following — and derived from conviction more than coercion. In many ways nazism was already a failure by 1939. But the projection of the Führer image was certainly an area of great success. As one Bavarian report put it:

> Das Vertrauen aller Volksgenossen zum Führer ist unbegrenzt und zweifellos der stärkste Aktivposten für die Gestaltung der politischen, insbes. der innerpolitischen Verhältnisse. Ihm gegenüber treten auch die bekannten und mehrfach berichteten Stimmungsbelastungen des Landvolkes zurück [52].

Though by the outbreak of war the people may well have been as divided as they had been at the seizure of power in their attitudes towards nazism, the Führer image served to consolidate and integrate society in a massive consensus for the regime. Hitler's own authority and immense popularity formed the obverse to the terror apparatus. Together they ensured that a challenge from within was scarcely possible.

IV.

The evidence which we have considered suggests both that the Führer myth was consciously devised by the regime as an integrating force, and that it did in practice serve such a function. The purpose changed after 1933 from integrating the party in the fight for power to posing the total identification of people and Führer in the fight for Germany's future. Such sources as we have at our disposal suggest that the propaganda was until the mid-war years remarkably successful in achieving this aim.

[50] *Domarus*, p. 1234.

[51] *Hans-Adolf Jacobsen*, 1939—1945. Der Zweite Weltkrieg in Chronik und Dokumenten, 5th edn., Darmstadt 1961, pp. 137, 139.

[52] Regierungspräsident von Schwaben, 7. 2. 39. GStA: MA 106 683.

Massive propaganda coup though the creation of the Führer image was, it would have found little resonance had it not been for the achievements which Hitler could claim for himself — as in the following extract from his speech to the Reichstag on 28 April 1939 — and which in the view of any average German amounted to an absolutely breathtaking list of successes:

Ich habe das Chaos in Deutschland überwunden, die Ordnung wiederhergestellt, die Produktion auf allen Gebieten unserer nationalen Wirtschaft ungeheuer gehoben … Es ist mir gelungen, die uns allen so zu Herzen gehenden sieben Millionen Erwerbslosen restlos wieder in nützliche Produktionen einzubauen, den deutschen Bauern trotz aller Schwierigkeiten auf seiner Scholle zu halten und diese selbst ihm zu retten, den deutschen Handel wieder zur Blüte zu bringen und den Verkehr auf das Gewaltigste zu fördern. Um den Bedrohungen durch eine andere Welt vorzubeugen, habe ich das deutsche Volk nicht nur politisch geeint, sondern auch militärisch aufgerüstet, und ich habe weiter versucht, jenen Vertrag Blatt um Blatt zu beseitigen, der in seinen 448 Artikeln die gemeinste Vergewaltigung enthält, die jemals Völkern und Menschen zugemutet worden ist. Ich habe die uns 1919 geraubten Provinzen dem Reich zurückgegeben, ich habe Millionen von uns weggerissenen, tiefunglücklichen Deutschen wieder in die Heimat geführt, ich habe die tausendjährige historische Einheit des deutschen Lebensraumes wiederhergestellt, und ich habe … mich bemüht, dieses alles zu tun, ohne Blut zu vergießen, und ohne meinem Volk oder anderen daher das Leid des Krieges zuzufügen. Ich habe dies … als ein noch vor 21 Jahren unbekannter Arbeiter und Soldat meines Volkes, aus meiner eigenen Kraft geschaffen …[53].

This catalogue of astonishing achievements is remarkable for two reasons. First: the successes on which Hitler's popularity was based had little to do with the essence of nazism and the core elements of its dogma. Re-establishment of order, economic recovery, throwing off the shackles of Versailles, the uniting of the German people, and all this achieved without bloodshed and by avoiding war: without doubt such achievements corresponded to the dearest wishes of the overwhelming majority of the people. The aspirations of the mass of the population were in terms of domestic politics determined by a bourgeois-materialistic mentality, in terms of foreign politics by nationalist-revisionist aims. And for the mass of the population, the political and economic recovery of Germany and the creation of Greater Germany were ultimate goals. For Hitler they were only the basis for his racial-imperialist plans for conquest and hegemony.

---

[53] *Domarus*, p. 1178. The passage is also cited in *Sebastian Haffner*, Anmerkungen zu Hitler, Munich 1978, p. 44. Haffner is one of the few writers on Hitler to concern himself at all with his "Leistungen".

The second remarkable aspect of the extract cited is that Hitler claimed all successes and achievements for himself personally. It was unquestionably a part of his image, as we have seen, that he took the whole credit for all successes, whereas his paladins had such prestige as they enjoyed — and most of them had indeed little popular appeal — by being simply the Führer's *Mitarbeiter,* by basking in the light of Hitler's own glory.

The final point to be made in the context of this quotation indicates another paradox, and an important one for understanding the dynamism of the Third Reich. We have suggested throughout that the Führer image served an integrating function between regime and people, that it was thus a stabilising force. Since, however, this function was based ultimately on Hitler's continuing achievements and successes, it had inevitably built into it the necessity of continuing, even accelerating dynamism, since new goals had constantly to be attained, new challenges taken on, new struggles won, stagnation avoided. The need to sustain the Führer myth bore therefore within it the seeds of instability. It was impossible for it to become routinised and therefore systematised and stabilised [54].

Hitler himself recognised the need for ever more success and hinted on a number of occasions at his apprehension over future instability and his fears of a loss of popularity should success not be forthcoming. In his speech to the Press in November 1938, for example, he stated:

... Seit ich politisch tätig bin und seit ich besonders das Reich führe, habe ich nur Erfolge. Und trotzdem schwimmt diese Masse herum in einer geradezu oft abscheulichen, ekelerregenden Weise. Was würde denn geschehen, wenn wir nun einmal einen Mißerfolg hätten? Auch das könnte sein, meine Herren. Wie würde dieses Hühnervolk denn dann sich erst aufführen? Die sind schon jetzt, da wir doch überhaupt nur Erfolge haben, und zwar weltgeschichtlich einmalige Erfolge, unzuverlässig. Wie würden sie aber erst sein, wenn wir einmal einen Mißerfolg hätten? [55].

Hitler's almost paranoic fear of another 1918 has been well documented [56]. According to Speer he showed „beträchtliche Sorge vor einem Popularitätsver-

[54] For the basic instability of charismatic authority in Weber's model, and for the dependence of the charismatic leader on success for his recognition, see *Weber,* pp. 754—5, 761—2.

[55] In: VjhZG 6 (1958), pp. 188—9. Hitler's comments were directed in particular at the "intellektuelle Schichten". In the Hoßbach conference of November 1937 Hitler had already hinted at "Spannungen sozialer Art" if "Sterilisation statt Wachstum einsetzen sollte" (*Domarus,* p. 749).

[56] See *Timothy W. Mason,* The Legacy of 1918 for National Socialism, in: *Anthony Nicholls and Erich Matthias* (eds.), German Democracy and the Triumph of Hitler, London 1971, pp. 215—39; *Mason,* Sozialpolitik im Dritten Reich, Opladen 1977, pp. 15—41; and — from a different angle — *Rudolph Binion,* Hitler among the Germans, New York 1976, pp. 101—3.

lust, aus dem sich innenpolitische Krisen entwickeln könnten"[57]. He was well aware of the need to bind the masses as closely as possible to him[58]. But he realised too that this could only be achieved through constant psychological mobilisation, as he pointed out in characteristic fashion in 1944 when justifying to his generals the necessity of going to war in 1939:

> Endlich kamen dazu selbstverständlich auch noch psychologische Momente, nämlich Mobilisierung der deutschen Volkskraft. Man kann Begeisterung und Opferbereitschaft nicht wie irgendeine Sache abziehen und auf Flaschen legen und konservieren. Das entsteht einmal im Zuge einer Revolution und wird allmählich wieder verblassen. Der graue Alltag und die Bequemlichkeiten des Lebens werden dann die Menschen wieder in ihren Bann schlagen und wieder zu Spießern machen ...[59].

The dynamic of nazism produced successes with brought a close identification of the people with the Führer. And the massive popularity which Hitler enjoyed made possible further mobilisation. Yet the very dynamic of National Socialism was a gamble which in the last resort placed Hitler's popularity in question, and ultimately threatened the infallible Führer image. When for the first time the successes stopped coming, when the war started to become a real war for Germans, bringing increasing sacrifices, losses and defeats from the winter of 1941 onwards, Hitler's popularity began to sink quite steeply, even if remarkable reserves of support remained even until the end. From the middle of the war it became ever more clear that Hitler could not bring about the end to the conflict that was for most people more important than final victory. Moreover, in the face of defeat people began to see the earlier successes in a new light, began increasingly to blame Hitler for his policies which

---

[57] *Albert Speer,* Erinnerungen, Frankfurt a. M. 1969, p. 229.

[58] According to Rauschning, Hitler justified his first major foreign political coup, the withdrawal from the League of Nations in 1933, in terms of domestic politics and binding the people closer to him: „Ich habe das tun müssen... Mir geht es hier nicht um Tagespolitik. Mögen die Schwierigkeiten für den Augenblick größer geworden sein. Das wird aufgewogen durch das Vertrauen, das ich im deutschen Volke damit gewinne..." (*Hermann Rauschning,* Gespräche mit Hitler, Zürich 1940, pp. 102—3). Hitler was also well aware that a plebiscite immediately following a major coup was both „nach außen und nach innen... von größter Wirkung" (*Henry Picker,* Hitlers Tischgespräche im Führerhauptquartier 1941 bis 1942, Stuttgart 1963, p. 169). Hitler's preoccupation with his own mortality was also based not least upon the uniqueness of his own authority within Germany and the consequent avoidance of any internal threat. From the vantage point of 1944 he pointed to the potential instability of the position in 1938/9 and gave as one of his reasons the fact „daß aber schon das Absterben einer einzelnen Person oft einen völligen Umsturz einer politischen Lage mit sich bringen kann ..." (*Helmut Heiber* (ed.), Lagebesprechungen im Führerhauptquartier 1942—1945, Berlin 1962, p. 284).

[59] Ibid., p. 287.

had resulted in war and were now prolonging the conflict. With no success to proclaim, Hitler now showed himself unwilling even to speak to the German people. The growing gulf between people and Führer was reflected in the conscious creation by Goebbels of a new angle to the propaganda image of Hitler: that of the Führer as a new Frederick the Great, a remote and distant majesty, confronting the whole of Europe but finally triumphing in the face of adversity [60]. By this time, the qualities of character which had been the basis of admiration — his strong will, resolution, and above all his lack of compromise — had become the main stumbling block to peace. At this point, but only then, the decline in Hitler's popularity was irreversible. The war itself, ingrained and idealistic patriotism, fear of the consequences of defeat, but also the terror, the lack of alternative, and above all the will to survive provide the main reasons why there was no internal collapse as in 1918.

Before the run of his successes came to an end in the muds of Russia, however, there is no doubting Hitler's own popularity. Most people could not have been described as nazis as such, if by that we understand believers in the central points of nazi ideological dogma and supporters of the nazi party. But almost every Volksgenosse was a believer in Hitler. The four plebiscites of 1933, 1934, 1936 and 1938 were not of course in any sense open expressions of opinion, but one should not ignore them for all that. They tested not the popularity of the party, or even of nazism, but quite specifically the popularity of Hitler, each time in acclamation of a fait accompli, three times out of four a spectacular foreign political coup. Certainly one cannot speak of 99 % Hitler support. But would 80 % — four Germans out of five — be necessarily a serious exaggeration [61]? And how many of those would have thought of themselves even in 1938 or 1939 as nazis?

The image of National Socialism in the population was many-sided and varied. The face of the regime mirrored the face of the individual or group viewing it. The Left saw in nazism — or fascism as they called it — the tool of monopoly capital. For others it seemed more to resemble godless Bolshevism. The corruption of party bosses, the breaches of the peace by party organisations, the low social standing of the new political elite, the restrictions imposed by the Reichsnährstand or the DAF, the attacks on religion, and many other factors shaped in quite differing fashion the image of nazism in the people. For many others, of course, the image was much more positive. Nazism represented order, discipline, authority, a fluid society where one advanced through diligence, efficiency, and above all through achievement. It was seen as a heroic era where a united nation was created out of the shambles of Weimar democracy. The picture of nazism thus reflected what people wanted

[60] See *Bramsted*, pp. 222—3.
[61] *Haffner* (p. 46) is prepared to accept that at the peak of Hitler's popularity even more than 90 % of all Germans were „Hitleranhänger, Führergläubige".

to see in it, what they wanted from it, and on that rested their degree of satisfaction or disillusionment. Despite the absence of openly pluralistic political opinion, the image of the party, as the standard-bearer of nazism, could in practice only reflect this multiplicity of attitudes, social and ideological divisions, sectional and individual interests, group and class consciousness which remained below the surface of the *Volksgemeinschaft*. The inability of the party to square the circle of its own loose social ideology which had promised all things to all men in the Utopia of the Third Reich led to a degree of disillusionment, disinterest and unpopularity which should not be underestimated.

The one unchangeable element in the structure — at least until the middle of the war — was the Führer image, which provided a positive pole in society, the one point at which all sectional interests could be compatible with the transcendent ideal of national unity. And this was only possible, we have argued, because the popular image was of a Leader removed from every-day politics, aloof from his party, dissociated from the more unpopular sides of the nazi movement and from the more radical extremes of nazi ideology. The Führer could therefore function as a "Deus ex Machina", intervening in spectacular fashion to restore order or pull off a dramatic coup. Thus, too, others could carry the blame while he alone took the credit. Like Mussolini's Italy, the Third Reich was in many ways a "depoliticised society", where political participation was shallow and largely ritualised, and where Hitler created a consensus in his own person which was widespread but inevitably superficial [62]. The consensus was not created, however, by the ideology of the movement. The negative aspects of the nazi ideology, above all the diversion of energy into attacks on Jews and other groups of "outsiders" may well have served to bind the party faithful together. There is little evidence, however, to suggest that antisemitism, for example, was a binding force between Führer and people [63]. Similarly in the realm of foreign politics, ideological preparation of a struggle for *Lebensraum* seems to have had but limited success in a population whose central concern was the avoidance of war [64]. Ideologically, it would appear that the main core of the nazi programme met with less than enthusiastic resonance among the mass of the population. Hitler's own popularity rested paradoxically upon his essentially conservative achievements — restoration and maintenance of "order" and peaceful attainment of nationalist

[62] See *Piero Melograni*, The Cult of the Duce in Mussolini's Italy, in: Journal of Contemporary History 11 (1976), pp. 221—4, 230—4.

[63] See above p. 136 and note 6.

[64] Hitler's comments in 1945 about the lack of moral preparedness for war in 1939 come close to an admission of the failure of nazi ideological penetration. See The Testament of Adolf Hitler, ed. *F. Genoud*, London 1961, pp. 58—9 and *Fest*, p. 1012.

goals — rather than upon the racialism and imperialism which were at the heart of the nazi creed.

The scale of values of practically all Germans found its reflection in the Führer figure. On the other hand the Führer was dissociated from almost all signs of discontent, tension or disaffection. Genuine or not, — and it seems much of it *was* genuine — this was of major significance. The undoubted popularity enjoyed by Hitler and the constant acclamation granted to him formed therefore a decisive element in the structure of rule and in the stability of the regime. Terror, repression and intimidation, crushing though they were, cannot alone account for the relative insignificance of real resistance. Hitler's evident popularity also forms an important part of the explanation. The Führer image and terror were in this way two sides of the same coin. It is therefore no coincidence that the decline in Hitler's positive integrating function in the later war years is accompanied by the massive escalation of terror which signified the weakness rather than strength of the regime.

The massive and genuine popularity of Hitler, recognised even by enemies of the regime [65], when contrasted with the evident disenchantment of considerable sections of society with many aspects of nazi rule, seems ultimately only explicable in terms of a psychological divide between the transcendent ideal personified by the figure of the charismatic leader and the grey reality of everyday life in the nazi state. The failures, disappointments and bitterness which were inevitably engendered in the Third Reich were tolerable only because in the Führer most people found a point of identification and a point of hope.

Zusammenfassung

Im Mittelpunkt dieses Artikels steht die integrative Funktion des Führer-mythos, soweit sie sich aus der Resonanz der politischen Maßnahmen des Regimes ableiten läßt und zwar auf unterster Ebene und unter den Bedingungen einer die Massenmedien und sonstigen Ausdrucksmittel der öffentlichen Meinung kontrollierenden Diktatur. Als Quellenbasis dienen zahlreiche Stimmungs- und Polizeiberichte sowie Gerichtsakten bayerischer Provenienz. Auch wenn der Autor sich bewußt ist, daß der Charakter des Quellenmaterials dazu führen könnte, die oppositionellen Tendenzen zu überschätzen, so ist doch das Ausmaß der Unzufriedenheit bei der bayerischen Landbevölkerung nicht zu übersehen, hervorgerufen vor allem durch die wirtschaftlichen Sorgen der Bauern und die durch den Kirchenkampf des Regimes erzeugte Erbitterung.

[65] See for example the comment of *Franz Neumann*, Behemoth. The Structure and Practice of National Socialism, London 1942, p. 75: „The Leader's charismatic power is not a mere phantasm — none can doubt that millions believe in it."

Gleichzeitig fällt auf, daß sich Resistenz gegen bestimmte Maßnahmen und Erscheinungen durchaus mit einer generellen Bejahung des Systems vertrug. Als Erklärung für dieses Phänomen bietet sich die Integrationskraft des Führermythos an, auch wenn sich Hitlers Popularität zu keiner Zeit genau quantifizieren läßt. Neuere Forschungen haben ergeben, daß bestimmte Kernstücke der nationalsozialistischen Ideologie wie etwa der Antisemitismus dabei keine besondere Rolle spielen. Trotz aller methodischen Schwierigkeiten, die sich bei der Interpretation höchst subjektiver Berichte für vorgesetzte Behörden einstellen, liefern die Quellen doch genügend Anhaltspunkte, um das Führer-Bild in der Meinung der bayerischen Bevölkerung zu rekonstruieren.

Der Autor sucht die Konturen dieses Profils zu erhellen, indem er zunächst das von der Propaganda nach 1933 produzierte Führerbild untersucht. Daran anschließend erläutert er den Gegensatz zwischen dem Führermythos und dem Ansehen der Partei an drei Beispielen aus dem Bereich der Innenpolitik und schließlich wird der Widerspruch zwischen Schein und Wirklichkeit in der Außenpolitik aufgedeckt.

Nach der Machtergreifung hat das Führerbild einen tiefgreifenden Wandel erfahren. Hitler war nun nicht mehr der auf Stimmenfang ausgehende Agitator an der Spitze einer sich radikal gebärdenden Massenpartei, sondern der im Namen des ganzen Volks auftretende Reichskanzler, den Goebbels zum genialen Staatsmann stilisierte, der dabei zugleich stets „ein Mann des Volkes" blieb (Goebbels erklärte 1941 den Führermythos zu seiner größten Propagandatat). Nach dem Tod Hindenburgs nahm das Prestige des Führers und neuen Staatsoberhauptes auf Kosten der Partei zu, die nach wie vor umstritten war und nun auch von einer gewissen Frustration ihrer alten Kämpfer erfaßt wurde, angesichts des von dem Regime eingeschlagenen, auf Zusammenarbeit mit den alten Eliten angelegten Kurses. Von der Erbitterung über das Auftreten der kleinen Parteibonzen, die sich in allen Bevölkerungsschichten breit machten, blieb das Hitler-Bild verschont. Sein Prestige war außerhalb des politischen Koordinatensystems verankert, so daß die Fehler und Mißgriffe der Partei, insbesondere die Ausschreitungen gegen die Kirchen und die dadurch ausgelöste Empörung, sein Ansehen nicht tangierten. Die von Hitler angeordnete Ermordung der obersten SA-Führung war dem Ansehen des Führers nicht etwa abträglich, sondern erwies sich als "propaganda coup par excellence", denn Hitler erschien als Vollstrecker der Volksjustiz, der auch vor der Partei nicht halt machte, wenn es darum ging, Zucht und Ordnung wiederherzustellen. Andere Beispiele ergeben ein ähnliches Bild. Die politischen Angriffe auf den evangelischen Bischof Meiser der unter Hausarrest gestellt wurde, führten zu massiven Protestkundgebungen in Stadt und Land, die die Partei zum Nachgeben zwangen und mit einer totalen Niederlage für die nationalsozialistische Reichskirche endeten. Die von Hitler verfügte Wiedereinsetzung des Bischofs in Amt und Würden führte zu einer weiteren Steigerung der Popularität des Führers. Während die Partei das Stigma antikirchlicher Radikalität nicht mehr abzustreifen vermochte, wurde Hitler als Verteidiger des christlichen Glaubens gesehen, der die politischen Eiferer in die Schranken wies. Dem Führermythos konnte auch die Empörung über die antikatholischen Maßnahmen des Regimes nichts anhaben. Die im Jahre 1941 verfügte Entfernung sämtlicher Kruzifixe aus den bayerischen Schulen brachte den seit langem schwelenden Konflikt zur Explosion. Die fast an Aufruhr grenzenden Demonstrationen der Landbevölkerung zwangen die Verantwortlichen erneut zum Nachgeben. Der Partei wurde vorgehalten, im Innern die „Bolschewisierung" Deutschlands zu betreiben, während der Führer gleichzeitig den Abwehrkampf Europas gegen die den „Anti-Christ" verkörpernde Sowjetmacht organisierte. Die Ergebenheitsadressen der deutschen Bischöfe an den Führer hatten nicht wenig dazu beigetragen, daß Hitler im allgemeinen nicht mit der religionsfeindlichen Politik seiner Untergebenen identifiziert wurde: sein verklärtes Bild schwebte sozusagen über den Wolken des Mißmuts und der Kritik.

Das große Prestige, das Hitler genoß, war ihm primär aus seinen außenpolitischen Erfolgen zugewachsen. Durch alle Stimmungsberichte zieht sich gewissermaßen als Leitmotiv die Furcht vor einem erneuten Krieg, so daß es nicht verwundert, wenn Hitlers Friedensbeteuerungen nach jedem Coup offenbar durchaus ernst genommen wurden, und zwar in einem solchen Grade, daß ihm nach der Sudetenkrise die Wirkung seiner eigenen Friedenspropaganda selbst bedenklich erschien. Die im Unterschied zu vorausgegangenen internationalen Krisen anhaltenden außenpolitischen Spannungen im Herbst 1938 ließen erstmals Zweifel an der Rolle des Führers aufkommen. Nicht Hitler, sondern Chamberlain erwies sich nun als der überzeugendere Friedensbringer, denn die Erhaltung des Friedens schien der Bevölkerung wichtiger als die „Rückkehr" des Sudetenlandes. Daß der Ausbruch des Krieges, auf den die Bevölkerung mit Betroffenheit reagierte, keine Minderung von Hitlers Ansehen zur Folge hatte, erklärt der Verfasser vor allem mit der weit verbreiteten Überzeugung, daß der Krieg Deutschland aufgezwungen worden war und der Führer die Wiederherstellung des Friedens anstrebte. Der Bevölkerung lag schließlich auch mehr an einer Beendigung des Krieges als an dem vielbeschworenen Endsieg.

Kershaw kommt zu dem Ergebnis, daß Hitlers Popularität nicht auf den ideologischen Prämissen seiner Weltanschauung beruhte, sondern auf den zwar spektakulären, aber zugleich traditionellen Erwartungen entsprechenden Erfolgen seiner Innen- und Außenpolitik nach 1933, insbesondere dem Aufschwung der Wirtschaft und der Realisierung des großdeutschen Gedankens. So seien auch die meisten Deutschen nicht dogmatische Nationalsozialisten in dem Sinne gewesen, daß sie die zentralen Glaubensstücke dieser Ideologie, nämlich den rigorosen Antisemitismus und den Lebensraumdarwinismus, als verbindlich angesehen hätten.

II.

Trägergruppen des Herrschaftssystems

Representative Groups within the System

Jane Caplan

Civil Service Support for National Socialism: An Evaluation

I.

The German civil service has long been ascribed an important role in assisting the NSDAP into power and helping to cement the regime in office. In a representative judgment, Karl-Dietrich Bracher has written that

> The reluctance with which large portions of the civil service had accepted the democratic Republic was matched by their readiness to cooperate with a new regime that promised to substitute order, stability, efficiency and "national values" for the disturbing innovations of a crisis-ridden, "unnational" parliamentary democracy [1].

Bracher's summary conveys with some precision a network of familiar arguments about the relations between the civil service and the Nazi regime. It evokes an anti-democratic, authoritarian tradition within the post-1918 bureaucracy; suggests that the civil servant's duty of loyalty to the state was severely compromised by political prejudice for a certain constitutional form; conjures up an image of bureaucratic values — order, stability and so on; and implies that it was Nazism's ostensible espousal of those values that primarily motivated civil servants' support for the regime. The view that these values predisposed their bearers to sympathy with an anti-democratic party is hardly surprising, though it is not uncontested [2]. Indeed, the civil service stands in some degree as paradigmatically the embodiment of values. Yet the prominence given to values as such in explanations of the relations between civil service and Nazism is not entirely convincing. It should be understood as the effect of a particular optic of enquiry into the German civil service, which rests on a certain tradition of reducing it to its alleged ethical content or meaning, and allows *Staat* to fix the terms in which *Gesellschaft* may be studied [3]. What I want to do in this essay is question the adequacy of this

[1] *Karl-Dietrich Bracher*, The German Dictatorship. The Origins, Structure and Consequences of National Socialism, Harmondsworth 1973, p. 289. Cf. *Franz Neumann*, Behemoth. The Structure and Practice of National Socialism, London 1943, p. 305.

[2] *Hans Buchheim*, Das Dritte Reich. Grundlagen und politische Entwicklung, Munich 1967, pp. 50-1. More blatant apologetics in *G. Wacke*, Zur Neugestaltung des Beamtenrechts, in: Archiv des öffentlichen Rechts 86 (1950/1), pp. 385—434.

[3] For an attempt to argue this, see *Jane Caplan*, 'The imaginary universality of particular interests'. The 'tradition' of the civil service in German history, in: Social History 4, ii (1979), pp. 299—317.

construct by looking more closely at the various different ways in which civil service "support" for Nazism was constructed and manifested. I'll begin with a rather instrumental proposition of two related models or grids on which the historical evidence might be laid out. They are very simple models, and are proposed here precisely as simple conceptual introductions to the handling of evidence which is notoriously unwieldy both in quantity and diversity.

The first of these models may help in distinguishing various dimensions or aspects of the composite "support", by aligning it along three different axes: temporality, location, and quality. "Temporality" is more or less self-explanatory, designating changes over time in the period 1921 to 1945 — a block of time which we can subdivide according to appropriate demarcations, such as 1930, 1937 etc. "Location" is my inelegant term for distinguishing both the different people or groupings contained in the totality "civil service", and also by derivation the different means available to them for putting into practice their support for (or attitude to) National Socialism. This is a particularly necessary axis for the German civil service, since its members may be either doorkeepers or state secretaries, postmen or Landräte, judges, social insurance officials or police officers. It's obviously unlikely that all these varied figures, with their dissimilar social origins and work processes, could be subsumed under a single category where political affiliations and intentions are concerned; and this possibility of diversity is simply suppressed by any over-hasty recourse to allegedly shared corporate ideals and values. Material determinants of difference need to be restored to the arena of political calculation and choice. Moreover, the scope the various groups had before 1933 for their political effectivity was equally heterogeneous. The common denominator was that all civil servants were voters, reduced to that extent to quantitative equivalence and subject to mass address by the political parties. But some servants took their party activity further, continuing in the republic the imperial tradition of high representation among Reichstag deputies [4]. There were also both limitations and extensions to such political practice: for example, the intermittent bans on civil servants' membership of NSDAP and KPD, or by contrast the overtly political appointments to sensitive senior posts [5]. The latter recognised and reinforced the fact that the state secretary

[4] For a summary of trends between the elections of 1907 and 1928, see *Fritz Poetszch-Heffter,* Vom Staatsleben unter der Weimarer Verfassung, in: Jahrbuch des öffentlichen Rechts 17 (1929), p. 71.

[5] For Prussia, see *Wolfgang Runge,* Politik und Beamtentum im Parteienstaat, Stuttgart 1964; a summary for other Länder in *Hans Fenske,* Monarchisches Beamtentum und demokratischer Staat, in: Demokratie und Verwaltung: 25 Jahre Hochschule für Verwaltung Speyer (Schriftenreihe der Hochschule Speyer, 50), Berlin 1972, pp. 117—36.

had rather different means open to him for pursuing political objectives than did the junior tax official — perhaps too a different sense of what was and was not "political" and permissible. There is also the question of the activities of civil service associations, grouped into five officially-recognised umbrella organizations which were distinguished by political affiliation (or, in one case, the Reichsbund der höheren Beamten, by rank eligibility). The largest of these was the *Deutscher Beamtenbund* (DBB), which reached a maximum membership of one million. The only mass strike by civil servants was during the Kapp putsch, though other strikes did occur; the associations' main object was the representation of their members' interests at government level, plus the usual range of educational, social and welfare activities [6]. Distinctions of these kinds need emphasizing, not least because of the ways they were affected by the transition to one-party rule after 1933; this after all deprived most civil servants of their conventional means of political expression, provided new opportunities for others, and heralded the imposition of qualitatively new criteria for the assessment of political reliability.

Finally, the third axis of this model, the "qualitative", is intended to denote the degree or intensity of support: active and proselytizing at the one extreme, for example, or merely sympathetic or passively co-operative lower down the scale, and so on. Taken together, then, these three axes can give us three basic questions: how does support change over time and in accordance with conventional demarcations, which groups had and used what opportunities to express their attitudes, and how intensive was the degree of support? These questions can obviously also be combined to reveal more detailed evidence.

The second of my two models is a simple subject/object distinction: we can consider not only civil servants' interest in and expectations of National Socialism, but also the NSDAP's interest in and politics towards the civil service. The complexities of this two-way relationship become more evident after 1933 (not least in raising awkward questions about how to draw the line between the categories of civil servant and National Socialist) [7], but it already existed well before then. However, since we are dealing here with the power structure of the Nazi regime, and not the politics of the NSDAP's rise, I shall confine my remarks on the earlier period to the minimum needed for understanding the later history.

---

[6] The influence of the civil service associations, especially the *Deutscher Beamtenbund,* is evident to anyone using archival evidence on civil service policy in this period; but they have not so far been adequately studied. Andreas Kunz, of the University of California at Berkeley, is currently researching a doctoral dissertation in this field, under the working title 'Civil Servants and the Politics of Civil Servants' Organizations in Germany, 1914—1933'.

[7] See *Peter Diehl-Thiele,* Partei und Staat im Dritten Reich. Untersuchungen zum Verhältnis von NSDAP und allgemeiner innerer Staatsverwaltung, Munich 1969.

All the evidence strongly suggests that before 1933 the NSDAP's interests as a party in the civil service were electoral and instrumental [8]. The ostensible self-interests of civil servants were taken up and addressed by the party's propaganda machine, most emphatically after 1930, as part of its concerted, and almost exclusive, political strategy of mustering as many votes as it could at election time. In some cases, this form of address could cross with propaganda *about* the civil service, this being seen as a possible means of mobilizing other sources of electoral support. The attack on "Parteibuchbeamten" for example — officials who actually or allegedly owed their appointment to their political affiliations — was likely to operate a dual appeal in this way. Thus an NSDAP propaganda pamphlet, "Quo Vadis Deutsches Berufsbeamtentum", published in the autumn of 1932 (and probably for the November election), opened with a biting attack on the „Futterkrippenpolitik" of the „Systemparteien", naming in particular examples of formally unqualified SPD members who had been given civil service jobs (especially in the *Arbeits-* and *Versicherungsämter*), and making great play of the recent Sklarek corruption scandal, in which a number of civil servants had received prison sentences. The pamphleteer drew the conclusion that only a „gründliche Reinigung des Beamtenkörpers" could repair the damage and reanimate Frederick the Great's guiding principle, „Ich bin der erste Diener meines Staates" (a slogan which was also blazoned on the front page of the pamphlet). The promise was that „die NSDAP wird nicht eher ruhen, bis dieses Berufsbeamtentum wieder in seiner alten Reinheit und Unabhängigkeit hergestellt ist."

This was a typical combination of threat — a purge of the corrupt — and blandishment, the latter pitched in such a way that the civil servant reader could compliment him/herself on the fortunate coincidence of self-interest and public duty. And this, I think, is the noteworthy point: the appeal of such well-turned propaganda lay in its capacity to be read at more than one level, so that it made good political sense for this particular writer to continue with a critique of the 1923 *Beamtenabbau* and the salary cuts imposed by the Brüning *Notverordnungen*. The *Personalabbauverordnung* (PAV) of 1923 was a retrenchment measure directed against the war- and inflation-augmented public service, 25 per cent of whose members were compulsorily pensioned off (though only some 16 per cent of *Beamte* proper) [9]. It is arguable that in the

---

[8] Discussion of this in *Hans Mommsen*, Beamtentum im Dritten Reich, Stuttgart 1966, pp. 20—38. For general comments on the electoral strategy of the NSDAP, see *Hans Mommsen*, National Socialism. Continuity and Change, in: *Walter Laqueur* (ed.), Fascism. A Reader's Guide, Harmondsworth 1979, pp. 159—64.

[9] Verordnung zur Herabminderung der Personalausgaben des Reichs, Reichsgesetzblatt (RGBl) 1923 I, p. 999. There is a convenient summary of its main effects in *Karl B. Netzband* and *Hans P. Widmaier*, Währungs- und Finanzpolitik der Ära Luther 1923—1925, Tübingen 1964, pp. 120—9.

early 1930s it retained a significance for civil servants that was the equivalent of the alleged nightmare memories of the inflation period for other social or occupational groups, and can be taken similarly as a key to the political choices made in the depression. And this effect has to be read in combination with the broader debate in the 1920s about the status of the *Berufsbeamtentum* and its material rights *(wohlerworbene Rechte)*, if the strength and quality of the NSDAP appeal is to be accurately measured. The unfortunate political effect of Brüning's disregard of civil servants' anxieties about their material security has been plausibly argued by Hans Mommsen [10], and is confirmed by Thomas Childers' recent research into electoral support for the NSDAP — partly indeed in contradiction with Childers' own interpretation of his evidence [11]. He found that "the civil service variable proves to be a stronger correlate of the Nazi vote than does its white-collar counterpart", and goes on to argue, from the civil service's better job security and educational level, that this correlation cannot be explained as being part of a "lower middle class revolt". Yet, on the contrary, my own reading of the same observation would be that it was precisely *the fear of a threat to job security* that triggered lower- and middle-ranking civil servants' support for the NSDAP at the polls — that fear having been fuelled by actual and rumoured government policies since the early 1920s. Indeed, this interpretation would be consistent with Childers' own persuasive argument that the NSDAP benefitted from a temporary and heterogeneous convergence of electoral protest, and did not stand a chance of tapping a reservoir of secure political support.

If this interpretation is accepted, the cogency of the NSDAP's appeal would have derived from its use of the language of *Stand* and corporate honour and so on to convey *and* disguise an address to ordinary material interests and anxieties of civil servants. This would be true at a mass level; higher up, there are some slight indications that some senior officials in Weimar may not have been averse to the idea of introducing a new distinction between a mass-employment public officialdom, and a small directorial elite, on say the French or English model. Developments by the end of the Nazi period contained more than an echo of this possibility, as we shall see below. At any rate, although the available evidence confirms the relatively greater attractiveness of the NSDAP to middle-rank civil servants, the fact that personnel files remain closed forbids any more precise work on the correlations between social origin, job content and political affiliation.

The argument here rests on an assumption that the NSDAP, in the persons of those men (sic) responsible for civil service propaganda, was accurate in its

[10] *Hans Mommsen,* Die Stellung der Beamtenschaft in Reich, Ländern und Gemeinden in der Ära Brüning, in: VjhZG 21 (1973), pp. 151—65.

[11] *Thomas Childers,* The Social Bases of the National Socialist Vote, in: JCH 11, iv (1976), pp. 17—42.

estimation of what civil servants en masse would respond to electorally: an assumption which seems reasonable in view of the success actually achieved. The strategy of relying on electoral appeal, and on the related instrument of mass party membership, is confirmed by the fact that the NSDAP leadership apparently neglected to cultivate potentially influential individual civil servants. This would also accord with the pre-1933 strategy of concentrating upon the achievement of power, to the exclusion of any preparation for its practial exercize thereafter. The few signs of any such relationship with actual or potential sympathizers among the higher *(höhere)* Beamte refer either to people marginal in the NSDAP's own hierarchy, or else to intrumental relations which had little to do with securing an administrative base prior to the *Machtergreifung*. In general, there does not seem to have been any civil service equivalent to the industrial and economic contacts fostered by leading Nazis before the seizure of power. It is questionable whether this was due more to a contemptuous neglect of administrative matters altogether, or to an optimistic but illusory confidence that the civil service elite would simply be swept away after a Nazi victory, along with other elites; or whether it resulted from an assumption that there was no particular need to cultivate civil servants as partners in government, since they could be relied upon to carry on working in any case [12].

This is not the place to review in detail the available evidence about pre-1933 contacts and dispositions, but a few comments can be made. The evidence is varied and diffuse and probably for those reasons has tended to be summarized in extremely generalizing terms in the existing literature. Thus E. N. Peterson writes, for example, that "As a group, the Beamten were conservative and nationalist, likely monarchist, suspecting the NSDAP for almost the same reasons they distrusted the Marxist socialists" [13]. This sweeping statement establishes precisely that kind of composite criticized at the beginning of this article, and does so in the common manner of such aggregations, viz. by ascribing the alleged opinion and status of the elite to the institution as a whole. I shall return later to the problems this raises; here I want to note some of the difficulties that arise in the attempt to construct the "representative" picture even of the elite alone.

The data available for such purposes is not only fragmentary, but tends to demand silent shifts from one explanatory medium to another. For instance,

[12] The fullest discussion of all these questions remains *Gerhard Schulz*, Die Anfänge des totalitären Maßnahmenstaates, in: *Karl Dietrich Bracher* et al., Die nationalsozialistische Machtergreifung. Studien zur Errichtung des totalitären Herrschaftssystems in Deutschland 1933/34, Köln 1962, pp. 371—413 in particular. *Horst Matzerath*, Nationalsozialismus und kommunale Selbstverwaltung, Stuttgart 1970, argues for a greater prior achievement on the local level (pp. 33—60).

[13] *Edward N. Peterson*, The Limits of Hitler's Power, Princeton 1969, p. 87.

one might try to extrapolate a representative image from some of the individual cases on which relatively detailed biographical information exists: men like Popitz, Schulenburg, Kritzinger, Killy and so on thus become the ostensible representatives for large invisible constituencies. Published information is available on the first three [14]; in the lesser known case of Killy, which I'll look at here, the information comes mainly from his depositions in relation to postwar denazification proceedings [15].

Born in 1885 of partly Jewish parentage, Leo Killy followed a standard training and career in the *höherer Dienst* (senior class) of the Reich finance administration; he was appointed to a post in the finance ministry (RFM) in 1930, and was seconded to the Reichskanzlei in March 1933. Between 1933 and 1944 he moved upwards in the Reichskanzlei, becoming responsible for its handling of civil service policy, and ending up with the rank of Reichskabinettrat. In 1932, he had joined the NS-Beamtenarbeitsgemeinschaft in Berlin, probably before becoming a member of the NSDAP itself in October. Later, in 1948, Killy explained thate he had been motivated by his deep religious principles, since he was convinced at the time that Germany's social and political troubles were the consequence of the national abrogation of Christian principles. He regarded materialism and rationalism as evils threatening the West from the East, and saw in the NSDAP a bulwark against bolshevism — „eine geistige Abwehrfront gegen den Bolschewismus unter bewußter Rückbesinnung auf die abendländisch-christlichen Grundlagen". This was a familiar mixture of politics and mysticism; but the expectations invested in it were increasingly disappointed after 1933, in fact very soon after the *Machtergreifung*, if we are to believe Killy's claim that the straws in the wind were for him the retrospective validity of the Lex van der Lubbe, the 1933 Berufsbeamtengesetz (BBG), the unleashed hysteria of the Nazi movement, and the now exposed boundless ambition of Hitler himself. He claimed to have tried to retire at the time of the BBG (two months after the seizure of power), and explained the fact that he didn't do so with the rather gnomic declaration that „Das Verbleiben im Amt ist ein Charakteristikum für das deutsche Beamten-

[14] On Popitz, see *Hildemarie Dieckmann,* Johannes Popitz, Berlin 1960; *Hans Herzfeld,* Johannes Popitz. Ein Beitrag zur Geschichte des deutschen Beamtentums, in: Richard Dietrich and Gerhard Oestreich (eds.), Forschungen zu Staat und Verfassung. Festgabe für Fritz Hartung, Berlin 1958, pp. 343—65; and *Lutz-Arwed Bentin,* Johannes Popitz und Carl Schmitt. Zur wirtschaftlichen Theorie des totalen Staates in Deutschland, Munich 1972. On Schulenburg, see *Albert Krebs,* Fritz-Dietlof von der Schulenburg. Zwischen Staatsräson und Hochverrat, Hamburg 1964. On Kritzinger, see *Hans Mommsen,* Aufgabenkreis und Verantwortlichkeit des Staatssekretärs Kritzinger, in: Gutachten des Instituts für Zeitgeschichte, vol. 2, Stuttgart 1966.

[15] These are collected as the Killy papers, in Bundesarchiv (BA) Kleine Erwerbungen No. 234. His personal file from the Reichskanzlei is also helpful (BA: R 43 II/1574—1580).

recht". However, it was also his Christian convictions that led him to stay at his post: his pastor, Martin Niemöller, persuaded him that he would not only keep out a "real" Nazi thereby, but could also act as a useful information source for the Confessing Church. With such tangles of motivation was Killy kept in office, then, helping to protect Christian civil servants from the visitations of the law and to defend the professional standards of the *Berufsbeamtentum,* until he was forced into retirement under pressure from Bormann after the 1944 July Plot.

Can this set of actions and opinions be taken as representative for senior civil servants? It can be tested against rather more sparse data for his RK colleagues, which reveals that Killy was unusual in having joined the NSDAP before 1933 (though at the same time a 1932 party number was practically worthless in party circles). In 1934 data on Reichskanzlei civil servants' membership of the NSDAP, the following picture emerges [16]. Of eleven senior civil servants, seven were not party members (including two men appointed to the Reichskanzlei after 30 January 1933). Three — Lammers, Killy and Ehrich — had joined before 1933. Ehrich was regarded as the NSDAP's *Vertrauensmann* in the Reichskanzlei, and was a Fachschaftsgruppenleiter in the Amt für Beamte. Significantly, he was not a qualified Verwaltungsjurist, but had evidently been promoted from the executive class *(gehobener mittlerer Dienst)* for political reasons in October 1933 [17]. The remaining man, Meerwald, had joined the NSDAP in March 1933, having been seconded to the Reichskanzlei from the interior ministry (RMdI) in February. Meerwald's background was, like Ehrich's, unorthodox, and his career after 1933 reveals a similar political vein. He was of lower middle class origin, and had managed to gain a doctorate with some effort in 1914. He then found himself without the funds needed to finance a civil service training, but managed to get into the state service during the war and made a career in the executive class. He was promoted into the senior class on secondment to the Reichskanzlei (and by the following year had been promoted into the next grade).

The only further political information that can be added with any certainty to this profile concerns three of the seven civil servants who were not NSDAP members at the time of this summary. Ministerialrat Wienstein had belonged to the DVP in 1923—5, and again from 1928—33. His colleague von Stutterheim had belonged before 1933 to a civil service association affiliated to the Reichsbund der höheren Beamten. Ministerialbürodirektor Ostertag had belonged to two unnamed civil service associations. This data can be supple-

[16] BA: NS 10/134. (NS 10 are the papers of the Persönlicher Adjutantur des Führers.)

[17] Ehrich's early career was detailed on the form proposing him for a promotion in 1938 in violation of the statutory seniority requirements for appointment of Ministerialräte; document dated 9 December 1938. BA:R 43 II/1038.

mented from other sources, which show that Wienstein joined the NSDAP sometime after 1934, while another colleague from the 1934 list, Willuhn, joined in 1937.

The comparative sphere could be further widened by referring to the data assembled in the 1935 *Partei-Statistik*, which revealed that 20.7 % of Beamte were party members, some eighty per cent of these having joined the NSDAP only after the seizure of power [18]. Yet the difficulties of reconciling the different kinds of precision involved in quantification and in biography remain. There are technical solutions to some of the problems of making representative generalizations, usually involving some kind of pyramidal handling of the evidence, and demanding more space than is available in this essay. Even this still leaves us, however, with the intriguing problem of how we can get to know the meaning of say Killy's party membership, in comparison with the different choices made by his colleagues which apparently produced much the same political effect after 1933.

II.

Having introduced some of the problems, I'll now turn to the possibility of producing some answers. The following are the themes I want to discuss: first, to what extent did the coming to power of the Nazi regime bring any response to the aspirations on which the NSDAP appeal to civil servants had been based beforehand? Second, how far and for what reasons did the degree of "support" for the regime among civil servants change between 1933 and 1939? In both cases, I shall try to distinguish between those civil servants who were, roughly speaking, *participants* in the process of policy-making, and those who were merely its *objects* or executives. This is a crude distinction, because of course when the perspective is shifted the "participants" may themselves become the "objects". In other respects, however, the distinction is a functioning one, and is a not insignificant characteristic of bureaucratic status in general. Moreover, the exclusion of parliamentary bodies from policy procedures after 1933 wrought considerable changes in the disposition of state power (as well as displacing the remnants of political pluralism into the narrow channels of the state apparatus). Although partly offset by the new status of the NSDAP (an unpredictable force), this access of authority and duties further enhanced existing distinctions between the relatively small number of civil servants involved in the evolution of policy "at the top", and the very much larger group which in various ways experienced its effects.

[18] In the statistical breakdown of occupational groups according to date of party membership, civil servants showed the highest proportion of total membership occurring after 1933. NSDAP Partei-Statistik, vol. 2, Berlin 1935, pp. 70—5.

From the point of view of the new National Socialist members of government, two not necessarily compatible lines of policy needed to be followed in the first months after January 1933. First, there was the urgency of purging the upper echelons of the bureaucracy at Reich, Land and local government levels of officials whose loyalty to the new regime was suspect. Second in importance was the need to avoid forfeiting civil service support for the new regime by too severe a testing of its loyalties. Each of these aims was open to different possible constructions, examples of which will be discussed here.

First, the purge. Its execution and main effects are familiar enough by now not to need a full exposition here [19]. In broad outline, it can be divided into three overlapping periods, which also correspond to the different means employed. Firstly, immediate and extensive use was made of the legal power to retire non-tenured "political" civil servants, such as state secretaries, departmental heads, Prussian Oberpräsidenten, Polizeipräsidenten and so on. It was by this means that, for example, Lammers replaced Planck as state secretary in the Reichskanzlei on 30 January itself, and that Pfundtner was brought into the RMdI in place of Zweigert on 4 February. Secondly, local NSDAP and SA squads carried out illegal and often violent expulsions of civil servants, physically from the offices, with or without superior "authorization". The high water mark of these acts was not the period immediately following Hitler's appointment as Chancellor, but after the March elections. Finally, there was the period of the "legal" (at any rate, statutory) purge ushered in by the BBG at the beginning of April. Although these periods cannot be strictly demarcated in time (especially the last two: the evidence reveals complaints of illegal NSDAP interventions after the promulgation of the BBG) [20], it is nevertheless important to grasp their functional significance as stages in the establishment of the Nazi regime. The first part of the process was perfectly legal and in line with standard governmental procedures, though its extent in 1933 had not been paralleled since the post-revolution personnel changes. In principle, therefore, it was not a disruption of precedent, and indeed even its scope had been foreshadowed in Papen's Prussian purge after July 1932 [21]. By March, however, the pressure of illegal and violent interventions was beginning to increase, and to carry the situation forward irresistibly. This tide of interventionism was a cause of the utmost anxiety, not only to those political figures whose

[19] See principally *Schulz*, pp. 460—515; *Mommsen*, Beamtentum, pp. 39—61; *Matzerath*, pp. 61—104.

[20] See for example a three-page draft memorandum, probably by Prussian interior ministry state secretary Grauert, pointing out that pressure exerted on Oberpräsidenten and Regierungspräsidenten by Kreisleiter and Gauleiter seeking the dismissal of particular civil servants vitiated the operation of the BBG; dated 18 April 1933. Geheimes Staatsarchiv (GStA): Rep. 77/1.

[21] See *Runge*, ch. V (5).

supporters were being dragged down by it (of whom the *Deutschnationale* were the most aggrieved and vociferous), but also to the central state authorities which saw their control being speedily eroded. In these circumstance, the issue of a law which both defined the scope of the purge and restored its execution to officially competent authorities could appear precisely *not* as an encouragement or extension of an illegal process, but as a highly desirable legal relief. This was undoubtedly its meaning for many senior civil servants in the RMdI, which had the ultimate responsibility for drafting and executing the BBG. For some of these men, the BBG was also an active component of their administrative strategy, in the sense of institutionalizing powers of political control. This was certainly the case for those most directly concerned with it, i. e. Frick, Pfundtner, and the ministerial Referent for civil service affairs, Seel (the latter had joined the NSDAP in September 1932, and was probably an acquaintance of Frick and/or Pfundtner, who described him as "the father of the BBG").

This last point brings us to a further meaning that can be attached to the stages of the purge between January and April. This is the fact that each stage was also the baseline for what became continuing themes in the field of civil service politics. The initial "legal" period was in this respect the least startling and significant in its later manifestations: but the old distinction between "political" and other civil servants was retained in law, the political category being enlarged to cover some new posts in the 1937 Deutsches Beamtengesetz (DBG) [22]. From the other two stages — the illegal interventions, and the statutory political purge — there developed of course two types of policy that could be paralleled in other fields of political control in the Third Reich, with its oscillations between terror and the police state. Their contrast seems to suggest a sequential model whereby a burst of revolutionary illegality prefaced a more systematic process of penetration into state structures by the Nazi party. There *is* a chronological validity to this model, but the sequential succession is not the only relationship between the elements: their coexistence seems to me almost as important a characteristic of the National Socialist state.

The multiple motives behind the issue of the BBG can illustrate this proposition here. There was, firstly, the pressure of existing action from below, as we have seen. This pre-empted decisions that were subsequently implemented by central government: thus, for example, local NSDAP attacks on civil servants had already singled out Jewish officials as targets as well as politically vulnerable ones [23]. Secondly, it is undoubtedly the case that Hitler himself was anxious to establish, or reassert, his central authority over the Nazi movement itself in the moment of victory: a control that had always been

[22] Deutsches Beamtengesetz, 26 January 1937, RGBl 1937 I, p. 39, § 44.
[23] *Schulz*, p. 491.

contested in the history of this inherently centrifugal party. Finally, the ministerial officials involved in drafting it (especially in the RMdI) brought their own interests and intentions to the statute. Neither now nor in later episodes of civil service policy were they merely reacting with professional disquiet to the scale and incipiently revolutionary character of Nazi attacks on the state administration. To agree that their policies did increasingly bear the marks of such a response is not the same as saying that this is all they were. The two men most intimately concerned with the BBG in the RMdI seem to have had rather different views of their task. Pfundtner was on record privately as having urged the violation of „die sogenannten ‚wohl erworbenen Rechte der Beamten‘ “ if the higher rationality of political purge and administrative rationalization so demanded [24], and he continued to take a cynical view of civil servants' rights where these conflicted with his sense of political priorities. Hanns Seel, on the other hand, seems a far more classic representative of the "traditional" *Berufsbeamtentum,* describing himself as „ein Berufsbeamter der *alten* Schule, der aber mit für die *neue* Zeit gekämpft hat und einen bescheidenen Anteil beitragen dürfte zum Neuaufbau des deutschen Berufsbeamtentums“ [25]. There may not be much to choose between these two opinions for political myopia, but the different quality is detectable. The point is that on this occasion as on others, there was an objective coincidence between opinions or actions which actually derived from different and contradictory sources. What then becomes interesting is to find out when and why the ultimate incompatibilities came to be revealed.

In 1933, then, support among "participant" civil servants was secured partly by the simple expedient of removing potential opponents from office, partly by the enlistment of survivors and new appointees on terms with which they could identify: terms which, for some, explicitly *included* the implementation of some kind of extended purge. The corollary of co-operation at policy level was the preservation of an effective working relation with the mass of civil servants in the field. Here, however, there remains a certain lack of information which by its nature can only be collected slowly if it is to be densely enough textured to satisfy historians — i.e. local and in-depth studies, over a wide range of different areas and administrative branches. As far as existing evidence tells, it seems that the enlistment of positive civil service support was not a political priority in 1933, and it was emphatically not pursued at the cost of compromising the NSDAP's local *Machtergreifung.* At the communal level, Matzerath's data present a scenario in which local authorities were intimidated into hoisting the swastika on public flagpoles

[24] In his ‚Vorschläge für Verwaltungsmaßnahmen einer nationalen Regierung im Reich und Preußen‘ of 1932; reprinted in full in: *Mommsen,* Beamtentum, pp. 127—35.
[25] *Hanns Seel,* Die Beamten im neuen Staat, Berlin 1933. p. 18.

after the March elections, as a symbol of surrender to the new regime [26]. But apart from a few anodyne declarations in the early days of the new government — a rather oblique allusion in Hitler's Sportpalast speech of 10 February, a message from Frick published in the *NS-Beamtenzeitung* on 5 February — civil servants were left to their own sense of duty to carry them through the transfer of power (this would be consistent with the fact, as already noted, that the movement's struggle for power took place around the March elections rather than the new chancellorship appointment). It was the issue of the BBG that provided the first occasion for a serious address to civil servants, especially through a radio speech by Pfundtner on 12. April [27]. Pfundtner assured his audience that Hitler and his government were well aware of the indispensability of the civil service for the mastery of the challenges that Germany was now taking up: „Diese Hilfe konnte ihr [der Regierung] aber nur ein Berufsbeamtentum leisten, das voll und ganz auf dem Boden der nationalen Erhebung steht und mit Hingebung und Überzeugung seine Aufgaben im Sinne der neuen Regierung erfüllt". Pfundtner put great emphasis on the alleged erosion of the *Berufsbeamtentum* under the republic, in order to present a justification for the „rücksichtslose Säuberung" that was about to take place. As the law's title demonstrated, its object was to restore the civil service to its rightful heritage. In his summary of the contents, Pfundtner emphasized that the call was for "nationalist" not "National Socialist" civil servants, and he declared that „Wer heute noch aus Überzeugung abseits [von der NSDAP] steht ist der nationalen Regierung unter Umständen lieber als der Überläufer von gestern". He was obliged to concede that § 5 resembled the provisions of the much-resented PAV in permitting compulsory transfers to lower-grade posts, but he also justified the other main "nonpolitical" clause as a clarification of § 24 Reichsbeamtengesetz 1907 [28]. Finally, Pfundtner stressed that the measure was temporary, and that after six months „Das deutsche Berufsbeamtentum wird ... in allen seinen Teilen wiederhergestellt".

Pfundtner's speech ran close both to the themes of the NSDAP's pre-1933 propaganda, and to the guidelines for the implementation of the BBG apparently laid down by Hitler at the end of the same month. As reported

---

[26] *Matzerath*, p. 66.

[27] Reported in Frankfurter Zeitung, 13 April 1933.

[28] Specifically, § 24 RBG permitted the provisional retirement of a Reichsbeamte „wenn das von ihm verwaltete Amt infolge einer Umbildung der Reichsbehörden aufhört". § 6 BBG provided for such retirements „zur Vereinfachung der Verwaltung", with the proviso that posts so vacated were not to be refilled. In June 1933, a retrospective amendment added the words „oder im Interesse des Dienstes" after the phrase already quoted. See comments by *Matzerath*, p. 75. It is not clear how the proviso against reappointment was interpreted in these cases unless by appointments to Angestellte status. See p. 188 of this paper.

by Göring [29], these guidelines included a warning that the law should be carefully applied, in view of its deep inroads into civil service rights. The "aryan" clauses, under which various categories of Jewish civil servants could be retired, were to be strictly enforced, but the other provisions interpreted with generous discretion. Sudden converts to the NSDAP were to be treated with suspicion. There was a warning that six months might not suffice for the full legal process. Finally, Hitler was reported as urging that the authority of the state must be safeguarded against the activities of the commissars "appointed" by NSDAP and SA units locally. It's possible that Göring's own voice is audible in this last point, for he was having great difficulty in maintaining his authority in Prussia. Otherwise, it is not difficult to accept these as Hitler's actual views. At this particular time, momentary political interests outweighed his more common vituperative scorn for bureaucrats as a class, while the attention paid to unimportant detail always rings true for Hitler [30]. The aim was evidently to create an *image* of generosity and of a humane appreciation of individual circumstance.

Although the numerical impact of the purge was limited (perhaps one to two per cent of all civil service personnel lost their jobs for political or "racial" reasons), the aim of confining this action to an acute spasm was not fulfilled. Although the political/racial procedures of the law were largely completed within the expected timespan, the fact that extensive powers of compulsory retirement or transfer were retained by the executive until their embodiment in the 1937 DBG reminds us that the overtly political side was only the tip of the iceberg. And whoever among the civil service had thought in 1933 that the BBG was the end as well as the beginning of political control over and intervention in the civil service was to be profoundly disillusioned; for evidence accumulated that, in some influential quarters in the new regime, civil servants remained the objects of an unrelieved suspicion.

A final point that needs some mention here is the early silencing of the civil service associations' voice in the evolution of policy. This task was made easier by the willingness of most of these associations to identify themselves with the new course — although of course they saw this as the condition of their continued partnership in policy, not as the self-censorship it soon became. The *Deutscher Beamtenbund* was typical in assuring the Chancellor on 15 March that „Für den deutschen Beamten kann es nichts anderes geben, als daß er sich willig und mit voller Hingabe zur Verfügung stellt und die Regierung

---

[29] In the course of a conference on implementation attended by representatives of Reich and Länder ministries, held on 25/6 April 1933; report in GStA:Rep. 318/882 (Reichsarbeitsministerium).

[30] For example, his instructions on the geographical definition of the military front in the war, for the calculation of exemptions granted to „Frontkämpfer".

durch treue Pflichterfüllung unterstützt" [31]. Sprenger, the NSDAP's expert on
civil service organizations, warned the government not to take this declaration
at face value, especially lest this seem to extend official approval to the DBB.
He also alluded to the preparations that were in train for the *Gleichschaltung*
of all civil service associations by the NSDAP — a process that began in
earnest in April [32]. By May, the RMdI was instructing central and Land
authorities to consult the *NSDAP Beamtenabteilung* on civil service matters,
not the various associations as hitherto [33]. The protestations of loyalty issued
by the DBB and others thus had little effect, other than to smooth the path
towards their own dissolution. Whatever gains were made by this conciliatory
stance were no more than negative (i. e. worse did not happen), though neither
attitude nor fate were much different from innumerable other groups and
organisations in the German public sphere at this time. Like all these too, the
civil service associations occupied for a time a twilight world between half-
completed *Gleichschaltung* and formal dissolution. But by March 1934 all was
over, and the NSDAP's Reichsbund der Deutschen Beamten, headed by Sprenger's protegé Hermann Neef, had formally taken over the task of "representing" the civil service profession [34].

Thus no single stratagem dominated the process by which the Nazi regime
secured itself in relation to the civil service as a mass institution. Rather, this
process was interlocked, and involved a mixture of threats, cajolement,
statutory and unofficial intervention, disregard for procedural precedent, and
a little anodyne blandishment. This combination was by no means unique to
this case, and what was happening behind the confused facade was little
different from other public spheres: the destruction of any vestiges of self-
defence, the fragmentation of any possible means for resistance.

In the absence of any serious contradictory evidence, it seems at any rate
negatively established that there was little chance of any willing or effective
civil service resistance to the new regime in 1933, once known opponents had
been expelled from key posts. What can be said, however, is that in these
early stages, as subsequently, the meaning attached to "resistance" is not an
unequivocal one. When civil servants obstructed NSDAP or SA activities in
their locality, or direct interference in their business, their own reading of
their behaviour was that they were performing their duty in an exemplary
way; the same behaviour looked to party activists on the other hand like a

---

[31] DBB to Reichskanzler, 15 March 1933. BA:R 43 I/2651.

[32] NSDAP Beamtenabteilung to Reichskanzlei, 17 March 1933, signed by Sprenger,
who claimed that „die guten Elemente [im DBB] gehen scharenweise zur Beamtenabteilung der NSDAP über", and that any untimely recognition of the DBB would be
exploited to staunch this draining-away of its membership; BA:R 43 I/2651.

[33] RMdI RdSchr., 16 May 1933. GStA:Rep. 318/842.

[34] RMdI RdErl., 26 March 1934. BA:R 43 I/2651.

suspicious sabotaging of the interests and objectives of the new regime. Of many possible examples of the tensions this set up, an interesting series of exchanges between the Kassel *Landesfinanzamt* and the *Reichsfinanzministerium* (RFM) can be cited [35]. The president of the Landesfinanzamt, Lothholz, began by writing to his ministry in July to report his refusal of various requests from NSDAP Ortsgruppen (backed from Kreis level) for information on officials employed at local finance offices, in parallel to that being assembled through the BBG. The RFM reply confirmed the correctness of Lothholz's action. By September, however, we find Lothholz acceding to a request from Gau level for information on ex-civil servants who had been KPD or SPD members, in order that they could be kept under political surveillance: but the RFM wrote back to countermand this. Finally, in June 1934 the RFM received a request for guidance from Lothholz, concerning a further demand from the Gauleitung for political information. This time, state secretary Reinhardt (an NSDAP nominee) wrote to complain to the Gauleiter involved, Sprenger: he pointed out that such episodes undermined the unitary structure of civil service discipline by weakening the authority of those in charge (a typical argument). Sprenger agreed to withdraw the original demand, which he said had been made without his knowledge. It is possible, without stretching imagination too far, to read this sequence as a movement on Lothholz's part from confidence to submission to insecurity, conditioned partly by time and by the seniority of the NSDAP authority involved.

This episode is but one minute illustration of a major question in the politico-administrative history of the Third Reich, i.e. the complications of relations between agencies of the state and of the NSDAP, and the ambiguous world in-between. Once again, this is an increasingly familiar aspect of the regime which I don't have the space to take up here [36], although it will be alluded to intermittently given that this was one of the main sites of the progressive disorientation of civil servants in the Nazi state. Instead of trying to compress this as a narrative, I propose to look in somewhat more expansive detail at one aspect of policy which will serve to illustrate the shifts in the relationship between the regime and its officials.

[35] Series filed in BA:R 2/22583.

[36] The current state of the discussion is usefully summarised in *Peter Hüttenberger*, Nationalsozialistische Polykratie, in GG 2 (1976), pp. 417—42.

III.

The field I have chosen is the development of salary policy, for three reasons. The first is that the accidents of archive survival make it one of the relatively well-documented aspects of policy (at any rate from the governmental level on which my own research has been focused). The second reason is that this policy area is less overtly politicized than was appointment/promotion policy, for example, with its direct provocation of opposing interests: being less politically controversial, and yet at the same time profoundly important to all members of the civil service, salary matters allow us to consider less familiar contributions to the overall picture of state relations in a clear light. Finally, it provides some additional evidence about divergences between the position of "participant" civil servants, and those who were largely the objects of policy.

The background to post-1933 developments in this field was made up of three configurations which provided the formal framework in which the Nazi regime's policy had to operate. One of these, the salary cuts of 1930—32, has been mentioned already. The other two were, first, the continuing efforts (even after the completion of the emergency *Personalabbau* of 1923—25) to reduce the Reich's administrative complement by statutory provision for the regular deletion of a percentage of established posts [37]. Second, there was the new salary law of 1927, which fixed civil service salaries at relatively (and, it was said, injudiciously) high levels, and made some attempt to reverse the narrowing of differentials between classes which had characterized immediate postwar policy [38]. In 1933, the immediate policy decisions of the new government formally confirmed these existing trends, the salary cuts being extended for a further year [39]. In June, a compendium *Beamtenrechtsänderungsgesetz* (BRÄndG) contained a number of clauses extending existing practices or reviving earlier ones: including, for example, the enforced reduction of Land and Gemeinde civil service pay to equivalent Reich levels (a revival of the detested 1920 *Besoldungssperrgesetz*), and measures intended to suppress so-called „Doppelverdienertum", which similarly recalled some of the provisions of the

[37] Reichsbesoldungsgesetz, 16 December 1927, RGBl 1927 I, p. 349, § 40.
[38] See *H. Völter,* Die deutsche Beamtenbesoldung, in: *W. Gerloff* (ed.), Die Beamtenbesoldung im modernen Staat, Munich 1932. See also *Mommsen*, Stellung der Beamtenschaft; and *Josef Becker* (ed.), Heinrich Köhler. Lebenserinnerungen des Politikers und Staatsmannes, Stuttgart 1964, pp. 251—64 (Köhler, Reich finance minister in the Marx cabinet, was largely responsible for the terms of the 1927 salary law).
[39] Verordnung des Reichspräsident über Maßnahmen auf dem Gebiet der Finanzen, der Wirtschaft und der Rechtspflege, 18 March 1933, RGBl 1933 I, 109, Kap. I. 2.

PAV (not least in its effects upon women civil servants) [40]. It was agreed, however, that the new government's economic policies would not demand further inroads on civil service salaries, and in July Hitler voiced his opposition to RMdI and RFM proposals to partially finance unemployment aid by ending the part-exemption of the security forces from existing pay cuts [41]. Significantly, these proposals had been made mainly in the interests of achieving uniformity of practice; they were refused by Hitler on the prudential grounds of avoiding anything that would compromise the maintenance of public security in the hard winter ahead.

Although new deflationary measures of this kind were not adopted, the government remained tied to the status quo as far as existing policy was concerned. In March 1934 the validity of the Brüning cuts was extended indefinitely, thereby effectively setting the course of government policy [42]. Still, there were a number of other initiatives on this front which, although they can't be discussed here, should not go unremarked. These included predictable calls from some NSDAP spokesmen for an exemplary ceiling to be placed on top salaries [43]; some equally expected references to the significance of salary policy for population matters [44]; the imposition of controls on Länder civil service promotions [45]; and a useful measure for assisting civil servants who were deeply indebted [46]. I have found no direct evidence about the

[40] Gesetz zur Änderung von Vorschriften auf dem Gebiete des allgemeinen Beamten-, des Besoldungs- und des Versorgungsrechts, 30 June 1933, RGBl 1933 I, 433, Kap. VIII.

[41] Cabinet protocol, 14 July 1933. BA:R 43 I/1464.

[42] Gesetz zur Änderung und Ergänzung von Vorschriften auf dem Gebiete des Finanzwesens, 23 March 1934, RGBl 1934 I, 232, Art. 7 (1).

[43] Thus Adolf Wagner, Bavarian interior minister and Gauleiter of Munich/Oberbayern, suggested a reduction in the salaries paid to ministers and senior civil servants (letter to Frick, 23 June 1933. BA: R 43 I/2588). More trivially, but perhaps indicative of certain populist hopes within the NSDAP, the Hauptamt für Beamte declared its commitment to a long-term aim of gradually reducing the highest salaries in step with economic improvement (in answer to a query on policy from the Baden Amt für Kommunalpolitik, 31 July 1933. BA:NS 25/451).

[44] For example, in a meeting of the Sachverständigenbeirat für Bevölkerungs- und Rassenpolitik, at which Pfundtner was present, 2 August 1933. BA: R 53/6.

[45] The RFM tried to enforce the greatest restraint in Land promotions, especially in the early years of the Third Reich when the subsumption of Land offices into the Reich administration transferred the direct fiscal burden to the Reich. Some documentation on this in BA:R 43 II/758, and see especially a joint RFM/RMdI RdSchr. to Land governments, 23 February 1934.

[46] Gesetz über die Abtretung von Beamtenbezügen zum Zwecke der Entschuldung der Beamten, 18 October 1935, RGBl 1935 I, 1245; and see documentation in BA:R 43 II/431. The effect of the law was to relax statutory restrictions on the proportion of his or her salary that a civil servant was legally entitled to mortgage in advance.

reception of these and other measures among ordinary officials, but an episode from early 1935 might be allowed to illustrate one example of this.

In the autumn of 1934, a new salary schedule was issued for the City of Berlin, reducing some officials' salaries in conformity with the provisions of the BRÄndG, mentioned above [47]. In June 1935, shortly before this new schedule was due to come into effect, the Berlin Gauleitung approached Lammers with a request that the Führer exempt the city from the imposition of uniform salaries: the grounds argued were the high cost of living in Berlin, and the fact that for most of the 3,000 officials involved the new schedule would reduce already low monthly incomes of about 300 marks by a further 60 marks. Great emphasis was put on the political consequences of the act, and evidence of this assembled in a 28-page summary of reports sent in to the Berlin Amt für Beamte by its local officers. The commonest points made in these reports included: that the move was the exact reverse of what might have been expected of the National Socialist state, in that it worsened the position of the lowest-paid; that local NSDAP officials found themselves at an embarrassing loss to explain or defend the measures; that the lower-graded civil servants were precisely those who had risked most for the Nazi movement before 1933; that the first news of the measure came as a bombshell after Goebbels's New Year speech which had promised a rise in living standards in the coming year; that the anticipated loss of income was causing civil servants to resign from the Reichsbund der Deutschen Beamten, and cancel their subscriptions to the *Völkischer Beobachter* and other Nazi publications. As one report put it:

Die Maßnahme wird als Machenschaft einer reaktionären Gruppe bei der Regierung angesehen, der ihr Treiben dadurch ermöglicht wird, daß der Erlaß des Reichsinnenministers nicht ausreichend befolgt worden ist, der die Besetzung der Personalämter mit Nationalsozialisten vorschreibt.

Another report described the effect as comparable to that which had been elicited by the Brüning *Notverordnungen*. And it was also pointed out that this crude equation of local salaries to Reich levels was even more unfair, insofar as promotion prospects in local government lay well below those in the Reich administration.

The sequel to this will come as no surprise to students of government procedure in the Third Reich. Hitler responded by directing that the equalization measure be abrogated, on the grounds that existing levels of pay must be maintained in order to prevent demoralization. He also suggested that the same objective could be achieved gradually instead of at one blow, by holding back seniority increments for example, and by paying new appointees at the revised scales. In the event, this gradual approach was actually adopted, under conditions of some secrecy which were intended to prevent other authorities

---

[47] The following account is taken from documentation in BA:R 43 II/571.

from invoking it as a precedent. The whole process was anathema to Frick, who was described as being „außerordentlich betroffen" by Hitler's instructions. After all, it was a direct blow against his and Krosigk's strategy of working towards a uniform regulation of salaries for the whole of Germany — a policy which, for Frick, was itself part of his wider plans for administrative uniformity.

This episode is instructive, because it offers one of the few insights into rank-and-file response to government policy before the heavier documentation of the later 1930s and the SD reports on morale. Berlin civil servants were unusually fortunate in having such special treatment (though it was anyway pretty limited), for the context makes it clear that other equalization schemes must have been simply put into operation, morale and economic policy notwithstanding. The mass of civil servants certainly received no financial rewards from the Nazi regime, though the same cannot be said of their superiors. Where clout was strong enough, special procedures were adopted to top up the income of senior men. Thus senior Reichskanzlei officials received special *Stellenzulage* in 1935, 1937 and again 1943 [48]; while in the RMdI preferential promotions were used both to produce higher remuneration for individuals and to enhance the prestige of the ministry (an objective also vigorously pursued by other ministries) [49]. Lower civil servants received no such attention: as the 1930s progressed, they faced a situation in which they were working longer hours for an income which was declining both in purchasing power and in relation to some other professions'.

But did the increase in the aggregate size of the civil service act as any compensation for low pay levels — were there at least more jobs available? In the early years of the regime, preferential entry arrangements for "deserving" NSDAP members who were unemployed gave a form of victors' spoils to men in the manipulatory or non-Beamte grades of state employment

---

[48] The Reichskanzlei (RK) supplements were granted in the 19th amendment to the 1927 salary law (29 March 1935, RGBl 1935 I, 464); the 31st supplement (9 December 1937, RGBl 1937 I, 1355); and the 36th supplement (30 March 1943, RGBl 189). The first two followed elevations in the status of the RK: in 1934 it was designated an independent authority under RBG § 159 (see VO of 4 September 1934, RGBl 1934 I, 827); in 1937 the head of the RK was elevated from the rank of state secretary to minister (see Führererlaß of 26 November 1937, RGBl 1937 I, 1297). The 1943 supplements followed a major internal reorganisation in the RK. For contrasting views on whether these changes were objectively called for, or whether they were the consequence of Lammers's personal ambition, see the statements by Killy's subordinate Boley in 1948 (BA:Kl.Erw. 234/2) and 1945 (BA:Kl.Erw. 234/3); by Krosigk in 1953 (BA:Kl.Erw. 234/5), and in *Krosigk's* memoirs: Staatsbankrott. Die Geschichte der Finanzpolitik des Deutschen Reiches von 1920 bis 1945, Göttingen 1974, pp. 241—2.

[49] For details, see *Jane Caplan,* The Civil Servant in the Third Reich, Oxford 1973 (D. Phil. diss.), pp. 246—53.

186

at a time when to have a job at all was something of an achievement. It would be extremely interesting to know how many of these migrated into other work when it again became available: up to 1935 at any rate civil service jobs seem to have been quite sought after. This emerges from some statistics assembled at the beginning of 1936 in the war ministry, which had an interest in the question in consequence of the fact that the jobs concerned were those manipulatory posts which were traditionally reserved for ex-members of the uniformed services [50]. It was noted with some asperity that in 1935 over three thousand low-ranking civil service jobs had been taken by National Socialists under the preferential appointment regulations — but of them, no more than 369 had been unemployed, the rest having merely changed jobs. (The inference from this is that for 2,654 men (sic) at least, civil service employment was attractive in comparison with whatever their earlier jobs had been.) The war ministry's point was this: RMdI statistics had revealed that at this time there were no more than 711 *Alte Kämpfer* still registered as unemployed, and these the war ministry was willing to regard as genuinely qualified for appointment. But otherwise, it wanted its own backlist of no fewer than 39,500 *Versorgungsanwärter* to get the jobs they wanted. This evidence doesn't indicate the then employment status of the latter, though information was given on how long they had been waiting for their civil service jobs. But whether they were unemployed or not, they have to be taken into account as men who, following a long tradition in the Prussian civil service, had been cheated of the expected sequel to their military service (at the end of the previous century, for example, the military or uniformed route was a common choice of entry into the Prussian civil service) [51].

At the outset of the regime, then, state employment was used to satisfy a political demand from the Nazi movement. This did not involve the creation of new jobs, and may, as we have just seen, have kept other candidates out of anticipated employment. New jobs were, however, created, and in large numbers, by the expansion of public employment from the mid-1930s. There are considerable dificulties in assessing the true direction of this trend, not least because of the gaps left in the published statistical information after 1933 [52]. The figures that follow are therefore both crude and provisional, but

[50] Blomberg to Hess, 29 February 1936, a copy of which was simultaneously sent to the RFM. BA: R 2/21906.

[51] See *Hansjoachim Henning,* Das Bildungsbürgertum in den preussischen Westprovinzen, Wiesbaden 1972, p. 123. Entitlement came from service with a uniformed branch of the state service, such as the police or customs.

[52] Up to 1933 the Statistisches Jahrbuch für das Deutsche Reich may be used as a general guide, but the 1933 table „Personalstand der öffentlichen Verwaltung" disappears thereafter (along with other information about civil servants, such as their household budgets). For the Reich as a whole, it becomes impossible to distinguish *Beamte* from *Angestellte*. (It ought also to be noted that in the data on occupational

they seem to reveal a trend which even those reservations cannot entirely obscure. In 1933 the number of Beamte employed by Reich, Länder and Ge-meinde/Gemeindeverbände was in the order of 750,000. The number of An-gestellte in these areas of employment at the same date was somewhere around 170,000 and 200,000 [53]. At the end of 1942, figures drawn up in the RFM show not only a large aggregate increase in state employment, but also a notable change in its composition [54]. By this date, the number of Beamte had grown to 1,289,508, i. e. not quite double the 1933 figure. But the number of Angestellte, at 724,561, had increased almost fourfold. Thus whereas in 1933 Angestellte had formed some 26 per cent of the total group, by 1942 their share had risen to some 56 per cent. Despite the unsatisfactory quality of this statistical data, its broad significance is unmistakable: it provides an index of the retreat of the "traditional" *Berufsbeamtentum* under the pressure of a form of state employment which shared neither the "prestige" nor the material advantages of the civil servant proper. In the Weimar republic, the civil service associations had campaigned vigorously against the employment of Angestellte, for fear of being reduced to a qualitative equivalence. After ten years of Nazi rule, a tendency had been asserted which civil servants were now powerless to resist [55]. This broad development is far more rarely mentioned in the con-

categories and social status (*soziale Stellung*) the term „Beamte" covered a field wider than state employment alone.) The further category of „Arbeiter" in state employment is not under discussion here.

[53] The 1933 Statistisches Jahrbuch estimated some 760,000 Beamte in the *Hoheits-verwaltungen* of Reich, Länder and Gemeinden (i. e. excluding the *Betriebsverwal-tungen* of the Reichsbahn and Reichspost, and staff of public corporations) (p. 14). The table of „Beamte and Angestellte der öffentlichen Verwaltung im Deutschen Reich nach der Besoldung am 31. März 1930" (p. 454) shows about 706,500 Beamte and 178,561 Angestellte in the areas discussed here. Figures from the 1933 census, publish-ed in 1936, are 739,000 and 193,000 respectively. (I have not at this point been able to check the census material directly, but have taken the two figures from an article by *A. Renner,* Das Personal der öffentlichen Verwaltungen im Deutschen Reich, in: Nationalsozialistische Beamtenzeitung, 2 Juni 1936, pp. 505—6).

[54] Internal note, 13 December 1942, „Schätzung des Gesamtaufwands an Bezügen der Beamten und Angestellten, Arbeiterlöhnen, Versorgungsbezügen und Militärren-ten", 13 December 1942. BA:R 2/22237.

[55] In September 1936, Ministerialdirektor Wienstein of the RK enquired privately of Dr. Graevell at the Statistisches Reichsamt whether there was any statistical found-ation to the growing belief in a „Verbeamtung" of the German nation. Graevell's reply (5 October 1936), reviewing the limited data then available, noted that it was at the local government (Gemeinde) level particularly that Angestellte employment was increasing at the expense of Beamte: he commented „von einer zunehmenden ‚Ver-beamtung' im eigentlichen Sinne kann also wohl nicht die Rede sein. Wenn davon ge-sprochen wird, so ist nach meiner Ansicht vielmehr etwas gemeint, was man als ‚Ver-behördlichung' bezeichnen könnte" (BA:R 43 II/418).

temporary evidence about the "degradation" of the *Berufsbeamtentum* in the Third Reich, compared with the references made to vaguer threats to prestige. Yet here a process was in motion which, unhindered, threatened not to erode but to engulf both the "traditional" institution and its members' material status.

I want to conclude this discussion with some further remarks on civil servants' material situation in the 1930s, drawing on the evidence yielded by the belated reinstatement of the money deducted from their income by Brüning[56]. The principal significance of this development here is the fact that the moves to reinstate the lost income were partly premised on the argument that civil servants were being driven to the limits of their loyalty by the exigencies of their financial position. However, this was almost always referred to in a rather oblique form: for example, by speaking of the alleged loss of „Arbeitsfreudigkeit" and „Leistungsfähigkeit", by general references to loss of morale, by claims that "the best" officials were leaving state employment and that good recruits were no longer forthcoming (claims which were not easily testable, unless by the conduct of the kind of public survey which was politically impossible in the Third Reich). It was left to the appeal to Hitler drafted by Pfundtner in 1941 to speak more openly of the disappointment and sense of betrayal allegedly felt by civil servants at their treatment since 1933 — and it is notable that this potentially compromising document was of course not sent to its supposed destination after all[57]. By that date, we have the evidence of the *SD-Meldungen* as a source for civil service attitudes "on the ground". Reports on reactions to the second and third stages of the reinstatement of the cuts (1940 and 1941) suggest a swell of resentment at the underhand way in which this was being accomplished: secretly, with no publicity and no official explanation other than the laconic instruction to answer all queries with words „Die Abzüge haben sich vermindert" (telling use of the reflexive). The Meldungen continued to report instances of low morale, and it may be that these particular reports were part of that "defeatist" tone which led to the eventual winding-up of the system. But this is mere speculation, as is any attempt to read the meaning of "poor morale" beyond the limited confines of the documentary provenance. What can be said with some confidence, however, is that there is a striking degree of concurrence in the picture presented from sources as varied as the SD reports, *Deutscher Gemeindetag* reports, and the various submissions from field offices collected in the RMdI. It is also clear that the salary episode marked a critical moment in the demarcation of a self-consciously "civil service" contingent in the administrative apparatus,

[56] The following remarks are a radical summary of evidence discussed in *Caplan*, Civil Servant, pp. 173—256.

[57] Copy of this draft in BA:R 43 II/424; reprinted in *Mommsen*, Beamtentum, pp. 200—2.

with a growing sense of being on the defensive not only in relation to the *actual* functioning of the regime, but also of its *possible* identity. This was a move from a sense of risk to one of defeat.

IV.

In this paper I have tried to steer my discussion of the civil service away from the existing and almost conventional emphasis on political relations within the National Socialist state. This was a decision undertaken deliberately, but at the same time with some trepidation, not least because the historical data I have at my disposal does not lend itself as readily to the kind of exposition I have attempted as to the conventional approach. Questions about top-level power relations, about the actual processes of policy-formation and decision-making, about the details of execution and administration, have not figured here — although, as other contributions in this volume (notably those by Hans Mommsen and Tim Mason) remind us, these aspects are not mere embellishments to a basically simple story of ruthless dictatorship but are the grit of that story itself. The issues raised in this paper are therefore to be read against that background, and should not be regarded as erasing its importance or occupying its place. Nevertheless, it is also my contention that the production of ever denser accounts of the precise structure and operation of political relations in National Socialist Germany needs now to be balanced by an expansion of the range of legitimate historical investigation. The historiography of the state in the Third Reich could then begin to reflect the fact that politics do not simply exclude or rest above social realities, but that these two exist in a relationship of complex mutuality. To date, much of the academic history of the Third Reich has conveyed the impression that civil society somehow ceased to exist or fell into abeyance after the upheavals of 1933. This may not be wholly intentional, and it is also an artefact of how research in general into this period has developed, with successive zones being mapped out and explored. But it may not be too contentious to observe that there is a certain apologetic mileage to be made out of sustaining a perspective which implies that social relations came to a stop in 1933, and were not resumed until after the aptly-named year zero of 1945. Outside the realm of popular publication, and with a few notable exceptions [58], the silences of most research to date have helped project an image of a social atomization so extreme that the concept of social structure seems almost irrelevant. The ten-

---

[58] Not least among contributions to this volume, e. g. those by Hüttenberger, Kershaw, Fröhlich and Noakes. The major contribution otherwise is the work of Tim Mason; and current work from a number of sources on the position of women in the Third Reich should lead to further innovations.

dency to concentrate on policy reinforces this: the atoms are shown being agitated or left quiescent by the action of an invasive state: through direct intervention, and through saturation propaganda.

Insofar as the political fragmentation of the Nazi regime presents an analogous picture, the essentially disintegrative identity of the Third Reich would seem clearly established. In the end, then, the only measure of changing attitudes to the regime would have to be seen as the point at which this fact became apparent to particular groups or individuals (leaving out of account for the moment the question of those for whom disintegration was, on the contrary, the apotheosis of the regime). In this case, it becomes all too easy to slide between identifiable individuals and the institutions they seem to "represent": if the institutions are emancipated from their social ties, then it becomes a straightforward matter for a group of generals to figure for the army, a number of ministers and state secretaries for the civil service. These conclusions are adequate if the image of extreme fragmentation socially and politically is accepted. If, however, that image is not entirely convincing, then it becomes important to try to pick up such contrary evidence as may be found, and to employ it in an attempt to identify possible measures of support and alienation which are not merely swallowed up in the final comprehensive "failure" of the Third Reich. This paper has tried, perhaps rather obliquely, to suggest some of this evidence, and to make it available for consideration outside the massive teleological pull of the Third Reich's ultimate fate.

Zusammenfassung

Den deutschen Beamten wird eine traditionelle Affinität zum autoritären Staatsgedanken nachgesagt. Thema dieses Beitrags ist die Frage, wie sich die Unterstützung des Nationalsozialismus seitens der Beamten im einzelnen manifestierte, und zwar bezogen auf den Grad der Unterstützung durch die verschiedenen Dienstgruppen vor und nach der Machtergreifung. Im weiteren wird die Haltung der NSDAP und später die Einstellung der neuen Staatsführung zur Beamtenschaft und ihren besonderen Standesinteressen untersucht.

Es deutet alles darauf hin, daß sich die Partei vor 1933 auch in ihrer Politik gegenüber den Beamten in erster Linie von wahltaktischen Gesichtspunkten hat leiten lassen. Das schloß mitunter Angriffe auf bestimmte Beamtenkategorien, wie etwa die sogenannten Parteibuchbeamten der Republik, nicht aus, sofern sich damit zusätzliche Wählerschichten mobilisieren ließen. Indem alle Skandale, in die sozialdemokratische Beamte verwickelt waren, propagandistisch hochgespielt wurden, gab die NSDAP vor, daß es ihr um die Wiederherstellung des unbestechlichen preußischen Berufsbeamtentums ging. Mit dieser Propaganda wurde zugleich an das eher undemokratische Standes- und Elite-bewußtsein der Mehrheit der konservativ eingestellten Beamten appelliert. Als politisch besonders verhängnisvoll erwiesen sich die von der Regierung Brüning angeordneten Sparmaßnahmen im öffentlichen Dienst, von denen vor allem die um ihre „wohlerworbenen Rechte" bangenden Beamten betroffen waren. Die dadurch ausgelöste Protestbestimmung „vor allem beim mittleren und unteren Dienst" kam unmittelbar der NSDAP zugute. Weitere Schlußfolgerungen über soziale Herkunft und Wahlverhalten lassen sich jedoch nur schwer ziehen, solange die Personalakten der Forschung verschlossen sind. Die auf eine Mobilisierung der Massen abzielende Propaganda hatte zunächst entschieden Vorrang vor Kontakten mit einzelnen hochgestellten Beamten im Sinne einer Vorbereitung der späteren Machtübernahme. Dem Masseneintritt der Beamten in die NSDAP nach der Machtergreifung steht die Tatsache gegenüber, daß die Mehrzahl der Beamten innerhalb der Reichskanzlei nicht Parteigenossen waren. Nach dem Machtantritt beschränkte sich das neue Regime zunächst darauf, die politischen Spitzenpositionen der Republik, wie Staatssekretäre, Oberpräsidenten, Polizeipräsidenten etc., von „unzuverlässigen Elementen" zu säubern, was zumeist in der Form von Zwangspensionierungen geschah. Nach den Märzwahlen folgten dann illegale Amtsenthebungen auf lokaler Ebene durch die Intervention einzelner Parteidienststellen, die in der Form und in ihrem Ausmaß ohne Präzedenz waren. Durch das neue Berufsbeamtengesetz vom 7. April 1933 wurde diese Entwicklung gestoppt und die systematische Diskriminierung auf eine neue Rechtsgrundlage gestellt. Einmal lag Hitler daran, sich in dem nun von ihm beherrschten Haus Respekt zu verschaffen, zum anderen suchten die Berliner Ministerialbeamten, ihre eher autoritären Vorstellung endlich in die Tat umzusetzen. Man vermied es, die Loyalität der Masse der Beamten, auf deren Mitarbeit man angewiesen war, auf eine allzu harte Probe zu stellen. Im Gegenteil, den Beamten sollte das Gefühl vermittelt werden, daß der neue Staat sich ihre Standesinteressen besonders angelegen sein ließ, vorausgesetzt, daß sie sich uneingeschränkt zur Verfügung stellten. Gleichzeitig büßten sie jedoch ihre eigenen Standesorganisationen ein, die nach einer kurzen Phase freiwilliger Gleichschaltung aufgelöst wurden. In kurzer Zeit und ohne große Mühe waren alle personellen und institutionellen Ansatzpunkte für organisierten Widerstand zerstört worden. Das Verhältnis der Beamtenschaft zum Staat wird dann in einem eher unpolitischen Bereich untersucht, der Gehaltspolitik. Wie stand es mit der Wahrnehmung der Beamteninteressen seitens des Staates im Bereich der durch die Regierung Brüning empfindlich gekürzten Gehälter? Zunächst änderte sich nichts; die Kürzungen wurden auf ein weiteres Jahr ausgedehnt und der Polizeidienst blieb, auf Weisung Hitlers, auch hiervon ausgenommen. Nach der weiteren Konsolidierung des Regimes wurde im März 1934 eine Verlängerung der Gehaltskürzungen auf unbestimmte Dauer verfügt. Als im Herbst auch noch die Gehälter der Berliner Kommunalbeamten dem niedrigeren Reichsniveau angeglichen werden sollten, kam es zu einiger Unruhe; Hitler intervenierte und setzte eine weniger drastische Übergangslösung durch. Den Beamten ging es im allgemeinen nicht besser als in der Weimarer Republik. Die Brüningschen Gehaltskürzungen wurden erst zu später Stunde und auch nur schrittweise aufgehoben. Der Regimewechsel öffnete in einigen Fällen arbeitslosen „alten Kämpfern", den Weg in den begehrten öffentlichen Dienst, der mit der zunehmenden Aktivität des Regimes nun beträchtlich expandierte. Andererseits läßt sich eine bemerkenswerte Umschichtung hin zum Angestelltenstatus feststellen, die einer erheblichen Schwächung des Beamtentums gleichkam. Bei Lage der Dinge waren die Beamten, die ihre Unzufriedenheit allenfalls in indirekter Form äußern konnten, ganz auf die Gunst der Staatsführung angewiesen, bzw. auf die Fürsprache einzelner hochgestellter Vertreter. Abschließend wird betont, daß sich auch auf dieser Ebene der disintegrative Charakter des nationalsozialistischen Systems bestätigt.

Jeremy Noakes

Oberbürgermeister and Gauleiter
City Government between Party and State [1]

„Gemeinden arbeiten an unzähligen Aufgaben, während das Haus, in dem sie schaffen, gleichzeitig von oben und unten abgebrochen wird ... Entwicklung nach zwei Richtungen: entweder bolschewistisches Kommissarsystem oder romanistische Departementsverwaltungen!" [2]

Reichsleiter Karl Fiehler, Oberbürgermeister of Munich, 11. December 1942.

"Was macht der arme Teufel von Bürgermeister oder Oberbürgermeister, der erstens mit dem Gauleiter nicht gut steht, zweitens nicht alter Parteigenosse ist und drittens einen biestigen Regierungspräsidenten hat. Da möchte ich die Selbstverwaltung sehen!" [3]

Karl Schmidt, Oberbürgermeister of Cologne, 27 September 1940.

After a visit to Cologne in May 1925, which included a feudal-style breakfast in the city hall, Stresemann noted in his diary: „Die Oberbürgermeister des heutigen Deutschlands sind in Wirklichkeit neben den Großindustriellen die Könige der Gegenwart. Auf lange Zeit gewählt, viele unabsetzbar, sind sie mächtiger als die Minister und stellen ja auch im wesentlichen heute die Parlamentarier und politischen Führer" [4]. Allowing for an element of hyperbole, there was much truth in Stresemann's comment. While Adenauer of Cologne was a particularly striking example, there were several other Oberbürgermeister

---

[1] This article is primarily concerned with those cities with a population of 100,000 and over. In May 1938 in the Altreich there were ten cities with over 500,000, 16 with between 200,000 and 500,000, and 27 with between 100,000 and 200,000 inhabitants — a total of 53. See Deutscher Gemeindetag (DGT) Liste „Oberbürgermeister in Städten mit über 100,000 Einw. mit Angabe ihrer Mitglied-Nr. in der NSDAP" (30. Mai 1938), in: Landesarchiv Berlin (in future LAB), Archiv des Vereins für Kommunalwissenschaften (in future AVfK) DGT 0-0-0/13, vol. 1.

[2] *Karl Fiehler,* Arbeitsunterlagen für die Dienstbesprechung am 11./12. 12. 1942, in: Bundesarchiv Koblenz (in future BA):NS 25/66.

[3] Niederschrift über die 7. Sitzung des OB-Gremiums des Deutschen Gemeindetages am 27. 9. 1940 in Berlin. LAB: AVfK, DGT 0-1-13-7, Akte II.

[4] *Gustav Stresemann,* Vermächtnis, vol. 2, ed. by Henry Bernhard, Berlin 1932, p. 300.

who not only dominated the government of their own cities but played a significant role in Reich politics: Karl Jarres of Duisburg and Franz Bracht of Essen spring immediately to mind, quite apart from ex-Oberbürgermeister such as Otto Gessler of Nuremberg, Erich Koch-Weser of Kassel, Hermann Dietrich of Konstanz and Hans Luther of Essen, to name only the most prominent. For, in the Weimar Republic the post of Oberbürgermeister of a major city was not only a position of considerable influence in itself, but also a springboard to a successful political career at Reich level. During the Third Reich, however, the position and influence of the Oberbürgermeister were to change quite drastically. By February 1944, Himmler, as the recently appointed Reich Minister of the Interior, was having to insist „daß die Oberbürgermeisterposten keinesfalls — wie es leider vielfach der Fall gewesen sei — Abstellgleise für im Partei- und Staatssektor gescheiterte Existenzen sein dürften" [5].

Given this drastic reduction in the significance of Oberbürgermeister during the Third Reich, one might well conclude that there is little point in studying them. Such a response would certainly correspond with the general lack of importance accorded to local government by many historians. In the past, at any rate, the tendency on the part of political historians has been to dismiss local government as an area of parish pump politics largely irrelevant to the major historical issues and developments. In the last two decades, however, such attitudes have begun to change. It has become appreciated that local government is not merely a subordinate sphere of administration existing in some unpolitical vaccuum, but an integral part of the general political system. Now, in addition to important works on Weimar local government, both in the form of general studies [6] and of biographies of particular Oberbürgermeister [7], we have a major study of local government under the Third Reich —

[5] Reichskanzlei Vermerk 16. 2. 1944 betr. Tagung der Gau- und Landeshauptmänner sowie der Oberbürgermeister (in Posen 12—13. 2. 1944). BA:R 43 II/577.

[6] See in particular *Wolfgang Hofmann*, Zwischen Rathaus und Reichskanzlei. Die Oberbürgermeister in der Kommunal- und Staatspolitik des Deutschen Reiches von 1890 bis 1933, Stuttgart 1974. See also *id.*, Oberbürgermeister in der Politik, in: Archiv für Kommunalwissenschaften 8 (1969).

[7] See *Walter Först*, Robert Lehr als Oberbürgermeister. Ein Kapitel deutscher Kommunalpolitik, Düsseldorf 1962; *Dieter Rebentisch*, Ludwig Landmann. Frankfurter Oberbürgermeister der Weimarer Republik, Wiesbaden 1975; *Armin Behrendt*, Wilhelm Külz. Aus dem Leben eines Suchenden, Berlin (GDR) 1976; *Paul Weymar*, Konrad Adenauer, Munich 1955; and *Hugo Stehkämper* (ed.), Konrad Adenauer. Oberbürgermeister von Köln, Cologne 1976. See also the review article of memoirs of Oberbürgermeister by *Wolfgang Haus*, Biographien deutscher Oberbürgermeister, in: Archiv für Kommunalwissenschaften 4 (1965); and *Peter Steinborn*, Grundlagen und Grundzüge Münchener Kommunalpolitik in den Jahren der Weimarer Republik, Phil. Diss. Munich 1968.

Horst Matzerath's „Nationalsozialismus und kommunale Selbstverwaltung" [8], which fully deserves the title of a standard work, and to which all future students of Nazi local government, including this author, will be much in debt. Inevitably, however, in covering the history of the whole of local government, embracing communities varying in size from big cities to villages, Matzerath was obliged to concentrate on drawing the broad outlines of development in the context of his question as to the survival of *Selbstverwaltung*. In view of this, it may be worth while to continue research on local government in the Nazi period by focusing attention more narrowly and from a slightly different perspective. In fact, much work is already being done on local politics in predominantly rural areas and by concentrating on the relationship of the old and new elites [9]. The big cities, however, have hitherto been largely neglected except from the specific point of view of resistance [10]. This is no doubt partly because the documentary material suffered particularly heavy losses during the war. Yet what went on in the big cities is vital to our understanding of political and social life in Nazi Germany. Apart from anything else, nearly a third of the population lived in cities of over 100,000 people [11]. Above all, however, the study of politics and life in the big cities between 1933 and 1945 can provide valuable insights into the social and political dynamics of the regime. This paper does not, however, pretend to do more than scratch the surface of this potentially rich field. For, before we can really begin to achieve a deeper understanding of politics and society in the cities of Nazi Germany, we need to have several detailed studies of individual cities.

[8] Stuttgart 1970.

[9] Notably the research into public opinion in Bavaria being undertaken under the auspices of the Institut für Zeitgeschichte. See in particular: *Martin Broszat, Elke Fröhlich, Falk Wiesemann* (eds.), Bayern in der NS-Zeit. Soziale Lage und politisches Verhalten der Bevölkerung im Spiegel vertraulicher Berichte, Munich 1977.

[10] For general studies of particular cities see *Hans-Peter Görgen,* Düsseldorf und der Nationalsozialismus, Düsseldorf, 1969 and *Wolfgang Domarus,* Nationalsozialismus, Krieg und Bevölkerung. Untersuchungen zur Lage, Volksstimmung und Struktur in Augsburg während des Dritten Reiches, Munich 1977. See also *Utho Grieser,* Himmlers Mann in Nürnberg. Der Fall Benno Martin. Eine Studie zur Struktur des Dritten Reiches in der „Stadt der Reichsparteitage", Nuremberg 1974. On the resistance in big cities see *Kurt Klotzbach,* Gegen den Nationalsozialismus. Widerstand und Verfolgung in Dortmund 1930—1945, Hannover 1969; *Hans-Josef Steinberg,* Widerstand und Verfolgung in Essen 1933—1945, Hannover 1969; and *Kuno Bludau,* Gestapo geheim! Widerstand und Verfolgung in Duisburg 1933—1945, Bonn-Bad Godesberg 1973. See also the studies of resistance in particular cities published in the series ‚Bibliothek des Widerstandes‘ by the Röderberg-Verlag in Frankfurt/M 1969—1973.

[11] 30.2 %. Cf. Statistisches Jahrbuch für das Deutsche Reich, vol. 55, Berlin 1936, p. 10.

Historians of the Third Reich are by now familiar with the significance of the local dimension to the National Socialist seizure of power [12]. After Hitler's appointment as Chancellor, every Nazi Gau, Kreis and Ortsgruppe was determined to "conquer" its own particular locality, and the most obvious bastion to be taken was the town hall. Thus, the running up of the swastika on the flagpoles of town halls all over Germany in the wake of the Reichstag election of 5 March 1933 was the first symbolic gesture indicating the triumph of a new order. But, for the conquest to be real rather than merely symbolic the replacement of flags had to be followed by the replacement of personnel. This change of local government personnel varied greatly from city to city both in manner and in timing, depending largely on the personality of the Gauleiter or Kreisleiter concerned, on local circumstances within both the party and the city, and in a very few instances on decisions at Reich level [13]. The local government elections in Prussia held on 12 March, which had been intended to provide both the means and the democratic legitimization for the take-over of power at this level, failed in many cases to provide the overall majority, which had been hoped for — although the NSDAP became the largest party group in all the big cities in Prussia, apart from Essen, Aachen and Oberhausen. With the exception of the city of Brunswick, where the election took place on 5 March and resulted in the Nazis becoming the largest single party but without an overall majority, no municipal elections were held in the

[12] On this question generally see *Karl-Dietrich Bracher, Wolfgang Sauer, Gerhard Schulz,* Die Nationalsozialistische Machtergreifung. Studien zur Errichtung des totalitären Herrschaftssystems in Deutschland 1933/34, Cologne 1960, p. 136. For studies of the seizure of power in particular areas, in addition to those works listed in footnote 10, see the following: *W. S. Allen,* The Nazi Seizure of Power. The Experience of a Single German Town from 1930—1935, London 1966; *Waldemar Besson,* Württemberg und die deutsche Staatskrise 1928—1933. Eine Studie zur Auflösung der Weimarer Republik, Stuttgart 1959; *Ortwin Domröse,* Der NS-Staat in Bayern von der Machtergreifung bis zum Röhm-Putsch, Munich 1974, *W. H. Pehle,* Die Nationalsozialistische Machtergreifung im Regierungsbezirk Aachen unter besonderer Berücksichtigung der staatlichen und kommunalen Verwaltung 1922—1933. phil. Diss. Düsseldorf 1976; *Geoffrey Pridham,* Hitler's Rise to Power. The Nazi Movement in Bavaria 1923—1933, London 1973; *Horst Rehberger,* Die Gleichschaltung des Landes Baden 1932/33, Heidelberg 1966; *Ernst-August Roloff,* Bürgertum und Nationalsozialismus 1930—1933. Braunschweigs Weg ins Dritte Reich, Hannover 1961; *Paul Sauer,* Württemberg in der Zeit des Nationalsozialismus, Ulm 1975; *Herbert Schwarzwälder,* Die Machtergreifung der NSDAP in Bremen 1933, Bremen 1966; *Henning Timpke* (ed.), Dokumente zur Gleichschaltung des Landes Hamburg 1933, Frankfurt 1964; *Falk Wiesemann,* Die Vorgeschichte der nationalsozialistischen Machtübernahme in Bayern 1932/1933, Berlin 1975.

[13] For the following see *Matzerath,* pp. 61 ff.

other Länder [14]. Instead, under the „Vorläufiges Gesetz zur Gleichschaltung der Länder mit dem Reich" of 31 March [15], the councils were dissolved and reorganised in accordance with the proportion of Reichstag election votes secured by each party in the respective Land, after the number of seats had been reduced in accordance with a maximum limit fixed on the basis of population, and also after the votes given to the Communists had been ignored. But even this measure frequently did not produce the decisive result required.

In the meantime, however, many local party organisations had themselves taken the initiative. In a process which gathered pace after the Prussian election of 12 March, many Oberbürgermeister were forced into resignation by a combination of various forms of physical and moral intimidation, as well as trumped-up accusations of corruption [16]. In some cases, a suitably qualified candidate or one acceptable to the local party organisation was not available to fill the vacancy [17]. Eight Oberbürgermeister were left in office: — Heinrich Sahm of Berlin (although he was now supervised by a State Commissioner); Carl Goerdeler of Leipzig (who could rely on backing at Reich level); Arthur Menge of Hannover (who had adopted a sympathetic attitude to the local Nazis prior to 1933); Julius Friedrich of Wuppertal (a Conservative who had close connexions with heavy industry); Wilhelm Heuser of Oberhausen (where the Nazis had only secured an equal number of seats to the Zentrum on 12 March); Paul Priess of Bielefeld; Fritz Ecarius of Ludwigshafen; and Walter Hartmann of Remscheid (who had been Oberbürgermeister there since 1914). In two further instances, Oberbürgermeister were replaced by their deputies, even though they were not party members prior to 1933 — Gustav Lahmeyer of Kassel, who joined the NSDAP on 15 February, and Alfred Schulte of Wiesbaden, who had spent nearly thirty years there as a city official. There was also the case of the strongly *Deutschnationaler* Oberbürgermeister of Stolp in Pomerania — Edwin Hasenjäger — who had made himself unpopular with the local Nazis, and was transferred to become Oberbürgermeister in Rheydt on 1 August 1933.

[14] Cf. *Roloff,* pp. 137—138.

[15] Reichsgesetzblatt (RGBl) I, 1933, p. 153.

[16] Konrad Adenauer of Cologne and Robert Lehr of Düsseldorf were typical examples. For the fate of Adenauer see *Rudolf Morsey,* Adenauer und der Nationalsozialismus, in: Konrad Adenauer, Festgabe, pp. 447 and for the fate of Lehr see *Först,* pp. 260.

[17] For the following see the NSDAP personal files of individual OBs in the Berlin Document Center (BDC) and personal data in: Das Deutsche Führerlexikon 1934/35, Berlin n. d. [1934]; *Degener,* Wer ist's?, 10th edn., Berlin 1935; and the Reichstagshandbücher for 1933, 1936, 1938, and 1943.

But perhaps the most striking appointment of a non-Party member on administrative grounds was that of Dr Hellmuth Will, who became acting Oberbürgermeister of Königsberg on 3 May 1933, with the appointment made official on 1 October. Born in East Prussia in 1900, Will was a career civil servant who had spent three years (1923-6) as a Referendar in Königsberg and, after three years as an Assessor in Hagen, had joined the *Kommunalabteilung* of the Prussian Ministry of the Interior. He only became a member of the NSDAP on 1 May 1933. This, on the face of it, surprising appointment for such a fanatical Gauleiter as Koch may well have represented a shrewd move on his part. For, with Will he had secured a promising civil servant who knew the ropes at the Ministry and, as a „Märzgefallene", would be very dependent on the Gauleiter. In any event, Will survived as Oberbürgermeister of Königsberg until 1945.

Apart from considerations of administrative competence, there is also evidence of cases where an attempt was made to produce a candidate who would prove acceptable to the prominent social groups within the particular city. This was noticeable in the two city states of Hamburg and Bremen. Thus, the Hamburg party leadership were informed that "Hitler had expressed the wish to appoint someone to the office of 1. Bürgermeister who was well-known in Hamburg" [18]. As a result, the position went to Carl Vincent Krogmann, the scion of a Hamburg patrician family who was not a member of the Party, but who in 1932 had established links with the Keppler Kreis and was now vouched for to Hitler by both Keppler and Himmler. In Bremen, the *bürgerliche* Kreisleiter, Konsul Bernhard, negotiated with Frick behind Gauleiter Röver's back and thereby succeeded in imposing Dr Richard Markert, the deputy director of the Bremen Labour Office, on the Party, first as Police Commissioner in Bremen and then, on 18 March, as 1. Bürgermeister [19]. Markert had joined the NSDAP relatively recently, in 1930. Both for this reason, and for his superior airs, he was heartily disliked as a „Bonze" by the „Alte Kämpfer" in the city.

In other cities too candidates were selected as Oberbürgermeister who could be expected to fit in with the dominant features of the social landscape. In Augsburg, for example, the Gauleitung appointed Dr Edmund Stoeckle, the former Bürgermeister of Lindenburg (Allgäu) [20]. Though a Party member, as an *Akademiker,* Stoeckle could be expected to reconcile the Augsburg patricians to the new order better than the petty bourgeois party leadership in the city. Perhaps the most striking example, however, occurred in Essen, where

[18] C. V. Krogmann-Tagebuch 8. 2. 1933 (Forschungsstelle für die Geschichte des Nationalsozialismus in Hamburg). See also *Timpke,* p. 31.

[19] *Schwarzwälder,* pp. 79—80.

[20] *Domarus,* p. 45.

199

the Gauleiter appointed Th. Reismann-Grone as Oberbürgermeister [21]. Seventy years old and a former schoolmaster at Rugby(!), Reismann-Grone had been a long-time member of the Alldeutscher Verband and supporter of the *Völkisch* movement. He had joined the NSDAP possibly as early as 1930, certainly by 1932, and had encouraged his son-in-law, Otto Dietrich, to move from Essen to Munich to seek a career in the Party. He himself was, however, a hitherto frustrated politician: "No one wanted me. I could not even get a seat in the Provinziallandtag" he commented in his diary [22]. Above all, from Terboven's point of view, he had connexions which made him an excellent candidate as Oberbürgermeister of Essen. For, as a former Geschäftsführer of the Bergbau-Verein, as a co-founder of the Rheinisch-Westfälisches Kohlen-Syndikat, and as the editor of the Rheinisch-Westfälische Zeitung, he had been intimately associated with the Ruhr coal mining interest for some forty years.

In addition to those who were appointed or confirmed for administrative or social reasons, despite the lack of a party card prior to 1933 (fourteen in number i. e. more than a quarter of the total), there were a larger number of those who combined administrative or social qualifications with a strong Party position. Among the most prominent of these were: — Dr Fritz Krebs, the new Oberbürgermeister of Frankfurt/M, who was a *Rechtsanwalt,* had been a leading local Nazi since the early 1920s, and was Kreisleiter of Groß-Frankfurt; the new Oberbürgermeister of Stuttgart, Dr Karl Strölin, who had been a local government official in the city since 1923, had first joined the Party in the same year, had rejoined in 1930, and was Gauwirtschaftsberater in Württemberg-Hohenzollern and Fraktionsführer of the NSDAP on the city council; and the new Oberbürgermeister of Dortmund, Bruno Schüler, who was both a director of Dortmunder Union and Gau-Inspektor of Westfalen-Süd. On the other hand, the choice of candidate sometimes appears to have been determined by Party considerations alone in the shape of the ambitions of a local leader who had the backing of his Gauleiter. Perhaps the most notorious instance was that of Emil Brix who, with the aid of the SS and the support of Lohse, took over as Oberbürgermeister of Altona and then had to be suspended two years later on the grounds that his debauchery had become a public scandal [23]. The proportion of *Alte Kämpfer* among the post-1933 Oberbürgermeister was considerably higher than among the equivalent ranks of the state civil service — Landräte and Regierungspräsidenten — and there were many who had not been to university and few had local government experience, apart from brief membership of a municipal council [24]. The Wei-

[21] For the following see *Th. Reismann-Grone,* Chronik. Aus der Oberbürgermeisterzeit Reismann-Grone (Stadtarchiv Essen) and his personal file in the BDC.
[22] Ibid.
[23] See Emil Brix's personal file in BDC.
[24] See the statistics provided by Horst Matzerath in this volume.

mar period, however, had already seen a dilution of the *Juristenmonopol* in local government as able Social Democrats secured municipal appointments without formal qualifications. And a trend was developing towards a broader range of studies for those intending to enter local government service [25]. To this extent, the Nazis were no longer breaking taboos by the appointment of "outsiders".

By May 1933, the state governments were beginning to try and assert some degree of control over local government and to reintroduce legal and bureaucratic processes. An initial step was the „Gesetz zur Wiederherstellung des Berufsbeamtentums" (BBG) of 7 April, which provided a legal basis for the dismissal of local government officials [26]. Then, on 27 May, the Prussian Minister of the Interior restricted the power of appointing local government commissioners to the government authorities; and, three days later, campaigns in the press or in the form of demonstrations aimed at forcing local government officials out of office were banned in Prussia [27]. During the following weeks and months, the numerous appointments as "acting" (kommissarisch) Oberbürgermeister were transformed into official appointments through formal votes by the city councils, which had by now all been "coordinated", and through confirmation by the various state governments.

This process of "normalisation" in local government culminated in the issuing of the Prussian Local Government Laws of 15 December 1933, which replaced the eight *Städteordnungen* and seven *Gemeindeordnungen* previously in force [28]. In these two laws the Prussian civil service seized the opportunity offered by the new situation to push through changes which had hitherto been blocked by the political parties or by influential local government interest organisations such as the Deutsche Städtetag. The most striking features of this new legal framework for Prussian local government were, on the one hand, the extent to which it strengthened the position of the Oberbürgermeister and Bürgermeister vis-à-vis the city councils and, on the other hand, the increase in the supervisory powers of the state authorities (Staatsaufsicht) over the municipalities. Both these aspects reflected a combination of a number of different factors. Firstly, there was the desire prevalent within the Prussian

---

[25] Cf. *Roger H. Wells*, German Cities, New York 1932, pp. 247.

[26] RGBl, 1933 I p. 175. On the drafting and execution of this law see *Hans Mommsen*, Beamtentum im Dritten Reich, Stuttgart 1966, pp. 39 and *Jane Caplan*, The Civil Servant in the Third Reich, Oxford University D. Phil 1973, pp. 122.

[27] Cf. *Matzerath*, pp. 82.

[28] For the most authoritative account of the genesis of the Preußische Gemeindeverfassungsgesetz and the Preußische Gemeindefinanzgesetz of 15 December 1933 see *Matzerath*, pp. 107. See also *Peter Diehl-Thiele*, Partei und Staat im Dritten Reich. Untersuchungen zum Verhältnis von NSDAP und allgemeiner innerer Staatsverwaltung 1933—1945, Munich 1969, pp. 135.

Ministry of the Interior towards the end of the Weimar period to replace the Magistrat form of local government which existed in most of Prussia with the *Bürgermeisterei* constitution predominant in the Rhineland, with its concentration of power in the hands of the Bürgermeister [29]. Secondly, there was the emphasis within the German Right in general and the NSDAP in particular on the *Führerprinzip*. And finally, there was the conviction among civil servants — encouraged by constitutional lawyers such as Carl Schmitt and Ernst Forsthoff — of the need for a stronger state authority to counteract the pluralist tendencies which were believed to have proliferated during the Weimar period, and for which local government, with its determination to retain *Selbstverwaltung,* was considered to bear much responsibility [30]. Already in 1930 the Prussian Ministry of the Interior had drafted a "Gesetz über die kommunale Selbstverwaltung" which had envisaged a "general clause" extending the supervisory authority of the state [31]. Moreover, the opportunity presented by the parlous financial circumstances of many local authorities during the depression had also been eagerly exploited by Reich and Prussian civil servants as a means of extending the influence of the state over local government — by tightening regulations and by appointing state commissioners in over 600 Prussian local authorities to take over control of their finances [32]. Now, with the appointment of the 'national government' of Hitler and Papen, the prospects for consolidating central state authority over local government appeared even brighter to the civil servants in Berlin. Thus, relations between the state and local government in the years 1930—1933 provide a marked example of the degree of continuity which existed between the phase of presidential government under Brüning, Papen and Schleicher and the first phase of the Nazi regime — a continuity which greatly facilitated the emergence of a full-scale dictatorship after 1933.

In general, then, the new laws had a conservative authoritarian character, representing the interests of the Prussian bureaucracy rather than the priorities or outlook of the Nazi Party. Indeed it had been issued in defiance of the

[29] See, for example, the reform in 1931 of the Berlin municipal constitution of 1920 which, owing to the opposition of the parties, could only go part of the way in this direction. Cf. the discussion of the Berliner Novelle in *Hofmann,* Zwischen Rathaus und Reichskanzlei, pp. 92.

[30] See *Hans Herzfeld,* Demokratie und Selbstverwaltung in der Weimarer Epoche, vol. 2, Stuttgart 1957, pp. 32 and *Wolfgang Hofmann,* Plebiscitäre Demokratie und kommunale Selbstverwaltung in der Weimarer Republik, in: Archiv für Kommunalpolitik, 4 (1965), pp. 264.

[31] Cf. *Karl Teppe,* Provinz, Partei, Staat. Zur provinziellen Selbstverwaltung im Dritten Reich untersucht am Beispiel Westfalens, Munster 1977, pp. 15.

[32] Cf. *Wolfgang Haus,* Staatskommissare und Selbstverwaltung 1930—33, in: Der Städtetag N. F., 9 (1956), pp. 96.

Reich government. It was 'one of the rare examples in which the Conservatives actually succeeded in outmanoeuvering the Nazis' — although they had depended on vital covering support from Göring as Prussian Minister of the Interior. For this reason, the law provoked massive criticism from all sections of the Nazi Party — the Staff of the Führer's Deputy, Gauleiter, and local party organisations, who criticised the inadequate role accorded to the Party in local government. In addition, the Party's local government office, the *Hauptamt für Kommunalpolitik*, attacked the extent of the supervisory powers granted to the state authorities and, in this criticism, they received the support of leading representatives of local government such as the Oberbürgermeister of Leipzig, Carl Goerdeler [33].

As a result of the precipitate action by the Prussian government in issuing the law and of the criticism which it provoked, the Reich Ministry of the Interior was obliged to go ahead with drafting its own local government code which, after much discussion, finally emerged on 30 January 1935 in the form of the Deutsche Gemeinde-Ordnung [34]. Since the Reich had not already developed its own concept for a local government code, however, it found itself in the position of having to develop its own legal framework in response to the Prussian one. Partly for this reason, and partly because the Prussian code had contained a number of reforms which expressed the conventional wisdom among experts on local government, the Deutsche Gemeinde-Ordnung bore many similarities to the Prussian laws of December 1933. At the same time, however, the civil servants of the now combined Reich and Prussian Ministry of the Interior (RMdI) were obliged to take into account the demands of the Party for greater influence as well as the views of conservative local government figures such as Goerdeler, with the result that the Deutsche Gemeinde-Ordnung emerged as something of a compromise. It was a compromise between the desire of the local Party leadership — the *Hoheitsträger* — to control municipal government in their areas; the desire of the Reich civil service to restrict both Party interference and the independent initiative of the Bürgermeister to a minimum; and the desire of the representatives of local government, including the Nazi controlled organisations — the Gemeindetag (state) and the Hauptamt für Kommunalpolitik (Party) — to retain a generous sphere of autonomous action for the Bürgermeister.

The Deutsche Gemeinde-Ordnung transferred the increased supervisory authority of the Prussian Ministry of the Interior contained in the Prussian Law to the RMdI, vesting in it large discretionary powers ($\S\S$ 107, 117, 119,

---

[33] Cf. *Gerhard Ritter,* Carl Goerdeler und die deutsche Widerstandsbewegung, Munich 1964, pp. 42.

[34] On the genesis of the DGO see in particular *Matzerath,* pp. 132. See also *Diehl-Thiele,* pp. 142.

121) [35]. It also confirmed the concentration of legislative and administrative powers in the hands of the Oberbürgermeister or Bürgermeister (§ 31). He was responsible for issuing local ordinances after hearing the opinions of the municipal councillors (Gemeinderäte, or Ratsherren in the cities); for directing the municipal administration; and also for appointing and dismissing all municipal officials, employees, and workers, except the chief executive officers (Beigeordneten), and even these were made subject to his orders (§§ 32, 37). Where the Reich law departed most notably from its Prussian precursor was in the role it accorded to the Party in local government, which was carefully defined. The official responsibilities of the Party were concentrated in the hands of the local Party agent (Beauftragter). In the first place, he was responsible for appointing the Gemeinderäte/Ratsherren (§ 51). Secondly, he had the right of participation in decisions on a number of matters, of which the most important was the appointment of the Bürgermeister and the Beigeordneten (§§ 41, 45). Appointments were preceded by the advertisement of the vacancies. From the list of applicants, and after consultation with the Gemeinderäte (and with the Bürgermeister in the case of the Beigeordneten), the Parteibeauftragter selected not more than three names. He then sent his nominations, along with the names of the other candidates to the supervisory authority — in the case of cities of over 100,000 people the RMdI. If the supervisory authority did not approve one of the nominations, the Beauftragter had to file new nominations. If disagreement again resulted, the supervisory authority designated the person whom the municipality had to appoint. Paid professional Bürgermeister and Beigeordneten were appointed for twelve years, unpaid ones for six years.

Although the Deutsche Gemeinde-Ordnung provided for the participation of the Parteibeauftragter in the appointment of Bürgermeister and Beigeordneten, it provided for only a limited say in their dismissal. § 45, section 1 laid down that a Bürgermeister could be dismissed within his first year of office by the supervisory authority after consultation with the Reichsstatthalter (RSH) or Oberpräsident (OP), and also with the local Gauleiter where he was not simultaneously Reichsstatthalter or Oberpräsident. There was no provision in the law, however, for the Beauftragter to initiate the dismissal of a Bürgermeister or Beigeordnete in his probationary year. The Führer's deputy (Stellv. d. F.) was obliged to deal with this problem in the form of a circular instructing Parteibeauftragten to contact the supervisory authorities

[35] RGBl. 1935 I, pp. 49. See also the various commentaries on the law e. g., *Friedrich Karl Surén* and *Wilhelm Loschelder*, Die Deutsche Gemeindeordnung vom 30. Januar 1935. Kommentar, 1st edn., Berlin 1935, and *Hans Kerrl* and *(Johannes) Weidemann*, Die Deutsche Gemeindeordnung vom 30. Januar 1935. Kommentar, 2nd revised edn., Berlin 1937. See also *Roger H. Wells*, Municipal Government in National Socialist Germany, in: The American Political Science Review, 29 (1935), pp. 652—658.

in cases where they found the Bürgermeister „untragbar" and, if they could not obtain satisfaction, to inform the Stellv. d. F. through their Gauleiter. He would then settle the matter directly with the RMdI [36]. Dismissal *after* the probationary year was only possible after disciplinary proceedings *(Dienststrafverfahren)* for which the supervisory authority was responsible. Finally, under the Deutsche Gemeinde-Ordnung neither the Parteibeauftragter nor any other party official had the right to interfere in the day-to-day running of municipal affairs.

The Deutsche Gemeinde-Ordnung was an important step towards strengthening the position of local government in general and of the Oberbürgermeister in particular against arbitrary interference by Party agencies. From now onwards, when faced with such interference local government officials could and did refer to the law which, in its preamble, declared itself to be "ein Grundgesetz des nationalsozialistischen Staates". Above all, they could point to the fact that it had been approved by Hess and signed by Hitler. Moreover, in resisting interference they could count on the support of the RMdI. Nevertheless, the relationship between the Nazi Party and local government could not be contained within the legal framework of the Deutsche Gemeinde-Ordnung because inevitably it was an intensely political one. This was particularly apparent in the relationship between Gauleiter and the Oberbürgermeister of the big cities. Here the provisions of the Deutsche Gemeinde-Ordnung — on the matter of appointment and dismissal at any rate — were to remain largely a formality.

By 1933, the Oberbürgermeister of the big cities had developed for themselves a unique position in German public life [37]. In some ways, it is true, they resembled state civil servants. In general, they shared the same social and educational background — the *Juristenmonopol* was still largely intact despite the beginnings of a trend away from it. Moreover, in some of their functions they acted as part of the state civil service, responsible to ministers for carrying out duties delegated to them. Nevertheless, senior municipal officials in general, and Oberbürgermeister in particular, differed from state officials in certain very marked respects. Above all, although their degree of authority and independence varied to some extent depending on the constitution of their particular city, all Bürgermeister and Beigeordneten were ultimately responsible to representative legislative bodies — the municipal councils — and all were appointed for fixed periods of time and were obliged to submit themselves for reappointment. This situation meant that the Oberbürgermeister had a kind of hybrid nature — he was half-civil servant and half-politician. Furthermore,

[36] Anweisung Nr. 9 des Stellvertreters des Führers an die Beauftragten der NSDAP *(Kerrl* and *Weidemann,* p. 851).

[37] For the following see *Hofmann,* Zwischen Rathaus und Reichskanzlei, pp. 51; *Rebentisch,* pp. 15; and *Haus,* p. 142.

his responsibility to the municipal council gave him a degree of independence vis-à-vis the state. Conversely, his position as a quasi-civil servant, as an expert, placed him in a position of advantage vis-à-vis the lay councillors. The Oberbürgermeister, as head of an increasingly powerful municipal administration, had not been content with the role of executive agency of the municipal council but instead had become the hub of city government. Many municipal officials had entered local government rather than the state service not simply, or even primarily, because the salaries tended to be higher, but also because local government offered the scope for much more varied and practical activity and, above all, the opportunity for more independent initiative. It was possible for an Oberbürgermeister to leave his mark on a big city in a most permanent and dramatic fashion through a major development such as a new university, a new airport, or a green belt. This situation tended both to attract and produce the kind of dynamic and strong-willed personality who identified himself with his city and devoted his talents and energies with great single-mindedness to its advancement. He tended to see himself as the guardian of its interests against the threat of selfish and divisive sectional interests in the council chamber, on the one hand, and of the stultifying tutelage of the state bureaucracy on the other.

After 1933, the new National Socialist Oberbürgermeister were inevitably influenced in their conception of their role by the rather autocratic image of the office bequeathed to them by their predecessors. Moreover, the emphasis on strong and dynamic leadership already associated with the position of Oberbürgermeister was now reinforced by the provisions of the new Deutsche Gemeinde-Ordnung, strengthening his hand against the Ratsherren on the one hand, and the Beigeordneten and subordinate officials on the other. Indeed Section 2 of the *Ausführungsbestimmung* of § 32 stated quite baldly: „Der Bürgermeister ist der Führer der Gemeinde" [38].

Yet, the Oberbürgermeister and Bürgermeister were not alone in their claim to leadership in the municipalities. The local Party organisations interpreted their past activities in terms of the „conquest" of their particular city for National Socialism. As far as they were concerned, the NSDAP was responsible for the political direction of the citizens — for *Menschenführung* — while the municipal officials, including the Oberbürgermeister should confine themselves to routine administration [39]. Moreover, despite the apparent strengthening of

<hr />

[38] *Kerrl* and *Weidemann*, p. 270.

[39] Cf. *Matzerath*, pp. 230. See also R. *Suthoff-Groß*, Die Rechtsstellung des Bürgermeisters in seinem Verhältnis zum Staat und zu den übrigen Beamten der Gemeinde, Berlin 1941, pp. 60. This book represents in part at least an attempt to reassert the position of the Oberbürgermeister through a scholarly and therefore overtly non-political analysis of the office. As such it provides interesting insights into the problems of the Oberbürgermeister.

the position of the Bürgermeister by the Deutsche Gemeinde-Ordnung, in one vital respect it had in fact been crucially undermined. The basis of the quasi-political role played by the Oberbürgermeister before 1933, with its relative independence from the state authority, had been largely dependent on the fact that they were ultimately responsible to a municipal council composed of members who had been freely elected by the citizens as their representatives. Under this system the Oberbürgermeister could, with some justification, claim to be the spokesmen of their cities. By transferring the responsibility for appointing the Oberbürgermeister to the RMdI and its officials, the Deutsche Gemeinde-Ordnung had struck a lethal blow at the position of the Oberbürgermeister and Bürgermeister, concluding a development which had begun with the „coordination" of the municipal councils in 1933. For, no longer could they claim to derive a large part of their authority from the citizens. Their authority now derived partly from the state which appointed them and which kept them under strict supervision, and partly from the Party which had proposed them and which also kept them under supervision. Thus, they were now awkwardly suspended between Party and state, with their roots in the cities, through which they had previously drawn much of their political strength — although they had not always appreciated the fact — severed. Nor could they mobilise the new Ratsherren as an independent basis of support in relation either to the Party or to the state. For, since these new bodies were no longer elected but appointed by the Parteibeauftragten, they too were in no sense representative of the citizens. If anything, the Ratsherren tended to be cronies of the Kreisleiter and Gauleiter and acted as their watchdogs. The Party was very careful to deny them any representative function — they were simply there to advise and only in a very limited sphere [40]. The „Hoheitsträger" claimed a monopoly of the representation of the interests of the citizens for themselves, and it was inevitable that the Gauleiter in particular should tend to become involved in municipal politics.

The Gauleiter had a strong territorial sense [41]. They had usually won their positions by a combination of early Party membership, on the one hand, energy and ruthlessness on the other. The creation of an effective Party organisation in their own areas had been to a large extent their responsibility and they were now determined to assert their authority within their Gaue and also to defend them against encroachment from ambitious neighbours. Naturally, the Gauleiter were particularly concerned with developments within the big cities of their Gaue, where so much of the population was concentrated and whose activities had such a direct effect on people's lives. While as individuals they varied considerably, on the whole they were not experienced or interested in

[40] Ibid., pp. 289.
[41] On the Gauleiter and local government see *Peter Hüttenberger,* Die Gauleiter. Studie zum Wandel des Machtgefüges in der NSDAP, Stuttgart 1969, pp. 91.

day-to-day administration. They saw their main function as an extension of that of the *Kampfzeit,* namely the securing and maintenance of public support for the regime in their particular Gau as well as the implementation of various ideological principles — two objectives that could on occasion conflict with one another. They preferred to consolidate their position first, by controlling appointments to official positions as far as possible, in order to entrench a clique of loyal followers; secondly, by trying to secure recognition of a kind of ultimate authority, based on political priority, which would enable them to intervene decisively at any time and in any sphere of public life. Yet, their conception of their own role was bound to clash with that of the Oberbürgermeister, who traditionally combined administrative functions with essentially political and representational ones. Even those Oberbürgermeister without a bureaucratic training and background would be bound to resent arbitrary interference in the operation of their administration. Equally, their self-image as Führer of their cities was inevitably liable to conflict with that of both the Kreisleiter and the Gauleiter, particularly since most of the Oberbürgermeister were Party members of long standing, some of them former Ortsgruppen- or Kreisleiter, who believed that they had just as clear an understanding of National Socialism and its priorities as did the Gauleiter.

Officially, on the basis of the Deutsche Gemeinde-Ordnung, the Gauleiter had no direct connexion with the Oberbürgermeister either in relation to their appointment and dismissal or to their conduct of business. According to the *Anordnung* of the Stellv. d. F. for the implementation of § 118 of the Deutsche Gemeinde-Ordnung, the Parteibeauftragter of a Stadtkreis was the Kreisleiter not the Gauleiter, who could only deputize for the Kreisleiter „im Einzelfalle" [42]. However, § 3 of the same Anordnung also laid down that „Der Gauleiter kann den Beauftragten der NSDAP mit bindenden Anweisungen für die Erledigung seiner Geschäftsaufgaben versehen". And although § 5 of the subsequent „Anweisung Nr. 1 an die Beauftragten der NSDAP in der Gemeinde", issued by the Stellv. d. F. on 15 October 1936, insisted that „Im allgemeinen soll der Beauftragte unter eigener Verantwortung selbständig handeln", it went on to reaffirm: „Erteilt ihm aber der Gauleiter eine Anweisung, so ist er daran gebunden" [43]. In fact, the *Erteilung* of *Anweisungen* was to become routine in the big cities! Nor did the Gauleiter restrict themselves to controlling appointments; they also claimed the right of dismissal and were generally successful.

The first major clash between a Gauleiter and an Oberbürgermeister occurred in Bremen and represented a defence by the Gauleiter/Reichsstatthalter of his territory [44]. Relations between the city state of Bremen and the rural state

[42] *Kerrl* and *Weidemann,* p. 737.
[43] Ibid., p. 833.
[44] For the following see the correspondence in BA:R 43 II/1319 and in the Markert and Röver personal files in the BDC.

of Oldenburg had long been marked by a degree of tension. This tension had manifested itself with particular acuteness within the NSDAP, since the local Party organisation in Bremen resented direction from the Gau headquarters in Oldenburg. In March 1933, the *Erster* Bürgermeister in Bremen, Dr. Markert, had been to some extent foisted on the Gauleiter of Weser-Ems and soon Reichsstatthalter of Oldenburg-Bremen, Carl Röver, by the then Kreisleiter, Consul Bernhard, in an attempt to assert Bremen's independence of Oldenburg. Röver had quickly dismissed Bernhard, but his relations with Markert had remained satisfactory for the first year or so. Markert, however, was determined to use the issue of *Reichsreform*, which came to a head during 1934, to achieve the separation of Bremen from Oldenburg and the status of a separate Reichsgau along the lines of Hamburg and under his own authority [45]. Röver, however, soon became aware that Markert was negotiating with the RMdI for Bremen's independence. Fearing for his own position as a Reichsstatthalter in the event of Bremen's secession, he launched a campaign to destroy Markert's position, in particular by exploiting the Bürgermeister's former membership of a Masonic lodge, which he had hitherto been happy to ignore. In response to his threat, Markert sent repeated appeals, first to Frick and then to Hitler. He successfully mobilised Bremen commercial interests within the Handelskammer, who feared the dominance of Oldenburg, and then persuaded the other five members of the Senate to sign a joint appeal to Hitler „Bremen vor dem Unterdrückungswillen Oldenburgs zu schützen" [46]. He urged Hitler to send a government commissioner to investigate conditions in Bremen.

In the meantime, however, Markert had also clashed with neighbouring Gauleiter, Otto Telschow of Hanover-East, over the issue of Bremen's subordinate city, Bremerhaven [47]. The new Oberbürgermeister of Bremerhaven, Lorenzen, who was also the Kreisleiter, was trying to assert his independence from Bremen and was receiving support in this endeavour from his Gauleiter, Telschow. Moreover, both Gauleiter — Telschow and Röver — were combining together to assert the right of Gauleiter Telschow to approve the appointment of Beigeordneten in Bremerhaven, whereas officially the Landesregierung in Bremen, i. e. Markert, had that right.

Hitler responded to this crisis by dispatching the Prussian Minister of Justice, Hans Kerrl, to investigate the affair. As Markert reported to Frick, having studied the details of the conflict, Kerrl had come to the conclusion:

> daß ganz abgesehen von dem Eingehen auf die einzelnen Differenzfälle und deren Prüfung, sich das Verhältnis zwischen Reichsstatthalter Röver und mir so zugespitzt hatte, daß einer von beiden weichen müßte. Auch der Füh-

---

[45] Markert to Hitler 14. 7. 1934. BA:R 43 II/1319.
[46] Ibid.
[47] Cf. Bericht über die Besprechung in Sachen Bremerhaven am 30. 7. 1934. BA:R 43 II/1319.

rer, dem er in diesem Sinne Vortrag gehalten habe, hätte das eingesehen und sich auf den Standpunkt gestellt, daß, wenn es so stehe, der Reichsstatthalter bleiben müsse. Herr Kerrl empfahl mir, die dementsprechende Konsequenz zu ziehen [48].

Markert, therefore, resigned on 23 October 1934 [49].

The outcome of this affair indicates the strong position of the Gauleiter. Despite the fact that Markert was not merely Bürgermeister of a city, but the head of a Landesregierung; despite the fact that he had the support of the Senate and of leading figures in the commercial world in Bremen; and despite the sympathy of his supervisory authority, the RMdI, he was ruthlessly sacrificed by Hitler to maintain the prestige of senior Party leaders.

The tension built into the relationship of Gauleiter and Oberbürgermeister through the incompatibility of their conceptions of their respective roles, was given a sharper edge by very concrete material interests that were often at stake. Many Gauleiter soon became involved in various economic enterprises within their Gaue [50]. In part, this was no doubt prompted by the desire to profit personally from their new position of power; in part, it offered the opportunity of placing followers and acquiring clients within the economic system of the Gau, thereby in turn increasing the Gauleiter's political influence; and finally, in part it represented an attempt to revive the economic fortunes of their Gaue, thereby winning the support of the population and prestige for the Gauleiter. The cities were involved in this process in various ways. In the first place, through their provision of a wider and wider range of municipal services they had become an extremely important market for a large number of businesses in every field. Clearly decisions over the allocation of orders offered big opportunities for patronage of various kinds [51]. Secondly, in order to provide facilities such as gas, electricity, public transport and so on, over the years cities had established their own municipal companies [52].

[48] Markert to Frick 28. 10. 1934. Geheimes Staatsarchiv Berlin-Dahlem: Rep. 77 Nr. 4.

[49] Ibid.

[50] See for example the economic activities of Fritz Sauckel in Thuringia discussed by *J. John*, Rüstungsindustrie und NSDAP-Organisation in Thüringen 1933 bis 1939, in: Zeitschrift für Geschichtswissenschaft 1 (1974), pp. 412—422, and of Hans Schemm in Gau Bayerische Ostmark described in *Bernd Lochmüller*, Hans Schemm, vol. 2, (1920—1935), Munich 1940, pp. 473 and passim.

[51] Hints of such patronage can be found in the files of the correspondence of August Dillgardt when Beigeordneter in Essen (1933—1937). Stadtarchiv Essen: Rep. 102 I Nr. 223, 224 a and 224 b.

[52] Cf. *Wells*, pp. 222 and for a study of municipal economic activities in a particular city see *Otto Busch*, Geschichte der Berliner Kommunalwirtschaft in der Weimarer Epoche, Berlin 1960.

Some of these were administered directly by the council with a greater or lesser degree of autonomy (autonomer Betrieb, reiner Betrieb). Others, however, were administered by separate companies. These could either be municipally owned, but chartered under private law rather than under public law (kommunale Gesellschaft in Privatrechtsform), or be administered as a so-called mixed economic undertaking (gemischt-wirtschaftliche Unternehmung), in which the capital was shared between the municipality and private companies and individuals. In Prussia in 1925 there were 12,349 publicly owned and operated companies, and 474 mixed undertakings. Some of these mixed undertakings were of considerable size, notably the Rheinisch-Westfälisches Elektrizitätswerk (RWE) [53]. These companies offered a considerable field for local government patronage in the form of directorships and also the chance of acquiring a degree of local economic influence. Finally, the cities had come to assume an increasingly important role in economic life through the growth of urban planning [54]. Local government, either on its own, or in partnership with the state was now involved in decisions about the location of housing, factories, transport facilities and so on, decisions which had vital implications for private firms. The economic significance of municipal activities — often much resented by private firms — inevitably made local government a focus of attention for all those with material interests at stake — in the Party, in industry and commerce, as well as the state itself; and, in particular, it provided a significant area of potential conflict between Gauleiter and Oberbürgermeister.

A typical instance of a clash between a Gauleiter and an Oberbürgermeister over an economic issue occurred in Stuttgart. The Oberbürgermeister in Stuttgart, Dr. Karl Strölin, was a supporter of an energy policy for Württemberg in which a balance was struck between the small, mainly hydraulically powered generators scattered over the state, the medium-sized municipal and private power stations, and the large cross-country companies such as the RWE. Strölin was himself the specialist for energy matters within the Hauptamt für Kommunalpolitik and had emerged as a strong defender of municipal energy production against the growing threat from the large companies [55]. In 1938, a new electricity company was established in Württemberg, the Energie-

[53] On the relations of the RWE with the municipalities see *Matzerath* pp. 392 and *Hüttenberger*, pp. 106—107.

[54] Cf. *Hofmann*, Zwischen Rathaus und Reichskanzlei, pp. 102 and for particular examples see the biographies of individual Oberbürgermeister cited in footnote 10.

[55] There is extensive material on the role of Strölin as the specialist for energy matters within the HfK in BA:NS 25 and LAB:AVfK, DGT. On Strölin's relationship with his GL Wilhelm Murr see *Karl Strölin*, Stuttgart im Endstadium des Krieges, Stuttgart 1950, pp. 27—28 and *id.*, Verräter oder Patrioten. Der 20. Juli 1944 und das Recht auf Widerstand, Stuttgart 1952, p. 18.

versorgung Schwaben AG (EVS), sponsored by the Gauleiter/Reichsstatthalter Wilhelm Murr, and headed by Dr. Speidel, former head of the Technische Werke of the city of Stuttgart, who had been dismissed by Strölin after a major clash. Speidel could also count on the support of Fritz Todt, for whom he acted as the Württemberg representative, in carrying out the policy of rationalisation of energy production or *Flurbereinigung,* which Todt was initiating under the auspices of the Four Year Plan. Speidel was careful, however, to stress the support of the Gauleiter. Thus according to a report by the representative of the Deutsche Gemeindetag in Württemberg, Hartmann, who was supporting Strölin's municipal policy, Speidel called the EVS

> das Gauunternehmen; er beruft sich bei jeder Gelegenheit auf den gemesse- nen Auftrag, den ihm der Gauleiter und Reichsstatthalter erteilt habe; er begegnet auch mir gegenüber einem Einwand mit der Frage: wollen Sie Ener- giepolitik im Gegensatz zum Herrn Gauleiter und Reichsstatthalter treiben? Er hat in den Vorstand und in den Aufsichtsrat den Leiter des Gauamts für Technik, mehrere Kreisleiter ... berufen lassen [56].

Thus, Murr was exploiting a general conflict between the interest of the Reich and the big companies in the rationalisation of energy production on the one hand, and the interest of the municipalities in retaining control over their power stations, from which they derived significant revenues, on the other. He was clearly exploiting this conflict in order to try and establish control over energy production in his Gau through a company under his effective control, using the excuse of *Flurbereinigung.*

By the middle of 1937, a number of Oberbürgermeister and Bürgermeister had already fallen victim to conflicts with their local parties, and on 12 July 1937, State Secretary in the RMdI, Hans Pfundtner, wrote to his opposite number in the Reich Chancellery, Hans-Heinrich Lammers, expressing his concern about the problem [57]. The situation was most critical in the state of Saxony. All three of its major cities — Leipzig, Dresden and Chemnitz had lost their Oberbürgermeister, two of them at any rate as a direct result of conflict with the Gauleiter / Reichsstatthalter [58]. Certainly, a major reason for the difficulties in Saxony was the character of the Gauleiter, Martin Mutsch- mann. An agent sent down by Hess in March 1935 to investigate conditions in Saxony reported back that „Zusammenarbeit mit dem Gauleiter ist nur noch Radfahrernaturen möglich. Alle aufrechten Charakter müssen über kurz oder lang mit ihm zusammenstoßen" [59].

[56] Hartmann an den Deutschen Gemeindetag 17. 1. 1942. LAB:AVfK, DGT 4-2-2-2, vol. 3.

[57] Pfundtner to Lammers 12. 7. 1937. BA:R 43 II/572 b.

[58] I have been unable to trace material on the OB of Chemnitz.

[59] Robert Brauer an den Stellv. d. F 18. 3. 1935. Bericht über GL Martin Mutsch- mann in BDC: Personalakte Mutschmann.

Carl Goerdeler had been obliged to resign as Oberbürgermeister of Leipzig as a result of his refusal to endorse the action of the Bürgermeister in removing the statue of Mendelssohn from in front of the Gewandhaus during his absence [60]. But this only represented the occasion rather than the cause of Goerdeler's departure. In the first place, his relationship with Hitler, which underpinned his position in Leipzig, had already been undermined by his increasingly virulent opposition to the economic policies of the Four Year Plan [61]. Secondly, conflict had been building up for at least two years between him and Mutschmann [62]. A main sphere of contention was the position of Leipzig as the main centre for the control of energy production in Saxony. Mutschmann aimed to destroy this traditional predominance of Leipzig in the energy field and to replace it with a new base in Dresden, founded on the AG Sächsische Werke, which was under his control. In order to achieve this, however, he needed to gain control of the Leipzig holding company, Energie AG (Enag). He set about this task by planting first the Finance Minister, Kamps, and then the Economics Minister, Lenk, on the board of one of the subsidiary companies, Thüringer Gasgesellschaft. His aim was to pack the board, securing the chairmanship of Enag for one his nominees. His attempts were frustrated, however, by the then chairman of the Enag board, the Stadtkämmerer of Leipzig, Dr. Raimund Köhler, who was a nominee of Goerdeler's and followed his instructions to resist such a take-over. Characteristically, Mutschmann's first act following the resignation of Goerdeler was to demand the head of Köhler [63].

The vacancy in Dresden had been caused by the suspension of Ernst Zörner, following a typical clash provoked by incompatible conceptions of the role of an Oberbürgermeister [64]. Zörner, who was an old member of the Brunswick party organisation, had been forced to leave his post as President of the Brunswick Landtag in 1933, following a clash with the Minister-President of Brunswick, Dietrich Klagges [65]. He had applied to Mutschmann with whom he had become acquainted in the Reichstag, for a job in Saxony. Mutschmann happened to be looking for a substantial party figure to appoint as Oberbürgermeister in Dresden and, since there was evidently no suitable Saxon, recommended Zörner as his candidate. Once appointed, however, Zörner began to assert his authority in Dresden and to ignore the local Party. Moreover, according to the Minister of the Interior in Saxony: „Die falsche Auslegung

[60] Cf. *Ritter*, pp. 88.

[61] Ibid., pp. 83 and *Dieter Petzina,* Autarkiepolitik im Dritten Reich. Der nationalsozialistische Vierjahresplan, Stuttgart 1968, pp. 47—48.

[62] For the following see Blattsammlung betr. Widerstand des Prof. Dr. Friedrich Geyler in Leipzig gegen den Nationalsozialismus. BA: Kl. Erw. 99.

[63] Haake (BM in Leipzig) to Lammers 6. 10. 1937. BA: R 43 II/572 b.

[64] For the following see the correspondence in BA: R 43 II/573.

[65] For the role of Zörner as Landtagspräsident in Brunswick see *Roloff*, pp. 32 and passim. See also correspondence in BA: R 43 II/573 a.

der alleinigen Führerstellung des Oberbürgermeisters im Sinne der Deutschen Gemeindeordnung, ließ ihn aber auch über die politische Autorität des Gauleiters und Reichsstatthalters hinwegsetzen." [66] In addition, Zörner began to build up his image by securing substantial coverage of his activities in the local press and also by undertaking a series of foreign trips in an official capacity, often without informing, let alone asking the permission of the Reichsstatthalter. As a result of this behaviour, the impression was created „als ob der Repräsentant des Gaues nicht der Herr Reichsstatthalter und die Staatsregierung, sondern der Oberbürgermeister von Dresden sei" [67]. As a result of this attempt by Zörner to behave like an old-fashioned Oberbürgermeister, and in accordance with the Deutsche Gemeinde-Ordnung, Mutschmann suspended him from office and informed the RMdI that he planned to dismiss him either through a disciplinary hearing or on the basis of § 6 of the BBG [68].

Frick, however, was not convinced that the case against Zörner warranted a disciplinary hearing and was totally opposed to the use of § 6 of the BBG against an Oberbürgermeister and holder of the Goldenes Ehrenzeichen of the Party [69]. Furthermore, in this view he won the support of the Stab des Stellv. d. F., who appealed to Lammers to secure a decision from Hitler along these lines before the Führer carried out a planned visit to Dresden [70]. Hitler, however, refused to come to a decision until after his Dresden visit and, a few days later, Lammers was obliged to inform Frick that, after discussing the matter with Mutschmann, the Führer had come to the conclusion that Zörner would have to go [71]. All Frick was able to achieve was the lifting of they compulsory suspension and its replacement by a voluntary one and Hitler's good wishes for Zörner's future! [72]

The dismissal of Zörner, a senior *Alter Kämpfer,* who had the support not only of his supervisory authority, the RMdI, but also of the Stellv. d. F., once again indicates very clearly the power that could be exercised by Gauleiter over important local appointments through the fact that they had a direct line to Hitler and could count on his loyalty.

It could, however, be argued that both Röver as Reichsstatthalter of Oldenburg-Bremen and Mutschmann as Reichsstatthalter of Saxony and a powerful Gauleiter were in a rather exceptional position. The case of a much less prominent Gauleiter, Karl Florian of Düsseldorf, and of the cities of Düsseldorf and Wuppertal, has been cited to demonstrate the power of the state super-

---

[66] Dr. Fritsch to Frick 15. 6. 1937. BA: R 43 II/573.
[67] Ibid.
[68] Frick to Hess 21. 6. 1937, ibid.
[69] Ibid.
[70] Reichskanzlei Vermerk 23. 6. 1937, ibid.
[71] Lammers to Frick 24. 6. 1937, ibid.
[72] Frick to Zoerner 28. 10. 1937, ibid.

visory authorities to bypass the Gauleiter and secure the selection of their own candidates as Oberbürgermeister [73]. In fact, however, this case was exceptional in that both the Oberbürgermeister concerned were guilty of offences — in the case of Düsseldorf, dereliction of duty at the very least and quite possibly corruption, and in the case of Wuppertal gross financial incompetence — thereby giving the state the opportunity to intervene. The Oberbürgermeister question in Düsseldorf is particularly illuminating [74].

Ever since 1933 Gauleiter Florian had been engaged in a struggle with the state authorities in the persons of the Regierungspräsident, Carl-Christian Schmid, and the Oberpräsident, Josef Terboven — as Gauleiter of Essen, a Party rival of Florian's — for influence over the city administration. The Oberbürgermeister, Dr. Hans Wagenführ, had endeavoured to resist the more gross forms of Party interference, but the state authorities clearly regarded him as ineffective in this respect. Thus, when a financial scandal in the city administration broke in March 1937, in which Wagenführ was to some extent implicated, Terboven seized the opportunity to apply to Göring for the appointment of a state commissioner under the provisions of § 112 of the DGO. Göring responded quickly to the Oberpräsident's request and Terboven's candidate, Otto Liederley, the director of the Rheinische Bahngesellschaft, was duly appointed with Frick's approval and then confirmed as acting Oberbürgermeister. But Liederley's attempts to destroy the Gauleiter's hold over the city administration by purging various officials were soon brought to a halt by his death on 13 November 1937. Florian then proposed the appointment of Dr Helmut Otto, then Oberbürgermeister of Solingen, as the new Oberbürgermeister of Düsseldorf. Otto was acceptable to the local state authorities and so the RMdI approved his candidature and he was appointed *acting* Oberbürgermeister — since the previous incumbent, Dr Wagenführ, was still only suspended and had not yet been formally dismissed. Almost immediately, however, Otto came into conflict with Florian over a number of issues. In the first place, he had the temerity to accept an invitation from Terboven to go hunting. Secondly, he dismissed Florian's intimate, Horst Ebel, from the key post of head of the Haupt- und Personalamt and replaced him with a former colleague from Solingen. And finally, he refused to approve the construction of a new assembly hall for 20—30,000 people (the Schlageter Hall) on the grounds that the city's finances had been severely strained by the big Reich exhibition „Schaffendes Volk" which had taken place in Düsseldorf between May and October 1937. He also declined to go ahead with plans for a new city hall, theatre, and concert hall in view of the shortage of building materials and labour as a result of the construction of the Westwall. In response to these unwelcome signs of independence on the part of the new

[73] *Hüttenberger*, pp. 103.
[74] For the following see the correspondence in BA: R II/573 a and *Görgen*, pp. 112.

Oberbürgermeister, Florian now refused to sanction Otto's confirmation as the permanent Oberbürgermeister of Düsseldorf.

Frick, however, declined to recognise this disagreement between Florian and Otto as adequate grounds for refusing to confirm Otto and urged the Stellv. d. F. to instruct the Beauftragter in Düsseldorf to recommend Otto [75]. In the meantime, he drafted a letter to Florian insisting that the Parteibeauftragter (the Kreisleiter) should forthwith submit a proposal for the confirmation of Dr Otto as the permanent Oberbürgermeister of Düsseldorf [76]. At this stage, an even more powerful figure intervened in the formidable shape of Göring. Paul Körner, Göring's State Secretary in the Prussian Staatsministerium had been kept informed of events by Terboven. Körner now wrote to Bormann that, since all the state authorities had supported Dr Otto and Gauleiter Florian was alone in having changed his previously favourable opinion about him, he (Körner) agreed with the RMdI in urging the appointment of Otto as the permanent Oberbürgermeister of Düsseldorf [77]. Bormann, however, reported back on 23 May 1939 that the Stellv. d. F. had put Frick's and Terboven's arguments to Hitler:

Dennoch hat aber der Führer entschieden, daß die Stelle des Oberbürgermeisters in Düsseldorf neu besetzt werden solle. Der Führer ist hierbei davon ausgegangen, daß zwischen dem Gauleiter und den leitenden Beamten in seinem Gau Einvernehmen herrschen müsse. Wenn dieses Einvernehmen gestört sei, so müsse ein leitender Beamter — auch wenn er nicht unmittelbar hierzu Anlaß gegeben habe —abberufen werden, damit nicht die Arbeit der Verwaltung darunter leide.[78]

As far as the position of Oberbürgermeister was concerned this was not a statement of new policy. Essentially, Hitler was reiterating in 1939 the decision which he had reached with regard to Dr Markert of Bremen in 1934; although it is quite possible that Bormann now gave it a more far-reaching definition — *ein leitender Beamter* — than Hitler really intended [79].

It is clear, then, that in general the Gauleiter were in a very strong position to determine the fate of the Oberbürgermeister in their Gaue and to defy the supervisory authorities. And awareness of this fact must have been a powerful incentive for the Oberbürgermeister to cooperate with their local Party. To this extent, the impression sometimes given by historians that the Gauleiter were virtually impotent vis-à-vis the state authorities and had no real influence during the pre-war years needs some qualification. There were,

---

[75] Frick to Hess 22. 11. 1938 and Frick to Hess 6. 1. 1939. BA: R 43 II/573 a.

[76] Frick to Florian 27. 5. 1939. The letter was not sent; see the copy of RMdI Vermerk undated (June 1939) in the same file BA: R 43 II/573 a.

[77] Körner to Bormann 3. 4. 1939, ibid.

[78] Bormann to Frick 23. 5. 1939, ibid.

[79] At this time Bormann was endeavouring to extend the Party's control over civil servants in the provinces. See *Diehl-Thiele*, pp. 186.

however, a few instances where Oberbürgermeister were protected from dismissal and could achieve a measure of independence through their close contacts with Hitler. Karl Fiehler in Munich was a case in point. Indeed Hitler had carefully removed the office of Parteibeauftragter in Munich from the local Kreisleitung and placed it in the hands of the State Secretary in the Reich Chancellery to ensure that he himself retained a measure of direct control over the affairs of the „Stadt der Bewegung" [80]. The other striking instance of an Oberbürgermeister with strong connexions to the top was Willy Liebel of Nuremberg who, in collaboration with the local SS chief and, above all, Göring, was eventually able to help engineer the downfall of his Gauleiter [81].

Perhaps the most remarkable example among the major cities of an Oberbürgermeister operating in the way the Deutsche Gemeinde-Ordnung had envisaged, as the „Führer der Gemeinde", was the first Oberbürgermeister of Hanover, who was not even a member of the Party [82]. Dr Arthur Menge had been Oberbürgermeister of Hanover since 1925 and, because he had adopted a broadly sympathetic attitude to the NSDAP before 1933, he had been left in office — though with a Party watchdog, in the form of a leading local Nazi by the name of Müller as Bürgermeister. Menge quickly succeeded in winning over Müller and then proceeded to use him as a very effective shield with which to resist Party pressures. In desperation, the local Party tried to use the pseudo-democratic device of the Ratsherren to influence municipal policy. Menge, however, managed to delay their introduction until the beginning of 1936 and, on being asked when they were to be introduced, coolly replied: „Mein eigener Rat ist mir immer noch der liebste gewesen, ich habe Ratsherren nicht dringend nötig." (!) Apart from having the *Ehrenzeichenträger* Müller as a shield, Menge was also fortunate in that the Gauleiter of Hanover-South-Brunswick, Bernhard Rust, spent most of his time and energies in the Ministry of Education in Berlin. The deputy Gauleiter, Kurt Schmalz, lacked the weight to cope with Menge. The Oberbürgermeister's nemesis caught up with him eventually, however, in the shape of the expiry of his term of office in 1937. Despite a twenty-four page memorandum from the eternally faithful Müller pleading for his reappointment, Schmalz succeeded in mobilising Rust to veto it [83].

A few Oberbürgermeister managed to cooperate well with their Gauleiter, particularly if they had been Party comrades from the early days and did not form rival cliques. The relationship between Karl Wahl of Schwaben and

[80] *Matzerath*, p. 155.
[81] Cf. *Grieser*, pp. 10—13 and 194—197.
[82] For the following see Schmalz to Fiehler 22. 4. 1937 in BDC: Personal file Arthur Menge.
[83] Müller to the Regierungspräsident in Hannover 18. 2. 1937 in BDC: Personal file Artur Menge.

Oberbürgermeister Josef Mayr of Augsburg is a case in point [84]. In general, however, and unless they had good contacts 'higher up', for Oberbürgermeister to achieve a measure of independence they needed either an indolent Gauleiter, a very strong personality, a low party number, gifts of diplomacy, or preferably a combination of all four. Towards the end of the 1930s, a number of Oberbürgermeister joined the SS, probably in the hope of achieving the kind of alliance which Liebel secured in Nuremberg with the police chief, Benno Martin [85]. It is doubtful, however, whether in normal circumstances such a combination could survive against a determined Gauleiter.

Yet, although both Oberbürgermeister and Gauleiter were engaged in a struggle for influence within the cities, both also faced a common threat to their locally-based authority posed by outside forces. The Oberbürgermeister were faced with the traditional interference from their supervisory authority — the RMdI and its agents, the Regierungspräsidenten, whose scope for intervention and control had been sharply increased by the Deutsche Gemeinde-Ordnung [86]. The Gauleiter, on the other hand, were faced with the growing influence of the Stab des Stellv. d. F. and its attempt to assert centralised control over the Party [87]. Paradoxically, however, each found an ally in their respective enemies against the other, and also against what represented perhaps the biggest threat of all to their positions, namely that posed by the proliferation of *Sonderverwaltungen* [88].

The Deutsche Gemeinde-Ordnung had committed itself „zu dem bewährten Gedanken einheitlicher Verwaltungsverfügung in der Ortsinstanz, weil dieser allein geeignet ist, die vielfältig widerstrebenden Verwaltungsinteressen und Ziele zu einem der Allgemeinheit förderlichen Ausgleich zu bringen." Yet, from the very beginning this principle of the greatest possible concentration of local administration in one *Instanz* — the *Gemeindeverwaltung* — was being undermined by the existence of separate administrative networks directly subordinate to their own superior authorities at Reich level, and operating more or less independently. This was not a new problem. It represented a secular

[84] See *Karl Wahl*, Es ist das deutsche Herz... Erlebnisse und Bekenntnisse eines ehemaligen Gauleiters, Augsburg 1954, pp. 230 and *Domarus*, pp. 33, 49.

[85] E. g., Edwin Hasenjäger OB of Rheydt 1933—36 and Mülheim 1936—45, Quirin Jansen OB of Aachen, and Erich Mix OB of Wiesbaden 1937—45. See their personal files in the BDC.

[86] See in particular SS 106—116.

[87] For the attempt of the Stab des Stellv. d. F./Parteikanzlei to assert centralised control over the Party see *Louis E. Schmier*, Martin Bormann and the Nazi Party 1941 to 1945, Ph. D. North Carolina 1969 and *Dietrich Orlow*, The History of the Nazi Party 1933—1945, vol. 2, Newton Abbott 1973, p. 278.

[88] On the question of Sonderverwaltungen generally see *Martin Broszat*, Der Staat Hitlers, Stuttgart 1969, pp. 328; in relation to provincial and local government see *Matzerath*, pp. 381 and *Teppe*, pp. 81.

218

trend which had already emerged in the Weimar period if not before [90]. Before the First World War, local government had been almost exclusively under the supervision of the Länder and, apart from the few delegated functions such as the police and education, most of the activity of local government consisted of services initiated by the municipalities on their own initiative. The war and the post-war years, however, produced major problems, particularly in the field of social welfare, to which the traditional municipal programmes of poor relief were no longer an adequate response. There emerged a growing demand for welfare measures to be regarded as a state service rather than a form of municipal charity, and also for uniformity of standards to be maintained throughout the Reich, a uniformity which could only be guaranteed by Reich legislation. The Weimar Constitution responded to this change in outlook by expanding the legislative sphere of competence of the Reich at the expense of the Länder in fields such as population policy, youth welfare, war invalids and widows and orphans, as well as the theatre and cinema — areas which had traditionally been either directly or indirectly the responsibility of local government. The impact of this growing desire for Reich intervention to ensure uniformity of standards was not, however, confined to the legislative field. Those Reich officials responsible for devising policy in the various areas soon developed the determination to guarantee uniformity not simply by laying down broad guidelines, but by actually controlling their implementation. They were no longer prepared to leave matters in the hands of local agents, who were not subject to their own direct supervision and whose qualifications and training they could not control. In short, the expansion of government activity in the context of increased public expectations, coupled with its growing technical specialisation, combined to encourage the creation of separate Reich field administrations on the part of the various ministries and other government bodies.

With the Third Reich, however, this general trend towards the creation of separate vertical administrative apparats received an enormous boost [91]. In part, this represented the inherent bureaucratic momentum of the new ministries such as the Propaganda Ministry, the new hybrid *ständisch* bodies such as the Reichsnährstand and the DAF, and also the new commissariats such as that of Fritz Todt — all anxious to establish themselves and often in the face of the rival claims to competence of other longer-established bodies. But, in addition to this Parkinsonian aspect, there was another dimension to this proliferation of *Sonderverwaltungen*.

[89] Amtliche Begründung zu § 2 der Deutsche Gemeinde-Ordnung. *Kerrl/Weidemann*, p. 108.

[90] For the following see *Gerhard Schulz*, Die kommunale Selbstverwaltung in Deutschland vor 1933, in: Franz-Lieber-Hefte: Zeitschrift für Politische Wissenschaften 1959. 2.3, pp. 22; *Hofmann*, Zwischen Rathaus und Reichskanzlei, pp. 102.

[91] See the sources referred to in footnote 88.

Before 1933, the Nazi Party had seen its main role as the mobilisation of support — the winning of new members and voters. To achieve this, it had spawned numerous organisations representing the various categories into which the German people could be divided — categories based on age, sex, occupation and so on [92]. After the take-over of power, the Party conceived its new role as the consolidation of support for the regime through the indoctrination of the population with the ideology of National Socialism (to a considerable extent interpreted in the light of the concerns of the particular Party group involved). There was general agreement that the achievement of this goal required the *Erfassung* of the population. Each of the various party organisations, therefore, now saw its function as the close supervision of the particular social group to which it had previously appealed for support and to which its leaders themselves often belonged. It had the strong incentive to try and acquire influence, if not control, over all those factors which most directly affected the particular group for whose outlook and behaviour it now felt responsible. In effect, after 1933, the NSDAP largely disintegrated into a set of interest groups, to which important new ones were added, notably the NSV. Each of these interest groups set about invading spheres of competence hitherto belonging to various other bodies — the state itself, the churches, and local government.

Local government was particularly vulnerable to colonisation by these *Sonderverwaltungen* whether of the state or of the Party variety. The essence of local government had been the fact that it was responsible for the welfare of its citizens in a great variety of ways — from the Kindergarten to a grave in the municipal cemetery. In a very real sense it represented the front line of government with which the individual citizen came closest into contact. Inevitably, therefore, it formed a major target for all those agencies concerned with the *Erfassung* of the population: the NSV was anxious to seize control of its welfare facilities, the Hitler Youth its youth services, the DAF its adult education institutions and so on [93]. Nor was local government in a strong position to resist this development. The concept of *Selbstverwaltung* had never been highly regarded by the state civil service [94]. Before 1914, local government had rightly been seen as the bastion of the liberal *Bürgertum*, while in the 1920s it was considered to have pursued irresponsible financial policies in an effort to pander to councils which, since the electoral reform of 1919, had become political cockpits. The state civil service had welcomed the opportunity offered by the new authoritarian trend after 1930 to bring it to heel. Nor,

---

[92] See *Orlow*, vol. 1, Newton Abbott 1971, pp. 203—204.
[93] See Karl Strölin's Denkschrift „Abgrenzung der Selbstverwaltung der Gemeinden", 20. 3. 1936. BA: NS 25/174; DGT Niederschrift: Besprechung über Kulturfragen am 20. u. 21. Juni 1940. BA: R 36/24/38; *Matzerath*, pp. 381 and *Teppe*, pp. 93.
[94] Cf. *Matzerath*, pp. 21.

however, did the Party have any sympathy for the concept of *Selbstverwaltung* or indeed for the problems of local government in general. As Karl Fiehler remarked bitterly to his colleagues in the Hauptamt für Kommunalpolitik: local government work in the Party had never been easy because, in contrast to other spheres of activity „es handelt sich bei ihr um eine selten repräsentativ und nach außen mit zahlenmäßigen Erfolgen sichtbare Arbeit", an apt comment on the relative values of Nazi Germany [95]. Indeed, local government was regarded with considerable suspicion:

> Man sieht also in den Gemeinden teilweise doch noch eine Art liberaler Interessenvertretungen, befürchtet in Kreis- oder Gemeinderäten die Auferstehung parlamentarischer Vorgänge, sieht in den Bürgermeistern und anderen Trägern kommunaler Selbstverwaltung unberechtigte Konkurrenten in der Menschenführung . . .[96].

The results of the exposure of local government to the full force of this process of administrative atomization were devastating and they were summed up with brutal clarity by Fiehler's private secretary, a Reichsamtleiter in the Hauptamt für Kommunalpolitik Dr Jobst, in September 1942. After complaining about the problems of recruitment throughout the administration, but particularly in local government, which he put down to a combination of low salaries relative to the private sector and the low status of the civil service, he continued:

> Abgesehen davon, daß der Zentralismus, dem gottlob der Kampf angesagt worden ist, Orgien feiert, leidet die Verwaltung unter einer beängstigenden und scheinbar unaufhaltsamen Atomisierung. Während der Bürgermeister früher die entscheidenden Befugnisse zur Ordnung aller in seinem Bereich fallenden Aufgaben besaß, *die* Behörde schlechthin in der unteren Instanz darstellte, steht er heute als eine Verwaltung unter vielen, neben zahlreichen selbständigen und sorgfältig über ihr Koordinatsrecht wachenden Dienststellen, die bei jeder Entscheidung mit ihren Wünschen um Beteiligung, Mitwirkung, Anhörung usw. kommen. Im Lauf der Zeit wurden im eklatanten Widerspruch zu dem Grundgedanken der Deutschen Gemeinde-Ordnung von der Totalität und der Einheit der allgemeinen Verwaltung aus eben dieser Verwaltung immer mehr Aufgabengebieten herausgebrochen und in Sonderbehörden von der Zentralinstanz nach Möglichkeit bis zur untersten Stufe verselbständigt. Heute stehen neben den Gemeinden zahlreiche staatliche Sonderbehörden (Arbeitsämter, Gewerbeaufsichtsämter, Gesundheitsämter, Veterinärämter, staatliche Polizeibehörden, Wasserwirtschaftsämter, Bauämter, Straßenämter) und ein Gewirr wirtschaftlicher und ständischer Organisationen . . .[97].

He concluded with a calculation by State Secretary Stuckart of the RMdI to

[95] Speech by Fiehler to officials of the HfK 11 December 1942. BA: NS 25/66.
[96] Ibid.
[97] BDC: Personal file Dr. Jobst.

the effect that, excluding the various Party agencies, there were approximately 45 official bodies represented at the bottom level of the administration and that, for example, to build a block of workers' flats involved no less than 22 separate bodies.

This undermining of the position of local government through the loss of control over municipal services which, however, the cities were usually still expected to finance, together with the consequent decline in the prestige of the Oberbürgermeister, became a constant refrain in the regular conferences held by the Oberbürgermeister during the war years[98]. Typical was the comment of the Oberbürgermeister of Frankfurt/M., Dr Krebs, who remarked bitterly: „Die Müllabfuhr, an sich ein schmutziger Betrieb, die hat man uns gelassen, weil nicht damit verdient wird, sonst hätte man sie uns auch genommen"[99].

The Oberbürgermeister, however, were not alone in their discontent. The officials of the RMdI were also appalled by the atomization of the administration. Apart from the immediate practical problems which had emerged of coordinating the efforts to deal with the consequences of the bombardment of the big cities[100], Frick had been trying since the early days of the regime to reassert the position of the Ministry in particular and of the *innere Verwaltung* in general as the key administrative agency responsible for coordinating government activity at all levels (Einheit der Verwaltung) and was now becoming desperate[101]. To this end it was in the interests of the RMdI to strengthen the hand of the Oberbürgermeister in relation to the other governmental agencies in the cities — not, however, as the leader of a semi-independent city government, but rather as the chief subordinate of the Ministry within the city and, therefore, it was being claimed, the senior government official. Fiehler termed this policy „romanistische Departementsverwaltung"[102]. It paralleled the Ministry's policy for the Landräte in the rural Kreise. Ever since 1938, Frick had been trying to introduce a *Kreisordnung* to complement the Deutsche Gemeinde-Ordnung in which the Landrat would assume a dominant and coordinating role in his Kreis, a role corresponding to that envisaged for the

[98] E. g. Tagung des Kriegsgremiums der Oberbürgermeister der Städtegruppe A am 12. 11. 1943 in München. BA: NS 25/54.

[99] Ibid.

[100] These problems were also a constant refrain in the meetings of the OB during the war years. See the minutes of these conferences in BA: NS 25/52 and 54 and in LAB: AVfK, DGT 0-1-13-7, Akte I.

[101] See for example Frick to Lammers and the Reich Ministers 16 November 1934, betr: Einheit der Verwaltung, insbesondere bei den Gemeinden. LAB: DGT 1-2-8 Ackt (sic) 14, vol. 1. On this objective of the RMdI see also *Jane Caplan*, Bureaucracy, Politics and the National Socialist State, in: *Peter Stachura* (ed.), The Shaping of the Nazi State, London 1978, pp. 234—256.

[102] See footnote 1.

Bürgermeister and Oberbürgermeister in the towns and cities by the Deutsche Gemeinde-Ordnung. These attempts had been consistently frustrated, however, by the Stab des Stellv. d. F. and by Hitler's lack of interest [103]. Finally, on 24 June 1941, in desperation Frick issued an *Anordnung* in his capacity as Generalbevollmächtigter für die Reichsverwaltung stating that the Landrat in rural Kreise and the Oberbürgermeister in city Kreise was the leading official, that the other government bodies in his district should, therefore, maintain the closest contact with him, including the *Sonderbehörden,* and that these in particular should provide him with copies of all instructions, circulars, reports to their superiors and so on [104].

This *Anordnung* caused something of a sensation within the administration and prompted an immediate and rude reponse from the Labour Minister to the effect that he intended to ignore it. The reactions of the Oberbürgermeister themselves were a mixture of relief that at last something was being done to counteract the process of administrative disintegration on the one hand, and scepticism as to whether the measure would have any effect on the other. The most sceptical of all was Willy Liebel of Nuremberg who more or less made fun of the decree:

Es ist sehr nett in dem Erlaß zu lesen, daß die anderen Behörden gehalten sind, Abschriften ihrer Weisungen usw. an den Oberbürgermeister zu geben. Ich habe, da ich dieser Angelegenheit von Anfang an nicht getraut habe, zunächst einmal mit dem Staatsministerium, mit Staatssekretär Köglmair gesprochen, der mir zunächst erklärte: Sie werden doch es nicht wörtlich nehmen! Dann habe ich mich mit dem Regierungspräsidenten in Verbindung gesetzt ... Er hat auch gleich die Hände über dem Kopf zusammengeschlagen: Um Gottes Willen, das ist eine formale Angelegenheit, Sie werden doch nichts machen, ich würde dringend abraten, da etwas zu unternehmen ... Bei all den Geschichten hat sich herausgestellt, daß der Reichsminister des Innern einen großklotzigen Erlaß herausgegeben hat, dessen Ausführung unmöglich ist, weil er nicht das getan hat, was notwendig gewesen wäre, nämlich zuerst sich mit den anderen Reichsdienststellen in Verbindung zu setzen, ob sie einverstanden sind, daß das gemacht wird. An uns werden nun die Stiefeln abgeputzt ...[105].

Subsequent events proved that Liebel's assessment was only too accurate. Moreover, although after becoming RMdI on 24 August 1943, Himmler made sympathetic noises about the plight of the Oberbürgermeister, like Frick he too found himself confronted with powerful vested interests — notably the Parteikanzlei, which had no intention of allowing the Landräte and Oberbürgermeister to become dominant at local level [106].

[103] See *Diehl-Thiele,* pp. 184.
[104] Ibid., pp. 190.
[105] Minutes of the Kriegsgremium der Oberbürgermeister der Städtegruppe A 9. Sitzung am 3. 10. 1941 in München. LAB: AVfk, DGT 0-1-13-7, Bd. IV.
[106] See *Schmier,* pp. 281 and *Orlow,* vol. 2, pp. 429.

The Parteikanzlei was, in fact, in many ways in a similar position to the RMdI. For, the process of administrative atomization was not confined to the state; it also affected the Party, which had effectively disintegrated into numerous interest groups. And, while the RMdI tried to reintegrate the state administration in the cities round the Oberbürgermeister, the Stab des Stellv. d. F/Parteikanzlei was endeavouring to perform a similar task by asserting the dominant position of the *Hoheitsträger* vis-à-vis the other Party organisations [107]. But, just as the RMdI aimed to transform the Oberbürgermeister into subordinate officials, the bottom links in a single chain of command, so Bormann aimed to destroy the independent local bases of the Gauleiter and transform them into Party functionaries subject to the direct authority of the Parteikanzlei, which in turn would become the main command centre for all Party organisations. Such a policy would require the gradual replacement of the existing Gauleiter, who were not only strongly entrenched within their local communities through dependent cliques dominating the local Party apparatus and, to some extent, the local economy, but could also count on the loyalty of Hitler to his old comrades to shield them from the centralising tendencies of the Parteikanzlei. While this policy posed a threat to the Gauleiter, it posed an even greater one to the Oberbürgermeister. For, the Parteikanzlei was determined to assert the dominant role of the *Hoheitsträger* within the cities. Fiehler termed this policy „bolschewistisches Kommissarsystem" [108]. As Walter Sommer (head of Department III of the Stab des Stellv. d. F./Parteikanzlei) contemptuously informed representatives of the HfK on 3 October 1939: „Der Bürgermeister ist ein Tintenkuli, ein Verwaltungsmann, sonst nichts" [109].

Yet, while the war years saw a dramatic increase in the power of Bormann and the Parteikanzlei at Reich levels, it is doubtful how far they succeeded in imposing their authority on the Gauleiter. For the war years also contributed to a growing importance of the Gauleiter in their new role as Reichsverteidigungskommissare (RVK) and this reinforced their existing locally-based power [110]. Inevitably, this development in turn had its impact on the balance of power between Gauleiter and Oberbürgermeister. At the eleventh session of the *Kriegsgremium der Oberbürgermeister der Städtegruppe A* held in Munich on 12 November 1943, Oberbürgermeister Krebs of Frankfurt/M reminded his colleagues: „Praktisch ist die Sache jetzt schon so, daß der Schwerpunkt bei der Gauverwaltung liegt, beim Gauleiter, der jetzt durch die Stellung des RVK eine außerordentliche Stärkung seines Machtgefühls bekommen hat" [111]. And in this view

[107] *Schmier,* passim and Orlow, vol. 2, pp. 278 and 342.
[108] See footnote 1.
[109] Niederschrift über eine Besprechung beim Stab Hess in Berlin, 3. 10. 1939. BA: NS/732.
[110] See *Hüttenberger,* pp. 152.
[111] Tagung des Kriegsgremiums der Oberbürgermeister der Städtegruppe A am 12. 11. 1943 in München. BA: NS 25/54.

he was echoed by Oberbürgermeister Werner Faber of Stettin: „Praktisch ist es doch so, daß die Oberbürgermeister und die politischen Leiter nach oben nichts berichten können, was nicht im Sinne des Gauleiters liegt. Der Oberbürgermeister ist so ziemlich unmöglich, wenn er sich gegen eine Maßnahme wendet oder nach oben darüber berichtet: es braucht nicht einmal eine formelle Beschwerde zu sein" [112]. In these circumstances it is not surprising that in the course of the war even those Oberbürgermeister with a strong Party position who had managed to survive since 1933 such as Fritz Krebs were looking increasingly vulnerable [113].

But perhaps the best illustration of the parlous state of city government in general and of the Oberbürgermeister in particular in the last phase of the war is provided by developments in Munich during the first months of 1944. The Oberbürgermeister in Munich was Karl Fiehler. Founder of the Kommunalpolitisches Amt of the NSDAP before 1933, Reichsleiter, simultaneously head of the Hauptamt für Kommunalpolitik and the Deutscher Gemeindetag, as well as Oberbürgermeister of the „Stadt der Bewegung", Fiehler was the leading representative of local government in both Party and state. In February 1944 the new Gauleiter of Upper Bavaria, Paul Giesler, requested the Parteibeauftragter for Munich, Lammers, to support him in his attempt to gain „einen größeren Einfluß auf die Stadtverwaltung", a request that was supported by Bormann [114]. In an ingratiating reply Lammers suggested various ways whereby this could be achieved and promised to cooperate as far as he could [115]. Although Fiehler had not been a strong Oberbürgermeister, and although Giesler's move was aimed primarily at particular Stadträte who were proving obstructive, this effortless bypassing of Fiehler in his own backyard so to speak by the new Gauleiter, with the active connivance of the State Secretary of the Reich Chancellery, the most senior Reich official, seems an appropriate conclusion to the story of city government in the Third Reich caught between the millstones of Party and state.

Zusammenfassung

Stresemann konnte sich 1925 des Eindrucks nicht erwehren, daß die Oberbürgermeister der Republik neben den Großindustriellen die „Könige der Gegenwart" waren. 1944 insistierte Himmler, daß die Oberbürgermeister-Posten keine Abstellgleise für politisch gescheiterte Existenzen sein dürften. Der Artikel geht der Frage nach, wie es zu dieser Machteinbuße der kommunalen Spitzenfunktionäre unter Hitler kam und was dieser Prozeß über den Charakter des Regimes aussagt.

[112] Ibid.
[113] See Frick to Lammers 25. 11. 1941. BA: R 43 II/576 a.
[114] Lammers Vermerk 28. 2. 1944 and Bormann to Lammers 28. 2. 1944. BA: R 43 II/577.
[115] Lammers to Giesler 21. 3. 1944, ibid.

Mit den preußischen Gemeindewahlen vom 12. März 1933 rückte die NSDAP zwar in den meisten Städten zur stärksten Fraktion auf, erlangte aber keineswegs überall die absolute Mehrheit. Am 31. März wurden die Rathäuser auf der Grundlage der Reichstagswahlergebnisse in den einzelnen Ländern neu besetzt. Aber selbst dieser Schritt führte nicht überall zum gewünschten Resultat. So wurden die Oberbürgermeister der sogenannten Systemzeit durch alle möglichen Pressionen aus ihren Ämtern verdrängt. Acht der alten „Großstadtfürsten" blieben jedoch vorerst auf ihren Posten, obwohl sie nicht der Partei angehörten. Abgesehen von ihren administrativen Fähigkeiten nutzten diese Männer dem Regime wegen ihrer sozialen Integrationsfunktion auf lokaler Ebene. Dieses Prinzip scheint auch bei Neuberufungen oftmals wirksam gewesen zu sein, so etwa in Hamburg und Bremen. Statt sogleich die verdienten, aber nicht selten inkompetenten und kleinbürgerlichen „Alten Kämpfer" in den Sattel zu hieven, griff man gern auf angesehene Honoratioren zurück, um die alteingesessene Patrizierschicht mit dem neuen Regime zu versöhnen. Dennoch scheint der Anteil der „Alten Kämpfer" unter den kommunalen Spitzenfunktionären größer gewesen zu sein als in vergleichbaren Positionen der Regionalverwaltungen. Die beste Kombination war natürlich Fachkompetenz, soziales Ansehen und frühe Parteibindung, was auf die Oberbürgermeister von Frankfurt/M. (Dr. Fritz Krebs) und Stuttgart (Dr. Karl Strölin) zutraf. Die Umwälzungen im Reich verschafften zunächst der preußischen Ministerialbürokratie die seit langem herbeigewünschte Gelegenheit, die Gemeindeverwaltungen einerseits gegen den unliebsamen Druck von unten abzuschotten, andererseits stärker der Reichsaufsicht zu unterstellen. Hier traf sich das nationalsozialistische Führerprinzip mit dem rechtskonservativen Staatsverwaltungsdenken, ein Prozeß, der die Ausbildung diktatorischer Verwaltungsformen sehr erleichterte. Die neue obrigkeitsstaatliche Kommunalverfassung in Preußen blieb dennoch nicht ohne Kritik seitens der NSDAP, die sich von dem Ministerialbeamten übergangen fühlte. Die für das ganze Reichsgebiet geltende Deutsche Gemeinde-Ordnung vom 30. Januar 1935 brachte dann die staatlichen und parteipolitischen Ansprüche wieder ins Lot. So stand es dem Beauftragten der Partei zu, die Gemeinderäte bzw. Ratsherren zu ernennen und an der Berufung der Bürgermeister und der Beigeordneten mitzuwirken. Eine Einmischung in die täglichen Verwaltungsgeschäfte war der Partei indes nicht gestattet. Was das Verhältnis zwischen Oberbürgermeister und Gauleiter betraf, so ließ sich freilich die Verfassungswirklichkeit mit diesem Gesetz nicht festschreiben. Formal war die Stellung der Bürgermeister gegenüber der Weimarer Republik sogar weiter gefestigt worden, sie waren nunmehr laut Gesetz „Führer der Gemeinde". Dagegen erhob die Partei undefinierte, aber um so vehementer angemeldete Ansprüche auf das Recht „Menschenführung". Die stärkere Bindung der Bürgermeister an den Staat erwies sich in der Folgezeit eher als Schwächung denn als Stärkung ihrer Position, da sie nun nicht wie vordem auf ihre demokratische Legitimation pochen konnten; sie waren mehr denn je Staatsbeauftragte, die mit den von der Partei ernannten Ratsherren auskommen mußten.

Repräsentant des Bürgerwillens war die Partei, nicht länger eine demokratisch gewählte Vertretungskörperschaft mit dem Bürgermeister an der Spitze. Die Gauleiter sahen es als ihre Hauptaufgabe an, die Unterstützung der Bevölkerung für das Regime und seine ideologischen Grundsätze sicherzustellen. Auch wenn es ihr Bestreben war, sich von einer Einmischung in die Verwaltung fernzuhalten, mußten sie früher oder später mit den Oberbürgermeistern in Konflikt geraten. Der Herrschaftsbereich beider Seiten war nicht genügend abgegrenzt, schon gar nicht auf dem Sektor der kommunalen Wirtschafts- und Versorgungseinrichtungen. Der erste größere Konflikt dieser Art entzündete sich in Bremen, das sich wie Hamburg als selbständiger Gau zu etablieren suchte. Gauleiter Karl Röhver setzte sich durch und erzwang unter Zuhilfenahme Hitlers die Absetzung des eigenwilligen Bremer Oberbürgermeisters. Das gleiche Schicksal ereilte mehrere sächsische Oberbürgermeister, darunter Carl Goerdeler in Leipzig, der gegen die Wirtschaftspolitik des Vierjahresplans opponierte. Es half den Bürgermeistern in der Regel wenig, wenn ihnen der Reichsinnenminister oder etwa eine nachgeordnete Behörde wie der Regierungspräsident den Rücken stärkte. Im Zweifelsfall entschied Hitler immer zugunsten der Gauleiter, wenn ihn nicht gerade ein besonders persönliches Verhältnis mit einem bestimmten Oberbürgermeister verband, wie etwa im Falle des Münchner Oberbürgermeisters Karl Fiehler. Der Stellung der Gauleiter kam nicht zuletzt auch der wachsende Einfluß Bormanns zustatten. In ihrer Eigenschaft als Reichsverteidigungskommissare konnten sie sich dann während des Krieges auf der ganzen Linie durchsetzen.

Der Machtbereich der Oberbürgermeister wurde zusätzlich durch die immer zahlreicheren und sich überall festsetzenden Sonderverwaltungen beschnitten, die für den polykratischen Charakter des nationalsozialistischen Maßnahmenstaats so signifikant wurden: NSV, AF, Reichsnährstand, die Organisation Todt, etc. Sie alle maßten sich Rechte und Aufgaben an, die vorher unter dem Dach der Gemeindeverwaltung vereinigt waren. Dieser schon vor 1933 einsetzende Prozeß einer „administrativen Atomisierung" erwuchs aus dem Mißtrauen der Staatsführung gegenüber der Leistungsfähigkeit der kommunalen Selbstverwaltungsorgane. Im Münchner Rathaus zählte man nicht weniger als 45 örtliche Stützpunkte von Sonderverwaltungen, ganz abgesehen von den Gliederungen der Partei. Der Reichsinnenminister war über diese Entwicklung ebenso besorgt wie die Oberbürgermeister, vermochte aber nichts daran zu ändern. Selbst der Versuch, die Oberbürgermeister wenigstens über alle wichtigen Aktivitäten der Sonderverwaltungen in ihrem Bereich auf dem laufenden zu halten, scheiterte kläglich.

Horst Matzerath

Oberbürgermeister im Dritten Reich *

Die Diskussion über die Rolle des Oberbürgermeisters im Dritten Reich steht noch in den Anfängen [1]. War der Oberbürgermeister ein spezifischer Repräsentant des nationalsozialistischen Systems, verkörperte er gegenüber dem Nationalsozialismus die Tradition einer lokal begründeten, gesetzlich abgesicherten Sonderautonomie oder gelang es zumindest, der örtlichen Verwaltung einen Freiraum gegenüber dem Absolutheitsanspruch der Partei zu sichern? Gab es im Dritten Reich einen neuen, von der Weimarer Zeit abweichenden Typ des Oberbürgermeisters? Vermochte er sich gegenüber Staat und Partei als eigenständige politische Kraft zu behaupten? Mit diesen Fragen sind drei unterschiedliche Problemaspekte berührt. Die Stellung des Oberbürgermeisters und damit die der kommunalen Selbstverwaltung weist auf die Grundstruktur des politischen Systems. Fragen der Herkunft, Karriere, politische Bindung wie die Bedingungen der Amtsübernahme und des Amtsverlustes gehören zu den zentralen Problemen der Elitenforschung [2]; sie sind zudem wichtige Themen der kommunalhistorischen Forschung.

* Dieser Beitrag bildet die gekürzte und überarbeitete Fassung eines Aufsatzes, der unter dem gleichen Titel erscheint in dem von *Klaus Schwabe* herausgegebenen Sammelband „Oberbürgermeister 1870—1945“, Boppard am Rhein 1980. — Für Unterstützung bei der EDV-Auswertung der Daten bin ich Hasso Spode zu Dank verpflichtet.

[1] Zu Amt und Person des Oberbürgermeisters: *Wolfgang Haus,* Biographien deutscher Oberbürgermeister, in: Archiv für Kommunalwissenschaften (AfK), Jg. 4 (1965), S. 129 Vgl. auch den Forschungsbericht von *Wolfgang Hofmann,* Oberbürgermeister in der Politik, in: AfK, 8 (1969), S. 131—145. *Ders.,* Zwischen Rathaus und Reichskanzlei. Die Oberbürgermeister in der Kommunal- und Staatspolitik des Deutschen Reiches von 1890 bis 1933, Stuttgart 1974. Außerdem *Walter Först,* Rheinische Städte und ihre Oberbürgermeister während der Weimarer Zeit, in: *Heinrich Stehkämper* (Hrsg.), Konrad Adenauer. Oberbürgermeister von Köln. Festgabe der Stadt Köln zum 100. Geburtstag ihres Ehrenbürgers, Köln 1976, S. 531—596. — Zum Oberbürgermeisteramt in der Bundesrepublik: *Rolf-Richard Grauhan,* Politische Verwaltung. Auswahl und Stellung der Oberbürgermeister als Verwaltungschefs deutscher Großstädte, Freiburg i. Br. 1970. — Zu den Oberbürgermeistern im Dritten Reich: *Horst Matzerath,* Nationalsozialismus und kommunale Selbstverwaltung, Stuttgart 1970, bes. S. 247 ff. Neben einer knappen Würdigung von *Gustav Giere* besonders *Gerhard Ritter,* Carl Goerdeler und die deutsche Widerstandsbewegung, 3. Aufl. Stuttgart 1950; *Heinrich Sprenger,* Heinrich Sahm. Kommunalpolitiker und Staatsmann, Köln 1969. Außerdem die biographische Würdigung von *Alfred Weitnauer,* Otto Merkt, in: *Wolfgang Zorn* (Hrsg.), Lebensbilder aus dem Bayerischen Schwaben, Bd. 9, München 1966, S. 426—451.

[2] Zu den grundlegenden Fragestellungen dieses Ansatzes: *Wolfgang Zapf,* Wand-

Dieser Beitrag versucht, quantitative Veränderungen im sozialen und politischen Profil der Oberbürgermeister zu erfassen und diese Befunde im Zusammenhang der institutionellen Gegebenheiten und der politischen Bedingungen dieses Amtes zu werten. Materialgrundlage dieser Arbeit bilden Angaben unterschiedlicher Quellen über die Oberbürgermeister von Stadtkreisen zwischen Sommer 1933 und 1939 [3]. Damit bleiben sowohl die Sonderbedingungen der Machtergreifung wie auch die der Kriegsführung außerhalb der Betrachtung. Als Kontroll- und Vergleichsgruppe wurden für bestimmte Fragestellungen entsprechende Angaben für die Oberbürgermeister von Großstädten (über 100 000 E.) in der Weimarer Zeit ausgewertet.

lungen der deutschen Elite. Ein Zirkulationsmodell deutscher Führungsgruppen 1919 bis 1961, München 1969 (ohne Oberbürgermeister); wichtig aus der älteren Literatur: *Daniel Lerner,* The Nazi Elite, Stanford 1951; *Hans Gerth,* The Nazi Party: Its leadership and composition, in: The American Journal of Sociology, 45 (1940), S. 517—541.

[3] Unterschiedliche Aktenbestände: vor allem Berlin Document Center (BDC), Deutscher Gemeindetag (DGT) im Landesarchiv Berlin (LAB) oder im Bundesarchiv Koblenz (BAK) sowie des Hauptamtes für Kommunalpolitik im Bundesarchiv. Weiterhin Nachschlagewerke: Wer ist's? Ausg. IX, Leipzig 1928; Ausgabe X, Leipzig 1935; Taschenkalender (später Taschenbuch) für Verwaltungsbeamte (seit 1921); Reichshandbuch der deutschen Gesellschaft, 2 Bde., Berlin 1930/31; *M. Müller-Jabusch* (Hrsg.), Politischer Almanach. Jahrbuch des öffentlichen Lebens, Berlin 1925 ff.; *Cuno Horkenbach* (Hrsg.), Das Deutsche Reich von 1918 bis heute, 4 Bde., Berlin 1930—35; Das Deutsche Führerlexikon 1934/35, Berlin 1934; *Erich Stockhorst,* Fünftausend Köpfe. Wer war was im Dritten Reich, Velbert 1967; Der Gemeindetag 27 ff. (1933 ff.). Dazu Einzelinformation aus anderen Beständen, Biographien, Stadtgeschichten, Verwaltungsberichten, Organisationsbüchern und Adressenwerken. Nicht immer ließ sich exakt der Zeitpunkt des Ausscheidens bestimmen, zumal hier sehr unterschiedliche Ereignisse in Betracht kamen: Beurlaubung, kommissarische Besetzung durch einen anderen Amtsinhaber, formeller Abschluß der Verfahren mit zahlreichen weiteren Zwischenformen. Die Probleme bezüglich kommissarischer und endgültiger Amtsübernahme waren demgegenüber geringer. Fehlende Daten wurden nach dem Taschenkalender (Taschenbuch) für Verwaltungsbeamte ergänzt. — Für Auskünfte habe ich zudem den Archiven der Städte Braunschweig, Karlsruhe, Krefeld und Mainz zu danken. Die Abgrenzung der Oberbürgermeisterposition bereitet für das Dritte Reich keine besonderen Probleme, insofern diese Amtsbezeichnung auf die Gemeindeleiter von Stadtkreisen beschränkt wurde. Deutsche Gemeindeordnung (DGO) vom 30. 1. 1935 (RGBl. I, S. 393), bes. §§ 10 und 11. Zur DGO erschienen eine Reihe von Kommentaren; deren wichtigste (von Staatsseite): *Friedrich Karl Surén* und *Wilhelm Loschelder,* Die Deutsche Gemeindeordnung. Ein Leitfaden für nationalsozialistische Parteibeauftragte in der Gemeinde, für Gemeinderäte und Bürgermeister, München 1935. Zum Problem der Abgrenzung und der unterschiedlichen Bezeichnungen für die Zeit vor 1933: *Hofmann,* Zwischen Rathaus, S. 19 f. Für die Bildung der Größenklassen wurde die Einwohnerzahl von 1933 zugrundegelegt.

I.

Die Stellung des Oberbürgermeisters im Dritten Reich bemaß sich nicht ausschließlich, nicht einmal vornehmlich, nach den für dieses Amt gültigen Bestimmungen. Gleichwohl hatten diese als Verfahrensregeln für den „Normalfall" ihre Bedeutung [4] und sind insofern bei der Würdigung des Amtes zu berücksichtigen. Gerade unter diesem Gesichtspunkt lassen sich für den Zeitraum 1933 bis 1939 drei Zeitabschnitte abgrenzen: die Phase der „revolutionären" Machteroberung bis etwa zum Sommer 1933, eine Übergangs- oder Stabilisierungsphase bis zum Erlaß der Deutschen Gemeindeordnung Anfang 1935 und schließlich der Zeitraum bis 1939, in dem sich die Entwicklung auf dem Boden dieses „Grundgesetzes des nationalsozialistischen Staates" vollziehen sollte.

Bezüglich der Machtergreifung [5] interessieren hier nicht die Vorgänge, die zur Ablösung der bisherigen Gemeindeleiter führten, sondern die Bedingungen, welche die künftige Stellung der neuen Amtsinhaber mitprägten. Diese waren im allgemeinen durch die Verdrängung der bisherigen Oberbürgermeister in die Position gelangt, indem sie als lokale Repräsentanten der NSDAP an der Spitze von SA oder Parteianhängern das Rathaus besetzten und dann kommissarisch eingewiesen wurden, oder indem durch das Zusammenwirken von Staats- und Parteistellen von oben neue, im allgemeinen gleichfalls zunächst nur kommisarisch bestellte Oberbürgermeister ernannt wurden. Diese Vorgänge vollzogen sich weitestgehend im rechtsfreien Raum oder gegen die bestehenden Gesetze und wurden durch neugeschaffene rechtliche Bestimmungen, wie etwa das sogenannte „Berufsbeamtengesetz" [6], nachträglich legalisiert. Diese Phase schloß damit ab, daß weitere Eingriffe in die Verwaltung im Mai/Juni 1933 untersagt wurden [7].

In dem anschließenden Zeitraum bis zum Erlaß der Deutschen Gemeindeordnung ging es einmal um die weitere Durchdringung der Kommunalverwaltungen mit zuverlässigen Nationalsozialisten, zum anderen um die Wiederherstellung der Funktionsfähigkeit der Verwaltung. Häufig mußten offensicht-

---

[4] Zum Nebeneinander von Normen- und Maßnahmenstaat im Rahmen des nationalsozialistischen Herrschaftssystems, nunmehr in Deutsch: *Ernst Fraenkel*, Der Doppelstaat, Frankfurt/M. 1974.

[5] Die Phase der Machtergreifung ist auf lokaler und kommunaler Ebene noch am besten erforscht. Dazu neben einer Reihe von Lokalstudien immer noch *Karl Dietrich Bracher, Wolfgang Sauer, Gerhard Schulz*, Die nationalsozialistische Machtergreifung, 2. Aufl. Köln 1962, bes. S. 442 ff. Zum Ausmaß des personellen Wechsels: *Matzerath*, Nationalsozialismus, bes. S. 79 f.

[6] Gesetz zur Wiederherstellung des Berufsbeamtentums (BBG) v. 7. 4. 1933 (RGBl. I, S. 175). Zur Entstehung und Funktion des Gesetzes vor allem: *Hans Mommsen*, Beamtentum im Dritten Reich, Stuttgart 1966.

[7] Dazu *Matzerath*, Nationalsozialismus, S. 81 ff.

lich unqualifizierte kommissarisch tätige Gemeindeleiter bald wieder ihren Abschied nehmen. Bisweilen wurden in diesem Zeitraum Oberbürgermeister ausgetauscht und an anderer Stelle wieder eingesetzt [8]. Es konnte dabei auch geschehen, daß kurzerhand abgesetzte Oberbürgermeister alsbald ihr Amt wieder übernehmen konnten [9]. Die Entwicklungen vollzogen sich — abgesehen vom Instrument des Berufsbeamtengesetzes — ohne hinreichende gesetzliche Grundlage, freilich vielfach unter dem Anschein herkömmlicher Verfahren [10].

In diese Zeit fällt von preußischer Seite der Versuch eines eigenen Kommunalverfassungsgesetzes, das zugleich die Stellung des Oberbürgermeisters neu regelte [11]. Es schränkte zunächst den Titel des Oberbürgermeisters auf den Gemeindeleiter kreisfreier Städte ein. Berufung und Abberufung erfolgten durch den Innenminister; bezüglich der Partei war lediglich eine Fühlungnahme mit dem Gauleiter vorgeschrieben. Die Berufung, die grundsätzlich auf zwölf Jahre erfolgen sollte, konnte bei Oberbürgermeistern jederzeit widerrufen werden, bei anderen Gemeindeleitern nur innerhalb eines Probejahres. Mit der Abschaffung der Wahlen und der gemeindlichen Beschlußkörper, an deren Stelle Gemeinderäte als Ratgeber des Oberbürgermeisters traten, wurde der „Leiter der Gemeinde" von der Willensbildung in der Stadt unabhängig gemacht, dafür aber weitgehenden Aufsichtsbefugnissen des Staates unterworfen.

Die Deutsche Gemeindeordnung folgte in wichtigen Grundzügen diesem Modell, wich in anderen erheblich davon ab [12]. Das „Führerprinzip" in der Kommunalverwaltung, die Beseitigung der Beschlußkörper, das Erfordernis hauptamtlicher Verwaltung und entsprechende Laufbahnvoraussetzungen entweder für den Oberbürgermeister oder seinen Stellvertreter (Befähigung zum Richteramt oder höheren Verwaltungsdienst) wurden aus dem preußischen Gemeindeverfassungsgesetz übernommen, ebenso die zwölfjährige Amtszeit mit der Möglichkeit einer Wiederberufung auf Lebenszeit. Generell wurde nunmehr ein Probejahr vorgesehen. Neu und andersartig war die Berufung und Abberufung des Oberbürgermeisters geregelt: Das Vorschlagsrecht stand dem „Beauftragten der Partei" — in der Regel dem Kreisleiter [13] — zu, der in Städten

[8] Dazu zählte etwa Dr. Hans Poeschel, seit 1931 Oberbürgermeister in Stettin, der 1933 nach M.-Gladbach „versetzt" wurde.

[9] Dr. Delius (Wesermünde) war zunächst beurlaubt worden, konnte später sein Amt wieder übernehmen.

[10] Dazu zählten beispielsweise „Entzug des Vertrauens", „den Rücktritt nahegelegt".

[11] Preußisches Gemeindeverfassungsgesetz v. 15. 12. 1933 (GS. S. 427). Zur Entstehung: *Matzerath*, Nationalsozialismus, S. 107 ff.

[12] Ebd., S. 132 ff.

[13] VO zur Ausführung des § 118 der Deutschen Gemeindeordnung v. 26. 3. 1935 (RGBl. I, S. 470). Die VO wurde vom Stellvertreter des Führers Rudolf Heß, zugleich Reichsminister ohne Geschäftsbereich, erlassen. Danach konnte der Gauleiter den Parteibeauftragten mit bindenden Auflagen versehen und im Einzelfall die Funktion selbst wahrnehmen.

über 100 000 Einwohner bis zu drei Bewerber dem Reichsinnenminister, in den übrigen Stadtkreisen dem Reichsstatthalter, vorzuschlagen hatte, die einem der Bewerber zustimmten, der dann formell von der Gemeinde ernannt wurde. Damit war gegenüber dem preußischen Gemeindeverfassungsgesetz der Einfluß des Staates zurückgedrängt und formell auch die Mitwirkung der Partei auf festgelegte Kompetenzen begrenzt worden. Selbst in diesem Rahmen stand nach dem Erlaß des Deutschen Beamtengesetzes und der Reichsdienststraforordnung ein beträchtliches Instrumentarium für die Auswechselung von Spitzenpositionen zur Verfügung.

Einen ersten, wenngleich groben Aufschluß über die Stellung des Oberbürgermeisters, d. h. über die Amtsfestigkeit, gibt das Ausmaß des Wechsels in den Oberbürgermeisterpositionen nach der unmittelbaren Phase der Machtergreifung (Tab. 1) [14]. In den 217 deutschen Stadtkreisen amtierten in den ersten sechs Jahren der nationalsozialistischen Herrschaft 351 Oberbürgermeister, von denen 23 innerhalb dieses Zeitraums ein entsprechendes Amt in einer anderen Stadt übernahmen, drei sogar mehrfach wechselten. Das aber bedeutet, daß im statistischen Mittel in einem Zeitraum von sechs Jahren in fast jeder Stadt ein Wechsel in der Person des Oberbürgermeisters vorgenommen wurde. Faktisch sieht das Ergebnis etwas anders aus: Knapp die Hälfte (98 oder 45,2 %) aller Städte behielten den Gemeindeleiter, den sie 1933 bereits besaßen oder neu bekommen hatten, auch noch im Jahre 1939, 85 (39 %) hatten während dieser Zeit einen, weitere 29 (13 %) deren zwei und 5 Städte (2 %) sogar noch mehr Wechsel zu verzeichnen.

Dieses Ergebnis bedarf weiterer Differenzierung. War das Ausmaß der personellen Veränderungen in den großen Städten höher, differierte es nach einzelnen Ländern oder Gauen oder lassen sich zeitliche Schwerpunkte von Veränderungen feststellen? Differenziert man das Ergebnis zunächst nach den Größenklassen der Stadtkreise, so zeigt sich, daß bezüglich der Größe sich die Städte nach der Häufigkeit des Wechsels kaum unterschieden. Aufschlußreicher ist die Differenzierung nach Ländern (Tab. 2), wenngleich die unterschiedliche Größe und Zahl der Stadtkreise, namentlich bei sehr geringen Fallzahlen, zur Vorsicht mahnen. Preußen mit mehr als der Hälfte aller Fälle hatte neben Hessen den stärksten Wechsel aufzuweisen. Bemerkenswert häufig wechselten die Oberbürgermeister auch im Flächenstaat Bayern wie im städtereichen Sachsen oder dem benachbarten kleineren Thüringen. Andererseits zeigten in Südwestdeutschland Württemberg und Baden oder etwa die kleineren Länder Anhalt und Oldenburg eine erstaunlich geringe Fluktuation. Eine Aufgliederung nach Parteigauen läßt die regionalen Unterschiede noch deutlicher hervortreten und eine erhebliche Spannbreite zwischen einzelnen Gauen erkennen. Ein klares Muster, das

---

[14] Nicht aufgenommen wurde die vertretungsweise Wahrnehmung der Oberbürgermeisterfunktionen.

Tabelle 1: *Amtswechsel nach Größenklassen (1933—1939)*

	Größenklassen	Zahl der Städte		Häufigkeit des Amtswechsels ohne Wechsel		ein Wechsel		zwei Wechsel		mehr als zwei Wechsel		Positionen insgesamt	
			%		%		%		%		%		%
I	über 200.000 E	27	12,4	13	13,3	7	8,2	5	17,2	2	40,0	50	13,3
II	100.000—200.000 E	30	13,8	17	17,3	11	12,9	2	6,9	0	0,0	45	11,9
III	50.000—100.000 E	45	20,7	16	16,3	19	22,4	10	34,5	0	0,0	84	22,3
IV	unter 50.000 E	115	53,0	52	53,1	48	56,5	12	41,4	3	60,0	198	52,5
	Insgesamt (I—IV)	217	100,0	98	100,0	85	100,0	29	100,0	5	100,0	377	100,0

die Unterschiede zu erklären vermöchte, tritt auf den ersten Blick nicht zutage. Benachbarte Gaue wie Köln-Aachen und Düsseldorf zeigten erhebliche Unterschiede, und in der Spitzengruppe sind so unterschiedlich strukturierte Gaue wie Pommern, Pfalz-Saar, Düsseldorf und Essen zu finden. Bemerkenswert erscheint immerhin, daß fast der gesamte südwest- und süddeutsche Raum mit den Gauen Baden, Württemberg-Hohenzollern, Schwaben, Franken und Mainfranken spürbar unter dem Durchschnitt lagen, Bayerische Ostmark und München-Oberbayern ihn gerade erreichten. Das Ruhrgebiet mit den Gauen Düsseldorf, Essen, Westfalen-Nord und Westfalen-Süd war hingegen durch ausgesprochen starke Veränderungen gekennzeichnet. Diese Erscheinungen erfordern eine eingehendere Analyse der regionalen und lokalen Ursachen und Bedingungen dieser Unterschiede.

Tabelle 2: *Amtswechsel nach Ländern*

Länder	Stadtkreise	Positionen	Häufigkeit*
Anhalt	4	5	1,3
Baden	7	9	1,3
Bayern	29	48	1,7
Braunschweig, Bremen, Hamburg, Lübeck	5	7	1,4
Hessen	5	11	2,2
Mecklenburg	5	8	1,6
Oldenburg	3	4	1,3
Preußen	116	213	1,8
Saarland	1	3	3,0
Sachsen	22	38	1,7
Thüringen	9	16	1,8
Württemberg	11	15	1,4
Dt. Reich	217	377	1,7

* „Häufigkeit" ergibt sich als Quotient von Positionen/Stadtkreise

Tabelle 3: *Amtswechsel zwischen 1933 und 1939*

	Amtsübernahme		Amtsverlust	
	Zahl	%	Zahl	%
1933	137	46,4	19	11,2
1934	45	15,3	48	28,4
1935	25	8,5	13	7,7
1936	23	7,8	32	18,9
1937	26	8,8	25	14,8
1938	24	8,1	20	11,8
1939	15	5,1	12	7,2
Amtsübernahme / Amtsverlust 1933—1939	295	100,0	169	100,0
Amtsübernahme vor 1933	82			
Amtsverlust nach 1939			208	

Zu fragen bleibt, wie sich die Veränderungen im Zeitablauf vollzogen (Tab. 3). Die Entwicklung der Neubesetzungen zeigt kein unvermutetes Bild; die meisten erfolgten in den beiden ersten Jahren, vor allem 1933, dann etwa in gleicher Stärke mit einer Abschwächung 1939. Ein deutlich anderes Muster weist die Statistik der Amtswechsel auf. In den Jahren nach der Machtergreifung und nach Erlaß der Deutschen Gemeindeordnung steigt die Kurve merklich an.

Alle diese Befunde deuten auf eine erhebliche Instabilität des Oberbürgermeisteramtes im Dritten Reich hin. Diese verringerte sich zwar spürbar nach den beiden ersten Jahren, lag aber weit über dem, was aus dem Kaiserreich und der Weimarer Republik bekannt ist. Ein Vergleich zwischen den Großstädten der Weimarer Zeit und denen des Dritten Reichs (Tab. 4) ergibt, daß nach 1933 die Positionen im Schnitt etwa doppelt so häufig gewechselt wurden wie in der Zeit zwischen 1921 und 1933. Dabei ist zu berücksichtigen, daß in der Weimarer Zeit zum Teil völlig andere Bedingungen bestanden. Von den Oberbürgermeistern

Tabelle 4: *Amtswechsel in Großstädten über 100.000 E.*

	Weimarer Zeit 1921—1933		Drittes Reich 1933—1939	
	Städte	Wechsel	Städte	Positionen
ohne Wechsel	16	16	30	30
ein Wechsel	32	64	18	36
zwei Wechsel	5	15	7	21
drei und mehr Wechsel	—	—	2	8
insgesamt	53	95	57	95
Häufigkeit		1,8		1,7
Häufigkeit je Jahr		0,15		0,28

234

aus diesem Zeitraum schieden eine Reihe aus Altersgründen aus oder doch zumindest nach Ablauf ihrer regulären Amtszeit. In anderen Fällen erfolgte der Amtswechsel durch den Aufstieg in höhere staatliche Positionen [15]. Wieder andere wie in Beuthen und Wiesbaden mußten ihr Amt aufgeben, weil sie von den Besatzungsmächten ausgewiesen wurden. Gewisse Positionsveränderungen ergaben sich auch bei den großen Neugliederungen in der zweiten Hälfte der 20er Jahre (Krefeld-Ürdingen, Gladbach-Rheydt). Schließlich hatten die seit etwa 1929/30 wachsenden innenpolitischen Spannungen und die zunehmende Politisierung der lokalen Ebene eine gewisse Bedeutung, wie etwa im Fall des Berliner Oberbürgermeisters Böß [16], so daß gegen Ende der Republik verschiedene, einen Amstwechsel begünstigende Umstände zusammentrafen (so auch das Auslaufen der 12jährigen Amtszeit der 1918—20 bestellten Oberbürgermeister). Alle diese Faktoren fehlten im Dritten Reich, in dem 1933 fast ein kompletter Austausch in den Spitzenpositionen der Großstädte vorgenommen worden war. Somit kommen als Ursache des häufigen Wechsels in erster Linie systemspezifische politische Ursachen in Betracht.

II.

Veränderte sich im Dritten Reich das soziale und politische Profil des Oberbürgermeisters gegenüber der Weimarer Zeit? Gab es einen „Aufstieg der Außenseiter" [17] oder setzten sich überkommene Karrieremuster durch, mit dem Ergebnis, daß der Oberbürgermeister nach 1933 nicht die typischen Merkmale des nationalsozialistischen Amtsträgers aufwies, nämlich niedriges Alter, frühen Parteieintritt, relativ niedrige soziale Herkunft, mangelhafte Ausbildung, Kriegserfahrung, Bruch im beruflichen Werdegang?

Bereits das Alter der Oberbürgermeister unmittelbar vor und nach der Machtergreifung läßt deutliche Unterschiede erkennen. Die Verwaltungsleiter der Großstädte in der letzten Phase der Weimarer Republik waren im Durchschnitt etwa 53 Jahre, die der Städte insgesamt nach der Machtergreifung ebenso wie die der Stadtkreise über 100 000 E., 44 Jahre alt. Die demokratisch gewählten Oberbürgermeister gehörten überwiegend den Jahrgängen 1881—85 (Tab. 5) an; die der Anfangszeit des nationalsozialistischen Systems waren altersmäßig sehr viel weniger homogen, konzentrierten sich aber stärker auf die Jahrgänge 1886—90 und 1896—1900 (die Oberbürgermeister der Großstädte: 1881—1890). Bei den neuen Amtsinhabern handelte es sich somit teilweise um eine neue, jüngere Generation.

[15] Dazu vor allem *Hofmann*, Zwischen Rathaus, bes. S. 216 ff.
[16] *Christian Engeli*, Gustav Böß. Oberbürgermeister in Berlin 1921—1930, Stuttgart 1971, bes. S. 226 ff.
[17] Vgl. *Zapf*, S. 51.

Tabelle 5: *Altersgruppen (im Jahre 1933)* [1]

	Drittes Reich (alle Städte)		Drittes Reich (über 100 000 E.)		Weimarer Republik (über 100 000 E.)	
	N	%	N	%	N	%
vor 1870	2	1,1	1	1,8	5	9,8
1871—1875	10	5,7	3	5,4	9	17,6
1876—1880	14	8,0	2	3,6	9	17,6
1881—1885	32	18,3	12	21,4	18	35,3
1886—1890	38	21,7	13	23,2	10	19,6
1891—1895	29	16,6	9	16,1	1	2,0
1896—1900	35	20,0	11	19,6	—	—
1901—1905	15	8,6	5	8,9	—	—
insgesamt	175	100,0	56	100,0	51	100,0
(unbekannt) [2]	(42)		(2)		(2)	

[1] Im Gegensatz zu den Tabellen 4 und 6—8 sind hier nicht alle Amtsinhaber berücksichtigt, sondern die 1933 vorhandenen Positionen.

[2] Darunter auch nicht besetzte Positionen.

Auch die Schulbildung der Amtsinhaber vor und nach der Machtergreifung unterscheidet sich erheblich (Tab. 6). Die Oberbürgermeister der Großstädte in der Weimarer Zeit hatten ihre Ausbildung fast durchweg mit einem juristischen Examen abgeschlossen, lediglich ein knappes Zehntel verfügte über keinen Hochschulabschluß. Von den Oberbürgermeistern im Dritten Reich besaßen weniger als zwei Drittel ein juristisches Examen, bei den Stadtoberhäuptern der Großstädte nicht einmal die Hälfte. Wenigstens bis zu einem gewissen Grad wurde dies kompensiert durch Hochschulabschlüsse anderer Art. Insgesamt sind die Amtsinhaber in der nationalsozialistischen Zeit durch ein breites Spektrum unterschiedlicher Ausbildungsgänge gekennzeichnet.

Tabelle 6: *Schulbildung*

	Drittes Reich (alle Städte)		Drittes Reich (über 100 000 E.)		Weimarer Republik (über 100 000 E.)	
	Zahl	%	Zahl	%	Zahl	%
Volksschule	18	6,7	4	5,2	4	7,7
mittlere o. höhere Schule	35	13,0	14	18,2	1	1,9
Fachhochschule	9	3,3	2	2,6	—	—
Studium (ohne Abschluß)	4	1,5	2	2,6	—	—
Hochschulexamen (ohne Jura)	38	14,1	19	24,7	2	3,8
juristisches Examen	166	61,5	36	46,8	45	86,5
insgesamt	270	100,0	77	100,0	52	100,0
(unbekannt)	(81)		(7)		(1)	

Tabelle 7: *Vorberuf*

	Drittes Reich (alle Städte)		Drittes Reich (über 100 000 E.)		Weimarer Republik (über 100 000 E.)	
	Zahl	%	Zahl	%	Zahl	%
Nichtjuristen	(95)	36,4	(39)	52,0	(7)	13,5
Selbständige	20	7,7	11	14,7	1	1,9
Höhere Beamte	30	11,5	12	16,0	3	5,8
Leitende Angestellte	35	13,4	12	16,0	2	3,8
Sonstige	10	3,8	4	5,3	1	1,9
Juristen	(166)	63,6	(36)	48,0	(45)	86,5
Kommunal	76	29,1	13	17,3	37	71,2
Staat	15	5,7	7	9,3	4	7,7
Justiz	10	3,8	3	4,0	—	—
Organisationen	4	1,5	3	4,0	2	3,8
Wirtschaft	4	1,5	1	1,3	—	—
Selbständige	13	5,0	3	4,0	2	3,8
Keine Angaben	44	16,7	6	8,0	—	—
Insgesamt	261	100,0	75	100,0	52	100,0
(unbekannt)	(90)		(9)		(1)	

Dieses Ergebnis gewinnt seine volle Aussagekraft erst, wenn man den beruflichen Werdegang einbezieht. Mit der Position vor Übernahme des kommunalen Spitzenamtes wird dieser zwar nicht in jedem Einzelfall adäquat erfaßt, es lassen sich aber doch gewisse Rückschlüsse ziehen (Tab. 7). Während die Laufbahn des Oberbürgermeisters der Weimarer Zeit ein klares Karrieremuster erkennen läßt — der Weg führte im allgemeinen über bestimmte kommunale oder auch staatliche Ämter —, gelangten im Dritten Reich zahlreiche Nichtjuristen mit sehr unterschiedlichen Berufswegen in diese Spitzenpositionen; bei den Großstädten stellten sie sogar die Mehrheit. Als Außenseiter im Sinne der bisherigen Karrieremuster müssen darüber hinaus auch die Juristen gerechnet werden, die ohne spezifische Verwaltungserfahrung dieses Amt übernahmen.

Die Parteibindung war bereits für die Oberbürgermeister in der Endphase der Weimarer Republik charakteristisch, wobei SPD und die relativ kleine DDP herausragten (Tab. 8a). Für mehr als 40 % der Oberbürgermeister läßt sich eine Parteimitgliedschaft eindeutig nachweisen, andere standen einer der Parteien zumindest nahe und verdankten dieser Tatsache wesentlich ihr Amt [18], so daß von einer „unpolitischen" Verwaltungsführung spätestens zu diesem Zeitpunkt kaum mehr die Rede sein konnte [19], wenngleich die Parteimitgliedschaft für die Ober-

[18] Dr. Rombach (Aachen) stand augenscheinlich dem Zentrum nahe. Dr. W. Hartmann (Remscheid) war entweder Mitglied der DVP oder DNVP.
[19] Zum Prozeß der zunehmenden Politisierung bereits *Haus*, S. 142.

Tabelle 8 a: *Parteimitgliedschaft (Weimarer Parteien)*

Parteien	Weimarer Zeit (über 100 000 E.)	
DNVP	3	11,1
DVP	3	11,1
DDP	7	25,9
Zentrum/BVP	4	14,8
SPD	7	25,9
Sonstige	1	3,7
Parteilos	2	7,4
insgesamt	27	100,0
(unbekannt)	(26)	

bürgermeister sowohl persönlich wie im politischen Leben ihrer Zeit einen sehr unterschiedlichen Stellenwert hatte.

Dagegen wurde im Einparteienstaat des Dritten Reiches die Mitgliedschaft zur NSDAP fundamental (Tab. 8b), und zwar um so eindeutiger, je früher sie begründet war. Nahezu Dreiviertel aller Oberbürgermeister im Dritten Reich, über die Angaben vorliegen, war vor der Machtergreifung in die Partei eingetreten, bei denen der Städte über 100 000 E. waren es gut vier Fünftel. Dies läßt erkennen, in welch hohem Maße dieses Amt im Dritten Reich „politisiert" war.

Somit kann — zumindest für die Großstädte — in der Weimarer Zeit vom Typ des Oberbürgermeisters ausgegangen werden, der sein Hochschulstudium mit juristischen Examensabschluß abgeschlossen hatte, in die Verwaltungslaufbahn eingetreten war und im Verlauf seiner beruflichen Karriere etwa als Beigeordneter Erfahrungen in der Verwaltung einer Stadt sammelte, ehe er später in dieser oder einer anderen Stadt die kommunale Spitzenposition übernahm. Die

Tabelle 8 b: *Parteimitgliedschaft (NSDAP)*

Parteieintritt	Drittes Reich alle Städte		Drittes Reich über 100 000 E.	
	N	%	N	%
bis 1928	79	29,9	28	38,4
bis Sept. 1930	26	9,8	5	6,8
bis 30. 1. 1933	87	33,0	26	35,6
bis Mai 1933	35	13,3	9	12,3
Juni 1933—Ende 1936	6	2,3	1	1,4
1937	13	4,9	0	—
nach 1937	4	1,5	1	1,4
Nicht Pg	14	5,3	3	4,1
insgesamt	264	100,0	73	100,0
(unbekannt)	(87)		(11)	

Anlehnung an eine Partei hatte gegenüber der fachlichen Qualifikation sekundären Charakter, wenngleich sie augenscheinlich gegen Ende der Weimarer Republik zunehmend an Gewicht gewann. Daneben gab es in einer sehr begrenzten Zahl den Typ des Außenseiters, der seinen Aufstieg in die kommunale Spitzenposition vor allem seiner politischen Karriere über die Partei verdankte. Dazu zählten Ernst Reuter (Magdeburg), Max Brauer (Altona), Paul Löwigt (Lübeck), Julius Franz (Hindenburg), Josef Brisch (Solingen), die sämtlich der SPD angehörten, und von denen einige zu den bedeutenden Figuren unter den Oberbürgermeistern dieser Zeit zählten [20]. Als Ausnahmeerscheinung in diesem Rahmen ist der Münchner Oberbürgermeister Scharnagl (BVP) zu zählen, der sein Amt als Oberbürgermeister von München ehrenamtlich bekleidete.

Die Gruppe der Oberbürgermeister im Dritten Reich war demgegenüber viel weniger homogen. Zwar lassen sich die oben getroffenen Einzelfeststellungen dahingehend zusammenfassen, daß diese Gruppe im Schnitt jünger war und sich stärker aus Außenseitern und alten Nationalsozialisten zusammensetzte, einen einheitlichen Typ bildeten sie indessen noch weit weniger als die in der Weimarer Zeit. Eine genauere Analyse der unterschiedlichen Merkmale ergibt freilich, daß diese sich in einer Weise bündeln, die auf die Existenz unterschiedlicher Typen schließen läßt.

Die erste und prominenteste Gruppe ist die der „Alten Kämpfer" [21]. Dazu sind hier diejenigen gerechnet, die nach 1885 geboren wurden, kein juristisches Studium absolvierten, vor 1928 in die Partei eintraten und in der Partei relativ hohe Funktionen, wie etwa die Ämter eines Reichsleiters (stellvertretenden), Gauleiters oder Kreisleiters bekleideten, d. h. als Hoheitsträger der Partei galten. Dieser Gruppe gehörten insgesamt 26 Oberbürgermeister an. Sie rekrutierten sich überwiegend aus den Jahrgängen 1891 bis 1900, hatten zu 75 % kein Hochschulstudium absolviert, zu 32 % nur Volksschulbesuch, waren in der Mehrzahl vor Übernahme des kommunalen Amtes leitende Angestellte oder sonstige Beamte und Angestellte oder aber selbständig gewesen. Fast durchweg gehörten sie der Frontgeneration an, waren häufig in Freikorpsverbänden gewesen, nicht selten auch in völkischen Verbänden.

Demgegenüber zeigt die Gruppe der „NS-Prominenten" ein völlig anderes Profil [22]. In dieser Gruppe finden sich diejenigen, die gleichfalls erst nach 1885 geboren wurden, nach 1928, aber noch vor der Machtergreifung, in die Partei eintraten, zwar kein juristisches Examen, wohl aber ein anderes Hochschulstu-

[20] *Susanne Miller*, Sozialdemokratische Oberbürgermeister in der Weimarer Republik, in: *Klaus Schwabe* (Hrsg.), Oberbürgermeister 1870—1945, Boppard am Rhein 1980.

[21] Sie entsprechen damit ziemlich genau dem bei Lerner charakterisierten Typ des Funktionärs („Administrators"); vgl. *Lerner*, bes. S. 80 f.

[22] Dieser Typ hat bestimmte Züge des bei Lerner (ebd.) herausgearbeiteten „Propagandisten".

dium absolviert hatten. Diese Gruppe umfaßt 17 Personen, von denen 12 einen Doktortitel führten.

Wiederum einen anderen Typ bilden die 66 „NS-Juristen", die zahlenmäßig umfangreichste Gruppe. Dazu zählen alle Juristen, die vor der Machtergreifung in die NSDAP eingetreten waren. Der Parteieintritt erfolgte bei 43 von 66 Personen erst zwischen 1930 und der Machtergreifung, also erst in der eigentlichen Aufschwungphase der NSDAP. Sie waren im Schnitt noch jünger als die Mitglieder der beiden anderen Gruppen; am stärksten waren hier die Geburtsjahrgänge 1901—05 vertreten. Nur ein verhältnismäßig geringer Teil war in die Oberbürgermeisterposition aus einem kommunalen Amt aufgestiegen, und nicht wenige hatten selbst diese Position erst nach 1933 übernommen.

Signalisierte der Parteieintritt vor 1933 — mit Abstufungen nach der Dauer der Zugehörigkeit — im allgemeinen politische Zuverlässigkeit, so mußten sich die im Frühjahr 1933 Eingetretenen gegen den Vorwurf des Opportunismus wehren (im Jargon der Zeit: „Märzgefallene" oder „Märzlinge"). Hier kann und soll die Motivation für den Eintritt in die Partei nicht untersucht werden, festzustellen bleibt lediglich, daß diese Mitgliedschaft eine notdürftige Legitimation für ein kommunales Spitzenamt begründete, die aber unter dem ständigen Vorbehalt der Partei stand. Die Gruppe der Juristen, die im Frühjahr 1933 die Parteimitgliedschaft erwarb, umfaßte 27 Personen. Knapp zur Hälfte handelte es sich dabei um Oberbürgermeister, die sich bereits zum Zeitpunkt der Machtergreifung im Amt befanden, zum anderen Teil im wesentlichen um junge Verwaltungsexperten, die, da es der NSDAP an qualifizierten Fachleuten fehlte, freiwerdende kommunale Spitzenämter übernahmen. Der Doktortitel, den 22 führten, dürfte den Charakter einer zusätzlichen Legitimation gehabt haben. Entsprechend ihrer unterschiedlichen Zusammensetzung war auch die Altersstruktur dieser Gruppe sehr inhomogen. Über die Hälfte gehörte den Geburtsjahrgängen 1881 bis 1890 an.

Die letzte Gruppe ist schließlich die der nicht-nationalsozialistischen Oberbürgermeister, die als Fachleute mit einer typischen Laufbahn den ersten Sturm der Machtergreifung überstanden hatten. In diese Kategorie fallen 24 Oberbürgermeister, überwiegend der Geburtsjahrgänge vor 1885. Ihren Weg hatten sie mit einer Ausnahme über kommunale Vorpositionen gemacht. Von ihnen erhielten zwei die Parteimitgliedschaft noch während der Eintrittssperre, 12 nach Aufhebung 1937, drei erst später und 12 erwarben keine Parteimitgliedschaft. Auch sie besaßen zu 75 % den Doktortitel.

Die mangelnde Homogenität der Oberbürgermeister im Dritten Reich erweist sich damit als Ausdruck der Tatsache, daß der Typus des Oberbürgermeisters im Dritten Reich seine frühere Einheitlichkeit verloren hatte. Angesichts des hohen Anteils von Nichtfachleuten unter den neuen Amtsinhabern geriet die Realität des nationalsozialistischen Systems zur Parodie auf die frühere Polemik gegen „Parteibuchbeamte" und „Futterkrippenwirtschaft" bzw. auf den Anspruch der „Wiederherstellung des Berufsbeamtentums". Andererseits wird man feststellen müssen, daß sich unter den Bedingungen des Weimarer Systems eine nationalsozialistische „Gegenelite" auf den herkömmlichen Karrierewegen nicht herausbilden konnte. In der Art der Besetzung der Spitzenpositionen spiegelt sich also das Dilemma einer zu dem bestehenden System in Konfrontation stehenden und relativ unvorbereitet an die Macht geratenen, totalitären Partei wider.

Wenn dies der entscheidende Grund für die mangelnde Homogenität war, dann – so steht zu vermuten – mußten sich relativ rasch Tendenzen abzeichnen in Richtung auf eine vom System gewünschte neue Form der Stellenbesetzung und damit einen neuen Typ des Oberbürgermeisters. Solche Tendenzen sind in der Tat festzustellen, freilich nicht mit durchschlagenden Konsequenzen. Das Durchschnittsalter war 1939 weiter abgesunken, der Anteil der Außenseiter sowohl gemessen an der Ausbildung wie auch dem beruflichen Werdegang weiter gestiegen, wie sich auch die Zahl der alten Parteimitglieder wesentlich erhöht hatte. Die Konkurrenz der beiden Ansprüche des Systems, politische Zuverlässigkeit und fachliche Qualifikation, war damit zuungunsten des letzteren entschieden worden, wenngleich die Laufbahnvoraussetzungen als Kriterium auch intern nie aufgegeben wurden. Die Aufrechterhaltung beider Grundsätze wird man mit als Ausdruck der inneren Gespaltenheit des Systems betrachten müssen. Eindeutig ist festzustellen, daß es eine „neue" Elite im Sinne eines durch einheitliche spezifisch nationalsozialistische Qualitäten geprägten Oberbürgermeisters nicht gab, sondern nur ein Nebeneinander unterschiedlicher Gruppen.

III.

Die entscheidende Frage ist, ob es im Dritten Reich eine dem Prinzip der Selbstverwaltung entsprechende Unabhängigkeit des Oberbürgermeisters gab. Nach Fortfall einer innergemeindlichen kommunalen Willensbildung konnte dies nur eine Unabhängigkeit von Partei und Staat sein. Sie aber mußte sich in erster Linie im Konfliktfall erweisen. Insofern lassen sich am Extremfall des unfreiwilligen Amtsverlusts am klarsten Ausmaß und Art der Abhängigkeit ablesen.

Der quantitative Befund (Tab. 9) nach „Typen" läßt deutliche Unterschiede hervortreten. Geht man davon aus, daß ein Wechsel in ein höheres Amt vornehmlich aus den beiden ersten Gruppen erfolgte, dann ergibt sich die Schlußfolgerung, daß zumindest bis 1939 die Position der „Alten Kämpfer" noch relativ stabil war. Mit Abstrichen gilt das nur für die „NS-Prominenz". Der bemerkenswert starke Wechsel unter den „NS-Juristen" ist mit darauf zurückzuführen, daß sie – falls nicht spezifische Gegengründe vorlagen – bei freiwerdenden Stellen als grundsätzlich einsatzfähig galten und dem doppelten Erfordernis fachlicher Qualifikation und politischer Zuverlässigkeit in besonderer Weise entsprachen. Die Gruppe der sogenannten „Märzgefallenen" zeigte in den ersten Jahren eine erstaunliche Stabilität, dann freilich gab es eine Reihe von Wechseln. Die Zahl der nichtnationalsozialistischen Fachleute verringerte sich kontinuierlich über den

Tabelle 9: *Amtsübernahme und -verlust nach „Typen"*

Amtsübernahme	„Alte Kämpfer"		„NS-Prominente"		NS-Juristen		„Märzgefallene"		Fachleute	
	N	%	N	%	N	%	N	%	N	%
vor 1933	—		—	—	1	1,5	13	48,1	24	100,0
1933	27	57,4	17	77,3	33	50,0	7	25,9	—	—
1934	8	17,0	2	9,1	9	13,6	2	7,4	—	—
1935	2	4,3	—	—	9	13,6	1	3,7	—	—
1936	1	2,1	1	4,5	3	4,5	2	7,4	—	—
1937	7	14,9	2	1,1	3	4,5			—	—
1938	1	2,1	—	—	5	7,6	1	3,7	—	—
1939	1	2,1	—	—	3	4,5	1	3,7	—	—
insgesamt	47	100,0	22	100,0	66	100,0	27	100,0	24	100,0
Amtsverlust										
1933	—	—	—	—	3	4,5	—	—	2 [c]	8,3
1934	6	12,8	1	4,5	3	4,5	—	—	1	4,2
1935		—	2	9,1	2	3,0	—	—	2	8,3
1936	1	2,1	1	4,5	8	12,1	5 [b]	18,5	2	8,3
1937	1	2,1	2	9,1	6	9,1	2	7,4	2	8,3
1938	4	8,5	1	4,5	4	6,1	3	11,1	—	—
1939	2	4,3	—	—	1	1,5	—		1	4,2
nach 1939	33	70,2	15	68,2	39	59,1	17	63,0	14	53,3
insgesamt	47	100,0	22	100,0	66 [a]	100,0	27	100,0	24	100,0

[a] 8 aus dieser Gruppe übernahmen in den Jahren 1934 sowie 1936—38 in anderen Städten ein Oberbürgermeisteramt. Von ihnen schieden 2 (Daniel in Altona, Otto in Düsseldorf) bereits 1938 wieder aus.

[b] Haltenoff gab 1936 sein Amt in Cottbus auf, um Oberbürgermeister von Hannover zu werden.

[c] Poeschel schied 1933 in Stettin aus und wurde Oberbürgermeister in M.-Gladbach (bis 1937).

gesamten Zeitraum; 1940 war nur noch gut die Hälfte dieser Gruppe im Amt. Insgesamt läßt sich feststellen, daß bis zum Kriegsausbruch ein enger positiver Zusammenhang zwischen Parteimitgliedschaft und Amtsfestigkeit bestand. Indessen reicht der quantitative Befund nicht aus, die Ursachen für den Sturz zahlreicher Oberbürgermeister im Dritten Reich und die Unterschiede zwischen den einzelnen Gruppen zu klären, so daß einzelne, wenn nicht typische, so doch symptomatische Fälle aus jeder Gruppe herausgegriffen werden sollen. Als Repräsentant der „Alten Kämpfer" kann vor allem der Münchner Oberbürgermeister, Leiter des Hauptamtes für Kommunalpolitik und Vorsitzender des Deutschen Gemeindetages, Karl Fiehler, gelten [23]. Zu seinem Lebenslauf: 1895 in

[23] Zum Werdegang von Fiehler persönliche Würdigungen im Völkischen Beobachter,

Braunschweig als Sohn eines Predigers geboren, mittlere Reife, kaufmännische Lehre in München (1912—14) und Handlungsgehilfenzeit in Schleswig-Holstein, im Weltkrieg Militärdienst und Reserveoffizier, nach dem Krieg Beamter in der Münchner Stadtverwaltung, Beteiligung am Novemberputsch 1923 in München, gemeinsam mit Hitler Festungshaft in Landsberg, eines der ersten Mitglieder der NSDAP nach Neugründung (Pg. Nr. 37), Schriftführer des Nationalsozialistischen Arbeitervereins im Rang eines Reichsleiters, seit Ende 1924 ehrenamtliches Mitglied im Stadtrat, später Fraktionsführer der Nationalsozialisten, seit 1927 Leiter des kommunalpolitischen Apparates der Partei, seit dem 20. 3. 1933 kommissarischer, dann endgültig ernannter Oberbürgermeister von München. Fiehler hatte in mancher Hinsicht eine nationalsozialistische Bilderbuchkarriere absolviert. Indessen hatte selbst er Schwierigkeiten mit der Gauleitung und anderen nationalsozialistischen Stellen [24]; insgesamt freilich war seine Stellung augenscheinlich unangefochten.

Grundsätzlich anders stellte sich das Problem in Nürnberg [25]. Der 1897 geborene Buchdruckereibesitzer Willy Liebel, Ende 1925 zuerst, dann wieder Ende 1928 in die NSDAP eingetreten, führend am Aufbau der SA beteiligt, ab 1930 ehrenamtlicher Stadtrat und Fraktionsführer der Nationalsozialisten in Nürnberg, übernahm 1933 in Nürnberg zunächst ehrenamtlich das Amt des Oberbürgermeisters. Die zwischen Liebel und Gauleiter Streicher schon aus der Zeit vor 1933 bestehenden Spannungen verschärften sich in der Folgezeit immer mehr und kamen 1939 zum offenen Ausbruch, als Liebel sich der von Streicher betriebenen Ablösung des Ratsherrn v. Obernitz widersetzte und einen von der Gauleitung bereits 1933 in die Stadtverwaltung eingeschleusten Vertrauensmann auszuschalten suchte. In den Auseinandersetzungen prallten die grundsätzlichen Positionen aufeinander. Gegen die Berufung des Oberbürgermeisters auf die eigene Zuständigkeit gemäß der Deutschen Gemeindeordnung stellte die Gauleitung das in der DGO formulierte Prinzip des „Einklangs der Gemeindeverwaltung mit der Partei" und erklärte es als „zwingende Notwendigkeit" des

vom 12. 12. 1933; außerdem: Zu Karl Fiehlers 40. Geburtstag, in: Die nationalsozialistische Gemeinde 3 (1935), S. 537.

[24] Auch in München gab es vielfältige Spannungen zwischen Stadtverwaltung und Parteistellen, bes. der Gauleitung. Dazu beispielsweise *Matzerath*, Nationalsozialismus, S. 245 f. Beispiele dafür auch in einem Interview des Verfassers mit Karl Fiehler am 16. 10. 1965.

[25] Dazu bes. die von Streicher im Januar 1940 verfaßte „Denkschrift Oberbürgermeister Willy Liebel", die 29 Seiten und 15 Anlagen umfaßt (BDC: Partei-Kanzlei Correspondence). Die Zitate entstammen dem Schreiben des Stabsleiters der Gauleitung Franken, Seiler, v. 30. 8. 1939 an Liebel und dessen Antwort vom 9. 9. 1939. Zu den Vorgängen in Nürnberg vgl. auch *Utho Grieser*, Himmlers Mann in Nürnberg. Der Fall Benno Martin, Nürnberg 1974, bes. S. 162 ff. Zum Verhältnis Streicher—Liebel bes. ebd., S. 10 ff.

Gesetzgebers, „im Bereiche der Gemeinden diesen Einklang der Gemeindeverwaltung mit der Partei zu sichern". Selbstbewußt und in scharfem Ton trat Liebel diesem Anspruch mit Berufung auf die DGO, an deren Entstehung er mitgearbeitet habe, entgegen: „Im übrigen trägt dieses eherne Gesetz der deutschen Selbstverwaltung die Unterschrift des Führers und des Stellvertreters des Führers, ein Umstand, der eigentlich schon genügen sollte, seine willkürliche Auslegung durch eine Parteidienststelle unmöglich erscheinen zu lassen! ... Der von Partei und Staat berufene Leiter der Gemeinde hat für den Gang der Verwaltung die ausschließliche Verantwortung zu tragen ... Daß die Gauleitung eine andere Anschauung vertritt, vermag mich in meiner Auffassung keineswegs wankend zu machen, denn die Auffassung der Gauleitung ist falsch." Die Auseinandersetzungen endeten damit, daß Streicher faktisch entmachtet wurde, sein Statthalter Holz aber im Amt blieb, während Liebel einen Sonderauftrag Speers übernahm, ohne sein Amt formell aufzugeben. Dieser relativ glimpfliche Ausgang der Auseinandersetzung eines Oberbürgermeisters mit einem Gauleiter ist wohl weniger der besonderen Position Liebels zuzuschreiben, als eher den vielfältigen Problemen, welche die Herrschaft Streichers in Franken und die Korruption seiner Clique heraufbeschworen hatten und die selbst in weiten Kreisen der Partei Mißstimmung hervorriefen.

Neben den Oberbürgermeistern der ersten Stunde, die bereits im Frühjahr 1933 den Amtssessel übernommen hatten, gab es in der Gruppe der Ehrenzeichenträger die Gefolgsleute und die Versorgungsfälle. Der Aufbau der Gaue zu politischen Machtzentren führte dazu, daß vielfach Vertrauensleute aus der Umgebung des Gauleiters in Spitzenstellungen der Verwaltung berufen wurden. So setzte 1937 der sächsische Gauleiter Mutschmann gegen Vorbehalte von Hitler die Ernennung des Altnationalsozialisten, Kreisleiters und Kreishauptmanns Dönicke durch [26]. Die Probleme dieser Abhängigkeit zeigten sich sehr bald. Noch vor seiner formellen Ernennung wurde er von Mutschmann angewiesen, den Präsidenten des Leipziger Messeamtes zu entlassen; nach seiner Einweisung sollte er überdies den bisherigen Bürgermeister Haake und den Stadtkämmerer Dr. Köhler beurlauben. Trotz Hinweisen auf die Ungesetzlichkeit des Vorgehens glaubte Dönicke, dem der Wortlaut des Entlassungsschreibens diktiert wurde, sich diesen Weisungen, für die Mutschmann persönlich die Verantwortung übernehmen wollte, nicht entziehen zu können. Zumindest die Beurlaubung von Haake und Köhler wurde von Frick „ausdrücklich" verboten. Dönicke vermochte sich

---

[26] Dazu liegen zahlreiche Materialien vom Frühjahr 1937 bis Ende 1938 vor, und zwar in den Akten der Reichskanzlei (BAK: R 43 II/573, 573 a, 574 a). Die Vorgänge führten zu einem intensiven Schriftwechsel zwischen Reichsstatthalter Mutschmann, dem Chef der Reichskanzlei Lammers, dem Reichs- und Preußischen Ministerium des Innern (Frick und Pfundtner), sowie dem sächsischen Innenminister Fritsch. Darunter auch eine Beschwerde des Bürgermeisters Haake, eines alten Parteigenossen, der sich heftiger Angriffe seitens Mutschmanns zu erwehren hatte.

trotz seiner Willfährigkeit nicht zu halten, er erregte nicht nur das Mißfallen Hitlers, sondern wurde auch von Mutschmann fallengelassen. Da er nach dem einjährigen Probejahr nicht die Bestätigung erhielt, schied er 1938 wieder aus.

Einer der prominentesten Versorgungsfälle war Ernst Zörner [27]. 1930 Landtagspräsident in Braunschweig, 1933 nationalsozialistischer Vizepräsident des Reichstags, fand er 1933 als Oberbürgermeister von Dresden eine neue Position, nachdem er sich mit Klagges in Braunschweig überworfen hatte. Auch in Dresden geriet er rasch in Gegensatz zu Gauleiter Mutschmann. Ob darin oder in der ihm vorgeworfenen Faulheit und Unfähigkeit die wesentliche Ursache seines Scheiterns zu sehen ist, muß hier offenbleiben. Jedenfalls wurde er 1937 in Dresden zwangsweise beurlaubt. Trotz Befürwortung durch Hitler, der eine angemessene Wiederverwendung wünschte, weigerten sich nach entsprechenden negativen Urteilen von Klagges und Mutschmann verschiedene Gauleiter, Zörner in ihrem Machtbereich unterzubringen. Er fand schließlich eine neue Position bei Speer, in dessen Funktion als Generalbauinspektor für die Reichshauptstadt Berlin.

Bereits diese wenigen Fälle veranschaulichen, daß im Konfliktfall die Position auch verdienter alter Nationalsozialisten ausgesprochen schwach war, daß sie sich zumindest ihrem Gauleiter gegenüber im allgemeinen kaum zu behaupten vermochten. Soweit sie überhaupt über eine politische Basis verfügten, lag diese jedenfalls mehr in den Parteifunktionen und ihren frühen Verdiensten auf dem Wege zur Macht als in ihrem Oberbürgermeisteramt.

Die Gruppe der „NS-Prominenten", der Außenseiter mit frühem Parteieintritt und akademischer Bildung, ließ wenigstens ansatzweise eine lokale Verwurzelung erkennen, dies wohl nicht zuletzt auch deshalb, weil sie zum guten Teil ihrer sozialen Position und Anerkennung ihr Amt verdankten. Dazu sind nicht nur Oberbürgermeister mit fachlicher Erfahrung im Bereich der Kommunalpolitik zu rechnen, wie Dr. Strölin in Stuttgart, sondern auch die ehemaligen Studienräte Dr. Hesse (Braunschweig) und Memmel (Würzburg) oder in Bonn der frühere Handelsschullehrer Dr. Rickert. Zu dieser Gruppe zählten außerdem der Zeitungsverleger Reismann-Grone (Essen), ein ehemaliger prominenter Alldeutscher, oder in Mannheim der Fabrikant Renninger. Wie schwach letztlich auch die Stellung der Vertreter dieser Gruppe war, läßt sich am Schicksal Lipperts

[27] Ernst Zörner, geb. 1895 in Nordhausen, nach eigenen Angaben Nationalsozialist seit 1922 und maßgebend an der Einbürgerung Hitlers beteiligt, hatte die höhere Handelsschule besucht und war Kaufmann geworden (vgl. Führer-Lexikon). Der Fall Zörner beschäftigte gleichfalls die Spitzenstellen in Partei und Staat, die sich — abgesehen von den sächsischen Stellen — darüber einig waren, daß die erhobenen Vorwürfe für die Einleitung eines Dienststrafverfahrens mit dem Ziel der Entfernung aus dem Amt nicht ausreichten (BAK: R 43 II/573 a; außerdem 573). Am 29. 6. 1937 teilte Lammers Frick mit, daß Hitler nach Rücksprache mit Mutschmann zu der Überzeugung gelangt sei, daß das weitere Verbleiben Zörners unmöglich sei. — Aus verschiedenen anderen Vorgängen liegen Hinweise auf Zörners „Faulheit" vor.

ablesen, der 1936 als Nachfolger Sahms das Amt des Oberbürgermeisters von Berlin übernahm und infolge scharfer Auseinandersetzungen mit Speer, der sich als Generalbauinspektor für die Reichshauptstadt sehr arrogant gebärdete, sein Amt im Krieg aufgeben mußte [28].

Die doppelte Qualifikation — formelle Laufbahnvoraussetzung und Parteimitgliedschaft von 1933 — hätte an sich den „NS-Juristen" eine besondere Stellung garantieren müssen. Es ist indessen eher das Gegenteil festzustellen. In Breslau wurde 1933 der Rechtsanwalt und Notar Dr. Helmuth Rebitzki als Oberbürgermeister eingesetzt, aber bereits im folgenden Jahr kurz vor Ablauf der Probezeit abberufen, weil er „während seiner einjährigen Amtszeit nicht bewiesen (hatte), daß er als Nationalsozialist an der Spitze der Stadtverwaltung gestanden hat", und weil er „in seiner Amtsführung all das vermissen (ließ), was von einem nationalsozialistischen Verwaltungsbeamten verlangt werden muß" [29]. In Düsseldorf scheiterte der 1938 von Solingen geholte Oberbürgermeister Dr. Dr. Otto, Jurist, Mediziner und Diplomlandwirt, bis 1935 außerdem Kreisleiter, ebenso wie seine Vorgänger [30]. In Frankfurt hielt sich zwar Dr. Krebs [31], seine Ablösung war indessen nur eine Frage der Zeit. Die besonderen Schwierigkeiten der „Juristen" rührten nicht nur daher, daß sie noch nicht allzu lange der Partei angehörten, sondern daß sie den durch die Gemeindeordnung und die bestehenden Gesetze gegebenen Rahmen vielfach auszuschöpfen suchten und damit zwangsläufig in Konflikt zu Parteistellen gerieten.

---

[28] *Horst Matzerath*, Nationalsozialistische Kommunalpolitik: Anspruch und Realität, in: Die alte Stadt, 5 (1978), S. 9 f.

[29] BAK: NS 25/128 sowie BDC: PK, Rebitzki. Die Begründung ist in einem Schreiben des Gauamtes für Kommunalpolitik Schlesiens v. 9. 10. 1935 an das Hauptamt für Kommunalpolitik enthalten.

[30] In Düsseldorf geriet die Stellenbesetzung nach dem Scheitern von Wagenführ in die Gemengelage der Interessen von Gauleiter Florian und Oberpräsident (und Gauleiter) Terboven. Der von Göring favorisierte Liederley starb noch während seiner kommissarischen Amtszeit, in der sich innerhalb der Partei Widerstand gegen ihn formierte. Der von Florian begünstigte Zörner wurde von Terboven abgelehnt. Als Kompromißkandidat wurde Otto zunächst von beiden akzeptiert. Ein Jahr später, Ende 1938, rückte Florian wieder davon ab und ließ die Ausschreibung der Stelle verlangen. Hitler stimmte dem zu, mit der Maßgabe, daß es sich um einen „endgültig letzten Versuch mit einem weiteren Bürgermeister" handelte. BAK: R 43/II/575 u. 574 a. Zu den Vorgängen in Düsseldorf: *Hans-Peter Görgen*, Düsseldorf und der Nationalsozialismus, Düsseldorf 1969, S. 112 ff.

[31] BDC: Krebs, PK: Berichte des SD vom Herbst 1944 an den Leiter der Kommunalabteilung des Innenministeriums, Kreißl, daß der Gauleiter mit einer Verlängerung der Amtszeit über das Jahr 1945 hinaus nicht einverstanden sei. Hauptvorwürfe bildeten judenfreundliches Verhalten, unzulängliche „Säuberung der Stadtverwaltung von früheren System-Beamten" und „in immer stärkerem Maße eine gegen die Partei gerichtete Stellung". Himmler ordnete an, daß er für die Kriegsdauer im Amt verbleiben sollte.

Aus der in sich nicht sehr homogenen Gruppe der „Märzgefallenen" vermochten sich einige recht gut in ihrem Amt zu behaupten, so etwa der 1933 als Nachfolger von Lohmeyer nach Königsberg berufene junge Oberregierungsrat Will aus der Kommunalabteilung des preußischen Innenministeriums[32]. Die Unsicherheiten in der politischen Stellung werden besonders am Fall von Haltenhoff deutlich[33]. 1928 zweiter Bürgermeister in Frankfurt/O., wurde er 1933 aufgrund seiner Beziehungen zu Gauleiter Kube Oberbürgermeister von Cottbus und von ihm 1934 wegen seiner politischen Zuverlässigkeit und fachlichen Qualifikation auch für das Amt des Oberbürgermeisters in Hannover empfohlen. Bis 1942 vermochte er sich dort zu halten, dann aber wurde ihm ein Parteigerichtsverfahren angehängt, weil er Zuträger der Gauleitung auszuschalten suchte und sich gegen das Ansinnen wehrte, dem stellvertretenden Gauleiter eine Dienstwohnung zu außergewöhnlichen Bedingungen zu verschaffen. Verschärfend wirkte sich dabei aus, daß er sich mit seinen Problemen an seine Aufsichtsbehörde, die Kommunalabteilung des Reichsinnenministeriums, gewandt hatte. Die Affäre endete mit dem Ausscheiden Haltenhoffs.

Politisch noch schwächer war die Position der Oberbürgermeister, die während der Machtübernahme noch eilig Anschluß an die NSDAP suchten. Dies war ohnehin im allgemeinen nur Oberbürgermeistern möglich, die bereits bisher relativ konservative Positionen vertreten und sich nicht gegenüber der NSDAP exponiert hatten, möglicherweise weil in manchen Mittelstädten die NSDAP in der Kommunalpolitik ausgesprochen schwach vertreten war. Der Kemptener Oberbürgermeister Otto Merkt, fest im lokalen und regionalen Raum verwurzelt und fast ein Original, versuchte Anfang 1933 sogar, Truppen gegen die ins Rathaus eindringende SA zu mobilisieren, wurde unter Hausarrest gestellt, vermochte aber gleichwohl die Parteimitgliedschaft zu erwerben und sich zunächst weiter zu behaupten. Ungeachtet seiner Berufung auf Lebenszeit wurde er 1942 unter Druck gesetzt, mit dem 65. Lebensjahr seinen Amtssessel zu räumen[34]. Der strukturelle und latente Zwang zur Anpassung, dem gerade die Angehörigen dieser Gruppe unterlagen, spiegelt sich in der Beurteilung des Oberbürgermeisters von Wandsbek wider: er sei 1931 auf Veranlassung der DVP und mit Unterstützung der SPD ins Amt gelangt, gelte aber als außerordentlich gewissenhaft, fleißig, korrekt, gelegentlich vielleicht etwas ängstlich bemüht, keine Schwierigkeiten zu verursachen und bestehende Schwierigkeiten zu beseitigen[35].

Diese Feststellungen gelten vor allem für die Nichtnationalsozialisten unter den Oberbürgermeistern oder für diejenigen, die erst nach 1933 die Parteimitgliedschaft erwarben. Da es häufig vom Zufall oder von besonderen Umständen abhing, ob die bereits im Frühjahr 1933 beantragte Mitgliedschaft auch tat-

---

[32] Führerlexikon, S. 528.
[33] BDC: Haltenhoff, PK und OPG; BAK: R 43 II/573, 573 a, 574 a.
[34] *Weitnauer*, S. 434.
[35] BDC: Friedrich Ziegler, Akte Div. Gau Schleswig-Holstein.

sächlich wirksam wurde, ist diese Gruppe ohnehin nicht klar von der vorhergehenden zu trennen. Beispielsweise hatte der Oberbürgermeister von Merseburg, Mosebach, bereits unter dem 1. Mai 1933 eine Mitgliedsnummer erhalten, was wieder rückgängig gemacht wurde, weil er noch nicht für „würdig" befunden wurde. Trotz Vorwürfen aus der Partei vermochte er sich im Amt zu halten. Im Mai 1937 erhielt er, nachdem er bereits im Juli 1933 in die SA eingetreten war, dann auch die Parteimitgliedschaft [36]. Bedingt durch Rücksichtnahme auf das katholische Milieu der Stadt, konnte sich in Fulda Oberbürgermeister Danzebrink, vorher Zentrum, trotz Angriffen der Partei halten. Der Zeitpunkt seines Eintritts in die NSDAP datiert, wie auch in einigen anderen Fällen, früher als der des Antrags. Dem Oberbürgermeister von Stendal, Wernecke, wurde 1941 die Parteimitgliedschaft durch „Gnadenerweis des Führers" verliehen [37]. Unbeschadet langjähriger Logenzugehörigkeit wurde dies vom Obersten Parteigericht gegenüber dem Reichsschatzmeister „wegen der allseits überaus günstigen Beurteilung" befürwortet. Somit standen gerade die Angehörigen dieser Gruppe unter dem ständigen Druck zu politischer Bewährung.

Es bleiben zum Schluß einige konservative Oberbürgermeister, die formal der letzten Gruppe angehörten, aber in erster Linie Repräsentanten des Weimarer Systems waren. Sie hatten sich zum Teil augenscheinlich noch ein Stück des Selbstbewußtseins bewahrt, das die Generation der Oberbürgermeister in der Weimarer Zeit gekennzeichnet hatte. Goerdeler in Leipzig trat ostentativ zurück wegen der Eingriffe in sein Amt [38]. Menges Amtszeit in Hannover wurde 1937 nicht erneuert, weil man ihm Welfenfreundlichkeit vorwarf und sämtliche Parteistellen sich gegen ihn äußerten [39]. Sahm in Berlin wurde es zum Verhängnis, daß er, der während der Mitgliedersperre Ende 1933 in die Partei aufgenommen worden war, Ende 1935 mit einem Parteigerichtsverfahren wegen Einkaufs in jüdischen Geschäften überzogen werden konnte. Auf ausdrücklichen Wunsch Hitlers und mit Rücksicht auf die bevorstehende Olympiade und das Auslandsecho

---

[36] BDC: Herbert Mosebach. Im Juli 1935 kritischer Bericht des Kreisleiters von Merseburg, daß eine „wesentliche Besserung im Verhalten ... bis jetzt noch nicht bemerkbar geworden" sei und daß man den Eindruck habe, „als stütze er sich lediglich auf die durch die Deutsche Gemeindeordnung und die weiteren Verfügungen und Erlasse besonders hervorgehobene Stellung als Oberbürgermeister". — Ähnliches gilt für Gärtner, seit 1927 Oberbürgermeister von Osnabrück.

[37] BDC: Karl Wernecke.

[38] *Ritter,* Goerdeler, S. 86 f. (Streit um die Entfernung des Mendelssohn-Denkmals).

[39] BDC: Arthur Menge. Die Gauleitung stellte 1937 in einem umfangreichen Schriftstück mit vielen Anlagen die Gründe für die Abberufung Menges dar. Ihm wurde besonders vorgeworfen, daß er den 1. Beigeordneten, einen alten Ehrenzeichenträger, so überzeugt habe, daß er der „Partei gegenüber als verloren angesehen werden" könne und daß er in besonderen Fällen vom Oberbürgermeister vorgeschoben würde. — Gespaltene Loyalitäten in den Auseinandersetzungen zwischen Gauleiter und Oberbürgermeister sind vielfach festzustellen.

wurde der Parteiausschluß aufgehoben. Dennoch war die Position Sahms in Berlin unhaltbar geworden [40].

Nur in wenigen Großstädten vermochten sich die Oberbürgermeister über den gesamten Zeitraum bis 1945, der allenfalls dem einer einzigen Amtsperiode entsprach, unangefochten zu behaupten. Krisenherde waren besonders die Städte Düsseldorf, Leipzig, Dresden. Daneben hoben sich auch Chemnitz, Erfurt, Saarbrücken, Duisburg, M.-Gladbach und Bremen durch die Zahl der Amtswechsel heraus. Die behandelten Vorgänge signalisieren erhebliche Verschiebungen in der Machtstruktur des Dritten Reiches. Das Reichsinnenministerium als oberste Aufsichtsbehörde hatte keinen aktiven Anteil an diesen Entscheidungen, sondern war lediglich mit der Abwicklung der Abberufungen und der Koordination der Neu- bzw. Umbesetzungsvorgänge befaßt. Eigenen Einfluß konnte es allenfalls bei der kommissarischen Besetzung der Stellen geltend machen [41]. Auch der „Parteibeauftragte", nach der DGO zur Vertretung der Partei bei der Besetzung von Oberbürgermeisterpositionen berufen, hatte kein eigenes politisches Gewicht. Selbst der Stellvertreter des Führers bzw. später die Partei-Kanzlei wurden in der Regel allenfalls auf Veranlassung anderer Parteistellen tätig. In dieser Weise machte Bormann insbesondere im Krieg von seinen Zugangsmöglichkeiten zu Hitler Gebrauch. Das Hauptamt für Kommunalpolitik besaß nach eigenen Aussagen keinen Einfluß auf die Personalpolitik [42].

Das eigentliche Problem der Stellung des Oberbürgermeisters im Dritten Reich war das Verhältnis zum Gauleiter. Die Gauleitung als neues, regional etabliertes Machtzentrum war der entscheidende Faktor für die Oberbürgermeister der größeren Städte. Im Zweifelsfall stellte sich Hitler dabei eindeutig hinter die Gauleiter. Im Falle des nach Düsseldorf geholten Solinger Oberbürgermeisters Otto ließ Hitler – in Kenntnis, daß keine ernsthaften Vorwürfe gegen Otto vorlagen – erklären, daß „zwischen dem Gauleiter und den leitenden Beamten in seinem Gau Einvernehmen herrschen müsse. Wenn dieses Einvernehmen gestört sei, so müsse ein leitender Beamter – auch wenn er nicht hierzu unmittelbar Anlaß gegeben habe – abberufen werden, damit nicht die Arbeit der Verwaltung darunter leide" [43]. Die Verhältnisse in Düsseldorf lassen aber gleichzeitig auch erkennen, daß die Machtkämpfe der verschiedenen Vertreter des Systems, hier besonders Terbovens als Oberpräsident einerseits und des Düsseldorfer Gauleiters Florian andererseits, auf dem Rücken der Oberbürgermeister ausgetragen wurden.

Die Stellenbesetzung gerade in den Gaumetropolen und die Kontrolle über die Großstadtverwaltungen waren damit Teil des Ausbaus der regionalen Ge-

[40] BDC: Heinrich Sahm. Vgl. dazu auch *Sprenger,* Sahm, S. 264 ff.

[41] Zum Problem der kommissarischen Besetzung am Beispiel von Düsseldorf und Wuppertal: *Peter Hüttenberger,* Die Gauleiter, Stuttgart 1969, S. 105 f.

[42] Vgl. *Matzerath,* Nationalsozialismus, S. 267.

[43] BAK: R 53 II/575.

walten im Dritten Reich. Der Gau als politisches Gestaltungsprinzip war somit an die Stelle der expansiven Kommunalpolitik getreten, wie sie besonders von den Oberbürgermeistern der Großstädte in der Weimarer Zeit vertreten worden war. Zu welchen Konsequenzen dies konkret führte, läßt sich am Fall des Oberbürgermeisters von Zittau, Zwingenberger, ablesen. 1923 zum Oberbürgermeister auf Lebenszeit ernannt, erhielt er trotz seiner Logenzugehörigkeit zunächst eine recht positive Beurteilung durch die Partei. Als er sich aber 1944 dem Ansinnen Mutschmanns widersetzte, die städtischen Kraftwerke dem Gauunternehmen ASW zu überlassen, erfolgte seine Beurlaubung [44].

Angesichts des Ausmaßes derartiger Probleme machte Reichsinnenminister Frick Ende 1941 einen — letztlich folgenlosen — Vorstoß und forderte eine „Entscheidung des Führers nach der grundsätzlichen Seite" [45]. Ausgehend von den konkreten Fällen Haltenhoff, Krebs und Nieland bzw. Zörner (Dresden), traf Frick eine Reihe von prinzipiellen Feststellungen, die die Situation in aller Schärfe charakterisierten:

Nach meinen Beobachtungen ist die *Grundursache* zu den Spannungen, die zu solchen Folgen führen, überall dieselbe, nämlich, *daß die Gauleiter die Selbstverantwortlichkeit der Städte nicht genügend berücksichtigen* und es einerseits deren Leitern verargen, wenn sie nicht all ihren Anregungen gerecht werden können, andererseits aber entweder selbst oder mittels ihrer Parteiorgane allzu sehr in die städtischen Angelegenheiten eingreifen.

Mit dem Amt des Reichsinnenministers übernahm Himmler auch dieses Problem, das bis zum Zusammenbruch des Dritten Reichs ungelöst blieb. Seine Anweisung jedenfalls, daß vorfristiges Ausscheiden von leitenden Kommunalbeamten unbedingt zu unterbinden sei [46], vermochte weitere Vorgänge dieser Art nicht zu verhindern [47].

IV.

Trotz aller Ansätze, an die Tradition des Amtes anzuknüpfen, ist letztlich ein tiefer Bruch zwischen dem Amt des Oberbürgermeisters vor und nach 1933 festzustellen. Damit änderte sich zugleich das Profil des Oberbürgermeisters im Drit-

---

[44] BDC: Walter Zwingenberger. Neben Zwingenberger und dem oben genannten Wernecke (Anm. 47) waren auch Meyer (Celle), Schüler (Dortmund) und Selig (Quedlinburg) Logenmitglieder gewesen, Schüler 1930—1932 angeblich mit Wissen des Gauleiters (Pg. seit 1925).

[45] Frick an Lammers, 25. 2. 1941. BAK: R 43 II/575 a.

[46] RdErl. d. RMdI. v. 2. 3. 1944. Staatsarchiv Ludwigsburg (StAL): E 131 III-F 1/L.

[47] Dazu als Beispiel der Fall Zwingenberger. Vermerk Stuckarts (RMdI.) v. 18. 12. 1944 nach einem Gespräch mit Mutschmann: „Zwingenberger ist nicht haltbar" (vgl. Anm. 54).

ten Reich gegenüber der Weimarer Republik. Das Amt des Oberbürgermeisters verlor weitgehend die politische Bedeutung, die es vorher besessen hatte. Die veränderte Rechtsstellung des Gemeindeleiters [48], die verschärfte Staatsaufsicht, die engeren finanziellen Möglichkeiten sowie die zahllosen Auseinandersetzungen mit Staats- und Parteiorganisationen um die Behauptung der bisherigen Kompetenzen bewirkten zugleich eine wesentliche Schwächung der Position des Oberbürgermeisters. Die eigentliche politische Abhängigkeit indessen bestand gegenüber dem Gauleiter. Die Gauleitungen als personalisierte Machtzentren hatten zugleich die politische Potenz der Großstädte als regionale Zentren aufzusaugen begonnen. Die Einschleusung von Vertrauensleuten führte nicht nur zu einer Schwächung des Oberbürgermeisters, sie trug zudem tiefgreifende Auseinandersetzungen, auch in Form von Loyalitätskonflikten, in die Verwaltung hinein. Die häufigen Wechsel, einschließlich auch der teils langwierigen Interimszustände, während derer die Städte kaum handlungsfähig waren, bedeutete eine zusätzliche Schwächung des Amtes. Zwar waren die Oberbürgermeister durchgängig bemüht, an die Traditionen des Amtes anzuknüpfen und damit die Grundlagen ihres eigenen Wirkens zu erhalten. Zunehmend jedoch stellte sich heraus, daß das Konzept des totalitären Bewegungsstaates und das auf klaren Kompetenzen und geregelten Verfahrensweisen beruhende Selbstverwaltungsprinzip unvereinbar waren. Läßt bereits die geringe Amtsfestigkeit von Vertretern aller Gruppen erkennen, daß die Probleme im Amt und nicht in der Person einzelner Amtsinhaber begründet waren, so befanden sich die nationalsozialistischen Juristen hier in einem besonderen Zwiespalt, der sie in einen immer schärferen Gegensatz zur Partei brachte [49]. Die scheinbare Stärkung des Oberbürgermeisteramtes durch die Ablösung von der lokalen Willensbildung — von konservativen und nationalsozialistischen Gemeindeleitern nach 1933 vielfach begrüßt — erwies sich als eine der wesentlichen Ursachen seiner Schwächung. Sie nahm dem Oberbürgermeister die Legitimation durch den örtlichen Entscheidungsprozeß und machte ihn und die Kommunalverwaltung anfällig für Einwirkungen von außen. Zunehmend wurde er — in Theorie und Praxis — Instrument von Zielsetzungen, die außerhalb der Verwaltung formuliert wur-

[48] Dazu besonders *Rudolf Suthoff-Groß*, Die Rechtsstellung des Bürgermeisters in seinem Verhältnis zum Staat und zu den übrigen Beamten der Gemeinde, Berlin 1941, bes. S. 109 ff. Vgl. auch *Matzerath*, Nationalsozialismus, S. 329 ff.

[49] So etwa hieß es von dem Oberbürgermeister von Weißenfels, Dr. Zeitler (PG seit 1931), er sei „zu sehr Jurist und zu wenig Politiker" BAK: NS 25/403 (Gau Halle-Merseburg, Amt für Kommunalpolitik am 2. 12. 1935 an das Hauptamt für Kommunalpolitik). Vgl. auch die Beurteilung von Schlumprecht bei *Jochen Klenner*, Das Verhältnis von Partei und Staat 1933—1945. Dargestellt am Beispiel Bayerns, München 1974, S. 268.

den. Damit degenerierte die Kommunalverwaltung mehr und mehr zur bloßen Administration, zur Durchsetzungsapparatur [50].

Einen einheitlichen, neuen Typ des Oberbürgermeisters brachte das Dritte Reich nicht hervor. Vielmehr standen Gruppen mit sehr unterschiedlichem sozialen und politischen Profil nebeneinander. Daß Vertreter aller dieser Gruppen prinzipiell den gleichen Konflikten unterlagen, beweist, daß diese Probleme systembedingt waren und nicht etwa aus der Durchsetzung einer genuin nationalsozialistischen Personalpolitik resultierten. Neben den oben erwähnten Begrenzungen des Amtes war es in erster Linie die je nach regionalen und lokalen Bedingungen unterschiedlich starke strukturelle politische Abhängigkeit vom Gauleiter, die auch tüchtige Oberbürgermeister an der Entfaltung ihrer Fähigkeiten hinderte, zumal neue Aufgaben wie etwa die Gestaltung der Führer- und Gauhauptstädte zu Sonderverwaltungen führten [51]. Das Fehlen herausragender Persönlichkeiten und der mangelnde Aufstieg in Spitzenpositionen des Systems waren daher nicht zufällig. Ebenso muß die Tatsache, daß konservative Kommunalpolitiker wie Goerdeler und Menge oder ein prominenter nationalsozialistischer Oberbürgermeister wie Strölin zum Widerstand fanden, als Ausdruck der Tatsache begriffen werden, daß Selbstverwaltung und nationalsozialistischer Führerstaat einander ausschlossen. Weder also war der Oberbürgermeister im Dritten Reich in besonderer Weise Repräsentant des nationalsozialistischen Staates noch vermochte er gegenüber dem Nationalsozialismus die Tradition einer lokal begründeten Sonderautonomie zu verkörpern. Allenfalls konnte er mit fallweise sehr unterschiedlichem Erfolg versuchen, mit Hilfe der gesetzlichen Bestimmungen — vor allem der Deutschen Gemeindeordnung – einen Wall gegen die faktisch nicht begrenzbaren Ansprüche der Partei zu errichten.

Der mangelnden Homogenität der kommunalpolitischen Elite des Dritten Reiches wird man allenfalls negativ einen Modernisierungseffekt (Dahrendorf) zubilligen können, nämlich in der Auflösung eines herkömmlichen Laufbahnmusters. Da dieses aber grundsätzlich nicht in Frage gestellt wurde, läßt sich diese Entwicklung nur als eine der vielfältigen Ausdrucksformen der Zersetzungs- und Fragmentierungstendenzen innerhalb des Bewegungsstaates, als Teil der Auflösung überkommener Strukturen begreifen, ohne daß an deren Stelle neue tragfähige Institutionen traten [52].

[50] Zum Verhältnis von „Führung" („Menschenführung") und „Durchführung" in der Gemeinde: *Matzerath*, Nationalsozialismus, bes. S. 230 ff.

[51] *Joachim Petsch*, Baukunst und Stadtplanung im Dritten Reich, München 1976; *Jost Dülffer, Jochen Thies, Josef Henke*, Hitlers Städte, Köln 1978; *Jochen Thies*, Nationalsozialistische Städteplanung. Die „Führerstädte", in: Die alte Stadt, 5 (1978), S. 23 ff.

[52] Dazu vor allem: *Martin Broszat*, Der Staat Hitlers. Grundlegung und Entwicklung seiner inneren Verfassung, München 1969, S. 441 f.

Summary

Matzerath discusses the role of the *Oberbürgermeister* (Lord Mayor) in the Third Reich, but limits himself to the years 1933–39, thereby excluding the period leading up to the seizure of power and the war years. During the Third Reich the office of OB lost much of its political significance and was seriously weakened by a number of factors: the change in the legal position of the office, stronger state control, financial restrictions and clashes with State and Party organisations over fields of responsibility. By constrast, the *Gauleiter* increased in political importance. They increasingly usurped the political power of local government as regional centres and became personified power centres themselves.

The infiltration of partyfaithfuls not only weakened the position of the OB but also affected the whole administration by causing serious disputes and conflicts of loyalty. The position of the OB was additionally impaired by the frequent changes in personnel and the interim periods during which the cities were virtually paralysed. The Oberbürgermeister continually tried to draw on the traditions of their office as a basis from which to work, but it became increasingly apparent that it was impossible to reconcile the concept of a totalitarian state with the principle of self-administration, based on clearly-defined functions and regulated modes of behaviour. Oberbürgermeister from all walks of life frequently changed their jobs and this suggests that the problems were related to the job itself not to the individuals engaged in it. National Socialist lawyers in particular were faced with a dichotomy of roles and often found themselves in conflict with the Party.

Though seemingly strengthened by the eclipse of local party politics – which was welcomed by both Conservative and National Socialist Mayors after 1933 – the office of OB was in fact weakened by this. The legitimising effect of the local decision-making process was withdrawn and the Oberbürgermeister and the community administration thus became susceptible to outside interference both from the State and the Party. In theory and in practice they became the instruments of objectives formulated outside the town hall and local government therefore degenerated into a mere executive apparatus.

The new Oberbürgermeister differed from their predecessors in various respects. They were usually about ten years younger and often less well qualified, i.e. there were fewer lawyers. Far more of them were outsiders with little administrative experience and a greater percentage of them were affiliated to the NSDAP: 80 per cent, as compared with 40 per cent of civil servants with party affiliation (mainly SPD) during the Weimar period. In this context it is somewhat ironical that before 1933 the NSDAP denounced the *Parteibuchbeamte*, since this is a trend which rapidly increased after the seizure of power. Nonetheless the NSDAP did not create a new, coherent group of Oberbürgermeister; on the contrary, Oberbürgermeister who belonged to various different groupings existed side by side. The failure to create a new type of Oberbürgermeister is but a further example of the process of disintegration of the traditional administrative structure which can be observed elsewhere as well.

Elke Fröhlich

Die Partei auf lokaler Ebene
Zwischen gesellschaftlicher Assimilation
und Veränderungsdynamik

Die Frage, inwieweit die NSDAP in ihrer politischen Machtdurchsetzung die bestehenden sozialen Eliten für sich gewinnen konnte bzw. inwieweit die Partei sich gegen die etablierten sozialen Macht- und Einflußträger politisch durchzusetzen verstand, bildet den Leitfaden für die folgenden Überlegungen. Sie stützen sich weitestgehend auf z. T. noch unpublizierte Studien im Rahmen des sogenannten „Bayern-Projekts" des Instituts für Zeitgeschichte und beziehen sich infolgedessen ausschließlich auf die bayerische, insbesondere agrarische Provinz in der Zeit von etwa 1928 bis zum Kriegsausbruch.

Für die Zeit vor 1933 läßt sich unsere Leitfrage zunächst auffassen als eine Frage nach dem spezifischen sozialen „appeal" der NSDAP in den provinziellen Regionen Bayerns. Dabei ist zu unterscheiden einerseits zwischen jener Phase der Parteientwicklung, in der die NSDAP noch die Rolle einer relativ kleinen Minderheitenpartei (unter 10—15 % der Wähler) spielte, was per se ihre gesellschaftliche Ausstrahlungskraft, insbesondere bei den die öffentliche und soziale „Macht" verkörpernden „Eliten" begrenzen mußte, und der Phase der Entwicklung zur Massenpartei; andererseits zwischen den katholischen und evangelischen Regionen Bayerns. Zum Verständnis der folgenden thesenhaften Verallgemeinerungen ist es dabei wichtig zu wissen, daß die NSDAP in den evangelischen provinziellen Gebieten Bayerns (vor allem in Ober- und Mittelfranken) meist schon vor 1930 aufhörte, eine kleine Minderheitenpartei zu sein, in den katholischen Gebieten meist erst 1932/33. Dabei aber bestanden — wenn auch phasenverschoben — weitgehende Entsprechungen in bezug auf die gesellschaftliche Durchsetzungskraft, gemessen an der soziologischen Struktur der Wähler und Mitglieder.

I.

Die NSDAP rekrutierte sich in der Phase der Minderheitenpartei sowohl in der evangelischen wie der katholischen Provinz überwiegend aus kleinbürgerlichem und Unterschichten-Potential. Sie war in dieser Periode im allgemeinen erfolgreicher in den kleinen Provinzstädten, wo diese Sozialgruppen (kleine Handwerker, Arbeiter, Angestellte, kleine Geschäftsleute, untere Beamte u. a.) stärker konzentriert waren als auf dem Land.

Die offizielle Parteistatistik gibt über die Zahl der Altparteigenossen bzw. deren soziale Herkunft in Landgemeinden keine Auskunft. Zufällig erhalten gebliebene Mitgliederlisten, lokale Statistiken u. ä. geben aber über einzelne Regionen Aufschluß. Als Beispiel sei der Kreis Memmingen (Regierungsbezirk Schwaben) angeführt. Ein Landkreis mit (1933) rund 35 000 (zu 80 % katholischen und 20 % evangelischen) Einwohnern, verteilt auf 55 politische Gemeinden, meist Bauerndörfer zwischen 250 und 800 Einwohnern, die zu 53 % von der Land- und Forstwirtschaft lebten, in denen aber auch Handwerk, Kleinhandel und Kleingewerbe stark von der agrarischen Ertragslage abhängig waren und die Großbauern und Mittelbauern, die etwa 30 % der Bevölkerung ausmachten, den ökonomisch und sozial dominanten Mittelstand bildeten. Die NSDAP hatte 1930 in dem von der *Bayerischen Volkspartei* (BVP) (40 %) und dem *Bayerischen Bauernbund* (BBB) (30 %) politisch beherrschten Landkreis knapp 15 % der Stimmen gewonnen, vor allem in den evangelischen Gemeinden. Bis zum Jahr 1932 stieg ihr Anteil auf 35 %, vor allem auf Kosten des Bauernbundes. Die 456 Mitglieder (1,4 % der Bevölkerung), die die NSDAP bis Anfang 1933 gewinnen konnte, entstammten zu 45 % aus der Arbeiterschaft (von ihnen waren 13,5 Landarbeiter, 8,3 ungelernte und 23,2 gelernte Arbeiter, wohl meist Handwerksgesellen). Die Arbeiterschaft, die in dem Landkreis insgesamt nur 28,5 % ausmachte und von den linken Arbeiterparteien nur etwa zu einem Viertel erfaßt wurde, war mithin in der NSDAP-Mitgliedschaft weit überrepräsentiert. Stellt man dazu in Rechnung, daß weitere 26,3 % der Mitglieder aus kleinen Handwerkern, meistens Kleinbauern, Pächtern und Angestellten bestanden, die ebenfalls der Unterschicht oder dem unteren Mittelstand zuzuordnen sind, und sich unter dem hohen Anteil der „sonstigen" Berufe (11,2 %) wahrscheinlich noch weitere Angehörige der Unterschichten verbargen, so kann festgestellt werden, daß die NSDAP vor 1933 in diesem agrarisch katholischen Gebiet als Bewegung mit stark „proletarischem" Einschlag in Erscheinung trat und daß es ihr bis 1933 kaum gelungen ist, die sozial angesehenen, tonangebenden Besitzbauern zu gewinnen. Sie rekrutierte sich zu zwei Drittel aus dem Unterschichten-Potential. Zur Mitarbeit in der Partei boten sich vor allem diejenigen an, die sich von der Partei eine positive Veränderung ihrer schlechten materiellen und sozialen Lage versprachen und als Angehörige der sozialen Unterschichten offenbar auch von Kirche und Katholizismus nicht politisch integriert worden waren. Die Partei tat sich mit solchem Mitglieder-Anhang aber naturgemäß schwer, halbwegs qualifizierte Führer, gesellschaftlich anerkannte Redner und Aktivisten zu finden.

II.

Die phasenverschobene Entwicklung zur Massenpartei, die in den evangelischen Gebieten Bayerns spätestens 1930, in den katholischen Gebieten erst 1932/33 begann, führte in den Jahren 1930—1932 zu der bekannten starken Polarisation im Wahlverhalten der agrarischen Bevölkerung in evangelischen (vor allem mittel- und oberfränkischen) und katholischen (vor allem nieder- und oberbayerischen) Gebieten. Dabei ist aber auffallend und eine Bestätigung des oft nur verspäteten Eintritts der katholischen Regionen in die zweite Phase, daß die NSDAP in zahlreichen, vor allem den ärmlicheren, agrarisch-katholischen Gebieten bei der Märzwahl 1933 einen phänomenalen Durchbruch erzielen konnte, während in der gleichen Zeit der in den evangelischen Gebieten schon sehr hohe „Besitzstand" der NSDAP meist nicht mehr vergrößert werden konnte.
Zum jeweiligen Anteil der NSDAP-Wähler in den Wahlen von 1930—1933 einige statistische, nach konfessionellen Schwerpunkten ausgewählte Beispiele:

Die Entwicklung der NSDAP (in %) in ausgewählten bayerischen Bezirken nach den Reichstagswahlen von:

	Sept. 1930	Juli 1932	Nov. 1932	März 1933
Aichach (Oberbayern) fast ausschließl. kath.	6,7	13,8	13,7	38,1
Bogen (Niederbayern) fast ausschließl. kath.	5,4	15,3	12,0	41,0
Oberviechtach (Oberpfalz) fast ausschließl. kath.	7,9	21,1	18,1	45,3
Sulzbach (Oberpfalz) überwiegend ev.	18,2	51,6	40,3	53,1
Naila (Oberfranken) fast ausschließl. ev.	34,0	55,8	53,5	59,4
Neustadt a. d. Aisch (Mittelfranken) fast ausschließl. ev.	35,5	79,2	69,8	79,2

Die Zuwachsraten der NSDAP-Stimmen von November 1932 zum März 1933 waren in den fast ausschließlich katholischen Bezirken im Durchschnitt zwei- bis dreimal so groß wie in den evangelischen Kreisen. Die bayerischen Globalzahlen für die BVP bei der Märzwahl 1933 zeigen zwar, daß sich diese insgesamt damals noch gut behaupten konnte (sie erreichte mit insgesamt 1.207.100 Wählern 27,2 % gegenüber einer Gesamtzahl von 1.215.900 Wählern (31,4 %) bei der Novemberwahl 1932), sieht man sich aber die Wahlergebnisse genauer an, wird sichtbar, daß der NSDAP starke Einbrüche in manchen Bereich des ländlichen Katholizismus, besonders in den katholischen Armutsgebieten, gelangen. Am Beispiel des oberfränkischen Landkreises Ebermannstadt ließ sich durch einen Gemeindevergleich zeigen, daß die katholischen Gemeinden mit relativ hohem

257

NSDAP-Stimmenanteil überwiegend in dem Teil des Amtsbezirks liegen, der die kümmerlichsten landwirtschaftlichen Erträge aufwies bzw. die meisten vom Großgrundbesitz Abhängigen (Landarbeiter, Pächter). Diesen ärmsten Teil der katholischen Landbevölkerung hatte die BVP schon vor 1930 nur partiell erfassen können. Am Beispiel der kleinen katholischen Gutsgemeinde Weiher (Bezirksamt Ebermannstadt) mit hohem Landarbeiteranteil wird das besonders deutlich.

Wahlverhalten der Gemeinde Weiher bei den Reichstagswahlen 1928—1933

Reichstags-wahlen	Wahl-berechtigte	Gültige Stimmen	SPD/ KPD	NSDAP	BVP u. bürgerl. Mittel- und Rechtsparteien
20. 5. 1928	157	89	38	—	51
14. 9. 1930	172	91	22	17	52
31. 7. 1932	184	125	34	48	43
5. 3. 1933	186	157	18	98	41

Die Nichtbeteiligung an der Wahl oder das wechselnde Wahlverhalten der Landarbeiter deuten auf ein unterentwickeltes politisches Bewußtsein bei diesem Teil des Landproletariats hin.

III.

In der Phase der Entwicklung zur Massenpartei stieg der NSDAP-Anteil in bäuerlichen Landgemeinden höher und schneller als in den kleinen Städten. Der NSDAP gelang es jetzt in hohem Maße, die Masse der bäuerlichen Bevölkerung als Wähler (aber nicht in gleichem Maße auch als soziale Basis des Mitgliederzuwachses) zu gewinnen. In fast allen bayerischen Agrargebieten, in denen der Bayerische Bauernbund oder andere bäuerliche Interessenparteien 1930 eine starke Position besaßen, konnte die NSDAP bis zur Märzwahl 1933 weitgehend das Wählerpotential dieser Bauernparteien aufsaugen. Die NSDAP vermochte in diesem Zeitraum mit Hilfe ihres „Agrarpolitischen Apparats" und ihrer Agrarpropaganda fast überall in die bäuerlichen Interessenorganisationen einzudringen und einen großen Teil der lokalen Repräsentanten und Aktivisten bäuerlicher Interessenpolitik zu sich herüberzuziehen. In der Regel waren es diese „alten", aufgrund der verschärften Agrarkrise zur NSDAP übergetretenen Bauern-Meinungsführer, nicht „neue" Propagandisten der NSDAP, die den Umschwung des Landvolks zur NSDAP bewirkten. Die bäuerliche Interessenlage spielte für diesen Teil der neuen Wähler-Massenbasis der NSDAP offenbar die maßgebliche Rolle für ihre Wahlentscheidung, weit mehr als „nationale" Fragen und andere Programmpunkte der NSDAP.

Vor allem in agrarischen Regionen ohne industrielle Arbeiterschaft wuchs die NSDAP zwischen 1930 und 1933 stark an. Der folgende statistische Vergleich der NSDAP-Stimmenanteile in kreisunmittelbaren Städten und den umliegenden Landkreisen aus dem evangelischen Mittelfranken zeigt deutlich den stärkeren Zugewinn der NSDAP auf dem Lande. Durchschnittlich erhielt die NSDAP auf dem Land ein Drittel mehr Stimmen als in den Städten.

	Sept. 1930	Juli 1932	Nov. 1932	März 1933
Ansbach-Stadt	33,9	53,2	49,0	53,6
Ansbach-Land	21,8	76,3	68,0	75,6
Dinkelsbühl-Stadt	32,5	57,4	55,3	60,2
Dinkelsbühl-Land	24,6	71,2	65,8	71,5
Erlangen-Stadt	23,7	38,7	35,7	42,6
Erlangen-Land	18,3	48,1	42,9	54,1
Fürth-Stadt	23,6	38,7	35,6	44,8
Fürth-Land	20,4	60,2	53,8	65,9
Nürnberg-Stadt	24,0	37,8	32,8	41,7
Nürnberg-Land	25,6	58,9	54,8	63,2
Rothenburg-Stadt	31,9	58,5	53,0	62,5
Rothenburg-Land	33,6	83,0	76,4	83,0
Schwabach-Stadt	23,1	35,7	30,4	42,2
Schwabach-Land	18,3	47,0	39,8	54,0
Weißenburg-Stadt	28,3	52,2	50,4	56,7
Weißenburg-Land	20,1	55,8	50,5	61,2
sämtliche 9 kreisunmittelbaren Städte Mittelfrankens	24,4	39,0	34,4	43,1
sämtliche 17 Bezirksämter Mittelfrankens	22,7	59,8	53,6	63,7

Das Verhältnis der Wahlentwicklung von BBB und NSDAP zwischen 1930 und 1933 veranschaulichen die Daten der Regierungsbezirke (Schwaben, Niederbayern, Oberbayern), in denen der BBB 1930 eine sehr starke Stellung hatte. Noch deutlicher wird der spätere Umschwung der BBB-Wähler zur NSDAP (teilweise auch zur BVP), wenn man neben den Durchschnittswerten dieser Regierungsbezirke die Wahldaten der Landkreise (Bezirksämter) betrachtet, in denen der BBB 1930 die meisten Stimmen gewinnen konnte (siehe Tabelle S. 260).

Zdenek Zofka konnte in seiner im Rahmen des „Bayern-Projekts" erstellten Dissertation über den gemischtkonfessionellen Kreis Günzburg (im bayerischen Regierungsbezirk Schwaben) feststellen, daß sich auf lokaler Ebene die Relation zwischen dem Niedergang des BBB und dem Aufstieg der NSDAP in den Jahren

Stimmenanteile (in %) des BBB und der NSDAP bei den Reichstagswahlen
1930—1934

	Sept. 1930	Juli 1932	März 1933
I. Regierungsbezirk Schwaben			
A. Bezirksämter insgesamt:			
BBB	28,5	10,7	6,4
NSDAP	13,5	31,1	50,8
B. Bezirksämter mit (1930) höchstem BBB-Anteil:			
Illertissen (95 % kath.)			
BBB	42,1	27,1	19,0
NSDAP	8,7	21,2	40,9
Nördlingen (2/5 kath., 3/5 ev.)			
BBB	46,3	7,5	2,6
NSDAP	12,2	51,6	60,4
Mindelheim (95 % kath.)			
BBB	46,8	26,1	17,5
NSDAP	4,7	18,0	42,4
II. Regierungsbezirk Niederbayern			
A. Bezirksämter insgesamt:			
BBB	33,5	16,7	10,9
NSDAP	9,7	20,5	44,9
B. Bezirksämter mit (1930) höchstem BBB-Anteil:			
Griesbach			
BBB	46,9	21,7	11,8
NSDAP	11,7	31,9	62,2
Pfarrkirchen			
BBB	54,6	29,0	16,5
NSDAP	7,6	26,8	55,4
Straubing			
BBB	45,8	27,5	17,6
NSDAP	8,7	17,4	44,3
III. Regierungsbezirk Oberbayern			
A. Bezirksämter insgesamt:			
BBB	17,4	8,3	6,4
NSDAP	17,7	33,2	50,1
B. Bezirksämter mit (1930) höchstem BBB-Anteil:			
Landsberg			
BBB	34,0	17,2	10,8
NSDAP	11,7	27,0	49,0
Freising			
BBB	33,6	17,3	13,7
NSDAP	9,3	18,8	40,7
Ebersberg			
BBB	30,3	17,8	13,0
NSDAP	16,4	27,4	47,5

von 1930 bis 1933 noch sehr viel deutlicher als auf Bezirksamts- oder Regierungs-bezirksebene abzeichnet. Für den oberfränkischen Bezirk Ebermannstadt ergibt der Gemeindevergleich, daß der Bayerische Landbund in den 16 Gemeinden mit über 90 % evangelischer Bevölkerung 1930 noch in 7 Gemeinden über 75 % der Stimmen, in 6 Gemeinden zwischen 45 und 75 % erhielt, während im Juli 1932 die NSDAP in allen diesen Gemeinden über 80 % gewann und der Landbund fast gänzlich von der Bildfläche verschwunden war. Zofka konnte für den Kreis Günzburg auch nachweisen, daß diese Entwicklung dort ihren Anfang nahm, wo bei den Bauern angesehene lokale Agrarpolitiker zur NSDAP übertraten und daß die Durchdringung der agrarischen Interessenorganisationen durch die NSDAP zugleich verbunden war mit einer stärkeren Anpassung der NS-Propaganda und -Selbstdarstellung an bäuerliche Normen und Mentalitäten (Betonung des positiven Christentums) sowie dem Bemühen, das „Image" einer Radikalpartei zu überwinden. Er kommt zu dem Ergebnis, daß etwa die Hälfte der ländlichen NS-Führerschicht, die es im Kreis Günzburg 1932 gab, aus aktiven ehemaligen Bauernbündlern bestand [1]. Die lokalen Akten (Beispiele Landkreis Memmingen oder Ebermannstadt) zeigen aber auch, daß die NSDAP trotz solcher Wahlerfolge, vorwiegend in den zahlreichen katholischen Bauerndörfern des Landes (im Landkreis Memmingen in 20 von insgesamt 55 Gemeinden), organisatorisch bis zum März 1933 noch nicht Fuß zu fassen vermochte und vor allem katholische Bauern nur in relativ geringem Maße als Mitglieder gewinnen konnte.

IV.

Wie auf dem agrarischen Sektor zeigt sich auch sonst unter lokaler Perspektive: Die NSDAP gelangte überall dort bis zum März 1933 über die Grenzen der Minderheitenpartei hinaus, wo sie in der Lage war, gesellschaftlich und öffentlich angesehene Honoratioren und Meinungsführer (Lehrer, evangelische Pastoren, Herausgeber von Lokalzeitungen, Landärzte, adelige Gutsherren, Großbauern, Brauereibesitzer, Landwirte u. ä.) für sich zu gewinnen.

Darauf deuten schon die großen Unterschiede der NSDAP-Erfolge in wirtschaftlich-sozial sehr ähnlich strukturierten katholischen Bauerngemeinden hin, etwa bei der Märzwahl 1933. Im Landkreis Ebermannstadt erzielte die NSDAP damals in den 39 katholischen Gemeinden (fast sämtlich reine Bauerndörfer) folgende auffällig abweichende Ergebnisse: in 12 Gemeinden nur unter 20 %, in 9 Gemeinden zwischen 20 % und 30 %, in 5 Gemeinden zwischen 30 % und

[1] *Zdenek Zofka*, Die Ausbreitung des Nationalsozialismus auf dem Lande. Eine regionale Fallstudie zur politischen Einstellung der Landbevölkerung in der Zeit des Aufstiegs und der Machtergreifung der NSDAP 1928—1936, München 1979, S. 103; see also *Geoffrey Pridham*, Hitler's Rise to Power. The Nazi Movement in Bavaria, 1923—1933, London 1973.

40 %, in 5 Gemeinden zwischen 40 % und 50 %, in 1 Gemeinde 53 %, in 3 Gemeinden über 60 %. Neben dem sicher wichtigen Faktor größerer oder geringerer Armut — schlechterer oder besserer Ertragslage aufgrund von Bodenbeschaffenheit, Art der landwirtschaftlichen Produktion, Besitzgröße etc. — spielte bei diesen Abweichungen die lokale „politische Atmosphäre", bestimmt durch individuelle Meinungsführer oder lokale Ereignisse, Konfliktanlässe u. a. für den Erfolg der NSDAP eine wesentliche Rolle. Mögen sich diese lokalen Besonderheiten auch statistisch ausgeglichen haben, so sind sie deswegen doch beachtenswert. Sie liefern nämlich wesentliche, nur einer Mikrobetrachtung lokaler Verhältnisse zugängliche Anhaltspunkte für die Einflußfaktoren, die den Gesamtprozeß nationalsozialistischer Machtdurchsetzung an der Basis steuerten.

Martin Broszats Dokumentations-Studie über den oberfränkischen Kreis Ebermannstadt[2] deutet machnes an, was die lokalen Akten und sonstige, auch zum Teil durch Befragungen gewonnene Informationen noch stärker zum Vorschein bringen; zum Beispiel die Tatsache, daß die frühe Entstehung eines NS-freundlichen Klimas in dem kleinen Ort Heiligenstadt wesentlich abhing von dem lokal tonangebenden, auch den evangelischen Lehrer stark beeinflussenden Pfarrer und Dekanatssenior (Heinrich Daum), der schon lange vor 1933 als völkischer Nationalist und Deutscher Christ aktiv gewesen war und in diesem Sinne das Ortsklima bestimmte. Ein anderes Beispiel aus diesem Bezirk: Daß es der NSDAP im ganz überwiegend katholischen Waischenfeld schon 1932/33 gelang, in beachtlichem Maße Fuß zu fassen, lag offensichtlich daran, daß der den örtlichen politischen Katholizismus anführende, als Präses der katholischen Jungmänner weit über den Ort hinauswirkende katholische Ortspfarrer sich in der Wahl-Auseinandersetzung mit den Anhängern der NSDAP allzu grobschlächtig und sogar gewalttätig verhalten hatte. Die NSDAP vermochte es, einen gemäßigt katholischen, persönlich angesehenen Mann von gesellschaftlichem Rang, den Apotheker am Ort, als einen wirkungsvollen Führer und geschickten Redner der Partei herauszustellen, der sich auch nach 1933 alle Mühe gab, antikirchliche Provokationen aus Waischenfeld herauszuhalten.

Auf andere vergleichbare Ortsgeschichten, die die Rolle lokaler Meinungsführer widerspiegeln, geht Zofka in seiner Studie über den Kreis Günzburg ein. Am Beispiel der kleinen mittelfränkischen Bischofsstadt Eichstätt hat Evi Kleinöder in einer Studie, die im Rahmen des „Bayern-Projekts" vor kurzem veröffentlicht wurde[3], nachgewiesen, daß in diesem besonders dichten katholischen Lokalmilieu, die NSDAP vor 1933 fast keine Chance hatte, sich gesellschaftliche Anerkennung zu verschaffen, daß ihre Anhänger sich hier vielmehr fast

[2] *Martin Broszat u. a.* (Hrsg.), Bayern in der NS-Zeit, Bd. 1, Soziale Lage und politisches Verhalten im Spiegel vertraulicher Berichte, München 1977.
[3] *Martin Broszat und Elke Fröhlich* (Hrsg.), Bayern in der NS-Zeit, Bd. 2, Herrschaft und Gesellschaft im Konflikt, München 1979.

262

ausschließlich aus sozialen Randgruppen oder unteren Mittelschichten rekrutierten, und von dem katholischen Honoratiorentum mit Geringschätzung abgetan oder gar diskriminiert werden konnten.

Vergleicht man die Vielzahl lokaler Erfolgsgeschichten der NSDAP unter dem Gesichtspunkt der Durchsetzungskraft der Partei bei gesellschaftlichen Honoratioren und Meinungsführern in der bayerischen Provinz, so wird deutlich, daß sich aus den zahlreichen individuellen Fällen doch gewisse allgemeine Tendenzen herauskristallisieren. Stärker zur NSDAP neigte schon vor 1933 im katholisch-ländlichen Bereich nur der Teil des Honoratiorentums, der nicht alteingesessen und dem katholischen Ortsmilieu weniger stark verhaftet war und/oder aus beruflichen und interessenpolitischen Gründen bzw. von seinen Bildungsvoraussetzungen her weniger sozialkonservativ eingestellt war als die Masse des alteingessenen Bauerntums und Mittelstandes und auch dem politischen und kirchlichen Katholizismus „freier" gegenüberstand (Beamte, Lehrer, Akademiker u. a.). Anders im evangelischen Bereich, in Franken, wo infolge des Fehlens einer der BVP vergleichbaren gesellschaftlich und politisch wirksamen konfessionell gebundenen Gegenkraft nicht selten gerade auch evangelische Pfarrer und der größte Teil des alteingesessenen provinziellen evangelischen Besitz-Mittelstandes und der Bildungs-Bürgerschaft in Stadt und Land aus nationalen, sozialen und kulturellen Gründen bzw. „Ängsten" die NSDAP vor 1933 als eine Partei „konservativer Erneuerung" bejahte.

V.

Auch der Machtergreifungsprozeß in den Jahren 1933/34 war auf lokaler Ebene weitgehend bestimmt von dem Bemühen der NSDAP, große Teile des noch abseits stehenden Honoratiorentums zu gewinnen bzw. an der „Macht" in den Gemeinden, den Interessenvertretungs-Körperschaften und gleichgeschalteten Vereinen zu beteiligen. Dieser gesellschaftlich assimilatorischen Tendenz waren aber Grenzen gesetzt, vor allem in der katholischen Provinz und zwar infolge des nach der Übernahme der politischen Herrschaft stärker zur Geltung kommenden politisch-weltanschaulichen Monopolanspruchs sowie auch infolge der innerhalb der NSDAP teilweise fortbestehenden sozialen Veränderungsdynamik. Im Übergang von der Wahl- zur Herrschaftspartei konnte die NSDAP, wenn sie nicht nur gesellschaftliche Anerkennung erlangen, sondern auch ihre politisch-weltanschauliche Eigenständigkeit behaupten und ihren Kontrollanspruch durchsetzen wollte, sich nicht ausschließlich der „Neuparteigenossen" (aus dem gesellschaftlichen Honoratiorentum) bedienen, sondern mußte sich weiterhin auch auf diejenigen „Alten Kämpfer" stützen, die großenteils im Gegensatz zum gesellschaftlichen „Establishment" standen, eine Art soziales Protest-Potential bildeten und die pseudorevolutionäre Dynamik der Partei verkörperten.

Zofka hat für den Kreis Günzburg überzeugend herausgearbeitet, daß die NSDAP nach dem März 1933 bei der Gleichschaltung der Landräte, Bürgermeister und Gemeinderäte besonders der oft stärkeren BVP gegenber eine alles in allem sehr erfolgreiche „Umarmungs"-Taktik anwandte, die zahlreiche Bürgermeister und Gemeinderäte der BVP veranlaßte, zur NSDAP überzutreten bzw. (nach Austritt aus der BVP) als parteilose Mandatsträger in ihren Gemeindeämtern zu verbleiben, auch über das Datum der Einführung der neuen NS-Gemeindeordnung im Jahre 1935 hinaus. Bei insgesamt 67 Gemeinden wurden nur in etwa 10 Gemeinden die BVP-Kandidaten dazu bewogen, auf ihre Mandate zu verzichten, nur in 3 Gemeinden kam es zum offenen Konflikt. Hier wurden BVP-Gemeinderäte einfach abgesetzt. In allen anderen Gemeinden behielt die BVP die ihr zustehenden Sitze im Gemeinderat, auch in den 5 Gemeinden, in denen die NSDAP in der Minderheit blieb. Ähnliches gilt für die Gleichschaltung des ländlichen Vereinswesens. Meist handelte es sich bei diesen Mandatsträgern und Vereinsvorsitzenden um Repräsentanten des sozialen „juste milieu", mit dem die NSDAP in katholischen Gegenden ihren Frieden machen mußte, wenn sie nicht boykottiert werden wollte. Als allgemeiner Trend kann festgehalten werden: Die assimilatorische Anpassungsbereitschaft der NSDAP war in den ländlichen Klein-Gemeinden, wo die gesellschaftlichen Einfluß-Verhältnisse stark personalisiert waren, weit größer als in den Stadträten oder Kreistagen, wo viele BVP-Vertreter Ende Juni 1933 erst nach ein- bis zweitägiger Schutzhaft ihre Mandate aufgaben.

Auch der Sog neuer Mitglieder der NSDAP aus beruflich-sozialen Schichten, die der NSDAP bisher eher reserviert gegenüber gestanden hatten (Lehrer, Beamte), verstärkte die Tendenz zur Verquickung der zu politischer Herrschaft gelangten NSDAP mit den lokalen sozialen Führungsschichten. Vereinzelt erhalten gebliebene regionale Parteistatistiken (Kreis Memmingen) zeigen sehr deutlich die Veränderung: den stärkeren Anteil des gutsituierten bäuerlich-bürgerlichen Mittelstandes an den Neuparteigenossen und NSDAP-Amtsträgern seit März 1933. Dabei fällt die relativ starke Stellung auf, die die „Altparteigenossen" (überwiegend aus dem unteren Mittelstand oder aus ländlich-kleinbürgerlichen Unterschichten stammend) unter den lokalen Hoheitsträgern der NSDAP (als Stützpunkt- oder Ortsgruppenleiter) behielten. Im Kreis Memmingen waren 1935 rund 80 % der 36 Stützpunkt- oder Ortsgruppenleiter „Altparteigenossen", davon 9 (25,2 %) ungelernte bzw. gelernte Arbeiter oder Angestellte, 7 (19,6 %) Handwerker, 14 (39,2 %) Bauern, 3 (8,4 %) größere Landwirte mit Handwerks- oder Gewerbebetrieben, 3 (8,4 %) Kaufleute oder Unternehmer.

Auch die interne Berichterstattung der NSDAP-Ortsgruppenleiter, vor allem in der katholischen ländlichen Provinz, zeigt, wie sehr sie bei ihrer Lagebeurteilung nicht nur von der „Weltanschauung" geleitet waren, sondern auch von sozialen Ressentiments gegen Oberschichten, unsoziale „fette" Bauern, Viehhändler, gutsituierte „opportunistische" Beamte oder Geschäftsleute. Auch auf die Dauer-auseinandersetzung mit den katholischen „Pfaffen", die sich oft geschickter zu verhalten und auszudrücken wußten als die lokalen NSDAP-Führer auf dem Lande, wirkte sich das Ressentiment gegenüber dem akademisch gebildeten geistlichen „Stand" spürbar aus.

Wenn Ian Kershaw in seiner bisher unveröffentlichten Studie über das soziale Ansehen der NSDAP in den Kreisen und Gemeinden der bayerischen Provinz zu dem Ergebnis kommt, daß das „Image" der Partei sich nach 1933 sehr bald erheblich verschlechterte und den großen Wahlerfolgen der NSDAP vor 1933 nicht mehr entsprach, so spielt dabei neben mancher Enttäuschung sozialer und materieller Hoffnungen, die sich auf die vielen Versprechungen der NSDAP vor dem Umschwung bezogen, nicht zuletzt auch der Umstand mit, daß die lokale Repräsentanz der NSDAP (anders als vorher bei der BVP, dem BBB oder der DNVP) nur zum Teil dem Honoratiorentum entstammte, das als soziale Voraussetzung politischer Führung gerade in der nach patriarchalisch-vordemokratisch denkenden provinziellen Gesellschaft weitgehend als selbstverständlich und „gottgewollt" angesehen wurde. Hinter der gegenüber der NSDAP nach 1933 in der Provinz massenhaft geäußerten populären Kritik, vor allem hinter dem Vorwurf des „politischen Bonzentums", dem sich die lokalen NSDAP-Repräsentanten immer wieder ausgesetzt sahen, stand auch die aus der sozialen Inferiorität lokaler NS-Führer gefolgerte Aberkennung ihrer politischen Herrschafts-Legitimation.

VI.

Die lokale Erforschung der Verhältnisse in der bayerischen Provinz in den Jahren 1933—1939 läßt eine grundsätzlich ambivalente Funktion der politischen Herrschaft der NSDAP hinsichtlich der überkommenen sozialen Einflußverhältnisse erkennen. In vieler Hinsicht folgte die NSDAP (wie in stärkerem Maße vor ihr die BVP, der BBB oder die DNVP) bei der politischen Ämter- und Machtverteilung der „alten" sozialen Hierarchie. Die politisch-weltanschauliche Kontrolle, die die NSDAP lokal ausübte, war in der Regel schärfer in bezug auf Angehörige der Unterschichten als in bezug auf den ländlichen und bürgerlichen Besitzmittelstand oder die Oberschichten. Bei der Maßregelung und Verfolgung abweichender Meinungsäußerungen oder Verhaltensweisen sind häufig die soziale Inferiorität oder das soziale Außenseitertum derjenigen, die sich als Kritiker oder Gegner der NSDAP zu erkennen geben, ausschlaggebender gewesen als die politische Qualität ihrer Äußerungen, während umgekehrt sozialer „Besitzstand" stärker gegenüber politischer Kontrolle und Verfolgung immunisierte und größere Äußerungs- und Verhaltensfreiheit gewährte. Dies galt jedoch grundsätzlich nicht oder nur in sehr abgeschwächtem Maße für die katholischen und evangelischen Pfarrer, die auf dem Lande seit Beginn des sog. „Kirchenkampfes" 1934/35 häufig als „opinion leader" der kirchenfrommen ländlichen

Bevölkerung zu den energischsten Antipoden der NSDAP wurden. In der Auseinandersetzung zwischen Partei und Kirche, die auf dem Lande eine wesentliche, dauerhafte Konfliktlinie bildete, kam folglich auch die Ambivalenz der NS-Herrschaft besonders deutlich zum Ausdruck; in bezug auf die Methoden und Zielsetzungen: diktatorisch-totalitär; in bezug auf die faktischen Wirkungen: auf der historischen Linie des liberalen „Kulturkampfes" (Zurückdrängung des kirchlichen Einflusses auf das Schulwesen) zu Veränderung und „Modernisierung" (auch in bezug auf die soziale Stellung des Lehrers) führend. Auch in anderer Hinsicht (Jugenderziehung, Landarbeiter-Status u. a.) bewirkte die NS-Herrschaft zwar keine „revolutionäre" Änderung sozialer Zustände und Normen, aber doch eine gewisse Schwächung oder Infragestellung provinzieller sozialkonservativer-patriarchalischer Sozialverhältnisse, die unter dem Begriff „Modernisierungswirkung" subsumiert werden kann.

Manche Einzelheiten der politischen Ämterverteilung auf lokaler Basis bedürfen noch systematischer Erforschung. Es kann aber als weitgehend gesicherte Erkenntnis gelten, daß z. B. die Ernennung von NS-Ortsbauernführer auf dem Lande, deren Einfluß zum Teil erheblich gewesen ist (z. B. während des Krieges bei der Befürwortung oder Nichtbefürwortung der uk-Stellung von Bauernsöhnen), sich nicht primär an der parteipolitischen Zuverlässigkeit, sondern weit mehr an dem sozialen Ansehen der Betreffenden orientierte. Erhalten gebliebene Akten von NSDAP-Ortsgruppen oder -Kreisleitern in der bayerischen Provinz, die Einblick in das interne politische Begutachtungsverfahren der Partei geben, deuten darauf hin, daß auch die aus den verschiedensten Gründen und Anlässen von der Partei zu beurteilende „politische Zuverlässigkeit" von Ortseinwohnern in der Regel sehr großzügig gehandhabt wurde, wenn es um sozial angesehene, gutsituierte Personen ging. Hier gibt es allerdings auch zahlreiche bemerkenswerte Ausnahmen, die erkennen lassen, daß innerhalb der Partei die alten pseudorevolutionären Ressentiments gegenüber den „besseren Leuten" auch nach 1933 noch stark vorhanden waren.

Die schichtenspezifische Durchführung politischer Verfolgung zeigt sich vor allem bei den sogenannten „Heimtückefällen", wofür die im Rahmen des „Bayern-Projektes" inventarisierten 10 000 Akten des Sondergerichts München reiches Anschauungsmaterial bieten. Sie machen deutlich, daß gerade bei den zahlreichen politischen „Klein-Vergehen", die in regimekritischen Äußerungen bestanden, je nach der sozialen Stellung des Betreffenden mit zweierlei Maß gemessen wurde und vor allem gegenüber Unterschichten-Angehörigen, Landarbeitern oder Arbeitslosen, schon wegen geringfügiger nonkonformer Äußerungen oft harte Sanktionen angewandt wurden, während z. B. wohlsituierte Bauern, die sich in Bayern oft sehr freimütig über das Regime äußerten, nur in seltenen Ausnahmefällen Schutzhaft u. ä. zu befürchten hatten.

Die gesellschaftspolitischen Auswirkungen des Kirchenkampfes bestanden im bayerischen Dorf nicht selten darin, daß die vorher noch relativ homogene Einfluß- und Elite-Struktur (Zusammenwirken von Bürgermeister, Pfarrer, Lehrer und Ortshonoratioren) aufgebrochen wurde und sich gegensätzliche politisch-soziale Dorf-Fraktionen bildeten; in katholischen Dörfern oft mit dem NS-Bürgermeister und NS-Lehrer auf der einen Seite und dem katholischen Pfarrer und einigen katholischen Dorfhonoratioren auf der anderen Seite. Der Pfarrer-Lehrer-Gegensatz, wie er sich z. B. bei den zum Teil heftigen Auseinandersetzungen über die Einführung der NS-Gemeinschaftsschule (anstelle der Konfessionsschulen) in den Jahren 1935—1938 äußerte, war dabei nur zum Teil politisch-weltanschaulich motiviert bzw. in der starken Regimeabhängigkeit der (beamteten) Lehrer begründet. Es ging dabei auch um die vom NS-Lehrerbund auf der Linie der aufgelösten Volksschullehrer-Gewerkschaften erstrebte Verbesserung der materiellen und sozialen Stellung des Landvolksschullehrers, auch durch Einführung akademischer Volksschullehrer-Ausbildung, um den Abbau der aus der historischen kirchlichen Schulaufsicht herrührenden sozialen Inferiorität und Abhängigkeit des Landvolksschullehrers gegenüber dem Ortsgeistlichen. Die Anfälligkeit nicht weniger bayerischer Volksschullehrer für den Nationalsozialismus hatte auch solche „emanzipatorischen" Motive.

Falk Wiesemann hat in seiner kleinen Dokumentation[4] über die Lage des landwirtschaftlichen Gesindes in Bayern nach 1933 zeigen können, daß auch auf diesem sozialen Feld NS-Herrschaft nicht einfach Fortschreibung der weitgehend aus der alten Gesindeordnung vor 1918 hergeleiteten Praxis bedeutete, sondern den Landarbeitern zum Teil größeren Schutz vor sozialer Ausbeutung durch die Bauern verschaffte, jedenfalls die alte Übung durchbrach, daß der Landrat und die Ortsgendarmerie bei den Maßregelungen vertragsbrüchiger Landarbeiter von den Bauern so ohne weiteres in Anspruch genommen werden konnten. Unter dem Gesichtspunkt der Aufbrechung oder Überwindung patriarchalisch-sozialkonservativer Normen läßt sich auch ein Teil der Wirkungen subsumieren, die der Nationalsozialismus im Bereich der Jugenderziehung und Jugendorganisation in der bayerischen Provinz erzielte. Die relative Festigkeit dieser überlieferten patriarchalischen Strukturen, denen zufolge in Bayern auch im Bereich konfessioneller Jugendorganisation beispielsweise am Prinzip der Erwachsenen-Führung von Jugendgruppen fast durchgängig festgehalten wurde, machte der HJ-Führung in Bayern erheblich zu schaffen, zwang sie u. a., Lehrer als HJ-Führer in Anspruch zu nehmen. Auf der anderen Seite war zweifellos die „freiere" Einstellung, die die HJ-Führung in Grundsätzen der Jugenderziehung, auch z. B. in bezug auf gemeinsame Heimabende oder Ausflüge von Jungen und Mädchen praktizierte, für manche gegen die strengen Normen kirchlich-patriarchalischer Erziehung aufbegehrende Jugendliche in der bayerischen Provinz, unabhängig von Weltanschauung und Politik, einfach deshalb attraktiv. „Wir lernten im BDM tanzen", so berichtete eine jetzt 60jährige Frau aus dem Kreis

---

[4] *Falk Wiesemann*, Arbeitskonflikte in der Landwirtschaft während der NS-Zeit in Bayern 1933—1938, in: VjhZG 25 (1977), S. 573—590.

Ebermannstadt auf die Frage, warum sie sich der HJ als 12jährige angeschlossen hatte.

Die Beispiele für die partiell „modernisierende" Wirkung des Nationalsozialismus ergeben sich gerade bei der näheren Betrachtung provinzieller Verhältnisse. Man wird diese ihrer Bedeutung angemessen einzuschätzen haben, wenn man verstehen will, weshalb das NS-Regime in der Provinz eine wesentliche soziale Basis seiner politischen Herrschaft fand. Sie können aber nicht darüber hinwegtäuschen, daß die soziale Veränderungsdynamik der NSDAP nur schwach und partiell blieb und sich auch auf lokaler Basis das Bündnis der neuen politischen NS-Elite mit den alten sozialen Eliten als dominanter Grundzug des politisch-sozialen Systems des NS-Regimes darstellt.

Summary

How did the Nazi Party cope with the existing social establishment in Bavaria? Elke Fröhlich's essay, based on extensive research in connexion with a special project by the Munich *Institut für Zeitgeschichte*, analyses the social appeal of the NSDAP in various Bavarian provinces, both Catholic and Protestant, before and after the Party had secured a mass following. She summarises the results of her research in the form of six conclusions:

1. While it was still a miniority party (under 10 % of the voters), the Nazi Party's main support, in Catholic as well as Protestant areas, came from the lower middle class and the lower strata of society in general. During this period its strength lay in the small provincial towns, where these social groups were more concentrated than in the countryside, namely artisans and craftsmen, lower rank employees, petty civil servants, small shopkeepers etc.

2. The Party's growth was significantly slower in the Catholic regions than in the Protestant ones. In the Protestant regions, mainly Upper and Middle Franconia, it was already able to mobilise mass support before 1930, but did not achieve the same breakthrough in the Catholic areas (Lower and Upper Bavaria) until 1932/33. The elections of March 1933 show the first big increase in NSDAP voters from the poorer Catholic areas, while the Party did not substantially increase its already considerable percentage of the Protestant vote.

3. During the period of its development into a mass party, the NSDAP gained support more quickly in the rural communities than in the small towns. The rural population became the mass basis for the Party's election successes, though not, incidentally, the social basis for the growth of its membership. In almost all Bavarian rural areas where the *Bayerische Bauernbund* (BBB) or other organisations representing agricultural interests had been strong in 1930, the Party managed to absorb most of their votes by March 1933. They also infiltrated these organisations representing agricultural interests with the aid of agricultural propaganda and were able to win over a large proportion of the

local representatives and those active on behalf of agriculture. Usually the rural population was won over to the NSDAP by the 'old' community leaders (who thought it might be able to resolve the agricultural crisis) rather than by the 'new' Nazi propagandists. The rural voters, however, were mainly concerned with their own agricultural interests and gave little consideration to 'national' issues or other aspects of the Nazi programme.

4. Much the same applied on a local level as in the agrarian sector. Up until March 1933 the Party managed to gain increasing support in those areas where they were able to win over socially and publicly respected *Honoratioren* and other influential figures (e.g. teachers, protestant ministers, local newspaper editors, doctors, aristocratic landlords etc.).

5. On the local level the process of seizing power in 1933/34 was characterised by the attempts of the Party to win over those *Honoratioren* whose support was still not forthcoming, or to become a powerful force in the communities, interests groups and 'co-ordinated' unions.

6. In many respects the Party followed the same pattern as its predecessors in Bavaria in accommodating the old social elites when it came to the distribution of political power. Members of the lower classes were subjected to much more stringent ideological supervision than the professional middle and upper classes. Social status granted a somewhat higher degree of political immunity and liberty of speech and conduct, except for the Catholic and Protestant clergy. As opinion leaders amongst the devout rural population they had, since the beginning of the Church Struggle in 1934/35, turned out to be the most outspoken antagonists of the NSDAP. In the ensuing controversy between Party and Church the ambivalence of the Nazi rule was most clearly obvious, since the partially modernising effect of the Party's influence cannot be denied. In the field of education in particular it abolished church supervision, supported co-education and youth activities, raised the social standing of the teacher etc. It also took greater account of the rights of agricultural labourers. All this did not amount to any revolutionary change in view of the existing co-operation with the social hierarchy. But it did entail a weakening of the conservative and patriarchal structures so deeply entrenched in Bavarian provincial society.

Horst Gies

Die Rolle des Reichsnährstandes
im nationalsozialistischen Herrschaftssystem

I.

Die Ausgangsbasis für landwirtschaftliche Interessenpolitik, die das Gesetz „über den vorläufigen Aufbau des Reichsnährstandes und Maßnahmen zur Markt- und Preisregelung für landwirtschaftliche Erzeugnisse" vom 13. September 1933[1] schuf, schien optimal zu sein: In einer Art legislativem Handstreichverfahren, das freilich durch zeitgenössische Einheitsbestrebungen gut vorbereitet war[2] und durch das Versprechen des Regierungchefs begünstigt wurde, neben dem Arbeitslosenproblem als zweiten wirtschaftspolitischen Schwerpunkt die Agrarkrise meistern zu wollen, gelang es, ein „berufsständisches Ermächtigungsgesetz" zu schaffen, das sich auf „alle mit dem Ernährungswesen und der Nahrungsmittelversorgung des deutschen Volkes zusammenhängenden Fragen" erstreckte[3] und die gesamte Vermarktung von Nahrungsgütern der Dominanz landwirtschaftlicher Interessen auslieferte. Um die ihm übertragene Aufgabe bewältigen zu können, „die Erzeugung, den Absatz sowie die Preise und Preisspannen von landwirtschaftlichen Erzeugnissen zu regeln"[4], übernahm die agrarische Sammlungsbewegung, die aus der Gleichschaltung aller landwirtschaftlichen Verbände, Genossenschaften, des Landhandels und der Landwirtschaftskammern hervorgegangen war[5], auch sämtliche Be- und Verarbeiter von Agrarprodukten sowie alle Groß- und Einzelhändler[6]. Aus dem „Reichsland-

---

[1] RGBL. I, S. 626; vgl. auch die vier Durchführungsverordnungen (DVO) zum RN-Gesetz vom 8. 12. 1933 (RGBL. I, S. 1060), 15. 1. 1934 (RGBL. I, S. 32) 16. 2. 1934 (RGBL. I, S. 100) und 4. 2. 1935 (RGBL. I, S. 170).

[2] Vgl. hierzu *Horst Gies*, Der Reichsnährstand — Organ berufsständischer Selbstverwaltung oder Instrument staatlicher Wirtschaftslenkung?, in: Zs. f. Agrargeschichte und Agrarsoziologie 21 (1973), S. 216—233.

[3] *Ludwig Häberlein*, Das Verhältnis von Staat und Wirtschaft mit besonderer Hervorhebung der Selbstverwaltung des Reichsnährstandes und der landwirtschaftlichen Marktordnung, Bd. 2, Berlin 1938, S. 23.

[4] § 3 RN-Gesetz vom 13. 9. 1933.

[5] Vgl. *Horst Gies*, Die nationalsozialistische Machtergreifung auf dem agrarpolitischen Sektor, in: Zs. f. Agrargeschichte und Agrarsoziologie 16 (1968) S. 210—232.

[6] Vgl. § 1 Abs. 2 RN-Gesetz vom 13. 9. 1933.

stand" wurde so der „Reichsnährstand" [7], und wäre es Darré gelungen, wie es sein Gesetzentwurf vorsah, auch die Bereiche der „landwirtschaftlichen Bedarfsdeckung" einzubeziehen [8], wäre der Erfolg einer totalen Beherrschung der Marktverhältnisse für die deutsche Landwirtschaft sichergestellt gewesen. Doch auch so war ein „gewaltiges Bauernsyndikat" [9] entstanden, dessen Organisationsstruktur dafür bürgte, daß den Erzeugerinteressen diejenigen von Handel, Handwerk, Gewerbe und Nahrungsmittelindustrie untergeordnet waren [10]. Das Ernährungskartell hatte — nach seiner Aufbauphase 1933—35 — nahezu 17 Millionen Mitglieder und umfaßte alle ernährungswirtschaftlichen Bereiche von Getreide bis zum Puddingpulver, von Fleisch und Fisch bis Öl und Margarine, von Käse und Bier bis Senf und Essig [11].

Mit dieser günstigen Ausgangslage war jedoch die Durchsetzung landwirtschaftlicher Interessen im nationalsozialistischen Herrschaftssystem keineswegs garantiert. Ob nicht vielmehr das Gegenteil der Fall war, wird im Folgenden zu untersuchen sein. Denn zwischen Intentionalität und Funktionalität bestand im Dritten Reich durchaus kein einseitiges Abhängigkeits-, sondern ein Wechselwirkungsverhältnis. Es kommt hinzu, daß Intentionen so beschaffen sein können, daß sie zu funktionalen Zwängen führen, die allerdings nichts weiter als angebliche, weil selbstproduzierte ‚Sachzwänge‘ sind. Dies soll andeutungsweise an zwei Beispielen aus dem Bereich der NS-Ernährungswirtschaft illustriert werden [12]:

1. Bei zunehmender Kaufkraft der Bevölkerung und Nachfrage nach Lebensmitteln stellte sich der nationalsozialistischen Agrarpolitik unter der Zielsetzung,

---

[7] Vgl. die Rundschreiben Nr. 5 vom 12. 8. 1933 und Nr. 10 vom 16. 8. 1933 des „Reichsobmannes für die bäuerliche Selbstverwaltung", W. Meinberg (Bundesarchiv Koblenz (fortan: BA): R 16, Zg. 1971, Nr. 2016) und § 1, Abs. 1 RN-Gesetz vom 13. 9. 1933.

[8] Auf Intervention des Reichswirtschaftsministers mußte der entsprechende § 9 des Gesetzentwurfs gestrichen werden (vgl. BA: R 2/17988 und das Protokoll der Kabinettssitzung vom 12. 9. 1933, ebd., R 43 I/1465, Bl. 7 ff.).

[9] *F. Wenzel,* Unser Reichsbauernführer R. Walther Darré und seine Mitkämpfer. Der Sieg von Blut und Boden dargestellt für Volk und Jugend, Berlin ²1934, S. 44.

[10] Vgl. hierzu die 4. DVO zum RN-Gesetz vom 4. 2. 1935, die das materielle Aufsichts- und organisatorische Eingriffs- bzw. Gestaltungsrecht der Bauernfunktionäre des RNSt in allen ernährungswirtschaftlichen Vereinigungen und Marktverbänden kodifizierte. Die Spannungen, die sich daraus mit dem Reichswirtschaftsministerium und den Interessenvertretungen von Handel, Industrie und Gewerbe ergaben, müssen hier aus Platzgründen vernachlässigt werden.

[11] Vgl. *W. Meinhold,* Agrarpolitik, 1951, S. 41. *Rolf Helm,* Warum Reichsnährstand?, Berlin 1937, S. 41; *Bernhard Mehrens,* Die Marktordnung des Reichsnährstandes, Berlin 1938, passim.

[12] Vgl. hierzu ausführlich *Horst Gies,* Aufgaben und Probleme der nationalsozialistischen Ernährungswirtschaft, in: VSWG 66 (1979), Heft 3, S. 466—499.

weitestgehende Unabhängigkeit vom Ausland zu bewerkstelligen, die Aufgabe, Ertragsreserven zu mobilisieren bei gleichzeitiger Unveränderbarkeit bzw. Unbeeinflußbarkeit der Produktionsfaktoren Boden und Klima. Dabei mußten diejenigen Bereiche der Bodennutzung bevorzugt werden, die den höchsten Ertrag pro Flächeneinheit erbrachten. Für das Verhältnis der Kulturarten zueinander bedeutete dies eine Ausweitung des Ackerbaus auf Kosten des Grünlandes, eine Verstärkung des Hackfrucht- und Ölfrüchteanbaus zu Lasten des Getreides. Dabei durften die Brotversorgung der Bevölkerung und die Grünfutterbasis der Viehwirtschaft nicht gefährdet werden. Gerade die Verlagerung der Erzeugung auf solche Produkte, die einen hohen Importanteil aufwiesen wie Fette, Eiweißfutter und Pflanzenfasern, war nicht ohne Auswirkungen auf andere Bereiche der Ernährungswirtschaft durchführbar. Die Ausdehnung des Öl- und Gespinstpflanzenanbaus beispielsweise ging nur auf Kosten der Anbauflächen von Zukkerrüben oder Brotgetreide. Wo man Löcher stopfte, riß man woanders größere Lücken auf. Der Versuch, eine Steigerung der Erträge pro Flächeneinheit mit Hilfe intensiverer Düngung, verbesserten Saatgutes und durch stärkere Ausnutzung ackerbaulich bewirtschafteter Flächen mit Zwischenfruchtanbau von Grünfutter zu erreichen, war jedoch ungewöhnlich kosten- und arbeitsintensiv. Hier wird deutlich, daß es im Dritten Reich nicht nur intentional bewirkte funktionale Sachzwänge gab, sondern auch Zielkonflikte: einerseits bevölkerungspolitisch-rassenideologische Aufgaben für das Landvolk, andererseits völlig überlastete Bauersfrauen, wodurch die ländliche Geburtenrate rapide sank. Bei Musterungen der Wehrmacht stellte sich ein besorgniserregend schlechter Gesundheitszustand der mitarbeitenden Landkinder heraus.

2. Gerade die seit 1935 jährlichen „Erzeugungsschlachten" in der Landwirtschaft zeigen in anschaulicher Weise, wie sich die mit der „Marktordnung" des Reichsnährstandes beabsichtigte Befreiung der Landwirtschaft von Marktabhängigkeit in ihr Gegenteil verkehrte. Denn aus appellativen Maßnahmen entwickelte sich mit zunehmendem Leistungsdruck auf die Landwirtschaft ein System massiver direkter Eingriffe in die Produktion, die ursprünglich gerade von Vertretern landwirtschaftlicher Interessenpolitik im Reichsnährstand entschieden abgelehnt worden waren. Hier zog ein Eingriff in die Ernährungswirtschaft den anderen nach sich. Es machte für die Bauern letztlich keinen Unterschied, vor 1933 von den Marktmechanismen oder nach 1933 von den Direktiven der „Erzeugungsschlächter" abhängig zu sein. Wenn sich herausstellte, daß die deutsche Landwirtschaft mit der Aufgabe, „Nahrungsfreiheit" zu sichern, überfordert war, die vorhandenen Devisen aber nicht für Ernährungskonsum, sondern für Rüstungsinvestitionen verwendet wurden, dann lag hier eine ‚hausgemachte‘ Zwangslage vor. Hitlers ‚Lösung‘ dieses selbstgefertigten Dilemmas lautete: „Erweiterung des Lebensraumes"[13].

[13] Vgl. *Wilhelm Treue* (Hrsg.), Hitlers Denkschrift zum Vierjahresplan 1936, in: VjhZG 3 (1955), S. 206.

Die folgende Untersuchung geht der Frage nach, welche Möglichkeiten sich landwirtschaftlicher Interessenpolitik *innerhalb* des nationalsozialistischen Herrschaftssystems boten. Dabei wird es nötig sein, von der rechtlich-institutionellen Basis auszugehen, die sich die deutsche Landwirtschaft mit dem *Reichsnährstand (RNSt)* 1933 geschaffen hatte, und sein Verhältnis zu denjenigen Institutionen im Dritten Reich zu beleuchten, deren Aufgaben und Ansprüche auf ähnlichen Feldern lagen. Dies waren auf dem Nahrungsmittelsektor das Reichsministerium für Ernährung und Landwirtschaft, auf dem Sektor der Menschenführung die NSDAP und einzelne ihrer Gliederungen.

II.

„Der gesamte Nährstand als die Gliederung aller an der Erzeugung, Verarbeitung und Verteilung landwirtschaftlicher Erzeugnisse beteiligten deutschen Volksgenossen stand dem Staat für die Lösung seiner großen völkischen und staatspolitischen Aufgaben zur Verfügung"[14]. Dem damit zum Ausdruck gebrachten instrumentalen Charakter des RNSt stand freilich — formaljuristisch gesehen — sein Status als „Selbstverwaltungskörperschaft des öffentlichen Rechts"[15] gegenüber. Doch in § 4 des Reichsnährstand-Gesetzes vom 13. September 1933 hatte sich der *Reichsminister für Ernährung und Landwirtschaft (RMEL)* eine „Eingriffs- und Aufsichtsbefugnis" in bezug auf alle Maßnahmen und Institutionen des RNSt gesichert, die mit der „Markt- und Preisregelung für landwirtschaftliche Erzeugnisse" befaßt waren. Man konnte dies so lange als unerheblich abtun, wie die Führung des *Reichsministeriums für Ernährung und Landwirtschaft (REM)* und die des RNSt in einer Hand lagen. Diese im Gesetz nicht verankerte, tatsächlich aber bestehende Personalunion zwischen *Reichsbauernführer (RBF)* und Reichsernährungsminister vermied aber nicht nur einen potentiell möglichen „verhängnisvollen Dualismus", mindestens ebenso wichtig war, daß sie „eine erfolgreiche Gleichrichtung von Staatsverwaltung und bäuerlicher Selbstverwaltung" gewährleistete[16].

Was die Selbstverwaltungskompetenz des RNSt betrifft, so war sie durch eine Vielzahl rechtlicher Bindungen und vor allem staatlicher Hoheitsfunktionen beschränkt, die der landwirtschaftlichen „Standesorganisation" den Charakter einer staatlichen Behörde gaben[17]:

1. Als „gesetzlicher Vertreter des Reichsnährstandes" war der „Reichsbauern-

---

[14] *Artur Schürmann*, Deutsche Agrarpolitik, Neudamm 1941, S. 46.
[15] § 1 der 1. DVO zum RN-Gesetz vom 8. 12. 1933.
[16] *Häberlein*, Bd. 2, S. 50.
[17] Vgl. zum Folgenden auch die Expertise „Einheitliche Befugnisse des Reichsnährstandes" (BA: R 2/18291).

führer" direkt vom Reichskanzler zu ernennen[18], während die Organisation selbst der Staatsaufsicht des RMEL unterstellt wurde.

2. Die Zugehörigkeit zum RNSt beruhte auf gesetzlichem Zwang. Die Beiträge wurden wie öffentliche Abgaben durch die Finanzämter erhoben[19].

3. Der RNSt übte eine Ordnungsstrafgewalt aus und nahm die Polizei für ihre Durchsetzung in Anspruch[20].

4. Der RNSt besaß eine eigene Gerichtsbarkeit über seine Mitglieder, die sich auf die „Standesehre" bezog, aber auch zur Disziplinierung bei Interessenkonflikten diente[21].

5. Der RNSt hatte eigene Dienstherrenfähigkeit, d. h. die Vorschriften des Dienststrafrechts und der Besoldungsordnung für Reichsbeamte fanden gleichermaßen im RNSt Anwendung[22].

6. Der RNSt konnte zum Zwecke der Markt- und Preisregelung gesetzliche Anordnungen treffen, die über den Kreis seiner Mitglieder hinaus auch für sonstige Personen oder Institutionen bindende Wirkung hatten[23].

Diese behördenähnliche Stellung des RNSt wirkte sich besonders auf Landes- und Kreisebene aus, wo den *Landes-* und *Kreisbauernführern (LBF* und *KBF)* von den Reichsministerien, nicht nur vom REM, erhebliche Exekutivbefugnisse übertragen wurden[24]. Es waren nicht zuletzt diese Funktionen der „Amtswalter" des RNSt, die Anlaß gaben, diese Organisation als „Organ der Staatsführung" zu verstehen[25]. Wie groß der Spielraum für „bäuerliche Selbstverwaltung und Selbstverantwortung" war, macht Schürmann deutlich, wenn er 1941 zwei wesentliche Aufgaben der Staatsaufsicht gegenüber dem RNSt betonte: „1. hat sie dafür zu sorgen, daß der Landbau notwendige wirtschaftliche oder politische Aufgaben richtig erfüllt; jeder einzelne Bauer wird dadurch auf seinem Platz erfaßt; dem ganzen Berufsstande werden die Ziele gewiesen,

---

[18] Vgl. § 10 und § 15 der 1. DVO zum RN-Gesetz.

[19] Vgl. §§ 4, 12 und 13 ebd.

[20] § 9 des RN-Gesetzes (a. a. O.), § 6 der 3. DVO sowie VO über die Beitreibung von Ordnungsstrafen des RNSt vom 21. 7. 1934 (RGBL, I, S. 720).

[21] § 3 der 1. DVO zum RN-Gesetz sowie VO über die Bildung von Schiedsgerichten für die landwirtschaftliche Marktregelung vom 26. 2. 1935 (RGBL I, S. 293).

[22] VO über das Dienststrafrecht für die Beamten des RNSt vom 8. 6. 1935 (RGBL. I., S. 747).

[23] Vgl. hierzu *Schürmann*, S. 53.

[24] Sie bezogen sich auf Produktionslenkung, Nahrungsgüterverteilung, Verbrauchssteuerung, Preisüberwachung; hierzu gehörten aber auch Maßnahmen zur Durchführung des Reichserbhofgesetzes und in der Siedlungspolitik. Vgl. *Hermann Reischle* und *Wilhelm Saure*, Der Reichsnährstand. Aufbau, Aufgaben und Bedeutung. 2. Aufl. Berlin 1936, S. 72 ff. und *John E. Farquharson*, The Plough and the Swastika. The NSDAP and Agriculture in Germany 1928—45, London 1976, S. 87 ff.

[25] *Konrad Meyer* (Hrsg.), Gefüge und Ordnung der deutschen Landwirtschaft, Berlin 1939, S. 197.

deren Erfüllung im Interesse der Staatsführung liegt; 2. zieht der Staat von oben her die Grenzen für die Tätigkeit dieses Standes gegenüber den anderen Wirtschaftsteilen; durch eine ständige Oberaufsicht sorgt er dafür, daß sich die einzelnen Glieder der Volkswirtschaft nicht bekämpfen, sondern alle miteinander in vernünftiger Zusammenarbeit zu Höchstleistungen kommen ..."[26]

Der RNSt war zwar formaljuristisch gesehen selbständig, der Sache nach und faktisch aber Organ des Staates. Er war Verwaltungsunterbau des REM mit den Funktionen Ernährungssicherung und Erzeugungssteigerung[27]. 1938 erklärte der Staatssekretär im REM, Herbert Backe: „So gelang es, die Selbstverantwortung des einzelnen auf eine höhere Ebene zu führen und die Mitarbeit von Millionen von Menschen für ein Ziel, das vom Staat gestellt war, einzusetzen"[28]. Dieses Ergebnis einer „klaren Arbeitsteilung zwischen Staat und Selbstverwaltung und damit zwischen Lenkung der Wirtschaft und Ausführung der Wirtschaft"[29] wird auch in solchen Konfliktfällen bestätigt, in denen sich die Vertreter des Ministeriums gegenüber den Standesinteressen erfolgreich durchzusetzen wußten. Als Fleischversorgungsschwierigkeiten im Sommer 1935 zu beheben waren, und es über die zu ergreifenden Maßnahmen Meinungsverschiedenheiten zwischen REM und RNSt gab, stellte sich für Staatssekretär Backe das Problem als Alternative bezüglich der ‚Standes‘-Organisation so dar: „in Ordnung bringen", d. h. den instrumentalen Charakter des RNSt durchsetzen, oder „zertrümmern"[30]. Als der für die Marktregelung zuständige Reichshauptabteilungsleiter im RNSt, Dr. Korte, der vom Verwaltungsamtsführer von Kanne und dem Vertreter des RBF, Reichsobmann Meinberg, gedeckt wurde, eine forsche, eigenwillige und vor allem selbstbewußt-eigenmächtige Politik am REM vorbei zu betreiben versuchte, war es schon im November 1935 zu einem „furchtbaren Zusammenprall" mit Backe gekommen, der dem Staatssekretär das Gefühl vermittelte, „der Reichsnährstand träume vom kalten Putsch gegen das Ministerium"[31]. Das Er-

[26] *Schürmann*, S. 51 f.
[27] „Da das REM als Gesetzgebungs- und oberste Verwaltungsinstanz für die Ernährungswirtschaft und für alle das Bauerntum und die Landwirtschaft angehenden Fragen selbst eines durchgegliederten Behördenunterbaues entbehrt, bietet der RNSt mit seiner Organisation und seiner bis ins einzelne durchgegliederten Gestalt einen gewissen Ersatz. Der RMEL wird auf diese Weise in die Lage versetzt, in seiner Eigenschaft als RBF seine Anordnungen bis in die untersten Stellen und bis ins letzte Dorf hinab durchzugeben." *(Häberlein,* Bd. 2, S. 60).
[28] Der 6. Reichsbauerntag in Goslar 1938, Archiv des Reichsnährstandes Bd. 5, S. 80.
[29] Ebd.
[30] Tagebucheintragung Frau Backes vom 30. 7. 1935 (dem Verf. abschr. zur Verfügung gestellt, Original im BA).
[31] Ebd. (Eintragungen vom 18. 11. 1935 und 27. 11. 1935). Vgl. auch den Brief Darrés an Korte vom 10. 2. 1937 (BA: R 16, Zg. 1971, Nr. 2149) und die Aktennotiz vom 5. 3. 1937 über dessen Verabschiedung vom 5. 3. 1937 durch VAF von Kanne (RN-Akte Granzow, Berlin Doc. Center/BDC).

gebnis dieser Emanzipationsbestrebungen des RNSt gegenüber dem REM war die Entlassung Kortes.

Inzwischen hatte Backe weitere Vollmachten durch die Übernahme der Geschäftsgruppe „Ernährung" in der Vierjahresplan-Behörde erhalten, die sich ausdrücklich auch auf den RNSt bezogen [32]. Entscheidend dabei war, daß — entgegen den Absichten Darrés — die Positionen des Staatssekretärs im REM und des Leiters der Geschäftsgruppe „Ernährung" im Vierjahresplan in einer Hand vereinigt waren. Dagegen versuchte der RMEL mit einer Aufwertung des RNSt ein Gegengewicht zu schaffen. In einem geheimen Erlaß vom 28. Februar 1936 hatte Darré, „um den immer wieder auftauchenden Behauptungen und Gerüchten, daß über Fragen der Marktordnung und der Ernährungspolitik zwischen dem Reichsnährstand und dem Reichs- und Preußischen Minister für Ernährung und Landwirtschaft verschiedene und in sich unterschiedliche Auffassungen beständen, ein für allemal ein Ende zu bereiten", Meinberg zum „Sonderbeauftragten für Fragen der Ernährungspolitik und der Marktordnung" und von Kanne zu dessen Stellvertreter ernannt mit der Anweisung, „alle Verordnungen und Erlasse, die sich auf die Ernährungspolitik und die Marktordnung beziehen und die von mir oder in meiner Vertretung von meinem Staatssekretär zu unterzeichnen sind, ... vorher im Entwurf ... Meinberg ... bzw. von Kanne zur Mitteilung vorzulegen" [33]. Als man im Spätsommer 1936 im REM bei der Erarbeitung einer Verordnung über Fleisch- und Wurstpreise in Zeitnot geriet, handelte Backe eigenmächtig. Darré, von Meinberg im Krankheitsurlaub aufgeschreckt, rief seinen Staatssekretär zur Ordnung und versuchte, ihn auch in seiner Eigenschaft als „Generalrat" in der Vierjahresplan-Behörde an die Leine des RNSt zu legen [34]. Die Antwort Backes führte zum Eklat: in einer Sitzung im REM, bei der sich Görings Staatssekretär Körner, Darré, Backe, Meinberg, Reischle und von Kanne mit den „Notwendigkeiten einer einheitlichen Steigerung der Produktion im Vierjahresplan" befaßten, erklärte er, „um Unklarheiten zu beseitigen", daß er „in seiner Eigenschaft als Generalrat Produktionsanweisungen gebe und gegeben habe". Darré — „das bedeutet zwei Ernährungsminister" — brach daraufhin die Sitzung ab, um eine Entscheidung Görings einzuholen, denn: „Eine Teilung der Kommandogewalt ist ein Ding der Unmöglichkeit" [35].

---

[32] Tagebucheintragung Frau Backes vom 15. 7. 1936.

[33] Der Erlaß wurde im Auftrag Darrés unter ausdrücklicher Umgehung des Dienstweges, d. h. Backes, im REM ausgearbeitet (BA: Darré — NS/49).

[34] In Briefen vom 20. 10., 27. 10. und 1. 11. 1936 schlug Darré Göring ohne Erfolg vor, Meinberg und den Stabsamtsleiter im RNSt, Dr. Reischle, bei der Durchführung des Vierjahresplanes mitheranzuziehen (Stadtarchiv Goslar: Nachl. Darré Nr. 146).

[35] Vgl. den Brief Backes an Darré vom 26. 10. 1936 und die Aktennotiz des Adjutanten des RBF, Heimhard, vom gleichen Tag. (Stadtarchiv Goslar: Nachl. Darré Nr. 136).

Göring allerdings hatte schon Meinbergs Mitarbeit im Vierjahresplan abgelehnt, mit der Begründung, er zweifle, „ob er genügend Überblick hat, daß auch der von ihm betreute Reichsnährstand nur ein Glied in der Kette und nicht alleiniger Selbstzweck ist" [36]. Durch die offensichtliche Machteinbuße verunsichert, reagierte Darré in einem gleichzeitig seinem Höhepunkt zutreibenden internen Konflikt im RNSt denkbar ungeschickt: er trieb Meinberg zu einem, freilich erfolglosen Versuch, sich an die Stelle des RBF zu setzen. Nach Meinbergs Absetzung als Vertreter Darrés an der Spitze des RNSt wünschte Göring die Einsetzung Backes als Reichsobmann des RNSt unter Beibehaltung seiner Stellung als Staatssekretär im REM. Darré konnte die Machtakkumulation in der Hand seines Untergebenen und Rivalen mit dem Hinweis verhindern, er habe in seiner Eigenschaft als Staatssekretär und Vertreter des RMEL „ja jede Möglichkeit und alle Voraussetzungen, auf Grund der Dienstaufsichtsbefugnisse des Ministeriums gegenüber dem Reichsnährstand" seine „Weisungen im Reichsnährstand durchzuführen" [37].

Diese Formulierung macht deutlich, daß alle Versuche, den RNSt gegenüber dem REM aufzuwerten, erfolglos geblieben waren [38]. Als die Kompetenz des Ministeriums durch die Vierjahresplan-Behörde überdeckt wurde, blieb die „bäuerliche Selbstverwaltungsorganisation" weiter wie bisher Erfüllungsgehilfin, nun im Sinne der „Wehrhaftmachung" und Aufrüstung. Darré selbst hatte am 30. Mai 37 im „Völkischen Beobachter" geschrieben: Der RNSt sei kein „liberalistischer Interessenverband", sondern „nur eine Zweckorganisation, die dem Staate als dem Ausdruck des organisierten Volkswillens dient. Hier richtet sich der Stand also nicht mehr gegen den Staat, sondern ist für den Staat ein Mittel zum Zwecke geworden, d. h. der Staat bewältigt auf ständischer Grundlage Aufgaben, wenn ihm hierfür der Stand zweckdienlich erscheint als seine staatliche Verwaltungsapparatur."

War der RNSt ernährungswirtschaftlich zunächst nur de facto verlängerter Arm der staatlichen Bürokratie, so wurde er mit Beginn des Krieges auch de

---

[36] Vgl. Anm. 34.

[37] Brief Backes an Darré vom 27. 6. 1941 (SS-Personalakte Backe, BDC).

[38] Dazu gehörte auch die Folgenlosigkeit, mit der im Januar 1937 „zur Bewältigung der dem Agrarsektor gestellten ungeheuren Aufgaben im Rahmen des Vierjahresplanes und zur Erreichung der dazu unbedingt notwendigen reibungslosen Zusammenarbeit zwischen dem Reichs- und Preußischen Ministerium für Ernährung und Landwirtschaft und dem Reichsnährstand" ein sogenannter „Arbeitssenat" sowie „Arbeitsausschüsse" gebildet wurden, in denen die Vertreter des RNSt die des REM majorisieren konnten. Backe sah darin eine „Entpersönlichung der Verantwortung" und „Parlamentarismus" und stellte lakonisch fest: „Im Senat werden Beschlüsse gefaßt, von denen man weiß, daß sie nicht durchgeführt werden." Vgl. das Schreiben des VAF von Kanne an die Dienststellen des RNSt vom 19. 3. 1937 mit Angabe der personellen Zusammensetzung des Arbeitssenats und der zehn Arbeitsausschüsse (BA: R 16, Zg. 1971, Nr. 2047) und die Aktennotiz Backes vom 6. 3. 1937 (SS-Personalakte Backe, BDC).

iure „Staatsangelegenheit im eigentlichen Sinne" [39], d. h. Teil der Staatsverwaltung [40]. Im August/September 1939 wurden die Dienststellen des RNSt dem REM für die Aufgaben der Kriegsernährungswirtschaft zur Verfügung gestellt [41]. Die Landes- und Kreisbauernschaften wurden in die „Ernährungsämter" eingegliedert, die bei den obersten Landesbehörden (in Preußen den Oberpräsidenten) und Landräten eingerichtet wurden. Ihre Leiter waren die jeweiligen Landes- und Kreisbauernführer [42]. Dies alles geschah, wie sich aus der zeitlichen Abfolge der einzelnen Verwaltungsakte ergibt, nicht nur aus Gründen der kriegsbedingten Verwaltungsvereinfachung. Hier wurde gesetzlich das nachvollzogen, was realiter längst praktiziert wurde. Dieser Vorgang fand seinen ‚krönenden' Abschluß, als mit Anordnung des RMEL und RBF vom 10. Dezember 1940 das gesamte Verwaltungsamt des RNSt als Unterabteilung VII C in das REM „eingegliedert" und die Befugnisse des Reichsobmanns des RNSt stillgelegt wurden [43].

Es entbehrt nicht einer gewissen Ironie, daß es gerade die Staatsaufsicht des RMEL war, die nach dem Zusammenbruch des „Tausendjährigen Reiches" die Aufnahme des RNSt in den Katalog A zu § 2 Abs. 1 des „Gesetzes zur Regelung der Rechtsverhältnisse der unter Artikel 131 Grundgesetz fallenden Personen und Einrichtungen" ermöglichte. Damit war — wie Tornow präzise festhält — die weitere „Existenzgrundlage von 9996 Beamten und 19 281 Angestellten nach dem Stand vom 31. August 1944" gesichert [44]. Der „Chronist" vergaß auch nicht zu erwähnen, daß eine wesentliche Voraussetzung hierfür sowie für die Rückgabe des beschlagnahmten Vermögens an die „Funktionsnachfolger" des RNSt die Behauptung der „Eigenständigkeit der berufsständischen Selbstverwaltungskörperschaft gegenüber dem Totalitätsanspruch der NSDAP" und die Anerkennung des RNSt als einer der Partei nicht angeschlossenen Organisation gewesen sei. Inwieweit diese Feststellung in der Realität zutraf, wird nun zu untersuchen sein.

[39] *Häberlein*, Bd. 1, S. 72.
[40] Schon seit dem 1. 5. 1936 gab es auf Reichs- und Landesebene „Stellen für Ernährungssicherung", die unter der Regie des RNSt bei den Landes- und Kreisbauernschaften den „Ernstfall" vorbereiteten (vgl. die Anordnung des RBF vom 29. 4. 1936, Dienstnachrichten des RNSt, S. 227).
[41] Vgl. die Verordnungen des RBF vom 27. 8. 1939, 15. 9. und 23. 9. 1939 (Dienstnachrichten des RNSt 1939, S. 675 und S. 685 f.).
[42] Ebd., S. 772 ff. Vgl. hierzu auch *Hans Merkel*, Agrarpolitik, Leipzig 1942, S. 83 f.; *Hubert Schmitz*, Die Bewirtschaftung der Nahrungsmittel und Verbrauchsgüter 1939—1950, dargestellt am Beispiel der Stadt Essen, Essen 1956.
[43] Vgl. BA: R 16/38, Bl. 323 ff.; Dienstnachrichten des RNSt 1940, S. 907; Bf. Darrés an Lammers v. 13. 12. 1940 (BA: R 43 II/1142).
[44] Chronik der Agrarpolitik und Agrarwirtschaft des Deutschen Reiches von 1933—1945, bearbeitet von Min.rat a. D. *Dr. Werner Tornow*, Berichte über Landwirtschaft 188. Sonderheft, Hamburg 1972, S. 38.

III.

Das Selbstverständnis des RNSt als einer Organisation, die nicht nur die wirtschaftlichen, sondern auch die gesellschaftlichen Belange seiner Mitglieder vertreten wollte, rief die Rivalität solcher Institutionen auf den Plan, die im Dritten Reich ähnliche Ansprüche mit gleichen Ausschließlichkeitsbestrebungen erhoben: die NSDAP und ihre Gliederungen, insbesondere die *Deutsche Arbeitsfront (DAF)*. Eine Analyse der Entwicklung des Verhältnisses dieser drei Rivalen um die „Betreuung" der Menschen im Bereich der Ernährungswirtschaft — RNSt, NSDAP, DAF — und der wechselnden Allianzen, die je nach Interessenlage und Durchsetzungskraft geschlossen wurden, spiegelt neben der zu konstatierenden Polykratie der Institutionen, Dienststellen und Ressorts, neben Kompetenzenwirrwar, persönlichen Animositäten und Führungschaos im „Führerstaat" die keineswegs monolithische Struktur des Macht- und Herrschaftsapparates im Dritten Reich wider [45].

Wurde die Ausweitung des „Reichslandstandes" zum „Reichsnährstand" sachgemäß mit dessen ernährungswirtschaftlichen Aufgaben begründet, so wurde seine personelle Zuständigkeit mit der Ideologie der „Hofgemeinschaft" als „Lebensgemeinschaft" legitimiert. Dadurch konnte die „Zuständigkeit" des RNSt vom Bauern auf seine Familienangehörigen und das Gesinde (Knechte, Mägde, Landarbeiter, Angestellte) ausgedehnt werden. Nach § 2 der 1. Durchführungsverordnung zum Reichsnährstand-Gesetz vom 8. Dezember 1933 übernahm der RNSt „insbesondere die Aufgabe, ... die wirtschaftlichen und gesellschaftlichen Angelegenheiten zwischen seinen Angehörigen zu regeln" [46]. Damit war zur ernährungswirtschaftlichen Funktion eine sozialpolitisch-kulturelle Aufgabe hinzugekommen, die von der Hauptabteilung I des RNSt (HA I) auf Reichs-, Landes- und Kreisebene wahrgenommen wurde. Diese widmete sich „allen Aufgaben, die der menschlichen, wirtschafts- und sozialpolitischen, geistigen und seelischen Förderung der in der Landwirtschaft tätigen Personen dienen" [47]. Dieser Aufgabenkatalog brachte den RNSt in Kollision mit dem

---

[45] Zur Relativierung auch der modifizierten Form der These der Totalitarismusforschung, wonach die „Strukturlosigkeit" des NS-Herrschaftssystems wenn nicht geplant so doch von Hitler zugelassen und sozialdarwinistisch gerechtfertigt worden sei, vgl. u. a. *Burno Seidel* und *Siegfried Jenkner* (Hrsg.), Wege der Totalitarismus-Forschung, Darmstadt 1968; *Martin Greiffenhagen, Reinhard Kühnl* und *Johann B. Müller*, Totalitarismus. Zur Problematik eines politischen Begriffs, München 1972; *W. Schlangen*, Theorie und Ideologie des Totalitarismus, Bonn 1972 sowie *Axel Kuhn*, Herrschaftsstruktur und Ideologie des Nationalsozialismus, in: NPL 3, (1971), S. 395 ff. und *Peter Hüttenberger*, Nationalsozialistische Polykratie, in: GG 2 (1976), S. 417—442.

[46] RGBL. I, S. 1060.

[47] *Reischle und Saure*, S. 63.

Totalitätsanspruch der Partei im Bereich der „Menschenführung und Menschenbetreuung".

In einigen Fällen konnten durch personalpolitische Revirements, Absprachen oder Abkommen, Schwierigkeiten überbrückt und Konflikte vermieden werden. So gelang es zum Beispiel, durch Versetzung eines der engsten Vertrauten Darrés auf ideologischem Gebiet aus dem Stabsamt des RBF ins Ministerium für Volksaufklärung und Propaganda Einfluß auf die Gestaltung der Erntedanktage zu gewinnen [48]. In einem Abkommen zwischen RBF und Reichssportführer vom 5. Oktober 1934 wurde zwar bestätigt, daß die „Förderung jeder körperlichen Ertüchtigung der deutschen Landbevölkerung mit in das Aufgabengebiet des Reichsnährstandes" gehöre, das entsprechende Referat wurde jedoch von Mitarbeitern der Reichssportführung besetzt und von dort auch finanziert [49].

Schwieriger war es, die Zuständigkeiten in der *Jugendarbeit* zu regeln. In einer Vereinbarung mit dem Reichsjugendführer vom 17. Januar 1934 mußte der RBF zugestehen, daß die HJ „künftig auch die jugendlichen Söhne und Töchter aller Angehörigen des Reichsnährstandes umfaßt"; gleichzeitig gelang es aber auch festzustellen, daß die „Betreuung der Jugend des Reichsnährstandes hinsichtlich der zusätzlichen bäuerlich-ständischen Erziehung und Schulung" zum RNSt gehöre [50]. Mit Gesetz vom 1. Dezember 1936 wurde die HJ dann allerdings für die gesamte männliche und weibliche Jugend zwischen dem 10. und 18. Lebensjahr Pflichtorganisation, und ihr die „körperliche, geistige und sittliche Erziehung der gesamten deutschen Jugend" übertragen. Der Reichsjugendführer erhielt die Stellung einer „Obersten Reichsbehörde", die dem „Führer und Reichskanzler" unmittelbar unterstellt wurde [51]. In einem damit notwendig gewordenen weiteren Abkommen konnten sich Darré und Schirach am 21. Mai 1937 lediglich darauf einigen, der RBF sei für die „berufliche und agrarpolitische Erziehung" der Landjugend verantwortlich, im übrigen — „um zu einheitlicher Arbeit zu kommen" — sei zwischen HJ, BDM und der Abteilung „Landjugend" in der Hauptabteilung I des RNSt sachliche und personelle Zusammenarbeit beabsichtigt [52].

[48] Karl Motz, Leiter der Hauptabteilung Aufklärung im Stabsamt des RBF, wurde am 22. 12. 1934 ins ProMi versetzt und Darré unmittelbar unterstellt. So konnte Goebbels für sich in Anspruch nehmen, die Federführung bei der Vorbereitung und Durchführung des Erntedanktages zu besitzen. Vgl. Dienstnachrichten des RNSt 1935, Nr. 1, S. 2 und Nr. 319, S. 233. Trotzdem und nicht zuletzt wegen gewisser persönlicher Animositäten zwischen Goebbels und Darré blieb das Verhältnis zwischen RNSt und ProMi gespannt.

[49] Dienstnachrichten des RNSt 1934, Nr. 118, S. 82.

[50] Vgl. Nationalsozialistische Landpost vom 3. 2. 1934.

[51] Vgl. hierzu *Martin Broszat,* Der Staat Hitlers, München 1969, S. 334 ff.

[52] Dienstnachrichten des RNSt 1934, Nr. 235, S. 175 f. und 1937, Nr. 213, S. 217.

Bei der Frage, wer für die *Betreuung der Frauen* im ländlichen Bereich zuständig sei, mußte erstmals der „Stellvertreter des Führers" klärend eingreifen. Darré vertrat zunächst unter Hinweis auf das Reichsnährstand-Gesetz den Standpunkt, es sei „rechtsirrig", wenn behauptet werde, „alle Frauenfragen gehörten ausschließlich in das Aufgabengebiet der NS-Frauenschaften und dürften von anderen Organisationen nicht behandelt werden" [53]. Mindestens den „Arbeitsbereich der Betreuung der Bauersfrau" nahm Darré für den RNSt in Anspruch, ohne damit ausdrücklich „organisatorisch und ressortmäßig" dessen Zuständigkeit auch für die „im unmittelbaren Wirkungsbereich der Bäuerin und Landwirtsfrau auf dem Hofe tätigen Frauen" (Töchter, Mägde) und im Bereich der Ernährungswirtschaft beschäftigten weiblichen Arbeitskräfte aufzugeben [54]. Erste Verhandlungen „zur Vermeidung von Doppelarbeit" zwischen RNSt und NS-Frauenschaft auf Referentenebene blieben ohne Erfolg [55]. Daraufhin sah sich Heß veranlaßt, in einer „Verfügung des Stellvertreters des Führers" vom 9. Januar 1935 neben der „grundsätzlichen Klärung" des Verhältnisses von RNSt und NSDAP, worauf noch zurückzukommen sein wird, auch zur „Landfrauenfrage" Stellung zu nehmen. Danach hatten sich die Bauersfrauen in der NS-Frauenschaft zu organisieren und die entsprechenden Abteilungsleiterinnen des RNSt mußten gleichzeitig Referentinnen der NS-Frauenschaft sein [56]. In einer Vereinbarung über die weitere Zusammenarbeit beider Institutionen, die zwischen Frau Scholtz-Klink, der „Reichsfrauenschaftsleiterin", und Darré am 26. Februar 1935 getroffen wurde, sah sich die NS-Frauenschaft ausdrücklich als „Trägerin der weltanschaulich-politischen Schulung" bestätigt. Darré konnte lediglich für sich verbuchen, daß diese Schulung dem Ziel der „Überwindung des Gegensatzes zwischen Stadt und Land" zu dienen habe. In einem weiteren Abkommen zwischen RNSt und NS-Frauenschaft vom 8. April 1936, nachdem sich die durch Gauleiterintervention hervorgerufene Stimmung in der Partei gegen den RNSt etwas gelegt hatte, wurde dann allerdings betont, Bauersfrauen müßten von Bäuerinnen geführt werden, und deshalb sei der RNSt zuständig „für bäuerlich-kulturelle und ständische Aufgaben der Frau" [57]. Formal änderte sich zwar an der Personalunion der jeweiligen Sachbearbeiterfunktionen nichts, d. h. die Abteilungsleiterinnen des RNSt waren gleichzeitig Referentinnen der NS-Frauenschaft, realiter scheint

---

[53] Brief Darrés an den GL von Ost-Hannover, Telschow, vom 13. 6. 1934 (Dok. Nr. NG — 1663, Wilhelmstraßen-Prozeß, Institut für Zeitgeschichte, München).

[54] Vgl. *R. Walther Darré*, Die Frau im Reichsnährstand, in: Dt. Agrarpolitik 1934, Heft 9, S. 611 f. und S. 621 f.

[55] Vgl. Dienstnachrichten des RNSt 1934, Nr. 9 vom 24. 8. 1934, S. 5.

[56] Dienstnachrichten des RNSt 1935, Nr. 80, S. 45 ff.; vgl. auch *G. Wigger*, Unser Weg mit der NS-Frauenschaft, in: *Anne M. Koeppen* (Hrsg.), Das deutsche Landfrauenbuch, Berlin, 1937, S. 84 ff.

[57] Dienstnachrichten des RNSt 1936, Nr. 159, S. 117.

sich aber Darré auf diesem Felde durchgesetzt zu haben. Diese Einschätzung wird durch das Rundschreiben der Reichsfrauenschaftsführerin vom 4. Oktober 1941 bestätigt, in dem sie die „bisher praktisch nur bedingt erfolgte Einbeziehung der Landfrauen in die Arbeit der NS-Frauenschaft/Deutsches Frauenwerk" beklagte und organisatorische Anweisungen für eine Aktivierung der „Erfassung und Ausrichtung" der Landfrauen gab [58].

Schwieriger als in diesen Teilbereichen der Propaganda, des Sports, der Jugendarbeit und Frauenbetreuung gestaltete sich die Auseinandersetzung zwischen RNSt und DAF. Die DAF, der die Aufgabe der „Erziehung aller im Arbeitsleben stehender Deutschen zum nationalsozialistischen Staat und zur nationalsozialistischen Gesinnung" [59] zukam, entwickelte sich unter der Führung Dr. Robert Leys seit 1934 zu einer Organisation, „welche zur Unterstützung der wirtschaftlichen (und rüstungswirtschaftlichen) Ziele des Regimes in großem Maßstab die kulturelle und soziale Betreuung wie die fachliche Berufsausbildung und -förderung mit der ideologischen Schulung verband und in den Dienst gesteigerter Leistungsfähigkeit und erhöhter Arbeitsproduktivität stellte" [60]. Das Gewicht dieses Mammutgebildes mit 20 Millionen Mitgliedern und mit dem materiellen Erbe der früheren Arbeitgeber- und Arbeitnehmerorganisationen im Rücken verstärkte sich noch durch die enge Bindung an die NSDAP: seit dem Ausscheiden Gregor Strassers war Ley Stabsleiter der Politischen Organisation der Partei mit dem Titel „Reichsorganisationsleiter". Nur so ist auch der Coup zu erklären, mit dem es ihm am 24. Oktober 1934 ohne Einbeziehung der Reichsressorts und des Stellvertreters des Führers gelang, die Unterschrift Hitlers unter eine „Verordnung des Führers und Reichskanzlers" zu erwirken, in der die DAF als „die Organisation der schaffenden Deutschen der Stirn und der Faust" bezeichnet und ihr die ausschließliche Kompetenz zum Interessenausgleich zwischen „Betriebsführern" und „ihrer Gefolgschaft" zugesprochen wurde: „Die Bildung anderer Organisationen oder ihre Betätigung auf diesem Gebiet ist unzulässig" [61].

Diese Verordnung rief sofort den gemeinsamen Widerstand des Reichswirtschafts-, Reichsarbeits-, Reichsinnen- und Reichsernährungsministers hervor, zu denen sich Heß, als Stellvertreter des Führers mit der politischen Leitung der NSDAP betraut, gesellte. In Expertisen wurden „schwere Mängel", „technische Unzulänglichkeiten" und „Begriffsverwirrung" festgestellt [62], doch ließ sich an

---

[58] Ba: Darré-NS 27.

[59] Gemeinsame Erklärung von Reichswirtschaftsminister Schmitt, Reichsarbeitsminister Seldte, des Wirtschaftlichen Beauftragten Hitlers, Keppler, und Leys vom 27. 11. 1933, zit. nach *Wilhelm Treue* und *Günther Frede*, Wirtschaft und Politik 1933—1945, Braunschweig 1954, S. 29.

[60] *Broszat*, S. 204.

[61] Völkischer Beobachter vom 25. 10. 1934 und 13. 11. 1934; vgl. auch BA: R 43 II/528—530.

[62] BA: R 43 II/530, Bl. 91 ff.

der Verordnung, „nachdem sie die Unterschrift des Führers trägt" und veröffentlicht war, nichts mehr ändern [63]. Da die Verordnung aber neben der Einzelmitgliedschaft auch eine korporative Mitgliedschaft „gesetzlich anerkannter Organisationen" vorsah, konnte der Zuständigkeitsanspruch der DAF unterlaufen werden.

Unter Hinweis auf die gesetzlich fixierte Aufgabe des RNSt, nämlich „alle in der Landwirtschaft tätigen Volksgenossen vom Großgrundbesitzer bis zum Landarbeiter" zu betreuen und „die wirtschaftlichen und gesellschaftlichen Angelegenheiten zwischen seinen Angehörigen zu regeln", verwies Darré schon zwei Tage nach Bekanntwerden der DAF-Verordnung Hitlers auf Kompetenzüberschneidungen mit seinem Zuständigkeitsbereich, die „eine nähere Abgrenzung der Aufgabengebiete beider Körperschaften" — RNSt und DAF — erforderlich mache. Er beantragte daher, der „Führer und Reichskanzler" möge „bestimmen, daß der Reichsnährstand als gesetzlich anerkannte ständische Organisation korporativ der Deutschen Arbeitsfront angehört" [64]. Auf Intervention vor allem des Reichsinnenministers und des Stellvertreters des Führers wurde ein diesbezüglicher Erlaß jedoch verhindert; beide trugen „schwere Bedenken" vor allem wegen des Verhältnisses der DAF zur NSDAP vor: der RNSt würde nicht mehr vom Rechnungshof, sondern vom Reichsschatzmeister der NSDAP kontrolliert. Nachdem durch die „Verordnung zur Durchführung des Gesetzes zur Sicherung der Einheit von Partei und Staat" vom 29. März 1935 [65] jedoch der Status der DAF von einer „Gliederung" in einen „angeschlossenen Verband" der NSDAP umgewandelt worden war, konnte deren Verhältnis zu den anderen im gesellschaftspolitischen Bereich konkurrierenden Institutionen durch besondere „Abkommen" geregelt werden [66]. Denn mit der korporativen Mitgliedschaft wurde nun kein rechtliches Abhängigkeitsverhältnis begründet, sondern die „Zusammenarbeit" blieb besonderen Vereinbarungen vorbehalten [67]. Kurz vorher — am 21. März 1935 — war es Reichswirtschafts-

[63] Es wurde lediglich erreicht, mit Einverständnis Hitlers Ley durch Heß anzuweisen, bis zur Herausgabe neuer ergänzender und richtigstellender Anordnungen keine Ausführungsbestimmungen zu erlassen. Außerdem solle eine „Erörterung der Verordnung in der Presse möglichst unterbleiben." (Brief Heß' an Ley vom 31. 10. 1934. BA: R 43 II/530 a).

[64] BA: R 43 II/530, Bl. 106 ff.

[65] RGBL. 1935 I, S. 502 (§ 3).

[66] „Gliederungen" der NSDAP hatten keine eigene Rechtspersönlichkeit, sie konnten keine Macht aus materiellem Besitz herleiten (Beispiele: NS-Frauenschaft, NS-Studentenbund) — „Angeschlossene Verbände" der NSDAP hatten eigene Rechtspersönlichkeit und eigenes Vermögen, das vom Reichsschatzmeister der Partei beaufsichtigt wurde, und bezogen von daher eine gewisse Selbständigkeit (Beispiele: NS-Lehrerbund e. V., NS-Volkswohlfahrt e. V., DAF). Vgl. Zweites Gesetz zur Sicherung der Einheit von Partei und Staat, RGBL. 1935 I, S. 502.

[67] Vgl. hierzu *Häberlein*, Bd. 1, S. 209 f.

minister Schacht und Reichsarbeitsminister Seldte anläßlich der Reichstagung der DAF in Leipzig schon gelungen, Ley auf die „weltanschauliche Erziehung" und „Menschenführung" im Bereich der gewerblichen Wirtschaft zu beschränken, die Kompetenzen der wirtschaftlichen Sachverwaltung und sozialpolitischen Interessenvertretung aber den staatlichen Institutionen zu belassen[68].

Ähnlich, d. h. zum Nachteil Leys, vollzog sich die „Abgrenzung der Zuständigkeiten" zwischen RNSt und DAF im „Bückeberger Abkommen", das Ley und Darré am 5. 10. 1935 — dem Erntedanktag — schlossen[69]. Um „die Aufgabengebiete beider Organisationen so genau festzulegen, daß künftig jegliche Doppelarbeit vermieden wird", wurde der RNSt körperschaftliches Mitglied der DAF und integrierte den in ihrer Reichsbetriebsgemeinschaft 14 „Landwirtschaft" institutionalisierten Apparat in seine Hauptabteilung I. Doch im Unterschied zu den Organisationen der gewerblichen Wirtschaft, die ausschließlich Unternehmungen und Unternehmer umfaßten, den „Gefolgschaftsmitgliedern" aber eine Einzelmitgliedschaft in der DAF gestatteten, hatte sich der RNSt kraft Gesetzes die Einbeziehung der in der Landwirtschaft lohn- bzw. gehaltsabhängig Beschäftigten gesichert. Die „Landarbeiterfrage" hatte das Verhältnis zwischen RNSt und DAF von Anfang an belastet, und sie bildete auch für Ley den Hebel, um das im „Bückeberger Abkommen" verlorene Terrain in immer neuen Versuchen zurückzuerobern.

Schon am 7. Juni 1934 hatte sich Ley unter Hinweis auf die „traurige soziale Lage der Landarbeiter" veranlaßt gesehen, „den Vorschlag zu machen, unser Übereinkommen, daß der RNSt seinen korporativen Eintritt in die DAF vollzieht und der Landarbeiterverband dem RNSt angegliedert wird, zu lösen"[70]. Da das Übereinkommen „bisher noch keine praktischen Auswirkungen gezeitigt hat", wies Ley den Leiter der Reichsbetriebsgemeinschaft „Landwirtschaft" in der DAF, Gutsmiedl, an, den Aufbau dieser Institution auch regional „in kürzester Frist" zu bewerkstelligen und sich dem RNSt gegenüber so zu verhalten, „wie es die Interessen der Bauernschaft einerseits und die der Landarbeiterschaft andererseits verlangen"[71].

[68] Leipziger Vereinbarung veröffentlicht im Völkischen Beobachter vom 27. 3. 1935.

[69] Vgl. hierzu: BA: R 43 II/530, Bl. 118; Völkischer Beobachter (Münchener Ausg.) vom 6. 10. 1935 und Nationalsozialistische Landpost vom 11. 10. 1935; vgl. auch Reischle und Saure, S. 65 und Häberlein, Bd. 2, S. 65 ff., die beide fälschlicherweise — wie die Entwicklung des Verhältnisses von DAF und RNSt zeigte — „völlige Klarheit" in der Abgrenzung der Zuständigkeiten und „reinliche Scheidung" in den jeweiligen Kompetenzen als Ergebnis des Bückeberger Abkommens konstatieren. Vgl. weiterhin Farquharson, S. 98 ff.

[70] Ley an Darré am 7. 6. 1934 (BA: NS 22/851).

[71] Ley an Gutsmiedl am 7. 6. 1934 (ebd.). Nach einer Statistik der Betriebsgemeinschaften der DAF gehörten ihr im Juli 1934 mehr als eine Million Arbeiter des Ernährungssektors an, wovon ca. die Hälfte Landarbeiter waren (BA: NS 26/277).

Damit war von einem führenden Nationalsozialisten nicht nur die Idee der „Volksgemeinschaft" als irreal entlarvt worden; die sozialen Spanungen auf dem Lande wurden von Ley auch zum Vehikel für persönliche und institutionelle Interessenpolitik gemacht. Dabei bemühte man sich gerade im RNSt in bester agrarischer Tradition, die unleugbaren sozialen Gegensätze zwischen landwirtschaftlichen Arbeitnehmern und Arbeitgebern durch den Hinweis auf die „Hofgemeinschaft" zu verschleiern [72]. Das Bestreben ging dahin, den Landarbeitern zu suggerieren, sie seien im RNSt als „vollwertiges, gleichberechtigtes Mitglied einer großen Standesfamilie neben den Bauern und Landwirt gestellt" [73]. Man dürfe „die Aufgabe der sozialen Betreuung nicht von der Lohntüte aus sehen, sondern von der Ertragsfähigkeit des Hofes" [74]. Die Interessensolidarität aller in der Landwirtschaft Tätigen wurde mit dem Hinweis auf die „Leistungsgemeinschaft" betont. Komme es einmal zu Meinungsverschiedenheiten, hieß es da, so werde das im RNSt nicht an die große Glocke gehängt, sondern „intern geregelt" [75]. Wenn allerdings die Existenz des Bauern Richtschnur für die Höhe des Arbeitslohnes zu sein hatte, der so bemessen sein müsse, „daß dem Landarbeiter das allernotwendigste zum Leben sichergestellt wird" [76], wenn das Wohnungselend der Landarbeiter vom RNSt trotz aller Beteuerung bester Absichten nicht wesentlich verbessert werden konnte, — dann begünstigte man die Abwanderungsbewegung, genannt „Landflucht", ebenso, wie man das sozialpolitische Engagement Leys und der DAF herausforderte. In einem Bericht an die Kreisleitung der NSDAP in Alfeld/Leine vom 2. Februar 1939 hieß es:

Solange aus dem Bauerntum heraus noch Ansichten kommen, daß ledige Landarbeiter in Räumen untergebracht werden können, die abgefallene Wände zeige, Betonfusboden (sic!), selbst aus Latten zusammengenagelte Bettstellen mit einfachen Maschendraht überspannt, das (sic!) die Wohnungen Verheirateter ähnlich aussehen, Würste in der Schlafkammer hängen dürfen, daß die Landarbeitslehre den Landarbeiter verdirbt, weil er klug gemacht wird, ... und ähnliches mehr, dürfen wir uns nicht wundern, wenn tüchtige, Ehre besitzende Landarbeiter das Land fliehen ... Der Landarbeiter weis (sic!) ja heute gar nicht, an wen er sich wenden soll. Es muß aber ausge-

---

[72] Vgl. u. a. *Reischle* und *Saure*, S. 117.

[73] *H. Reinke*, Der deutsche Landarbeiter, Berlin ²1935, S. 29.

[74] RHAL I Matthias Haidn auf dem Reichsbauerntag 1936 in Goslar (Der 4. Reichsbauerntag, Archiv des Reichsnährstandes, Bd. 4, S. 113).

[75] *Reinke*, S. 32 f. Man rechnete es sich beim RNSt als Erfolg an, „die gemeinschaftsstörende Arbeit der Arbeitsgerichte ausgeschaltet" zu haben: In einem Brief an Heß vom 30. 5. 1938 wies Darré darauf hin, 1936/37 sei es gelungen, von 9500 arbeitsrechtlichen Streitfällen, die an Dienststellen des RNSt herangetragen worden seien, 85 % „gleich auf dem Hofe gütlich beizulegen" (BA: R 43 II/194, Bl. 119).

[76] *Reinke*, S. 53.

sprochen werden, daß das Vertrauen des Landarbeiters zum Reichsnährstand heute äußerst gering ist[77].

Ley nutzte diese Unzufriedenheit der Landarbeiter aus, um seine und der DAF Kompetenzen auf der Grundlage der unpräzisen Formulierungen von Hitlers „Gründungsdekret" vom Oktober 1934 zu erweitern. Darré konnte demgegenüber die ernährungswirtschaftliche Bedeutung des RNSt ins Feld führen, was allerdings die DAF vor und nach dem Bückeberger Abkommen nicht an dem Bemühen hinderte, „das Landvolk als Einzelmitglieder in die Deutsche Arbeitsfront aufzunehmen"[78]. Die „kulturelle Betreuung der auf dem Lande lebenden Volksgenossen", die von der „NS-Gemeinschaft Kraft durch Freude" getragen wurde, kollidierte mit der von Darré vornehmlich aus rassenideologischen Gründen geförderten Pflege ländlichen Brauchtums[79], und im Bereich der „Schulung" schließlich — das Schulungsamt war Ley als Leiter des Hauptorganisationsamtes der NSDAP untergeordnet — hatte die DAF nicht nur mit dem Anspruch des RNSt, sondern auch mit dem von Goebbels, Rust und Rosenberg zu konkurrieren. Hinzu kam außerdem noch Heß, der schon 1935 versucht hatte, ein Aufsichtsrecht der Partei über die DAF gesetzlich zu verankern[80]. Diese Initiative war allerdings nicht zuletzt auch am Widerstand des Innen- und Wirtschaftsministeriums gescheitert. 1938 drehte Heß den Spieß um; ebenfalls mit tatkräftiger Unterstützung Fricks, aber auch unter Beihilfe des Reichswirtschafts- und Reichsernährungsministeriums gelang es dem Stellvertreter des Führers, einen erneuten Vorstoß zur gesetzlichen Verankerung seiner DAF-Ansprüche zu verhindern. Göring und Himmler machten bei dieser Gelegenheit ebenfalls Front gegen die „krankhafte Organisationswut" (Gauleiter Wahl) des Führers der DAF[81].

Leys Gesetzentwurf vom Februar 1938 sah die Zwangsmitgliedschaft aller Berufstätigen in der DAF vor sowie die Möglichkeit, alle konkurrierenden beruflichen, sozialen, wirtschaftlichen oder weltanschaulichen Organisationen „im Einvernehmen mit dem Generalbeauftragten für den Vierjahresplan" entweder aufzulösen oder in die DAF einzugliedern — zum Beispiel auch den RNSt. Darré widersprach solchen Plänen und Absichten sofort kategorisch unter Hinweis auf die „entscheidenden produktionspolitischen Aufgaben" des RNSt, die

---

[77] BA: R 16, Zg. 1971, Nr. 2131.

[78] Ley in einer Anweisung an seine „Gauwalter" vom 1. 10. 1935 (BA: NS 22/851).

[79] Vgl. hierzu die „nicht zur Veröffentlichung bestimmt(e)" Anordnung Leys vom 18. 3. 1937 (BA: NS 22/649).

[80] Zum „Entwurf eines Gesetzes über die DAF", den der „Stellvertreter des Führers" vorlegte, nachdem er sich die „Federführung" von Hitler ausdrücklich gesichert hatte, vgl. BA: R 43 II/530, Bl. 157 ff.

[81] Vgl. *Peter Hüttenberger*, Die Gauleiter, Stuttgart 1969, S. 133 f.

von der DAF nicht übernommen werden könnten[82]. Sowohl die Aufgaben, argumentierte er, die der RNSt ausfülle in der Ernährungssicherung „aus der heimischen Scholle...", damit möglichst viel der wenigen uns zur Verfügung stehenden Devisen für die Wehrhaftmachung und den Vierjahresplan frei-werden", als auch seine Funktion in der Handelspolitik und im Bereich der Marktordnung auf dem landwirtschaftlichen Gebiet seien gefährdet, würden Leys Vorstellungen verwirklicht. In deutlicher Anspielung auf dessen Enga-gement in der Landarbeiterfrage verwies Darré die DAF in einem Brief an Göring auf „ihre nationalsozialistischen Aufgaben zur Überwindung aller klassenkämpferischen Ideologien". Der Ley'sche Gesetzentwurf erinnere ihn „außerordentlich an die wirtschaftlichen Mammutorganisationen der So-wjets"[83].

Darrés Nervosität war nicht ohne Grund, denn mittlerweile waren Leys Am-bitionen Gegenstand einer „Chefbesprechung", an der der RBF krankheitshalber nicht teilnehmen konnte. Zwar scheiterte die Gesetzesinitiative des Leiters der DAF am gemeinsamen Widerstand aller in ihrem Einflußbereich Betroffenen[84], doch ließ Ley nicht davon ab, den durch seine internen Konflikte bereits an-geschlagenen RNSt weiter zu attackieren. In einem zunehmend erbittert ge-führten Briefwechsel, der sich bis in den Sommer 1939 hinzog, kreideten sich beide „Reichsleiter" gegenseitig Versäumnisse und Fehler ihrer jeweiligen Or-ganisationen an. Da Hitler zu dieser Zeit völlig durch die Außenpolitik in An-spruch genommen war und als innenpolitische Entscheidungsinstanz ausfiel, wurden Göring und Heß als „Klagemauer" bemüht und als Bundesgenossen umworben[85].

Darré versuchte, die Tatsache, daß Heß' Verfügung vom 9. Januar 1935, „in welcher Sie allen Parteidienststellen irgendwelche Eingriffe in die sach-lichen Aufgaben des Reichsnährstandes verbieten, wenig oder gar keine Be-achtung findet", sowie die Erkenntnis, „wie wenig das Bückeberger Abkom-men in den Kreis- und Ortsverwaltungen Beachtung findet", durch zahlreiche Beispiele zu belegen. Da „diese Ausdehnungsbestrebungen von der Reichsleitung der DAF ausgehen" und sich „gegen meine Maßnahmen zur Verhinderung der Landflucht und der Sicherung des Arbeitsfriedens in den landwirtschaftlichen Betrieben richten", bat der RBF Heß „um die Unterstützung der Partei zur

---

[82] Fernspruch Darrés vom 15. 2. 1938 (BA: NS 10/35, Bl. 156 ff.). Vgl. auch den Brief Darrés vom gleichen Tag an Hitler (BA: Darré-NS 14).

[83] Abschrift eines Briefes Darrés an Göring vom 3. 3. 1938, den er am selben Tag mit einem Begleitschreiben an Hitlers Adjutanten Wiedemann schickte. (BA: NS 10/35, Bl. 145 ff.).

[84] Vgl. hierzu auch *Timothy Mason*, Arbeiterklasse und Volksgemeinschaft. Doku-mente und Materialien zur deutschen Arbeiterpolitik 1936—1939, Opladen 1975, S. 132 f.

[85] Vgl. die Korrespondenz Februar—September 1938 (BA: R 43 II/194 und 529).

Behebung dieses Mißstandes" [86]. Durch Ley würden die „tatsächlich erreichten Erfolge auf dem Gebiete der ländlichen Sozialordnung, der Berufsausbildung und -fortbildung, der Leistungssteigerung, der Förderung des Aufstiegs, der Wohnkultur, der Seßhaftmachung und der Neubildung deutschen Bauerntums und dergleichen mehr einfach negiert oder ins Gegenteil verkehrt", er leiste einer Entwicklung Vorschub, „die zu Spaltungen im Landvolke und zu Reibungen zwischen den Betriebsführern und der Gefolgschaft führt", schließlich sei nicht nur „entgegen dem Bückeberger Abkommen … der organisatorische Aufbau zur Übernahme der Betreuung der Landarbeiter durch die DAF" nachzuweisen, sondern auch, „daß die Erfolge der DAF in der Werbung und Erhaltung des Mitgliederbestandes zu einem sehr erheblichen Teil nicht auf den freien Entschluß der Volksgenossen zurückgeführt werden können", nämlich, „daß die Amtswalter Druckmittel bei der Beitragswerbung anwenden" [87].

Gegen Leys Forderung, „die Betreuung der landwirtschaftlichen Gefolgschaft der DAF … zu übertragen" und das Heimstättenwerk der DAF mit der Durchführung des Landarbeiterwohnungsbaues zu beauftragen, stellte Darré für den Bereich der Landwirtschaft fest, es sei „einfach unmöglich, die Menschenführung von der Wirtschaftsführung zu trennen" [88]. Seine Vorwürfe gegen die DAF, die er in drei Briefen an Heß mit fast dreißig „wahllos herausgegriffenen Fällen" konkretisierte, bezogen sich auf drei komplexe Sachverhalte [89]:

1. „Das Bauerntum wird diffamiert", indem landwirtschaftlichen Betriebsführern u. a. „Lohnbetrügereien, untertarifliche Entlohnung, Vernachlässigung ihrer sozialen Pflichten in der Verpflegung, in der Wohnungsfürsorge" vorgeworfen und schließlich unterstellt werde, „daß sie ihre Gefolgschaft ausbeuten und ‚in Armut und Dreck verkommen lassen'".

2. „Dem Reichsnährstand wird die Erfüllung seiner Aufgaben erschwert", indem seine Bemühungen um die Gewinnung von Nachwuchs vereitelt und die „Landflucht" gefördert werde."

3. „Die Gefolgschaft wird zum Vertragsbruch verleitet", indem sie aufgehetzt werde und bei der Schlichtung von Streitigkeiten die Autorität der Partei („DAF als Organisation der NSDAP") einseitig gegen die Bauern und den RNSt mißbraucht werde.

Die Ausführungen des RBF an Heß gipfelten in der Forderung, es sei „dringend notwendig", durch eine über das Bückeberger Abkommen hinausgehende Entscheidung „die Zuständigkeiten der beiden Organisationen eindeutig und klar gegeneinander abzugrenzen"; denn: „Es können nicht zwei Organisationen in derselben Sache neben- und durcheinander regieren" [90].

---

[86] Brief Darrés an Heß vom 20. 5. 1938 (BA: NS 10/65, Bl. 178 ff.).
[87] Schreiben Darrés an Heß vom 20. 1. 1939 (BA: NS 35/3).
[88] Ebd.
[89] Ebd.
[90] Ebd.

Doch dieser Hilferuf Darrés blieb ebenso erfolglos wie Leys Wunsch, wieder einmal die Gauleiter als Hilfstruppen gegen den RNSt zusammenzurufen. Am 26. März 1939 teilte ihm Bormann in seiner Eigenschaft als „Stabsleiter beim Stellvertreter des Führers" mit, Hitler habe entschieden, „daß die Gauleiter ihre Beschwerden und Sorgen lediglich in Einzelbesprechungen vorbringen sollten". Im übrigen lautete die Mahnung: „... zu einem Kampf zwischen Ihnen und Darré soll es nicht kommen"[91]. Ernährungswirtschaftliche ‚Sachzwänge' und Kriegsvorbereitungen ließen keine sozialpolitischen Experimente in Form organisatorischer Umstrukturierungen zu.

Der Leiter der DAF versuchte nicht erst 1938/39, seinen Einfluß als Reichsorganisationsleiter der NSDAP dazu zu benutzen, die *Politische Organisation (PO)* der Partei gegen den RNSt zu mobilisieren. Darré hatte in der Endphase der Weimarer Republik zur Steigerung der Kampf- und Durchschlagkraft des *agrarpolitischen Apparates (aA)* der NSDAP Wert auf die Herausbildung eines Korpsgeistes im Rahmen einer streng hierarchisch verstandenen Führer-Gefolgschafts-Ordnung gelegt. Die Erfolge bei der Rekrutierung von Wählermassen auf dem Land und bei der Gleichschaltung des landwirtschaftlichen Organisationswesens schienen ihm zwar recht zu geben[92], aber die Eingliederung seiner Funktionärskader in das Parteigefüge war dadurch erschwert worden, besonders seit im Zusammenhang mit der Strasser-Krise Anfang 1933 das Amt für Agrarpolitik in der Reichsleitung der NSDAP Hitler unmittelbar unterstellt war. Gleichwohl behielten die „Politischen Leiter" der Partei auf Gau- und Kreisebene das Recht, „aber auch die Pflicht, landwirtschaftliche Fachberater in Vorschlag zu bringen", deren Ernennung sich Hitler selbst vorbehielt[93]. Die bisher vorhandene und dadurch bestätigte zweiseitige Abhängigkeit der Funktionäre des agrarpolitischen Apparats führte besonders auf Gauebene zu Kompetenzüberschneidungen, Unstimmigkeiten und innerparteilichem Gezänk, weil es Darré auf die Abschirmung seines eigenen Machtbereichs ankam, wodurch der agrarpolitische Apparat als Sonderorganisation im Parteigefüge und als „Nebenregierung" verdächtigt wurde.

Die auf solche Weise zustandegekommene innerparteiliche Kampfstellung setzt sich über die Zeit der nationalsozialistischen Machtergreifung ins Dritte Reich hinein fort, weil die Mitglieder des agrarpolitischen Apparats auch wichtige Führungspositionen des RNSt besetzten: Die Landwirtschaftlichen Gau- und Kreisfachberater übernahmen das Amt des Landes- bzw. Kreisbauernführers in Personalunion, ihre persönlichen Animositäten mit den Gau-

[91] Schreiben Bormanns an Ley vom 26. 5. 1939 (BA: NS 22/851).

[92] Vgl. *Horst Gies,* NSDAP und landwirtschaftliche Organisationen in der Endphase der Weimarer Republik, in: VjhZG 15 (1967), S. 341 ff.

[93] Vgl. Völkischer Beobachter vom 14. 12. 1932 und Stadtarchiv Goslar, Nachl. Darré Nr. 128. Die Verfügung Hitlers trägt das Datum des 2. 1. 1933. Vgl. den von Darré angefertigten und von Hitler unterzeichneten Entwurf der Verfügung (BA: NS 35/1).

leitern und der PO wurden also nicht nur auf den RNSt übertragen, sie wurden durch dessen Status als „Körperschaft öffentlichen Rechts" noch verstärkt; denn mit der Personalunion von Parteiamt und halbstaatlicher Funktion innerhalb des RNSt sollte bewußt die in Hitlers Verfügung vom 2. Januar 1933 festgelegte personalpolitische Mitbestimmungsbefugnis der PO umgangen werden.

Die Verhältnisse wurden noch dadurch kompliziert, daß die Grenzen der Landesbauernschaften und der Partei-Gaue nicht in allen Fällen übereinstimmten [94]. Gegenüber den vor der Angliederung Österreichs an das Deutsche Reich vorhandenen 32 Gauen der NSDAP gab es lediglich 19 Landesbauernschaften des RNSt. Je weniger die Zuständigkeitsbereiche von Gauleiter und LBF identisch waren, um so weniger Reibungen sind festzustellen, und um so selbständiger war der RNSt. Es ist kein Zufall, daß unter den Gauleitern, die immer wieder gegen den RNSt intrigierten und agierten, diejenigen sich besonders hervortaten, deren Gau mit den Grenzen einer Landesbauernschaft identisch war.

Eine weitere Verschlechterung im Verhältnis von PO der NSDAP und RNSt kam dadurch zustande, daß Darré den agrarpolitischen Apparat der NSDAP sowie das Amt für Agrarpolitik innerhalb der Reichsleitung wenn nicht formal, so doch praktisch stillegte [95]. Er konnte sich dabei auf den ersten Satz des „unabänderlichen" Parteiprogramms vom 24. Februar 1920 berufen, in dem „das Fortbestehen der Partei" nach Erreichung ihrer programmatischen Ziele abgelehnt wurde [96], und auf Hitler selbst, der in „Mein Kampf" erklärt hatte: „Die Institutionen der Bewegung sind in den Staat überzuführen..." [97]. In der Tat diente der RNSt wesentlich der Instrumentalisierung der Landwirtschaft für die Ziele des Regimes und konnte in dieser Funktion als Nachfolgeorganisation des agrarpolitischen Apparats der NSDAP verstanden werden [98]. Es war nach der Machteroberung nicht einfach, das Selbstverständnis der NSDAP neu zu definieren, weil einigen Parteiformationen und -funktionären der Sprung an die staatliche ‚Futterkrippe' gelang, anderen dieser Wechsel von Partei- zu Staatsorganen aber versagt blieb. Alle Versuche, die daraus entstehenden Rivalitäten und Machtkämpfe zu vermeiden, scheiterten. Die Beibehaltung der Reichsleitung der NSDAP in München, die Etablierung eines ‚Puffers' in Gestalt des Rudolf Heß als „Stellvertreter des Führers" im April 1933 und schließlich Hitlers Diktum vor den Reichsstatthalter-Gauleitern vom

[94] Vgl. hierzu *Hüttenberger,* Gauleiter, passim; *Mehrens,* S. 8 und 50.

[95] Innere Anordnung des Stabsleiters im Amt für Agrarpolitik, Dr. Reischle, vom 15. 2. 1934 (BA: NS 35/1); vgl. auch die sehr lückenhafte Liste der LGF mit Stand vom 1. 8. 1937 (BA: R 10, Zg. 1971, Nr. 2071).

[96] *Gottfried Feder,* Das Programm der NSDAP und seine weltanschaulichen Grundgedanken, NS-Bibliothek Heft 1, München 1930, S. 8.

[97] *Adolf Hitler,* Mein Kampf, München 1937, S. 672 ff.

[98] Vgl. *Karl-Dietrich Bracher,* Die deutsche Diktatur, Köln 1969, S. 169.

6. Juli 1933, die „nationalsozialistische Revolution" sei beendet, und nach der „Erringung der äußeren Macht" sei die „innere Erziehung" der Menschen die kommende große Aufgabe der Partei — all das signalisierte Hitlers Entscheidung für die Staatsautorität und deren Machtapparat und gegen die „Bewegung" der NSDAP. Doch wurde dadurch die Unzufriedenheit jener zu kurz gekommenen „Alten Kämpfer" erst eigentlich forciert, die eine „zweite Revolution" forderten[99]. Sie kam vornehmlich in Aktivitäten der SA zum Ausdruck und mußte am 20. Juni 1934 blutig unterdrückt werden. Doch über diese Bartholomäusnacht hinaus lebten die Spannungen fort, die aus dem ungeklärten Verhältnis der Partei zum Staat resultierten. Darrés Fehde mit Gauleiter Karpenstein (Pommern) ist ein Beispiel für die Folgen der Integration des agrarpolitischen Apparats der NSDAP in den halbstaatlichen RNSt: sie beschränkte Macht und Einfluß des Gauleiters in seinem Herrschaftsbereich. Der von Gauleiter Koch heraufbeschworene „Ostpreußenkonflikt" kennzeichnet die Folgen, die durch das nepotistische Potential der Partei gezeitigt wurden[100]. In beiden Fällen spielte das sozialrevolutionäre Engagement der Partei, das bei Strasser-Sympathisanten in PO, SA und DAF fortlebte, eine wesentliche Rolle: es konnte kaum anders sein, als daß das „Landarbeiterproblem" gerade in Pommern und Ostpreußen besonders virulent wurde[101].

In *Pommern* kam es im ersten Halbjahr 1934 zu erheblichen Spannungen zwischen PO und RNSt, wobei man sich gegenseitig „bauernfeindliche" bzw. „parteifeindliche Einstellung" vorwarf[102]. In den Augen Darrés war das „vorliegende Material über zahllose Eingriffe und Übergriffe der Politischen Leiter des dortigen Gaues gegenüber dem Reichsnährstand geeignet, „das Ansehen des neuen Staates auf das höchste zu gefährden". Diese Einschätzung der Agitation und Intrigen der PO bezog sich u. a. darauf, daß OBF und KBF mit der Drohung, aus der Partei ausgeschlossen zu werden, durch Kreisleiter und Ortsgruppenleiter von der Teilnahme an Veranstaltungen des RNSt abgehalten wurden, daß man sie, die ehrenamtlich tätig waren, unter Hinweis auf ein angebliches Gehalt des LBF zur Niederlegung ihrer Ämter veranlaßte, daß alle Veröffentlichungen des RNSt „der Zensur der Kreispressestelle der NSDAP zu unterstellen seien". Damit, so rechtfertigte sich Karpenstein, solle vermieden

---

[99] Vgl. hierzu *Broszat*, S. 255 ff.

[100] Vgl. zum Folgenden auch *Farquharson*, S. 93 ff.

[101] Vgl. den Hinweis Leys an den Leiter der RBG „Landwirtschaft" in der DAF, Gutsmiedl, vom 7. 6. 1934: „In den Gauen Ostpreußen und Pommern ist der Aufbau der RBG mit größter Beschleunigung durchzuführen" (BA: NS 22/851).

[102] Für das Folgende: die Briefe des RMEL an den Reichskanzler vom 23. 6. 1934 und an den GL in Pommern vom 18. 6. 1934 nebst Anlagen (BA: R 43 II/203, Bl. 99 f. und Bl. 111 ff.). Weiterhin der Briefwechsel zwischen GL Karpenstein und LBF Bloedorn vom Mai/Juni 1934 (ebd., R 16, Zg. 1971, Nr. 2197) und BDC: Akten Karpenstein und Huppert (Abt.-Leiter in der LBsch. Pommern).

werden, daß in der Presse des RNSt „agressiv (sic!) gegen die Arbeitsfront formuliert" werde. Die dort geäußerte Auffassung, daß die Landarbeiter „unzweideutig und bewußt ihre gesetzliche Berufsvertretung einzig und allein bei dem Reichsnährstand haben", verstoße — so Karpenstein — gegen das „Gesetz zur Ordnung der nationalen Arbeit".

Hinter dieser Einstellung stand sein Anspruch: „Die Funktionäre des Nährstandes müssen ... überall vor die Entscheidung gestellt werden, ob sie die Autorität des Gauleiters als höchste unparteiische und politische Instanz anerkennen wollen oder nicht. Wollen sie es nicht — dann werden sie aus der Gemeinschaft der Nationalsozialisten ausgeschieden." Und der Gauleiter berief sich in seinem Totalitätsanspruch auf die höchste Parteiautorität: „Es ist das ABC des Nationalsozialismus, daß der Gauleiter die politische Verantwortung für alles trägt, was in seinem Gebiete vorgeht. Wer dieses leugnet, lehnt auch in Wirklichkeit Adolf Hitler ab. Denn diese Aufgabe ist dem Gauleiter vom Führer zugewiesen. Jeder meiner Kreisleiter würde pflichtvergessen handeln, wenn er diese oberste politische Führung aus der Hand gäbe." Demgegenüber betonten LBF Bloedorn und RBF Darré unter Hinweis auf die Rechtslage, daß der RNSt nicht nur wirtschaftliche Aufgaben zu erfüllen habe, „sondern auch die menschliche und erzieherische Förderung" seiner Mitglieder. Aus der Sicht des selbstbewußten Gauleiters bedeutete dies: „Der Reichsnährstand in Pommern hat sich von der politischen Organisation losgelöst." Karpenstein konnte natürlich nur für seinen Zuständigkeitsbereich sprechen, der Streit hatte jedoch grundsätzliche Bedeutung und wurde durch die Information Hitlers und seines Stellvertreters Heß auch so verstanden. Der „Bruderkampf" (Karpenstein) in Pommern fand nur deshalb ein frühes Ende, weil der Gauleiter im Zusammenhang mit der Röhm-Affäre stürzte.

In *Ostpreußen* konnte sich der RNSt nicht so einfach durchsetzen. Dort war der agrarpolitische Apparat der NSDAP schon vor 1933 in den Streit zwischen Gauleiter Koch und SA-Gruppenführer Litzmann gezogen worden [103]. Koch hatte dabei zwar einige seiner führenden Vertreter in Ostpreußen aus der Partei ausgeschlossen, auf Betreiben Darrés mußte diese Maßnahme aber durch Beschluß des Obersten Parteigerichts im Herbst 1933 wieder rückgängig gemacht werden [104]. Hitler, der offensichtlich die Tatkraft und das Durchsetzungsvermögen Kochs und seine Erfolge bei der Arbeitsbeschaffung höher einschätzte als dessen moralische und persönliche Integrität, stützte den Gauleiter, der nun auch Oberpräsident der Provinz wurde und damit Partei- und Staatsführung repräsentierte, wodurch sein Selbstbewußtsein und die Skrupellosigkeit, mit der er seinen totalen Machtanspruch durchsetzte, noch verstärkt wurden. Jede gesetzliche Fixierung einer Einschränkung dieser regionalen Macht durch Zentralinstanzen wie Reichsregierung oder RNSt mußte eifersüchtige Gegenreaktionen auslösen. In Landesbauernführer Egbert Otto, den Darré schon am 18. Juli 1933

[103] Vgl. hierzu *Hüttenberger,* Gauleiter, S. 72 f.

„auf Grund reichsgesetzlicher Ermächtigung" zu seinem „Hauptsonderbeauftragten für die Provinz Ostpreußens in allen Angelegenheiten des Aufbaues des Landstandes" machte[105], entstand dem Gauleiter ein Konkurrent, der ungeschickt genug war, den RNSt gegen den auf Koch eingeschworenen Parteiapparat aufbauen zu wollen[106].

Darré hatte seinem „Hauptsonderbeauftragten" Otto ausdrücklich versichert, er sei in dieser Eigenschaft nur ihm unterstellt und nur von seinen Weisungen abhängig und ihm diese Weisungsbefugnis seinerseits gegenüber „sämtlichen Mitgliedern des agrarpolitischen Apparats der NSDAP" zugebilligt. In dem sich daraus entwickelnden Kompetenzstreit mit der PO der NSDAP brachen alte Rivalitäten der Litzmann- und Koch-Sympathisanten wieder auf[107]. Wesentlicher war jedoch, daß hier politische Richtungsgegensätze hineinspielten: Koch und seinen Leuten paßte die Übernahme von Repräsentanten der „agrarischen Reaktion" in den RNSt nicht; Darré und seine Anhänger verdächtigten den Strasser-Freund Koch „bolschewistischer" Ziele und Methoden[108]. Wie in Pommern so bekämpften sich auch hier Nationalsozialisten mit ihrer jeweiligen Klientel in aller Öffentlichkeit mit Verleumdungen, Spitzeltätigkeit, Denunziation, Amtsenthebung, Disziplinarverfahren, Verhaftungen und Polizei-Terror[109].

Im Ringen um Kompetenzen, Einfluß und Prestige säuberte der mittlerweile zum LBF ernannte Otto seinen „Apparat" von Koch-Sympathisanten, der Gauleiter wiederum ließ „seine" NSDAP „zum zweiten Mal um den deutschen Bauern kämpfen": mit dem von Otto abgesetzten ehemaligen KBF Liedtke an der Spitze ließ er einen „APA (Agrarpolitischen Apparat)" aufbauen, „um den der Partei und damit dem Staate entfremdeten Bauern schnellstens wieder zum Staate heranzubringen"[110], und mit dem weitergehenden Ziel, „daß der Reichs-

---

[104] OPG-Akten, BDC; vgl. hierzu auch *Broszat*, S. 239.

[105] BA: R 16, Zg. 1971, Nr. 2003.

[106] In einem Gespräch mit Meinberg am 27. 9. 1933 beklagte sich Koch z. B. darüber, Otto habe ihn „bei keiner Besetzung der Personalstellen im Landstand gefragt". (RN-Akte Meinberg, BDC).

[107] Bericht über Gespräche, „um mir ein genaues Bild der Zustände in Ostpreußen machen zu können", mit der Kennzeichnung „Streng vertraulich!" ohne Unterschrift (RO Meinberg?) vom 28. 9. 1933 aus Königsberg (BDC: Ordner „Reichsnährstand Ma-Me").

[108] Vgl. den Brief von LBF Ottos Vertreter, LO Witt, an Hitler vom 19. 7. 1933 (OPG-Akten, BDC).

[109] Vgl. die RN-Akte Meinberg im BDC. RO Meinberg war von Darré und Heß mit der Untersuchung der Verhältnisse in Ostpreußen beauftragt worden.

[110] Abschrift des Artikels der Beilage der Preußischen Zeitung Nr. 101 vom 2. 5. 1934, „Der Kämpfer. NS-Zeitung für die Kreise Heiligenbeil und Braunsberg", über eine Versammlung des Gauamtsleiters Liedtke vom 28. 4. 1934 (BA: R 16, Zg. 1971, Nr. 2003).

nährstand wieder voll und ganz der Partei unterstellt werden würde"[111]. Koch lehnte die agrarische Interessenpolitik des RNSt, der dabei notwendigerweise auf den Sachverstand der „alten" Kammerbeamten und Verbandsfunktionäre zurückgreifen mußte, ab und unterstrich, neben seinem eigenen Führungsanspruch[112] den weltanschaulichen Erziehungsauftrag der NSDAP im Sinne der Volksgemeinschaftsideologie[113].

Er lag damit ganz auf der Linie des Gesetzes „zur Sicherung der Einheit von Partei und Staat" vom 1. Dezember 1933[114], in dem die NSDAP zwar nicht zur „Trägerin des Staates", wohl aber zur „Trägerin des deutschen Staatsgedankens" erklärt worden war. Doch hat Broszat mit Recht darauf hingewiesen, daß damit „gerade keine institutionelle und verfassungsrechtliche, sondern lediglich eine vage ideelle Vorrangigkeit der Partei gegenüber dem Staat" begründet worden sei: „Was Hitler in dieser Zeit unter der ‚Verschmelzung von Partei und Staat' verstand, war die klare Unterordnung der Partei unter die Staatsführung und — anstelle der von unten kommenden Parteidynamik — die Umwandlung der Partei in ein ausschließlich dem absoluten Führer gehorchendes Massenorgan zur propagandistischen und organisatorischen Ergänzung und Potenzierung der Staatsmacht und Regierungspolitik"[115].

In Ostpreußen freilich nützte Darrés stereotyp vorgetragenes Argument, durch den Machtanspruch der Gauleiter werde „politische Unruhe" provoziert, die die „Durchführung der Ernährungswirtschaft gefährdet", und sein Hinweis, es handele sich bei den Gegnern des RNSt „wie 1932" um die Freunde Gregor Strassers[116], nicht viel: LBF Otto und sein Vertreter mußten abberufen werden; mit Verfügung Hitlers vom 1. September 1934 wurde der zweite Mann im RNSt, Meinberg, ein weiteres Mal nach Ostpreußen geschickt und mit der

[111] Bericht des Leiters der KBsch. Marienwerder an LBF Otto vom 19. 4. 1934 (ebd.).

[112] Vgl. den Brief Ottos an Min.Dir. Fischer im Preuß. Innenministerium vom 28. 7. 1933, in dem er mit eidesstattl. Versicherung den Satz Kochs übermittelt: „Wer gegen mich ist, wird physisch und wirtschaftlich vernichtet!" (BDC, RN-Akte Meinberg).

[113] In der Preußischen Zeitung vom 18. 6. 1934 verkündete die Gauleitung, das neugegründete „Amt für Agrarpolitik" sei eine „Gliederung der Partei" und der „Obersten Leitung der PO unterstellt". Es habe, „wie alle Gliederungen der Bewegung, die Aufgabe, den von ihm betreuten Berufsstand in die Volksgemeinschaft einzugliedern und zum nationalsozialistischen Denken zu erziehen". (BA: R 16, Zg. 1971, Nr. 2003).

[114] RGBL. I 1933, S. 1016.

[115] *Broszat*, S. 265. Zu Hitlers Bestrebungen als Reichskanzler, die staatliche Zentralgewalt und ihre Autorität über die „Reichsstatthalter" zu verstärken, vgl. auch ebd., S. 144 ff.

[116] Briefe Darrés an Hitler vom 23. 6. 1934 unter Bezugnahme auf die Verhältnisse in Pommern (BA: R 43 II/203) und vom 25. 7. 1934 zu den Querelen in Ostpreußen (ebd., Darré-NS 24).

kommissarischen Wahrnehmung der Funktion des LGF betraut, bis ein Nachfolger gefunden war, der sich in das nepotistische System des Gauleiters einordnete [117].

Doch entgegen Hitlers Weisung („Wir dürfen keinen Kampf untereinander führen; niemals darf sich eine Differenz zeigen gegenüber Außenstehenden ..." [118]) fuhr man aus der Sicht Darrés in der *NSDAP* fort, „die Bauernpolitik der Reichsregierung und die ganzen Verhältnisse innerhalb des Reichsnährstandes als der ersten großen vom neuen Staat geschaffenen ständischen Organisation als schlecht, schädlich, ungerecht und nicht nationalsozialistisch hinzustellen" [119]. Mehrmals hatte er sich auf Gauleitertagungen im April, Juli, November und Dezember 1934, teilweise in Anwesenheit Görings und Hitlers, massiven Anschuldigungen und Vorwürfen zu stellen [120]. Dabei kam es zu Fraktionsbildungen mit teils plebiszitären, teils sachlichen Argumentations-

---

[117] Otto wurde für kurze Zeit Leiter der RHA II im RNSt, sein Nachfolger als hauptamtlicher LBF in Ostpreußen wurde Spickschen (vgl. BDC: Akte Darré; Stadtarchiv Goslar: Nachl. Darré Nr. 135). In einer eidesstattlichen Erklärung vom 14. 1. 1951 (BA: Darré-NS/4) spricht Darré davon, er habe ein Partei-Untersuchungsverfahren gegen Koch eingeleitet, das zur Absetzung des GL durch Hitler geführt habe. Koch sei es aber durch eine persönliche Intervention gelungen, daß diese Absetzung für ein Jahr zur Bewährung ausgesetzt worden sein. In einem Schreiben an Hitler vom 22. 10. 1934, in dem das Dilemma des zweigleisig gehandhabten „Führerprinzips" zum Ausdruck kommt, schrieb Darré, nachdem Heß ihm Hitlers Wunsch übermittelt habe, „im Gau Ostpreußen in jedem Falle Ruhe zu erwirken", und nachdem es Hitlers Absicht sei, „den Pg. Erich Koch als Gauleiter von Ostpreußen zu belassen", habe er Otto abberufen. „Laut dem Wortlaut Ihrer Verfügung [vom 2. 1. 1933, H. G.] hat der Gauleiter den neuen Gaufachberater vorzuschlagen, ich dazu Stellung zu nehmen und Sie ihn dann einzusetzen oder abzulehnen. Nach Lage der Dinge könnte meine Stellungnahme nie anders lauten, als daß jeder vom Gauleiter Koch heute vorgeschlagene neue Landwirtschaftliche Gaufachberater das grundsätzliche Mißtrauen der alten agrarpolitischen Kämpfer der NSDAP in Ostpreußen gegen sich hättte, eine Befriedung der Verhältnisse damit also nicht erreicht würde. Genau dasselbe Ergebnis würde aber einsetzen, wenn ich Ihnen den neuen Landwirtschaftlichen Gaufachberater vorschlagen würde, da dieser den grundsätzlichen Widerstand der ostpeußischen PO auszuhalten hätte. So weiß ich mir keinen anderen Rat als den, Ihnen vorzuschlagen, bis zur Befriedung der Lage in Ostpreußen durch Meinberg, diesen als kommissarischen Gaufachberater einzusetzen". (BA: Darré-NS/24).

[118] Hitler vor den Gauleitern am 2. 2. 1934, zit. nach *Broszat*, S. 266.

[119] Darré an GL Karpenstein am 18. 6. 1934 (BA: R 43 II/203, Bl. 102).

[120] Vgl. die Zeugenaussagen Darrés vom 12. 3. 1947 (Zeugenschrifttum Institut für Zeitgeschichte, München) und 27. 8. 1948 (Zeugenaussagen zum Wilhelmstraßen-Prozeß, S. 18549, ebd.), die Eidesstattl. Erklärung Meinbergs in diesem Prozeß vom 5. 8. 1948 (Vert. Dok. Buch VI, Exh. 19, Bl. 7, ebd.) sowie den Schriftwechsel Darrés mit der Reichskanzlei über die Interventionen der Gauleiter/Oberpräsidenten 1934 (BA: R 43 II/193, Bl. 156 ff.).

mustern [121]. Um den Mißerfolg Darréscher Agrarpolitik nachzuweisen, beriefen sich einzelne Gauleiter auf „die wirkliche Stimmung im Volke", während Propagandaminister Goebbels auf die steigenden Lebenshaltungskosten hinwies. In ihrer Eigenschaft als preußische Oberpräsidenten klagten einige Gauleiter darüber, daß durch die zentralisierte Struktur und Geschlossenheit des RNSt den regionalen staatlichen Organen Einflußmöglichkeiten genommen worden seien, und sie erhielten von Regierungsstellen außerhalb Preußens Schützenhilfe [122]. Als Reichsminister für Ernährung und Landwirtschaft hatte sich Darré am 15. Januar 1934 auch an alle Landesregierungen gewandt, um „Unklarheiten über Wesen und Aufgaben des Reichsnährstandes bei den Behörden draußen im Lande" zu beseitigen. Jeder Versuch, die Organe des RNSt in ihrer Arbeit zu hemmen oder zu stören, sei „als Verstoß gegen ein vom Führer erlassenes Reichsgesetz anzusehen" [123]. Einige Gauleiter nutzten sogar den Streit zwischen Darré und Schacht, um dem Reichsernährungsminister vorzuwerfen, er betreibe „seine eigene Wirtschaft" und finde sich nicht „in eine gemeinschaftliche Linie" mit dem Reichswirtschaftsminister hinein [124]. Ley wiederum verwies auf das Schulungsmonopol der Partei und den Betreuungsanspruch der DAF sowie Hitlers Satz auf dem Reichsparteitag 1935: „Die Partei befiehlt dem Staat". Hitler hielt sich bekanntlich zurück, um im Konfliktfall das letzte Wort zu haben, mit dem Ergebnis, daß sich der autoritäre, kapitalistisch strukturierte Ordnungsstaat gegenüber dem „ständischen" RNSt durchzusetzen vermochte [125]. Dabei hatte Hitler die Partei als Integrationsorgan selbst funktionsunfähig gemacht, indem er sie in zwei rivalisierende Zuständigkeitsbereiche (Organisation und Schulung: Ley; Stellvertretung mit der Vollmacht, „in allen Fragen der Parteiführung in meinem Namen zu entscheiden": Heß) gespalten hatte [126].

Da die Berufung Darrés durch eine Parteiverfügung Hitlers vom 12. April 1933, die von Ley als Stabsleiter der PO gegengezeichnet war und wonach

[121] Zur plebiszitären Führerbewegung und Fraktionsbildung im Funktionärskorps der NSDAP vgl. *Joseph Nyomarkay*, Charisma and Factionalism in the Nazi Party, Minneapolis 1967.

[122] Vgl. die Lageberichte der Ober- und Regierungspräsidenten 1934 (BA: R 43 II/193, Bl. 123 ff.), den Brief des Stuttgarter Wirtschaftsministers Lehnich an den Staatssekretär Reinhardt im RFM vom 12. 7. 1934 (ebd., R 2/18 294, Bl. 117 ff.) sowie *Farquharson*, S. 87 ff.

[123] BA: R 16, Zg. 1971, Nr. 2082.

[124] Vgl. die Äußerungen Josef Wagners und Bürckels, letzterer sicherlich kein Freund Schachts, auf der Konferenz des Reichswirtschaftsministers mit den Oberpräsidenten und Reichsstatthaltern am 28. 8. 1936 (BA: Wi I, F 5/203).

[125] Nicht nur das „Gesetz zur Ordnung der nationalen Arbeit" vom 20. 1. 1934 zeigt dies, sondern auch die Ernennung Hjalmar Schachts zum Reichsbankpräsidenten am 17. 3. 1933 und Reichswirtschaftsminister ein Jahr später.

[126] Vgl. hierzu *Broszat*, S. 255 und *Arthur Schweitzer*, Parteidiktatur und überministerielle Führergewalt, in: Jb. f. Sozialwissenschaften 1970, S. 53 f.

„Amtsleiter der Reichsleitung ... im Rahmen ihrer Aufgaben Vorgesetzte sämtlicher Gauleiter" seien, die ‚Vizekönige' der Partei nicht zu beeindrucken vermochte, blieb ihm noch das Argument, die Agrarpolitik seines Ministeriums, die ja vom RNSt durchgeführt wurde, sei „unmittelbar gefährdet" [127]. Immer wieder hatte er sich gegen Anordnungen von Gauleitern zur Wehr zu setzen, nach denen „die Kreis-, Bezirks- und Ortsbauernführer der Bestätigung der politischen Leitung der NSDAP bedürften, die im Wege der Gegenzeichnung zu erfolgen hätte" [128]. Doch die Identifizierung des formalrechtlich, nicht personell vom agrarpolitischen Apparat der NSDAP unterschiedenen RNSt mit dem Status einer Parteigliederung schien unausrottbar [129]. Auch die „Verfügung des Stellvertreters des Führers betr. Verhältnis RNSt — Partei" vom 9. Januar 1935 brachte keine Lösung des Problems. Zwar „untersagte" Heß „allen Parteidienststellen irgendwelche Eingriffe in die tatsächlichen Aufgaben des Reichsnährstandes", womit er die „Sicherstellung der Ernährungsgrundlage des deutschen Volkes" meinte. Gleichzeitig aber sollten die „Amtsleiter des Amtes für Agrarpolitik" den „Hoheitsträgern der Partei disziplinär unterstehen" und sie wurden „dem RBF in seiner Eigenschaft als Reichsleiter der Partei" „in sachlicher Beziehung" untergeordnet. Und „in Zukunft" sollten alle Funktionsträger des RNSt, vom LBF bis zum OBF, „nur mit Zustimmung der Gauleiter" ernannt werden [130].

Die Unterscheidung zwischen personellem und sachlichem Mitbestimmungsrecht, die für die Funktionsträger der Partei einerseits erlaubt und andererseits verboten sein sollte, war damit nicht einfacher geworden. Sowohl Befürworter der Zentralisierungs- wie der Dezentralisierungstendenzen konnten sich, was ihre jeweilige Legitimation anging, gleichzeitig auf Hitler berufen: die allgemeine Befehlsgewalt der Gauleiter stützte sich auf den persönlichen Eid, mit

---

[127] Darré an Hitler am 27. 4. 1934 (BA: Nachl. Darré-NS 24).

[128] Darré an den GL von Ost-Hannover, Telschow, am 13. 6. 1934 (Dok. Nr. NC - 1663, Wilhelmstraßen-Prozeß, Institut für Zeitgeschichte, München). Das Schreiben Telschows, auf das sich Darré bezieht, findet sich im BA: Sammlung Schumacher, Nr. 202 I.

[129] Anläßlich des Besuchs von Gauleiter Kube (Brandenburg) am 15. 2. 1935 verkündete die Kreisleitung Ostprignitz in einem „Kreisbefehl": „Es liegt Veranlassung vor, darauf hinzuweisen, daß sowohl NSV, als auch DAF, NS-Frauenschaft, Reichsnährstand nichts weiter sind als betreute Verbände der NSDAP. Damit unterstehen sie der Aufsicht des zuständigen Hoheitsträgers" (BA: R 16, Zg. 1971, Nr. 1998).

[130] Dienstnachrichten des RNSt 1935 Nr. 80 und BA: R 16, Zg. 1971, Nr. 2028. C. L. *Lovin* (Agricultural Reorganization in the Third Reich. The Reich Food Corporation (Reichsnährstand) 1933—1936, in: Agricultural History Vol. XLIII, Nr. 4, Oct. 1969, S. 459) datiert Heß' Verfügung in Anlehnung an eine Meldung des Berliner Tageblatts auf den 12. 2. 1935; seiner Einschätzung ist nicht zuzustimmen: „The impasse [zwischen GL und RBF, H. G.] was finally resolved by a compromise between Darré and Hess...".

dem sich der „Führer" seine Satrapen verpflichtet hatte; die organisatorische Autonomie des RNSt hatte ihre Rechtfertigung in dem von Hitler mit zu verantwortenden Reichsnährstand-Gesetz vom 15. September 1933.

Dieser „Konflikt zwischen bürokratisch-legaler und bündisch-legitimer Autorität" [131] ist ein spezifisches Charakteristikum des nationalsozialistischen Führerstaates. Nach dem „Organisationsbuch der NSDAP", Ausgabe 1937, erstreckte sich die Kompetenz eines „Hoheitsträgers" der Partei in seinem Zuständigkeitsgebiet auf die „gesamte politische, kulturelle und wirtschaftliche Gestaltung aller Lebensäußerungen nach nationalsozialistischen Grundsätzen". Daraus leitete er die Unterstellung aller Amtsträger der Partei unter seine Kontroll- und Disziplinargewalt ab [132]. Die Autonomie des Aufgabengebietes eines „Hoheitsträgers" der Partei, seine „totale Verantwortung", beruhte auf der Fiktion, ausführendes Organ des „Führerwillens" zu sein. Abgesehen davon, daß dieser „Führerwille" nicht in jedem Falle abrufbar war, sich Hitler ungern festlegen ließ und wenn, hier immer noch ein interpretatorischer Spielraum blieb, für die Fachämter kam noch ein zweiter Anspruch hinzu: die sachlich-politische Weisungsbefugnis des jeweiligen Reichsleiters. Hier sah Darré eine Möglichkeit, aus der Schußlinie der Gauleiter zu kommen. Ab 1936 versuchte er in mehreren Ansätzen, das Amt für Agrarpolitik bei der Reichsleitung der NSDAP und den „agrarpolitischen Apparat" mit seinen regionalen Gliederungen zu reaktivieren [133] in der Absicht, „daß in den agrarpolitischen Dienststellen der NSDAP nur solche Parteigenossen als Mitarbeiter eingesetzt werden, die das uneingeschränkte Vertrauen des Hoheitsträgers besitzen" [134]. Aber gleichzeitig stellte Darré unter ausdrücklicher Berufung auf das „Organisations-

---

[131] *Schweitzer,* S. 55; vgl. hierzu auch *Bracher,* S. 258.

[132] Organisationsbuch der NSDAP, 1937, S. 93; vgl. hierzu auch *Wolfgang Schäfer,* NSDAP. Entwicklung und Struktur der Staatspartei des Dritten Reiches, Hannover 1956, S. 78 ff.

[133] Darré schrieb am 12. 11. 1936 an Ley: „Aus der zwingenden Notwendigkeit und dem Bestreben heraus, zwischen den Dienststellen der Reichsleitung der NSDAP eine schnelle und reibungslose Zusammenarbeit zu ermöglichen, habe ich den Dienstsitz meines Amtes von Berlin nach München zurückverlegt." (BA: NS 22/851). Vgl. auch den Brief des Stabsleiters im RfA, Glaser, an den ROL der NSDAP vom 29. 4. 1936 (ebd.); vgl. weiterhin die Liste der LGF, Stand vom 1. 8. 1937, die eine signifikante zeitliche Diskrepanz zwischen Berufung (meist zwischen 1930 und 1933) und Ernennung der Gauamtsleiter (meist 1936/37) ausweist (BA: R 16, Zg. 1971, Nr. 2071). Am 9. 11. 1938 wurde Darrés Vertrauter, Karl Motz, als Stabsleiter des RfA eingesetzt, der dem Amt offensichtlich neue Impulse geben sollte. Seine Bemühungen schlugen sich in detaillierten Organisations- und Geschäftsverteilungsplänen nieder (BA: NS 35/ 1—2).

[134] Anordnung Darrés als Reichsleiter der NSDAP Nr. 3/37 mit entsprechenden Durchführungsbestimmungen vom 9. 11. 1937 (BA: NS 35/1 und R 16, Zg. 1971, Nr. 2071).

buch der NSDAP" fest, der Leiter eines Amtes für Agrarpolitik sei „disziplinär dem Hoheitsträger unterstellt; in fachlicher Hinsicht dagegen ist er auch fernerhin an die Weisungen des Reichsleiters gebunden" [135]. Abgesehen von dieser Perpetuierung des Kompetenzkonflikts war es ja gerade die Personalunion von Parteiamt und Funktion im RNSt, die den „Hoheitsträgern" der PO auch weiterhin die Möglichkeit gab, mit Hilfe ihrer personellen „Disziplinargewalt" in die sachlichen Aufgaben des RNSt einzugreifen. Denn indem „die Dienststellen des agrarpolitischen Sektors der NSDAP so eng an die Hoheitsträger und die übrigen Dienststellen der Partei in den Hoheitsgebieten herangeführt und mit diesen verbunden" [136] wurden, geschah ähnliches auch mit den meisten Funktionsträgern im RNSt [137]. Die Auslieferung alles dessen, was innerhalb des RNSt unter „Menschenführung" verstanden wurde, an die Partei, war unaufhaltsam.

Schon bei der Integration Österreichs im März 1938 war es — nicht zuletzt wegen der starken Stellung des Gauleiters Bürckel als „Reichskommissar für die Wiedervereinigung Österreichs" — nicht zu umgehen gewesen, daß die Vertreter des RNSt auch formal der Parteiorganisation unterstellt wurden [138]. Außerdem zeichnete sich 1938/39 im Zuge von Neuordnungsversuchen an der Spitze der Organisationsstruktur der NSDAP, die allerdings an innerparteilichen Widerständen und schließlich am Kriegsausbruch scheiterten, eine Abwertung des Reichsamtes für Agrarpolitik ab [139]. Diese Entwicklung setzte sich fort, so daß Darré mit Schreiben vom 2. November 1940 Heß resigniert seinen „grundsätzlichen Entschluß" mitteilte, er gebe „hiermit das Reichsamt für Agrarpolitik und den ihm angeschlossenen agrarpolitischen Apparat an Ihren Stab ab" [140].

Schließlich mußte Darré nolens volens auch für den RNSt die Alleinverantwortung der Partei in allen politisch-weltanschaulichen Fragen anerkennen. Dies begann damit, daß der RBF in einer „Anordnung betr. Anwendung des

---

[135] Ebd.

[136] Ebd.

[137] Der Hinweis des Stabsleiters im RfA, Glaser, vom 29. 4. 1936 an den ROL der NSDAP, es müsse „ganz klar zwischen Reichsamt für Agrarpolitik und Reichsnährstand unterschieden werden", ging auch auf den Gesichtspunkt der Personalunion ein: trotz dieser Ämterverbindung bei „maßgeblichen Parteigenossen" beider Institutionen dürften, „um verwaltungsmäßige Unklarheiten zu vermeiden, die Dienststellen nicht durcheinandergeworfen werden". Damit war das Problem allerdings auf eine Weise verharmlost worden, die nicht den Realitäten entsprach (BA: NS 22/851).

[138] Vgl. Aktenvermerke und Briefe zur Eingliederung Österreichs (BA: R 16, Zg. 1971, Nr. 117).

[139] Vgl. die Besprechungsnotizen und den Schriftwechsel von 1938/39 über Zuständigkeiten und Aufgaben des RfA (BA: NS 35/2—3).

[140] BA: NS 35/4.

Wortes ‚Menschenführung' für die Aufgabengebiete der Hauptabteilung I" im RNSt vom 26. April 1939 verbot, dieses Wort überhaupt zu benützen [141]. Am 30. Mai 1942 erließ Darrés Nachfolger, Herbert Backe, in seiner Eigenschaft als „mit der Führung der Geschäfte beauftragter" Reichsbauernführer eine Anordnung, mit der er die Reichs- und Landeshauptabteilungen I des RNSt personell und institutionell dem Reichsamt bzw. den Gauämtern für Agrarpolitik „zur Verfügung" stellte [142].

Bei dieser Entscheidung spielte das Kalkül eine wesentliche Rolle, auf diese Weise die Ansprüche der DAF abzublocken. Und hier funktionierte auch die persönliche Allianz Bormann — Backe, da beide das gleiche Interesse hatten, Ley auszumanövrieren [143]. In einer Rede am 7. Juni 1942 in Hannover erklärte Backe, es sei beabsichtigt, „daß das Reichsamt für Agrarpolitik und damit die Partei in Zukunft verantwortlich sind für die grundsätzliche agrarpolitische Ausrichtung, während dem REM die Aufgabe der staatlichen Leitung und dem RNSt die praktische Verwirklichung der agrarwirtschaftlichen und ernährungswirtschaftlichen Aufgaben zufallen" [144].

Diese Neuverteilung der Aufgaben und Zuständigkeitsbereiche in der NS-Agrarpolitik erfuhr Reichsorganisationsleiter Dr. Ley erst aus der Presse. In einem Protestschreiben vom 7. Juli 1942 an Backe verwahrte er sich gegenüber solchem Vorgehen [145]. Es verstoße formal gegen Anordnungen der Partei, und mit der von Backe befohlenen Errichtung von Dienststellen des Amtes für Agrarpolitik für „Gefolgschaftswarte" auf Reichs- bis Kreisebene habe er auch sachlich gegen den von Hitler am 24. Oktober 1934 verfügten Zuständigkeitsbereich der DAF verstoßen, wonach Landarbeiter „eindeutig in die DAF gehören". Da er weder als Reichsorganisationsleiter noch als Leiter der DAF gewillt sei, sich „vor vollendete Tatsachen stellen zu lassen" werde er nun entgegen dem Bückeberger Abkommen „die Betreuung der Landarbeiter in die Aufgabe der DAF" übernehmen. Es sei sein „unabänderlicher Entschluß, falls Sie nicht einlenken sollten, diese Angelegenheit als eine grundsätzliche Angelegenheit dem Führer selber vorzutragen".

Doch trotz aller verbaler Forschheit mußte sich der Leiter der DAF und Reichsorganisationsleiter der NSDAP vom Leiter der Parteikanzlei über die

---

[141] BA: NS 35/3; Dienstnachrichten der RNSt 1939, S. 303.

[142] Dienstnachrichten der RNSt 1942, S. 423 ff., 429 f. und 432 ff. Vgl. auch BA: NS 35/3.

[143] Vgl. Rundschreiben Nr. 83/42 des Leiters der Parteikanzlei vom 20. 6. 1942 (BA: NS 22/851). Es ist nicht zu erkennen, wieso Hüttenberger (Die Gauleiter, 1969, S. 135 f.) zu der Feststellung kommt, „aus der Dauerrivalität Heß/Bormann — Ley profitierte auch der Reichsnährstand". Die Allianz zwischen den Vertretern des Parteiinteresses und Backe führte schließlich zur Amputation des RNSt.

[144] Nationalsozialistische Landpost vom 3. 7. 1942.

[145] Wilhelmstraßenprozeß, Dok. Nr. NG 1102 (Institut für Zeitgeschichte, München).

wahren Machtverhältnisse und die Rechtslage belehren lassen. Am 14. Juli 1942 schrieb Bormann an Ley, indem Backe, „einer alten Forderung der Gauleiter nachkommend, endlich dem Reichsnährstand die menschenführenden Aufgaben genommen und die politische und weltanschauliche Führung des Landvolkes wieder in die Hand der Partei zurückgelegt" habe, habe er keine organisatorische Änderung, sondern lediglich eine politische Aufgabenverteilung vorgenommen. Was Hitlers Verfügung vom 24. Oktober 1934 angehe, so seien wesentliche Bestimmungen darin durch spätere Entscheidungen des Führers und seines Stellvertreters „überholt". Bormann zitierte aus einem Schreiben, das Heß im Auftrag Hitlers am 18. Oktober 1935 an Ley gerichtet hatte, wonach feststehe, „daß zur Deutschen Arbeitsfront im wesentlichen Industrieunternehmer einerseits, Industriearbeiter, Angestellte und Handwerker andererseits gehören" — und fuhr fort: „Nach dieser klaren Sachlage gehören Landarbeiter eindeutig nicht in die Deutsche Arbeitsfront". Sie seien „nach wie vor noch Mitglieder des Reichsnährstandes" und von ihm werde auch ihre „soziale Betreuung ... vorgenommen". Leys Ambitionen seien damit hinfällig, entsprechende Anordnungen seien, soweit schon getroffen, besser rückgängig zu machen. Im übrigen werde er gern einen Termin zum „gemeinsamen Vortrag beim Führer" arrangieren, an dem allerdings neben Ley und Backe auch Göring teilzunehmen wünsche. Bormann demonstrierte hier die Macht desjenigen, der im Herrschaftszentrum durch die unmittelbare Nähe zum letztinstanzlichen „Führer" seine Fäden spinnt. Dagegen war Ley machtlos. Sein Versuch, mit Schreiben vom 27. Juli 1942 über den Chefadjutanten direkten Kontakt zu Hitler zu bekommen, mußte scheitern. Bormann antwortete ebenso selbstsicher wie zurechtweisend: „Ich bitte Sie dringend, künftig derartige Anträge auf Vorlage beim Führer *mir* zuzuleiten, denn nach einer Weisung des Führers sind sämtliche die Partei-Arbeit betreffenden Schreiben dem Führer durch mich vorzulegen" [146]. Dies könne im vorliegenden Fall nicht geschehen, da Hitler keinesfalls wünsche, „lediglich einseitig unterrichtet zu werden". Im übrigen sei er, der Leiter der Parteikanzlei, bei Meinungsverschiedenheiten innerhalb der NSDAP einzuschalten, da Hitlers Arbeitsüberlastung ja bekannt sei. Mit Unterstützung Bormanns und schließlich auch Himmlers [147], suchte Backe nun reinen Tisch zu machen: auf seine Initiative wurde durch Anordnung Hitlers vom 24. August 1942 das Reichsamt für Agrarpolitik in „Reichsamt für das Landvolk" umbenannt, um klarzustellen, „daß sich die Arbeit des bisherigen agrarpolitischen Apparates auf das gesamte Landvolk, d. h. nicht nur auf Bauern, sondern auf alle in der Landwirtschaft Tätigen erstrecken soll" [148].

[146] Brief Bormanns an Ley vom 2. 8. 1942 (BA: NS 22/851).
[147] Vgl. den Brief Himmlers an Backe vom 30. Oktober 1942 (BDC: Akte Backe und Institut für Zeitgeschichte, München: MA 300, Bl. 583499).
[148] Rundschreiben Backes an alle Gauleiter vom 29. 8. 1942 (BA: NS 19 neu/252). Damit bestätigten sich die Befürchtungen, auf die Ley aufmerksam gemacht worden

Doch dafür, daß es Backe gelang, die DAF aus der Landwirtschaft zu vertreiben, mußte er einen hohen Preis zahlen, d. h. er mußte einen größeren Einfluß der Gauleiter hinnehmen. Jeder Gau, schrieb der neue RBF an die Regionalfürsten der NSDAP, erhalte zukünftig eine eigene Landesbauernschaft, deren Leiter „nicht unbedingt" Bauer zu sein brauche, sondern lediglich einen landwirtschaftlichen Beruf ausüben solle. „Jeder Gauleiter bekommt damit die Möglichkeit, mit Hilfe seines Gauamtsleiters für das Landvolk und seines Landesbauernführers sich mehr als früher der politischen Führung des Landvolkes zu widmen" [149].

Was passieren würde, wenn beide Ämter in einer Hand vereinigt sein würden, hatte die Vergangenheit gezeigt: Staatliche (RNSt) und parteiliche (NSDAP) Funktion lagen im Streit um die Priorität. Was freilich passieren würde, wenn es zwischen beiden personell getrennten Ämtern zu Meinungsverschiedenheiten käme, kann man nur vermuten: der Krieg ließ keine Probe aufs Exempel zu. Ley jedenfalls legte den Finger auf die Wunde, indem er dem „lieben Parteigenossen Backe" schrieb: „Weil der Reichsnährstand ein ständisches Gebilde war, weil er Dinge der Wirtschaft und der Menschenführung miteinander verknüpfte, und weil die berechtigten Interessen der Landarbeiter von den Vertretern ihres Brotherrn wahrgenommen wurden, deshalb lehnte doch die Partei dieses Gebilde ab und deshalb war es im nationalsozialistischen Sinne falsch. Nun glauben Sie, ... Sie könnten diese Fehler dadurch beheben, daß Sie einen Teil der Aufgaben des Reichsnährstandes aus dem staatlichen Sektor in den Parteisektor überführen, jedoch alles andere beim alten lassen. Sie führen im Reich beide Säulen, in den Gauen werden diese beiden Säulen von den untergeordneten Landesbauernführern geführt u. s. f. Praktisch wird sich dadurch ja gar nichts ändern, vielmehr belasten Sie jetzt die Partei mit der Verantwortung für die Fehler, für die bisher der Reichsnährstand allein verantwortlich war" [150].

IV.

Zusammenfassend läßt sich folgendes feststellen:
Die Rolle des Reichsnährstandes innerhalb des nationalsozialistischen Herr-

war, „daß keiner Ihrer Gauobmänner mehr in der Lage ist, irgendwelchen Einfluß auf die sozialpolitische Entwicklung des bäuerlichen Sektors zu nehmen" (Dr. Derichsweiler am 2. 7. 1942 an Ley. BA: NS 22/851).

[149] Rundschreiben des Leiters des Reichsamtes für das Landvolk, Herbert Backe, Nr. 16/1942 vom 29. 8. 1942 (BA: NS 19 neu/252). Darin gestand Backe zu, es sei von den Gauleitern „während der letzten Jahre ... mit Recht wiederholt darüber geklagt worden, daß ihre Einschaltung bei der politischen Gestaltung und Aktivierung des Lebens auf dem Lande nur unzureichend sei ...".

[150] Brief Leys an Backe am 27. 7. 1942 (Institut für Zeitgeschichte, München: MA 597).

schaftsgefüges ist gekennzeichnet durch seine Zwitterstellung im Verhältnis zu Staat und Partei. Daran ist diese Organisation bäuerlicher Interessenvertretung im Dritten Reich letztlich zerbrochen.

Die Aufgabe der Ernährungssicherung machte den Reichsnährstand — aller Eigenständigkeitsbeteuerungen zum Trotz — zunächst de facto, dann auch de iure zum verlängerten Arm des Staates. Diejenigen seiner Abteilungen, die sich mit Fragen der Produktion und Vermarktung von Nahrungsmitteln befaßten, wurden Ausführungsorgan des Reichsministeriums für Ernährung und Landwirtschaft und damit Instrument staatlicher Wirtschaftslenkung. Bei den gesetzten Rahmenbedingungen der Kriegsernährungswirtschaft auch schon im Frieden blieb kaum Spielraum für die Durchsetzung eigenständiger landwirtschaftlicher Interessen. Im Gegenteil: durch das von Hitler gesetzte Ziel der „Eroberung von Lebensraum im Osten" und die sich daraus ergebende außenpolitische und rüstungswirtschaftliche Dynamik wurde auch das Reichsernährungsministerium unter einen *Sachzwang* gestellt, der ihm kaum die Möglichkeit gab, sich entsprechend seiner bisherigen Tradition für die Belange der Landwirtschaft im Staat erfolgreich einzusetzen.

Die gesetzlich verankerte Absicht der sozialpolitischen und kulturellen Betreuung aller seiner Mitglieder brachte den Reichsnährstand in eine permanente Rivalität zu anderen Institutionen mit gleichen Ambitionen im Dritten Reich, vor allem aber zum Totalitätsanspruch der NSDAP. Die Kompetenzkonflikte konkretisierten sich auf den Sektoren Sport, Jugendarbeit, der Frauen- und vor allem Landarbeiterbetreuung. Um die Ansprüche der Deutschen Arbeitsfront abzuwehren, aber auch um die dauernden Konflikte mit einzelnen Gauleitern beizulegen, die ihren Einfluß auf die regionalen Unterorganisationen der bäuerlichen „Standesvertretung" ausdehnen wollten, mußte der Reichsnährstand schließlich die gesamte soziale und kulturelle Betreuung seiner Mitglieder an die NSDAP abgeben. Die entsprechende Abteilung wurde auf Reichs- und Landesebene der Partei zur Verfügung gestellt. Bemerkenswert an diesem Vorgang ist vor allem, daß es dem Reichsnährstand trotz eines legalisierten Auftrages nicht gelang, den weltanschaulichen Führungsanspruch der NSDAP zu usurpieren, die als „Bewegung" nach ihrem eigenen Selbstverständnis längst im Staat hätte aufgegangen sein müssen. Die Frage allerdings, wie sich diese organisatorische Umstrukturierung auf die Landbevölkerung ausgewirkt haben würde, auf einen Alltag, der nicht vom Krieg bestimmt war, bleibt Spekulation.

Summary

In many ways the law of 13th September 1933 concerning the *Reichsnährstand* (farmers' union) and the marketing of agricultural products provided the ideal basis for promoting the farming industry. In theory, it was a kind of seizure of power in the field of agriculture, setting up at one blow an all-embracing organisation to care for the production, pricing and marketing of all foodstuffs, with a membership of 17 million people altogether. However, the institutional framework which seemed to secure a virtual monopoly on the representation of the interests of the peasant community did not fulfil its expectations. The priorities given to autarky and the support of strategic raw materials at the expense of foodstuffs produced an acute emergency, which could only be overcome by a policy of sheer coercion and exploitation as far as the peasant community was concerned. In the Third Reich intentions were of such a contradictory nature that they were rarely a safe forecast of things to come.

The role of the Reichsnährstand within the NS system of rule is characterised by a certain ambiguity in its relationship to the State and the Party and this is what caused its eventual downfall. The task of securing the food-supply made the Reichsnährstand — despite all claims to independence — into an extended arm of the State, at first *de facto,* and then also *de iure.* Those of its departments concerned with the production and marketing of food stuffs were the executive organ of the Reich Ministry of Food and Agriculture, with both legislative and executive powers to fix prices, and were thus instruments of state intervention in the economy. Indeed, it is no coincidence that the head of this supposedly autonomous organisation was none other than the Minister of Agriculture, Richard Darré, and whenever there were clashes between the Reichsnährstand and the Ministry, it was always the officials of the former who had to give in.

The exigences of providing food during the war, and indeed in peacetime too, were such that there was no room for the representation of independent agricultural interests. On the contrary, Hitler's aim of "conquering the Eastern living space" and the dynamics created by this in the fields of foreign affairs and armament meant that the Reich Ministry of Food was put under a *Sachzwang,* which denied it the opportunity of representing the interests of agriculture as it had traditionally done.

The Reichsnährstand was legally appointed to attend to the sociopolitical and cultural needs of its members, and indeed membership was obligatory. However, this task created constant rivalry between this organisation and other institutions in the Third Reich with similar ambitions; above all it posed a threat to the totalitarian claim of the NSDAP. The clashes over fields of responsibility occurred mainly in the spheres of sport, youth employment, care of female dependents, and especially care of agricultural labourers. In order to protect itself against the claims of the *Deutsche Arbeitsfront* and to ease the continual conflicts with individual Gauleiter who were keen to extend their influence to the regional sub-committees of the organisation representing agricultural interests, the Reichsnährstand eventually had to leave all responsibility for the social and cultural welfare of its members to the NSDAP.

Milan Hauner

The Professionals and the Amateurs
in National Socialist Foreign Policy: Revolution and
Subversion in the Islamic and Indian World

I.

Despite the impetus provided by the impressive book by Hans-Adolf Jacobsen on the institutional framework of foreign policy in the Third Reich published eleven years ago [1], there has a yet not been a comprehensive analysis of Nazi foreign policy covering the entire period from the seizure of power up to the end of the Second World War. The earliest accounts by direct participants such as Ulrich von Hassell [2], Erich Kordt [3], Franz von Papen [4], Rudolf Rahn [5], Paul Otto Schmidt [6], or even Ernst von Weizsäcker [7], had mostly been written from memory, before the publication of the two main collections of printed sources, the proceedings of the International Military Tribunal in Nuremberg [8] and, of course, the Documents on German Foreign Policy [9]. Paul Seabury's "The Wilhelmstrasse" (1954) remains the best general work with astonishingly clairvoyant assessment still valid today [10]. But Seabury was the first historian who really did systematically survey the proceedings of the so-called Wilhelmstrasse Trial which passed sentences on former members of the German Foreign

[1] *Hans-Adolf Jacobsen,* Nationalsozialistische Außenpolitik 1933—1938, Frankfurt 1968.

[2] *Ulrich v. Hassell,* Vom anderen Deutschland. Aus den nachgelassenen Tagebüchern 1938—1944, Freiburg i. Br. 1946.

[3] *Erich Kordt,* Wahn und Wirklichkeit, Düsseldorf 1947; *id.,* Nicht aus den Akten, Stuttgart 1950.

[4] *Franz v. Papen,* Der Wahrheit eine Gasse, Munich 1952; Engl. ed., Memoirs, London 1952.

[5] *Rudolf Rahn,* Ruheloses Leben, Düsseldorf 1949.

[6] *Paul Otto Schmidt,* Statist auf diplomatischer Bühne, Bonn 1949.

[7] *Ernst v. Weizsäcker,* Erinnerungen, Munich 1950; *L. E. Hill* (ed.), Die Weizsäcker Papiere, Frankfurt a. M. 1974.

[8] International Military Tribunal. The Trial of the Major War Criminals Before the I.M.T., vols. I-XLII, Nuremberg 1947—9.

[9] Akten zur Deutschen Auswärtigen Politik 1918—1945, Baden-Baden 1950—6, Frankfurt a. M. 1961—4, Göttingen 1965—78; Engl. ed., Documents on German Foreign Policy 1918—1945, London (HMSO) 1961—4.

[10] *Paul Seabury,* The Wilhelmstrasse, Berkeley 1954.

Office in sequel to the Nuremberg Trial against the major war criminals. Among the more recent attempts one has to single out Gerhard Weinberg's hitherto published first volume on Hitler's diplomacy; the second volume, taking the narrative beyond 1937, is due to appear soon [11].

What, however, still needs to be systematically investigated is the interplay of all the important institutions and personalities forming small empires within the polycratic structure [12] of Nazi Germany which influenced, beside the Wilhelmstrasse, the course of foreign policy. Furthermore, what needs to be looked into are those specific relationships and spheres of competition which existed between these individual islands of power and intrigue. Jacobsen has outlined in great detail the structures and areas of friction which existed between the Foreign Office and some of them, especially the *Auslandsorganisation (AO)*, the *Außenpolitisches Amt (APA)*, *Dienststelle Ribbentrop*, Goebbels' Propaganda Ministry, the *Volksdeutsche Mittelstelle (VoMi)* of the SS[13], but he has not paid adequate attention to the manifold economic organisations and those who directed them, and to the role of the armed forces and their agencies. What remains to be established was the commensurability of influence which existed during particular critical stages and with regard to specific countries or areas between the Foreign Office, on the one hand, and such state institutions as the Ministries of Economics and Finance, individual private firms, and influential personalities like Göring and Schacht, on the other. We also need to study the nature of linkages which existed with the Trade Department of the Wilhelmstrasse *(Handelspolitische Abteilung)*, how commercial treaties were negotiated and credit terms granted. As for the influence of the armed forces, it suffices to point out the role of the armaments industries in negotiating contracts for arms deliveries and in providing, in close co-operation with the Wehrmacht, military experts and instructors abroad. Many of these contacts had of course, for obvious reasons, already been promoted in the Weimar period. Here the ebullient personality of Göring apears also under a different guise, that of the chief of the Luftwaffe; it is sometimes useful to ask whether the interests of the Luftwaffe were always identical with those of the Four-Year Plan, or the requirements of Hermann-Göring Works. Further, within the sphere of the armed forces, we find the *Abwehr* (Military Intelligence)

---

[11] *Gerhard L. Weinberg,* The Foreign Policy of Hitler's Germany. Diplomatic Revolution in Europe 1933—36, Chicago 1970.

[12] *Martin Broszat,* Der Staat Hitlers. Grundlegung und Entwicklung seiner inneren Verfassung, Munich 1969, pp. 363—370; *id.,* Soziale Motivation und Führerbindung des Nationalsozialismus, in: VjhZG 18 (1970), p. 408; *Peter Hüttenberger,* Nationalsozialistische Polykratie, in: GG 2 (1976), pp. 417—442.

[13] See *Jacobsen,* Außenpolitik, passim; *id.,* Zur Struktur der NS-Außenpolitik 1933—1945, in: *Manfred Funke* (ed.), Hitler, Deutschland und die Mächte. Materialien zur Außenpolitik des Dritten Reiches, Düsseldorf 1976, pp. 137—185.

whose activities were exclusively directed abroad. German intervention in the Spanish Civil War is an excellent example of the shadowy game of the personal friend of General Franco, Admiral Canaris, whose aims were not the same as those of the Army leadership [14]. No study has so far mentioned, to my knowledge, the role of the *Organisation Todt* outside the Reich's frontiers. The OT combined in a remarkable fashion the short-term economic interests of Nazi Germany with the long-term strategic ones, which were suitably tailored to the operational requirements of a possible military penetration. The country which suited this description perfectly was Afghanistan — to which I shall refer more specifically later on. Furthermore, one must also consider the activities of friendship societies (such as, with regard to India, *Deutsch-Indische Gesellschaft, Deutsche Akademie* in Munich) whose importance declined however during the Nazi era. The conglomerate of all these multifarious organisations, more often than not working at cross purposes with their competing rivals, will have to be opened to scrutiny in one or more analytical test cases [15].

The present stage of research into the complexities of Nazi foreign policy has by no means advanced so far as to enable us to deduce from its loose features a generally acceptable theoretical model of bureaucratic behaviour in a totalitarian state. While there is probably enough empirical material on the relationship and behaviour of the civil service within the Nazi framework on the regional and even national level [16], it is still rather difficult to demonstrate the implicit linkages between domestic and foreign interests of the principal institutions which happened to be involved. In the following essay this will be undertaken with regard to the attitudes of the various groups and institutions responsible for the formation of National Socialist foreign policy towards potential subversive movements outside Europe, whose aim was to instigate revolutionary uprisings within the British Empire. In view of the revolutionary claims of the National Socialists, one might have expected that they would have been ready to embark on subversive activities in these spheres of the globe.

However, apart from the 'racial revolution', Hitler had no intention, either in Europe or beyond, to transform his military campaigns into revolutionary

[14] Cf. *Gordon A. Craig*, The German Foreign Office from Neurath to Ribbentrop, in: *Gordon A. Craig* and *Felix Gilbert* (eds.), The Diplomats 1919—1939, vol. 2, New York 1974, p. 430; *Heinz Höhne*, Canaris. Patriot im Zwielicht, Munich 1972, pp. 218—243.

[15] See e. g. *Jost Dülffer*, Zum „decision-making process" in der deutschen Außenpolitik 1933—1939, in: *Funke* (ed.), pp. 186—204.

[16] *Edward N. Peterson*, The Limits of Hitler's Power, Princeton 1969; *Hans Mommsen*, Beamtentum im Dritten Reich, Stuttgart 1966; *Jane Caplan*, Bureaucracy, Politics and the National Socialist State, in: *Peter D. Stachura* (ed.), The Shaping of the Nazi State, London 1978, pp. 234—256.

wars for the emancipation of the underdog. Although Goebbels' propaganda claimed that Germany was defending social progress against the decadent Western capitalism and that she was conducting a revolutionary campaign in her obvious capacity as the gravedigger of the colonial empires, the nature of this 'revolution' remained extremely vague. On the other hand, widespread admiration for Nazi Germany and Hitler could certainly be found among Arab and Indian nationalists [17].

If one were to attempt to draft a scenario of *revolutionary* strategies which Nazi Germany might have pursued, the following scheme could emerge:

(1) An anti-Bolshevik all-European crusade for which Hitler had already prepared the ground internally, by ruthlessly eliminating the Communist and Socialist opposition inside Germany, and externally, by the diplomatic offensive leading to the Berlin-Rome-Tokyo Axis and the wishful alliance with Great Britain. The Eastern *Lebensraum* was to be the essential component of the Nazi 'New Order' [18].

(2) An initiation towards a universal racist revolution ("rassische Neugestaltung Europas") as visualized in Hitler's paranoic mind. It was to be conducted in the name of the new 'super-race' for the benefit of all Germanic races. The pseudo-scientific basis for this ominous trend was provided by perverted social Darwinism. On the metaphysical level, however, this radical option could be seen as the mirror image of the universal class war, as it had been propounded under the banner of world revolution by the Marxists. The sinister prelude to this most destructive of all revolutions, materialised during the war in the form of the Final Solution as applied against the world Jewry and the Slav 'sub-race'.

Against these, what one might classify as the right-wing options, one might think of a 'leftist' alternative, consisting again of two complementary strategies:

(3) An anti-western, anti-plutocratic revolution. This was a relatively short-lived conception confined to Europe, which derived from the leftist factions

---

[17] More details in: *Milan Hauner*, India in Axis Strategy. Germany, Japan and Indian Nationalists in the Second World War (forthcoming 1980), especially chapter „India and the European War". See also *Lukasz Hirszowicz*, The Third Reich and the Arab East, London 1966, pp. 26—42. — The first shortened version of „Mein Kampf" (Kifahi), transl. and ed. by *A. M. al-Sadati*, was published in Cairo in 1935. From then onwards several expurgated editions of „Mein Kampf" appeared in Syria, Iraq and Egypt, omitting especially Hitler's antisemitic outbursts. E. g.: *Ahmed Hussein* (ed.), Imani (My Faith), Cairo 1939, 1946; *Thabit-Thabit*, Hitler fi-Mizan (Hitler in the Balance), Cairo 1938; Almaniya al-Youm, A. Hitler al-Iqtisadi (Germany Today. A. Hitler — Her Saviour), Cairo 1938. (I am grateful to Hans-Heino Kopietz for this information, whose monograph, "Radical Nationalism in the Middle East 1933—1942", is due to appear shortly).

[18] *Jacobsen*, Außenpolitik, p. 51.

within the Nazi movement. Hitler opposed it resolutely and succeeded in eliminating it before the seizure of power [19].

(4) A revolutionary partnership with the have-nots in the non-European areas of the world. This was a specific variant of the above with which it shared the same ideological incentives, such as international anti-imperialism [20], and had, in the 1920s, been encouraged by the north-western faction of the NSDAP dominated by the Strasser brothers, the young Goebbels, and some others. The Strasser group rejected the old colonial claims made by the traditionalists, declared their opposition to any form of colonial rule and exploitation, and called for a joint struggle in support of the oppressed masses in the East. They also advocated friendship with the Soviet Union and expressed solidarity with the national emancipation of the Indian people [21].

Neither of these latter two options had a real chance of being fully exploited since Hitler had squashed them in his uncompromising struggle for unchallenged leadership. But some residuals were still present in his thoughts, as his controversial "Testament" testifies [22]. Moreover, it is important to discuss this issue here since it will enable us to clarify the relationships between the professionals and amateurs within the sphere of Nazi foreign policy on the one hand, and to throw some light on the role of nationalists from the Islamic and Indian world who threw in their lot with the Axis Powers. This is particularly true of Indian revolutionaries who placed great hopes in a joint Nazi-Soviet strategy towards those regions which were under British and French colonial rule. The signing of the Molotov-Ribbentrop Pact encouraged those expectations. Even before the arrival of Subhas Chandra Bose in Berlin via Moscow — and he was unquestionably the most genuine Asian revolutionary collaborating with the Axis — there were Indians in Europe who had transferred their allegiances from Communism to Fascism or Nazism (e.g. Muhammad Iqbal Shedai, who was in charge of anti-British Indian propaganda in Rome, or the journalist Habibur Rahman, who was writing inflammatory articles on the exploitation of India by British imperialists for the *Völkischer Beobachter* [23]).

---

[19] See below n. 22.

[20] *Otto Strasser,* Hitler and I, London 1940, pp. 117—119.

[21] *Reinhard Kühnl,* Die nationalsozialistische Linke 1925—1933, Meisenheim 1966, pp. 288—290; *Klaus Hildebrand,* Deutsche Außenpolitik 1933—1945, 3. Aufl., Stuttgart 1976, p. 22; *id.,* Vom Reich zum Weltreich, München 1969, pp. 237—247; *Jeremy Noakes,* Conflict and Development in the NSDAP 1924—1927, in: JCH 4 (1966), pp. 3—36.

[22] *François Genoud* (ed.), The Testament of Adolf Hitler. The Hitler-Bormann Documents, February—April 1945, London 1961, pp. 46, 60—61, 70—72; see also *George L. Mosse,* The Crisis of German Ideology, New York 1964, p. 292.

[23] As under *Hauner* n. 17 above. *Habibur Rahman,* Die indischen Plutokraten, in: Völkischer Beobachter of 17/9/1940.

II.

After the Nazi seizure of power the Wilhelmstrasse preserved the image of non-involvement longer and more successfully than any other important Reich ministry. It remained a veritable refuge for the professionals of the *ancien régime,* of those arrogant officials recruited from the same narrow social basis of aristocracy, officer families and high bureaucracy, whom Hitler despicably called "the veritable garbage dump composed of the refuse of incompetent rejects from other walks of life"[24]. Well, these 'incompetent rejects' remained in office despite the class hostility shown towards them by the Nazi upstarts and Hitler himself. Moreover, they believed that they, and not the Nazis, were the only caste competent to run Germany's foreign affairs. They stressed their exclusive esprit de corps, their unbiased professionalism and unique experience, against the amateurism of the Nazi parvenus. There were thus hardly any changes of personnel in diplomatic posts abroad as a result of the Nazi 'legal revolution' —with the notable exception of the German Ambassador to Washington, Friedrich von Prittwitz-Gaffron, who had resigned in protest against the Nazis coming into power[25]. The Foreign Minister, Baron Konstantin von Neurath, remained, however, clinging to his post from as early as 1932 until 1938. Not a single Nazi became chief of a mission until Ribbentrop's appointment to London in 1936, nor did they succeed in taking over any of the important posts in the Wilhelmstraße itself until 1937 — if one does not count the brief and rather lamentable episode of one *Parteigenosse* in 1933 endowed with formidable titles, for he was the hereditary Prince Josias zu Waldeck & Pyrmont, an ex-Freikorps member, SS-Gruppenführer, delegated from Himmler's personal staff to the Foreign Office. This Prince and Party Comrade resigned after a few months admitting that he could not cope[26]. Thus, the brown- or blackshirts did not manage to strip off the striped trousers.

During the Wilhelmstraße Trials after the war many former diplomats alleged that in the exercise of their profession, while subordinated to the Hitler regime, they had no integral connection with Nazism; that the diplomatic service served more permanent national interests than those of the Third Reich which was regarded by them as a temporary regime in any case. Thus Paul Otto Schmidt, the chief interpreter in the Foreign Office, professed that "governments came and went, foreign ministers changed, but for German diplomats such events signified no change in their fundamental task: to represent the Reich abroad"[27].

---

[24] *Henry Picker,* Hitlers Tischgespräche im Führerhauptquartier 1941—1942, Stuttgart 1976, p. 423 (6/7/1942).

[25] *Jacobsen,* Außenpolitik, p. 466.

[26] *Kordt,* Nicht aus den Akten, pp. 59.; *Seabury,* p. 30; *Jacobsen,* Außenpolitik, pp. 27, 467.

[27] *Schmidt,* p. 560.

Ernst von Weizsäcker, the Secretary of State in the Foreign Office from 1938 to 1943, claimed that "as a civil servant, one does not serve a constitution, but the Fatherland. One serves whichever government and constitution is given to the country by the people"[28]. His predecessor, Bernhard von Bülow, who did not survive the Nazi regime — as he had already died in 1936 — epitomised through his behaviour the superior attitude of a traditional Prussian bureaucrat who refused to accept the fact that Hitler could one day conduct diplomacy without people like him. He would claim that he remained in office to prevent worse things from happening („. . . um Schlimmeres zu verhüten")[29]. But there were also other diplomats who became actively involved in the conspiracy against Hitler, such as Herbert Blankenhorn, Hans Bernd von Haeften, Ulrich von Hassell, Theo Kordt, Werner von der Schulenberg, and Adam von Trott zu Solz.

The Party affiliation of higher foreign service officials is not very revealing. Seabury counted that on 1 December 1937 out of 92 of them about one-third was known to have been admitted to Party membership. But only seven joined the NSDAP before entering the Foreign Office, 26 joined after, one was rejected, and about 21 we have no information. This still leaves a total of 37 non-Party members[30]. In 1940, i. e. after two years of Ribbentrop's regime and when Germany was at war, there were no more than 71 Party members out of 120 higher officials[31]. If one applies the comparative standards of another totalitarian state, the Soviet Union, this would have been unthinkable. In such a case one would have expected 100 per cent Party membership[32]. Only a very few foreign service officials really did identify themselves with the Nazi regime, and it is perfectly safe to argue that the majority of those who had joined the Party did so as fellow-travellers. Even less revealing was the affiliation with the *SS,* which was one of the first acts performed by Ribbentrop when he was nominated Foreign Minister by Hitler. He needed the backing of the *SS* for strengthening his power base in the political game and for a short time it seemed as if Himmler supported Ribbentrop whom he made an SS-Gruppenführer[33].

Joachim von Ribbentrop was, of course, the most important amateur who was imposed on the Foreign Office by Hitler. He rose, above all, by exploiting his position as 'Special Envoy' *(Sonderbotschafter)* of his Führer on various

---

[28] *Seabury,* p. 78.

[29] *Peter Krüger and Erich J. C. Hahn,* Der Loyalitätskonflikt des Staatssekretärs Bernhard Wilhelm von Bülow im Frühjahr 1933, in: VjhZG 20 (1972), pp. 376—410.

[30] *Seabury,* p. 63.

[31] *Jacobsen,* Außenpolitik, pp. 28, 464.

[32] E. g. *J. F. Triska and D. D. Finley,* Soviet Foreign Policy, New York 1968, p. 67.

[33] *Seabury,* p. 63; *Jacobsen,* Struktur, in: *Funke* (ed.), p. 146; *Heinz Höhne,* The Order of the Death's Head. The Story of Hitler's SS, London 1972, pp. 255—256.

very special missions. Alfred Rosenberg, who remained Ribbentrop's chief rival until the 'bitter end', had been widely regarded as the Nazi No. One candidate for the post of Foreign Minister. But Rosenberg had already discredited himself in the summer of 1933 during his special mission in London where he tried, with the maximum clumsiness imaginable, to win the good graces of the British ruling class for the ideas of National Socialism. Ribbentrop, on the other hand, was more successful as a diplomat in England where he negotiated in 1935 the Naval Treaty, and made Anglo-German relations, which were of crucial importance to Hitler, a sort of private preserve when he was appointed Ambassador to London in 1936. The Foreign Office was powerless to protest against this intrusion. But Ribbentrop did not bring from London the alliance with Great Britain — Hitler's most ambitious aim. The other area in which the Wilhelmstraße had no effective control was Austro-German relations in whose context Franz von Papen, the former Reich Chancellor and Hitler's Vice-Chancellor, assumed a very similar position to Ribbentrop vis-à-vis Britain. Papen, a representative specimen of the old regime, had had very diversified diplomatic and subversive experiences during the First World War which he found extremely useful when he was later posted to Turkey as Germany's Ambassador. Papen's nomination to Vienna led to a further loss of prestige for the Wilhelmstraße, since Papen, who understood the essentials of the Nazi power game, made the acceptance of his Viennese post conditional upon his independence from the jurisdiction of the Foreign Office and the Party, and stipulated that he wanted to be responsible to Hitler alone [34]. Was this an indication of the new 'revolutionary' style of diplomacy in which Hitler wanted to conduct his foreign affairs, by-passing the worn-out channels of traditional diplomatic practices of the Wilhelmstraße?

This was by no means clear until the disintegration of Czechoslovakia during 1938/39, which remains perhaps the only and most striking case in which Nazi 'revolutionary' tactics were applied with immediate success. But elsewhere, even if we go as far back as 1934 and the abortive pro-Nazi putsch in Vienna, such aggressive methods as using sabotage actions, armed incursions by specially trained agents, and active exploitation of the fifth-column elements available among ethnic Germans close to the Reich's frontiers, were far less successful. The Czechoslovak case was unique in that it gave Hitler a number of considerable advantages which his propaganda could successfully exploit; but even here, he would trust in the last resort nothing less than the full-scale employment of his armed forces. As for the position of the Foreign Office, from 1936 onwards one could bear witness to its steady decline despite the practical support and

---

[34] *Joachim v. Ribbentrop*, Zwischen London und Moskau, (ed. by *Annelise v. Ribbentrop*), Leoni a. Starnberger See 1961, pp. 94—123; *Craig*, pp. 420—427; *Papen*, (Engl. ed.), p. 383.

collaboration it received from the Wehrmacht, whose leaders were in agreement with the top echelon of the Wilhelmstraße that the Nazi intruders must be kept away. But events in Spain and China testified to further loss of prestige by the Foreign Office. The pro-China policy of the Wilhelmstraße and of the Wehrmacht was thwarted by the activities of Ribbentrop and his special agency *(Dienststelle Ribbentrop)*. This led to Germany stopping her military aid to China and replacing it by an alliance with Japan within the framework of the Anti-Comintern Pact, also called the Axis, from which the wartime Tripartite Pact emerged [35].

Finally, February 1938 saw that triumphant parvenu Ribbentrop taking over from Neurath the reins of power in the Wilhelmstraße [36]. This was so far the greatest humiliation for the professionals. However, there were not a few among them who hoped that the new Minister, immediately obsessed with the prerogatives of his new office, would want to win back everything which the Office had lost under Neurath. The chief legal adviser, Under Secretary of State Dr. Gaus, confirmed at Nuremberg that his main activity had been nearly 90 per cent concerned with Ribbentrop's competency conflicts [37]. From then onwards Ribbentrop started an almost paranoic battle, first to broaden the juridical sphere of his Office, and later at least to defend its institutional survival in a sea of competitors [38]. But one should not be mistaken about the true character of Ribbentrop's vain and futile struggle. If Ribbentrop, for instance, pressed for a particular issue before Hitler, it was not that he believed in it passionately, or might have been rationally convinced that this was the right course for Germany to follow. He did it mostly because he discovered that his rivals, in particular Rosenberg, threatened to overtake him in that particular initiative. We cannot understand Ribbentrop's actions unless we realise that his self-protective instincts were dominated largely by fear of losing Hitler's favours. In order to keep off his rivals from Hitler's presence Ribbentrop decided he must, as far as it was technically possible at all, be permanently in the Führer's presence. Consequently, he had to neglect his duties in the Foreign Office which he accepted as a lesser evil. The tragedy of Ribbentrop was that after 1941 he could no longer perform deeds for his Führer, while others still could. Thus the only pathetic activity which remained to him was cultivating this kind of personal attendance at Hitler's court where he spent most of his time, while he should have been reading despatches from abroad instead. The epitomy of Ribbentrop's pathetic isolation was his vain attempt to resign in the spring of 1942 which Hitler rejected out of hand [39].

[35] *Craig,* pp. 428—433; *Jacobsen,* Außenpolitik, p. 330.
[36] For a portrait of Ribbentrop's unattractive personality, see *Joachim Fest,* The Face of the Third Reich, London 1970, pp. 175—186.
[37] IMT XII, p. 1190; *Ribbentrop,* pp. 281—283.
[38] *Craig,* p. 434.
[39] E. g. *Fest,* p. 184; *Ribbentrop,* p. 256.

In his brilliant analytical study on the rise and fall of Martin Luther, one of Ribbentrop's remarkable creatures at the Foreign Office, Christopher Browning compares Hitler's empire to a feudal monarchy in which the Führer stood as arbiter over his squabbling vassals [40]. Along with other Nazi chieftains, Ribbentrop, too, needed his own private army led by a sub-vassal directly loyal to him, who would constantly guard the domain against encroachment by others. Ribbentrop found such a man in Martin Luther who exemplified the new category of ruthless amateurs surrounding him. Luther had served his chief loyally and accompanied him to London, though he had no previous experience in foreign service whatsoever. Once inside the Foreign Office, Luther advanced rapidly to become one of the three Under-Secretaries of State and Head of the newly created ‚Deutschland-Abteilung‘, the largest department in the Wilhelmstraße, seen by the old establishment as a sort of cancer growing in their midst. Luther accumulated power for its own sake, simply to gain more power. Browning is convinced that Luther never articulated any guiding principle or fundamental goal. Under the cover of revitalisation of the 'fossilised' Foreign Office, and 'Nazification' as demanded by his liaison with the Party Secretariat, Luther was constantly extending and expanding his already over-sized power base. What makes Luther's case interesting, however, was the curious phenomenon that he led what was perhaps the only compact faction inside the Foreign Office, the so-called Büttner circle of young men, who had been personally recruited by Luther for the Bureau Ribbentrop and had joined the NSDAP at a very young age before 1933. As the war reached a stalemate by the end of 1942, these young dissidents became completely disillusioned with Ribbentrop's incapacity to conduct Germany's foreign affairs. They decided to act and drafted a 'Europe Plan' which was to lay the foundations for peace talks with the Western Powers on the basis that Germany was to remain under National Socialism, but would give up her claims to hegemony and restore the independence of Czechoslovakia and Poland [41]. Pressed by Luther, Ribbentrop finally in December 1942 showed the draft to Hitler whose reaction was predictable: he rejected any peace-feelers as signs of weakness; he must first have his decisive military victory in the East! [42] Having failed in their initiative, the young dissidents, under Luther's encouragement, started a vast conspiracy aiming to bring down their own chief on the grounds that he was "in his megalomania smashing the last porcelain". Their calculation was false and naive at the same time, as they speculated that the fall of Ribbentrop, which

---

[40] *Christopher Browning*, Unterstaatssekretär Martin Luther and the Ribbentrop Office, in: JCH 12 (1977), pp. 313—344; *id.*, The Final Solution and the German Foreign Office. A Study of Referat D III of Abteilung Deutschland 1940—43, New York 1978.

[41] *Browning*, Luther, pp. 332—3.

[42] Ibid.; *Ribbentrop*, pp. 263—4.

Luther and his group wanted to achieve with the assistance of the SS and the SD, would bring down the entire regime. Predictably, the SA man Luther, who had tried in the past to save many of his fallen colleagues after the Röhm purge by arranging sinecures for them in the Foreign Office, was betrayed by the SS. Although Luther and the SS were both united by their enmity against Ribbentrop, ultimately it was not in Himmler's interest to see the weak Ribbentrop losing powers or having him deposed. In February 1943 Luther and his group were arrested; he himself spent the rest of his days in a concentration camp and the German Department of the Foreign Office was dissolved. Thus ended the biggest crisis of confidence (Vertrauenskrise) which brought about the most significant reshuffle in the Foreign Office during the war, including the demotion of Weizsäcker and Woermann, the Secretary and Under-Secretary of State in the Political Department [43].

On the whole, the Foreign Office continued after the last reshuffle, and indeed during the entire Ribbentrop era which was supposed to bring about a radical change in the Wilhelmstraße, with very much the same personnel, i. e. the old professionals. But even those few and apparently radical amateurs forcibly introduced into the Office by the new chief did not pursue, as one might expect, any distinctly 'revolutionary' course. The best example here is the activities of SS-Gruppenführer Wilhelm Keppler and his obscure responsibilities. Keppler, an old Party member and friend of Himmler, earned himself distinction as an intriguer in 1938/39 during the *Anschluß* of Austria and the disintegration of Czechoslovakia. In 1941 he was propelled into the Foreign Office as the additional, beside Weizsäcker and Bohle, Secretary of State 'for Special Duties' (zur besonderen Verwendung), which meant simply that he was put in charge of 'revolutionary' tactics such as subversion by means of radio propaganda and direct armed intrusion particularly in the Islamic countries through specially trained units in collaboration with the Abwehr. This was to be the new field of activity for the Foreign Office since the pursuit of routine diplomacy shrank during the war into insignificance — with the exception of maintaining relations with Germany's allies and a few important neutral countries. Whereas in August 1940 the Reich had still maintained diplomatic relations with over 40 countries, two years later, while Nazi Germany exercised hegemony over Europe and Nord Africa, only 22 countries remained represented in Berlin, and in only ten neutral countries were German diplomats allowed to stay [44]. However, the new unorthodox tactics were not encouraged by the unscrupulous amateurs like the SS man Keppler, but for different reasons by the old professionals who were his subordinates: Dr. Fritz Grobba, the Oriental expert in charge of the Arab question, and German Minister in Iraq and in Saudi-Arabia where he

[43] Ibid.; *Seabury*, p. 131.
[44] *Seabury*, p. 111.

315

helped to engineer the coup d'Etat in 1936 [45], his embittered rival Dr. Werner Otto von Hentig, until 1939 the head of the Oriental Section in the Political Department of the Foreign Office, who was the advocate of perhaps one of the wildest subversive schemes in Central Asia to upset the British position there [46], and last but not least, Dr. Adam von Trott zu Solz, though a newcomer in the Foreign Office, was soon to become the main driving force behind the newly established Special India Bureau *(Sonderreferat Indien)* [47].

III.

One of the fundamental difficulties in contemporary historical research into the Third Reich remains the problem of assessing the share which various competing governmental and Party institutions had in the formulation and execution of Nazi foreign policy, and to what extent this combined and chaotic interplay of pressures did influence Hitler's own plans.

The *Dienststelle* (or *Büro*) *Ribbentrop*, set up in 1934, was the nearest equivalent in structure to the Foreign Office [48]. The *Dienststelle* was, at first, not intended to duplicate and thereby to challenge directly the authority of the Foreign Office. It could certainly not replace the Foreign Office in its multitude of representative functions abroad, but it could interfere within a special but topical area of foreign relations, such as Anglo-German, or later Russo-German relations. In principle, it was to function as a Party advisory agency on foreign affairs for the benefit of the Führer himself. Frictions between the two institutions nevertheless became unavoidable the more Ribbentrop displayed the doubtful talents of his unorthodox diplomacy as Hitler's very special emissary. He conceived his Bureau as a mere executive organ of the Führer's supreme will whose ad hoc directives were never questioned. The *Dienststelle* thus constituted the preliminary but essential power base, at this stage still enjoying the backing of Himmler's SS, for Ribbentrop's ultimate assault on the directorship of German foreign affairs. The parallel existence of these two institutions is a good example supporting the 'Dual State' theory [49]. However, Ribbentrop attained

---

[45] See *Fritz Grobba*, Männer und Mächte im Orient, Göttingen 1967; *Hans-Heino Kopietz*, The Iraqi Coup d'Etat of 1936, in: *A. Kelidar* (ed.), The Integration of Modern Iraq, London 1979, pp. 46—62.

[46] *Werner Otto v. Hentig*, Mein Leben eine Dienstreise, Göttingen 1963; *id.*, Aufzeichnungen 1934—1969, 3 vols., Archiv des Instituts für Zeitgeschichte, München.

[47] *Christopher Sykes*, Troubled Loyalty. A Biography of Adam Trott zu Solz, London 1968.

[48] *Jacobsen*, Außenpolitik, pp. 252; *id.*, Struktur, in: *Funke* (ed.), pp. 162—164, 177; *Seabury*, p. 52.

[49] Cf. *Ernst Fraenkel*, The Dual State. A Contribution to the Theory of Dictatorship, New York 1941.

his goal without causing a fundamental clash between the Foreign Office and his Bureau, simply by virtue of his appointment as Foreign Minister. His Bureau then merged with the Foreign Office but was never officially dissolved.

The *Auslandsorganisation* of the NSDAP had a much narrower task to perform, namely to maintain contact with Party members outside the Reich's frontiers (65,000 in 1939, half of them sailors) [50]. Although these Party members were a tiny minority among German nationals abroad, a mere six per cent until 1937, they were nevertheless expected to report on the activities of their fellow-countrymen, especially on those occupying important positions of responsibility. But on the whole, the AO was a failure despite its vast bureaucratic machinery of 800 employees. Some junior diplomats were appointed or recalled as a direct result of AO's pressure, but heads of missions remained untouchable for Nazi denunciators. Foreign press had frequently attacked the AO members as fifth-columnists, comparing their activities to those of Komintern agents, and this view has also penetrated some historical writings [51]. This is an exaggeration. With the exception of the misfired putsch in Vienna in 1934, which forced Hitler quickly to retreat from his 'revolutionary' experiments for a while in order to improve his image in Western Europe, there was no serious attempt to encourage Nazi Party members abroad to adopt subversion as a legitimate weapon until 1938. The Head of the AO was a young, ambitious, English-born Gauleiter, Ernst Wilhelm Bohle, protégé of Rudolf Heß, the Führer's Deputy, to whom he was directly subordinated. The AO's interference increased with Bohle's promotion to Secretary of State at the Foreign Office in January 1937. But his influence was easily checked and neutralised by more powerful rivals such as Göring and Goebbels, both of whom had opposed for tactical reasons the dissemination of Nazi propaganda by Party members outside the Reich's borders. During the war the AO became so unimportant that even Ribbentrop easily achieved Bohle's effective isolation [52].

To illustrate the AO's cautious behaviour towards potential sympathisers with Nazi Germany, let us cite one example of its activities in India where the press frequently attacked Dr. Oswald Urchs, the *Landesgruppenleiter* of British India and Ceylon, as the 'Gauleiter of India' in charge of fifth-column activities [53]. But apart from collecting information and organising cultural evenings during which Nazi propaganda films were shown, no other activities remotely comparable to subversion could be proven. In any case, at the outbreak of the war there were no schemes of subversion initiated by German agents in that area, and it took a year-and-a-half before the Abwehr agents in Kabul, which was the centre

---

[50] *Jacobsen*, Außenpolitik, pp. 90—160; *Seabury*, pp. 32.
[51] *Luis de Jong*, Die deutsche fünfte Kolonne im Zweiten Weltkrieg, Stuttgart 1959.
[52] Runderlaß No. 995 of 27/11/1941, ADAP/D/XIII, p. 843.
[53] E. g. *T. Hartley*, Nazi Intrigue in India, in: The Illustrated Weekly of India of 18/2/1940. For further details see under *Hauner* n. 17 above.

of German Intelligence for the whole of Central Asia during the war, were ready for action. But already in December 1938 an important secret approach was made by the then President of the Indian National Congress, Subhas Chandra Bose, to meet Dr. Urchs and another *Parteigenosse*, Dr. Wulfestieg, both representing the AO in Bombay. Bose, who was greatly interested in the improvement of Indo-German relations, presented a whole catalogue of grievances related to the recent estrangement between the two countries. His main complaint, besides attacking Nazi propaganda for its racial insults against the Indians, was his growing suspicion that the Reich's foreign policy was working towards an arrangement with Britain. He asked the two Nazi representatives point-blank about any German plans for such an arrangement, whether Germany had the intention of supporting the 'aging and tired Empire' in the event of war. Neither of the two Germans was prepared, of course, to answer such challenging questions, but in his report to the AO Headquarters in Berlin, Dr. Urchs emphasised that Bose's views should be taken seriously into account, since there seemed to be a distinct possibility that the radical faction of the Congress movement led by Bose might seek German support in their struggle against British rule. To give such encouragement to Bose, Dr. Urchs thought, was also important for the immediate improvement of Indo-German economic relations, adversely affected by the current boycott of German goods in India. Furthermore, a more friendly attitude by the Congress Party might help Germany to participate in the long-term industrialisation scheme of India, also drafted by the Congress, which would be of great economic advantage to Germany and so vital at that stage, Dr. Urchs emphasised in concluding his report. But in Berlin they were not interested in Bose's offer. The AO's main concern was whether the British authorities, once they learned about the secret meeting in Bombay, would not consider it as serious interference by an outside power in their internal matters[54]. Three months later, Dr. Hjalmar Schacht, until recently the Reich Minister of Economics and President of the Reichsbank, came to India with an offer to assist industrialisation by importing German machinery. He encountered such hostility from the local press that his Indian tour, lasting almost three months, ended as a complete fiasco[55].

The Foreign Policy Office of the NSDAP *(Außenpolitisches Amt/APA)* was a much smaller institution than the AO — its staff increased from 24 (1933) to 80 (1938), but its work had much wider consequences[56]. As Jacobsen aptly describes it, it worked according to the iceberg principle, for very little was known about its proper activities and even that little was purposefully disguised. In addition to its two main functions, namely to fight against 'world Jewry' and Bolshevism, the APA had in the words of its head, the chief Nazi ideologist Al-

---

[54] Ibid., *Hauner* n. 17 above.
[55] Ibid.; The Hindustan Times of 26/5/1939.
[56] *Jacobsen*, Außenpolitik, pp. 45—89; *Seabury*, p. 34.

fred Rosenberg, an important supplementary task: to build a hermetic ring, a 'flank position', around the Soviet Union, from which the future German *Lebensraum* could be protected, and at the same time, the Western Powers, in particular Great Britain, effectively threatened in the Middle East and in India [57]. As early as 1934 the APA began to discuss plans with experts from Fascist Italy to undermine the cohesion of the multi-national Soviet state. One of Rosenberg's closest associates, Dr. Georg Leibbrandt, like him also an ex-Tsarist subject, met on a regular basis with Mussolini's Eastern expert, Enrico Insabato, to discuss what they called the centrifugal forces in the Soviet Union and how these could be reactivated. Together they shared the vision of transforming the Black Sea region and the Caucasus into a chain of smaller dependencies under German and Italian control. Their correspondence reveals that they visualised Italy establishing control over Soviet Central Asia and challenging from that position the British Raj in India [58]. In his underhand activities Rosenberg claimed considerable achievements, particularly in such areas as Scandinavia and the Balkans, where for instance in Romania the APA allegedly helped to manipulate an overtly fascist and antisemitic Government into power in December 1937 [59].

However, the area in which the APA often played a more active and, above all, a more systematic role than the Wilhelmstraße, was the Middle East, especially countries like Turkey, Iran, Iraq and Afghanistan. The APA saw in foreign trade an excellent instrument for fostering Nazi political aims in strategically sensitive areas. The preparatory work done by the APA through sending out technical experts, in suggesting impressive schemes for industrialisation and improvement of communications, helped to build up considerable German interests in these countries, which were naturally directed against the British hegemony in this region. Afghanistan is a good case in point. In retrospect, one can perhaps try to reconstruct the entire pattern of penetration into this country as it materialised, stage by stage, during the relatively brief inter-war period. It started from an innocuous cultural presence demonstrated by the support of a German school and a number of scientific expeditions which, nevertheless, contributed to the collection of valuable intelligence data, as the case of the famous Swedish traveller, Sven Hedin, and his co-operation with German authorities in both World Wars, could sufficiently exemplify. A further step was the expansion of commercial relations which inevitably led to Germany asserting her position as the main contractor for military hardware (*Rheinmetall-Borsig* and *Škoda*, after taking over in March 1939 the Czechoslovak arms contracts), accentuated by the presence of German instructors with the

[57] IMT XXV, docs. 003-PS & 007-PS.

[58] Correspondence Leibbrandt Insabato 1937—1941, GRM T-81, roll 18; see also under *Hauner* n. 17 above.

[59] As in n. 57 above.

Afghan Army. Thus, not surprisingly, before the outbreak of the Second World War, the German colony was already the largest European settlement in Afghanistan, and German experts were putting their fingers on strategically sensitive projects in the sphere of civil aviation (establishing a direct link between Berlin and Kabul by the *Lufthansa*) and telecommunications *(Telefunken)*. On the basis of a secret agreement signed in October 1937 between the Afghan Government and the *Organisation Todt,* which remained unknown to the British until late 1941, the OT was guaranteed exclusive rights in supervising the entire construction of roads and bridges in the country. The financial gains in granting economic and technical aid to Afghanistan were of course negative, but in taking a long-term view, as the APA did in contrast to the Foreign Office, the German venture in Afghanistan might appear in a different light. Had Nazi Germany expanded her position in Afghanistan into one of exclusive control — which was always a tempting speculation among certain circles in Berlin — the military-strategic advantages would have been self-evident in presenting a permanent threat, on the one hand, to British India at its most vulnerable North-West Frontier, and at the same time to Soviet Central Asia with its Muslim population, easily receptive, as the events of the Second World War will show, to anti-Bolshevik and anti-Russian propaganda [60].

Although a post-festum reconstruction of such a scenario of gradual German penetration into Afghanistan is a relatively easy exercise, a much more difficult task is to prove that such a scheme had dominated the vision of a particular politician or group of people influencing German foreign policy decisions. There is no evidence of this prior to September 1939. However, in the summer of 1941, none other than the Government of India attempted to draw up their cumulative experience on German penetration in countries like Iraq, Iran and Afghanistan, which lay under the military responsibility of the India Command. This tentative scheme has five stages: (a) Introduction of specialists in the form of key-men in industry; (b) formation of propaganda agencies and fifth column organisations; (c) reinforcement of this advanced guard by 'tourists'; (d) occupation and development of aerodromes to 'protect' the country concerned against aggression; (e) finally, occupation of the country by Axis forces and its complete domination [61]. It might be interesting to compare the above with a remarkable memorandum of 18 December 1939, entitled "Afghanistan — the Objective of the APA", in which Rosenberg claims that the APA had been the chief instrument in arranging the bilateral treaties between Germany and Afghanistan, and made supreme efforts in arranging interviews for the Afghan Prime Minister and members of his Government during their visit to Germany in 1936 and 1937, despite opposition from the Foreign Office, in particular that of the head

[60] As under *Hauner* n. 17 above.
[61] Government of India to India Office, No. 3389 of 6/7/1941, in: India Office Records, file L/P & S/12/1778 (as in n. 15 above).

of the Oriental Section, von Hentig. Summing up the long-term objective of the APA, Rosenberg says:

> It was the objective of the APA to make it possible for Afghanistan to remain neutral in the case of war, and if the opportunity arose, for the country to be used by Germany for operations against British India or Soviet Russia. The implications of such a programme for the British Empire in the event of a war were also shown by the World War, when Germany failed to take advantage of the balance of forces in the Near East ... In close collaboration with the present Afghan Government the APA drew up a comprehensive plan for all sectors of Afghan public activity and arranged for the appointment of German experts in Afghan governmental service. By means of such experienced German personnel a network was to be established in the vital positions providing Germany with the possibility of utilising them in the event that Afghanistan should take military action with German aid [62].

The notorious competition between the APA and the Foreign Office reached dangerous proportions during the autumn of 1939 in connection with the so-called Amanullah Plan, which was vehemently opposed by Rosenberg. This incredibly improvised project was probably the boldest 'subversive' scheme the Foreign Office contrived at the beginning of the war. Its main author was von Hentig, no doubt strongly inspired by his memories of the Afghan expedition he himself had led on behalf of the Imperial Foreign Office in 1915. This time, ex-King Amanullah, the moderniser of Afghanistan and friend of Bolshevik Russia, who modelled himself on Kemal Atatürk, ousted from his country in 1928 and since living in Rome, was to be restored to power by means of a fantastic peripheral operation which would have required substantial Soviet logistic backing. For this purpose Ribbentrop sent out to Moscow one of his Russian experts, Dr. Peter Kleist, to negotiate with Molotov [63]. Ribbentrop, of course, had his eyes eagerly set on the disintegration of the British Empire. Not unlike during the First World War, Afghanistan suddenly assumed a place of crucial strategic importance. With the largest potential guerrilla force in the world on the North-West Frontier, a pro-German Government in Kabul could easily tie down, so the Berlin planners speculated, the entire Indian Army, thereby preventing troop reinforcements being shipped to Europe. Soviet support, as both the Wehrmacht and Abwehr insisted, was the absolute precondition for the success of the Amanullah Plan. But the optimistic Ribbentrop hoped it would be forthcoming since he was convinced that the elimination of the British factor from Central Asia was in Stalin's as well as in Hitler's interest [64].

---

[62] *Hans-Georg Seraphim* (ed.), Das politische Tagebuch Alfred Rosenbergs, Munich 1964, pp. 186—194.

[63] *Peter Kleist,* Zwischen Hitler und Stalin 1939—1945, Bonn 1950.

[64] As under *Hauner* n. 17, especially chapter „The Amanullah Plan".

But Hitler was certainly not prepared to go as far as co-operating with the despicable Russian Bolsheviks in the destruction of the British Raj in India, which provided many an inspiration for his future *Lebensraum* over the Eastern territories. Thus, when Rosenberg directly appealed to him to stop the Amanullah Plan, because it was too risky and might ruin the fruit of twenty years' of patient German work in Afghanistan, Hitler decided to cancel the entire plan in the last days of December 1939 [65]. Basically, the long-term objectives for Afghanistan, as formulated by the APA and Foreign Office, were very similar, but as far as the immediate application was concerned, there was an irreconcilable difference between them. Rosenberg's triumph over Ribbentrop in sapping the Amanullah Plan was also the last significant victory of his APA over the Foreign Office on this scale.

Rosenberg's appointment as Reich Minister of the Occupied Eastern Territories in July 1941 opened a new phase in the tug-of-war relationship between him and Ribbentrop since the APA had sunk into oblivion. The Reich Foreign Minister, who rushed to set up his own 'Russian Committee' immediately after Hitler had launched his attack on the Soviet Union, was jealously watching how his rival was expanding his domain of jurisdiction over Russia. Since the complex subject of Nazi policy vis-à-vis Russia cannot be analysed here, one could perhaps select one interesting theme closely related to it. This is the Panturanian question which, besides the Arab and Indian issues, was the third area in which Nazi foreign policy might have exploited its 'revolutionary' appeal among the non-European peoples. As in the case of Afghanistan, the Panturanian scheme had already been tried during the First World War. Nazi Germany had suddenly discovered it after 'Barbarossa' when thousands of Soviet prisoners-of-war of Turkoman origin fervently desired to fight in German uniforms against the Soviet rulers. The promising issue of Panturanism gave Rosenberg and Ribbentrop a new impetus to devise further intrigues against each other. One or other of them would claim the exclusive right to exploit the Panturanian issue, to dispose of the Turkoman prisoners of war who were meanwhile starving to death in German captivity. They would keep in jealously guarded preserve their Oriental experts and informants, and complain immediately to the Führer when the other rival trespassed on their sacred ground [66]. What, however, must not be overlooked is the fact that the two chief rivals did not fight bitterly over the issue of Panturanism, because neither of them had a vision of how best to organise a vast uprising among those twenty million Turkic peoples living on the territory of the Soviet Union. They contended against each other, and were prepared to seize any available exotic issue, no matter how extravagant, in order to enlarge

[65] Ibid.
[66] As under *Hauner* n. 17 above.

322

their respective areas of jurisdiction, which ultimately served to win back the Führer's favours. Rosenberg and Ribbentrop behaved like two rejected lovers who desired to attract Hitler's attention.

What must have particularly infuriated Rosenberg was his belated discovery that Ribbentrop had decided to put in charge of the Panturanian question on behalf of the Foreign Office none other than von Hentig. Not only that: von Hentig was also to go as German Minister designate to Kabul. Rosenberg set wheels in motion in order to sabotage von Hentig on both accounts, thereby taking over from the Wilhelmstraße control over the Panturanian question. Meanwhile Ribbentrop presented a comprehensive memorandum on the three Oriental issues the Foreign Office claimed as its exclusive responsibility, namely on the Arab, Indian, and Panturanian questions. In the last section he pleaded for the establishment of a federation of Turkic states on the present territory of the Soviet Union. After speaking to Rosenberg, Hitler let Ribbentrop know two days later in would not be in Germany's interest to arouse a "Panturanian feeling of solidarity directed against the Russians . . .", since "our objective is first to get control there and to organise the country for our purposes; the last thing we would therefore want there is a sentiment of national solidarity" [67]. This was in spirit very much the same as Hitler's views on the Arab and Indian questions whenever German assistance was invoked. When he had to receive the Arab and Indian leaders in audience during the war, he would invariably use the military excuse, namely the absence of German troops in these non-European regions, as the chief reason for Germany's reluctance to sponsor publicly a declaration of Arab and Indian independence. In reality, he was opposed in principle, that is on racial grounds, to the idea of treating non-Europeans as equals.

But Rosenberg's *Ostministerium* had to face more powerful opponents than Ribbentrop's Office. The natural and human resources of Russia were to be ruthlessly exploited for the Reich's war machine by Göring in terms of raw materials, and by men like Speer and Sauckel in terms of slave labour — not to mention the extermination of the Jews which became the most sinister aspect of Hitler's war for the Eastern *Lebensraum*. Whatever schemes Rosenberg and his staff were drafting for the future administration of Soviet territories, whether this was to be some form of local self-government in the Baltics, an independent Ukrainian state, or even a Caucasian federation, they would all be brushed aside by Hitler and others as irrelevant to the practice of a racial war of annihilation.

A complete list of institutions interfering with the activities of the Foreign Office would have to include the *SS* and its *Sicherheitsdienst (SD)* branch, under Walter Schellenberg, who was in charge of external intelligence operations and subversion. Jacobsen maintains that it was the SS who carried full respons-

---

[67] ADAP/D/XIII, Nos. 468, 475; IMT XXVII, Doc. 1517-PS (as under *Hauner* n. 17 above).

ibility in two major areas of Nazi foreign actitivities, namely population and *Lebensraum* policy. He argues that the SS pursued during the war the most radical 'revolutionary' aim inspired by the Nazi doctrine which overshadowed all other institutions of the Third Reich including the Foreign Office, namely the achievement of the „rassische Neugestaltung Europas" [68]. Through the *Volksdeutsche Mittelstelle* (VoMi), which after 1938 was entirely in the hands of the SS, millions of ethnic Germans outside the Reich frontiers were controlled and manipulated [69]. Ribbentrop, when he was still on good terms with Himmler, tried to co-operate with the SS. In October 1939 the so-called Police Attaché Agreement was signed between the SS and the Foreign Office, whereby SD agents were allowed to carry out espionage work under the diplomatic protection of German missions abroad [70]. But in response to the increasing encroachment of the SS into Ribbentrop's jealously preserved domain, the agreement was revoked in 1941 after SD agents had attempted to engineer a coup in Romania. This attempt failed because Hitler refused to support the radical alternative and preferred instead to keep in power the conservative dictator, Marshall Antonescu. The Balkans were a notorious zone of friction between the two institutions. In the summer of 1941 Ribbentrop succeeded in filling all diplomatic missions in South-Eastern Europe with seasoned SA leaders, deliberately selected from the survivors of the Röhm Putsch [71]. This was probably Ribbentrop's most conspicuous success achieved during the war years against another competitor — but, characteristically for his vanishing powers, it was done by borrowing amateurs from the Party. The Wilhelmstraße professionals were too weak for this task.

Another intruder into Ribbentrop's realm was Goebbels' Propaganda Ministry [72] which influenced the outside world not only through its journalists and highly manageable press, but also during the war through its network of radio stations broadcasting in foreign languages. A certain minimum of co-operation with the Foreign Office nevertheless existed in this sphere, since it was the latter which had to provide the foreign language personnel [73]. The frictions between Ribbentrop and Goebbels sometimes took on a rather grotesque form, not frequently used in inter-institutional competitions in the Third Reich. In the summer of 1939, on explicit orders from Goebbels, his people cut electric and telephone wires from the building where the Foreign Office Broadcasting Department *(Rundfunk-Abteilung)* was installed. Ribbentrop was furious and

[68] *Jacobsen*, Struktur, in: *Funke* (ed.), pp. 164—165, 174, 182.

[69] Ibid., p. 154; *Höhne*, SS, pp. 254.

[70] *Höhne*, SS, pp. 260, 267.

[71] Ibid., pp. 266—268; *Seabury*, pp. 127—128; *Hassell* (Zurich 1947), p. 234.

[72] *Jacobsen*, Struktur, in: *Funke* (ed.), pp. 156—162.

[73] *Reimund Schnabel* (ed.), Mißbrauchte Mikrofone. Deutsche Rundfunkpropaganda im Zweiten Weltkrieg, Wien 1967.

threatened to retaliate in the same manner, so that, in the end, Hitler had to play the arbiter between the two rivals. Erich Kordt tells us that episodes like this could provide splendid material for the analysis of internal structure conflicts inside a totalitarian system [74].

The Wehrmacht was probably the only traditional institution which cooperated with the Foreign Office in various ventures even during Ribbentrop's term of office. There was certainly a close affinity between the Wehrmacht officers and the professionals of the Wilhelmstraße. The Abwehr was raising special units for subversive activities which consisted of foreign volunteers (e. g. Arab, Indian and Turkestan Legions). German foreign missions in sensitive areas like Iran and Afghanistan had a number of Abwehr agents operating under diplomatic cover as staff members.

Last but not least, one has to analyse Hitler's personal role in determining Nazi foreign policy. Within the framework of the totalitarian state he was not only the final arbiter but also its chief animator. It was his well-tested practice to keep several options open in his political game in order to encourage institutional and personal competition among his servants. This is why the Hitler phenomenon must remain central to any interpretation of Nazi foreign policy. But at the same time, it was precisely because the Führer claimed to hold absolute powers that his control became anything but absolute. Though he naturally had — in the absence of any equivalent of a war council or cabinet — the right to veto any suggestion he did not like, he could not be kept informed about all important issues concerning his realm. As his daily absorption in the conduct of war became deeper, he found less time for other problems, thereby encouraging directly the spread of bureaucratic rivalries among his dependants and their agencies. The conflict between the professionals and the amateurs was not a struggle between two different conceptions of German foreign policy, but essentially an institutional conflict caused by the very nature of political power as it existed in Nazi Germany; it was a tug-of-war conflict in which individuals and whole agencies fought and plotted against each other in order to gain more influence. While the professionals were working behind Hitler's back on ambitious schemes which they could never put into operation, the amateurs were more concerned with the sheer power game, thus foresaking their 'revolutionary' methods which they might have advocated before the war broke out.

Let us return to the spring of 1938 and put the question whether the nomination of Ribbentrop as the Reich Foreign Minister did, in fact indicate that Hitler had decided to play the radical expansionist. But why, we may well ask, did the internal struggle of centrifugal forces continue, and in many instances even intensify? Why did the professionals, who by now, one suspects, should really have handed over their posts to Party amateurs, still remain in their places?

---

[74] *Kordt,* Wahn, pp. 320—321.

Why did the overmighty Hitler not simply order the instant dismissal of these 'incompetent rejects'? Jacobsen says that this was because the Nazi regime proved incapable of replacing the old elite by a new one — precisely because the latter showed itself as incompetent [75]. But we may also approach this apparent dilemma between revolutionary guidelines and conservative executors from a different angle: were the professionals always behaving like professionals and the amateurs like amateurs?

The traditionalist line — as opposed to the revolutionary one — has always stressed the continuity of limited aims in German foreign policy. But we know that during the First World War, the Wilhelmine imperialists applied radical and adventurous techniques of revolutionary subversion as long as this could seriously weaken the enemy. They did not even shrink from assisting the most radical revolutionaries, the Russian Bolsheviks, in order to bring about the disintegration of the Entente [76]. Moreover, it is not without interest to realise that their schemes and techniques appeared more innovative, and certainly more adventurous, than those initiated by the amateur-upstarts under Hitler, who himself had, at least in appearance, a 'revolutionary' ideology at his disposal. When compared with the much more limited possibilities of the German Imperial Government during the First World War, the conventional nature of the Nazi approach to revolutionary and nationalist movements in Asia and elsewhere is indeed striking. Hitler's Germany had until June 1941 a better starting position, due not only to her unchallenged military prestige but also to her access to Central Asia via the Soviet territory, advanced technical means like radio communication and air transport. Nonetheless, the unique opportunity of encouraging anti-Western uprisings in the Islamic world was not exploited. When Subhas Chandra Bose was at long last granted an interview by Hitler in May 1942, he greeted the latter as "the old revolutionary". He did not want merely to flatter the Nazi dictator but to challange him to take a 'revolutionary' stand. Unfortunately for Bose, this was not only in vain but also too late. His soliciting had no impact on Hitler who by that time openly admitted that he did not believe in the success of the Indian revolution without military assistance by the Axis Powers [77].

In any case, the most daring subversive projects in Nazi foreign policy planning stemmed from the old professionals, who tried to resume under Hitler, usually without his knowledge and not infected by the National Socialist doctrine, their old schemes from 1914—1918 (viz. von Hentig, von Papen) [78].

[75] *Jacobsen*, Struktur, in: *Funke* (ed.), pp. 171—175.
[76] Cf. *Fritz Fischer*, Griff nach der Weltmacht, Düsseldorf 1971, pp. 138—172; *Thomas G. Fraser*, Germany and Indian Revolution 1914—1918, in: JCH 12 (1977), pp. 255—272.
[77] ADAP/E/II, No. 254 (for more details as under *Hauner* n. 17 above).
[78] As under *Hauner* n. 17 above.

With regard to social background and upbringing, tradition of public and military service, these men unmistakably belonged to the old 'professionals'. However, with regard to the unorthodox methods which they wanted to practise, we must call them 'amateurs'. On the other hand, we find many militant Party members behaving very cautiously when confronted with a potentially revolutionary situation abroad. While the traditionalists and professionals began to advocate a joint Nazi-Soviet strategy against British imperial rule in Asia, the radical amateurs failed to respond [79]. Are these two categories in Nazi foreign policy, the professionals and the amateurs, after all not very much interchangeable? Perhaps they are.

Zusammenfassung

In diesem Beitrag werden die Richtungskämpfe der verschiedenen Institutionen, die maßgeblichen Einfluß auf die Formulierung der nationalsozialistischen Außenpolitik besaßen, am Beispiel ihrer Einstellung zur Möglichkeit der Förderung revolutionärer Bewegungen insbesondere innerhalb des Britischen Empire (vor allem Naher Osten und Indien) erörtert. Aufgrund der ideologischen Prämissen boten sich der nationalsozialistischen Außenpolitik grundsätzlich vier radikale Alternativstrategien an: 1. Der Kampf gegen den Bolschewismus; 2. Die Neugestaltung Europas auf rassischer Grundlage; 3. Die Auseinandersetzung mit dem „plutokratischen Westen"; 4. damit eng verbunden die revolutionäre Partnerschaft mit den noch in kolonialer Abhängigkeit verharrenden Völkern des Britischen Empire. War auch den beiden „linken" Alternativen infolge der Voreingenommenheit Hitlers keine Chance auf Verwirklichung gegeben, so spielten sie doch in den Richtungskämpfen der an der Formulierung der nationalsozialistischen Außenpolitik beteiligten Ressorts eine nicht unerhebliche Rolle.

Unter diesem Gesichtspunkt werden die Aktivitäten der wichtigsten, um Einfluß auf die Außenpolitik ringenden Institutionen vorgestellt: namentlich des Auswärtigen Amts, jener lange Zeit von nationalsozialistischer Einflußnahme weitgehend unberührten Domäne der traditionellen Diplomatie, der Auslandsorganisation der NSDAP, des Außenpolitischen Amts, das es auf die Zerstörung der Sowjetunion ebenso wie auf die Unterminierung des Britischen Empire abgesehen hatte, der Dienststelle Ribbentrop, der Volksdeutschen Mittelstelle der SS, der Abwehr der Wehrmacht und schließlich der Organisation Todt. In diesem Geflecht widerstreitender Interessen spielte die Frage subversiver Strategien in Asien und Rußland eine Schlüsselrolle. Hitler, um dessen

[79] *SS-Oberführer* Erwin Ettel, former German Minister in Iran, continued to support the revolutionary option in the Islamic world. In November 1941 Ettel replaced Bohle as the Head of the AO. But Ettel was an exception confirming the rule.

Gunst diese Gruppen buhlten, nahm allenfalls durch die Ausübung eines Veto-
rechts Einfluß auf deren Entscheidungen, zeigte sich aber im übrigen an einer
Revolutionierung der islamischen Welt nicht interessiert. Aus der anti-west-
lichen Propaganda wurden keine weiteren Konsequenzen gezogen. Im Gegensatz zu den „Amateuren" der NSDAP waren die professionellen Diplomaten
des Auswärtigen Amtes wie schon im Ersten Weltkrieg bestrebt, die Karte der
Förderung nationalrevolutionärer Bestrebungen in Asien zu spielen; sie traten
für eine gemeinsame Strategie mit der Sowjetunion gegen das Britische Empire
ein. Dagegen zeigten die nationalsozialistischen Außenpolitiker große Zurück-
haltung gegenüber subversiven Aktionen, wobei sie sich allein an den Urteilen
und Vorurteilen des Diktators orientierten, obwohl angesichts der Kriegslage
der Einsatz ungewöhnlicher Methoden, nämlich die Mobilisierung des revolutionären Potentials der NS-Ideologie, durchaus angebracht gewesen wäre. Doch
in dem immer amorphere Züge annehmenden Regierungssystem fehlte es an
einer sachgerechten Koordination der Außenpolitik. Im übrigen blieben alle
diese Initiativen angesichts des militärischen Verlaufs des Krieges, vor allem
aber wegen des mangelnden Interesses, das Hitler ihnen entgegenbrachte, weitgehend auf dem Papier.

Mathilde Jamin

Zur Rolle der SA im nationalsozialistischen Herrschaftssystem

Die folgende Skizze der Rolle der SA im nationalsozialistischen Herrschaftssystem ist aus einer quantitativen Analyse zur Sozialstruktur des SA-Führungskorps [1] hervorgegangen. Sie ist nicht das Ergebnis einer systematischen Untersuchung, sondern gibt einen Eindruck wieder, der sich auf eine längere Lektüre von überwiegend aus dem Document Center Berlin stammenden SA-Akten stützt. Gegenstand der zur Zeit in der Auswertung befindlichen sozialstatistischen Analyse, die auf insgesamt 1800 detaillierten SA-Führerfragebogen beruht, sind zwei homogene Gruppen von SA-Führern: zum einen das höhere SA-Führerkorps vom Standartenführer an aufwärts, zum anderen diejenigen SA-Führer aller Ränge, die in den Jahren 1934/35 disziplinarisch bestraft wurden [2]. Die Untersuchung läßt den Schluß zu, daß das SA-Führerkorps als soziale Gruppe ein Produkt zentraler sozialgeschichtlicher Tendenzen des ausgehenden Kaiserreichs und der Weimarer Republik bildete; auf keinen Fall war es in seiner Gesamtheit eine gesellschaftliche Randgruppe von Desperados. Dem entsprach auf der politischen Ebene der in den Jahren 1933/34 von der SA-Führung vertretene Anspruch der SA, eine — wenn nicht die — neue Machtelite des Dritten Reiches zu stellen.

Dieser Anspruch läßt sich bis in die „Kampfzeit" der NSDAP zurückverfolgen, in der die SA das Bewußtsein pflegte, im Gegensatz zu den Parteibürokraten eine Elite von „Kämpfern" zu sein [3]. Tatsächlich hatte die SA in dieser Zeit den größten, zeitraubendsten und gefährlichsten Teil der politischen Arbeit für die NSDAP zu leisten, der von den einzelnen SA-Mitgliedern sehr viel Engagement und unermüdlichen Aktivismus forderte [4]. Unmittelbar nach der Reichs-

---

[1] Diese Untersuchung wurde mit Forschungsmitteln des Landes Nordrhein-Westfalen gefördert.

[2] Die Analyse gelangt zu Ergebnissen, die in einigen Punkten über Peter Merkls Untersuchung der ca. 600 Lebensläufe der Abel-Sammlung (*Peter H. Merkl*, Political Violence under the Swastika. 581 Early Nazis, Princeton N. J. 1975) hinausgehen, in anderen bestätigt sie die von Merkl auf Grund eines statistisch nicht repräsentativen *Samples* und überwiegend an NSDAP-Mitgliedern gewonnenen Ergebnisse für das SA-Führungskorps und stellt sie dadurch auf eine breitere Datenbasis.

[3] Siehe hierzu z. B.: Sturm 33 Hans Maikowski, geschrieben von Kameraden des Toten, 3. Aufl. Berlin 1933, S. 18, 74.

[4] Hierzu jetzt: *Richard Bessel*, The SA in the Eastern Regions of Germany, 1925 to 1934, Diss. Oxford 1980 (unveröffentlichtes Manuskript), S. 100—112.

tagswahl vom September 1930, die der NSDAP den entscheidenden Durchbruch zur Massenpartei brachte, schrieb der SA-Gruppenführer Schneidhuber in einer Denkschrift zur Neuorganisation der SA-Führung: „Die SA trägt 90 % der gesamten Parteiarbeit und damit den Löwenanteil am Erfolg. Der eben mit einem überwältigenden Sieg zu Ende gegangene Wahlkampf ist ein Sieg der SA."[5] Schneidhuber erkannte auch, daß die SA die besondere Art der öffentlichen Präsentation[6] der NSDAP, die dieser im Gegensatz zu anderen Parteien das Image einer dynamischen „Bewegung" verlieh, entscheidend bestimmte: „Durch die SA behält die Partei den straffen, disziplinierten Schwung, der sie von den anderen Parteien abhebt und zur Bewegung stempelt, ohne dieses wäre sie genau wie die Deutschnationalen."[7]

Vor dem Hintergrund des außerordentlichen Engagements, das die Mitgliedschaft in der NSDAP und besonders in der SA in der Endphase der Weimarer Republik mit ihren zahlreichen hektischen Wahlkämpfen und ihren erbitterten und oft gewalttätigen politischen Auseinandersetzungen erforderte, sind die hochgespannten Erwartungen zu sehen, die viele „Alte Kämpfer" der NSDAP mit der „Machtergreifung" verbanden. Bereits im Dezember 1931 warnte der damalige Generalinspekteur der SA, Kurt von Ulrich, vor der „Überheblichkeit" vieler Mitglieder der SA und der NSDAP: „Viele SA-Männer und -Führer glauben, mit dem Regierungsbeginn der NSDAP seien sie besoldete Offiziere und Unteroffiziere, jeder SS-Mann behauptet, daß er vom Tage der Machtergreifung an höherer, bezahlter Polizeibeamter, der SS-Führer, daß er Polizeipräsident sei, und Ortsgruppenleiter und deren Amtswalter halten sich für Regierungspräsidenten und Landräte vom Beginn der nächsten Reichstagswahlen an."[8]

Diesen konkreten Erwartungen der nationalsozialistischen Anhänger, die nationalsozialistische „Revolution" werde einen massenhaften Elitenaustausch zu ihren Gunsten herbeiführen, entsprach auf der Ebene der SA-Führung der von Ernst Röhm vor dem 30. Juni 1934 vertretene Anspruch der SA, ein zentraler Machtfaktor im Dritten Reich zu sein. In dem Bewußtsein, „daß *wir* jetzt die Herren sind"[9], bezeichnete Röhm 1933 SA und SS als „die Grundpfeiler des

---

[5] Denkschrift des Osaf-Stellvertreters Süd, August Schneidhuber, zur vorgesehenen Umorganisation der SA-Führung, München, 19. September 1930. Archiv des Instituts für Zeitgeschichte (IfZ): Fa-107, Bl. 64—73, hier Bl. 67.

[6] Zu diesem Aspekt s. *Eike Hennig*, Faschistische Öffentlichkeit und Faschismustheorien. Bemerkungen zu einem Arbeitsprogramm, in: Ästhetik und Kommunikation 6 (1975), Heft 20, S. 107—117, vor allem S. 114.

[7] Schneidhuber-Denkschrift (s. Anm. 5), Bl. 69. Schneidhuber zitiert hier zustimmend aus dem Schreiben eines SA-Standartenführers.

[8] Der Generalinspekteur an Stabschef, Kassel, den 17. 12. 1931 (Abschrift). Bayer. Hauptstaatsarchiv (HStA): Sonderabgabe (= NSDAP-Hauptarchiv) 1533.

[9] Hervorhebung im Original. Gemeint sind SA- und SS-Führer im Gegensatz zu den

kommenden nationalsozialistischen Staates" [10] und fügte in aggressiver Wendung gegen Versuche, diesen Anspruch zu bestreiten, hinzu, *„ihres* Staates, für den sie gekämpft haben und den sie behaupten werden" [11]. Neben Reichswehr und Polizei sei die SA — wobei Röhm die SS allerdings wiederum einschloß — „der dritte Machtfaktor des neuen Staates mit besonderen Aufgaben" [12]. Diese besonderen Aufgaben der SA definierte Röhm im November 1933 in einem SA-internen Erlaß [13]: An erster Stelle nannte er die „Sicherung der Macht im Innern nach den von mir erlassenen Befehlen", daneben nationalsozialistische Propagandatätigkeit und sportliche (d. h. wohl: vormilitärische) Ausbildung [14]. Primär dachte Röhm der SA also offenbar die Funktion eines universalen Machtsicherungsinstruments zu, die später die SS ausübte.

Die bekannte Tatsache, daß die SA nach dem 30. Juni 1934 kein „Machtfaktor" im nationalsozialistischen Herrschaftssystem mehr war und der Masse ihrer Mitglieder der erhoffte Aufstieg verwehrt blieb, ist nicht allein durch die in der Literatur ausführlich beschriebene Interessenkollision zwischen der SA-Führung unter Röhm und der Reichswehr [15] zu erklären. Diese Entwicklung ergab sich vielmehr aus der gesamten Situation der SA nach der „Machtergreifung", die in mehrfacher Hinsicht bedrohlich für das Bündnis der nationalsozialistischen Führungsgruppen mit den traditionellen Eliten [16] war.

Das auffälligste Charakteristikum in der Entwicklung der SA nach dem 30. Januar 1933 war der sprunghafte Mitgliederzuwachs, der eine gewisse Tradition der Instabilität der SA-Mitgliedschaft aus der Zeit vor 1933 fortsetzte. Die Fluktuationsrate der Mitgliedschaft, in der NSDAP vor der „Machtergreifung"

Angehörigen der traditionellen Eliten, im konkreten Fall einem adligen Rittmeister. Brief Röhms an seinen Adjutanten Robert Bergmann, München, 26. 5. 1933. Bundesarchiv/Koblenz (BAK): NS 23/157.

[10] *Ernst Röhm*, SA und deutsche Revolution, in: Nationalsozialistische Monatshefte 4 (1933), H. 39, S. 251.

[11] Ebd.

[12] Ebd.

[13] Der Oberste SA-Führer (im folgenden abgekürzt: Osaf), Verfügung Ch. Nr. 1634/33 betr. Gliederung der gesamten SA, 6. 11. 1933. Berlin Document Center (BDC): Abteilung „Research" (im folgenden Rs) Ordner 407 (= Akten der Obersten SA-Führung), Bl. 52—53.

[14] Ebd., Bl. 52.

[15] S. hierzu v. a.: *Klaus-Jürgen Müller,* Das Heer und Hitler. Armee und nationalsozialistisches Regime 1933—1940, Stuttgart 1969, S. 88—114; *Ders.,* Dokumentation: Reichswehr und „Röhm-Affäre". Aus den Akten des Wehrkreiskommandos (Bayer.) VII, in: Militärgeschichtliche Mitteilungen 1 (1968), S. 107—144; *Heinrich Bennecke,* Die Reichswehr und der „Röhm-Putsch", München 1964.

[16] Siehe *Hans Mommsen,* Zur Verschränkung traditioneller und faschistischer Führungsgruppen in Deutschland beim Übergang von der Bewegungsphase zur Systemphase, in: *Wolfgang Schieder* (Hrsg.), Faschismus als soziale Bewegung. Deutschland und Italien im Vergleich, Hamburg 1976, S. 157—181.

mit rund 40 % [17] bereits extrem hoch, war in der SA mit ca. 43 % bis 47 % sogar noch höher als in der Partei: Fast die Hälfte der ca. 260 000 Mitglieder, die der SA am Ende des Jahres 1931 angehörten [18], schied bis zum Februar 1934 aus dieser Organisation wieder aus [19], was wohl überwiegend auf Austritte während des Jahres 1932 zurückzuführen sein dürfte. Von den schätzungsweise 600 000 [20] bis 700 000 [21] Mitgliedern, die die SA am 30. Januar 1933 besaß, waren demnach rund 500 000 oder 75 % erst im Laufe des Jahres 1932 in die SA eingetreten. Nach der „Machtergreifung" setzte die SA-Führung unter Röhm offenbar bewußt auf eine Politik der großen Zahl, um die SA als Machtinstrument auszubauen. Am 20. März 1933 veranlaßte Röhm, daß die SA praktisch unbegrenzt neue Mitglieder aufnehmen konnte [22]. Er stellte fest, daß nun nicht nur „kein

[17] Siehe *Lutz Niethammer*, Faschistische Bewegungen in der Zwischenkriegszeit in Europa, in: Politische Bildung 5 (1972), H. 1, S. 29. Die Zahl ist errechnet aus der Differenz zwischen dem Stand der fortlaufend ausgegebenen NSDAP-Mitgliedsnummern, der am 30. Januar 1933 bei ca. 1 435 000 lag (*Hans-Adolf Jacobsen und Werner Jochmann*, Ausgewählte Dokumente zur Geschichte des Nationalsozialismus 1933—1945, Bielefeld 1961, Dokument 1928—1933) und der Zahl der NSDAP-Mitglieder zu diesem Zeitpunkt, die ca. 850 000 betrug (Parteistatistik, hrsg. vom Reichsorganisationsleiter der NSDAP, Bd. I—III (1935), hier Bd. I, S. 70).

[18] So die von *Andreas Werner* (SA und NSDAP. SA: „Wehrverband", „Parteitruppe" oder „Revolutionsarmee"? Studien zur Geschichte der SA und NSDAP 1920—1933, Diss. Erlangen/Nürnberg 1964, S. 549—550) wiedergegebene Stärkemeldung der SA für Dezember 1931.

[19] Diese Fluktuationsrate ist auf folgender Grundlage errechnet: Im Februar 1934 verlieh der Stabschef der SA, Ernst Röhm, allen SA-Angehörigen, die am 31. Dezember 1931 Mitglied der SA waren und ihr seitdem ununterbrochen angehörten, einen SA-Dolch. Die Verfügung Röhms (Osaf, I Nr. 1444/34, 3. 2. 1934. BDC: Rs 408; Bl. 12) enthält eine Liste, in der für jede der 21 SA-Gruppen die Anzahl der vorerst zugewiesenen Dolche, auf Hunderterzahlen abgerundet, aufgeführt ist. Wenn man diese Mindestzahlen der anspruchsberechtigten SA-Mitglieder für jede Gruppe noch einmal um 1000 erhöht, so ergibt sich nach dieser sehr vorsichtigen Berechnung eine Summe von ca. 147 000 SA-Mitgliedern, die der SA seit Ende 1931 ununterbrochen angehörten (incl. Gruppe Österreich, ohne SS). Nach Werner, S. 550, hatte die SA zu diesem Zeitpunkt ca. 260 000 Mitglieder. Das würde bedeuten, daß ca. 113 000 dieser SA-Angehörigen (= 43,5 %) die SA bis zum Februar 1934 bereits wieder verlassen hatten. Nach einer weniger konservativen Berechnung — indem man die für jede SA-Gruppe genannte Mindestzahl lediglich auf den vollen Tausender aufrundet — würde sich eine Zahl von 124 000 ausgeschiedenen SA-Mitgliedern, d. h. eine Fluktuationsrate von 47,7 % ergeben.

[20] So *Julek Karl von Engelbrechten*, Eine braune Armee entsteht. Die Geschichte der Berlin-Brandenburger SA, Berlin 1937, S. 300.

[21] Diese Zahl schätzt *Werner*, S. 552, auf Grund der bis August 1932 reichenden Stärkemeldungen der SA.

[22] Der Osaf, Verfügung betr. Aufnahme in die SA, 20. 3. 1933 (Abschrift). BDC: Rs 414/15, Bl. 65.

vaterländisch gesinnter deutscher Mann"[23] mehr auf den Eintritt in die SA
zu verzichten brauchte, sogar ehemaligen Gegnern des Nationalsozialismus
sollte die SA nun offenstehen; die Neuaufgenommenen sollten allerdings
während einer dreimonatigen Anwärterzeit politisch überprüft werden und
gleichzeitig mit dem SA-Eintritt auch in die NSDAP eintreten[24]. Die Pflicht zum
gleichzeitigen Eintritt der neuen SA-Mitglieder in die NSDAP, die in der „Kampfzeit" gelegentlich schon reine Theorie blieb und sich nach der „Machtergreifung"
offensichtlich nicht mehr aufrechterhalten ließ[25], war gegenstandslos nach der
Aufnahmesperre der NSDAP am 1. Mai 1933[26]. Offensichtlich nahm die SA
nach diesem Datum noch sehr viele neue Mitglieder auf[27]; am 4. Juli 1933 verfügte Röhm aber auch für die der Obersten SA-Führung unterstellten Gliederungen — SA, SS und Stahlhelm — eine generelle Aufnahmesperre, die mit ge-
ringfügigen Ausnahmen vom 10. Juli 1933 an gelten sollte[28]. Sie wurde — nach
offensichtlich nur unzureichender Befolgung durch untere SA-Einheiten[29] — bereits für die Zeit vom 1. bis zum 5. November 1933 vorübergehend wieder aufgehoben[30], und im Dezember 1933 beklagte sich die Oberste SA-Führung darüber, daß trotz erneuter Aufnahmesperre von den SA-Einheiten „dauernd Neuaufnahmen getätigt" würden, „zum Teil sogar von Männern, die der nationalsozialistischen Weltanschauung feindlich gegenüberstehen," und ordnete Maßnahmen gegen diesen Mißstand an[31]. Nicht berührt von der Aufnahmesperre
wurde die „Gleichschaltung" des Stahlhelm, durch die der aktiven SA ca.
300 000 bis 500 000[32] Stahlhelm-Mitglieder im Alter von 18—35 Jahren[33] und

[23] Ebd.

[24] Ebd.

[25] Das ergibt sich daraus, daß die eigentliche SA (ohne die aus Regimentsvereinen und
Veteranenorganisationen gebildeten SA-Reserve II) am 1. 1. 1935 nur rund 672 000
Mitglieder hatte, die zugleich der NSDAP angehörten (Parteistatistik. Bd. III, S. 83),
eine Zahl, die kaum über den Mitgliederstand der SA vom Januar 1933 hinausging, der
nach verläßlichen Schätzungen zwischen 600 000 (s. Anm. 20) und 700 000 (s. Anm. 21)
lag.

[26] Parteistatistik, Bd. III, S. 70.

[27] Ebd.

[28] Der Osaf, Ch. Nr. 1330/33, betr. Aufnahmesperre. BDC: Rs 407, Bl. 297.

[29] Der Osaf, Ch. Nr. 1482/33, betr. Ausnahmebestimmungen für die Aufnahme in die
SA, 25. 8. 1933. BDC: Rs 407, Bl. 248.

[30] Der Osaf, Ch. Nr. 1506/33, betr. Sperre für SA und SS, 9. 9. 1933. BDC: Rs 407,
Bl. 300.

[31] Der Osaf, I Nr. 1748/33, betr. Aufnahmesperre, 22. 12. 1933. BDC: Rs 407, Bl. 301.

[32] Diese Zahl schätzt *Alois Klotzbücher,* Der politische Weg des Stahlhelm, Bund der
Frontsoldaten, in die Weimarer Republik. Ein Beitrag zur Geschichte der „Nationalen
Opposition" 1918—1933, Diss. Erlangen/Nürnberg 1964, S. 49.

[33] Zur Gliederung nach Altersgruppen siehe: Der Osaf, Ch. Nr. 1634/33, betr. Gliederung der gesamten SA. BDC: Rs 407, Bl. 52—53.

der neugebildeten SA-Reserve I ca. 450 000 [34] Stahlhelm-Mitglieder im Alter von 35—45 Jahren eingegliedert wurden, während ältere Stahlhelm-Mitglieder und die „gleichgeschalteten" Angehörigen von Veteranen- und Regiments-Vereinen die SA-Reserve II bildeten, die am 1. Januar 1935 ca. 1,4 Mill. Mitglieder hatte [35]. Die Größenordnung des Mitgliederzuwachses der SA wird erhellt durch die überlieferten monatlichen Stärkemeldungen der SA-Gruppe Mitte [36], deren Mitgliederzahl von knapp 19 000 im Januar 1933 auf ca. 165 000 im Mai 1934 stieg [37]. Die Gesamtzahl der SA-Mitglieder — ohne die SA-Reserve II [38] — betrug im August 1934 rund 2,9 Mill. [39]. Das Konzept eines Elitenaustauschs zugunsten einer solchen Massenorganisation — und sei es auch nur zugunsten der „Alten Kämpfer" in ihr — mußte, abgesehen von den mangelnden Qualifikationen vieler alter SA- und NSDAP-Mitglieder, schon deshalb illusorisch bleiben, weil die NSDAP die Macht nicht durch Revolution, sondern durch „Gleichschaltung" eroberte. Darüber hinaus barg der Massencharakter der SA die Gefahr in sich, für das nationalsozialistische Regime unkontrollierbar zu werden.

Diese Gefahr wurde dadurch bestätigt, daß die SA die ebenfalls in die „Kampfzeit" zurückreichende Tradition einer gewissen Unzuverlässigkeit als politisches Instrument der Parteiführung nach der „Machtergreifung" verstärkt fortsetzte. Die beiden Berliner Stennes-Revolten vom August 1930 [40] und März 1931 [41], die im wesentlichen einen Protest gegen organisatorische und finanzielle Zurücksetzungen der SA darstellten, während die „sozialistische" und „revolutionäre" Ideologie wohl eher ein sekundäres Moment bildete [42], ließen bereits Verselbständigungstendenzen in der SA erkennen, die durch Hitler nur noch

[34] Diese Größenordnung ergibt sich aus den Stärkemeldungen der SA-Reserve I, die in der Verfügung Osaf, Ch. Nr. 569 II. Angel., betr. SAR I, vom 19. 2. 1934 (BDC: Rs 407, Bl. 42/43) enthalten sind.

[35] Parteistatistik, Bd. III, S. 76.

[36] Sie sind enthalten in dem Revisionsbericht der SA-Gruppe Mitte vom 11. August 1934 (BDC: SA-Vorgang W. B. Der Name darf aus Gründen des Persönlichkeitsschutzes nicht genannt werden. Hier und im Folgenden sind derartige Aktenvorgänge daher nur mit den Anfangsbuchstaben des entsprechenden Personennamens bezeichnet). Die Gruppe Mitte hatte ihren Sitz in Magdeburg.

[37] Ebd.

[38] Das ist daraus zu schließen, daß die SA einschließlich der SA-Reserve II am 1. 1. 1935 ca. 3,5 Millionen Mitglieder hatte (Parteistatistik, Bd. III, S. 76/77), die Mitgliederzahl zwischen dem Sommer 1934 und dem Januar 1935 aber mit Sicherheit nicht gestiegen ist, so daß die für August 1934 gegebene Gesamtzahl von 2,9 Millionen die SA-Reserve II nicht einschließen kann.

[39] SA-Stärkemeldungen. BAK: Slg. Schumacher 415. Diese Zahlen wurden mir freundlicherweise von Richard Bessel (Open University) überlassen.

[40] Werner, S. 461—485.

[41] Ebd., S. 524—535.

[42] Ebd., vor allem S. 532.

unter großen Anstrengungen zu kontrollieren waren. Im Frühjahr und Sommer 1933 stellten die sogenannten „Eingriffe in die Wirtschaft", an denen SA-Mitglieder einen herausragenden Anteil hatten, die Regierung vor gravierende Probleme.

Am 9. März 1933 beklagte sich der Staatssekretär im Reichswirtschaftsministerium, Bang, bei dem Staatssekretär in der Reichskanzlei, Lammers, über Störungen im Bank- und Börsenbereich, unter anderem sei „eine SA-Abteilung vor der Börse aufgezogen" und habe „den Rücktritt des gesamten Börsenvorstandes gefordert"[43]. Bang warnte vor einem „Run auf Sparkassen und öffentliche Kreditinstitute", um den „mit unendlicher Mühe erreichten langsamen Wirtschaftsaufschwung" nicht zu gefährden[44]. Lammers antwortete, daß „derartige Übergriffe ... sich in Zukunft nicht wiederholen werden"[45]. Am 10. März 1933 telegraphierte der Zentralverband Deutscher Konsumvereine an Hitler, „aus allen Teilen des Reichs" gebe es Nachrichten, daß „durch eigenmächtige Eingriffe nichtbeamteter uniformierter" NSDAP-Anhänger Zweigstellen von Konsumgenossenschaften behindert und geschlossen würden, teilweise werde sogar die Zufuhr von Lebensmitteln zu diesen Geschäften blockiert, wodurch die Versorgung der etwa 3 Mill. Mitgliederhaushalte gefährdet sei[46]. Die Antwort des Ministerialrats Wienstein vom 13. März[47] verwies „auf den inzwischen ergangenen Erlaß des Herrn Reichskanzlers an die SA und SS", in dem Hitler am 10. März den NSDAP-, SA- und SS-Mitgliedern alle eigenmächtigen Aktionen verboten hatte, unter anderem hätten „Störungen des Geschäftslebens ... grundsätzlich zu unterbleiben"[48].

Am 7. April beklagte sich der Reichsbankpräsident Schacht bei Lammers, es gebe im Bankwesen „dauernde Eingriffe in die Zusammensetzung der Direktionen durch die NS-Fachorganisationen"[49]. Mit dem Antwortschreiben vom 10. April[50] wurde ihm eine von Rudolf Heß erlassene Verfügung[51] übersandt, in der dieser darauf hinwies, es sei „den Mitgliedern der NSBO, den SA- und SS-Männern oder sonstigen Angehörigen der NSDAP untersagt, in die inneren Verhältnisse der Wirtschaftsunternehmungen, Industriewerke, Banken usw. selbständig einzugreifen"[52]. Nach einem weiteren Protest Schachts gegen die Ein-

---

[43] BAK: R 43 II/1195, Bl. 88.

[44] Ebd.

[45] Schreiben vom 17. März 1933, ebd., Bl. 89.

[46] BAK: R 43 II/1195, Bl. 58—59.

[47] Ebd., Bl. 60.

[48] „Aufruf Adolf Hitlers an SA und SS". Berlin, 11. März 1933 (Presseausschnitt), ebd., Bl. 61.

[49] Der Präsident des Reichsbank-Direktoriums an Staatssekretär Lammers, Berlin, 7. April 1933, BAK: R 43 II/1195, Bl. 245.

[50] Ebd., Bl. 247.

[51] Ebd., Bl. 248.

[52] Ebd.

griffe von Kommissaren in das Bankwesen [53] ließ Hitler das Reichsfinanzministerium anweisen, „es müsse mit allen zur Verfügung stehenden Mitteln dafür gesorgt werden, daß jeder Eingriff in das öffentliche und private Bankwesen unterbleibe", gegen „zuwiderhandelnde Parteiangehörige" solle „mit aller Rücksichtslosigkeit eingeschritten werden" [54]. Am 5. Mai beschwerte sich der Vizepräsident der Reichsbank, Dreyse, telefonisch in der Reichskanzlei über einen Bankangestellten, der ultimativ seine Aufnahme in den Vorstand der Dresdener Bank gefordert und damit gedroht hatte, diese, wenn nötig, durch SA zu erzwingen [55]. Die Angelegenheit wurde Hitler vorgelegt, der den Parteiausschluß des Bankangestellten verfügte [56]. In allen diesen wie auch in anderen Fällen folgte auf die Beschwerden der Betroffenen jeweils prompt ein energisches Verbot von „Einzelaktionen" und „Eingriffen in die Wirtschaft" von Regierungs- oder Parteiseite. Die lange Reihe der Verbote [57] beweist jedoch, daß die Eindämmung dieser Bewegung offenbar sehr schwierig war. Mit Ausnahme der Fälle, in denen jüdische Firmen geschädigt wurden [58], ergriff die nationalsozialistische Führung eindeutig für die Wirtschaft Partei [59], wobei die Angst vor

[53] Der Präsident des Reichsbank-Direktoriums an Staatssekretär Lammers, Reichskanzlei, Berlin, 26, 4. 1933. BAK: R 43 II/1195, Bl. 277—278.

[54] Lammers an Staatssekretär Reinhardt, Reichsfinanzministerium, 27. April 1933 (Durchschrift). BAK: R 43 II/1195.

[55] Aktenvermerk: Reichskanzlei, 5. Mai 1933. BAK: R 43 II/1195, Bl. 296.

[56] Ebd.

[57] Zusätzlich zu den bereits zitierten Verboten dieser Art: Der Reichsminister des Innern an die Innenministerien der Länder und die Reichskommissare, Berlin, 13. März 1933 (Verbot von Aktionen gegen Einzelhandelsgeschäfte). BAK: R 43 II/1195, Bl. 82; ferner: Die politische Zentralkommission der NSDAP gegen Einzelaktionen. Wolffs Telegraphisches Büro (im folgenden abgekürzt: WTB), Meldung Nr. 689 vom 25. März 1933. BAK: R 43 II/1195, Bl. 163; Bekanntmachung des Sachbearbeiters für Wirtschaftspolitik der NSDAP (Otto Wagner) — WTB-Meldung Nr. 996 vom 28. 4. 1933. BAK: R 43 II/1195, Bl. 280; Der Reichsarbeitsminister und Reichswirtschaftsminister gegen Eingriffe in die Wirtschaft — WTB-Meldung Nr. 2632 vom 21. Oktober 1933. BAK: R 43 II/308, Bl. 15.

[58] Beispiele hierfür: In Frankenthal (Pfalz) verlangten zwei SA-Leute bei der Zweigstelle der Deutschen Bank Einsicht in die Konten der jüdischen Firmen (Anlage zu einem Schr. des Reichsbankdirektoriums an den Staatssekretär in der Reichskanzlei vom 23. März 1933 (Abschrift). IfZ: Archiv Fa-199/12, Bl. 37; im März 1933 wurde die Firma Wohl-Wert in Dessau von einem SA-Trupp überfallen, das Personal wurde mißhandelt, Geschäftspapiere verbrannt (Schr. des Verbands deutscher Waren- und Kaufhäuser an den Reichskanzler, Berlin, 16. März 1933. BAK: R 43 II/1195, Bl. 121, 122).

[59] In einem Schreiben an die Reichsstatthalter und Ministerpräsidenten vom 31. Mai 1933 (IfZ: Archiv Fa-199/12, Bl. 86/87) wandte sich Hitler gegen das „verächtliche Angebertum", das sich allenthalben „breit gemacht" habe und gegen die Versuche, „führende Männer der Wirtschaft vor Gericht zu ziehen"; bei diesen entstünde dadurch „ein Gefühl der Vogelfreiheit, das geradezu die Lähmung der wirtschaftlichen Unternehmungen nach

einer Wiederbelebung des Klassenkampfs unter nationalsozialistischem Vorzeichen ein deutlich erkennbares Motiv war [60].

Ziele und Inhalte der „Eingriffe in die Wirtschaft" sind schwer zu bestimmen. Obwohl jüdische Firmen und Funktionsinhaber offenbar besonders stark betroffen waren, läßt der Umfang der Aktionen es doch nicht zu, ihre Motive auf puren Antisemitismus zu reduzieren. „Sozialistische" Motivationen sind für Teile der nationalsozialistischen Anhängerschaft nicht auszuschließen, aber die hier zitierten Quellen lassen weder eine sozialistische Programmatik noch eine prononcierte Vertretung von Arbeiterinteressen erkennen. Abgesehen von individuellem Geschäftssinn und Postenjägerei artikulierten sich in den „Eingriffen in die Wirtschaft" wohl überwiegend unklare antikapitalistische Ressentiments von einem mittelständischen Interessenhorizont aus. Wenn dies auch nicht Sozialismus war, so wurde es von den führenden Interessenvertretern der deutschen Industrie doch als ein Stück Klassenkampf ernst genommen und bekämpft. Bereits zu Beginn der Aktionen, am 10. März 1933, nahmen der Reichsverband der Deutschen Industrie und die Vereinigung der Deutschen Arbeitgeberverbände die „wachsende Unruhe", die „in vielen Betrieben ... entstanden" sei [61], zum Anlaß für eine gemeinsame Eingabe an den Reichsinnenminister Frick, die sie auch Hitler zuleiten ließen [62]. In diesem Schreiben verwiesen die beiden Verbandsvorsitzenden, Krupp und Köttgen, auf den guten Willen der Industrie, alles für den notwendigen Wirtschaftsaufschwung zu tun. „Unbedingte Voraussetzung" für dessen Zustandekommen sei jedoch „die Vermeidung innerer Unruhen und die Aufrechterhaltung des sozialen Friedens" [63]. Um dieser Forderung

sich zieht". Als Staatssekretär im Reichswirtschaftsministerium stellte Gottfried Feder (!) am 1. Juli 1933 fest, die „Eingriffe in die Wirtschaft" seien „zum Teil unerträglich geworden" (WTB-Meldung Nr. 1601 vom 2. Juli 1933. BAK: R 43 II/308, Bl. 8). Der Reichswirtschaftsminister Schmitt versprach am 13. Juli 1933 vor einem Kreis von führenden Vertretern der Wirtschaft, er werde alles tun, um den Glauben der Unternehmer an die „Rechtssicherheit" und die „Sicherheit des wirtschaftlichen Kalkulierens" wieder zu stärken (WTB-Meldung Nr. 1700 vom 13. Juli 1933. BAK: R 43 II/308, Bl. 9).

[60] So in der Warnung Görings an die Adresse des „Kampfbundes für den gewerblichen Mittelstand", darauf zu achten, daß „in dem sogenannten Kampfbund nicht erneut Organisationen verkappt auftauchen können, die bisher von der nationalsozialistischen Bewegung schärfstens bekämpft wurden" (Ministerpräsident Göring gegen unbefugte Eingriffe. WTB-Meldung Nr. 1091 vom 8. Mai 1933. BAK: R 43 II/1195, Bl. 298).

[61] Der Reichsverband der Deutschen Industrie an Reichsinnenminister Frick, 10. März 1933 (Abschrift), gez. Krupp von Bohlen und Halbach für den RDI, Köttgen für die VDA. BAK: R 43 II/362, Bl. 15—16.

[62] Der Reichsverband der Deutschen Industrie an den Staatssekretär in der Reichskanzlei, Lammers, 10. März 1933. BAK: R 43 II/362, Bl. 12.

[63] Eingabe des RDI und der VDA vom 10. März 1933, Bl. 15.

gegenüber der auf einen schnellen Abbau der Arbeitslosigkeit angewiesenen Reichsregierung Nachdruck zu verleihen, fügten die Autoren hinzu, „nur Ruhe und Vertrauen" könnten „die Wirtschaft veranlassen, die zweifellos an vielen Stellen zurückgehaltenen Aufträge (!), die allein die Arbeitslosigkeit beheben können, zu erteilen" [64].

Das Bild, das die Beteiligung von SA-Mitgliedern an den „Eingriffen in die Wirtschaft" bot, wurde bestätigt durch die „revolutionäre" Rhetorik [65] der SA-Führung im Zeitraum vom Sommer 1933 bis zum Sommer 1934. Die mit dem Schlagwort der „Zweiten Revolution" [66] assoziierte Politik der SA-Führung unter Ernst Röhm, die häufig als Ausdruck eines revolutionären „SA-Sozialismus" mißverstanden wurde, reagierte auf die Tatsache, daß die SA im Laufe des Jahres 1933 in ihrer bisherigen Funktion als Terrorinstrument für das nationalsozialistische Regime überflüssig wurde. Die von der SA-Führung in dieser Phase immer wieder betonte Notwendigkeit, die nationalsozialistische „Revolution" auch nach Abschluß der „äußeren" Machteroberung fortzuführen und zu „vollenden" [67], ist vor diesem Hintergrund als ideologische Legitimation für die beanspruchte fortdauernde Existenzberechtigung der SA zu interpretieren. Da eine solche Fortsetzung der nationalsozialistischen „Revolution" sich nach der Unterdrückung aller politischen Gegner des Nationalsozialismus gegen die konservativen Bündnispartner der NSDAP hätte richten müssen, erklärt sich sowohl deren aggressive Reaktion auf das SA-Problem [68] als auch das pseudo-

[64] Ebd.

[65] Ausführliche Beispiele hierfür zitiert *Charles Bloch* (Die SA und die Krise des NS-Regimes 1934, Frankfurt 1970, vor allem S. 67—95), der jedoch die hinter diesen „revolutionären" Reden stehenden Interessen nicht analysiert.

[66] Wie *Hans-Martin Graß* (Edgar Jung, Papen-Kreis und Röhmkrise 1933/34, Diss. Heidelberg 1966, S. 181) feststellt, war das Schlagwort der „Zweiten Revolution" nicht für die Verfechter einer „Vollendung" der nationalsozialistischen „Revolution" in der SA-Führung charakteristisch, sondern für deren konservative Gegner, in deren Interesse es ja lag, die „Revolution" für beendet zu erklären und die Versuche, diese fortzusetzen, daher als *Zweite* Revolution" zu denunzieren.

[67] Die wichtigsten Äußerungen dieser Art waren enthalten in: *Ernst Röhm*, SA und deutsche Revolution, in: Nationalsozialistische Monatshefte 4 (1933), H. 39, S. 251—254; Rede von Edmund Heines vor SA in Liegnitz Anfang Juni 1933, in: Der SA-Mann, Nr. 23, 10. Juni 1933, S. 3; Rede Ernst Röhms bei der Reichsgründungsfeier des Kyffhäuserbundes, Januar 1934, in: Der SA-Mann, Nr. 3, 20. Januar 1934, S. 5; Rede Ernst Röhms vor SA in Duisburg, in: Der SA-Mann, Nr. 14, 7. April 1934, S. 4; Rede Ernst Röhms vor dem Diplomatischen Korps und der Auslandspresse in Berlin am 18. April 1934, Auszug in: *Hans-Adolf Jacobsen und Werner Jochmann* (Hrsg.), Ausgewählte Dokumente zur Geschichte des Nationalsozialismus 1933—1945, Bielefeld 1961, Dokument 18. IV. 1934.

[68] Am deutlichsten in der berühmten Marburger Rede v. Papens am 17. Juni 1934 (abgedruckt in: *Jacobsen und Jochmann*, Dokument 17. VI. 1934).

sozialistische, gegen die „Reaktion" gerichtete Vokabular, dessen sich die SA-Führung in dieser ideologischen Auseinandersetzung bediente. Der reale Inhalt der Politik der SA-Führung unter Ernst Röhm bestand demgegenüber in einer entschiedenen SA-Interessenpolitik, die Hitler nach dem 30. Juni 1934 nicht ganz zu Unrecht als den Versuch kennzeichnete, aus der SA einen „Staat im Staate" zu machen [69].

Die Machtansprüche der SA wurden bereits vor dem 30. Juni 1933 weitgehend zurückgedrängt. An der Besetzung der staatlichen Ämter hatte die SA nur geringen Anteil [70]. Die angestrebte Übernahme wesentlicher Funktionen im militärischen Bereich wurde ihr durch das Abkommen mit der Reichswehr vom 28. 2. 1934 verweigert [71]. Die Auflösung der SA-Hilfspolizei — in Preußen am 2. August [72], in den übrigen Ländern am 31. Dezember 1933 [73] — und das strikte Verbot der Anmaßung polizeilicher Befugnisse durch SA-Angehörige, das Frick am 6. Oktober 1933 erließ [74], verwehrten der SA die Festsetzung in diesem Bereich, in dem die SS ihr Monopol aufzubauen begann. Es verblieben der SA jedoch gewisse Teilerfolge. So wurde das SA-Kommissarwesen in Preußen zwar im Oktober 1933 endgültig beseitigt [75], aber durch die neugegründete Institution der „Sonderbeauftragten" und „Sonderbevollmächtigten" der Obersten SA-Führung abgelöst [76], die, obwohl sie nur „beratend und anregend" tätig waren [77], offensichtlich doch einen gewissen Störfaktor darstellten, da diese Institution unmittelbar nach dem 30. Juni 1934 aufgehoben wurde [78]. Analog

---

[69] Auszug aus dem Protokoll der Ministerbesprechung vom 3. Juli 1934. BAK: R 43 II/1202.

[70] *Graß*, S. 103.

[71] *Müller*, Heer, S. 98 f.

[72] *Gerhard Schulz*, Die Anfänge des totalitären Maßnahmenstaates, in: *Karl-Dietrich Bracher, Wolfgang Sauer, Gerhard Schulz*, Die nationalsozialistische Machtergreifung. Studien zur Errichtung des totalitären Herrschaftssystems in Deutschland 1933/34, 2. Aufl. Köln 1962, S. 371—682, hier S. 476.

[73] *Peter Diel-Thiele*, Partei und Staat im Dritten Reich. Untersuchungen zum Verhältnis von NSDAP und allgemeiner innerer Staatsverwaltung 1933—1945, München 1969, S. 87.

[74] Der Reichsminister des Innern an die Reichsstatthalter und die Landesregierungen (Az: I A 2000/29.9.), 6. Oktober 1933. IfZ: Archiv Fa-199/28, Bl. 02—04.

[75] *Schulz*, S. 475.

[76] Verfügung der Obersten SA-Führung (Ch. Nr. 1560/33) vom 23. 10. 1933. IfZ: Archiv Fa-115, Bl. 81, 82; Runderlaß des Preußischen Ministerpräsidenten vom 30. 10. 1933, zitiert in: *Schulz*, S. 513.

[77] Ebd.

[78] Anordnung des Preußischen Innenministers vom 30. 6. 1934. IfZ: Archiv Fa-115, Bl. 119; für das gesamte Reich wurde die Institution durch Anordnung Viktor Lutzes vom 10. Juli 1934 aufgehoben (zitiert in: *Diel-Thiele*, S. 107—108).

dazu blieb der SA die angestrebte eigene Strafgerichtsbarkeit zwar verwehrt [79], aber die als Ergänzung dazu gedachte „SA-Polizei", das „Feldjägerkorps", konnte in Preußen aufgestellt werden und besaß in seinem Tätigkeitsbereich, d. h. vor allem in den größeren Städten, das alleinige Recht zur Festnahme und polizeilichen Vorführung von SA-Mitgliedern; nur bei „Ergreifung auf frischer Tat" sollte auch die Polizei das Recht zur Festnahme haben [80]. Ein weiterer, wenn auch später Erfolg der SA-Interessenpolitik war die Durchsetzung der Etatisierung der SA. Ab April 1934 wurde die SA mit der beträchtlichen Summe von 66 Mill. Reichsmark für das Rechnungsjahr 1934 durch den Reichshaushalt finanziert [81]. Bis dahin hatte sie ihren Geldbedarf offenbar im wesentlichen durch einmalige Zuschüsse und Spenden — so z. B. den Hauptteil der „Adolf-Hitler-Spende der deutschen Wirtschaft" im Jahre 1933 [82] — decken müssen; Geldsammlungen wie auch die Werbung fördernder Mitglieder waren der SA verboten [83]. Nachdem die Oberste SA-Führung in einer SA-internen Verfügung vom 8. März 1934 noch auf die äußerst angespannte Finanzlage der SA hingewiesen hatte [84], konnte sie im April 1934 die Etatisierung aller SA-Dienststellen bis hinab zu den Brigadestäben ankündigen [85].

Wenn die der SA verbliebenen partiellen Machtpositionen ihren Gegnern innerhalb und außerhalb der NSDAP auch immer noch bedrohlich genug erschienen und daher nach dem 30. Juni 1934 weitgehend beseitigt wurden, so blieben sie doch weit hinter den Erwartungen der SA zurück. Äußerungen heftigster Frustration über die Zurücksetzung der SA als Institution wie der einzelnen

[79] *Graß*, S. 135—150.

[80] Der Osaf, Ch. Nr. 1547/33, betr. Feldjägerkorps in Preußen, 7. Oktober 1933 (Auszug) — IfZ: Archiv MA-435; ergänzend hierzu: Der Osaf, IV Nr. 10004/34, betr. Feldjägerkorps, 11. Januar 1934. IfZ: Archiv MA-537.

[81] BAK: R 18/5818 (Reichsministerium des Innern, Reichszuschüsse zu den Kosten der Osaf 1934—35). Die Zahlungen wurden in unregelmäßiger Höhe monatlich getätigt; von April bis einschließlich Juni 1934 betrugen sie insgesamt 23 Millionen DM. In der „Reichshaushaltsrechnung 1934" (Berlin 1936, S. 470) sind die Zahlungen an die SA unter Einzelplan XVII Kap. 13 offen als „Zuschüsse zu den Kosten der SA und des Freiwilligen Arbeitsdienstes" ausgewiesen; in den Reichshaushaltsplänen 1933 und 1935 ist ein entsprechender Posten nicht vorhanden.

[82] *Wolfgang Sauer*, Die Mobilmachung der Gewalt, in: *Bracher/Sauer/Schulz*, S. 685 bis 966, hier S. 883.

[83] Die Verfügung Osaf IV Nr. 2256/34 betr. fördernde Mitglieder vom 3. Februar 1934 (BDC: Rs 414/15, Bl. 100) rief das bereits am 9. 8. 1933 ausgesprochene Verbot der Werbung fördernder Mitglieder in Erinnerung und verwies darauf, daß Sammlungen aller Art verboten seien, „um das Winterhilfswerk nicht zu gefährden".

[84] Der Osaf, IV Nr. 5548/34, betr. Geldmittelbeschaffung, 8. März 1934. IfZ: Archiv MA-132.

[85] Der Osaf, V Nr. 7559, betr. Etatisierung, 7. April 1934. BAK: NS 23/145.

„Alten Kämpfer" im nationalsozialistischen Staat finden sich für die Zeit ab Mitte 1933 sowohl von seiten der SA-Führung als auch einfacher Mitglieder. Bereits in einem Schreiben an die Reichsleitung der NSDAP vom 22. Mai 1933 [86] beklagte sich Röhm, die SA werde seitens der Parteileitung „stiefmütterlich" behandelt und fügte hinzu, „daß die Erbitterung der SA über diese Zurücksetzung allmählich einen Grad erreicht hat, der mich mit ernstester Besorgnis erfüllt [87]. Einen Tag später beschrieb er in einem Schreiben an den Reichsschatzmeister der NSDAP [88] die Stimmung in der SA als „ernst und verbittert", angesichts der Erfolge der „Politischen Leiter" der NSDAP wie auch der SS habe die SA „das Gefühl, nach erkämpftem Sieg zur Seite gedrückt und benachteiligt zu werden" [89]. Die offensichtliche Erbitterung vieler alter SA-Mitglieder über ihre nach wie vor schlechte wirtschaftliche und soziale Lage sowie über ihre Zurücksetzung innerhalb der SA gegenüber den 1933 neu eingetretenen Mitgliedern, die offenbar häufig geeignetere Führungskräfte waren, spiegelt sich in einem Erlaß Röhms über die „Stimmung in der SA" vom März 1934 [90] wider. Die bevorzugte Arbeitsplatzvermittlung für arbeitslose SA-, SS- und Stahlhelm-Angehörige war weit weniger erfolgreich als sie es nach den Vorstellungen der Obersten SA-Führung sein sollte [91]. Obwohl 50 % aller freiwerdenden Angestelltenstellen bei Behörden SA-Mitgliedern vorbehalten waren [92], stellte die Arbeitsplatzbeschaffung für SA-Angehörige auch im Jahre 1934 noch ein erhebliches Problem dar, u. a. deshalb, weil viele SA-Mitglieder offenbar noch lange nicht jede angebotene Arbeitsstelle, zum Beispiel in der Landhilfe, annehmen wollten [93]. Die Oberste SA-Führung versuchte der offensichtlichen Unzufriedenheit der „Alten Kämpfer", deren Ressentiments sich besonders gegen die zum Teil in hohe SA-Führerstellen übernommenen „gleichgeschalteten" Stahlhelm-

[86] Ernst Röhm „an den Stableiter der PO" (sic), I Nr. 1140/33, München, den 22. 5. 1933. BAK: NS 26/328.

[87] Ebd.

[88] Röhm an den Reichsschatzmeister der NSDAP, 23. 5. 1933 (Durchschrift). BAK: NS 26/328.

[89] Ebd.

[90] Der Osaf, Ch. Nr. 1043/34, betr. Stimmung in der SA, in: Verordnungsblatt der Obersten SA-Führung, Nr. 18, 15. März 1934, S. 2.

[91] Der Osaf, IV Nr. 3316/33, betr. Unterbringung arbeitsloser SA-, SS- und Sta-Angehöriger, 23. September 1933. BDC: Rs 414/15.

[92] Der Osaf — Verwaltungsamt, Nr. 11950, betr. Unterbringung von bewährten Kämpfern für die nationale Erhebung, 24. Mai 1934, ebd.

[93] Der Osaf, IV Nr. 978/34, betr. Vermittlung arbeitsloser SA-Angehöriger, 18. Januar 1934, ebd. Diese Verfügung enthielt die Bestimmung, daß arbeitslose SA-Angehörige, die eine angebotene Arbeitsstelle ausschlugen, aus der bevorzugten Vermittlung ausscheiden sollten.

Mitglieder richteten [94], durch einen zweimaligen generellen Beförderungsschub entgegenzuwirken, durch den die vor der „Machtergreifung" eingetretenen SA-Mitglieder je nach Dauer ihrer SA-Zugehörigkeit zum „Sturmmann", „Rottenführer" bzw. „Scharführer" befördert wurden, soweit sie nicht bereits höhere Ränge innehatten [95].

Einen Einblick in die verschiedenartigen Ursachen der Unzufriedenheit in der SA vor dem 30. Juni 1934 gibt der vertrauliche Brief eines Krefelder SA-Führers an den Chef der „Reichsführerschule" der SA vom 9. Juni 1934 zum Thema „Besteht eine Gefahr für den SA-Geist?" [96]. Der Schreiber, ein Obersturmbannführer, hatte Ende 1933 die Führung einer Landstandarte mit etwa 80 % neuen SA-Mitgliedern übernommen. Er beschwerte sich über die „Wühlarbeit" der dort angeblich immer noch dominierenden Gegner der NSDAP aus dem „Zentrum", die seine SA-Mitglieder vom Dienst abhielten, so daß „der SA-Mann bald nicht mehr weiß, ob wir tatsächlich an der Macht sind". Die gefährliche Brutalität dieses verunsicherten Herrenbewußtseins wird deutlich in seinem Bericht über einen Polizeibeamten, der in einem Lokal gegen einen SA-Führer einschritt, nachdem dieser offenbar einen Juden angegriffen hatte; der Polizeibeamte verletzte den SA-Führer dabei lebensgefährlich und wurde daraufhin von SA-Leuten brutal zusammengeschlagen, was den Briefschreiber zu dem „Vorwurf" an diese SA-Männer veranlaßte: „Seid ihr SA oder alte Weiber, habt ihr den Hund nicht totgetreten?". Mit Unverständnis und Empörung registrierte er in seinem Brief, daß in der darauffolgenden Untersuchung der Angelegenheit „die SA-Führer sozusagen auf der Anklagebank saßen" (!) und der Polizeibeamte „heute noch im Dienst" sei. Dasselbe gleichsam archaische Verständnis von der Ausübung politischer Macht wird deutlich in der Beschwerde des Briefschreibers darüber, daß die früheren „Machthaber" noch nicht „fristlos und ohne Pension entlassen" seien, wie es die NSDAP in der „Kampfzeit" gefordert habe. Schwierigkeiten innerhalb der SA, so klagte der Schreiber, resultierten vor allem aus der schlechten Finanzlage der SA, die besonders nach dem Sammelverbot „schwieriger denn je" sei. KDF-Leistungen und Winterhilfe kämen nicht der SA, sondern „ehemaligen Marxisten" zugute. In der SA entstehe das Gefühl: „Wir werden in die Ecke gestellt, genau wie die alten Frontschweine". Der „Alte Kämpfer" der SA setze seine Hoffnung nur noch auf das

[94] Beispiele hierfür bieten die Beschwerde des Rottenführers O. S. aus Zehdenick an den „Stellvertreter des Führers", 1. Juni 1934 (Abschrift. BDC: SA-Vorgang H. G. v. A.) sowie der Bericht des Obersturmbannführers R. K. vom 18. 12. 1935 (BDC: SA-Vorgang R. K.).

[95] Der Osaf, II Nr. 1541/33, betr. Beförderungen, 27. 9. 1933. BDC: Rs 414/15, Bl. 69; Der Osaf, Ch. Nr. 1034/34, in: Verordnungsblatt der Obersten SA-Führung, Nr. 18, 15. März 1934, S. 2.

[96] Obersturmbannführer A. W. an den Chef der Reichsführerschule, Krefeld, den 1. 6. 1934. BDC: SA-Vorgang E. B.

Wort Hitlers „Es werden Köpfe im Sande rollen"[97] und ähnliche Aussprüche von Goebbels und Röhm, deren Verwirklichung sich der Briefschreiber möglichst bald herbeiwünschte. In diesem Dokument wird als Inhalt der unklaren Forderung nach einer „Zweiten Revolution" nicht eine bestimmte politische Programmatik sichtbar, sondern der Wunsch nach einer gewaltsamen Ablösung etablierter Posteninhaber durch „Alte Kämpfer" sowie eine maßlose und politisch kaum noch zielgerichtete Gewalttätigkeit als Folge der Frustration über die mißliche Lage der alten SA-Mitglieder.

Aus diesen Komponenten ergab sich eine explosive Stimmung in der SA, die für die Stabilität des nationalsozialistischen Regimes ein bedrohliches Problem darstellte. Es wurde gelöst durch die Gewaltaktion des 30. Juni 1934, durch die darauffolgenden organisatorischen und politischen Maßnahmen, die den Einfluß der SA völlig zurückdrängten, sowie durch die nun einsetzende Säuberung der SA.

Die Geschichte dieser Säuberung, die sich aus den fast vollständig erhaltenen Disziplinargerichtsakten der Obersten SA-Führung[98] rekonstruieren läßt, macht deutlich, daß neben Reichswehr und Industrie sich noch eine dritte Gruppe, an deren Unterstützung der nationalsozialistischen Führung gelegen war, durch die SA bedroht fühlte: die sich selbst als „bürgerlich" verstehenden nichtnationalsozialistischen Teile der Bevölkerung, die zu einem großen Teil der Regierung zustimmend gegenüberstanden, aber die SA-Rabauken und -Schläger fürchteten und deren Ordnungsbedürfnis und Vorstellung von bürgerlicher Wohlanstän-

---

[97] Im Hochverratsprozeß gegen die drei Ulmer Reichswehroffiziere Scheringer, Wendt und Ludin sagte Hitler am 25. September 1930 vor dem Reichsgericht in Leipzig aus, nach dem — legalen — Sieg der nationalsozialistischen „Revolution" werde es Gerichtsverfahren geben, in denen „der November 1918... seine Sühne finden" werde, „und es werden auch Köpfe rollen", *Albrecht Tyrell* (Hrsg.), Führer befiehl... Selbstzeugnisse aus der „Kampfzeit" der NSDAP. Dokumentation und Analyse, Düsseldorf 1969, Dokument 123, S. 299.

[98] Die Akten des „Sondergerichts der Obersten SA-Führung" wie des späteren „Disziplinargerichts der Obersten SA-Führung" sind im Document Center Berlin für den Zeitraum August 1934 bis 1944 erhalten. Sie sind vermischt mit Personalakten der bayerischen SA-Gruppen und der „Obersten SA-Führung"; mit diesen zusammen bilden sie den in 776 Aktenordnern von den allgemeinen SA-Akten getrennt untergebrachten Bestand „SA-AP-Akten" des BDC, die hier als „SA-Vorgänge" zitiert werden. Zur Rekonstruktion des Bestands der SA-Gerichtsakten habe ich zunächst ein Gesamtverzeichnis aller ca. 2800 Disziplinarfälle mit Angaben über Zeitpunkt und Ausgang des Verfahrens erstellt. So konnte für jedes Jahr von 1934 bis 1944 die Anzahl der Disziplinarverfahren wie der ausgesprochenen Bestrafungen festgestellt werden. Ein Vergleich dieser Zahlen mit den im BDC ebenfalls erhaltenen „SA-Strafbüchern", in die alle durch die Oberste SA-Führung ausgesprochenen Disziplinarstrafen eingetragen wurden, legt den Schluß nahe, daß die Akten bis etwa 1941 annähernd vollständig erhalten sind, während für die Kriegsjahre größere Ausfälle anzunehmen sind.

digkeit durch das Auftreten vieler „Alter Kämpfer" der SA empfindlich verletzt wurden. Ihre Wünsche drückte wahrscheinlich der bayerische Reichsstatthalter von Epp aus, als er mit Bezug auf die zukünftige Stellung der SA schrieb, es komme jetzt auf die „Herstellung und Sicherung des autoritären Rechtsstaates" an [99], und ihren Ordnungsvorstellungen sollte die Säuberung der SA wie der Partei entgegenkommen, die, wie Göring im August 1934 in einem Brief an Rudolf Heß offen aussprach, angesichts der dem Regime bevorstehenden politischen Schwierigkeiten eines der bewußt einzusetzenden „psychologischen Mittel . . . zur Aufrechterhaltung und Hebung der Stimmung" sei [100].

Während die Morde des 30. Juni 1934 eine verhältnismäßig kleine Gruppe von höchsten SA-Führern mit ihrem jeweiligen persönlichen Anhang trafen [101], war die darauffolgende unblutige Säuberung der SA von einer umfassenden Breitenwirkung. Einfache SA-Mitglieder, die für die SA ungeeignet erschienen, konnten „wegen Verringerung der SA" durch ihre Gruppen — die höchsten regionalen SA-Einheiten — entlassen werden [102]; aus den hierfür erlassenen Richtlinien [103] wird deutlich, daß sie für einen massenhaften Gebrauch bestimmt waren. Disziplinarverfahren gegen einfache SA-Mitglieder und Unterführer wurden ebenfalls von den SA-Gruppen geführt [104]. Für Disziplinarverfahren gegen SA-Führer vom Sturmführer an aufwärts war das im August 1934 mit dem — wörtlich so bezeichneten — Ziel einer „Säuberung" des SA-Führerkorps gebildete „Sondergericht der Obersten SA-Führung" [105] zuständig, das im März 1935 durch das „Disziplinargericht der Obersten SA-Führung" abgelöst wurde [106]. Da beide Gerichte eine SA-interne reine Disziplinargerichtsbarkeit ausübten, bestanden die ausgesprochenen Strafen in Verweisen, Degradierungen, Beförderungssperren und — in den meisten Fällen — Ausschlüssen aus der SA, bei denen zwischen der milderen Form der „Entlassung aus der SA" und dem als besonders „ehrenrührig" geltenden „Ausschluß aus der SA" unterschieden wurde. Von Disziplinarverfahren betroffen waren im Jahre 1934 269 [107]

[99] Entwurf Epps zur Stellung der SA, o. D. Bayer. GStA: Akten Reichsstatthalter 446.
[100] Der Preußische Ministerpräsident an den Reichsminister Rudolf Heß, Obersalzberg, 31. August 1934 (Abschrift). IfZ: Archiv Fa-199/28, Bl. 130—132.
[101] *Graß*, S. 293.
[102] Der Osaf, Ch. Nr. 21053, 17. August 1934. IfZ: Archiv MA-132, Bl. 104053.
[103] Ebd.
[104] Der Osaf, Ch. Nr. 20186, betr. Bildung eines SA-Sondergerichts, 1. 8. 1934. BDC: „Research" 414/15 sowie: Der Osaf, Ch. Nr. 20467, betr. Säuberungsaktion innerhalb des SA-Führerkorps, Untersuchungsausschüsse bei den Gruppen, 9. 8. 1934. BAK: Slg. Schumacher 403.
[105] Ebd.
[108] Der Osaf, Ch. Nr. 13863, betr. Säuberungsaktion, 16. 3. 1935. BDC: Rs 414/15.
[107] Diese Zahl für das Jahr 1934, die, wie auch die übrigen hier genannten Zahlen, auf dem von mir erstellten Verzeichnis der im BDC erhaltenen SA-Disziplinargerichtsakten beruht, ist möglicherweise zu niedrig. Da für das Jahr 1934 ein „SA-Strafbuch"

SA-Führer. Im Jahre 1935 erreichte die Säuberungswelle mit 933 Verfahren und 583 verhängten Disziplinarstrafen ihren Höhepunkt, im Gegensatz zu der Erklärung der Obersten SA-Führung, nach der die Säuberung der SA im März 1935 im wesentlichen abgeschlossen war [108]. 1936 ging die Anzahl der Fälle auf weniger als die Hälfte (405) zurück, um dann bis 1940 (112 Fälle) kontinuierlich abzusinken und in den Kriegsjahren auf einem niedrigen Niveau zu verbleiben. Die Disziplinarverfahren betrafen ganz überwiegend „Alte Kämpfer" der SA; von den insgesamt rund 1900 Disziplinarstrafen, die die „Oberste SA-Führung" in den Jahren 1934 bis 1939 aussprach oder bestätigte, dürften sich schätzungsweise 1500 bis 1800 gegen solche SA-Führer gerichtet haben, die der SA bereits vor der „Machtergreifung" angehörten. Da das alte SA-Führerkorps dieser Zeit kaum mehr als 10 000 SA-Führer umfaßte [109], ergibt sich nach dieser vorsichtigen Schätzung, daß im Zeitraum von 1934 bis 1939 ca. 15 bis 18 % der alten SA-Führer aus der Zeit vor der „Machtergreifung" disziplinarisch bestraft wurden, und d. h. in der Mehrzahl der Fälle: aus der SA ausscheiden mußten.

Eine Untersuchung der Delikte, die zu den ca. 700 in den Jahren 1934 und 1935 ausgesprochenen Disziplinarstrafen führten [110], erbringt als erstes Ergebnis, daß es sich bei dieser Säuberung des SA-Führerkorps nicht um eine klassische politische Säuberung im Sinne der Ausschaltung politischer Opposition gehandelt hat. Die Anzahl der Fälle, in denen politische Opposition den Strafgrund bildete, ist verschwindend gering. Wenn auch eventuelle Anhänger einer

im BDC nicht vorhanden ist, läßt sich für dieses Jahr die Vollständigkeit der SA-Gerichtsakten-Überlieferung nicht feststellen. Ein Bericht des Vorsitzenden des SA-Sondergerichts, Böckenhauer, vom 13. 11. 1934 (BAK: NS 23/210, Bl. 253—255), den *Graß*, Anm. 839, zitiert, stellte fest, daß bis zu diesem Datum bereits 1000 Vorgänge zur Bearbeitung beim SA-Sondergericht eingegangen seien. Es ist allerdings anzunehmen, daß Böckenhauer damit auch die zahlreichen Anfragen und Beschwerden einbezog, die das Sondergericht zu klären hatte, ohne daß in jedem Falle ein förmliches Disziplinarverfahren eingeleitet wurde. Hinzu kommt, daß infolge der Überlastung des Sondergerichts ein erheblicher Überhang an nicht erledigten Fällen bestand, der zum Zeitpunkt von Böckenhauers Bericht bei 545 Fällen lag. Ein großer Teil dieser Fälle kam vermutlich erst im Jahr 1935 zur Verhandlung und wird daher in der von mir aufgestellten Statistik der Disziplinarfälle für 1935 mitgezählt.

[108] Der Osaf, Ch. Nr. 13863, betr. Säuberungsaktion, 16. 3. 1935. BDC: Rs 414/15.

[109] Nach *Werner*, S. 552, der seine Angaben auf die Stärkemeldungen der SA stützt, betrug die Anzahl der SA-Einheiten von den Stürmen bis zu den Gruppen im August 1932 6985 Einheiten. Nimmt man an, daß diese Zahl sich bis zum Januar 1933 auf ca. 10 000 erhöhte, so erhält man die ungefähre Anzahl der Einheitsführer für diesen Zeitpunkt. SA-Führer in Stäben und nicht mehr aktive SA-Führer fielen vor der „Machtergreifung" zahlenmäßig wohl kaum ins Gewicht.

[110] Als Kontrollgruppe wurden auch die ca. 150 Disziplinarverfahren berücksichtigt, die im Jahre 1934 ohne Bestrafung endeten.

345

„Zweiten Revolution" in der SA möglicherweise zu der unbekannten Anzahl von SA-Führern gehörten, die unmittelbar nach dem 30. Juni 1934 auf direkte Anweisung der Gestapo ohne Disziplinarverfahren durch die Oberste SA-Führung aus der SA ausgeschlossen wurden [111], so spricht das fast völlige Fehlen von im engeren Sinne politischen Delikten in den SA-Disziplinarverfahren doch dafür, daß die unklare Stimmung der „Zweiten Revolution" in der SA einer politischen Programmatik entbehrte, die eine Alternative zur nationalsozialistischen Regierungspolitik hätte bieten können.

Abgesehen von den SA-internen reinen Disziplinverstößen, die meistens nicht den einzigen Strafgrund bildeten, sondern den Betroffenen zusätzlich zu anderen Beschuldigungen zur Last gelegt wurden, läßt sich die überwiegende Anzahl der Delikte, die von der Obersten SA-Führung in den Jahren 1934/35 disziplinarisch bestraft wurden, in drei Gruppen von Strafgründen einteilen. Sie betreffen: 1. Eigentumsdelikte und Vorstrafen, 2. Gewaltdelikte und 3. „Lebenswandel" und Verstöße gegen das Ansehen der SA in der Öffentlichkeit.

1. Eine beträchtliche Anzahl vor allem von hauptberuflich in der SA tätigen Führern wurde aus der SA entlassen, weil sie SA-Gelder unterschlagen hatten. Zur Beurteilung dieser Unterschlagungsfälle ist zu berücksichtigen, daß SA-Führer oft auch in der „Kampfzeit" keine strikte Trennung zwischen privatem Einkommen und SA-Dienst gekannt hatten, nur mit dem Unterschied, daß dies vor der „Machtergreifung" bedeutete, daß sie häufig ihren SA-Dienst mit ihrem privaten Einkommen finanzierten [112]. Das SA-Gericht urteilte in allen Unterschlagungsfällen äußerst rigoros; schließlich bürgerte sich die Praxis ein, daß bereits der Verdacht auf Unterschlagung zur Entlassung aus der SA genügte [113]. Diese strenge Beurteilung ist primär auf die Auffassung zurückzuführen, daß Eigentumsdelikte besonders ehrenrührig seien. So mußten auch diejenigen SA-Führer aus der SA ausscheiden, die wegen eines außerhalb der SA begangenen Eigentumsdelikts gerichtlich bestraft wurden, selbst wenn es sich dabei um Bagatellfälle handelte wie im Falle des SA-Führers, der aus der SA entlassen wurde, weil er Ziegelsteine im Wert von 4 RM gestohlen hatte; das öffentliche Gericht erkannte wegen des geringen Sachwertes nur auf eine Geldstrafe, aber das „Gerichts- und Rechtsamt" der Obersten SA-Führung vertrat die Meinung: „Ein SA-Führer, der sich eines Eigentumsvergehens schuldig macht, ist für die SA

---

[111] Erwähnt in der Aktennotiz des Gruppenführers Arthur Böckenhauer (Chef zunächst des Sondergerichts, dann des Gerichts- und Rechtsamtes der Obersten SA-Führung) vom 26. 2. 1935. BDC: SA-Vorgang E. v. M.

[112] Schr. des Führers der Gruppe Ostland an die Oberste SA-Führung betr. Vorstrafen von SA-Führern, 13. 11. 1936. BDC: SA-Vorgang W. B.

[113] So das Gerichts- und Rechtsamt der Obersten SA-Führung an den Sturmführer O. H., 30. 8. 1935. BDC: SA-Vorgang O. H.

nicht mehr tragbar" [114]. In den späteren Jahren des Dritten Reiches durften auf ausdrückliche Anordnung Hitlers SA-Führer, die wegen eines noch so geringen Eigentumsvergehens vorbestraft waren, selbst wenn diese Vorstrafe lange zurücklag, nicht in das höhere SA-Führerkorps aufsteigen [115]. Vorstrafen, die vor dem SA-Eintritt des Betreffenden verhängt worden waren, wurden vom SA-Gericht erschwerend zur Beurteilung anderer Beschuldigungen herangezogen und führten zur Entlassung, wenn sie der SA verschwiegen worden waren und nachträglich bekannt wurden.

Die außerordentliche Diskrepanz zwischen diesen Maßstäben des SA-Gerichts und den in der „Kampfzeit" und bis zum 30. Juni 1934 in der SA geltenden Richtlinien wird deutlich in dem berühmten „Vorstrafen-Erlaß" Ernst Röhms vom 16. April 1934 [116], der mit dem Satz begann: „Als in den Kampfjahren vor der Machtergreifung Männer der Faust gebraucht wurden, da kamen auch Volksgenossen zu uns, die früher einmal gestrauchelt waren." Mit großem Verständnis für diese durch das „Spießbürgertum" gesellschaftlich Diskriminierten verfügte Röhm, daß in den Fällen, in denen seit der letzten Straftat genügend Zeit vergangen sei, die in der „Kampfzeit" erworbenen „Verdienste" um die „Bewegung" praktisch als Tilgung der früheren Vorstrafen anzusehen seien und den Betreffenden keine weiteren Nachteile in der SA entstehen sollten [117].

Die Tatsache, daß der Chef des „Gerichts- und Rechtsamtes" der Obersten SA-Führung, Arthur Böckenhauer, den Wunsch, „daß nur Männer mit sauberer Weste der SA angehören dürften" [118], im Jahre 1936 noch als „Endziel" bezeichnete, das nur „durch jahrelange Erziehungsarbeit ... erreicht werden könne" [119], spricht dafür, daß selbst die Säuberung der SA in den Jahren 1934/35 noch längst nicht alle vorbestraften SA-Mitglieder erfaßt hatte. Böckenhauers Kommentar hierzu, „daß nicht über Nacht aus einer Kampftruppe ein Instrument geschaffen werden könne, in welchem nur die besten und edelsten Kräfte des Volkstums wirkten" [120], enthüllt unfreiwillig, daß gerade die kriminellen Elemente für die „Kampftruppe" der Zeit vor der „Machtergreifung" besonders geeignet waren.

2. Gewaltdelikte von SA-Führern waren sehr häufig Gegenstand von Disziplinarverfahren, und fast immer handelte es sich um unpolitische Fälle. Aus-

---

[114] BDC: SA-Vorgang H. B.
[115] BDC: SA-Vorgänge E. K., E. H., R. S.
[116] Der Osaf, P Nr. 3/1343/34, 16. 4. 1934. BAK: R 43 II/1202.
[117] Ebd.
[118] Zitiert im Schreiben des Führers der Gruppe Ostland an die Oberste SA-Führung vom 13. 11. 1936. BDC: SA-Vorgang W. B.
[119] Ebd.
[120] Ebd.

nahmen bildeten einige Terrorakte gegen Juden, die das Gericht als disziplinlose Einzelaktionen scharf verurteilte [121]. Die unpolitische Gewalttätigkeit, die in den Disziplinargerichtsakten deutlich wird, hatte viele Aspekte. Sie reichte von den Wirtshausschlägereien, die eher harmlose Raufbolde im Alkoholrausch veranstalteten, über verzweifelte Ausbrüche von um ihre Hoffnungen betrogenen „Alten Kämpfern" bis zu den Formen einer bösartigen Herrenmenschen-Mentalität, die es als ihr selbstverständliches Recht ansah, die Durchsetzung persönlicher Ansprüche gegenüber der Umwelt mit allen Mitteln zu betreiben und auf den geringfügigsten Angriff gegen die eigene Herrenposition mit einem maßlosen Rachebedürfnis zu reagieren. Dieses letzte Element nahm auf der Ebene der „Obersten SA-Führung" politische Gestalt an in dem berüchtigten „Liquidierungsbefehl" Röhms vom 31. Juli 1933 [122], „daß als Sühne für einen Mord an einem SA-Mann durch den zuständigen SA-Führer bis zu 12 Angehörige der feindlichen Organisation, von der der Mord vorbereitet wurde, gerichtet werden dürfen" [123]. In einem Gruppenbefehl der Gruppe Berlin-Brandenburg vom 11. Januar 1934 wurde verfügt, „daß jeder zu Boden zu schlagen sei, der es wagt, SA-Angehörige zu beleidigen" [124]. Auf der unteren Ebene der SA-Mitglieder und -Führer setzten sich solche Richtlinien offenbar so um, daß zwischen Angriffen auf die SA mit politischer Intention und Kritik an der Person eines SA-Führers, der sich übel aufgeführt hatte, oft nicht mehr unterschieden wurde. Ein Beispiel dafür bietet ein Fall, der sich in einem kleinen Ort an der Nordsee ereignete. Ein betrunkener SA-Sturmbannführer verursachte im Anschluß an ein SA-Fest eine erhebliche nächtliche Ruhestörung und wurde daraufhin von einem in der Nähe wohnenden Schneidermeister in höflicher Form um Ruhe gebeten. Der Sturmbannführer griff den Schneidermeister sofort tätlich an, wurde dabei aber selbst verletzt und holte zur Verstärkung die gesamte SA-Einheit, die sich noch bei dem Fest befand und nun unter der Führung eines Standartenführers den Schneidermeister in seiner Wohnung überfiel und brutal mißhandelte. Daß es sich hierbei, wie das SA-Gericht zutreffend urteilte, nicht etwa um die Abwehr eines „Angriff(s) auf die SA" handelte, sondern um eine „besoffene Angelegenheit", erhellt auch daraus, daß die SA-Leute anschließend an diesen Überfall auch noch eine zufällig vorbeikommende SS-Streife verprügelten, von der sie offenbar eine Meldung des Vorfalls befürchteten. Das SA-Gericht charakterisierte die „Ausschreitungen dieser Nacht" als „reine Willkür- und Terrorakte, für die auch nicht ein Schatten Anlaß gegeben war" und entließ den

[121] BDC: SA-Vorgänge P. T., K. H. L.

[122] Der Osaf, Ch. Nr. 1415/53, 31. 7. 1933. BAK: Slg. Schumacher 402.

[123] Ebd.

[124] Zitiert in dem Brief des NSDAP-Mitglieds P. K. an den Stabschef Viktor Lutze, Berlin, 4. Juli 1934. BDC: SA-Vorgang M. D.

verantwortlichen Standartenführer „strafweise" und für dauernd aus der SA [125]. In einer Kleinstadt in Thüringen randalierte ein betrunkener SA-Obersturmführer mit einigen ihm unterstellten SA-Mitgliedern in mehreren Gasthäusern und mißhandelte mit außerordentlicher Brutalität zufällig anwesende Gäste in einem Wirtshaus, in dem man ihm den Eintritt verwehrt hatte, weil er bereits volltrunken war. Auf die Drohung, die Polizei zu holen, antwortete er bezeichnenderweise, „daß die Polizei hier nichts zu sagen habe, er wäre hier die Polizei" [126].

Die in solchen Vorfällen zu Tage tretende Selbstherrlichkeit von SA-Führern, die oft völlig grundlos die Zivilbevölkerung terrorisierten — und zwar ohne Rücksicht auf deren politische Einstellung — war in manchen Gebieten offenbar so verbreitet, daß sie geradezu eine Landplage darstellte. Der Bericht eines NSDAP-Ortsgruppenleiters vom 11. Juni 1934 an das zuständige NSDAP-Kreisgericht [127] übte scharfe Kritik an der Terrorisierung der Bevölkerung durch SA-Führer. Der Verfasser drohte, er sei „am längsten Ortsgruppenleiter gewesen", wenn hier nicht bald Abhilfe geschaffen werde. Über die betreffenden SA-Führer äußerte er: „Wenn diese Herren, na sagen wir, angeheitert sind, sollten sie sich doch ein anderes Betätigungsfeld suchen, als in den Gasthäusern Gäste anzupöbeln und zu schlagen." Mit der Begründung, daß solche SA-Aktivitäten seine eigenen politischen Bemühungen als NSDAP-Orstgruppenleiter praktisch zunichte machten, plädierte er dafür, daß „einmal richtig eingeschritten" werde, „damit der Zivilbevölkerung der Eindruck genommen wird, daß sie aller Willkür schutzlos ausgesetzt ist" — ein Eindruck, der offenbar schon weit verbreitet sei, da keiner der von der SA Angegriffenen es gewagt habe, sich zur Wehr zu setzen [128]. Sehr zahlreich waren die Fälle, in denen betrunkene SA-Führer sich an völlig unpolitisch motivierten Wirtshausschlägereien beteiligten. Über den Prototyp eines solchen unpolitischen Raufbolds, gegen den mehrere Strafverfahren wegen Schlägereien schwebten, urteilte das Gericht, daß er keineswegs „durch Übereifer im Kampf für den nationalsozialistischen Gedanken" zu seinen Gewalttaten motiviert wurde, sondern der „dauernde Drang zu Gewalttätigkeiten und persönliche Beweggründe" ihn hierzu veranlaßten [129].

Die Hilflosigkeit von sich zurückgesetzt fühlenden „Alten Kämpfern" der SA, die nicht begriffen, daß sie nach abgeschlossener „Machtergreifung" mit denselben Taten, die ihnen zuvor als „Verdienste um die Bewegung" hoch angerechnet worden waren, nun angeblich dem Nationalsozialismus Schaden zufügten, zeigt sich im Fall eines württembergischen SA-Sturmführers, der auch 1935 noch

---

[125] Beschluß des SA-Disziplinargerichts vom 19. August 1935 — BDC: SA-Vorgang O. E.

[126] BDC: SA-Vorgang Sturmführer A.

[127] Bericht des Ortsgruppenleiters der Ortsgruppe Wehrsdorf an das NSDAP-Kreisgericht, 11. Juni 1934. BDC: SA-Vorgang K. H.

[128] Ebd.

[129] Beschluß des SA-Disziplinargerichts vom 10. Mai 1935. BDC: SA-Vorgang H. B.

seine ehemaligen politischen Gegner aus dem Bauernbund, inzwischen Mitglieder der „Reiter-SA", „als seine Feinde" ansah [130]. Bezeichnend für seine isolierte Situation ist sein Eindruck, daß man ihn in seinem Wohnort „noch heute genauso bekämpfe wie in der Kampfzeit". Sein Standartenführer urteilte über ihn, daß er „in der heutigen Zeit aus Mangel an innerer Überlegenheit ... den Boden unter den Füßen verliere" und daher nur noch mit hilfloser Aggressivität reagieren könne, „ein Vorgang, wie er sich leider bei allzuviel (sic) alten Pg. wiederholt" [131]. Wegen einer Schlägerei mit seinen alten politischen Gegnern, die ja inzwischen SA-Mitglieder waren, wurde der Sturmführer aus der SA entlassen [132]. Eine ähnliche Kontinuität des Verhaltens vor und nach der „Machtergreifung" kennzeichnet das Vorgehen eines Obersturmbannführers aus Königsberg, der sich in der „Kampfzeit" durch zahlreiche tollkühne Unternehmungen und durch brutale Gewaltaktionen während des Königsberger SA-Aufstands vom 1. August 1932 nach Ansicht seiner Vorgesetzten offenbar außerordentliche „Verdienste um die Bewegung" in Ostpreußen erworben hatte [133]. 1933 ging er gegen einen „Parteigenossen", der seine „arische" Abstammung in Zweifel gezogen hatte, mit denselben Methoden vor wie zuvor gegen politische Gegner — er überfiel ihn mit einem SA-Trupp in seiner Wohnung, bedrohte ihn mit dem Tode und erzwang so einen Widerruf der Äußerungen über seine Abstammung — und wurde daraufhin aus der SA ausgeschlossen [134]. Der zuständige Untersuchungsausschuß bat das „Sondergericht der Obersten SA-Führung" um Milde für ihn mit der entschuldigenden Formulierung, „daß F. durch die Erfüllung seiner Aufgaben bei der Zerstörung des kommunistischen Apparats daran gewöhnt war, nicht gerade mit Sammtpfötchen (sic) zuzufassen" [135].

Einen besonderen Aspekt der in den Disziplinargerichtsakten zur Sprache kommenden Gewalttätigkeiten von SA-Führern stellen die Fälle von Untergebenenmißhandlung und überhaupt von Gewalttätigkeit innerhalb der SA dar, die offenbar nicht selten waren, da das „Sondergericht" einen dieser Fälle mit den Worten kommentierte: „Die Unsitte, die Faust und andere Gewaltmittel innerhalb der SA zur Austragung und Lösung von Vorkommnissen zu benutzen, muß unter allen Umständen ausgemerzt werden" [136]. Die zahlreichen Gewaltdelikte von SA-Führern, die in den SA-Disziplinargerichtsakten belegt sind,

[130] Bericht des Führers der Standarte R 120 an die Brigade 56 (Württemberg-Süd), Ulm, 16. 7. 1935. BDC: SA-Vorgang H. D.

[131] Ebd.

[132] BDC: SA-Vorgang H. D.

[133] Bericht des Führers der Feldjägerabteilung I an den Untersuchungsausschuß der Gruppe Ostland, Königsberg, 7. 11. 1934. — BDC: SA-Vorgang G. F.

[134] BDC: SA-Vorgang G. F.

[135] Der Untersuchungsausschuß der Gruppe Ostland an das Sondergericht der Obersten SA-Führung, Königsberg, 12. 11. 1934 (Abschrift). BDC: SA-Vorgang G. F.

[136] Beschluß des SA-Sondergerichts vom 3. 1. 1935. BDC: SA-Vorgang O. A.

bestätigen die Feststellung Peter Merkls [137], daß gerade viele nationalsozialistische Gewalttäter nicht primär ideologisch motiviert waren. Es ergibt sich vielmehr der Eindruck, daß hier ein breites Potential von kontinuierlicher und völlig unpolitischer (wenn auch politisch und sozial bedingter) Gewalttätigkeit vorhanden war, das die NSDAP in der „Kampfzeit" und während der „Machtergreifung" für ihre Zwecke kanalisiert hatte, das sich aber nach Abschluß der
Machtergreifungsphase, als es keine offenen politischen Gegner mehr zu bekämpfen gab, in unpolitischen Formen abreagierte und dadurch für das nationalsozialistische Regime dysfunktional wurde.

3. Die Disziplinarstrafen, die wegen der Verstöße von SA-Führern gegen die
„Moral", wie das SA-Gericht sie verstand, verhängt wurden, beschränkten sich
keineswegs auf die sofortigen Ausschlüsse von als homosexuell erkannten SA-
Führern, die im Hinblick auf den diesbezüglichen „Röhm-Komplex" der SA-
Führung nach dem 30. Juni 1934 verständlich erscheinen. Es wurden vielmehr
auch SA-Führer aus der SA entlassen, weil sie „ein ehewidriges Verhältnis" un-
terhielten und ihre Familie vernachlässigten [138], mit Prostituierten verkehrten,
obwohl sie verheiratet waren [139], einen „lockeren Lebenswandel" führten und
ihre Ehe zerrüttet war [140] oder weil sie auf Grund eines Ehebruchs mit der Frau
eines Kameraden ein negatives Bild als „Persönlichkeit und Mensch" abgaben [141]. In den Jahren 1937/38 genügte offenbar ein Ehebruch in jedem Falle
für die Entlassung aus der SA, da er nach Auffassung des Gerichts die „Begriffe,
die der Nationalsozialismus über Heiligkeit und Unantastbarkeit der Ehe hat",
verletzte [142].

Ein weiterer Punkt, in dem der „Lebenswandel" von SA-Führern häufig Anstoß erregte, war der offenbar gerade unter SA-Führern verbreitete [143] Alkoho-
lismus, ein Problem, das eng verbunden war mit der Forderung nach einem be-
scheidenden Lebensstil der SA-Führer einerseits und dem Komplex des Ansehens
der SA in der Öffentlichkeit andererseits. Als besonderen alkoholischen Exzess
rügte es das Gericht, daß ein SA-Führer bei einem Trinkgelage, an dem er in

[137] *Merkl*, S. 390—391 und 394—401.

[138] BDC: SA-Vorgang H. B.

[139] BDC: SA-Vorgang B. C.

[140] SA-Vorgang H. F.

[141] BDC: SA-Vorgang D. A.

[142] Beschluß des SA-Disziplinargerichts vom 13. 10. 1937. BDC: SA-Vorgang F. H.;
ähnlich der Fall H. W. (1938 aus der SA ausgeschlossen).

[143] So sagte der Führer der Standarte 419 Templin in einer Führerbesprechung im
Juni 1934, „es häuften sich die Fälle, daß gerade in Führerkreisen der SA übermäßig
getrunken würde ... In der SS und in der PO wären derartige Fälle nicht in dem Maße
an der Tagesordnung" (Aussage H. G. v. A. vor dem Ehrengericht der Gruppe Berlin-
Brandenburg am 16. 8. 1934. BDC: SA-Vorgang H. G. v. A.).

Uniform teilnahm, „aus einem Damenschuh Sekt" getrunken hatte [144]. Ein anderer SA-Führer wurde degradiert, weil er bei offiziellen Anlässen betrunken in Uniform erschienen war und mit dem SA-„Ehrendolch" Geschirr zerschlagen hatte [145]. Die Kategorie des Ansehens der SA in der Öffentlichkeit stellte das übergeordnete Bewertungskriterium dar, das dazu diente, alle anderen Verfehlungen von SA-Führern zu gewichten, was zu Ansätzen einer Scheinmoral führte, die nicht das Delikt an sich, sondern seine Wirkung in der Öffentlichkeit zum Maßstab der Beurteilung machte.

Wenn man sich die berühmte Stellungnahme Adolf Hitlers vor Augen hält, mit der er im Februar 1931 auf Vorwürfe wegen der Homosexualität Ernst Röhms antwortete, daß die SA „keine moralische Anstalt zur Erziehung von höheren Töchtern" sei, „sondern ein Verband rauher Kämpfer", im übrigen das Privatleben von SA-Führern für ihn kein Gegenstand der Erörterung sei [146], so wird die beträchtliche Entwicklung deutlich, die zwischen den Moralmaßstäben der nationalsozialistischen „Kampfzeit" liegt und den Bewertungskriterien, die das SA-Disziplinargericht in den späteren Jahren an Moral und Lebensstil der SA anlegte. Hatte die SA der „Kampfzeit" und der Zeit vor dem 30. Juni 1934 noch eine ausgesprochen anti-„bürgerliche", gegen „Mucker und Spießer" [147] gerichtete Sondermoral für sich beansprucht, so läßt sich die Entwicklung der SA-Disziplinargerichtsbarkeit zum Thema „Moral" und „Lebenswandel" als Prozeß einer totalen Anpassung dieser ursprünglichen „SA-Moral" an die herrschenden bürgerlichen Moralnormen beschreiben. Die drei Gruppen von Delikten, die in den SA-Disziplinargerichtsverfahren der Jahre 1934/35 die Mehrheit der Strafgründe bildeten — kriminelle Eigentumsdelikte und Vorstrafen, Gewaltdelikte, Verstöße gegen Moral und „guten Lebenswandel" —, hatten gemeinsam, daß sie in der nationalsozialistischen „Kampfzeit" im wesentlichen kein Hindernis für Mitgliedschaft und Karriere in der SA bildeten — wie Vorstrafen und Moralverstöße — und darüber hinaus, wie im Falle der Gewalttätigkeit, zu einem großen Teil geradezu konstitutiv waren für einen bestimmten, besonders „verdienstvollen" Typ des „Alten Kämpfers", der in der SA der „Kampfzeit" zwar vielleicht nicht die Mehrheit stellte, aber sie zu dem gemacht hatte, was sie von anderen politischen Organisationen unterschied. Für diesen klassischen Typ des „Alten Kämpfers" der SA war im nationalsozialistischen Staat kein Platz mehr; er wurde dem Ordnungs- und Sicherheitsbedürfnis der Bevölkerung geopfert. Die Ausschaltung der im Sinne der

---

[144] BDC: SA-Vorgang W. B.
[145] BDC: SA-Vorgang P. V.
[146] Der Osaf, I Nr. 12/31, 3. 2. 1931, abgedruckt in: *Heinrich Bennecke,* Hitler und die SA, München 1962, S. 254.
[147] So Röhm in einem Erlaß gegen Moralschnüffelei (Fragment, o. D.). BDC: Rs 402, Bl. 25.

genannten drei Delikte belasteten SA-Führer verfolgte die Tendenz, die SA zu einer gesellschaftlich respektablen Organisation zu machen und erfüllte damit eine der Voraussetzungen dafür, daß in den späteren Jahren des Dritten Reiches der unpolitische Deutsche die nationalsozialistischen Institutionen als einen Bestandteil seiner bürgerlichen Normalität betrachten konnte. Die durch Anpassung an die Normen einer kleinbürgerlichen Privatmoral erzielte gesellschaftliche Respektabilität erlaubte es vermutlich, den verbrecherischen Charakter der politischen Funktion der SA zu verdrängen, obwohl dieser immer wieder zu Tage trat, wie sich am Beispiel einer einzigen niederrheinischen Kleinstadt verdeutlichen läßt: 1933 prügelten hier SA-Hilfspolizisten einen kommunistischen Häftling zu Tode [148], 1938 steckten SA-Mitglieder — wie auch andernorts — die Synagoge in Brand und demolierten jüdische Geschäfte, 1944 erschoß der Führer der dortigen SA-Standarte in einem Nachbarort öffentlich zwei kriegsgefangene kanadische Fallschirmjäger [149].

Parallel zur Säuberung verlief eine umfassende Reorganisation der SA. Durch einen geheimen Erlaß der Obersten SA-Führung vom 22. Januar 1935 [150], von dessen 80 Exemplaren 35 an die Reichswehr gingen, wurde die gesamte SA gemäß ihren künftigen militärischen Ausbildungsfunktionen neu gegliedert. Während Ernst Röhm noch die „Alten Kämpfer" der SA ohne Rücksicht auf die Altersklassen, nach denen er die SA-Unterorganisationen gliederte, in ihren angestammten Verbänden belassen hatte [151], wurde nun die gesamte SA schematisch nach Altersgruppen — in aktive SA, SA-Reserve und SA-Landsturm — eingeteilt; innerhalb dieser Gruppierungen wurde nach Kriterien der körperlichen Tauglichkeit und der militärischen Verwendungsfähigkeit untergliedert. Als SA-Sondereinheiten sollten Nachrichten-, Sanitäts- und Pionierstürme analog zu den bereits bestehenden Marine- und Reitereinheiten aufgestellt werden. Während die SA-Einheiten der „Kampfzeit" unterschiedlich groß waren, weil sie sich von unten nach oben aus gewachsenen „Kampfgruppen" von Freunden, Nachbarn oder Arbeitskollegen zusammensetzten [152], wurde die Kopfstärke aller SA-Einheiten nun einheitlich festgesetzt. Die Neugliederung zerriß auf diese Weise die Einheit der Verbände der „Alten Kämpfer", obwohl der Erlaß beteuerte, daß dies keineswegs seine Absicht sei [153]. Als Bedingungen für die künf-

---

[148] Rheinische Post Nr. 13, 14. 2. 1948. Stadtarchiv Kleve: Zeitungsausschnittsammlung „Nazi-Verbrechen".

[149] Rheinische Post Nr. 122, 10. 11. 1948. Stadtarchiv Kleve: Zeitungsausschnittsammlung „Nazi-Verbrechen".

[150] Der Osaf, F Nr. 220/95, 22. Januar 1935. BDC: Rs 407, Bl. 77—87.

[151] Der Osaf, Ch. Nr. 1634/33, betr. Gliederung der gesamten SA. BDC: Rs 407, Bl. 52.

[152] Der Osaf, Grundsätzliche Anordnung IV, 4. 6. 1927, abgedruckt in: *Bennecke, Hitler* (s. Anm. 146), S. 248—250, hier S. 248.

[153] Der Osaf, F Nr. 220/95, 22. Januar 1935. BDC: Rs 407, Bl. 77—87, hier S. 7.

tige Zugehörigkeit zur SA wurden „charakterliche Zuverlässigkeit", „moralisch einwandfreier Lebenswandel", „arische Abstammung" und „Geeignetheit für die Aufnahme in die Partei" gefordert [154] — in dieser Reihenfolge!

Ein Erlaß der Obersten SA-Führung vom 24. September 1935 [155] bestimmte die Aufgaben der vor- und nachmilitärischen Ausbildung im einzelnen: Dazu gehörten Sport, Exerzierdienst, Geländeübungen, Schießausbildung sowie Information über Gas- und Luftschutz. Als monatliche Mindestdienstzeit für die SA-Mitglieder setzte der Erlaß 5 Veranstaltungen von insgesamt 13 Stunden fest und wies gleichzeitig die Führer an, durch Kontrolle zu sichern, daß die vormilitärische Ausbildung nicht nur als „Papierausbildung" [156] stattfände. Dies wie auch der betonte Appell an den Leistungswillen der einzelnen SA-Stürme deutet auf eine beträchtliche Interesselosigkeit der Mitglieder an der neuen Form des SA-Dienstes hin, die zeitraubend, anstrengend und im Verhältnis zu den Abenteuern der „Kampfzeit" zweifellos langweilig war.

Um der beklagten „mangelhaften Dienstbeteiligung" [157] entgegenzuwirken, verfügte die Oberste SA-Führung im Mai 1935, daß SA-Mitglieder, die dreimal unentschuldigt den Dienst versäumt hatten, umgehend zu entlassen seien, nur eine „Auslese" sollte in der SA verbleiben [158]. Für Neuaufnahmen in die SA, die durch Übernahme des geeigneten Nachwuchses aus der HJ und gezielte Werbung der nach Ableistung ihres Wehrdienstes aus der Wehrmacht Ausscheidenden zustandekommen sollten, wurden 1935 Quoten für die SA-Gruppen festgelegt und strenge Auslesemaßstäbe bestimmt [159], die allerdings bereits 1937 wieder gelockert wurden [160]. Von der Möglichkeit der Entlassung „wegen Verringerung der SA" und wegen „Ungeeignetheit für den SA-Dienst", für die zwischen 1934 und 1937 mehrfach Richtlinien erlassen wurden [161], wurde offenbar häufig

---

[154] Ebd., S. 3/4.

[155] Der Osaf, Ch/Nr. 54 936, betr. Richtlinien der Obersten SA-Führung für das Ausbildungsjahr 1935/36, 24. 9. 1935. BDC: Rs 414/15, Bl. 13—14.

[156] Ebd., Bl. 14.

[157] Der Osaf, Ch. Nr. 26 837, betr. Dienstbeteiligung, 15. Mai 1935. BDC: Rs 407, Bl. 319—321, hier Bl. 319.

[158] Ebd.

[159] Der Osaf, P Nr. 477 n. f. D., betr. Neuaufnahmen, 17. 10. 1935. BDC: Rs 407, Bl. 264—270.

[160] Der Osaf, P Nr. 36—37 n. f. D., betr. Neuaufnahmen in die SA, 4. Juni 1937. BDC: Rs 407, Bl. 279.

[161] Der Osaf, Ch. Nr. 21 053, betr. Entlassung aus der SA, 17. August 1934. BDC: Rs 407, Bl. 314—315. — Der Osaf, G Nr. 34 413, betr. Zuständigkeit für die Anwendung der Ziffer 127 b der SADV, 4. Juli 1936, ebd., Bl. 324. — Der Osaf, G Nr. 30 418/37, betr. Zuständigkeit für die Anwendung der Ziffer 127 a der SADV, 2. Februar 1937, ebd., Bl. 325—326. — Der Osaf, P Nr. 08 100, betr. SA-Zugehörigkeit, Ausscheiden aus der SA, 4. März 1937, ebd., Bl. 327. — Der Osaf, P. Nr. 08 100, betr. Entlassungen aus der SA, 9. Juni 1937, ebd., Bl. 332.

Gebrauch gemacht. Zwischen September 1934 und Oktober 1935 sank die Mitgliederzahl der SA von ca. 2,6 Mill. auf ca. 1,6 Mill.; im Jahre 1938 lag sie bei rund 1,2 Mill.[162]. Eine der Ursachen für diesen Rückgang war sicherlich die Wiedereinführung der Allgemeinen Wehrpflicht im Jahre 1935, die der SA einen großen Teil ihrer Aufgaben wie auch ihres Rekrutierungspotentials entzog und in Verbindung mit der Arbeitsdienstpflicht die Zugehörigkeit zu einer weiteren uniformierten und freizeitreglementierenden Organisation vermutlich immer weniger attraktiv werden ließ.

Die rückläufige Mitgliederentwicklung war keineswegs mit einer Aufwertung der SA als „Elite" im Sinne der Ordensvorstellungen der SS verbunden; sie entsprach vielmehr der völligen machtpolitischen Bedeutungslosigkeit der SA, deren öffentliches Hervortreten bei nationalsozialistischen Aufmärschen und Parteiveranstaltungen, wie Michael Kater feststellt, „allenfalls repräsentativen Charakter" hatte[163]. Versuche der SA, analog zu den Methoden der SS durch die Ernennung bedeutender Personen aus der staatlichen Bürokratie und der Wirtschaft zu „SA-Ehrenführern" Einfluß zu gewinnen, waren offenbar kein taugliches Mittel gegen die absolute Vormachtstellung der SS. Ein hoher SA-Führer, der im November 1937 in Vertretung des Stabschefs vor Politischen Leitern der NSDAP auf der Ordensburg Sonthofen einen Vortrag über „Die Aufgaben der SA für Partei und Staat"[164] hielt, hatte große Mühe, die Funktion der SA zu definieren. Gegen „Besserwisser", die gelegentlich die Frage stellten, „was die SA eigentlich als Aufgabe hat", wandte er ein, daß es sich hierbei um Dinge handle, „die nicht in greifbare Formen gegossen sind, aber doch die höchsten sittlichen und ethischen Werte darstellen"[165]. An konkreten Aufgaben der SA nannte er nationalsozialistische Propaganda, Bildung eines Nachwuchsreservoirs für die Partei und vormilitärische Ausbildung, wobei die Betonung der ideologischen Komponenten das Unbehagen des Redners über die Gefahr erkennen ließ, daß die SA sich zu einer „reine(n) Sportorganisation" entwickeln würde[166].

Die Säuberung der SA und die völlige Unterordnung unter ihre militärischen Ausbildungsfunktionen veränderten den Charakter der SA fundamental. Die Mitgliedschaft in der SA setzte nun, soweit sie nicht ohnehin opportunistisch motiviert war, nicht unbedingt mehr eine nationalsozialistische Parteigesinnung voraus. Die Motivationen des traditionellen Nationalismus und Militarismus, verbunden mit einer sich selbst als unpolitisch verstehenden allgemeinen Staats-

---

[162] SA-Stärkemeldungen. BAK: Slg. Schumacher 415.

[163] *Michael Kater*, Zum gegenseitigen Verhältnis von SA und SS in der Sozialgeschichte des Nationalsozialismus von 1925 bis 1939, in: Vierteljahrsschrift für Wirtschafts- und Sozialgeschichte 62 (1975), S. 339—379, hier S. 365.

[164] Der Osaf, F. Nr. 102/20, betr. Vortrag des Stabsführers der Obersten SA-Führung Obergruppenführer Herzog vor den Kreis- und Gauamtsleitern auf der Ordensburg Sonthofen am 18. November 1937, 12. Dezember 1937, BDC: Rs 408, Bl. 75—81.

[165] Ebd., Bl. 77.

[166] Ebd., Bl. 80.

bejahung und ein wenig Freude an Sport und Geländeübungen, genügten hierfür durchaus. Diese weitgehend entpolitisierte und moralisch „gesäuberte" SA war die Organisation, in die junge Karrieristen aus gutem Hause zwecks Nachweises ihrer staatsbürgerlichen Loyalität eintreten konnten, entsprechend der Ende 1936 von der Obersten SA-Führung getroffenen Feststellung, „daß die Zugehörigkeit zur SA oder einer sonstigen Gliederung der Bewegung heute für den Jung-Juristen als selbstverständliche Voraussetzung angesehen wird"[167]. Die SA gewann so in den späteren Jahren des Dritten Reiches ein Image, das der Wehrmachtsmajor Engel 1939 treffend formulierte, als er die SA „das politisch harmloseste Unternehmen der Partei" nannte[168]. Es ist zu fragen, wie diese „harmlose" SA, in der der Anteil überzeugter Nationalsozialisten vermutlich gering und die Einheit der Verbände der „Alten Kämpfer" durch die Reorganisation zerschlagen war, ein Instrument der antisemitischen Progrome vom 9. und 10. November 1938 sein konnte. Eine Antwort auf diese Frage, die in diesem Rahmen nicht gegeben werden kann, ist möglicherweise in zwei Richtungen zu suchen. Zum einen gibt es Indizien dafür, daß an manchen Orten nicht geschlossene SA-Verbände, sondern halb spontan gebildete Gruppen von nationalsozialistischen „Freiwilligen" die Ausschreitungen begingen[169], zum anderen würde die Beteiligung von solchen SA-Mitgliedern, die keine fanatischen Nationalsozialisten waren, aber innerhalb ihrer geschlossenen Einheiten Befehlen gehorchten, dafür sprechen, daß manche der Verbrechen der „Reichskristallnacht" — wie der spätere organisierte Massenmord an den Juden — weniger eine Sache des wilden Radauantisemitismus alter Nationalsozialisten waren als vielmehr ein Ausdruck funktionierender Untertanenmentalität.

Mit der Ausnahme des kurzen Moments der „Reichskristallnacht" hatte die SA in den späteren Jahren des Dritten Reiches mit der SA der „Kampfzeit" und der Zeit vor dem 30. Juni 1934 nur noch die Fassade gemeinsam. Die Aufrechterhaltung dieser Fassade ermöglichte allerdings eine minimale Integration des anpassungsfähigen Kerns der alten SA-Führer, die, soweit sie ins höhere SA-Führerkorps aufstiegen, mit gutbezahlten hauptamtlichen Positionen[170] belohnt wurden. Trotz der beträchtlichen Wandlungen, die die SA durchmachte, bestand das höhere SA-Führerkorps in den späteren Jahren des Dritten Reiches

[167] Das Gerichts- und Rechtsamt der Obersten SA-Führung an die Gruppe Berlin Brandenburg, G 3 Nr. 35 573 K/Bö., 24. 11. 1936. BDC: SA-Akte S. B.

[168] Major Engel am 14. 6. 1939, in: *Hildegard von Kotze* (Hrsg.), Heeresadjutant bei Hitler 1938—1943. Aufzeichnungen des Majors Engel, Stuttgart 1974, S. 48, zitiert in: *Kater*, S. 365.

[169] *Hermann Graml*, Der 9. November 1938. „Reichskristallnacht", ³1955, S. 30—31.

[170] Die monatlichen Grundgehälter bewegten sich im Oktober 1934 zwischen 400,— RM (Standartenführer) und 800,— RM (Obergruppenführer). („Vorläufige Übersicht" der Obersten SA-Führung „über die Bezüge der bei den SA-Dienststellen verwendeten SA-Führer- und -Männer", 31. Oktober 1934. BDC: Rs 408, Bl. 227).

überwiegend aus „Alten Kämpfern". Die äußere Kontinuität sorgte zudem dafür, daß die Drohfunktion, die das Auftauchen der SA-Uniform in der Öffentlichkeit gegenüber potentiell oppositionellen Teilen der Bevölkerung erfüllte, erhalten blieb; der Nachfolger Viktor Lutzes als Stabschef der SA, Wilhelm Schepmann, kommentierte diesen Sachverhalt 1943 mit der Bemerkung: „Ein Defaitist ist in der Nähe eines SA-Mannes eine undenkbare Erscheinung" [171].

Eine gewisse Bedeutung erlangte die SA wieder während des Krieges durch ihre quasi-militärischen Funktionen, über die die Tätigkeitsberichte der Obersten SA-Führung über „die SA im Kriege" [172] detaillierte Auskunft geben. Während rund 80 % der SA-Mitglieder, die der SA bei Kriegsausbruch angehörten, Soldaten waren [173], betrieben die älteren und nicht „frontverwendungsfähigen" SA-Mitglieder, im Jahre 1944 rund 500 000 an der Zahl [174], die vormilitärische Ausbildung der noch „Ungedienten". Bis zum Kriegsausbruch hatten bereits 1,5 Mill. Männer das „SA-Wehrabzeichen" als Abschluß einer vormilitärischen Ausbildung erworben [175]; vom Kriegsbeginn bis zum April 1940 absolvierten weitere 1,5 Mill. junge Männer, die zum größten Teil nicht der SA angehörten, eine vormilitärische Ausbildung in den „SA-Wehrmannschaften" [176]. Diese Zahlen machen den Erfolg der unpolitischen Integration deutlich, die von der vormilitärischen Ausbildung der SA ausging. Die SA trug damit zu den Mechanismen bei, die das nationalsozialistische Regime auf eine breitere Grundlage stellten, als die Identifikation mit der NSDAP als Partei sie hätte bieten können. In einigen wenigen Fällen übernahm die SA im Kriege auch „Sonderaufgaben", bei denen sich ihre alte Rolle wieder auswirken konnte. Ein SA-Verband, der im August 1939 aus schlesischen SA-Männern und neuaufgenommenen „Volksdeutschen" gebildet wurde, überschritt bei Kriegsausbruch noch vor der Wehrmacht in Zivil die polnische Grenze und verhinderte angeblich die Zerstörung wichtiger Industrieanlagen [177]. Die sudetendeutsche SA fungierte als Besatzungshilfstruppe für die Wehrmacht im „Protektorat Böhmen und Mähren" [178] und beteiligte sich an der „Partisanenbekämpfung" in der Slowakei [179]; ein SA-

[171] *Wilhelm Schepmann*, Der Auftrag der SA (Veröffentlichung des Stabschefs „für die Parteipresse"), 16. Oktober 1943. BDC: SA-Akte Wilhelm Schepmann.

[172] Die folgenden Angaben stützen sich auf den Bericht der Obersten SA-Führung über den „Einsatz der SA im Kriege" vom 21. Juni 1940. BDC: Rs 408, Bl. 82—95, den „Tätigkeitsbericht der SA" vom 31. März 1944, ebd., Bl. 135—146 sowie den „Tätigkeitsbericht" vom 31. Oktober 1944, ebd., Bl. 156—158.

[173] Tätigkeitsbericht vom 31. 3. 1944, S. 1.

[174] Ebd., S. 3.

[175] Tätigkeitsbericht vom 31. 10. 1944, S. 1.

[176] Bericht vom 21. Juni 1940, S. 4.

[177] Ebd., S. 7.

[178] Ebd., S. 8/9.

[179] Bericht vom 31. 10. 1944, S. 6.

Sturmbann „zur besonderen Verfügung" beteiligte sich als Polizei-Alarmbataillon an der Niederschlagung des Warschauer Aufstands [180]. Diese „Sonderaufgaben" waren jedoch nicht typisch für die Tätigkeit der SA im Krieg, diese bestand vielmehr im wesentlichen in umfangreichen Bewachungs- und Sicherungsaufgaben, welche die SA im Reichsgebiet als Hilfsdienst für die Wehrmacht — seltener auch für die Polizei — erfüllte: Die SA bewachte wehrmachtseigene Grundstücke und Gebäude, Brücken und Verkehrswege, leistete Verkehrshilfsdienste für Truppentransporte, bewachte Gefangenenlager und Gefangenentransporte, nahm am Luftschutzdienst, an der Verdunkelungskontrolle und an der Vergabe von Lebensmittelmarken teil, führte Bergungsarbeiten nach Luftangriffen aus, baute Nachrichteneinrichtungen auf und leistete Polizeihilfsdienste durch Streifengänge.

Charakteristisch für die Tätigkeiten der SA im Krieg war, daß es sich hierbei um reine Hilfsfunktionen für die Wehrmacht handelte, die „auf Ersuchen der Wehrmacht" [181] ausgeübt wurden; die SA hatte „jedes eigene Geltungsbedürfnis ... völlig ausgeschaltet" [182]. Mit Begeisterung zitierte die Oberste SA-Führung die Anerkennungsschreiben von Wehrmachtgenerälen für die Qualität ihrer vormilitärischen Ausbildungsarbeit [183]. Die SA, die 1923 als Wehrverband politische Bedeutung erlangte und 1933 zeitweilig die Absicht hegte, die Reichswehr zu „übernehmen", endete so im Zweiten Weltkrieg als eine disziplinierte Hilfstruppe der Wehrmacht, dieser völlig untergeordnet. Mit dieser Entwicklung mag sie als typisch gelten für das Schicksal der Aktivisten der nationalsozialistischen Massenbewegung, die ungeheuere Energien für die Errichtung einer Herrschaft mobilisierten, an deren Ausübung sie in ihrer Mehrheit allenfalls symbolisch teilhatten.

Summary

Mathilde Jamin examines the changing role of the SA after the seizure of power, and more particularly after the purges of June 1934. Her investigation is based on 1800 case studies from the Berlin Document Centre of the Officer Corps from the rank of Standartenführer, especially those involved in disciplinary action. The development of the SA was marked not only by spectacular expansion from a quarter of a million in 1931 to nearly three million in 1934 but also, as it turned out, by a high degree of fluctuation during that period and a shrinking membership after 1934. Jamin's main thesis is that the conflict of interests between the Army and the SA does not fully explain what happened in the summer of 1934 and thereafter. The whole outlook of the SA leadership and the social

[180] Ebd., S. 5.
[181] Bericht vom 21. Juni 1940, S. 9.
[182] Ebd., S. 2.
[183] Ebd., S. 11/12.

and economic conditions of the rank and file have to be taken into account as well. What emerges is fundamental to our understanding of how the regime managed to adapt itself to the existing social order and to achieve a high degree of respectability, as compared with the Party's former pseudo-revolutionary image. In other words, the transformation of state and society *(Gleichschaltung)* was a two-way process: it applied to the Nazi movement as well as to its rivals.

The SA Officer Corps had eager expectations of a complete disestablishment of the Weimar governmental machine and its replacement by the old comrades *(Alte Kämpfer)*, who, together with the Partyfaithfuls and the SS would form the new elite and take over all important positions in the Army, the bureaucracy and the police. However, it was not by means of a social revolution that the movement established itself in power but by a change of the political system and the re-deployment of the traditional elites who were only too keen to co-operate with the new regime. It turned out that most jobs went to the converts, who proved to be more competent than the old street-fighters. No wonder this development was greatly resented by the SA rank and file who felt deprived of the fruits of their previous efforts for the cause. Their help was welcomed in removing all political opponents of the Party, but they were stopped by Hitler and the new Government when their acts of violence spread to banking and commerce, threatening all plans for an economic recovery.

It is doubtful how seriously the rhetoric of a 'Second Revolution' or the idea of 'SA Socialism' should be taken, since there was no ideological consistency or concern for the working class in general. However, certain anti-capitalist feelings and vague socialist motives cannot be excluded altogether. German industrialists were certainly greatly perturbed and anxious that the SA should be called to order and made to respect the new state of affairs. What gave particular cause for concern was the enormous expansion of the SA at a time when it no longer had any useful role to play. It even proved difficult to find employment for members of the SA, even though half of all vacancies in public services were reserved for them. The fact that the SA was subsidised by the Government in April 1934 did not do a great deal to diffuse an increasingly explosive situation, born out of frustration and resentment by those who regarded themselves as the veterans of the struggle for power, from which they were now excluded.

The purges which followed the assassination of Röhm and his entourage in June 1934 were much more thorough-going than has hitherto been realised. No less than 15—18 % of the old SA leadership were involved in disciplinary action, which usually ended in expulsion. The types of offence which crop up in the files do not reveal any large-scale conspiracy or widespread political opposition, as might have been feared by Army leaders or industrialists, but show that ordinary citizens suffered a great deal at the hands of SA bullies and self-appointed SA policemen. The three most common categories of offence included: 1. property offences, mostly misappropriation of funds; even petty theft such as lifting bricks was now punished; 2. acts of violence, often committed by drunken SA bullies, some of whom had acquired a reputation for terrorising entire local communities — when there were no political opponents left they simply picked on ordinary citizens; 3. disorderly life-style; not only homosexual conduct, for which Ernst Röhm and some of his friends had been notorious, but also drunkeness in public and extra-marital affairs which were now punishable; by 1937/38 adultery could lead to expulsion. Jamin points out that it was not so much the offence as such which would lead to disciplinary action, but the fact that it had weakened and tarnished the public image of the SA. The new departure was a kind of U-turn compared with the reputation of the SA before 1933. Now they were required to adapt totally to the standards of civic conduct and propriety demanded by the law and order slogans of the regime. The enforcement of these standards, initiated by wholesale murder on the part of the Government, was to serve as an excellent alibi for a regime that was still as criminal as ever, but which attached so much importance to the distinction between unlawful brutality and lawful repression for political ends. The result was total moral confusion.

The purges were accompanied by a complete reorganisation of the SA according to the requirements of the Wehrmacht. Units were restructured on the basis of age-groups, ignoring their traditional composition, and used for pre-military training with an emphasis on sports, field exercises, rifle practice and air-raid precautions. Apart from political pageantry, for which a *levée en masse* of stormtroopers was indispensable, the SA men played no political role of any significance. During the war they were mostly employed in Civil Defence, relieving the Army of such duties as protecting buildings, guarding POW camps etc. In the end the SA, once the hard-core of the Nazi movement, degenerated into one of the most unpolitical and powerless institutions of the regime.

Gunnar C. Boehnert

The Jurists in the SS-Führerkorps, 1925—1939

In his book „Gesellschaft und Demokratie in Deutschland" Dahrendorf makes the following comment regarding the role and function of jurists in German society.

Jedenfalls sind die Juristen innerhalb der deutschen politischen Klasse die größte einzelne, durch ein wahrscheinlich bedeutendes gemeinsames Merkmal herausgehobene Gruppe. Eine Wanderung über die Gipfel der Macht in der deutschen Gesellschaft kann uns zudem zeigen, daß Juristen in allen Bereichen, wennschon in unterschiedlicher Konzentration, an der Spitze stehen [1].

He goes on to say „... daß die deutsche politische Klasse sich in zentralen Elementen als eine Elite von Juristen beschreiben läßt" [2]. Because a legal education has traditionally served in Germany as a means of insuring membership, not only in the governing elite but also in the financial-industrial elite [3], members of this profession were singled out and subjected to a more detailed examination in this writer's study of the social composition of the SS Führerkorps [4].

It is the purpose of this paper to investigate how members of the traditional „Machtelite der deutschen Gesellschaft" [5] reacted to the emerging elite formation of National Socialism, the SS. Did, for instance, German jurists make a concerted effort to stay away from the SS, that is would they be underrepresented in the sample, or were they part of the well-known *Akademiker* rush to join the ranks of the party in power after January 1933? [6] If the jurists did not distinguish themselves from the other *Akademiker* in their eagerness to join the movement, at what stage in the history of the Third Reich did they join the SS? Was there, for instance, a clearly discernable joining pattern? The next question to be investigated is, what function did the jurists fulfill in the SS? Was Himmler through the recruitment of the jurists able to penetrate the traditional barriers of

[1] *Ralf Dahrendorf,* Gesellschaft und Demokratie in Deutschland, Stuttgart 1965, p. 262.

[2] Ibid., p. 261.

[3] Ibid., p. 260.

[4] *Gunnar Boehnert, A Sociography of the SS Officer Corps, 1925—1939,* unpublished Ph. D. dissertation, University of London 1977.

[5] *Dahrendorf,* p. 262.

[6] *Joachim Fest,* The Face of the Third Reich, trans. from the German by Michael Bullock, London 1970, p. 376.

the *höhere Beamtentum,* which as a rule "did not admit outsiders" [7], and as a result produce a more regime-loyal bureaucracy?

I.

The 5250 case histories used in the study of the SS Führerkorps were organized chronologically according to the joining date of the SS-Führer. The following chronological divisions were used.

Phase I April 1925 — December 1927 [8]
January 1928 — December 1930
Phase II January 1931 — January 1933
February 1933 — June 1934
Phase III July 1934 — December 1936
January 1937 — September 1939

For the professional classification a modified model originally constructed by Theodor Geiger in his „Die soziale Schichtung des deutschen Volkes" [9] was used. One of the modifications of the Geiger model was to extract the jurists from the general *Akademiker* category.

The occupational analysis revealed that 7.4 % of the SS-Führer belonged to the *Arbeiterschicht,* while 52.6 % were from the *untere Mittelstand* and 40 % had professions which placed them into the *obere Mittelstand.* An examination of the educational background of the corps sample revealed that 30.1 % of the officers had a complete university education, either with a *Staatsexamen* or a doctorate. Officers with a law degree made up 10.7 % of the total corps sample. Thus about 33 % of the university graduates in the corps sample held a law degree. These results show that not only were university graduates over-represented in the SS Führerkorps, but that law graduates made up the largest single professional group. This overrepresentation of jurists in the elite formation of the Third Reich, supports Dahrendorf's contention that in order to maintain their influential position as a *Dienstklasse* jurists are highly dependent upon the

[7] *Franz Neumann,* Behemoth: The Structure and Practice of National Socialism, 1933—1944, New York 1963, first published 1942, p. 373.

[8] The dates used to determine the length of each period were of significance either in the history of the NSDAP or the SS. December 1927 was an exception. The first time period was created in order to collect all SS-Führer with an SS number under 1000. The month of December was chosen because it was on 31 December 1927 that the SS number 1050 was issued. Letter of SS-Brigadeführer Herff to SS-Brigadeführer Christian Weber. Letter was found in Weber's personnel file (Berlin Document Center/BDC).

[9] *Theodor Geiger,* Die soziale Schichtung des deutschen Volkes. Soziographischer Versuch auf statistischer Grundlage, Stuttgart 1967 (first published Stuttgart 1932).

masters who issue the orders [10]. There was no better way for the jurists to secure their positions of influence than to join the elite of the new regime.

In his study on „gleichgeschaltete Justiz" Werner Johe writes that „... vor dem 30. Januar 1933 [bekannten sich] nur wenige Richter und Staatsanwälte offen zur NSDAP" [11]. It is possible on the basis of the joining dates of the sampled jurists to determine exactly when these men joined the SS.

Table 1: *Joining pattern of jurists compared with the total corps sample.*

Time Periods		Corps Sample %	Jurists %
Phase I	4/25—12/27	2.3	.4
	1/28—12/30	10.4	2.1
Total Phase I		12.7	2.5
Phase II	1/31—1/33	27.8	10.7
	2/33—6/34	29.5	42.6
Total Phase II		57.3	53.3
Phase III	7/34—12/36	12.6	16.8
	1/37—9/39	17.4	27.5
Total Phase III		30.0	44.3

Table 1 clearly shows that until the *Machtergreifung*, while 40.5 % of the total corps sample had joined the SS, only 13.2 % of the jurists had decided to don the black uniform. It is in the 17-months period between the *Machtergreifung* and the elimination of Röhm when 42.6 % of the jurists blocked to the SS. This joining pattern demonstrates that the jurists were very much part of the general *Akademiker* rush to join the ranks of the new regime. Thus the jurists were part of that segment of German society „der gegen Anfang der dreißiger Jahre die politische Entwicklung mit Besorgnis verfolgte ... und um sich abzusichern vielleicht nicht gerade Mitglied der egalitären NSDAP, weniger noch der SA, wohl aber der äußerlich attraktiven gut organisierten SS werden wollte" [12].

[10] *Dahrendorf,* p. 260.

[11] *Werner Johe,* Die gleichgeschaltete Justiz. Organisation des Rechtswesens und Politisierung der Rechtsprechung 1933—1945, dargestellt am Beispiel des Oberlandesgerichtsbezirks Hamburg, Frankfurt a. M. 1967, p. 197.

[12] *Michael Kater,* Zum gegenseitigen Verhältnis von SA und SS in der Sozialgeschichte des Nationalsozialismus von 1925—1939, in: VSWG 2 (1971), p. 357.

II.

As has been shown above, jurists were considerably overrepresented in the SS Führerkorps, and most of them joined the SS after Hitler came to power. Johe in his study of the judiciary made the statement that „innerhalb der Partei herrschten offenbar Zweifel darüber, ob die sofort nach der Machtübernahme eingetretenen Justizangehörigen als Nationalsozialisten gelten konnten, die bereit waren, die Ziele der Staatsführung zu verwirklichen" [13].

The same question can be asked of those jurists who joined the SS after January 1933. Therefore, besides the question of what positions the jurists held in the SS, this part of the paper will also concern itself with the question of whether the jurists who joined the elite organization of the regime could be considered „bereit, die Ziele der Staatsführung zu verwirklichen".

Jurists who joined the SS served either in a full-time (hauptamtlich) or part-time (nebenamtlich) capacity. A part-time SS commission generally meant membership in the Allgemeine SS (A/SS). In this capacity the SS officer retained his full-time civilian job. Obligations to the SS varied from weekend exercises or some other special duty, to merely appearing at public functions in the smartly tailored black uniform. Commissions in the A/SS were offered by Himmler, and as in the case of the *kommissarische Bürgermeister* of Innsbruck Dr. Egon Denz [14] came as a complete surprise; or one requested a commission, as did the „persönliche Referent des Reichsministers der Finanzen", Oberregierungsrat Dr. Walther Brahtz [15].

In looking at the jurists who became full-time SS officers two factors become immediately apparent. The first is that one finds here the younger men, and therefore, the more recent graduates from law schools; the second is that most legal trained officers served with the Gestapo/SD, that is in the security apparatus of the Third Reich. SS-Obersturmbannführer Dr. Herbert Zimmermann [16] was a typical law graduate turned SS-Führer. He obtained his Dr. jur. from Marburg in 1933 and was an „Assessor bei der Provinzialverwaltung in Marburg", before he joined the Gestapo in 1937. As Regierungsrat in the Gestapo and Obersturmführer he served as „Leiter des Sachgebietes für Ausbürgerungen, Pass- und Heimatsachen, sowie Staatsangehörigkeitsfragen beim Geheimen

---

[13] *Johe*, p. 197.

[14] Personnel File: SS-Standartenführer Dr. Egon Denz, SS # 309,084, born 23. 11. 1899, in Schwarzenberg/Bez. Bregenz (BDC).

[15] Personnel File: SS-Sturmbannführer Dr. Walther Brahtz, SS # 284,125, born 22. 5. 1893, in Dortmund (BDC).

[16] Personnel File: SS-Obersturmbannführer Dr. Herbert Zimmermann, SS # 118,240, born 22. 8. 1907, in Eisleben (BDC).

Staatspolizeiamt" [17]. In 1943 he was made „Kommandeur der Sicherheitspolizei und des SD in Bialystock" [18]. While he served in the east he was commended for his „gute Allgemeinbildung sowie ausgezeichnetes Fachwissen." Because he was „seinen Aufgaben voll gewachsen" he was promoted to Oberregierungsrat and Obersturmbannführer [19].

SS-Obersturmbannführer Dr. Otto Bradfisch [20], who obtained his Dr. jur. in 1931, was „Regierungsassessor im Bayerischen Staatsministerium" when he transferred from the A/SS to the SD in 1938 [21]. Until June 1941 he was „Vertreter des Leiters der Staatspolizei in Saarbrücken," when he was posted to *Einsatzgruppe ‚B'* [22]. For his „sicherheitspolizeilichen Osteinsatz" he was awarded the „E. K. II. Kl." and the „Kriegsverdienstkreuz I. Kl. mit Schwertern" [23]. It was, however, for his performance as „Leiter der Staatspolizeistelle Litzmannstadt" that he was promoted to Oberregierungsrat and Obersturmbannführer. His assessment report states: „Durch seine guten menschlichen Qualitäten hat er es verstanden, bei den besonders schwierigen Verhältnissen in Litzmannstadt bereits nach kurzer Zeit ein ersprießliches Verhältnis und eine gute Zusammenarbeit mit den anderen Behörden herzustellen" [24].

The various war crime trials after the war revealed that a considerable number of SS officers with law degrees had been involved in some aspect of the *Endlösung* [25]. Officers like SS-Gruppenführer Otto Ohlendorf [26], who after he had commanded *Einsatzgruppe ‚D'* in southern Russia was made „Amtschef III im RSHA sowie Unterstaatssekretär im Reichswirtschaftsministerium" [27] or SS-Brigadeführer Dr. Dr. Otto Rasch [28], a one-time mayor of Wittenberg, whose

[17] Handwritten „Lebenslauf" of Herbert Zimmermann, dated 16. 10. 1938.

[18] Beförderungsbeurteilung des SS-Sturmbannführers Dr. Herbert Zimmermann, dated 7. 10. 1943.

[19] Ibid.

[20] Personnel File: SS-Obersturmbannführer Dr. Otto Bradfisch, SS # 310,180, born 10. 5. 1903, in Zweibrücken (BDC).

[21] Beförderungsbeurteilung des SS-Sturmbannführers Dr. Otto Bradfisch, dated 27. 3. 1943.

[22] Ibid.

[23] Ibid.

[24] Beurteilung des Sturmbannführers Dr. Otto Bradfisch, undated.

[25] Of the 23 defendants at the Einsatzgruppen Trial held in Nürnberg in 1947, 7 had studied law. *Michael Musmanno*, The Eichmann Kommandos, Philadelphia 1961, p. 293.

[26] Personnel File: SS-Gruppenführer Otto Ohlendorf, SS # 880, born 4. 2. 1907, in Hoheneggelsen/Hildesheim (BDC).

[27] Master Card, Ibid.

[28] Personnel File: SS-Brigadeführer Dr. Dr. Otto Rasch, SS # 107,100, born 7. 12. 1891, in Friedrichsruh (BDC).

Einsatzgruppe was responsible for the mass murder in the Babi Yar ravine [29], all were praised for their superb administrative qualities. But as the following two case histories will illustrate, jurists also played a role in the application of Hitler's racial policy without ever commanding *Einsatzgruppen* or *Kommandos*.

The former SS-Oberführer Horst Bender [30] was a practising lawyer until he joined the *Verfügungstruppe* in 1937 [31]. Upon the personal request of Himmler the 34-year-old Bender was posted to the *Hauptamt SS-Gericht* in October 1939. By 1942 he had reached the rank of Obersturmbannführer and was „Leiter der Hauptabteilung SS-Richter im Amt Stabsführung des persönlichen Stabes Reichsführer-SS" [32]. Bender's position, described by Wiesenthal as „praktisch der ‚Justizminister' Himmlers" [33] was „Vortragender Richter beim RFSS" [34]. After the war Wiesenthal and Robert Kempner accused Bender of having been implicated in two important SS legal decisions. The first which was dated 22 October 1942 stated that:

> Bei Judenerschießungen ohne Befehl und Befugnis erfolgt bei rein politischen Motiven keine Bestrafung, wohl aber bei eigensüchtigen oder sadistischen bzw. sexuellen Motiven [35].

In the more serious charge Bender was to have been a participant at a meeting with Himmler, Justizminister Thierack, Staatssekretär Dr. Rottenberger and Gruppenführer Streckenback. In this meeting Himmler attempted to broaden his police authority and establish with the Justizminister „in Zukunft die ordentliche Strafgerichtsbarkeit teilweise auszuschalten und durch polizeiliche Exekutiv-Maßnahmen zu ersetzen" [36].

Himmler's authority was to apply specifically in three areas:

1. Bei einem nicht genügenden Justizurteil müsse eine polizeiliche Sonderbehandlung eintreten;

---

[29] *Gerald Reitlinger*, The Final Solution. The Attempt to Exterminate the Jews of Europe, 1939—1945, London 1953, pp. 233—34.

[30] Personnel File: SS-Oberführer Horst Bender, SS # 122,746, born 24. 2. 1905, in Lyck, Ostpreußen (BDC).

[31] Bender had already joined the A/SS in April 1933. Master Card.

[32] „In der Anzeigesache gegen den ehemaligen SS-Oberführer Horst Bender", Staatsanwaltschaft bei dem Landgericht Stuttgart, 2. 3. 1976. This document is located at the Wiesenthal Archive in Vienna.

[33] Ibid.

[34] Ibid.

[35] Staatsanwaltschaft Stuttgart, „Die Beteiligung des Beschuldigten Bender an dem Schreiben vom 26. 10. 1942 an das Hauptamt SS-Gericht, betreffend Judenerschießungen ohne Befehl und Befugnis" (Wiesenthal Archive).

[36] Staatsanwaltschaft Stuttgart, „Die Teilnahme des Beschuldigten an der Besprechung zwischen Reichsjustizminister Thierack und dem Reichsführer-SS Himmler am 18. 9. 1942" (Wiesenthal Archive).

2. Auslieferung asozialer Elemente aus dem Strafvollzug an den Reichsführer-SS zur Vernichtung durch Arbeit;

3. daß künftig Juden, Polen, Zigeuner, Russen und Ukrainer nicht mehr von den ordentlichen Gerichten ... abgeurteilt werden sollen, sondern durch den Reichsführer-SS erledigt werden [37].

The actual role played by Bender as Himmler's senior advisor in these negotiations, which incidentally ended in failure for the RFSS, was never fully established by the court. It saw Bender the „Verbindungsmann in Sachen, die eine unmittelbare Verbindung zum RFSS notwendig machen" as a mere „Befehlsübermittler." The fact, however, remains that Bender either as legal advisor to Himmler or as his senior administrative officer in legal matters played a not insignificant part in matters concerning the application of Germany's racial policy.

On 19 December 1972 a small notice appeared in the „Berliner Tagesspiegel" announcing the death of the erstwhile „Eichmann-Mitarbeiter Friedrich Bosshammer" [38]. Bosshammer found his way into the SS after passing his „zweite große rechtswissenschaftliche Staatsprüfung" [39] in 1935 and being unable to find suitable employment in the civil service. After holding a number of low-level party-connected jobs he joined the SS/SD on a full-time basis in 1937. It was in January 1942 that he was posted to the Referat IVB4 „Aufgabengebiet Vorbereitung der europäischen Lösung der Judenfrage in politischer Hinsicht" [40], a job that required „ein besonderes Maß an Fleiß, Ausdauer und Kenntnissen, sowie auch Einfühlungsvermögen und Entschlußkraft" [41]. His performance record as an administrator of the *Endlösung* was excellent and he was highly praised by his superiors „auf Grund seiner guten Allgemeinkenntnisse ... ist es ihm möglich gewesen, immer tiefer in das an sich schwierige Aufgabengebiet einzudringen" [42].

The above-cited case histories of jurists who served in the SS on a full-time basis, clearly reveal that these men performed a vital role in the organization; they were highly competent administrators. That is, they were „Experten für das Allgemeine" [43]. It was precisely this non-specialized education, which according to Dahrendorf has been the traditional stepping stone to higher office in industry, finance and the government, which made the jurists a necessary part in even such a macabre business as the *Endlösung*.

[37] Ibid.

[38] Personnel File: SS-Obersturmbannführer Friedrich Bosshammer, SS # 307,345, born 20. 12. 1906, in Opladen (BDC).

[39] Handwritten „Lebenslauf" of Friedrich Bosshammer, dated May 1940.

[40] Beurteilung des SS-Hauptsturmführers Friedrich Bosshammer, undated.

[41] Ibid.

[42] Ibid.

[43] *Dahrendorf*, p. 264.

In order to make the SS the true elite of the new Germany Himmler „riß die Tore seiner SS weit auf, um die anpassungswillige Oberschicht des Reiches in die Schutzstaffel einzulassen" [44]. Himmler's strategy of awarding commissions in the A/SS to men of prominent social standing, in the professions, and in the senior civil service had a two-fold purpose. On the one hand he hoped to "ennoble" his SS through the admission of the prominent in German society, on the other, he hoped to imbue these men, once they donned the black uniform, with a greater degree of loyalty toward the regime. The fact that a large percentage of Germany's nobility was only too eager to be seen wearing the black uniform is a well-known fact. By 1938 18.7 % of the SS-Obergruppenführer, 9.8 % of the SS-Gruppenführer, 14.3 % of the Brigadeführer and 8.8 % of the SS-Oberführer belonged to the nobility [45]. That the professional elite did not prove to be any less eager to join the SS can be seen by the fact that 30.1 % of this writer's sample in the study of the Führerkorps were university graduates. Numbers, however, only tell part of the story. One must determine to what degree these members of the erstwhile elite were prepared, in the words of Johe, „die Ziele der Staatsführung zu verwirklichen."

A very important "catch" for the SS was the recruitment of Gottfried Graf von Bismarck-Schönhausen [46] in September of 1935. A direct descendant of the Iron Chancellor, Bismarck did not only have a highly respected name, but he also held the important administrative post of „Reichsregierungspräsident in Stettin". Bismarck appeared to be for years a party-loyal senior government official [47], and on 30 January 1944 he was promoted to Brigadeführer on Himmler's personal recommendation. By 1944, however, Hitler's impending demise could be foreseen by most rational men, and it is therefore not surprising to find Bismarck-Schönhausen involved in the 20th of July plot. It was Bismarck's misfortune that Himmler discovered the involvement in the plot, with the result that he was demoted to an ordinary SS member and then expelled [48].

The privilege of wearing the black uniform also appealed to the „Reg.-Vizepräsident b. Reichsstatthalter in Hamburg" Dr. Konstantin Bock von Wülfingen [49]. This senior official, whose civil service career began in the Wilhelmine

[44] *Heinz Höhne,* Der Orden unter dem Totenkopf. Die Geschichte der SS, Gütersloh 1967, p. 127.

[45] Ibid.

[46] Personnel File: SS-Brigadeführer Gottfried Graf von Bismarck-Schönhausen, SS #231,947, born 29. 3. 1901, in Berlin (BDC).

[47] He had joined the NSDAP as early as August 1932 with party #1,209,912.

[48] Dienstlaufbahn of Bismarck-Schönhausen. He was dismissed from the SS on 1 September 1944. Although there is no reference to this in his file, Orlov states that Bismarck was later executed. *Dietrich Orlov,* The History of the Nazi Party, 1919—1945, vol. 2, Pittsburgh 1973, p. 150, n. 213.

[49] Personnel File: SS-Obersturmbannführer Dr. Konstantin Bock von Wülfingen, SS #327,485, born 11. 8. 1885, in Grimma/Sachsen (BDC).

era, was judged „politisch einwandfrei" [50] and granted the commission in the A/SS for which he had applied. After the annexation of Austria the *Kommissarische Bürgermeister* of Innsbruck, Dr. Egon Denz [51] was offered an SS commission. The reason for handing out a commission to this Austrian official „da er der Schutzstaffel besonders in Zukunft wertvolle Dienste leisten kann" [52] can be applied to many jurists who wore the black uniform.

Himmler, however, soon discovered that by giving commissions to men in prominent positions, men who were older and frequently had been raised in the Wilhelmine era, he was forced to compromise in the application of SS rules and doctrine. And to what degree Himmler was willing to compromise is at times indeed remarkable. Not many jurists who joined the A/SS embraced the National Socialist ideology as ardently as did SS-Sturmbannführer Dr. Falk Ruttke [53]. Ruttke in his Inaugural Lecture at the Friedrich Wilhelm Universität in Berlin in November 1935 expressed the view: „Die Lehre vom deutschen Recht muß zur kämpfenden Wissenschaft werden und die Gewohnheitsrechte (z. B. d. kath. Kirche) brechen." For Ruttke the aim was „artgemäßes Recht, von artgemäßen Rechtswahrern gesprochen" [54].

In July of 1941 Himmler received a report from the Stapoleitstelle Magdeburg which presented a detailed account of the actions of a certain Regierungspräsident Karl-Lothar von Bonin [55]. Von Bonin was SS-Obersturmbannführer and stubbornly refused to leave the church. Not only was the 60 year-old von Bonin „ein überzeugter Christ" but he also maintained „starke Bindungen ... hinsichtlich adliger Kreise" [56]. Because of his close identification with certain traditional elitist circles, von Bonin interfered in official Gestapo investigations, curtly informing the Stapostelle Magdeburg „daß eine Vernehmung und Durchsuchung bei derartigen hochgestellten Persönlichkeiten [the philosopher and writer Graf Hermann Keyserling, and the widow of Graf Herbert von Bismarck] ohne seine Zustimmung auf keinen Fall durchgeführt werden dürfe" [57]. The complaints

---

[50] Politische Beurteilung of Bock von Wülfingen, dated 5. 4. 1939.

[51] See note 14.

[52] Letter to the SS Oberabschnitt Österreich, dated 4. 6. 1938.

[53] Personnel File: SS-Obersturmbannführer Dr. Falk Ruttke, SS # 156,315, born 11. 11. 1894, in Halle/Saale (BDC).

[54] Bericht über die Antrittsvorlesung des Dr. jur. Falk Ruttke, „Rasse und Recht im deutschen Hochschulwesen", am 11. 11. 1935 an der Friedrich Wilhelm Universität, Berlin.

[55] Personnel File: SS-Obersturmbannführer Karl-Lothar von Bonin, SS # 357,593, born 26. 7. 1880, in Potsdam (BDC).

[56] Letter of Stapoleitstelle Magdeburg to the Inspekteur der Sicherheitspolizei und des SD, dated 16. 7. 1941.

[57] Letter of SS-Gruppenführer Hofmann to SS-Sturmbannführer Dr. Brandt, Persönlicher Stab RFSS, dated 6. 11. 1941.

about this cantankerous and meddlesome Regierungspräsident did not stop there. Apparently von Bonin never wore his SS uniform in public, and, at an official function where, it seems, von Bonin appeared in uniform for the first time as SS-Obersturmbannführer, he shocked the uniform and rank-conscious dignitaries by wearing the wrong insignia [58]. Himmler was urged to dismiss von Bonin from the SS, however, the RFSS was inclined to overlook these transgressions and merely placed a *Beförderungssperre* in the personnel file [59].

The Reichsführer-SS also encountered some difficulties with the Regierungs-Vizepräsident in Aussig, SS-Brigadeführer Dr. Harry von Craushaar [60]. Von Craushaar who was during the war first „Militärverwaltungschef für Belgien und Nordfrankreich" and later „Leiter der Hauptabteilung Innere Verwaltung" in Crakow made no secret of his affiliation with the Lutheran Church. After having been asked on several occasions to declare his *Kirchenaustritt*, von Craushaar wrote a letter to the head of the Personalhauptamt, Herff, informing him that he would rather give up the SS than the church [61]. Once again Himmler refused to release a man who was described as a „hervorragender Verwaltungsfachmann" [62] and who by this time held such an important post in the *Generalgouvernement*. For that matter Himmler endorsed von Craushaar's promotion to SS-Brigadeführer in November 1943 [63].

In the case of Dr. Oscar Lossen [64], a man described as „er wurzelt noch zu sehr in alten Anschauungen des unpolitischen Offizierskorps" [65] Himmler also showed a great deal of toleration. Lossen, the son of the „Sekretär der Akademie der Wissenschaften" Professor Dr. Max Lossen was a typical member of the traditional elite. A former regular officer he left the army in 1918 with the rank of lieutenant colonel. He then went to the University of Munich and obtained his „Dr. jur." in 1925 at the age of 38. By 1937 as a lieutenant colonel in the Gendarmerie he was considered for promotion. The political assessment which, as seen above, described him as an adherent to outdated ideas of the officer corps concluded with the statement: „Als Nationalsozialist kann er noch

[58] Ibid.

[59] Letter of Reichsführer-SS Himmler to SS-Gruppenführer Hofmann, dated 17. 11. 1941.

[60] Personnel File: SS-Brigadeführer Dr. Harry von Craushaar, SS # 347,145, born 10. 7. 1891, in Löbau/Sachsen (BDC).

[61] Letter to the Chef des SS-Personalhauptamtes, SS-Brigadeführer Herff, marked „persönlich" and „vertraulich", dated 2. 12. 1942.

[62] Report of the Befehlshaber der Sicherheitspolizei und des SD, dated 25. 11. 1943.

[63] Dienstlaufbahn of Harry von Craushaar.

[64] Personnel File: SS-Standartenführer Dr. Oscar Lossen, SS # 309,503, born 17. 6. 1887, in München (BDC).

[65] Politische Beurteilung of Oberstleutnant d. Gendarmerie Dr. Oscar Lossen, dated 3. 6. 1937, marked „Streng vertraulich".

nicht angesehen werden" [66]. In spite of this dubious assessment Himmler scribbled with his well-known green pencil on the document „ist zu befördern. HH" [67]. Lossen was promoted to full Colonel and made Standartenführer in the A/SS. He retired in December 1944 as a Colonel in the Feldgendarmerie [68].

The promotion of Johannes Hossfeld [69] to the rank of SS-Untersturmführer in May 1934 „hat die gesamte Beamtenschaft eigenartig berührt" [70]. This sentence summarized the „Politische Beurteilung" of Johannes Hossfeld, „Landesfinanzamtspräsident von Schlesien" [71]. It was this senior civil servant „ein typisch deutschnationaler Herrenmensch ... [der] infolge seiner hohen Stellung einen gewissen Standesdünkel zur Schau trägt" [72] who was subject of a detailed 7-page report by the *Amt für Beamte*. The report stated that Hossfeld was known „daß ihm jedes Mittel recht ist, um der Partei Schwierigkeiten zu bereiten" [73]. The encyclopedic account of his "transgressions" included such items as that he was unwilling to fire non-party civil servants in his department and replace them with party members for the very obvious reason „daß sie Ebensogutes leisten wie Parteigenossen." Hossfeld also informed the local party office that it should expect fewer and smaller donations to the party coffers from his senior civil servants since these men incurred higher expenses in educating their children. The reason for this „Der höhere Beamte müsse aber seine Kinder studieren lassen, weil er, der höhere Beamte, ja selbst auch studiert habe" [74]. Himmler demonstrated a rare degree of loyalty towards the man who was only taken into the SS because he was one of the few to stand up to the „Herrschaft Heines-Brückner" [75] in the early 30s. Hossfeld not only maintained his position, he received four subsequent promotions in the SS, and by February 1944 he was „Generalinspekteur des Zollgrenzschutzes im Reichsfinanzministerium und Oberfinanzpräsident" [76]. It was only when he was recommended for promotion to Standartenführer in 1944 that someone in the *Personalhauptamt* re-

[66] Ibid.
[67] Ibid.
[68] Master File, Personnel File Lossen.
[69] Personnel File: SS-Obersturmbannführer Johannes Hossfeld, SS # 222,632, born 24. 7. 1879, in Berlin (BDC).
[70] Politische Beurteilung des Landesfinanzpräsidenten von Schlesien Johannes Hossfeld ausgestellt durch das Amt für Beamte im Gau Schlesien, dated 7. 12. 1935, p. 7.
[71] Ibid., p. 6.
[72] Ibid.
[73] Ibid., p. 7.
[74] Ibid., p. 3.
[75] Letter of Reichsführer-SS Himmler to the Reichsleitung des NSDAP Hauptamt für Beamte, dated 16. 3. 1936.
[76] Personal-Antrag, dated 14. 2. 1944.

membered that Hossfeld „hat dem RFSS seit Jahren erhebliche Schwierigkeiten bereitet" [77] and the promotion was turned down.

This paper has shown that the jurists were not only part of the *obere Mittelstand* which rushed to join the ranks of the party in power after 1933, but that the jurists were also overrepresented in the SS Führerkorps. The fact that such a large segment of the traditional elite in Germany joined the SS after 1933 demonstrates that many of that stratum of society accepted the SS as the elite organization of the new regime. The function which the jurists fulfilled in the SS largely depended upon their service commitment. In the full-time capacity they provided the SS with an essential service, they were highly competent administrators. Whether as *Stapostellenleiter* in Litzmannstadt, as *Einsatzgruppen* commanders in Russia, as advisors on the personal staff of the RFSS, or as policy formulators in the *Reichssicherheitshauptamt* in Berlin, the SS needed their organizational and administrative skills. Similarly to their colleagues in the Finanzministerium or in the Auswärtige Amt, the bureaucrats in the SS performed their duties in the best tradition of the German *Beamtentum*.

The jurists who held commissions in the Allgemeine SS played a more indirect role in the consolidation of the Third Reich. For the sake of a new title and an attractive uniform they allowed themselves to be incorporated, however loosely, into the structure of the SS. While, on the whole, this did not make them any more loyal to the regime, and Himmler recognized this, it was their willingness to let their names and frequently important positions be linked with the SS, which enabled the Black Order to establish itself as the elite of the new regime in a relatively short time. The concessions which Himmler had to make in the process of linking his organization with that of the traditional elite groups in Germany, while dramatic and interesting reading, should not be overstated. What was important was the fact that a man like von Bonin, although his ideas were firmly rooted in the Wilhelmine era, continued to function as a senior official in the civil service. Lossen, whose military ideas had not yet caught up with those of the new regime, nevertheless served as a senior officer and retired only six months prior to the collapse of the Third Reich. Hossfeld, the man with the nineteenth century *Standesdünkel,* who had a reputation for irksome meddling in local party affairs, accepted four more promotions in the SS, and reached the senior post of „Oberfinanzpräsident und Generalinspekteur des Zollgrenzschutzes im Reichsfinanzministerium". It is also most difficult to believe that a devout Christian such as von Craushaar, who served as a senior administrator in the capital of the *Generalgouvernement* was unaware of the implementation of Germany's racial policy in one of the most notorious centers only some 40 km away.

The above-cited case histories showed that the SS was indeed far from the homogeneous organization which many believed it to have been. If one uses

[77] Ibid.

the case histories to take a closer look at the „geräuschlose Revolution" one has to conclude that, if Himmler hoped to exert his own personal influence over the joining elites, he failed. This, however, does not mean that the „revolution" had failed. While, on the one hand, the Reichsführer had to accept viewpoints of his officers which, strictly speaking, did not fit into his SS ideology, it cannot be denied that the influx of the elite groups gave his organization wide-spread acceptance and prestige. This prestige was necessary if the planned *SS-Staat,* that is a regime-loyal corps, was ever to become reality. Whether Himmler would have been able to establish his *SS-Staat* when the war-tested younger officers had replaced the older generation of officers will remain a matter for speculation.

Zusammenfassung

Ausgehend von der traditionellen Führungsrolle der Juristen innerhalb der deutschen Gesellschaft untersucht Boehnert die Einstellung dieser Berufsgruppe zur SS als der neuen Machtelite des Dritten Reiches, wobei er sich auf eine Auswertung von 5250 Repräsentanten des SS-Führerkorps stützt. Als Klassifikationsschema dient ihm eine modifizierte Form des erstmals von Theodor Geiger angewandten Modells. Danach entstammten 7,4 % der SS-Führer der Arbeiterschicht, 52,6 % dem unteren und 40,0 % dem oberen Mittelstand. Etwa ein Drittel der untersuchten Gruppe konnte ein abgeschlossenes Hochschulstudium vorweisen. Nicht weniger als 10,7 % der Auswahlgruppe bzw. 33 % aller Universitätsabsolventen hatten ein juristisches Studium hinter sich. Während sich beispielsweise Richter und Staatsanwälte vor 1933 gegenüber der NS-Bewegung noch eher reserviert verhielten, stieg der Prozentsatz der in die SS eintretenden Juristen nach der Machtergreifung sprunghaft an. Bewußt entschied man sich als Akademiker für die in höherem gesellschaftlichen und politischen Ansehen stehende SS. Wieweit waren diese akademischen Hilfswilligen bereit, die fragwürdigen Ziele der neuen Staatsführung zu verwirklichen? In der Regel trat man quasi „nebenamtlich" der „Allgemeinen SS" bei, sei es, daß man sich um eine Offiziersstelle bewarb oder eine solche von Himmler angetragen bekam. Dabei fällt auf, daß die jüngeren Universitätsabsolventen ihre Karriere innerhalb der SS, also hauptamtlich, zu fördern suchten und dann meist bei der Gestapo oder bei Sicherheitsdienst Verwendung fanden, wo der Bedarf an ausgebildeten Verwaltungsfachleuten am größten war. Die SS-Laufbahn bot sich vor allem dann an, wenn sich für jüngere Juristen gerade keine andere Stellung im Staatsdienst fand. Bewährung im Polizeidienst bedeutete raschen Aufstieg innerhalb der Beamtenkarriere. Aus den Kriegsverbrecherprozessen geht hervor, daß eine nicht unerhebliche Zahl qualifizierter Juristen in irgendeiner administrativen Funktion mit dem Komplex der „Endlösung" zu tun hatte. Häufig wurde dabei der Einsatz im Osten unter „schwierigen Bedingungen" von den Vorgesetzten lobend hervorgehoben. Man mußte indes nicht unbedingt als Einsatzgruppenleiter vor Ort exekutive Vollmachten besitzen, um weitreichende Entscheidungen zu treffen; so billigte der Rechtsberater Himmlers SS-Oberführer Bender im Oktober 1942 ausdrücklich Judenerschießungen auch „ohne Befehl und Befugnis", sofern die politische Motivation hierbei als erwiesen galt. Mit anderen Worten, Juristen waren maßgeblich an der systematischen Außerkraftsetzung von Rechtsnormen beteiligt. Gerade in ihrer Eigenschaft als „Experten für das Allgemeine" machten sie sich auch innerhalb des NS-Staates unentbehrlich.

Die politische und gesellschaftliche Elitebildung wurde von Himmler systematisch betrieben, ganz so, als handelte es sich um biolgische Züchtungsversuche. Einmal suchte er seine SS durch die Aufnahme prominenter Angehöriger der Oberschicht gewissermaßen zu „nobilitieren", andererseits wollte er die traditionellen Eliten mithilfe des Köders der „schwarzen Uniform" stärker an das Regime binden. 1938 war nahezu jeder fünfte SS-Obergruppenführer adliger Abstammung. Nicht alle lösten sich damit auch schon von ihren alten Loyalitäten, so daß man sie nicht ohne weiteres nur aufgrund ihrer SS-Mitgliedschaft als stramme Nationalsozialisten bezeichnen konnte. Aber Himmler zeigte gegenüber den Angehörigen der alten Oberschicht große Nachsicht, zumal bei hervorragenden Verwaltungsfachleuten, denen mitunter ihre kirchlichen Bindungen oder andere nicht SS-gemäße Anschauungen gestattet wurden, ohne daß man sie deswegen bei Beförderungen überging. Die Tatsache, daß Angehörige alter, traditionsreicher Familiennamen (von Bismarck-Schönhausen, von Bonin u. a.) zur Schutzstaffel gestoßen waren, kam dem Ansehen des Regimes allgemein und der SS im besonderen zustatten. Damit gaben diese ihren Namen und Leumund für ein System her, das auf „fachmännische Weise" Verbrechen beging, die niemand für möglich gehalten haben würde. Insgesamt war die SS keineswegs so homogen, wie es von außen den Anschein haben konnte. Allerdings zeigt der Erfolg, den Himmler mit seiner gezielten Werbung für die Schutzstaffel hatte, einmal mehr die für das Regime charakteristische „Gemengelage" der alten und neuen Machteliten.

III.

Nationalsozialistische Wirtschafts- und Gesellschaftspolitik in der Praxis

National Socialist Economic and Social Policy in Practice

Alan S. Milward

The Reichsmark Bloc and the International Economy

I

German international economic policy in the 1930s has almost invariably been interpreted as an integral aspect of an aggressive foreign policy designed to satisfy the major international political ambitions of the National Socialist government. The changes which occurred after 1933 in Germany's economic relationships with other countries are always presented as deliberate, positive, choices of policy. There has been considerably more doubt expressed about the precise purpose of these policies but the overwhelming majority of opinion has ascribed to them a nefarious purpose. Historical and economic discussion has focussed mainly on the pattern of bilateral trading agreements with central and south-eastern European countries and the creation of a central clearing system in Berlin to support the ever-increasing trade which these agreements produced. In effect six European countries forming a contiguous block of territory in central and south-eastern Europe, all of them relatively low per capita income economies and primary exporters, saw their trade with Germany under these conditions grow steadily as a proportion of their total foreign trade after 1933. They were Bulgaria, Greece, Hungary, Romania, Turkey and Yugoslavia. This phenomenon has already been much analysed and the statistical outline is presented briefly in the Statistical Appendix. This trading area was often thought of in the 1930s as forming a small German counterpart to the nascent sterling area and for convenience I shall refer to it as the Reichsmark bloc.

This growing commerce has been most frequently discussed as the 'exploitation' by Nazi Germany of the less-developed European economies, an 'exploitation' which was allied to the Nazi government's territorial and diplomatic ambitions, an economic domination which served in some sense as a preliminary to subsequent political or military domination. The Reichsmark bloc thus appears as an economic *Drang nach Osten,* a sinister foreshadowing of things to come [1]. The tone was set by the first scholarly analysis of European payments

---

[1] Probably the most-read work on the inter-war international economy, *William A. Lewis,* Economic Survey 1919—1939, London 1949, is a rare exception. Lewis was saved from this interpretation by the general bias of his work which was to exaggerate the extent to which the stagnation of the inter-war period was a consequence of the inadequacy of markets and prices for exports from the les-developed economies. He was thus as much influenced, rightly, by the benefits accruing to the lower income

patterns in the 1930s, that of Howard Ellis, whose work has had a great influence on most subsequent scholars in the area [2]. Ellis's argument was that the Nazi government, although it may have suffered initial losses from bilateral trade in the Reichsmark bloc, was deliberately using its monopsonistic powers against the less-developed economies to turn the terms of trade in its own favour. In this case the monopsony arose from the great disproportion between the high relative importance of the German market to the total foreign trade of each of the less-developed economies and the low relative importance as a proportion of total German imports of the imports which they despatched to Germany. That these disproportions were indeed very large can be seen from the Statistical Appendix (Tables 1 and 4). The total share of the Reichsmark bloc in German imports rose from 5.6 per cent in 1933 to 18.5 per cent in 1939, its share in German exports from 3.8 per cent to 18.3 per cent. However even from Greece, the Reichsmark bloc country with the lowest share of its total trade with Germany, exports to Germany represented 27.5 per cent of all exports in 1939, while 67.8 per cent of Bulgarian exports in the same year went to Germany. Germany's share in the total imports of each Reichsmark bloc country was in the same proportion, from which other scholars deduced that Germany could equally well turn the terms of trade in its own favour by overpricing its exports [3]. Accepting overpriced exports under the terms of annual bilateral trading treaties with a much stronger power was, it was argued, the only way to clear the accumulation of blocked mark *(Sperrmark)* balances. The idea that the clearing accounts were used in Berlin as a weapon to manipulate foreign trade prices and the corollary idea that the much greater overall size of the German economy compared to those of the other trading partners necessarily gave the opportunity for monopsonistic exploitation still deeply imbue most general accounts of the German and the international economies in this period [4].

Another strand is added to this argument by historians who explain the economic 'exploitation' of the 1930s as the first steps in attaining the foreign policy objectives of the Nazi regime. The increasing trade with central and south-eastern Europe is presented as the first stage in the creation of an autarkic *Großraumwirtschaft*, relatively isolated from exogenous economic forces, to be eventually realised in its entirety by invasion and occupation. Thus Volkmann, arguing that "In the Third Reich foreign trade was the expression of the political and economic struggle for power", has presented the formation of the

countries in the Reichsmark bloc as by the natural desire to condemn all policies of Nazi Germany.

[2] *Howard S. Ellis*, Exchange Control in Central Europe, Cambridge/Mass. 1941.

[3] *Claude W. Guillebaud*, The Economic Recovery of Germany, London 1958, p. 158.

[4] *Gustav Stolper, Karl Hauser, Knut Borchardt*, The German Economy 1870 to the Present, New York 1967, p. 143; *A. G. Kenwood and A. L. Loughheed*, The Growth of the International Economy, London 1971, p. 213.

Reichsmark bloc as an attempt to further Germany's rearmament, a device to permit greater strategic safety in the event of a further war and the formation of a *Großraumwirtschaft,* three policies which were economically and politically interdependent [5]. Using the Marxian concepts of 'unequal exchange' and Galtung's theories of the 'core' and the 'periphery' Doering explained the Reichsmark bloc within a general theory of imperialism. The National Socialist (fascist) government has frequently been portrayed as an example of an especially vicious stage of late imperialism, in which the role of the National Socialist party was to preserve an archaic capitalist structure in Germany by economic and political imperialism outside Germany. In a Galtungian framework the less-developed European economies become a periphery 'penetrated' by the core country, Germany, to its own benefit, the mechanism of 'penetration' being the theory of 'unequal exchange' of which bilateral trading treaties and exchange controls manipulated by the imperialist power are merely one expression. The interest in Doering's work is that she dates this deliberate policy on Germany's part from the depression itself, 1930, rather than from the Nazi take-over. The failed attempt at a customs union with Austria in fact presaged the Reichsmark bloc and was intended to serve the same exploitative purposes [6]. This is an interpretation, of course, which in a more traditional analytical framework is habitual in the German Democratic Republic and Berndt has sought to show that in this respect there was no inherent difference between the Nazi regime and the Weimar Republic [7]. An aggressive external economic policy thus becomes a test for classifying the stage and nature of the capitalist system.

Recently the problem has come to be seen rather more from the standpoint of the less-developed economies themselves as empirical research has shown more accurately the central importance of the fall in foodstuff prices after 1928 for their development [8]. Seen from their standpoint the main objective of

[5] *Hans-Erich Volkmann,* Außenhandel und Aufrüstung in Deutschland 1933 bis 1939, in: *Friedrich Forstmeier and Hans-Erich Volkmann* (eds.), Wirtschaft und Rüstung am Vorabend des Zweiten Weltkriegs, Düsseldorf 1975, p. 110; *id.,* NS-Außenhandel im geschlossenen Kriegswirtschaftsraum (1939—1941), in: *Friedrich Forstmeier and Hans-Erich Volkmann,* Kriegswirtschaft und Rüstung 1939—1945, Düsseldorf 1977.

[6] *Dörte Doering,* Deutsch-österreichische Außenhandelsverflechtung während der Weltwirtschaftskrise, in: *Hans Mommsen, Dietmar Petzina, Bernd Weisbrod* (eds.), Industrielles System und politische Entwicklung in der Weimarer Republik, Düsseldorf 1974; *id.,* Deutsche Außenwirtschaftspolitik 1933—1935. Die Gleichschaltung der Außenwirtschaft in der Frühphase des nationalsozialistischen Regimes, Thesis, F. U. Berlin 1969.

[7] *Roswitha Berndt,* Wirtschaftliche Mitteleuropapläne des deutschen Imperialismus 1926—1931, in: Wissenschaftliche Zeitschrift der Universität Halle, 14 (1965), 4.

[8] See, for example, *V. Bozga,* Criza agrară în România dintre cele două războaie mondiale, Bucharest 1975 and *R. Schönfeld,* Die Balkanländer in der Weltwirtschaftskrise, in: VSWG 62 (1975).

external economic policy became to secure markets which had some guarantee of continuity, at least in the medium term. This policy objective opened considerable political possibilities to the greater European powers who could expect important advantages in return for the extension of trade preferences or guarantees. The failure of the German-Austrian customs union plans and the growing political and economic interest of the Weimar Republic in central and south-eastern Europe during the depression have to be seen against a complex background of political manoeuvring tied to the possibility that France or, more remotely, Britain might offer better guarantees of markets to under-developed Europe [9]. After the *Machtübernahme* one foreign policy choice for Britain, a choice on occasions deliberately adopted, was to withdraw from this competition and in doing so to hope to 'satisfy' in a safe direction the aspirations of the Reich to a more influential status in Europe [10]. It might have been thought that empirical research in these directions would have examined the question whether for the less-developed European economies it did not in some ways prove fortunate to have found such firm markets in a major European economy where, although the distribution of power and income was shifted drastically away from lower income groups, disposable incomes were nonetheless rising throughout the 1930s. Indeed, it was surely implicit in the British policy of 'economic appeasement' that the Reich could only satisfy its ambitions in an easterly direction by sustaining the development and perhaps guaranteeing the 'stability' of the large tract of underdeveloped Europe lying between itself and the Soviet Union. Both in Germany and south-eastern Europe, however, the Reichsmark bloc, although it may be seen in these empirical studies as having a more complicated motivation, is still depicted as the result of a German economic offensive in which the weaker parties had to give ground.

How far is this view correct? Were the international economic relations between Germany and the Reichsmark bloc those between the strong and the weak, between exploiter and exploited? Did they presage the attempt to achieve *Lebensraum* in the east by military methods? Were they but the first step in this more drastic 'solution'? It is necessary at this stage to enter three warnings. Firstly, were the economic relations within the Reichsmark bloc not of this kind this, of course, would not mean that no such drastic military 'solution' was ultimately intended. If less-developed Europe benefitted from its close attachment to the German market after the depression this would in no way weaken

<hr>

[9] *H. Sundhausen,* Politisches und wirtschaftliches Kalkül in den Auseinandersetzungen über die deutsch-rumänischen Präferenzvereinbarungen von 1931, in: Revue des Etudes Sud-Est Européenes, 14 (1976), 3; *Bernd-Jürgen Wendt,* England und der deutsche „Drang nach Südosten". Kapitalverflechtungen und Warenverkehr in Südosteuropa zwischen den Weltkriegen, in: *Imanuel Geiss and Bernd-Jürgen Wendt* (eds.), Deutschland in der Weltpolitik des 19. und 20. Jahrhunderts, Hamburg 1973.

[10] The diplomatic aspects of the question are discussed in *Bernd-Jürgen Wendt,* Economic Appeasement, Hamburg 1971.

380

the fearful threat to the whole area which the economic revival of National Socialist Germany implied nor diminish the very strong likelihood that Hitler would indeed seek to reshape the countries, with little regard for governments or peoples, as part of an intended war against the Soviet Union. Secondly, it was of great importance to Nazi propaganda to suggest that Germany drew great benefits from the Reichsmark bloc and that those benefits were consonant with the general economic *Weltanschauung* of National Socialism. Thus increased trade with the countries of the Reichsmark bloc had to be portrayed as a step towards independence from the 'plutocratic' international capitalist framework which was itself exploiting Germany. It had also to be portrayed as a triumph of consciously-planned, thrustful, self-confident economic and diplomatic action. There is therefore no shortage of statements at all levels of the Nazi power structure which could easily lead us to accept the propaganda picture and the economic ideology at face value and accept the Reichsmark bloc for what Nazi ideologists and propagandists wanted it to be, a device to further the economic policies of the new Germany by fashioning a new Europe. What it was really like is therefore much more accurately judged from the economic facts than from the written word. Thirdly, if the Reichsmark bloc was not, on the evidence of those facts, the exploitation of the less-developed economies by a stronger Germany, that would not necessarily mean that it was not intended to be so. That the aspirations and intentions of policy can be very different from reality is illustrated so frequently in the history of Nazi Germany that the point need hardly be emphasised. All that said, what do the economic facts indicate about the economic relations between Germany and less-developed Europe?

If an economic argument is to be made in favour of Germany's 'exploitation' of the Reichsmark bloc the precise element of 'exploitation' has to be identified. Two scholars have recently challenged the almost universally-held assumption that such an element did exist. Neal has convincingly shown the lack of empirical proof of the argument that Germany could use monopoly power to turn the terms of trade in her own favour and Marguérat has rejected the idea that Germany's economic relationship with Romania between 1933 and 1938 showed a growing subjection of Romanian to German economic interests over the period[11]. Both rely almost entirely on statistical and economic evidence. The wider and vaguer political arguments may therefore be set for the moment on one side for in general, until their work, the discussion has greatly suffered through arguing from political assumptions rather than from the data. However, to these political questions we shall return for they are fundamental and unavoidable.

[11] *Larry Neal,* The Economics and Finance of Bilateral Clearing Agreements: Germany, 1934—1938, in: Economic History Review 32 (1979) 3; *Philippe Marguérat,* Le IIIe Reich et le pétrole roumain 1938—1940, Leiden 1977.

Neal's evidence can be joined to the other empirical studies of terms of trade in the 1930s which indicate that they may not have moved in Germany's favour and indeed were more likely to have moved against her. Benham's calculations of the terms of trade of Hungary, Bulgaria, Romania and Turkey with Germany in this period show that in the case of Hungary, Bulgaria and Turkey export prices either rose more than or fell less steeply than import prices[12]. Neal in his recent article examines the unit values of the import and export trade of Romania and Hungary with the Reich and concludes that,

> In general, unit values increased for the exports of both Hungary and Romania to Germany after 1932, although they never reached the 1928 level. Unit values of imports of the two countries from Germany dropped considerably after 1928 and showed no tendency to rise after 1934[13].

It might be impossible ever to offer by such methods a definitive proof that Germany did not succeed in turning the terms of trade within the Reichsmark bloc in her own favour. The structure of German trade was very complex. She exported raw materials in large quantities as well as the expected high proportion of manufactured goods. In such circumstances the variety of weightings which might be attributed to the various commodities in any such calculation is large. What is more the movement of prices, itself very erratic over the period, is further disguised by the utter artificiality of Reichsmark prices. Neal's calculations are all in the same currency, blocked marks (*Sperrmark*). But the denominated price in *Sperrmark* of any commodity in a bilateral trade agreement was only one aspect of a complicated bargain and to that extent it might not be possible to get nearer to the heart of the argument other than by a painstaking and minute examination of the economic realities of each separate bilateral agreement and perhaps not even then. That caution entered, it must be firmly stated that both Benham and Neal tested the conventional historical and economic hypotheses about German 'exploitation' in a much more searching way than other historians and, to say the least, have found them wanting[14].

It was never a legitimate critique of German policy in the Reichsmark bloc to argue that *Sperrmark* prices were exploitative because they were in *Sperrmark*. As Neal shows, *Sperrmark* balances could function as reserves in the

---

[12] *Royal Institute of International Affairs, Southeastern Europe, a Political and Economic Survey*, London 1939, p. 197.

[13] *Neal*, p. 403.

[14] As Neal points out Benham's conclusions were in part suppressed. They appeared in 1939 and he was publicly attacked for giving comfort to the enemy. Both sets of calculations are in accord with the more long-term calculations of Kindleberger who found that over the period 1870—1952 the terms of trade of the United Kingdom and Belgium with ‚non-industrial Europe' improved more than those of Germany (*Charles P. Kindleberger, The Terms of Trade. A European Case Study*, New York 1956).

sense that they could be used as backing by the central bank for an increase in currency and credit. Where a country chose to pursue this policy, as Hungary, in contrast to Romania, did, it was accepting one way, possibly the only way, out of the severe deflation provoked by the drying up of capital inflows after 1928. Certainly payment in blocked marks through the mechanism of the central clearing in Berlin could enable Germany to postpone the date on which a Reichsmark credit would be transformed into actual commodities or services [15]. But that, after all, was one useful advantage of bilateral trade which was in theory equally available to any other member of the bloc, for their currencies were no less strictly controlled than that of Germany. In general the large balances were in marks and Germany the debtor. This, however, was by no means always so and no one has yet produced evidence to show that before 1939 countries in the Reichsmark bloc were forced to accumulate such debts. The movement of the German-Turkish clearing balances is instructive in this respect. When German debts accumulated beyond what the Turkish government considered desirable the strict application of import and export controls in Turkey reversed the situation in little longer than a year. Only with the increase in military imports from Germany in 1938 did the *Sperrmark* balance again build up [16]. Since it can be generally observed in the trade negotiations of that decade that Germany was always reluctant to commit a significant proportion of her armaments output to the export market it must be assumed that this swing back to Germany as the overall debtor was a deliberate act of choice on the part of the Turkish government.

This particular part of the argument badly needs to be seen in the common sense perspective of economic relations between less-developed and developed economies in the inter-war period and away from the lurid light thrown on it by the eventual outcome of German foreign policy. The six less-developed members of the Reichsmark bloc were, together with Denmark, the only European countries whose share of international trade increased in the 'thirties, an experience shared by only a small number of extra-European less-developed countries. When foodstuffs were at times destroyed elsewhere in the world because no worthwhile market could be found, there is a lack of proportion in suggesting that the European less-developed economies were particularly penalised through having to accumulate blocked balances in return for rising

[15] There is really no more to Einzig's criticisms of Benham's work than this, one more example of how the argument was always conducted in terms of the differences between the National Socialist and other capitalist economies rather than those between developed and less-developed economies. See *Paul Einzig*, Hitler's „New Order" in Europe, London 1941 and *id.*, Why Defend Nazi Trade Methods?, in: The Banker 58 (1941).

[16] *Osman Torgay*, Der deutsch-türkische Handel. Organisation und Technik, Hamburg 1939.

exports [17]. The balances were in any case far smaller than those which other less-developed economies were to accumulate in London in the immediately ensuing period. Their first cause was the collapse of international food markets and prices in the depression and the priority which thenceforward had to be attributed to continuity of markets over prices. In fact the disjointed information on prices suggests that the price of food imports into Germany was higher than the 'international' prices in Britain and the Netherlands, thus giving the European less-developed economies the best of both worlds.

This does not meet the criticism that trade under such conditions imposed severe restrictions on the freedom of choice of the less-developed importer. That their choice of capital goods imports was limited by the need to clear the mark balances is obvious. Whether the contrast with the 'free' choice of imports supposedly permitted in previous decades by capital imports is as strong as many authors seem to suggest may, however, be doubted. Ellis argued that German exports were initially priced low in order to acquire markets which the importer was subsequently forced to provide by the need to clear the balances even when import prices had become high. But as we have seen the evidence suggests that the relative rice of German imports compared to exports from the less-developed economies did not increase, so the penalties on the less-developed economies were no more than a restriction on the choice of supplier. Given the urgent priority which they had to attribute to their exports this penalty was not so severe.

There remains the classical criticism that trade under conditions of bilateralism, although is might initially benefit the less-developed economy if GNP was growing rapidly in the more developed partner (as in this case it was), would nevertheless ultimately result in costly misallocations of resources from which the weaker economy was more likely to suffer harm. Suppose that German import policy kept food prices so high in central and south-eastern Europe as to prevent exports from that area finding any alternative outlet. Those inefficiencies might then create political pressure groups and vested interests in the less-developed economies which would seek to perpetuate the established export trade to Germany and to prevent development beyond the stage of primary exporting [18]. The historian might well regard the theory of international trade under perfect competition as having so little to do with the realities of the 'thirties as to be no use even as an intellectual yardstick. What alternative

[17] There are certain inherent aspects of the international trade in foodstuffs which predispose the exporter towards the idea of accumulating credit balances, especially the fact that certain foodstuffs come on the market in very variable quantities over the year, which is not so with manufactures.

[18] This argument is briefly touched on by *Nikola Momtchiloff*, Ten Years of Controlled Trade in South-East Europe, in: N. I. E. S. R. Occasional Papers VI, Cambridge 1941.

markets did exist for the foodstuff exports within the Reichsmark bloc? Some evidence is provided to answer this question by Tables 12/17. Britain was the only other major food importing country to show in the 'thirties a comparable rise in food consumption to that in Germany. In these circumstances alternative markets for the less-developed economies, if they wanted them, could only have been obtained through a deliberate act of political choice by the British government and, as Wendt has shown, the choice was usually being strongly influenced in the opposite direction [19]. Even had Britain chosen to provide alternative markets it would have been at much lower prices.

It would be impossible here to deal satisfactorily with the suggestion that the primary export trades within the Reichsmark bloc introduced a damaging bias into the political structures of the less-developed economies. It can be readily agreed that political developments in those countries after 1933 offered no comfort to those of a progressive cast of mind. To attribute the gradual abolition of democratic forms of politics to the influence of the vested interests of primary exporters is, nonetheless, somewhat far-fetched when there were so many other political and economic forces making in the same direction. And in any case the political and economic bases of authoritarian rule in these countries in the 'thirties showed great differences from country to country, as did the choice of economic policy. Where Romanian governments pursued the same determined policies of industrialisation as their liberal precursors the Bulgarian royal dictatorship was, for example, more consciously 'agrarian' and conservative in its choice of development policy. There is certainly no apparent correspondence between the various unpleasant groups which exercised power in any of these countries and any vested interests created by the strength and persistence of the German export market. Nor, of course, did these governments have much in common with the government in Berlin apart from their authoritarian nature. If the Hungarian government was perfectly willing, as Neal shows, to use its *Sperrmark* balances as a basis for reflation, that was not out of political sympathy with the NSDAP but simply because Hungary had nothing to lose and probably very much to gain from tying herself more closely to German economic and political expansion. Romania could only lose from any revision of the Versailles settlement and that must have greatly influenced the decision in Bucharest to maintain a strict differentiation between reserves and blocked balances and in no way to regard the latter as backing for the money supply. In that way the internal economic shock of clearing the balances, which it was necessary to consider might have to be done at any time, would be less.

It must be acknowledged that where a country had 52 per cent of her import trade and 59 per cent of her export trade with Germany, as was the case with Bulgaria in 1938, the German bargaining position in bilateral negotiations was a strong one, especially as imports from Bulgaria accounted for only one and a

[19] *Wendt,* Economic Appeasement.

half per cent of all German imports in the same year. It would be absurd to suppose that Germany did not seek to obtain every advantage she could from this disproportion. This, also, however, has to be seen in context. No other Reichsmark bloc country had the same high proportion of its foreign trade with Germany and there were other economies outside the Reichsmark bloc in an equivalent degree of trade-dependence on one developed economy to Bulgaria. The dependence of Ireland and New Zealand on Britain was greater, but even larger and more complex economies could find themselves approaching the same state in the 'thirties. Of South Africa's exports 33 per cent went to Britain and 43.4 per cent of her imports came from the same source in 1938. For Australia the equivalent proportions were 55.7 per cent and 41.4 per cent and for India 33.7 and 31.4 per cent [20]. It should also, however, be pointed out that although the sterling area would provide most such examples of trade-dependence in the 'thirties its internal trade and payments arrangements were effectively multilateral whereas mark balances in the Reichsmark bloc were not transferable.

Marguérat's work brings another strand into the argument by illustrating the difficulties for Germany which arose from the entrenched positions which British and French capital had previously acquired in underdeveloped Europe [21]. It has most frequently been assumed that there was a close harmony between German foreign policy and the pattern of German foreign investment. Proportionately to the quantity of British and French investment in the underdeveloped Reichsmark bloc countries German investment was still very low in 1938 although it showed a marked upward trend. Marguérat traces German interest in Romanian oil supplies and the attempt to secure a greater proportion of them. Although it might have been thought that Romanian oil would have been of particular interest to Germany's rearmament plans from 1934 it was not so until summer 1938. Before that date German mobilisation plans envisaged an increase of oil consumption over peace-time levels of no more than about 20 per cent and much of this increase was intended to be met out of synthetic production. It was only Hitler's realisation that he might, after all, be at war with France and Britain simultaneously and at an earlier date than originally foreseen, together with the forced downward revision of synthetic fuel production targets in July 1938, the so-called *Wehrwirtschaftlicher Neuer Erzeugungsplan,* that caused Germany for the first time to bring severe economic pressure to bear on Romania. A comparison of the statistical evidence does, indeed, show that to classify Romania before that date with the other Reichsmark bloc countries is to a certain extent misleading. The increase in her trade with Germany as compared to the period 1925—28 is much

[20] Calculated from national trade statistics.
[21] *Marguérat,* see n. 11.

386

less marked after 1933 than in the case of the other countries although the increase as compared to the depression years is very high. It would be reasonable to argue from the evidence that the increase in German-Romanian trade in the 1930s represented no more than a recovery from the disastrous years 1928—32. However after 1938 when Germany sought to change this situation Marguérat argues that it proved very difficult for her to bring any effective economic pressure to bear on Romania because of the dominating position of British and French capital there. In 1939 Anglo-Dutch capital accounted for 39.8 per cent of all capital participation in the Romanian oil industry, by that time Germany's chief interest, French capital 16.6 per cent and American capital 12.5 per cent[22]. The international oil companies not only withstood German pressures but actually reduced the flow of Romanian oil to Germany until the annexation of Bohemia and the sponsorship of the annexation by Hungary of the Carpatho-Ukraine in March 1939. After that Germany forced the new trade agreement of 23 March 1939[23].

Outside the sphere of international trade, therefore, at least in the case of Romania, evidence of 'exploitation' is lacking until the final collapse of Czechoslovakia. That this collapse was of major importance to the countries of the Reichsmark bloc can scarcely be doubted. Czechoslovakia was an important market for them and there were extensive Czech capital investments there. Basch berated the British and French for having made an economic surrender at Munich and for having thrown away an economic position in central and south-eastern Europe acquired over many decades[24]. Until the Munich agreements it would be impossible to claim that, setting aside foreign trade, German economic 'penetration' was a matter of any significance. History indeed records no greater disproportion between foreign trade and investment than that shown in the economic relationship between Nazi Germany and central and south-eastern Europe in the 1930s. It might be just as logical to ask the question, "Why, when the proportion of foreign trade with Germany was so very high for these countries, was the level of German investment there so low?" Part of the answer would obviously be the loss of German investments there in the aftermath of the First World War. The recovery of German investment after 1933 appears nevertheless on the scant evidence available to have been remarkably feeble compared to the recovery of German trade. In Bulgaria the proportion of German capital in total foreign capital in the one estimate that

[22] There are different estimates. These are the estimates of the British government given in *William N. Medlicott,* The Economic Blockade, vol. 1, London 1952.

[23] The oil companies were still frequently forced to act directly contrary to the wishes of the Antonescu government by the British and French governments.

[24] *Antonin Basch,* The Danube Basin and the German Economic Sphere, London 1944.

is usually cited is put at 16 per cent in 1939 [25]. Since the proportion of German foreign investment to total foreign investment was smaller in the other economies and the increase in foreign trade with them less, it seems unlikely that the increase in German foreign investment there would have been more striking. Lamer's calculations suggest that total German foreign investment in Yugoslavia in 1936 was statistically insignificant by the side of that of west European countries [26]. Even after the *Anschluß* German capital in Romania was probably no higher than eight per cent of total foreign capital [27].

The proportions of capital investment may be less revealing than the actions and plans of German companies. By 1940 at least some major German companies had far-reaching plans for central and south-eastern Europe, which could not unfairly be labelled as economic 'penetration' [28]. The military defeat of France offered large possibilities to a multinational like I. G. Farben. What is not known is how far German firms were able to pursue such policies before 1938 nor how far firms with much less intimate connections with the government than I. G. Farben harboured similar ambitions to control important sections of manufacturing in the less-developed economies. Teichova's study of foreign investment in Czechoslovakia argues that there was a close association between the political aims of the Nazi government to expand their power into central and south-eastern Europe and the investment policy of German firms. The mechanism by which these aims were to be realised was not, she argues, investment *per se* but the integration of firms in the smaller economies into German-controlled cartels [29]. Although Teichova's work contains an immense quantity of data on the intricate patterns of international ownership and agreement affecting Czech (and therefore in many cases Reichsmark bloc) firms the

---

[25] *L. Berov,* The Withdrawing of Foreign Capital from Bulgaria on the Eve of the Second World War, in: Studia Balcanica 4 (1971).

[26] *Mirko Lamer,* Die Wandlungen der ausländischen Kapitalanlagen auf dem Balkan, in: Weltwirtschaftliches Archiv 1938.

[27] *Marguérat,* pp. 34.

[28] Their plans are published in *Dietrich Eichholtz,* Geschichte der deutschen Kriegswirtschaft 1939—1945, vol. 1: 1939—1941, Berlin 1969, pp. 248; *Dietrich Eichholtz and Wolfgang Schumann* (eds.), Anatomie des Kriegs. Neue Dokumente über die Rolle des deutschen Monopolkapitals bei der Vorbereitung und Durchführung des Zweiten Weltkrieges, Berlin 1969; *Wolfgang Schumann,* Das Kriegsprogramm des Zeiss-Konzerns, in: Zeitschrift für Geschichtswissenschaft 11 (1963/4).

[29] „After Hitler came to power the well-known conscious long-term objective of German heavy industry, to penetrate into Czechoslovak industrial and banking combines in order to attain a basis for further advances into southeast Europe, was openly and aggressively pursued by German political and economic representatives" (*Alice Teichova,* An Economic Background to Munich, Cambridge 1971, p. 91).

precise data which would establish her argument seem lacking [30]. To establish them it would be necessary, no doubt, to trace the relationships of a large selection of firms with the National Socialist regime and to try to establish how far their economic interests coincided, or were made to coincide with, the external ambitions of the Nazi regime. Even were it to be shown that in a large number of cases they did do so it would still be necessary to show that in the period before Munich government and firm were able to implement their ambitions. It may not, indeed, as several studies including that of Teichova herself imply, have been all that easy even after Munich. And, lastly, the intimate embrace of German companies may not have been necessarily a bad thing on all occasions. That, too, might depend, even if it is accepted that the intentions of the Nazi government towards the Reichsmark bloc countries were ultimately aggressive, on the extent of the agreement between the Nazi government and German companies on the desired nature of political and economic society inside and outside Germany. That this is a richly-complicated subject on which scholars are far from agreement no student of the period nor reader of this volume will need reminding. As things stand, therefore, there is no more evidence of German economic exploitation of the Reichsmark bloc countries outside the field of foreign trade than there is inside it.

II

Those who argue that German trading policy was exploitative would surely be unhappy with any refutation of their argument which did not consider the longer run aims of German foreign policy. Most, like Ellis, appear to consider Germany's external policy as a set of predetermined goals wherein the political objectives were reinforced by the economic. The Reichsmark bloc thus becomes a stage in National Socialist foreign policy and there is little point in demonstrating that in its early stages the less-developed economies benefitted from it and may even have done so more than Germany since the ultimate disadvantages to them, seen from a political standpoint, were frightening. This view

[30] The large number of German-Czech cartel agreements is well-established by Teichova's work. But their rate of increase declined under the Nazi government while that of British-Czech cartels increased. *Ibid.*, table 1, p. 56, for example, gives a total of 243 German-Czech agreements over the period 1926—32 and only 170 over the period 1933—38. The comparable figures for British-Czech agreements are 21 and, in the Nazi period, 47. Given the very much greater volume of British and French direct and portfolio investment in Czechoslovakia compared to that of Germany their need for cartel agreements might well have been correspondingly less. German direct capital investment there at the end of 1937 was slightly more than one quarter of that of Britain (*ibid.*, Table IV, p. 48).

simplifies beyond acceptability the problem of Nazi foreign policy. The furious debate among diplomatic historians about Hitler's ultimate objectives and about the consistency with which they were pursued is far from a satisfactory conclusion. Even those scholars most committed to the argument that the firmly consistent intentions of the German government were to create by armed force a 'Greater Germany' beyond the eastern frontiers of the Weimar Republic [31] would now accept, however, that this goal involved many important, albeit temporary, shifts of policy along the way. Few would be so bold now as to maintain that the area of any future 'Greater Germany' did not depend on shifting diplomatic and economic eventualities in the thirties. Among these eventualities the shifting positions of the smaller central and south-eastern countries played an important role. It is wrong to attribute a consistent economic motive to Germany's relations with them on the grounds that it was part and parcel of a consistent political motive, for even if, which is not certain, in the long-run the political motive was consistent, in the short- and medium-run the fate which the Nazi government had in store for these smaller countries certainly varied as Germany's relationships with the greater powers changed.

One argument which seems to have been generally accepted throughout, although Marguérat's work refutes it in the case of Romania, is that one purpose of the Reichsmark bloc was to promote rearmament and permit a 'war economy' in Germany in pursuit of these political aims. Faced with the virtual certainty in any future war of another blockade of her overseas trade and this time with a much smaller domestic raw material base to fall back on Germany is claimed to have used the device of bilateral trading treaties to force exports of strategic materials from the Reichsmark bloc which were, so the argument normally runs, equipping the German armed forces for a future attack on her trading partners. For this it might well be worth paying over the odds for foodstuff imports.

This argument exaggerates the strategic economic importance of the Reichsmark bloc to the German economy. Setting aside for a moment the question of food supply there were only three strategic raw materials which the area could provide in such quantities that they were statistically significant as a part of total German supply, chromite, bauxite and oil. Although chromite was traded in only small quantities it was an almost irreplaceable component of armaments steel. Turkey was the world's second largest producer and chromite represented three per cent of the annual value of her exports [32]. Both Greece and Yugoslavia were also each larger producers than the United States and the

[31] Lest there be misunderstanding I should point out that my intention here is in no way to support Taylor's ‚revisionist' view of Hitler's foreign policy. Indeed there is nothing in this article that could logically do so.

[32] National trade statistics.

combined output of the region amounted to over a quarter of average annual world output. Similarly, Hungary, Yugoslavia and Greece produced between them about one quarter of the world's output of bauxite, effectively the sole ore from which aluminium could be manufactured on a large scale. The importance of aluminium was that it was the basic constructional material for most aircraft. Germany was devoid of significant reserves of either raw material. Chromite, of course, can be stockpiled much more effectively than bauxite which is consumed in far greater quantities and accumulation of a sufficient stockpile to meet the demands of the war of only limited duration and output at which German strategy aimed would mean that the level of demand from Germany, once this aim had been met, might be less high and less sustained than for bauxite. At the end of 1939 stockpiles of chromite were sufficient to meet presumed future demand for two years without further imports [33]. Nevertheless, it can also be presumed that Germany would not import chromite from hard currency areas if it could be obtained through bilateral agreements with the Reichsmark bloc countries. The strategic importance of oil needs no elaboration and Romania was the second largest European producer.

The exact figures for output and exports of bauxite and chromite remain in some doubt, a doubt which may well linger given their sensitive nature. Yet there is a clear difference in the two cases in the response of the Reichsmark bloc countries to German demand. Over the period 1935—38 Germany probably obtained no more than 30 per cent of the total output of Greek, Turkish and Yugoslav chromite (Table 5). The imprecision arises not so much from the lack of any Yugoslav export figures for 1935 as from the possibility that some of the relatively high exports to Austria could have found their way as ore or in semi-manufactures to Germany. Until 1938, however, the main market for Turkish chromite exports was the United States. The aftermath of the Turkish rearmament loan in 1938 was that the proportion of Turkish chromite exports going to Germany increased steeply but it was still only 49.6 per cent. Conversely the proportion of Yugoslav exports going to Germany (including Austria) fell to 12.6 per cent from its previous year's level of 30.1 per cent and of Greek exports the proportion dropped over the same two years from 42.8 per cent to 40.5 per cent. Italy was throughout the period a more important market than Germany for Greek chromite and Britain of almost equal importance. Chromite was one primary product which could still be sold for hard currency at competitive prices on world markets and with the growth of rearmament outside Germany this became still more the case. The Reichsmark bloc countries could in fact resist German pressure to include greater quantities of chromite in the

[33] United States Strategic Bombing Survey. The Effects of Strategic Bombing on the German War Economy, Appendix Table 83.

bilateral agreements and did so successfully until the outbreak of war. German supply from South Africa purchased in sterling between 1933 and 1938 was almost as large as from Turkey.

With bauxite the opposite applied because Allied demand was lower for a long time and could easily be satisfied elsewhere. Bauxite, unlike chromite, is a common raw material. British, American and Canadian aluminium companies obtained their raw material from the Caribbean and France. France was a major world producer with a large export surplus after meeting the demand from her own industry. Production of bauxite tended to be in exact measure to demand from predetermined markets and it was seldom offered freely for hard currency on open markets. The growth of bauxite mining in the Reichsmark bloc was thus a direct response to the surge of demand emanating from Germany, the world's biggest aluminium producer throughout the period. The rapidly rising output of bauxite in Hungary and Yugoslavia was almost entirely for the German market and only relatively small quantities of Greek output went elsewhere. These combined resources were supplying about three-quarters of total German consumption. Even though the main final consumer of these exports was the German aircraft industry, their immediate value to the exporting country must also of course be taken into account. In Hungary they were the origin of an important new industry.

The relative lack of importance of Romanian oil in Germany's total oil imports is explained by German strategy and mobilisation plans before 1938. Before 1939 exports of Romanian oil products to Germany never exceeded 15.7 per cent of total annual exports of these products. Imports of oil products from the Soviet Union were in fact marginally more important in the pre-war period than those from Romania. The largest part of imports remained vulnerable to blockade. The Anglo-Dutch refineries on Curaçao were the chief suppliers and in addition there was a high level of imports from the United States and Iran which, on the eve of war, was supplemented by increasing imports from Mexico. About 60 per cent of oil product imports still came from outside Europe. Oil, like chromite, could be sold on hard currency markets and there was every reason why the Romanian government and the oil companies alike should not allow any more than a small proportion to be sold for blocked marks and probably no way in which Germany could have acquired more of it through bilateral clearing other than by, as in 1939, extreme menaces.

There remains the question of food supply, for in the context of German military strategy in Europe and the intended Allied response of blockade, food was also a strategic good of the highest importance. It might well be worth paying more than the depressed world prices in order to establish direct links between producers and the German market, which governments would be reluctant to disrupt even when Germany was involved in hostilities and which Allied powers could not interrupt by naval blockade. In fact the biggest single component of the increase of Reichsmark bloc exports to Germany is exports of foodstuffs. The proportion of total German foodstuff imports coming from the area rose from 11.1 per cent in 1930 to 28.2 per cent in 1939 (Table 11). The actual volume and value of foodstuff imports as a proportion of total foodstuff consumption fell under the Nazi government's import-saving policies so that in real constant prices foodstuff imports from the Reichsmark bloc did not surpass their level of the previous period of rising German incomes, 1925—28. Nonetheless Germany was breaching its high trade barriers to let in increasing quantities of foodstuffs at prices well above prevailing averages. It was the shift in the origins of German foodstuff imports in the 1930s which constituted the biggest part of the altered pattern of European trade in that decade and it was the exchange of food against manufactured goods which held together the Reichsmark bloc as a trading area.

Yet even the statistical evidence on the development of these various foodstuff trades does not provide a convincing picture of trade-dependence. Here it is necessary to tread carefully. The statistical information is by no means all available, most usually because the particular commodities in question were not satisfactorily disaggregated in trade statistics. Nor would it be wise to draw too sweeping conclusions from the evidence presented here in Tables 12/17. Nonetheless these Tables are strongly suggestive of certain interpretations. No calculations have been made for Bulgaria on the grounds that if half its exports were to Germany and its exports largely consisted of foodstuffs it would be axiomatic that something like that proportion of its main foodstuff exports (those making the biggest contribution to the total value of all food exports) would also have gone to Germany throughout the period. For the other Reichsmark bloc countries the distribution of the most prominent foodstuff exports has been calculated, although the data for Yugoslavia are not such as to enable any satisfactory conclusions to be drawn. The conclusions which could be drawn from these Tables are the following.

Firstly, where a staple export of the underdeveloped economy became more heavily concentrated on the German market than it had been in 1928 that shift often took place most decisively before 1933. There are noticeable exceptions to this in the case of livestock exports from Romania and grain exports from Turkey. Secondly, the only non-German market which diminished in importance for these staple export trades in the 'thirties was Italy. That perhaps is explained by the movement towards import-substitution in the Italian economy. As that movement weakened after 1936 it is noticeable that Italy again re-enters these trades as an active purchaser. British purchasing in these trades in particular did not decline (the average level of food consumption was also increasing in Britain in the 'thirties) and there are certain striking examples of great increases of British purchases in Romania and Turkey after Munich, presumably as a political response. Lastly, and most importantly, the differences between the separate economies and also between separate trades in one economy dominate the picture. This might well suggest that the pattern of the foodstuffs trade in the Reichsmark bloc was dominated by the particular commodity structure of each underdeveloped country's trade. Few of these trades were so dependent on the sole German market as to leave no hope at all of adjustment should there be a threat to withdraw that market [34]. In fact the increase in the proportion of these staple trades going to Germany does not seem adequately to account for the increase in the proportion of all foodstuff exports from the bloc to Germany and it may be that some part of that increase is accounted for by new foodstuff exports developed especially for the German market rather than by these staples. A certain amount of German capital did go into projects for cultivating oil seeds and other crops for export to Germany. The quantity was probably small and the schemes, still unstudied, do not seem on present evidence to have been very impressive. They would, nevertheless, have been beneficial to the underdeveloped economy rather than exploitative.

The increase in the proportion of any staple trade going to Germany seems on present evidence to be no more than a rational response to the higher prices prevailing on the German market. There is no attempt here to make a comprehensive comparison of the relative prices obtaining on different markets in these trades for, again, the evidence is not sufficiently comprehensive to justify such an effort. But such evidence as there is strongly bears out the conclusions of both Neal and Benham on the relative terms of trade. There is an especially striking example in 1939 of the price differentials that existed. In that year Germany and Britain took an exactly equal proportion by weight of Turkish nut exports (Table 16). Their sale price to Germany was 2.2 million Turkish pounds; to Britain 0.9 million Turkish pounds. France took a much larger share than Germany but at a price considerably lower, 1.4 million Turkish pounds, than the price paid by Germany for her smaller quantity [35].

"The exchange of grain for manufactured products", wrote Herbert Backe, Minister of Food in the National Socialist government, "is the sound and natural basis of trade with the east and south-east" [36]. From the perspective of the less-developed economies the advantage of the Reichsmark bloc was that with the decline in capital inflows exports had come to have a greater importance for development. For them exportable food surpluses were but a stage towards another goal, industrialisation. Whether this goal would be acceptable in Berlin or whether it would overturn the 'sound and natural basis' of trade

[34] One that clearly was was the export of hazel nuts from Turkey (Table 16). But it was almost matched in that respect by the Greek export trade of currants, etc. to Britain (Table 12).

[35] Turkey, Ministère des Finances, Statistiques Annuelles du Commerce Extérieur de la Turquie.

[36] *Herbert Backe*, Um die Nahrungsfreiheit Europas. Weltwirtschaft oder Großraum, Leipzig 1942, p. 225.

394

are questions which, once again, can only be answered by reference to Germany's political aims in Europe. If the interest in trade with the Reichsmark bloc stemmed from a static analysis of the European economy in which southeastern Europe remained perpetually underdeveloped it may also have stemmed from a similarly static analysis of Germany's economic future. Measured over the period 1926—1974 the proportion of German exports, including after 1953 the trade of the German Democratic Republic, going to the higher per capita income countries of Europe, has shown a slow but persistent increase with the striking exception of the period 1934—1939 when this trend was sharply reversed [37]. Exports to low per capita income European economies [38] showed a decisive upward trend from 1934 to 1939 which is also clearly distinguished from the long-term pattern of German trade, although the fluctuations of this trade between 1925 and 1933, it might reasonably be argued, are fluctuations around a much more slowly rising trend. Obviously this striking deviation from the long-run pattern of German trade was not reflected in lower rates of growth of GNP, they were higher in the Nazi period than at any time other than the boom of the 1950s. Nevertheless, foreign trade was not in the long run a force for growth in the German economy after 1933 for the constant increase in the proportion of German exports directed towards underdeveloped Europe between 1933 and 1939 was also a constant increase in the constraints which external economic policy imposed on growth and a constant increase in the pressures to sustain the growth of incomes through internal economic policy.

It would be foolish to assert that strategic considerations were not involved in this deviation from trend and impossible to extricate them from its foreign exchange saving component. Yet the origin of the growth of this trade, and indeed the origins of the Reichsmark bloc itself, date from before the Nazi take-over and were a response to the loss of foreign exchange in 1930, the difficulties created for Germany by the rapid burgeoning of exchange controls from Hungary to Greece and the British devaluation against gold in 1931. All the main principles of bilateral trading agreements with underdeveloped Europe were worked out in the Republic before 1933. Schacht's *Neuer Plan* in 1934 merely systematised into deliberate policy a set of trading devices which were already widespread and also extended into deliberate policy a geographical pattern of trade which had in any case begun to emerge as a response to Germany's

---

[37] The calculations to 1955 are represented in *Alan S. Milward*, Der deutsche Handel und der Welthandel 1925—1939, in: *Mommsen, Petzina, Weisbrod* (eds.), p. 477. No one is likely to require evidence of the extrapolation beyond that date in view of the more systematic and generalised evidence in *Alfred Maizels*, Industrial Growth and World Trade, Cambridge 1963.

[38] Bulgaria, Esthonia, Finland, Greece, Hungary, Latvia, Lithuania, Poland, Romania, Spain, Turkey and Yugoslavia.

alarming external situation in the depression. The main difference in 1934 was that as a result of National Socialist domestic economic policy the predicted foreign exchange deficit threatened briefly to acquire the proportions of 1928. In effect 1934 was the first year since 1928 when Germany recorded a deficit on the balance of commodity trade. It became necessary to classify as plans and policy what had over the last four years been only desperate expedients.

There is, lastly, little geographical congruence between the Reichsmark trading bloc and any future *Großraumwirtschaft* or *Lebensraum* which Hitler or the Nazi party may have intended. Two countries in particular stood immediately in the way of German expansion and the overwhelming weight of the historical evidence is that both, Czechoslovakia and Poland, were destined for 'reconstruction'. Those who maintain that Hitler's foreign policy was consistently aimed at obtaining *Lebensraum* in the east all accept that it was to be obtained at the expense of the Soviet Union also. These were the three countries most likely to be the victims of German territorial aggression. Czechoslovakia remained firmly outside the Reichsmark bloc and German trade with both Poland and the Soviet Union diminished to insignificance after 1933. In the period 1925—34 Poland provided an annual average of 2.15 per cent of all German imports and took 2.12 per cent of all German exports. In the period 1934—38 she provided only 1.4 per cent of German imports and took only 1.25 per cent of German exports. The example of the Soviet Union is even more striking. The Soviet Union had been a major trading partner of the Weimar Republic, so important indeed in 1932 as to have been responsible, by one of history's great ironies, for sustaining even the low level of German manufactured exports of that year and providing an invaluable prop to the international capitalist economy. Over the period 1925—1933 the USSR took an annual average of 4.71 per cent of German exports and provided 3.68 per cent of imports. Over the period 1934—38 the comparable figures were only 1.54 per cent of exports and 2.84 per cent of imports [39]. It remains only to add that once the *Großraumwirschaft* of Nazi propaganda became a reality in 1940 the statistical contribution of the Reichsmark bloc countries to German supply dwindled into relative insignificance, not just when compared to the great increase of manufactured imports from western Europe, but even when the comparison is restricted to foodstuff imports. From 1940 onwards foodstuff imports from occupied western Europe far eclipsed imports from central and south-eastern Europe [40].

[39] Statistische Jahrbücher.
[40] See the calculations in *Alan S. Milward*, The New Order and the French Economy, Oxford 1970, pp. 257—8.

III

The grounds, therefore, for arguing that the Reichsmark bloc was a positive step in German foreign economic policy seem as unsure as those for continuing to argue that it was an instrument of 'exploitation' of the less-developed European economies. There is very little evidence for either and a certain amount of evidence to the contrary. Both arguments in fact are based on the assumption that the National Socialist government was able to choose a positive and aggressive external economic policy. But was it? Was not the economic reality more one in which in deeply discouraging economic circumstances the Nazi government gave overwhelming priority to its own domestic economic and social policies and in so doing made Germany's already weak external economic situation even weaker, untenable, indeed, without assuming permanent trade and exchange controls and a very wide and possibly permanent discrepancy between German prices and those of the other major traders? From the moment Hitler became Chancellor any chance of reintegrating Germany into an internationally-agreed payments system disappeared. The Reichsmark bloc, far from being a positive policy, was a desperately unsatisfactory attempt to maintain, at high international costs to the German economy, the absolute primacy of domestic economic policy.

The evidence that the terms of trade in the 1930s may have moved against Germany is in fact exactly what we should expect to find. It was part of the price paid for defending other priorities. As Romanian prices increased Germany was unable to maintain the Reichsmark/leu exchange rate at the level she would have wished. To put up the price of German exports would have made competition on the Romanian market in textiles and metal products against Britain and France impossible. Nor was Germany able to raise the Reichsmark's value in the annual bilateral trade negotiations, partly because Romania was still able to sell oil against sterling and hard currency and, later, because British imports of Romanian cereals showed a steep increase. Romanian *Sperrmark* balances in Berlin represented not a cunning exploitation by Germany, but genuine difficulties in footing the bill for cereal and oil imports, difficulties which threatened repeatedly to disrupt German-Romanian trade [41].

Exchange control began under the Brüning government in order to staunch the outflow of reserves. Germany had in fact only been able to meet her international obligations in 1930 because the collapse of primary product prices drastically reduced the cost of her imports. The fall in exports and the run on the reserves in 1931 left little choice but a system of exchange controls which

---

[41] *Pierre Marguérat,* Le protectionnisme financier allemand et le bassin danubien à la veille de la seconde guerre mondiale. L'exemple de la Roumanie, in: Relations internationales 16 (1978).

was thought of as temporary, introduced by a series of administrative decrees in July and August. Immediately afterwards the Wiggin Committee sat to find a basis on which German trade could continue so that creditors (including recipients of reparations) could continue to be paid in spite of the cessation of capital inflows. Its deliberations took place against the background of a restless search by a powerful, if disunited, political opposition for a new basis of economic policy. In this search the National Socialist Party emerged triumphant, not least by combining all the various recipes of the other opposition groups. Like the parties of the left it espoused the cause of employment-creation programmes, like those of the right it demanded the removal of all international restrictions on German tariffs. It cut the ground from under the agrarian parties in rural areas by proclaiming the necessity of self-sufficiency in food production and high levels of agricultural protection. Even if this were ill-understood at the time by the leaders of the NSDAP it was still true that even half this programme would have meant perseverance with trade and exchange controls for a much longer time. Because the NSDAP started from the assumption that the existing state of affairs was intolerable and *must* be changed in order to offer any hope of a reasonable national existence it was not likely to be deterred by these international obstacles. As the Party approached electoral victory Germany's international situation became even more precarious by virtue of the relative fall in the price of British finished export goods compared to those of Germany.

In November 1931 a set of principles for foreign exchange allocation was determined whose intention was expressly nondiscriminatory. There were, however, finite limits over which any foreign exchange allocation scheme which was based, as this one was, on an average need for exchange in the pre-control period, could last while still making economic sense. In any case it was unthinkable that a party like the NSDAP would not manipulate such a scheme, if in power, for its own political purposes. The use of blocked mark balances began in February 1932 when German creditors were allowed to use up to 50 per cent of their loans to purchase German securities at the low prevailing prices providing the securities remained 'blocked' for five years. In the next two months the first bilateral trading agreements were signed and the agreement between the Reemstma cigarette company and the Greek government linked bilateral trade to the clearing of blocked balances in each currency [42]. In summer 1932 the Reichsbank allowed exporters, who were able to demonstrate that their trade would otherwise have been impossible, to buy German bonds at their low foreign values and re-sell them at the higher prices on the German market to subsidise losses sustained in exporting goods to markets where the price level was now below that in Germany. Every principle of trade and exchange control

[42] *Basch,* p. 167.

and export subsidisation used during the Nazi regime was already in place before the seizure of power. The von Papen government's very restricted expenditures on public works in September 1932 were left well behind by von Schleicher and the Gereke Plan, which created the same methods of financing job creation which the Nazi government would also employ under the Reinhardt plan, far outdistanced any previous or other contemporary programme of public works expenditure. Between 1932 and the seizure of power about 500 to 600 million marks were spent on purely 'civil' public works. The Nazi government was to spend 2,450 million Reichsmark for the same purpose in 1934 alone and 4,000 million in the years 1933 and 1934 together [43]. Expenditure on armaments reached roughly the same amount [44]. To this was added expenditure on the subsidisation of the agricultural sector. The foreign exchange deficit in autumn 1934 reached 700 million Reichsmarks. The purpose of the *Neuer Plan* was no more than to permit domestic economic policy to continue in spite of this deficit and the effect it would otherwise have had in any attempt to bring exchange rates and prices back into line with those of western Europe. It used all the earlier methods and in addition gave power to the exchange control boards, whose number was increased, to discriminate against a wide range of finished and semi-finished imports. In effect trade controls now had the positive purpose of backing up the job-creation schemes rather than the merely negative one of restricting the outflow of reserves.

Rearmament was still at low levels. The difficulties of distinguishing between public expenditure on civil and on military purposes are insuperable and the distinction does not in any case make much sense in the case of the Nazi government. Schweitzer estimates that expenditure on the second category had already added 243 million Reichsmarks to the import bill in 1934 as compared to 1933 [45]. Be that as it may the lowest set of calculations of rearmament expenditure (Klein) show expenditure for this purpose at 4,000 million Reichsmarks in 1935 and 6,000 million in 1936, increases of more than 50 per cent a year [46]. A substantial part of these increases came, however, out of the decrease in expenditure on public works. In fact the deficit of government expenditure over receipts fell slightly in 1935 but in spite of the great increase in revenue which came with full employment and fuller utilisation of resources in 1936 the budget deficit doubled in that year. If there had ever been a chance that full employment and recovery would provide the occasion for re-establishing an equilibrium rate for the mark it ended in 1936. The Four Year Plan with its

[43] *Kenyon E. Poole,* German Financial Policies 1932—1939, New York 1939, p. 94.
[44] *Burton A. Klein,* Germany's Economic Preparations for War, Cambridge/Mass. 1959, p. 16.
[45] *Arthur Schweitzer,* Big Business in the Third Reich, Bloomington 1964, p. 428.
[46] *Klein,* Statistical Appendix: Table 60, p. 254.

massive commitment of investment to synthetic production and import substitution pushed expenditure to new heights and led initially to a further demand for imports for which there was no means of payment. Total gold and foreign exchange reserves were about two and a half per cent their level of 1930 and in the second half of 1936 there was a foreign exchange deficit of 637.7 million Reichsmarks [47]. Yet this was the moment at which rearmament expenditure was to show a marked upward movement and also the starting point of the 5,300 million Reichsmarks extra expenditure between summer 1936 and the end of 1939 on the Four Year Plan itself [48].

In relation to the size of GNP the volume of German imports fell throughout the 1930s. Foreign exchange shortages and the desire for strategic safety from blockade alike combined to push economic policy towards import substitution and towards a shift in the source of imports. The high price of German goods reduced the choice of export markets. From this forced shift in German trade the Reichsmark bloc countries were the major beneficiaries supplying 18.5 per cent of all German imports in 1939 compared to the 3.9 per cent they had supplied in 1928. By contrast German trade with the gold bloc countries inevitably encountered severe difficulties. Imports from France, which had accounted for 5.3 per cent of all imports in 1928 were but 2.6 per cent of a lower total in 1938 even when Austrian imports from France in that year are included. The decline in German-United States trade is the most dramatic. The United States had been by a long way Germany's most important supplier in the twenties'. The drying-up of capital flows from America led to a fall in importance of United States imports from 14.4 per cent of all imports in 1928 to 7.4 per cent in 1938. This last figure was in fact exceptionally high because of the increase in wheat imports from America in that year; for 1937 the proportion was only 5.2 per cent. The increase in imports from America in 1938 was further testimony to the inadequacy of the Reichsmark bloc to sustain Germany's strategic needs [49]. Its inadequacy to cater for her longer-term economic needs has already been noted.

Even within the bloc the position of the Reichsmark was often a weak one. Turkey was not the only member to put Germany in difficulties by altering the balance of trade in order to mop up its accumulated *Sperrmark*. Romania similarly forced a reduction of the *Sperrmark* balances from September 1935 by allowing the Reichsmark effectively to float against the leu and from Sep-

[47] *Dietmar Petzina,* Autarkiepolitik im Dritten Reich, Stuttgart 1968, p. 30.

[48] Ibid., p. 183. Rearmament expenditures were about 8,000 million Reichmarks in 1937.

[49] Imports of wheat from the United States rose from 17,000 tons in 1937 to 243,900 tons in 1938, the highest annual quantity since 1928 (Sondernachweis des Außenhandels Deutschlands).

tember 1936 by placing stricter limitations on the permissible precentage of oil products in total exports to Germany. The flow of interest payments and profits on British investments in Romania was met by increased oil exports to Britain. Because the pound rose against the leu as the Reichsmark fell, Romanian exporters marked up prices to Germany to try to reach the equivalent rate of return on exports to Britain so that in bilateral negotiations the sterling/leu exchange rate was often dictating the negotiated Reichsmark/leu rate [50].

The long- and short-run weaknesses of Germany's position are unmistakable. That the formation of the Reichsmark bloc should be seen as Nazi 'exploitation' or 'penetration' of south-eastern Europe is a remarkable tribute to the ability of National Socialism to explain all events, however unwelcome, as being in accord with the new *Weltanschauung*. It is true that the Reichsmark bloc did save gold and foreign exchange and that it was an essential part of the trade and exchange controls which preserved the absolute primacy of domestic economic priorities. It may well be that had it not been for the determined attention paid to the mechanisms of Reichsmark bloc trade Germany's terms of trade would have been less favourable and in that sense, which is by no means the sense in which the word has so far been used, there would be a certain element of 'exploitation' of the less-developed economies. Otherwise, on present evidence, the word is entirely unjustified. National Socialist domestic economic policy meant that Germany's international economic bargaining power was distinctly weak before 1939. From this weakness the less-developed European economies were able to extract great advantages for themselves in what would otherwise have been a desperate situation. They, almost alone amongst the world's primary exporters in the 1930's, were able to show an increase in export earnings and an increase in the growth of national income. The concentration of economic policy on achieving the immediate internal aims of the Nazi regime opened up possibilities of development to underdeveloped Europe when the depression seemed otherwise to have foreclosed all such possibilities. Historians should turn their attention to the successful exploitation of Germany's economic weakness before 1939 by the small economies of central and south-eastern Europe.

[50] *Marguérat,* Le protectionnisme.

Statistical Appendix [1]

Table 1: *The percentage share of the Reichsmark bloc countries in total German imports*

	Bulgaria	Greece	Hungary	Romania	Turkey	Yugoslavia
1925	0.4	0.6	0.7	0.8	0.6	0.7
1926	0.4	0.5	0.9	1.5	0.5	0.8
1927	0.4	0.5	0.6	1.7	0.4	0.5
1928	0.4	0.7	0.5	1.3	0.5	0.5
1929	0.4	0.8	0.7	1.6	0.6	0.4
1930	0.6	1.0	0.8	2.3	0.7	0.7
1931	0.7	1.1	0.8	1.5	0.8	0.6
1932	0.7	1.3	0.8	1.6	0.9	0.6
1933	0.7	1.3	0.8	1.1	0.9	0.8
1934	0.8	1.3	1.4	1.3	1.5	0.8
1935	1.0	1.4	1.9	1.9	2.2	1.5
1936	1.4	1.6	2.2	2.2	2.8	1.8
1937	1.3	1.4	2.1	3.3	1.8	2.4
1938 [2]	1.5	1.7	2.0	2.6	2.1	2.0
	1.6	1.7	3.1	2.9	2.1	2.8
1939	2.3	1.9	4.6	4.4	2.6	2.7

Sources: Compiled from: Statistische Jahrbücher and Sondernachweis des Außenhandels Deutschlands.

[1] The author would like to thank the Social Research Council for the grant in 1968/9 which enabled him to collect the information from which these and subsequent figures were calculated and Mr. Kim Sweeney for his help in preparing them.
[2] The upper line for 1938 is for the Altreich, that is to say without Austria or the Sudetenland. The lower line includes the Sudetenland from October 1938 and shows the percentage figure with Austrian-German trade not counted as foreign trade from April. For 1939, trade with the Protectorate is not counted as foreign trade from April and the figures include Austrian imports as German imports.

402

Table 2: *The Percentage Share of Total German Exports Going to the More Important High Per Capita Income Markets* [1], *to Poland and the USSR, and to the Reichsmark bloc* [2].

	1925—34	1935—39
High Income Markets	54.99	46.59
Poland and USSR	6.51	2.79
Reichsmark Bloc	5.99	17.62

Source: Sondernachweis des Außenhandels Deutschlands.

[1] Countries taking less than 3.0 per cent of German exports in the period 1925—34 are excluded. Included are Belgium-Luxembourg, Czechoslovakia, France, Italy, Netherlands, Sweden, Switzerland, The United Kingdom and The United States. 'Germany' is henceforward defined in all tables as in Table 1 except that the definition in the lower line for 1938 in that table is now used exclusively.

[2] Annual averages for each country.

Table 3: *The Value of German Imports and Exports as a Proportion (%) of National Income (Current Prices)*

	Imports	Exports
1929	17.02	17.06
1933	7.37	8.55
1938 [1]	5.56	5.36

Sources: Walther G. Hoffmann, Das Wachstum der Deutschen Wirtschaft seit der Mitte des 19. Jahrhunderts, Berlin 1965; Statistische Jahrbücher.

[1] 'Altreich', excluding Austria and Bohemia-Moravia.

Table 4: *The Percentage of Imports (I) from and Exports (E) to Germany in the Trade of Reichsmark Bloc Countries*

Year	Bulgaria¹ I	E	Greece² I	E	Hungary² I	E	Yugoslavia² I	E	Romania¹ I	E	Turkey² I	E
1925	19.6	20.0	8.1	18.5	15.0	9.9	9.9	7.2	n.a.	n.a.	11.3	14.4
1926	21.9	19.5	7.6	21.9	16.6	12.9	12.0	9.3	n.a.	n.a.	13.8	12.6
1927	21.0	23.1	7.5	21.4	18.2	13.3	12.3	10.6	22.3	18.6	14.2	9.3
1928	21.2	27.9	8.6	26.9	19.5	11.8	13.6	12.1	n.a.	n.a.	14.2	12.8
1929	22.2	29.9	9.4	23.2	20.0	11.7	15.6	8.5	24.1	27.6	15.3	13.3
1930	23.2	26.2	10.4	23.3	21.3	10.3	17.6	11.7	25.2	18.8	18.6	13.1
1931	23.3	29.5	12.2	14.1	24.4	12.7	19.3	11.3	29.6	11.5	21.4	10.7
1932	25.9	26.0	9.7	15.1	22.5	15.1	17.9	11.3	24.5	12.4	23.2	13.5
1933	38.2	36.0	10.2	17.9	19.7	11.2	13.4	13.9	18.6	10.6	25.6	19.0
1934	40.1	42.7	14.7	22.5	18.3	22.2	14.2	15.5	15.5	16.6	33.9	37.3
1935	53.4	48.0	18.7	29.7	22.7	23.9	16.0	18.7	23.8	16.7	40.3	40.9
1936	61.6	47.9	22.4	36.4	26.0	22.8	26.8	23.7	36.1	17.8	45.1	51.0
1937	58.6	43.1	27.2	31.0	25.9	24.0	32.7	21.7	28.7	18.9	42.1	36.5
1938	52.0	58.9	28.8	38.5	30.1	27.4	32.6	35.9	36.6	26.5	47.0	42.9
1939	65.5	67.8	29.9	27.5	48.4	50.4	47.6	31.8	39.2	32.3	51.0	37.3

Sources: Annuaire Statistique de la Grèce; Annuaire Statistique Hongrois; Statistique Annuelle du Commerce Exterieur de la Turquie; Directinnea Statisticei Generale a Finanțelor si Comertului Exterior, Comerțul Exterior; Statistiques du Commerce de la Bulgarie; Annuaire du commerce turque.

¹ Includes Austria 1938—1940
² Includes Austria 1939—1940

Table 5: *Chromite Exports from Greece, Turkey and Yugoslavia (000 tonnes),*
1935—1939

		Total	Germany	Italy	U.K.	U.S.A.
Greece	1935	32.0	4.3	15.3	6.9	0.1
	1936	48.0	5.3	25.9	12.2	0.8
	1937	55.9	11.2	23.3	9.6	5.6
	1938	35.7	18.2 [1]	5.6	1.9	1.0
	1939	n. a.	22.3 [2]	n. a.	n. a.	n. a.
Turkey	1935	145.7	40.4	9.4	5.9	21.0
	1936	149.6	64.5	1.0	1.0	13.9
	1937	198.4	58.4	4.8	1.0	45.6
	1938	208.1	68.5	32.2	3.7	13.4
	1939	192.8	104.8	15.7	n. a.	19.4
Yugoslavia	1935	n. a.	n. a.	n. a.	n. a.	n. a.
	1936	23.8	0.3 [3]	n. a.	n. a.	2.0
	1937	24.7	0.4 [4]	n. a.	n. a.	0.3
	1938	23.2	13.3 [5]	0.3	n. a.	3.3
	1939	18.3	5.6	0.1	n. a.	3.0

Sources: Annuaire Statistique de la Grèce; Annuaire Statistique du Royaume de Yougoslavie; Statistique Annuelle du Commerce Exterieur de la Turquie.

[1] Excludes Austria.

[2] N. E. Momtchiloff, Statistical appendix.

[3] 8.4 to Austria.

[4] 10.0 to Austria.

[5] 1.6 to Austria.

Table 6: *Chromite Imports into Germany* (000 tonnes)

	Reichsmark bloc [1]	South Africa & Rhodesia	Australasia	India
1933	13.9	20.6	5.1	1.6
1934	30.2	27.4	10.9	2.1
1935	48.3	41.4	2.5	1.8
1936	75.0	36.8	10.3	1.2
1937	78.4	52.2	0	1.3
1938	81.2	73.4	7.3	4.3
1939	147.3	33.4	0	0

Source: Sondernachweis des Außenhandels Deutschlands.

[1] There are considerable variations for 1938 between the official German import figures and the Reichsmark bloc national export statistics. To a certain extent they can be resolved from the stockpile fluctuations in *Jörg-J. Jäger,* Die wirtschaftliche Abhängigkeit des Dritten Reiches vom Ausland dargestellt am Beispiel der Stahlindustrie, Berlin 1969, pp. 244; 267, but by no means entirely. The annual export statistics of the Reichsmark bloc countries, however, do not distinguish between the boundary changes in Germany for that year as do the monthly German trade figures.

Table 7: *Bauxite Exports from Greece, Hungary and Yugoslavia (000 tonnes)*

		Total	to Germany
Greece	1935	n. a.	n. a.
	1936	n. a.	n. a.
	1937	122.3	71.5
	1938	139.2	68.0
	1939	n. a.	n. a.
Hungary	1935	227.6	218.3
	1936	341.6	328.4
	1937	479.7	472.3
	1938	362.4	363.3
	1939	574.1	571.4
Yugoslavia	1935	n. a.	n. a.
	1936	253.1	232.2
	1937	388.4	384.6
	1938	379.7	379.6
	1939	266.5	257.5

Sources: Annuaire Statistique de la Grèce; Annuaire Statistique Hongrois; *T. I. Berend and G. Ránki,* Magyarország Gyáripara a Máśodik Világháború Elött es a háború Idöszakában (1933—1944), Budapest 1958, p. 163; Statistique Annuelle du Commerce Extérieur de la Turquie.

Table 8: *German Imports of Bauxite and Cryolite (000 tonnes)*

	Reichsmark bloc	France	Italy	Netherlands East Indies
1933	92.0	114.1	29.7	0
1934	187.2	120.5	16.3	0
1935	370.6	75.1	56.4	0
1936	587.5	95.6	164.1	127.6
1937	958.8	95.0	111.3	138.8
1938	796.2	92.3	96.6	192.7
1939	928.6	48.4	69.6	67.3

Source: Sondernachweis des Außenhandels Deutschlands.

Table 9: *Romanian Exports of Mineral Fuels, Oil and Oil Products (000 tonnes)*

	Total	Germany	U.K.	France	Czecho-slovakia	Italy	Egypt
1933	5885.6	200.6	986.0	738.6	129.4	904.0	588.9
1934	6547.4	434.2	793.9	708.7	148.9	975.5	557.3
1935	6613.1	863.1	738.9	336.4	217.9	1649.9	420.5
1936	6885.1	1072.4	846.3	866.3	29.8	655.1	300.9
1937	5668.9	435.4	580.2	603.9	354.2	582.8	279.3
1938	4496.5	704.5	540.5	289.3	295.0	556.5	283.3
1939	4178.1	848.6	618.9	238.1	436.6	635.0	85.9

Source: Directinnea Statisticei Generale a Finanţelor si Comerţului Exterior, Co-merţul Exterior.

Table 10: *German Imports of Fuel Oils, Lubricating Oils and Paraffin (000 tonnes)*

	Total	Romania	Netherlands Antilles	Iran	USSR	USA
1933	2175.6	180.4	768.4	158.2	421.7	455.7
1934	2556.4	240.7	998.3	233.1	394.9	418.6
1935	2965.4	652.3	1022.9	52.7	407.1	485.8
1936	3243.1	852.6	1047.2	80.4	319.9	672.0
1937	3127.0	520.7	1021.4	148.2	302.7	760.5
1938	3650.1	425.4	1358.4	188.1	79.3	985.4
1939	3817.1	810.7	976.7	75.3	6.9	976.8

Source: Sondernachweis des Außenhandels Deutschlands.

Table 11: *The Value of Reichsmark bloc Food Imports into Germany and their Percentage share in German Food Imports* [1] (current prices)

	Reichsmark Bloc Food Imports	Percentage of Total Food Imports
1928	309.4	5.31
1929	389.7	7.19
1930	467.7	11.09
1931	259.5	9.32
1932	209.1	9.76
1933	167.6	10.28
1934	212.7	13.87
1935	251.8	17.80
1936	288.5	19.24
1937	440.1	21.52
1938 [2]	453.1	21.47
	624.5	26.09
1939	602.5	28.23

Source: Sondernachweis des Außenhandels Deutschlands.

[1] Food is defined from 1936 as the entry ‚Ernährungswirtschaft' in the German trade classification scheme. This includes also fodder, livestock and tobacco. Prior to 1936 the items have been selected from the earlier classification scheme to make them as comparable as possible with the later. If the earlier classification is used before 1936 the largest difference would be 2.1 per cent in 1935.

[2] The upper line is the Altreich, the lower is Großdeutschland (Germany + Austria + Sudetenland after October).

Table 12: *Destination of Exports of Tobacco and Fruit from Greece*
(%/o of total quantity)

	Tobacco			Raisins, Currants and Sultanas			
	Germany	U.S.A.	Italy	Germany	U.K.	Netherlands	Italy
1928	44.59	17.04	18.04	12.51	61.84	8.28	9.41
1933	42.00	17.63	5.32	8.74	55.17	17.59	10.80
1934	41.03	21.09	2.81	12.14	57.04	13.47	7.45
1935	44.05	19.87	2.80	13.92	51.43	12.44	5.03
1936	56.65	16.40	0.02	19.05	54.86	9.13	1.79
1937	44.22	22.23	3.51	23.48	43.51	7.59	11.83
1938	52.81	14.21	2.88	34.42	43.14	8.63	0.29
1939	48.67	21.78	0	9.16	66.10	11.64	n. a.

Source: Annuaires Statistiques de la Grèce.

Table 13: *Distribution of Hungarian Exports of Poultry (Living and Dead) and Draught and Meat Animals* (%/o share by value)

	Poultry			Animals		
	Germany	Austria	U.K.	Germany	Austria	Italy
1928	28.86	44.78	18.66	0	58.48	9.92
1933	21.77	35.79	35.42	7.96	53.15	25.93
1934	41.55	28.17	24.30	13.55	49.51	25.86
1935	44.94	25.47	22.10	15.01	48.03	22.14
1936	38.12	26.46	22.42	21.25	38.62	24.45
1937	27.24	29.57	33.07	19.08	29.99	39.31
1938	32.95	29.17	32.58	18.51	58.48	13.84
1939	62.20		31.71	84.54		9.49

Source: Annuaires Statistiques Hongrois.

409

Table 14: *Distribution of Romanian Exports of Grain and Grain Products* (% share by quantity)

	Germany	U.K.	Belgium-Lux.	Czecho-slovakia	France	Greece	Italy	Nether-lands	Switzer-land
1928	24.90	5.91	4.54	3.34	1.20	0.79	12.88	3.58	0.03
1933	13.59	15.81	11.28	5.11	8.40	2.28	7.49	19.08	1.14
1934	21.05	11.15	4.57	9.79	6.69	1.60	2.59	10.68	3.79
1935	2.74	11.85	1.33	4.15	2.32	3.68	12.09	0.47	10.71
1936	10.89	20.93	9.38	4.73	6.20	3.90	8.06	4.91	5.99
1937	29.56	6.65	11.12	6.29	1.56	9.73	7.16	5.54	4.45
1938	29.65	20.50	5.88	9.86	3.29	11.62	1.01	4.66	4.81
1939	30.00	24.19	6.86	4.03	2.47	5.78	15.19	4.55	3.11

Source: Romania, Comerţul Exterior.

Table 15: *Distribution of Exports of Livestock from Romania* (% share by value)

	Germany	Austria	Czecho-slovakia	Greece	Italy
1928	3.86	65.02	29.10	0.69	...
1933	14.35	49.34	14.45	...	17.82
1934	22.10	27.40	11.87	11.30	18.66
1935	11.30	29.13	24.25	13.10	7.46
1936	10.64	0	37.32	3.45	...
1937	11.81	0	33.65	5.42	10.00
1938	46.15	0	25.91	11.34	4.15
1939		46.43	39.06	9.18	0.02

Source: Romania, Comerţul Exterior.

Table 16: *The Distribution of Turkish Exports of Grain, Tobacco, Raisins and Nuts* (% share by quantity)

	Grain				Tobacco			Raisins			Nuts		
	Ger-many	U.K.	Bel-gium -Lux.	Italy	Ger-many	U.S.A.	Italy	Ger-many	U.K.	Nether-lands	Ger-many	U.K.	France
1928	7.50	18.00	26.00	0.50	14.57	18.34	29.15	41.91	25.90	11.69	24.07	11.11	5.55
1933	0.13	5.10	10.34	19.50	40.92	19.30	5.40	47.81	20.61	12.72	42.49	5.70	8.81
1934	30.59	5.40	5.73	14.27	42.54	29.83	4.97	56.35	14.36	9.76	54.10	4.92	2.73
1935	6.33	1.45	0.77	37.81	41.55	31.05	0.91	56.81	16.36	10.60	65.75	3.94	3.54
1936	16.49	2.43	2.60	18.40	39.48	39.06	...	59.15	18.00	0.53	68.75	9.58	6.67
1937	18.83	1.40	9.44	9.85	40.05	32.75	3.02	46.18	17.71	5.55	45.49	5.74	6.97
1938	27.11	4.17	5.72	10.69	37.29	30.17	8.31	80.12	2.05	3.37	64.29	7.98	0.71
1939	50.11	0.33	10.04	...	44.11	25.17	7.62	24.61	40.00	9.49	13.99	13.99	17.62

Source: Turkey, Ministère des Finances, Statistiques Annuelles du Commerce Extérieur de la Turquie.

Table 17: *Distribution of Exports of Poultry, Eggs and Livestock from Yugoslavia* (% share by value)

	Poultry and Eggs					Livestock			
	Germany	U.K.	Czecho-slovakia	Italy	Switzer-land	Germany	Austria	Czecho-slovakia	Greece
1936	51.38	6.86	10.96	2.35	19.84	7.74	41.85	28.55	13.68
1937	39.92	7.77	8.25	24.02	17.10	8.31	36.11	20.16	10.42
1938	49.70	15.87	3.10	13.16	16.47	52.43	19.98	14.52	6.23
1939	33.93	8.06	24.12*	17.53	12.74		45.87	32.84*	6.78

* Protectorate of Bohemia-Moravia.

Source: Annuaires Statistiques du Royaume de Yougoslavie.

411

Zusammenfassung

Der Beitrag beschäftigt sich mit den unter dem Begriff „Reichsmarkblock" subsumierten bilateralen Wirtschaftsbeziehungen zwischen dem Deutschen Reich und den Ländern Südosteuropas vor 1939. Er wendet sich gegen die bisher von der Forschung akzeptierte Interpretation, daß die Bilateralisierung der Außenhandelsbeziehungen über zweiseitige Clearing-Abkommen ein Ausdruck der deutschen Ausbeutungspolitik gewesen sei, sozusagen der erste Schritt auf dem Weg zur Schaffung einer autarken Großraumwirtschaft. Diese Betrachtungsweise wird zunächst auf ihre ideologischen Prämissen zurückgeführt, wie die marxistische Imperialismustheorie und die unkritisch von der nationalsozialistischen Selbstdarstellung übernommene Ausbeutungshypothese. Doch durch einen Wechsel der Perspektive und aufgrund der statistischen Befunde kommt Milward zu ganz anderen Schlußfolgerungen. Aus der Sicht der weniger entwickelten Volkswirtschaften und von einem ökonomischen Standpunkt aus betrachtet läßt sich die These der Ausbeutung seitens Deutschlands nicht aufrechterhalten. Die von Milward präsentierten statistischen Daten ergeben, daß nicht das Deutsche Reich, sondern die Länder Südosteuropas die eigentlichen Nutznießer des bilateralen Handelsverkehrs waren. In Wirklichkeit war der Reichsmarkblock nicht ein Indiz für die politische und wirtschaftliche Stärke des Reiches, vielmehr stand er unter dem Primat einer binnenwirtschaftlichen und sozialpolitischen Krisenstrategie, die mit hohen internationalen Kosten verbunden war. Die sogenannten "terms of trade" nahmen sich insgesamt für die Balkanländer günstiger aus als für Berlin: Deutschland stellte einen krisensicheren Absatzmarkt für ihre Rohstoffe dar, deren Preise künstlich über des Weltmarktniveau gehalten wurden, wenn auch der Erlös dann in Sperrmarkguthaben festgelegt werden mußte. Dagegen konnten die Exportpreise für deutsche Industrieerzeugnisse keineswegs als überhöht gelten. Die starke Stellung der südosteuropäischen Länder war teilweise durch den relativ hohen Kapitalexport der westlichen Demokratien bedingt, dem Deutschland nichts gegenüberzustellen hatte. So hat Deutschland sein Nachfragemonopol keineswegs für eine Verbesserung der "terms of trade" nutzen können, etwa durch einseitiges Heraufsetzen der Exportpreise, Kursmanipulationen oder dergleichen. Das Reich konnte seine Vorzugsstellung, die zu erweisen wäre, auch nicht einseitig ausnutzen, um sich mit billigen strategischen Rohstoffen (Öl, Chrom und Bauxit) für seine Rüstungsindustrie einzudecken. Zusammengehalten wurde der „Reichsmarkblock", der sich natürlich geographisch nicht mit dem von Hitler anvisierten „Lebensraum" im Osten deckte, durch den Austausch von Agrarerzeugnissen gegen deutsche Industrieprodukte und Investitionsgüter. Insgesamt hat der Warenverkehr den weniger entwickelten Volkswirtschaften Südosteuropas mehr eingebracht als dem Deutschen Reich, denn die Ausfuhr teurer Agrargüter trug wesentlich dazu bei, die notwendigen Voraussetzungen für Industrialisierung, Wirtschaftswachstum und steigendes Nationaleinkommen zu schaffen. Der Beitrag schließt mit der Empfehlung an die Wirtschaftshistoriker, sich künftig stärker dem Problem der „Ausbeutung" der unter den gegebenen Umständen „schwachen" deutschen Wirtschaft durch die kleinen Länder Südosteuropas vor 1939 zu widmen.

Bernd-Jürgen Wendt

Südosteuropa in der nationalsozialistischen Großraumwirtschaft

Eine Antwort auf Alan S. Milward[1]

Der Außenhandel des Dritten Reiches mit dem „Reichsmark-Block" in Südosteuropa zwischen 1934 und 1939 (instrumental und teilweise auch konzeptionell bereits vorbereitet seit 1930/31) war im Rahmen eines langfristigen Außenhandelstrends zwischen 1926 und 1974 Ausdruck eines bewußten Gegensteuerns gegen die traditionell engere Verflechtung industrialisierter Volkswirtschaften in Europa (etwa Deutschland/England) mit einem hohen Pro-Kopf-Einkommen zugunsten einer solchen mit weniger entwickelten Staaten. Er bedeutete insofern eine auffallende „deviation" in den langfristigen Außenhandelsstrukturen, wobei freilich die Funktion dieser „deviation", ihre Ursprünge, Impulse und vor allem ihre Zielsetzungen, intensiv und sicher sehr viel breiter als bei Milward diskutiert werden müßten, vor allem auch unter Einbeziehung nicht nur ökonomischer, sondern politischer, wehrwirtschaftlicher, militärstrategischer und ideologischer Determinanten. Diese Art des Außenhandels, d. h. des Austausches zwischen ungleichen Partnern nach 1934, war für die deutsche Volkswirtschaft langfristig im Ergebnis eher wachstumshemmend und hat auch binnenwirtschaftlich wohl letztlich entgegen ihren ursprünglichen Intentionen krisenverschärfend gewirkt. Auf jeden Fall hat sie die deutscherseits in sie gesetzten Erwartungen insofern nicht erfüllt, als die deutsche Volkswirtschaft selbst auf dem Höhepunkt ihrer Verklammerung mit dem Südostraum 1940/41 dem Ziel einer Verlagerung des Außenhandels auf versorgungssichere Räume und dem einer Selbstversorgung aus einem strategisch abgesicherten „Hinterland" kaum nähergekommen ist. Denn Südosteuropa war auch nach Kriegsausbruch nicht in der Lage, die benötigten industriellen Rohstoffe und Agrarprodukte in dem benötigten Umfange zu liefern.

---

[1] Dieser Beitrag stellt eine Antwort auf die in dem ursprünglichen Vortrag von Alan Milward enthaltenen Thesen dar. Doch sehe ich keine Veranlassung zu einer Änderung auf Grund der überarbeiteten Version. Meine Ausführungen stützen sich zum guten Teil auf die jüngst erschienene und den gegenwärtigen Forschungsstand im wesentlichen rezipierende Darstellung von *Hans-Erich Volkmann*, Die NS-Wirtschaft in Vorbereitung des Krieges, in: Ursachen und Voraussetzungen der deutschen Kriegspolitik, Bd. 1 der Reihe: Das Deutsche Reich und der Zweite Weltkrieg, hrsg. vom Militärgeschichtlichen Forschungsamt, Stuttgart 1979, S. 177—368. Vgl. bei *Volkmann* bes. Kap. VI/6: Die Einbeziehung Südosteuropas in die deutsche Wehr- und Großraumwirtschaft, S. 339—348.

Ihren Ursprung hatte diese Form des Außenhandels und mit ihm die Entstehung des „Reichsmark-Blockes" in der Bilateralisierung des internationalen Zahlungs- und Warenverkehrs und seiner Umstellung auf devisenlose Verfahren im Rahmen zweiseitiger nationaler Clearings sowie von Devisenkontrollen in der deutschen Außenwirtschaftspolitik ab 1930 in der Weltwirtschaftskrise, also unabhängig von der sogenannten NS-Machtergreifung und schon einige Jahre vor ihr. Sie war zugleich eine — wesentlich mit durch die internationale Entwicklung diktierte — Antwort zunächst auf verstärkte Devisenabflüsse seit 1930, auf ein rasch sich in Südosteuropa ausbreitendes Netz von Devisenkontrollen, auf dortige Zahlungsschwierigkeiten und sogar partiell -einstellungen sowie auf die britische Pfundabwertung 1931. Die Verschärfung der Handels- und Zahlungsbilanzprobleme ab 1933/34 war dann entscheidend mit selbstverschuldet durch die neue nationalsozialistische Führung und zwar nicht zuletzt dadurch, daß die NS-Außenwirtschaftspolitik durch die Amalgamierung und Erfüllung von auseinanderstrebenden ökonomischen Vorstellungen verschiedenster gesellschaftlicher Gruppen (Arbeitsbeschaffung, Agrarschutz, Autarkiepolitik, Exportförderung) sowie durch die NS-Ideologie selbst eine liberal-weltwirtschaftliche Alternativlösung mit der Rückkehr zu einem freien internationalen Zahlungsverkehr und einem Abbau der zwischenstaatlichen Handels- und Devisenkontrollen auf dem Vertragswege ausschloß. Hier wär freilich genauer zu untersuchen, (a) wie weit die Verschärfung der Devisenlage 1934 bereits (was Milward verneint) wehrwirtschaftlich im weitesten Sinne bedingt war und (b) wie weit die anderen Handelspartner Deutschlands (insbesondere die USA und England) eine Liberalisierung des Welthandels selbst blockiert und damit der NS-Führung ein willkommenes propagandistisches Alibi (etwa durch die Haltung der USA auf der Londoner Weltwirtschaftskonferenz im Sommer 1933) geliefert haben für Entscheidungen, die (als ökonomische und/oder politische) primär dem eigenen Willen entsprangen. Der Außenhandel hat Widersprüche offengelegt zwischen der „ungesunden" kurz- und mittelfristigen Realentwicklung und einer langfristig als profitabel für die deutsche Volkswirtschaft antizipierten Zielprojektion. Es ist jedoch unzulässig, letzteres, also die langfristige Intentionalität und Homogenität einer wirtschaftsimperialistischen Zielsetzung, unter Verweis auf deren kurzfristige Undurchführbarkeit generell in Frage zu stellen, wie Milward dies tut.

Der Begriff „Ausbeutung" (exploitation) ist viel zu undifferenziert, theoretisch und empirisch zu wenig präzise abgegrenzt und auch zu stark ideologisch-moralisch besetzt, als daß er heuristisch unbesehen fruchtbar gemacht werden kann. Seine konkrete Anwendung müßte jeweils eingebettet sein in eine stärkere Intensivierung südosteuropäischer Länderstudien mit einer genauen Analyse des Handels- und Zahlungsverkehrs, der auswärtigen Investitionstätigkeit und der staatlichen und privaten Kapitalabhängigkeit (hier Branchenschwerpunkte!). Überdies wäre es viel zu eng, den Begriff „Ausbeutung" nahezu ausschließlich an bilaterale kommerzielle Austauschverhältnisse (terms of trade) zu binden.

Schließlich ist Milward voll darin zuzustimmen, daß angesichts der offenkundigen Disproportionalität zwischen deutschem Außenhandel mit Südosteuropa und staatlich-privater deutscher Investitionstätigkeit dort die Hauptgläubiger der Südoststaaten seit dem Ersten Weltkrieg (insbesondere England, die USA und Frankreich) in die „Ausbeutungs"-Problematik entschieden mit einbezogen werden müßten.

I. Zur Begrifflichkeit:
„Großraumwirtschaft" — „Reichsmark-Block" — „Lebensraum"

Der Begriff „Reichsmark-Block" weckt, zumal in der Assoziation mit dem Begriff „Sterling-Block", etwas irreführende Vorstellungen von einer hohen inneren Homogenität des deutschen Einflußgebietes und ermöglicht nur scheinbar eine genaue Eingrenzung des Untersuchungsfeldes auf Südosteuropa. Zumindest müßten unter diesem mehr zahlungstechnisch gefärbten Begriff die mittel- und südamerikanischen Märkte mit einbezogen werden, da mit ihnen teilweise ebenfalls ein devisenloser Verkehr auf der Basis von Verrechnungsabkommen (ASKI-Mark) abgewickelt wurde, die Clearing-Konten auch hier wie in Südosteuropa in der Regel Guthaben für die deutschen Handelspartner aufwiesen und im übrigen wenigstens zeitweise und für bestimmte Landesprodukte (Kaffee) so etwas wie ein deutsches Nachfragemonopol bestand. Der „Reichsmark-Block" Südosteuropa war aber, was Milward übersieht, von der Konzeption her als integraler Bestandteil in eine um „Großdeutschland" in den Grenzen von 1914 unter zusätzlichen Einschluß Österreichs und des Sudetengebietes als Kern gruppierte „Großraumwirtschaft" eingebettet und mit ihr insofern identisch, als „Reichsmark-Block" lediglich die zunächst mehr indirekten, vorwiegend außenhandels- und währungspolitischen Formen der deutschen Einflußnahme auf Südosteuropa (im Gegensatz etwa zur späteren direkten, militärischen Beherrschung Osteuropas) innerhalb der umfassenden „Großraumwirtschaft" bezeichnete. „Großraumwirtschaft" und „Großwirtschaftsraum Südosteuropa" resp. „Reichsmark-Block" als konkreter Teilschritt zu ihrer Realisierung umschreiben konzeptionell den wechselseitig sich ergänzenden Güteraustausch zwischen einem hochentwickelten Industrieland und einem benachbarten Kranz zwar formal souveräner, aber politisch und ökonomisch von Berlin aus möglichst jederzeit kontrollierbarer und abhängiger, industriell unterentwickelter Rohstoff- und Agrarüberschußstaaten in einem mehrnationalen, mehr oder weniger geschlossenen und von Deutschland beherrschten Handels- und Wirtschaftsraum. Ziele waren ein hoher Grad von Selbstversorgung für die einzelnen Glieder innerhalb dieses Raumes, eine zufuhrsichere Bezugsreserve für industrielle Rohstoffe und Nahrungsmittel für Deutschland und die militärstrategische Unverwundbarkeit gegenüber dem Zugriff von Drittmächten im Kriegsfall. Diese Vorstellung von einem blockadesicheren Wirtschaftsraum in Europa wurde bereits im Kaiserreich und dann auch besonders in der Weimarer Republik gerade auch mit Zielrichtung Südosteuropa kontinuierlich von führenden Industrie- und Bankkreisen in Zusammenarbeit mit Parteien, Verbänden und Repräsentanten der staatlichen Wirtschaftsressorts vertreten (traditioneller deutscher „Drang nach Südosten" mit Verlängerung in den Vorderen Orient!); sie bestimmte die verschiedenen Mitteleuropa-Konzeptionen und beinhaltete im Rahmen internationaler Arbeitsteilung zwischen entwickelten und unterentwickelten Ländern durchaus abgestufte Mittel und Wege der indirekten oder direkten Herrschaft, Einflußnahme und Abhängigkeit (Handelsvertragssystem, Zollunion, Kapitalverflechtung, Clearing-Abkommen usf.). Durch eine einseitige Fixierung auf den „Reichsmark-Block" Südosteuropa im engeren Sinne wird des weiteren die zentrale Bedeutung etwa Spaniens und Skandinaviens (Schwedische Erze), Mitteleuropas (Tschechoslowakei, später Slowakei) und vor allem des ostmitteleuropäischen Gürtels von den Baltischen Staaten über Polen bis zur Ukraine für die „Großraumwirtschaft" ausgeblendet. Im Gegensatz zu einer mehr indirekten Beherrschung im „Reichsmark-Block" Südosteuropa durch eine bewußt raumgebundene und -orientierte Außenhandels- und Währungspolitik gewinnt der Oberbegriff „Großraumwirtschaft" in Ostmittel- und Osteuropa in der nationalsozialistischen Ideologie durch die Konzeption vom „Lebensraum im Osten" eine neue Qualität, die die Außenpolitik des Dritten Reiches in ihrem konstant bis zuletzt behaupteten programmatischen Kern selbst gegen imperialistische Annektionspläne alldeutscher Provenienz vor und im Ersten Weltkrieg absetzt. Denn „Lebensraum im Osten" als eine spezifisch nationalsozialistische Variante deutscher „Großraumwirtschaft" basierte auf der Radikalität eines rassebiologischen Höherwertigkeitsanspruches und bedeutete direkte Beherrschung, Ausplünderung und Kolonisation durch die germanische „Herrenrasse" sowie Verdrängung und teilweise Vernichtung der eingesessenen Bevölkerung in Polen und Rußland.

II. Zur Frage von Intentionalität und Programmorientierung

Die These von einer nur relativ lockeren Verbindung von Außenwirtschafts- und Außenpolitik und von einer mangelnden Konsistenz und fehlenden langfristigen Intentionalität in der außenwirtschaftlichen Zielsetzung selbst bedarf einer erheblichen Differenzierung und ist so — vor allem unter dem Aspekt von „Großraumwirtschaft" und „Lebensraum" — für das Dritte Reich nicht haltbar. Die Politik des „Reichsmark-Blockes" im übergreifenden Kontext der „Großraumwirtschaft" zeigte im Gegenteil von Anfang an einen sehr hohen Grad von innerer konzeptioneller Geschlossenheit und zielbewußter raumwirtschaftlicher Programmorientierung und zwar zugleich als Kriegs*mittel* (Sicherstellung der Rohstoffzufuhr für die Wehrwirtschaft in der Phase der Kriegsvorbereitung und im Kriege selbst) und als Kriegs*ziel* (künftige Eigenversorgung im geschlossenen Wirtschaftsraum). Es erscheint zu einseitig, die Schaffung des „Reichsmark-Blockes" allein als Funktion der binnenwirtschaftlichen Konsolidierung über die Außenwirtschaft zu interpretieren, ohne dabei zugleich deutlich zu machen, (a) welche binnen- und außenwirtschaftlichen, primär ökonomischen oder primär machtpolitisch-ideologischen Ursachen diese Krise ausgelöst haben und (b) welche äußeren Ziele sich mit dieser Konsolidierung im Inneren 1933/36 verbanden (vgl. Liebmann-Protokoll vom 3. Februar 1933!).

Die mit der Ablehnung programmorientierter Intentionalität verbundene Behauptung, deutsche Außenpolitik und Außenwirtschaftspolitik in den dreißiger Jahren seien sehr abhängig gewesen vom Wechsel und Wandel diplomatischer und ökonomischer Eventualitäten und europäischer Mächtekonstellationen und hätten schon deshalb einer bisher in der Forschung angenommenen Konsistenz entbehrt, verwechselt kurzfristig durchaus flexible außenpolitische Taktik und langfristig konstante Zielprojektion und ist so zumindest für Südosteuropa nicht haltbar. So hatte z. B. die Südosteuropapolitik in der Englandpolitik Berlins die durchgängige Funktion, den Briten durch den permanenten — teils drohenden, teils werbenden — Hinweis auf ein „natürliches deutsches Hinterland in Südosteuropa" und auf eine damit zusammenhängende internationale „Arbeitsteilung" zwischen überseeischen und Kontinentalmächten einen (zumindest zeitweisen) Verzicht auf wilhelminische Weltmachtaspirationen glaubhaft und ein Bündnis dadurch annehmbar zu machen. Dies wurde von London durchaus begriffen und u. a. auch 1938 im Zusammenhang mit der Münchner Konferenz durch Chamberlains Wort vom „deutschen Dominion Südosteuropa" jedenfalls verbal honoriert. Demgegenüber wurde von den Gegnern des „Appeasement" und besonders von den britischen Militärs schon frühzeitig Mitte der dreißiger Jahre erkannt, daß gerade die Dynamisierung der deutschen Südosteuropapolitik durch die Wirtschaftsoffensive sehr schnell zu einer strategischen Bedrohung der britischen Mittelmeerposition werden konnte. Also auch durch die zeitgenössische Widerspiegelung des deutschen Expansionismus in der britischen Optik erhält die von Milward bezweifelte These eines engen Zusammenhanges von Ökonomie und Machtpolitik im „Reichsmark-Block" eine eindeutige Bestätigung.

III. Zum Begriff „Ausbeutung"

Die zweifellos berechtigte Kritik an der inflationären und unreflektierten Verwendung des Begriffes „Ausbeutung" enthebt den Kritiker nicht der Aufgabe, allen Ansätzen zu einer konkreten Ausfüllung des Begriffes sorgfältig nachzugehen, statt bei einer Analyse der "terms of trade" und der reinen Außenhandelsstatistiken stehenzubleiben und damit das Untersuchungsfeld unzulässig einzuengen. Außenhandelsziffern erlauben erst dann bestimmte Rückschlüsse, wenn sie sorgfältig nach Warengruppen aufgeschlüsselt und daraufhin überprüft sind, welcher Anteil deutscher Südostexporte etwa (wie im Falle Bulgarien) auf unproduktive und veraltete Rüstungsmaterialien und welcher auf die für die Industrialisierung wichtigen Investitionsgüter entfiel. Auch können sich hinter prozentual relativ geringen Abhängigkeiten qualitativ hochwertige Verflechtungen in Schlüsselbereichen (Beispiel deutsch-russischer Handel bis 1933!) verbergen. Gleiche Vorbehalte gelten gegenüber einer pauschalen Aufführung von Investitionskapitalien ohne Differenzierung nach Anlagesektoren oder auch gegenüber den "terms of trades", deren Berechnung auf der Grundlage von Clearing-Konten und Sperrmarkbeträgen mit der Möglichkeit von ständigen Wechselkursmanipulationen doch wohl recht fragwürdig sein dürfte. Auch bei Kartellverflechtungen sagt das reine Quantifizieren kaum etwas aus, um ökonomischen Einfluß oder gar Ausbeutung bzw. deren Nichtexistenz zu beweisen, solange nicht diese Kartelle nach ihrem Charakter (Produktions-, Quoten-, Vertriebs-, Exportkartelle usf.), ihren Branchenschwerpunkten und ihrem volkswirtschaftlichen Stellenwert samt Produktionsumfang detailliert untersucht sind.

Vielleicht sollte man überhaupt den Begriff „Ausbeutung" durch den der „Abhängigkeit" (dependency) ersetzen. Auch ist mit dem Nachweis kurz- und mittelfristiger Verluste und Belastungen für die deutsche Volkswirtschaft und entsprechender Vorteile auf Seiten der Südostländer noch nicht die These widerlegt, nach der die langfristigen Zielsetzungen durchaus mit hohen — nicht nur materiellen, sondern auch politischen und militärstrategischen — Gewinnerwartungen verknüpft waren. Außenwirtschaft, Hegemonialpolitik und Kriegsvorbereitung müssen für die Zeit des Nationalsozialismus in einem viel engeren Korrelationsverhältnis gesehen werden, als Milward dies wahrhaben will. Zunehmend einseitige außenwirtschaftliche Abhängigkeit der Südoststaaten vom deutschen Markt oder auch eine hohe Verschuldung Deutschlands in den bilateralen Clearing-Salden, deren Charakter in der Forschung durchaus umstritten ist (war sie politisch gezielt oder nur Folge deutscher Exportschwäche und hoher Einfuhrbedürfnisse im Zeichen der Wehrwirtschaft?), waren durchaus geeignet, auch politisch nach außen und innen einen gleitenden Souveränitätsverlust dieser Staaten und ihrer Regierungen und eine gefährliche Verengung ihres Handlungsspielraumes einzuleiten, eine Entwicklung, die dann gegebenenfalls unter massivem politischem oder militärischem Druck des stärkeren Partners — wie ab 1940 — zur wehrwirtschaftlichen Ausbeutung führen konnte. Hier gibt Milward selbst in seinen Ausführungen bereits wichtige Anhaltspunkte für die ungünstigen Auswirkungen einseitiger handelspolitischer Orientierung, ohne freilich entsprechende Konsequenzen in seiner Beweisführung zu ziehen. Er erwähnt Momtchiloffs wichtigen Hinweis darauf, daß der Handel über Sperrmarkguthaben im Vergleich zu einem Warenverkehr unter liberalen Konkurrenzbedingungen zwar kurzfristig den schwächeren Volkswirtschaften zugute kam, langfristig jedoch nur zu "costly misallocations of resources" zum Schaden der schwächeren Wirtschaft führte. Noch bedeutsamer ist die Verknüpfung von Außenwirtschafts- und Innen- d. h. Binnenwirtschafts- und Gesellschaftspolitik in den Südoststaaten durch Momtchiloffs Aussage, die zunehmende Orientierung auf den deutschen Abnehmer habe "political pressure groups and vested interests" geschaffen, "which would seek to perpetuate the established export trade with Germany and to prevent development beyond the stage of primary exporting" [2]. Unter diesem zentralen Aspekt einer Korrelation von einseitiger außenwirtschaftlicher Marktorientierung, Produktionsausrichtung und innergesellschaftlichen Interessenkonstellationen ließen sich, beginnend mit den deutsch-jugoslawischen und deutsch-ungarischen Wirtschaftsabkommen 1934 bis hin zum deutsch-rumänischen Wirtschaftsvertrag vom 23. März 1939, kontinuierlich noch zahlreiche weitere Beispiele über den von Milward angeführten Fall der ungarischen Bauxitproduktion hinaus dafür anführen, wie zielbewußt die nationalen Volkswirtschaften im „Reichsmark-Block" im Interesse der Wehrwirtschaft und der Nahrungsmittelversorgung auf die arbeitsteiligen Ziele und Bedürfnisse deutscher „Großraumwirtschaft" ausgerichtet worden sind oder dies jedenfalls von Berlin versucht worden ist [3]. So erscheint es geradezu als symptomatisch für die seit Mitte der dreißiger Jahre im „Reichsmark-Block" angelegte Entwicklung, wenn Anfang 1939 der ultimative deutsche Druck auf die Budapester Regierung, Landwirtschaft und industrielle Produktion mit deutscher technischer Hilfe durch Einfügung in den geplanten Großwirtschaftsraum und durch eine „gegenseitige Ergänzung der beiden Wirtschaften" noch intensiver der deutschen Wehrwirtschaft dienstbar zu machen, seitens der ungarischen Wirtschaftsdelegation mit der verzweifelten und berechtigten Prognose beantwortet wurde, das Land solle „auf das Niveau einer Rohstoffbasis herabgedrückt werden", oder wenn gleichzeitig der ungarische Ministerpräsident darauf verwies, das Deutsche Reich verfüge „über so große und verzweigte Kapitalanlagen, daß es dadurch das gesamte Wirtschaftsleben Ungarns kontrollieren, ja in gewissem Grade auch beeinflussen" konnte. Genau in die gleiche Richtung zielte die ebenfalls Anfang 1939 in jugoslawischen Wirtschaftskreisen gemachte Feststellung, sich im Außenhandel schon „zu sehr engagiert zu haben, um gegenüber Deutschland noch eine andere Wirtschaftspolitik ... ohne Erschütterung" der jugoslawischen Volkswirtschaft betreiben zu können. Der Regierung in Belgrad bot sich, wie Volkmann ganz richtig betont — und gleiches galt mit gewissen Abstufungen auch für die anderen Regierungen des „Reichsmark-Blockes" —, „keine sinnvolle Alternative mehr zu einer engen politisch-wirtschaftlichen Zusammenarbeit mit dem nationalsozialistischen Deutschland" [4]. Rumänien sollte dies im Herbst 1938

[2] Siehe Milward in diesem Band, S. 382.
[3] Beispiele bei *Volkmann*, S. 339 ff. mit entsprechenden Quellenangaben.
[4] *Volkmann*, S. 346.

besonders drastisch zu spüren bekommen, als eine umfangreiche Weizenoption von London nicht realisiert und das Land damit wieder auf den deutschen „Reichsmark-Block" verwiesen wurde, aus dem es doch gerade mit dem Englandgeschäft auf Devisenbasis etwas hatte ausbrechen wollen. Es sollte also, ohne daß man sich vorzeitig auf den umstrittenen Terminus „Ausbeutung" und seine Definition festlegt, zunächst einmal eingehend untersucht werden, wie weit die — auch durch Milward statistisch ausgewiesene — monopolistische Position Deutschlands als Absatzmarkt für die Kernprodukte Südosteuropas und auch seine durch die Übernahme der österreichischen und tschechischen Werte enorm gestiegene Bedeutung als Investor und Kapitalgläubiger oder wie weit nicht gerade auch die von Milward immer wieder hervorgehobenen günstigen "terms of trade", die kein anderes westliches Land bieten konnte, die südöstlichen Volkswirtschaften Ende der dreißiger Jahre in eine so starke strukturelle Abhängigkeit (etwa im Sinne eines von Schröder so apostrophierten "Informal Empire") gebracht haben, daß dann im Kriege in enger Kooperation mit konservativ-agrarischen einheimischen Eliten ("vested interests") und faschistischen Hilfswilligen (Ungarn, Rumänien) nur ein geringer politischer Druck genügte, um den zweifellos noch vorhandenen wirtschaftlich-finanziellen Einfluß der Westmächte (etwa auf den rumänischen Ölfeldern oder in Jugoslawien) auszuschalten und die deutsche Hegemonie über den „Reichsmark-Block" fest zu etablieren. Milward unterschätzt das Beharrungsvermögen und die Kontinuität langfristig-ideologischer und wehrwirtschaftlicher Zielvorstellungen in der deutschen Politik und die Tatsache, daß es sich hier ab 1934 um einen gleitenden Übergang in die deutsche „Großraumwirtschaft" handelte, der in Korrelation zu einer Beschleunigung der Kriegsvorbereitung ab 1936 zweifellos eine Dynamisierung etwa im Zuge des Anschlusses Österreichs, des Wehrwirtschaftlichen Neuen Erzeugungsplanes vom 21. Juli 1938 und dann der Zerschlagung der sogenannten „Resttschechei" erfuhr und konzeptionell sicher sehr viel weiter noch zielte, als er sich dann im Kriege nach der Ausschaltung Frankreichs verwirklichen ließ. Unter diesem Aspekt erscheint auch im „Reichsmark-Block" die Vorkriegszeit ab etwa 1935/36 nur als eine „Inkubationsphase" für tiefgreifende Veränderungen, die dann voll nach dem militärischen Triumph durchgeführt werden sollten.

Unerwähnt bei Milward bleibt auch im Kontaktbereich von Privatwirtschaft, staatlicher Wirtschaftsbürokratie und gelenkter Wirtschaftspublizistik die Tatsache, daß schon ab 1933/34 maßgebliche Vertreter unterschiedlicher Ressorts in Berlin forderten, die Donau- und Balkanländer müßten dazu übergehen, ihre Landwirtschaft auf jene Produkte auszurichten, die Deutschland bislang aus Übersee bezogen habe. Ein wichtiger Schritt in diese Richtung war dann das Soja-Anbau-Projekt der IG-Farben im Rahmen des Kompensationshandels. Eine zentrale Rolle auch als Element der Kontinuität seit den zwanziger Jahren und als schwerindustrielle Interessenvertretung in Mittel- und Südosteuropa spielte der unter dem Einfluß des Langnam-Vereins, des RDI und des DIHT stehende

„Mitteleuropäische Wirtschaftstag", der den Zugang nach Südost- und Osteuropa für den Aufbau einer von Deutschland dominierten „Großraumwirtschaft" von privatwirtschaftlicher Seite her offenzuhalten und ständig auszubauen hatte.

IV. Ausbeutung und Industrialisierung im „Reichsmark-Block"

Dem Vorwurf der Ausbeutung des „Reichsmark-Blockes" durch das nationalsozialistische Deutschland wird von Milward und anderen die Feststellung entgegengehalten, die angeblichen „Ausbeuter" (unter ihnen auch das Dritte Reich) hätten immerhin insofern in dem Industrialisierungsschub, der in den Donau- und Balkanstaaten zwischen den Weltkriegen mit unterschiedlicher Intensität zu beobachten ist, eine durchaus positive und unterstützende Rolle gespielt, als sie die Industrieentwicklung der „Ausgebeuteten" durch die Lieferung von Investitionsgütern, durch Kredit und Anlagekapital mangels einer ausreichenden einheimischen Kapitalbildung überhaupt erst in Gang gesetzt hätten. Gerade die für die Agrar- und Rohstoffproduzenten Südosteuropas so außerordentlich krisensicheren und preisgünstigen Marktbedingungen in Deutschland, die vorteilhaften "terms of trade" und die Ansammlung von erheblichen Sperrmarktguthaben auf den Clearing-Konten hätten entscheidenden Anteil an der Einleitung des Industrialisierungsprozesses gehabt.

Eine kritische Auseinandersetzung mit dieser These kann hier nicht geleistet werden, da sie — hier ist Milward durchaus zuzustimmen — eingehende Länderstudien voraussetzt. Denn die bisher vorherrschende Blickrichtung von der Konzeption einer einheitlichen „Großraumwirtschaft" her darf nicht über die wirtschaftsstrukturelle und auch geschichtlich gewachsene Heterogenität innerhalb dieses „Reichsmark-Blockes" hinwegtäuschen. Auch erscheint zweifelhaft, ob Griechenland mit seiner mediterranen Ausrichtung und seinen herkömmlicher Weise sehr engen ökonomischen, politischen und kulturell-geistigen Bindungen an England überhaupt dem „Reichsmark-Block" zuzurechnen ist. Ähnliche Zweifel gelten für die Türkei. Auf jeden Fall dürften beide Staaten wohl nicht auf gleicher Stufe etwa wie Ungarn oder Bulgarien rangieren.

Das Problem eines inneren Zusammenhanges von Ausbeutung und Industrialisierung innerhalb einer „Großraumwirtschaft" mit einem industriell hochentwickelten Kern und einem herumgruppierten Kranz industriell schwächer entwickelter Gebiete führt auf gewisse Leitfragen bei der Untersuchung des südöstlichen Industrialisierungsprozesses zwischen den Kriegen und dann auch vor allem nach 1945 unter den Bedingungen eines politischen Satellitenstatus im Sowjetblock: In welcher Form, mit welchen Absichten und welchen Konsequenzen war die Industrialisierung Südosteuropas ferngesteuert durch die Einflußnahme der Kapitalgeber und Produktionsgüterlieferanten? Wie wurde möglicher Interessendruck von außen innerhalb der einzelnen Volkswirtschaften in

Kooperation mit einheimischen politischen und ökonomisch-gesellschaftlichen Eliten und Regierungskreisen realisiert? Wie weit richtete sich die Industrialisierung an den spezifischen Bedürfnissen und Ressourcen der einzelnen Länder aus, etwa mit dem Ziel verstärkter einheimischer Kapitalbildung, einer Erweiterung vor allem des Konsumentenmarktes oder auch zum Zweck des Aufbaues einer relativ krisen- und absatzsicheren, weil diversifizierten Produktionsstruktur, und wie weit an der Zielplanung und dem Bedarf fremder Mächte und ihrem Interesse möglicherweise am einseitigen Ausbau einer monokulturell strukturierten und auf ganz wenige Rohprodukte gegründeten Volkswirtschaft? Bot überhaupt die von Deutschland leitmotivisch entwickelte arbeitsteilige ökonomische Großraumkonzeption eine Voraussetzung für die Entwicklung einer gesunden nationalen Industriewirtschaft in den Südoststaaten, die zugleich die wirtschaftliche Grundlage auch für politische Souveränität und Unabhängigkeit nach außen garantierte? Eine eindeutige Entscheidung nach der einen oder anderen Seite wird hier sicher nicht möglich sein, aber auf das auch bei Milward angedeutete positive Bild einer Industrialisierung mit deutscher Hilfe fallen doch einige Schatten, wenn man berücksichtigt, daß die einseitige Ausrichtung auf deutsche Industrie- und Konsumgüter, deutsches Rüstungsmaterial, deutsche Technologie und damit auf deutsche Zusatz- und Folgeleistungen (Reparaturdienste, technisches Personal usf. doch auch langfristig einen Grad der industriellen Abhängigkeit schuf, der sich in reinen Handelsdaten oder "terms of trade" eben nicht niederschlägt.

Die 1938 von Max Ilgner, Vorstandsmitglied der IG-Farben, geprägte griffige Formel „Exportsteigerung durch Einschaltung in die Industrialisierung der Welt" war durchaus doppeldeutig: Schuf die Industrialisierung des „Reichsmark-Blockes" mit deutscher Hilfe einerseits die Möglichkeit eines expandierenden Marktes für Investitionsanleihen und Produktionsgüter, wobei eine Hebung der südosteuropäischen Kaufkraft künftig eine zusätzliche Steigerung des deutschen Absatzes an Fertigerzeugnissen verhieß, so war sie doch andererseits auch — und das dürfte dem Bedarf der Wehrwirtschaft sehr entgegengekommen sein — ein Mittel zur Steigerung und Intensivierung der agrarischen Produktion und der Rohstoffgewinnung und -verarbeitung in den kapitalarmen und unterentwickelten Ländern durch deutsche Hilfe, etwa bei der landwirtschaftlichen Rationalisierung, und deutsche Beteiligungen. „Einschaltung in die Industrialisierung" bedeutet stets auch die Chance ihrer Steuerung, sei es indirekt, sei es direkt, durch Investitionstätigkeit oder — ebenfalls damals praktiziert — durch die Verlagerung deutscher Produktionsanlagen in die Südoststaaten und den Aufbau von Tochterfirmen dort (Funktion und Bedeutung multinationaler Konzerne im Prozeß der Entwicklungshilfe!). Angesichts der Mitte der dreißiger Jahre in Deutschland ausgelasteten Kapazitäten in den schwerindustriellen Produktionsbereichen, besonders in der Rüstung und auf dem Arbeitsmarkt, erschien es überaus sinnvoll, im Donau- und Balkanraum auf der Basis heimischer Rohstoffe und Arbeitskräfte nach deutschen Wünschen eine Schwerindustrie für die ersten Phasen der Verarbeitung aufzubauen, wobei die mangelnde Ausstattung der Südostländer mit Kokskohle etwa Deutschland jederzeit einen Hebel in die Hand gab, die Erzverhüttung zu beeinflussen und damit die Macht des Auftraggebers spüren zu lassen. Die konsequente Einbindung dieser Form von Industrialisierung in die deutsche Wehrwirtschaft wird beispielhaft deutlich an der Stellung, die im Rahmen des Vierjahresplanes Südosteuropa zugewiesen wurde, sowie am deutsch-rumänischen Wirtschaftsvertrag vom 23. März 1939. So sahen die vom Vierjahresplan ausgegebenen Direktiven für die deutsche Wirtschaftspolitik in der *Mineralölversorgung* die „Aufstellung einer ‚Großraumplanung' zur Verflechtung des deutschen Ausbauplanes mit den Möglichkeiten Südosteuropas" vor, zusammen mit einer „raschen Steigerung der rumänischen Produktion durch Erweiterung der Bohrtätigkeit" und einer schnellen Lösung der Transportfrage nach Deutschland und Italien durch die Bereitstellung von Schiffsraum und Ölleitungen, sowie den „Bau einer neuen Benzingewinnungsanlage auf der mährischen Kohlenbasis" in verschiedenen Staaten Südosteuropas, für *Buna* die Schaffung einer Basis in Südosteuropa und die „Umstellung der Kautschuk-Verarbeitungsindustrien der betreffenden Länder auf Buna" und für *Leichtmetalle* die Errichtung von neuen Erzeugungsstätten, „und zwar wegen der Arbeitseinsatz- und Transportfrage möglichst in Ungarn und Jugoslawien" [5]. Im Wirtschaftsvertrag mit Rumänien wurden auf der Grundlage eines gemeinsam erstellten Fünfjahresplanes der Aufbau und die Durchführung gemeinsamer Projekte sowie die technisch-wissenschaftliche, unternehmerische und kreditpolitische Zusammenarbeit in der Agrarwirtschaft, in der Erschließung der rumänischen Bodenschätze, in der Realisierung eines großzügigen Erdölprogramms, im Bankwesen, im Ausbau des Verkehrsnetzes sowie in der Bewaffnung der rumänischen Streitkräfte vereinbart und die enge Kooperation beider Industrien zwecks Abstimmung des beiderseitigen Lieferinteresses festgelegt. Damit war zweifellos unter dem Eindruck des deutschen Einmarsches in Prag ein entscheidender Durchbruch in der Einschaltung Deutschlands in den südosteuropäischen Industrialisierungsprozeß erreicht. Auch Bulgarien mußte bereits im Frühjahr 1938 die Beteiligung deutscher Firmengruppen besonders in seinen Blei- und Zinkerzgruben zulassen, um die Zufuhr wichtiger industrieller Rohstoffe für die Wehrwirtschaft sicherzustellen. Zusätzlich gewährte Berlin Kredite zur Intensivierung des bulgarischen Bergbaus und zur Versorgung der Armee mit deutschen Rüstungsgütern.

---

[5] Aus dem Arbeitsbericht von *Carl Krauch*, Generalbevollmächtigter für Sonderfragen der chemischen Erzeugung, vor dem Generalrat des Vierjahresplanes am 28. April 1939 über die Vorbereitung für den bevorstehenden Krieg, in: *Dietrich Eichholtz und Wolfgang Schumann* (Hrsg.), Anatomie des Krieges, (Ost)Berlin 1969, S. 212 f.

V. Kontinuität und Diskontinuität 1933

Das Problem außenwirtschaftlicher Kontinuität oder Diskontinuität im Aufbau und in der Ausgestaltung des „Reichsmark-Blockes" zwischen 1930 und 1939, das zugleich eingebettet ist in die generelle Frage nach dem „qualitativen Sprung" der sogenannten nationalsozialistischen „Machtergreifung" 1933/34 in der deutschen Geschichte, wird bei Milward nicht ganz eindeutig diskutiert. Zwar sieht er durchaus mit der Kanzlerschaft Hitlers insofern einen „qualitativen Sprung" in der Außenpolitik, als mit ihr jede Chance einer Reintegration Deutschlands in ein internationales Zahlungssystem schwand und die NSDAP mit der Devisenbewirtschaftung ein wichtiges Instrument der Außenhandelsmanipulierung zur Diskriminierung und zur Durchsetzung politischer Zwecke in die Hand bekam; aber dieser Umschwung wird überwiegend unter dem Primat binnenwirtschaftlicher Krisensteuerung und Systemstabilisierung mit Hilfe der Außenwirtschaft, weniger jedoch unter dem Aspekt langfristiger machtpolitischer Expansionsziele gedeutet. Auch wäre es wichtig, unter der Fragestellung, ob der „Reichsmark-Block" Südosteuropa in Verwirklichung traditioneller Konzeptionen des deutschen „Dranges nach Südosten" ein wirtschaftsimperialistisches und hegemoniales Ziel an sich oder ob er nur eine notwendige wehrwirtschaftliche Durchgangs- und Vorbereitungsstufe für die Schaffung des „Lebensraumes im Osten" war, zu diskutieren, inwieweit es konkurrierende außenwirtschaftliche Konzeptionen und Träger resp. Trägergruppen gab, welche Stellung sie im NS-Herrschaftssystem hatten und wie die Chance einer relativ autonomen Durchsetzung und Realisierung abweichender und alternativer Zielsetzungen zumindest bis 1936 war („Konzeptioneller Pluralismus" und „polykratische Herrschaft" unter dem Aspekt der Verwirklichung einer „Großraumwirtschaft"!). Sicher wäre hier zumindest bis zum zweiten Vierjahresplan 1936 in Anlehnung an die Forschungen Klaus Hildebrands ein sehr unterschiedliches und vielfältiges Spektrum von Interessen und Erwartungshaltungen gerade auch in der Südostpolitik etwa bei den unterschiedlichen Gruppierungen innerhalb der NS-Führung, bei den alten wilhelminischen Führungsschichten in der Wirtschaft und in der Ministerialbürokratie (wichtig hier die Rolle Schachts!) und in der Wehrmachtführung festzustellen. Sehr grobkörnig und skizzenhaft bietet sich unter Einbeziehung der Aussagen von Milward folgende Periodisierung bis Kriegsausbruch an:

Bis 1933: Offensichtlich engere Abstimmung der außenpolitischen und außenwirtschaftlichen Vorstellungen über Südosteuropa zwischen Privatwirtschaft (Mitteleuropäischer Wirtschaftstag), Reichswirtschaftsministerium (Posse) und Auswärtigem Amt (Ritter). Einführung einer nicht-diskriminatorischen Devisenbewirtschaftung als mehr vorübergehende und pragmatische Maßnahme mit dem relativ eng begrenzten Ziel einer Aufrechterhaltung des internationalen Zahlungs- und Warenverkehrs auf geschrumpfter Basis und einer außenwirtschaftlichen Absicherung des Reichsmarkkurses und der Brüningschen Deflationspolitik;

1933—1936: Konkurrierendes Mit- und Gegeneinander unterschiedlicher Konzeptionen. So liefen zeitweise in einer Übergangsphase noch der Schacht-Kurs mit dem langfristigen Ziel einer Wiedereingliederung Deutschlands in die Weltwirtschaft und der raumorientierte Autarkiekurs der NS-Führung um Hitler nebeneinander her. In Anknüpfung an die bisherige Politik und an längst in Wirtschaftskreisen und in der Wirtschaftspublizistik diskutierte Vorstellungen über einen von Deutschland dominierten Großwirtschaftsraum Südosteuropa nimmt Schacht in bewußter Alternativhaltung zu den von ihm abgelehnten radikalen Lebensraumvorstellungen Hitlers im Osten einen „Umweg" über die unterentwickelten Länder Südosteuropas, um (a) Schulden- und Devisenprobleme in Verbindung mit (b) Importanforderungen für die Arbeitsbeschaffung sowie die Nahrungsmittel- und Rohstoffversorgung und (c) die — wenn auch zeitweise etwas verlangsamte — Aufrüstung gleichzeitig lösen und bewältigen zu können. Unter diesem Doppelaspekt einer Aufrechterhaltung der Binnenkonjunktur und einer Befriedung der ständig wachsenden Anforderungen der Rüstungswirtschaft ist der „Neue Plan" Schachts vom September 1934 zwar einerseits, wie Milward sagt, sicher ein wichtiges außenhandelspolitisches Instrument zur binnenwirtschaftlichen Krisenbekämpfung, bis die Wiedereingliederung in die Weltwirtschaft, wie erhofft, eine entscheidende Entlastung bringen würde. Andererseits aber lieferte Schacht der NS-Führung mit dem „Neuen Plan" — diese instrumentelle Ambivalenz seiner scheinbar unpolitisch-technokratischen Wirtschafts- und Finanzierungspraktiken zeichnete den „Neuen Plan" ebenso wie das System der Wechselfinanzierung der Aufrüstung über die Mefowechsel aus! — ein wirksames Werkzeug für die güter- und raumgebundene Lenkung der Außenhandelsströme unter politisch-strategisch-wehrwirtschaftlichem Akzent in einen zufuhr- und blockadesicheren Großwirtschaftsraum Südosteuropa und für die Durchsetzung hegemonialer politischer Ziele mit Hilfe der Außenwirtschaft auch in deutlicher Frontstellung gegen die englischen und französischen Positionen im Donau und Balkanraum (Zerstörung der Kleinen Entente!). Denn in der gleichen Zeit, als Schacht das Instrumentarium entwickelte und bereitstellte, vollzog die NS-Führung auch in ihren Planungen für den Aufbau und die Ausgestaltung des „Reichsmark-Blockes" „die gedankliche Verknüpfung der bereits außerhalb der NSDAP entwickelten Autarkie- und Großraumtheorie mit der rassisch-völkisch und machtpolitisch motivierten Lebensraumtheorie" [6] und verlieh damit von vornherein auch der Südosteuropapolitik eine ausgesprochen impe-

---

[6] *Volkmann,* S. 195.

rialistische Ausrichtung. Das weist aber bereits in die anschließende Periode der unmittelbaren Kriegsvorbereitung mit Hilfe des Vierjahresplanes von 1936;

1936—1939: Mit dem Einrücken Görings in die Rolle eines „Wirtschafts- diktators" durch den „Zweiten Vierjahresplan" vom September 1936 und einer anschließenden Forcierung der wehrwirtschaftlichen Vorbereitung auf einen für 1940 bereits sicher einkalkulierten Krieg erfolgte wieder eine engere (unter Schacht zeitweise verlorengegangene) Abstimmung der Außenwirt- schafts- mit Hitlers radikalisierter Außenpolitik auch in Mittel- und Südost- europa. Eine entscheidende Etappe zur Schaffung eines „Großwirtschafts- raumes Südosteuropa" als wehrwirtschaftlicher Basis für eine militärische Er- oberung des „Lebensraumes im Osten" wurde 1938/39 mit dem Anschluß Österreichs und des Sudetenlandes und dem deutschen Einmarsch in Prag er- reicht, der durch das Einrücken Großdeutschlands in die traditionell wichtigen Positionen Österreichs und der Tschechoslowakei als Kapitalgeber und Han- delspartner der Südoststaaten gleichsam das Tor nach Südosteuropa aufstieß. In den bereits erwähnten Direktiven des Vierjahresplanes [7] hieß es dann auch am 28. April 1939 entsprechend unmißverständlich: „Schaffung eines einheit- lichen Großwirtschaftsblocks der vier europäischen Antikomintern-Partner, zu denen bald Jugoslawien und Bulgarien hinzutreten müssen. Innerhalb die- ses Blocks Aufbau und Steuerung der Wehrwirtschaft nach den Gesichtspunk- ten eines Verteidigungskrieges der Koalition. Der Block muß seinen Einfluß ausdehnen auf Rumänien, Türkei und Iran. Für die Methode der Einfluß- gewinnung ist dabei der deutsch-rumänische Staatsvertrag das gegebene Vor- bild".

Summary

Wendt's criticism of the paper presented by Alan Milward is not only primarily directed against the statistical evidence supporting the argument that the Reich did not exploit weaker economies, but against the whole perspective which appears to lose sight of the long-term strategy of Nazi foreign policy. It would be misleading to concentrate on the short-term benefits accruing from an increase in bilateral trade without taking the long-term intentions of the more powerful and dominant partner into account. Wendt agrees that the term 'exploitation' is misleading and ought to be replaced by 'dependency'. It would also seem to be wrong to focus too much attention on South Eastern Europe, considering that there were similar trade arrangements with South America which would have to be included in the term 'Reichsmark bloc'. What Germany was striving for was a large self-contained economic Hinterland (Großraumwirtschaft), some

[7] Arbeitsbericht *Krauch*, S. 211.

sort of 'Informal Empire' which would enable her to find an outlet for her industrial goods in exchange for foodstuffs and raw materials, without recourse to the international money market. Once Germany had recovered her political strength she was in a position to dictate the terms of reference to the weaker economies. Nazi Germany was certainly not interested in industrialising and modernising the less developed economies of South Eastern Europe to the extent of making them independent. Whether or not this was in fact the outcome nevertheless remains questionable, as long as there is no detailed statistical evidence as to what Germany actually exported to these countries. There can be no doubt that the Reichsmark bloc played a crucial part in preparing the German economy for war. To be self-sufficient was both a means of warfare and a war aim in itself.

The question remains, however, as to what the ultimate plans for the Reichsmark bloc were. Was it to be some sort of economic *Hinterland* in line with traditional German ambitions and to some extent acceptable to the Western powers, or was it only a transitional stage in the struggle for German *Lebensraum* in the East, as conceived by Hitler? Wendt suggests that the Reichsmark bloc constitutes one of those missing links in the discussion on continuity and discontinuity in German foreign policy, and argues that three periods can be discerned. Before 1933 there was close co-ordination between industry and Government in an attempt to make use of South Eastern Europe to overcome the Depression. This was based on exchange controls since the international money market had collapsed. In theory at least the Reichsmark bloc was to serve a purpose similar to that of the Sterling bloc, though on a more bilateral basis. Between 1933 and 1936 various rival plans co-existed. For some time Schacht's idea of re-integrating the German economy into the international system and Hitler's ambitions for German autarky were pursued side by side. Schacht's 'New Plan' can be seen as a compromise between conflicting demands. While he was wielding the instruments which allowed large-scale rearmament and the import of crucial raw materials, the traditional ideas about a German *Großraumwirtschaft,* current before 1933, were being absorbed into the more radical Nazi plans for a German colonial *Lebensraum* along racialist lines.

With the ascent of Goering to the role of ,dictator' of the German economy, the period of confusion came to an end. The second Four Year Plan was designed to prepare Germany for war by 1940. The annexation of Austria and the Sudeten areas, followed by the invasion of Prague, opened the gates for further penetration into the economies of South Eastern Europe, which were now to be adjusted to the requirements of a German economy under siege. Once a formal Empire in the East had been established, which would satisfy the crude territorial ambitions of the regime, the economies of satellite governments could be directed at will from Berlin. The Reichsmark bloc was an integral part of the German war economy and therefore it ought not to be studied in isolation, from a short-term economic standpoint only.

Peter Hüttenberger

Interessenvertretung und Lobbyismus im Dritten Reich

Kernstück nationalsozialistischer Gesellschaftsideologie bildeten die Ziele der Errichtung einer „Volksgemeinschaft" und der Überordnung des „Gemeinwohls" über das „Partikularwohl", Ziele, die zwar nicht unbedingt den vollständigen Verzicht auf eine subjektive Interessendurchsetzung implizierten, die jedoch die Eingliederung des Einzelnen in die von der Führung vorgesehenen politischen Gesamtvorhaben als unabdingbar verlangten. Dementsprechend „schalteten" die Nationalsozialisten im Zuge der Machtergreifung die bestehenden Interessenverbände „gleich", organisierten sie nach dem Führerprinzip um und besetzten die Vorstände mit Parteimitgliedern oder ließen sich von verbleibenden Vorständen zumindest Loyalitätsadressen geben. Damit war zu erwarten, daß Partikularinteressen allmählich zugunsten der Zielprojektionen des Regimes aus dem öffentlichen Leben verschwinden würden. Die gelenkten Medien gaben auch vor, dies sei geschehen, und wer dennoch subjektiven Interessen nachging, galt rasch als „Volksfeind" oder „Volksschädling" und mußte mit „Schutzhaft", einem Verfahren vor einem Sondergericht oder vor dem Volksgerichtshof rechnen.

Die Begriffsbildung der Geschichtsschreibung in der Nachkriegszeit folgte in vielem jener, dem Schein nach auf der Hand liegenden Politik; sie kennzeichnete das Dritte Reich mit Begriffen wie „totalitär" und „Führerstaat", Begriffen, die Vorstellungen vom Zustand weitgehender Interessenkonformität, zumindest aber weitgehender Interessenunterordnung suggerieren. Hier sei unbestritten, daß die Nationalsozialisten eine derart funktionierende Gesellschaft anstrebten, aber es erhebt sich doch die Frage, ob sie einerseits fähig waren ihre Ziele zu erreichen, und andererseits in der Praxis tatsächlich auch willens, sie im einzelnen durchzusetzen. Gewiß, die Zerschlagung der Weimarer Parteien, der Gewerkschaften, ferner die Monopolisierung der Medien und der Aufbau der nationalsozialistischen Massenorganisationen haben Verlagerungen und Verschiebungen in dem vor 1933 bestehenden Interessengefüge in Deutschland herbeigeführt. Aber haben sie es auch gänzlich beseitigt? Die Beantwortung dieser Fragen hängt zunächst von einer Differenzierung der Interessen ab. Dabei ist zu unterscheiden: 1. zwischen den statutarischen und informellen Interessen der Staatsorgane und Behörden, die durch die Studien über das Verhältnis von Partei und Staat schon wiederholt beschrieben worden sind; 2. den politischen Interessen der nationalsozialistischen Führungsgruppen, die nach 1933 zeitweise teilidentisch mit Interessen von Staatsorganen waren, und 3. den sozialen und wirtschaftlichen Interessen von gesellschaftlichen Gruppierungen außerhalb von Partei und Staat, die auch schon vor 1933 existiert hatten. Es geht also um die Frage, ob jene Partikularinteressen weiterbestanden, sich artikulieren, realisieren konnten, d. h., ob es unter den veränderten Verfassungsbedingungen im Deutschen Reich ein Phänom gab, das man als Lobbyismus umschreiben könnte.

Lobbyismus konnte sich unter dem Nationalsozialismus nicht wie in der parlamentarischen Demokratie der Weimarer Republik offen darstellen. Das Problem ist daher auch nicht in einem unmittelbaren Zugriff zu fassen. Man ist gezwungen, gleichsam zwischen den Zeilen der offiziellen Politik zu lesen, eine Methode, die begriffliche Vorüberlegungen erfordert, aus denen sich Verfahrenskriterien ergeben sollen.

1) Es ist einerseits zwischen den 1933 bereits vorhandenen, langfristigen, vor allem im Zuge der Industrialisierung entstandenen Interessenlagen zu unterscheiden und den aktuellen Durchsetzungsprozessen, die in der Regel dann auftraten, wenn latente Interessenlagen durch bestimmte politische Konstellationen virulent wurden. Die Abwesenheit von Durchsetzungsprozessen bedeutet nicht unbedingt auch die Abwesenheit von Interessenlagen. Allerdings können bestimmte Interessenlagen erst dann ermittelt werden, wenn Durchsetzungsprozesse in „Gang" gekommen sind, denn sie finden in der Überlieferung folglich einen Niederschlag. Es gilt also, an dieser Stelle anzusetzen.

2) Durchsetzungsprozesse können in zweifacher Hinsicht vorkommen: zum einen als offene Konflikte und zum anderen in eingespielten Verfahrensabläufen, gleichgültig ob sie nun schriftlich geregelt sind oder nicht. Da das Dritte Reich nur noch Rudimente einer Verfassung besaß, ist mit Konflikten und mit informellen, auf der Grundlage von Gewohnheiten sich einpendelnden Verfahren zu rechnen.

3) Man hat ferner zwischen in ihren Funktionen für die Gesellschaft bedeutsamen Interessengruppierungen zu unterscheiden, die nicht unbedingt eine große Zahl von Mitgliedern aufweisen müssen, und Gruppierungen, die in der Gesamtheit nur untergeordnete, wenngleich wichtige Funktionen ausüben. Zu vermuten ist, daß die Möglichkeiten und Methoden eines Lobbyismus im Dritten Reich für beide Typen von Interessengruppierungen verschieden waren und daß die nationalsozialistischen Führungsgruppen sich gerade im Blick auf die eigenen politischen Ziele ihnen gegenüber je unterschiedlich verhielten.

Da das Problem, das die Geschichtsschreibung bislang noch nicht systematisch in Angriff genommen hat, in dem hier gesteckten Rahmen indes nicht in seinem Gesamtumfang behandelt werden kann, empfiehlt sich ein exemplifizierendes Vorgehen, das sich an den drei aufgeführten Kriterien zu orientieren hat. Dabei soll jedoch die Landwirtschaft mit ihren spezifischen Gegebenheiten aus Gründen der Vereinfachung von vornherein ausgeklammert bleiben, ohne daß damit gesagt ist, sie hätte im Rahmen des angeschnittenen Problems keine Rolle gespielt. Auch die Arbeiterschaft stellt ein Sonderproblem dar, da sie über keine eigene Interessenorganisation verfügte. Sie soll daher ebenfalls unberücksichtigt bleiben. Die hier vorgelegten Beispiele stammen aus zwei verschiedenen Bereichen der deutschen Gesellschaft, den Mittelschichten als „schwache Gruppierung" und der gewerblichen Großwirtschaft als „mächtige Gruppierung". Sie sind zudem gut dokumentiert und für das nationalsozialistische Regime von nicht geringer Bedeutung. Ein vom sozialen Umfeld und von der Art des Interessenkonflikts her bemerkenswertes Beispiel tritt bei einer genaueren Untersuchung der Berufsgruppen der Rechtsanwälte zutage. Hierbei geht es um den Versuch einer offenen Ausnutzung der durch den Nationalsozialismus 1933 geschaffenen politischen Lage.

I.

Die wirtschaftliche Lage der gesamten Rechtsanwaltschaft war nach der Machtergreifung prekär. Die Berufsgruppe war mit verhältnismäßig jungen Rechtsanwälten überbesetzt. So betrug 1935 die Zahl der 26—30jährigen 1972, der 31—35jährigen 4263 und der 36—40jährigen 2254, zusammen 45,2 %/0 der insgesamt 18 780 Rechtsanwälte. Von den 26—30jährigen lagen 1647, von den 31—35jährigen 2440 und von den 36—40 jährigen 709 unter einem Jahreseinkommen von 3000,— Reichsmark und von den 26—30jährigen 242, von den 31—35jährigen 1002, sowie von den 36—40jährigen 513 unter einem Jahreseinkommen von 6000,— Reichsmark, Einkommen, die sich im Bereich der Arbeiterlöhne bewegten[1]. Diese mißliche Lage war durch den sprunghaft angestiegenen Zugang zum Rechtsanwaltsberuf (1923: 12 729; 1933: 19 208; 1935: 18 780) verursacht worden. Ein Teil dieser am Rande der sozialen Deklassierung stehenden Akademiker hatte sich vor und während der Machtergreifung der NSDAP angeschlossen; Zahlen sind nicht zu finden, aber in den Quellen stehen dafür zahlreiche Hinweise.

1933 gelang es der Rechtsanwaltschaft mit Hilfe der Partei, geradezu handstreichartig eine bemerkenswerte Novellierung der Zivilprozeßordnung durchzusetzen, ein Vorgang, der mangels Quellen allerdings im einzelnen nicht geklärt werden konnte. Das Reichskabinett erließ jedenfalls am 22. Juli 1933 eine Neufassung des § 157 ZPO mit folgendem Inhalt: „Mit Ausnahme der Rechtsanwälte sind Personen, die die Besorgung fremder Rechtsangelegenheiten vor Gericht geschäftsmäßig betreiben, als Bevollmächtigte und Beistände in den mündlichen Verhandlungen ausgeschlossen ... Das Gericht kann Parteien, Bevollmächtigten und Beiständen, die nicht Rechtsanwälte sind, wenn ihnen die Fähigkeit zum geeigneten Vortrag mangelt, den weiteren Vortrag untersagen ..." Am 12. August 1933 protestierte der Reichsbund nationalsozialistischer Rechtsbeistände e. V. bei Hitler. Er erklärte, das neue Gesetz schließe den Rechtsbeistandsberuf faktisch von allen mündlichen Verhandlungen bei Gericht aus; das bedeute, keinem Rechtsbeistand verbleibe die Möglichkeit, selbständig seinen Beruf auszuüben. Bei der Überfüllung des juristischen Berufes bewirke dies die

---

[1] Untersuchung durch Prof. Noack, Leipzig 1935, S. 5—9.

vollständige Vernichtung der „Anwälte des kleinen Mannes, die Vernichtung von tausenden Existenzen ... Das Gesetz stellt ein Klassenkampfgesetz dar! ...“[2]. Die Neufassung des § 157 bot indes nur einen kleinen Ausweg. Der Absatz 2 erlaubte den Justizverwaltungen, vereinzelt Rechtsbeistände zuzulassen, wenn sie ihnen geeignet erschienen und hinsichtlich der Zahl der bei dem Gericht zugelassenen Rechtsanwälte auch ein Bedürfnis bestand. Hier versuchte der Reichsbund anzusetzen, um doch noch eine erträgliche Regelung für seine Mitglieder zu erlangen; allerdings mit geringem Erfolg. Am 26. September 1933 erörterte der Reichsjustizminister zwar die Angelegenheit erneut, revidierte den § 157 ZPO jedoch nicht, sondern präzisierte lediglich die Zulassungsvoraussetzungen mit dem Ziel, das Prozeßagententum auf das unter Bedürfnisgesichtspunkten unbedingt notwendige Maß zu reduzieren. Eine entsprechende Mitteilung ging im Oktober 1933 an den Reichsbund. Es sollte aber für die Rechtsbeistände noch schlimmer kommen! Die Rechtsanwälte konnten mit Hilfe der Partei erreichen, daß die Rechtsbeistände auch nach § 14 der Durchführungsverordnung Nr. 1 des Reichserbhofgesetzes von der Vertretung bei Ahnerbengerichten ausgeschlossen blieben, eine besonders gravierende Regelung, da Rechtsbeistände gerade auf dem Lande in besonders hohem Maße tätig waren. Der Reichsbund telegraphierte sofort an den Reichsjustizminister und wandte sich direkt an Hitler. Erneut erfolglos![3].

Hier war ein alter sozialer Interessengegensatz zwischen konkurrierenden Berufsgruppen in einen offenen Verdrängungskonflikt ausgebrochen, bei dem das Reichsjustizministerium die Rechtsanwälte favorisierte und damit die Rechtsbeistände mit der sozialen Deklassierung bedrohte. Die Frage erhebt sich, wie in diesem Fall die Mechanismen des Konfliktes funktionierten.

Die Rechtsanwälte suchten 1934 ihren bisherigen Erfolg weiter auszubauen. Sie unternahmen anläßlich der Novellierung der Rechtsanwaltsordnung einen Vorstoß mit der Absicht, nunmehr die Syndici und Justitiare aus der Berufsgruppe der Rechtsanwälte auszuschließen. Erneut konnten sie sich durchsetzen, denn im Entwurf der Ordnung vom Oktober 1934 hieß es in Artikel 1, Absatz 6: „Wenn der Antragsteller (zum Rechtsanwaltsberuf) ein Amt bekleidet oder zu einem Dritten in einem ständigen Dienst oder sonstigen Geschäftsverhältnissen steht und die damit verbundene Inanspruchnahme seiner Arbeitskraft oder die sich daraus ergebenden wirtschaftlichen oder sonstigen Bindungen mit der Ausübung des Rechtsanwaltsberufs nicht vereinbar sind, ... dann besitzt er auch nicht die Voraussetzung zur Zulassung“[4]. Die Justitiare und Syndici wehrten sich beim Reichsjustizminister gegen jene Einengung ihres Tätigkeitsfeldes, stießen aber auf den hartnäckigen Widerstand der Rechtsabteilung in der

[2] Reichsbund nationalsozialistischer Rechtsbeistände an Hitler, 12. 8. 1933. Bundesarchiv Koblenz (BA): R 22—251.

[3] Telegramm vom 25. 10. 1933. BA: R 43 II — 1534.

[4] Gesetzentwurf vom Oktober 1934, BA: R 22 — 251.

Reichsleitung der NSDAP, die sich nachdrücklich gegen „diese hochdotierten Syndici" aussprach und den Reichsjustizminister bat, mit ihr und dem Präsidenten der Reichsrechtsanwaltkammer gemeinsam die Angelegenheit zu besprechen, falls der Minister den § 1 des Entwurfs doch noch einmal ändern wollte. Rechtsanwaltkammer und Partei spielten sich also die Bälle gegenseitig zu.

Allerdings tauchten bei der Neufassung der Ordnung auch gravierende Hindernisse für die Rechtsanwälte auf: es bildete sich ein Interessengegensatz zwischen NSDAP und Rechtsanwaltschaft heraus, denn es sollten nach einer Vorschrift des Entwurfes Rechtsanwälte, die im Auftrage der Partei ein Gemeindeamt übernommen hatten, ihre Anwaltspraxis aufgeben, wobei sie in soziale Schwierigkeiten geraten mochten, da nach preußischem Recht ein Gemeindebeamter während der ersten Jahre wieder entlassen werden konnte. Die Rückkehr in ihren alten Beruf wäre dann jenen parteigenehmen Rechtsanwälten versperrt gewesen, was andererseits bedeutete, daß kein guter Anwalt sich der NSDAP für einen kommunalen Posten zur Verfügung gestellt hätte [5]. Da die unteren Parteiinstanzen in manchen Gegenden jedoch über relativ wenige zuverlässige und zugleich qualifizierte Beamte verfügten, hatten sie ein Interesse daran, um personalpolitische Engpässe zu vermeiden, sich die Rechtsanwälte als Personal-Reserve zu erhalten. Ohne von Ausschlußklauseln für die Syndici abzugehen, schlug der Reichsjustizminister als Kompromiß vor, in so gelagerten Fällen künftig einen Rechtsanwalt einfach vorübergehend zu beurlauben. Damit war eine für die NSDAP und die Reichsrechtsanwaltskammer zufriedenstellende Lösung gefunden, ohne daß es zwischen ihnen zu einem Konflikt gekommen wäre, der sich auf das Syndici/Justitiar-Problem für die Rechtsanwaltschaft negativ ausgewirkt hätte.

Die Syndici ließen sich jedoch nicht einschüchtern. Sie bemühten sich, dem Minister darzulegen, daß der Art. 1 auf falschen Voraussetzungen beruhe. So schrieb der Chefsyndicus der Deutschen Bank- und Disconto-Gesellschaft, Simon, die Syndici der Großbanken, der Commerz- und Privatbank, der Deutschen Bank, der Dresdner Bank und der Reichskreditgesellschaft, sowie der wichtigen Versicherungsgesellschaften führten die Prozesse ihrer Firmen in der Regel nicht selbst, sondern durch Beauftragung freier Rechtsanwälte. Die Ausschließung der Syndici beende jedoch die Mitarbeit der in Wirtschaftsfragen bewanderten Juristen, da diese infolge der als entehrend empfundenen Behandlung aus Protest aus der „Rechtsfront" ausscheiden würden [6]. Der Justitiar des Reichsstandes der Deutschen Industrie, Schwartz, wies zudem darauf hin, daß die Gruppe der Syndici in sich differenziert gegliedert sei und daß es daher ungerecht sei, jenen, die Rechtsanwälte werden wollten, den Weg dahin zu versperren [7]. Die Syndici

[5] Aktenvermerk des Reichsjustizministers, 1. 11. 1934, ebd.
[6] Simon an Schlegelberger, 8. 11. 1934, ebd.
[7] Schwarz an Schlegelberger, 10. 11. 1934, ebd.

bewirkten mit ihren Interventionen lediglich eine geringe Lockerung der ursprünglich strikten Formel, wonach ein Rechtsanwalt zu seinem Auftraggeber in keinem ständigen Dienstverhältnis oder sonstigem Geschäftsverhältnis stehen durfte, eine Milderung, die in der Realität bedeutete, daß nur Syndici mit minimalen Teilzeitbeschäftigung für Dritte Prozesse führen konnten[8]. Nun stieß der Bund nationalsozialistischer Rechtsanwälte im Verein mit der Reichsrechtsanwaltkammer erneut nach. Er forderte im November 1934, daß die Syndici auch von der umfangreichen, freiwilligen Schiedsgerichtsbarkeit der Deutschen Arbeitsfront (DAF), der NS-Handlungsgehilfenorganisation, der Industrie- und Handelskammern und des Reichsnährstandes ausgeschlossen werden sollten[9], da sie sonst das neue gesetzliche Verbot umgehen würden. Er hatte damit Erfolg. Das Gesetz zur Änderung der Rechtsanwaltsordnung vom 20. Dezember 1934 entsprach weitgehend diesem Wunsch[10].

Die Verdrängung der Rechtsbeistände, Syndici, Justitiare und nicht zu vergessen der jüdischen Rechtsanwälte (nach einer Besprechung von Prof. Noack aus dem Jahr 1935 handelte es sich von 1933 bis 1934 um 776 bei 19 208 Rechtsanwälten) genügte den Rechtsanwälten immer noch nicht. Die Reichrechtsanwaltskammer legte anläßlich einer erneuten Novellierung der Rechtsanwaltsordnung im Juli 1935 dem Reichsjustizminister nahe, eine strenge Auslese bei der Zulassung des Nachwuchses einzuführen und zugleich die Gesamtzahl der Berufsangehörigen durch eine Aussonderung der überalterten Rechtsanwälte zu verringern[11]. Gerade an diesem Vorstoß wird deutlich, wer hinter den Verdrängungsmanövern stand: Es handelte sich im wesentlichen um die oben genannte Gruppe der 20- bis 40jährigen, die sich bislang bei der von ihr betriebenen Politik des Beifalls und der Unterstützung aller „Standesgenossen" sicher sein konnte. Allerdings hatte sie nun den Bogen überspannt. Die Partei, die die Rechtsanwälte stets gefördert hatte, lehnte einen *numerus clausus* zugunsten der gegenwärtigen Berufsangehörigen aus „nationalsozialistischen Erwägungen" ab. In dieser Situation gingen auch die Syndici wieder zum Angriff über. Sie kritiserten die Praxis der Justizverwaltungen, sie nicht bei den Ehrengerichten zuzulassen, und übten Druck auf die Reichsrechtsanwaltskammer aus, die jedoch nicht nachgeben wollte. Dabei nutzten sie ihre Beziehungen zur Großwirtschaft. Dem Justitiar des Reichsstandes der Deutschen Industrie, Schwartz, gelang es, den Vorstandsvorsitzenden der Vereinigten Stahlwerke und Leiter der Bezirksgruppe Westfalen der Reichsgruppe Industrie, Poensgen, für das Problem zu interessieren. Poensgen schrieb an den Reichsjustizminister[12], der, soweit die vorhandenen

---

[8] Entwurf vom 10. 11. 1934, ebd.

[9] BNSDJ an Ministerialrat Jonas, 23. 11. 1934, ebd.

[10] RGBl., 1934, T. I, Nr. 136, S. 1258.

[11] Präsident der Reichsrechtsanwaltkammer an Gürtner, 22. 7. 1935. BA: R 22 — 251.

[12] Schwarz an Ministerialrat Jonas, 25. 10. 1935. BA: R 22 — 252.

Quellen dies erkennen lassen, sogleich nachgab, denn in der Reichsanwaltsordnung vom 25. Februar 1936 [13] sind keine Beschränkungen im Sinne des Gesetzes von 1934 mehr enthalten. Die neue Ordnung kannte auch keinen *numerus clausus* und keine Berufsbehinderungen für Rechtsanwälte über 65 Jahre. Die Interessenpolitik der 26- bis 40jährigen Rechtsanwälte war damit z. T. wieder gescheitert.

Die Gruppe der wirtschaftlich nicht saturierten Rechtsanwälte stellte insgesamt gesehen eine relativ schwache gesellschaftliche Gruppe dar. Sie konnte bei den Ministerien ihren Willen nicht unmittelbar durchsetzen, sondern sie bediente sich sowohl der herkömmlichen Interessenvertretung, der Kammer, als auch der NSDAP, in der sie offenbar über einigen Einfluß verfügte. Die Rechtsbeiständen vermochten lediglich ihren Verband ins Feld zu senden, besaßen jedoch keinen starken Fürsprecher; während die Syndici/Justitiare zunächst wohl allein operierend sich am Ende doch der Reichsgruppe Industrie, eines mächtigen Helfershelfers, versicherten und damit Erfolg hatten. Der gesamte Interessenkonflikt wickelte sich in Formen ab, die an vergleichbare Vorgänge in der Weimarer Republik erinnern, lediglich mit dem Unterschied, daß keine Parlamente und Abgeordnete mehr im Spiele waren, sondern nur die zuständigen Ministerien.

II.

Anders verlief der Interessenkonflikt zwischen den Zahnärzten und Dentisten. Es handelte sich ebenfalls um einen Veränderungskampf, der schon seit Ende des 19. Jahrhunderts, genau genommen seit der Ausweitung der zahnmedizinischen Ausbildung an den Universitäten, tobte. Kaiserreich und Weimarer Republik hatten es unterlassen, den Streit durch klare Rechtsregelungen zu beenden. Noch 1933 herrschte im Bereich der Zahnheilkunde Gewerbefreiheit, die sogenannte „Kurierfreiheit", wonach Zahnärzte und Dentisten gleichermaßen praktizieren durften. Das Problem spitzte sich Anfang der dreißiger Jahre jedoch erheblich zu. Die Zahl der Zahnärzte stieg von 7644 (1929) auf 10 603 (1935) um 38,1 % rasch an; die Zahl der Dentisten nahm mit 14 179 (1929) und 15 457 (1935) nur um 9 % zu, lag insgesamt jedoch noch deutlich über jener der Zahnärzte, die ihrerseits bestrebt waren, in die bisherigen Tätigkeitsbereiche der Dentisten einzudringen und dabei deren relativ schlechten Ruf für sich auszunutzen. Knapp 10 000 Dentisten hatten eine praktische Prüfung abgelegt und waren aufgrund dessen zu den Reichsversicherungskrankenkassen zugelassen worden. Weitere 2800 entsprachen zwar den Zulassungsbedingungen, ohne jedoch von den Krankenkassen akzeptiert worden zu sein. Dagegen gehörten 2500 Dentisten aufgrund veralteter Vorschriften ohne Prüfung den Krankenkassen an. Schließlich gab es noch 6500 ungeprüfte, unzulänglich ausgebildete Zahnbehandler, die

[13] RGBl., 1936, T. I, Nr. 15, S. 107.

keiner Berufsorganisation angehörten und damit der gesamten Berufsgruppe schadeten [14]. Die Zahnärzte kritisierten vor allem die ungleichmäßige Ausbildung der Dentisten. Sie waren damit schon vor 1933 auf das Verständnis von Reich und Ländern gestoßen, die nach § 29 der Reichsgewerbeordnung die Dentisten von amtlichen Aufgaben (Gefangenenfürsorge, Reihenuntersuchungen in den Schulen und Behandlung von Soldaten) ausgeschlossen hatten. Die Dentisten ihrerseits hatten sich bemüht, die Zulassung zur öffentlichen Gesundheitsfürsorge wieder zu erlangen. Sie hatten daher schon in der Weimarer Republik private Ausbildungsanstalten gegründet, die das fachliche Niveau ihrer Berufsgruppe anheben und den unterschiedlichen Kenntnisstand der einzelnen Mitglieder angleichen sollten.

1933 erließ die neue Regierung zwar eine Reihe von einschlägigen Rechtsverordnungen [15], zudem versuchten die Nationalsozialisten den schwelenden Konflikt durch Absprache zwischen dem neuernannten Reichszahnärzteführer, Stuck, und dem Reichsdentistenführer, Schaeffer, auf gütlichem Wege beizulegen. Stuck und Schaeffer versprachen sich sogar gegenseitig feierlich im Oktober 1933, Streitereien im Zeichen der „Volksgemeinschaft" endgültig zu unterlassen. Dieses sogenannte „Münchener Abkommen" besaß jedoch keine Dauer, zumal das Reich es versäumte, eine Reichszahnärzte- bzw. Reichsdentistenordnung zu erlassen. Eine Verordnung vom 13. Februar 1935 unterband lediglich die Möglichkeiten doppelter Verdienste in beiden Berufsgruppen, schuf so die juristische Voraussetzung für weitere Praxiszulassungen und sollte wohl die Gemüter beruhigen. Damit waren die grundsätzlichen Probleme freilich keineswegs bereinigt. Der Reichsdentistenführer forderte nun vielmehr die Abschaffung des § 29 der RGO für Dentisten; der Reichszahnärzteführer schlug dagegen vor, den Reichsverband Deutscher Dentisten in die Deutsche Zahnärzteschaft e. V. einzugliedern, einen

---

[14] Bericht des Reichsinnenministers, 14. 2. 1938. BA: R 43 II — 7.

[15] 1933 regelte das Reich lediglich in einer Reihe von Verordnungen die Zulassung von Zahnärzten und Zahntechnikern zur Tätigkeit bei den Krankenkassen, insbesondere durch die Verordnungen vom 27. 7. 1933 (RGBl. T. I, S. 541), vom 20. 11. 1933 (RGBl. T. I, S. 983) und vom 23. 12. 1933 (RGBl., T. I, S. 1118). Die VO vom 20. 11. und 23. 12. begünstigten in erster Linie Ärzte, Zahnärzte und Zahntechniker, die am Krieg teilgenommen hatten oder die SA-, SS- und Stahlhelm-Mitglieder waren oder schlossen Juden vom Beruf aus. Die Bezeichnung „Dentist" kommt bemerkenswerterweise nicht vor. Die Dritte VO über die Zulassung von Zahnärzten und Dentisten bei den Krankenkassen vom 13. 2. 1935 (RGBl. T. I, S. 192) ersetzte zudem den bislang geltenden Terminus „Zahntechniker" durch „Dentist" und kam so den Dentisten verbal entgegen. Sie enthielt weitere Vorschriften über den Ausschluß von Juden aus beiden Berufen. Eine Vierte VO vom 9. Mai 1935 (RGBl. T. I, S. 594) regelte minutiös das Zulassungsverfahren für Zahnärzte und Dentisten zu Krankenkassen sowie die Schiedsgerichtsbarkeit in Streitfällen und die Zulassungsgrundsätze. Die verbandspolitischen Probleme waren damit jedoch nicht gelöst.

sogenannten Einheitsstand zu errichten und die allgemeine Kurierfreiheit aufzuheben. Die Querelen waren somit erneut offen ausgebrochen und zogen sich hin.

Der Reichsinnenminister war im August 1936 zunächst bestrebt, durch Erlaß einer Zugangssperre zum Dentisten- und Zahnarztberuf mäßigend auf die Gemüter einzuwirken. Auch versuchte der Reichsärzteführer, Wagner, im November 1936 zwischen Schaeffer und Stuck, die ihm formal unterstanden, zu vermitteln, doch ohne Erfolg. Der Reichsinnenminister hob daraufhin am 22. März 1937 nach Protesten von seiten der Wehrmacht die Zulassungssperre wieder auf, worauf der Konflikt sich rasch zuspitzte. Nun wollte der Stellvertreter des Führers, Heß, einen Ausweg finden. Er, Frick, Wagner und Stuck führten am 3. Mai 1937 eine sogenannte Chefbesprechung, die im Ergebnis freilich weitgehend den Forderungen der Zahnärzteschaft nach einem Einheitsstand und Verbesserung der Dentistenausbildung entsprach und daher auf die heftige Ablehnung Schaeffers stieß. Die Autorität des Stellvertreters des Führers und des Reichsinnenministers genügte also nicht, um die Kontrahenten zu einer Einigung zu bringen. Wagner entschloß sich daraufhin, das Problem Hitler persönlich vorzutragen. Er traf ihn Mitte Juni 1937 in der Reichskanzlei. Hitler erklärte dabei, er lehne die Auflösug des Dentistenstandes ab. Die Wehrmacht habe gute Erfahrungen mit den aus dem Unteroffizierstand hervorgegangenen Offiziere gemacht. Die Dentisten seien die „Unteroffiziere" der Zahnheilkunde, die Zahnärzte die „Offiziere". Die Dentisten sollten nach Ablegung einer Leistungsprüfung für die Zahnbehandlung zugelassen werden. Den besonders tüchtigen sollte die Möglichkeit gegeben werden, Zahnarzt zu werden und auch Mund- und Kiefernkrankheiten zu behandeln. Die Kurierfreiheit könne jedoch aufgehoben werden [16]. In Anbetracht dieser Führerentscheidung hätte man annehmen sollen, der Konflikt müsse nun beendet sein; aber im Gegenteil, keiner der Interessenten kümmerte sich um die Meinung des Führers, — mit Ausnahme des Reichsinnenministers. Der Verdrängungskampf setzte nunmehr sogar mit aller Härte ein. Die Zahnärzteschaft versuchte sich besonders listig des Leibzahnarztes Hitlers, Blaschke, zu bedienen, der den Reichskanzler überreden sollte, Stuck doch noch einmal anzuhören. Der Reichsdentistenführer ging an die Öffentlichkeit. Er verteidigte in einem Artikel vom 30. Dezember 1937 die Forderungen seines Verbandes und provozierte damit freilich eine Entgegnung Stucks in den „Zahnärztlichen Mitteilungen" vom 9. Januar 1938. Stuck legte darin ausführlich seine Vorstellungen dar: 1. Aufhebung der Kurierfreiheit in der Zahn-, Mund- und Kieferheilkunde; 2. sämtliche Zahnärzte und Dentisten sollten im bisherigen Umfang tätig werden; 3. Erwerbung der zahnärztlichen Approbation durch Dentisten und 4. Gründung eines Einheitsstandes aus den bisherigen Zahnärzten, aus den Dentisten, die die zahnärztliche Approbation erwarben und dem Nach-

---

[16] Bericht Wagner, 18. 6. 1937. BA: R 43 II — 732.

wuchs, der in Zukunft die zahnärztliche Approbation erhalten sollte. Der Zugang zum Zahnarztberuf sollte durch eine zahntechnische Fachausbildung von einem Jahr und ein Hochschulstudium von 6 Semestern erreicht werden können [17]. Der Reichsärzteführer stimmte den Gedanken Stucks zu [18].

Die Vorschläge waren nicht ungeschickt abgefaßt. Sie sollten einerseits den z. Z. praktizierenden Dentisten die Existenzangst nehmen und sie beruhigen, den bestqualifizierten Dentisten aber die Möglichkeit eröffnen, ohne Studium zum Zahnarztberuf aufzusteigen, gleichzeitig sollte jedoch das Behandlungsfeld der zukünftigen Dentisten drastisch eingeengt werden. Diese Vorstellungen schienen vor allem Frick und Heß einleuchtend, die sich beide auf die Seite der Zahnärzteschaft stellten, da nur ein Einheitsstand eine „durchgreifende Bekämpfung der Zahnkrankheiten gewährleiste" [19]. Schaeffer wehrte sich jedoch, indem er sich auf die Entscheidung Hitlers vom Juni 1937 berief und Rückendeckung beim Reichsführer der SS, Himmler, suchte, „mit dem ich", wie er einmal schrieb, „schon seit der ersten Kampfzeit verbunden bin" [20]. Stucks Artikel wirkte jedoch auch innerhalb der Dentistenschaft. Ein sächsischer Dentist schrieb im Februar 1938 an die Kanzlei des Führers: „Die Stuck'schen Ausführungen über den Einheitsstand ... haben uns die Augen geöffnet. All die Jahre hindurch hat man uns — entgegen jedem Gedanken der Volksgemeinschaft — die Zahnärzte als diejenigen hingestellt, die unsere Existenz bedrohen, wenn nicht vernichten wollen. Erst durch die Veröffentlichungen in den ZM hat der größte Teil den Dentisten Kenntnis von dem wahrhaft großzügigen, von echt nationalsozialistischem Geist getragenen Angebot der Zahnärzteschaft Kenntnis erhalten. Die Verwirklichung dieses Planes ..., der bereits seit 1933 besteht ..., würde für uns nicht nur materielle Hilfe wie Zulassung zur Behandlung von Wehrmachts- und Arbeitsdienstangehörigen bedeuten, sondern sie würde ... durch die spätere einheitliche, gründliche Ausbildung der deutschen Volksgemeinschaft zugute kommen" [21]. Ein Münchener Dentist, Josef Schmid, Blutordensträger, wandte sich an Hitler persönlich, denn der Artikel Stucks hatte „mit einem Schlag jahrelange Unklarheiten beseitigt". Es sei der Reichsdentistenführer gewesen, der alles verschleiert habe. „Wir Dentisten sind bereit", versicherte er, „diese Hand (der Zahnärzte) zu ergreifen" [22]. Innerhalb der Dentistenschaft bildeten sich im Frühjahr 1938 eine sogenannte „sächsische" und eine „Münchener Opposition" gegen den Reichsdentistenführer, die beide auf das Angebot der Zahnärzte eingehen wollten. Ihre Angehörigen rechneten sich offensichtlich aus, daß sie in den Zahnarztberuf

[17] Zahnärztliche Mitteilungen Nr. 2, 9. 1. 1938.
[18] Wagner an Stuck, 12. 1. 1938. BA: R 43 II — 732.
[19] Pfundner an Lammers, 14. 2. 1938, ebd.
[20] Schaeffer an Lammers, 14. 2. 1938, ebd.
[21] Willeke an Kanzlei des Führers, 15. 2. 1938, ebd.
[22] Schmid an Hitler, 17. 2. 1938, ebd.

aufsteigen würden. Schaeffer, dem weiterhin jene Dentisten folgten, die sich keine Statuserhöhung versprachen, übte jedoch Druck auf die „Opposition" aus, indem er ihre Anführer aus dem Reichsverband und damit aus einer Reihe von Ersatzkassen ausschloß.

Der Reichszahnärzteführer suchte seinerseits diese Auflösungserscheinungen in der Dentistenschaft auszunützen. Er bat Bouhler, für ihn einen Empfang bei Hitler zu arrangieren und ersuchte über Ministerialdirektor Meerwald Staatssekretär Lammers um ein Gespräch. Dabei führte er als Argument an, die Angelegenheit dränge zur Entscheidung, da in dem nun angeschlossenen Österreich seit 1920 nur noch Ärzte mit Hochschulabschluß zur Ausübung der Zahnheilkunde zugelassen seien [23]. Dieser Vorstoß führte zu einer ausgesprochenen Polarisierung innerhalb der nationalsozialistischen Führungsgruppen. Heß bekannte sich nun offen zur Zahnärzteschaft, Frick und sein Beamtenstab ebenfalls, Himmler trat für Schaeffer und gegen die „sächsische" sowie „Münchener Opposition" ein, schob jedoch zunächst den Polizeipräsidenten von München, den Freiherrn von Eberstein, vor. Von Eberstein sollte die Gegner Schaeffers innerhalb der Dentistenschaft einschüchtern. Er ließ daher am 26. März 1938 um 7 Uhr früh den „Alten Kämpfer" und Blutordensträger Schmid durch Polizisten aus dem Bett holen und durch die Gestapo vernehmen. Er befahl ferner, Schmids Haus zu durchsuchen und sämtliche dort gefundenen Veröffentlichungen des Reichszahnärzteführers zu beschlagnahmen. Schließlich verhaftete er drei weitere Dentisten, darunter Blutordensträger, die Häupter der „Münchener Opposition". Nach vierstündiger Vernehmung zwang er die vier unter Androhung der Einweisung ins KZ Dachau, eine Erklärung zu unterschreiben, wonach sie sich künftig jeder Propaganda für den Einheitsstand unter den Angehörigen des Dentistenverbandes zu enthalten hätten [24]. Schmid, tief betroffen, übertrug die Angelegenheit daraufhin einem Rechtsanwalt, der den Reichsinnenminister bat, gegen von Eberstein vorzugehen [25].

In dieser angespannten und verfahrenen Lage erwarteten beide Seiten ein klärendes Wort von Hitler, der sich aber der Verantwortung entzog. „Der Führer ist infolge seiner überaus starken amtlichen Belastung in absehbarer Zeit nicht in der Lage, Sie zum Vortrag zu empfangen", schrieb Lammers am 11. April 1938 an Stuck. „Er hat mich beauftragt, Sie gelegentlich über die Frage des Einheitsstandes zu hören" [26]. Aber auch Lammers erklärte intern, er wolle niemanden empfangen.

Die „sächsisch-Münchnerische Opposition", der sich noch eine „Berliner" hinzugesellte, begann angesichts des herrschenden Schwebezustandes, eine Gegen-

[23] Stuck an Meerwald, 18. 3. 1938, ebd.
[24] Heubel an Reichsinnenminister, 29. 3. 1938, ebd.
[25] Heubel an Reichsinnenminister, 29. 3. 1938, ebd.
[26] Lammers an Stuck, 14. 4. 1938, ebd.

organisation zum Reichsverband aufzubauen. Sie veranstaltete von der Gestapo beobachtete Versammlungsabende, die Schaeffer als gegen die öffentliche Sicherheit und Ordnung gerichtet beim Geheimen Staatspolizeiamt denunzierte [27]. Der Streit artete dabei in persönliche Diffamierungen aus. Der Reichsdentistenführer verbreitete die Behauptung, der Reichszahnärzteführer sei früher Freimaurer gewesen, somit ein suspekter Nationalsozialist und für die Opposition im Verband kein politisch geeigneter Gesprächspartner. Die Opposition entgegnete darauf, Stuck sei ja schon 1928 aus der Loge ausgetreten und Hitler selbst habe ihn rehabilitiert; im übrigen befänden sich in der Umgebung von Schaeffer ebenfalls ehemalige Freimaurer [28]. Die Verwirrung war im Mai 1938 vollkommen. Schaeffer legte dem Reichsinnenminister einen Gesetzentwurf auf der Grundlage der Äußerungen Hitlers vor, die er allerdings nicht genau kannte, da ihm die Unterlagen fehlten; er wollte offensichtlich durch Druck und Überrumpelung vollendete Tatsachen schaffen. Frick und Heß fühlten sich dadurch beleidigt und strengten ein Parteiausschlußverfahren gegen Schaeffer an, das jedoch eingestellt wurde. Zugleich untersagte Frick Schmid, über den Konflikt in der Öffentlichkeit weiterhin zu reden, denn dies habe ja der Reichsärzteführer schon vor längerer Zeit verboten [29]. Schmid verhandelte jedoch mit Stuck in dessen Privatwohnung. Die Reichskanzlei lehnte es weiterhin ab, Delegationen der Opposition zu empfangen [30], und die Gestapo nahm ständig Dentisten, die zur Opposition zählten, mit dem Argument in Schutzhaft, sie lehnten sich gegen den Willen des Führers auf [31]. Hitler aber kümmerte sich trotz Drängens von allen Seiten und einer Intervention seines Begleitarztes, Brandt, zugunsten Stucks um nichts; er schwieg [32].

Frick und Heß versuchten in dieser Situation den Interessenkonflikt für die Zahnärzteschaft durch einen Gewaltstreich zu lösen. Sie eröffneten erneut gegen Schaeffer ein Parteigerichtsverfahren, das tatsächlich am 7. Oktober 1938 zu dessen Entfernung aus seinem Verbandsamt und zur Ernennung Schmids, dem Befürworter des Einheitsstandes, zum Reichsdentistenführer führte. Schmid leitete sogleich auch mit Stuck Verhandlungen über den Zusammenschluß beider Verbände ein und entließ Anhänger Schaeffers aus ihren Fuktionen [33].

Schaeffer gab dennoch nicht auf. Er bemühte sich über den Flugkapitän Hitlers, Baur, dessen Bruder ebenfalls Dentist war, auf Hitler einzuwirken und verschickte noch im September 1939 an die Dentistenschaft die Aufforderung, jeder

[27] Schaeffer an Gestapo, 6. 5. 1938, ebd.
[28] Casterra an Lammers, 16. 5. 1938, ebd.
[29] Reichsinnenminister an Schmid, 27. 5. 1938. BA: R 43 II — 732 a.
[30] Vermerk der Reichskanzlei, 17. 5. 1938, ebd.
[31] Telegramm Quirnbach an Hitler, 27. 5. 1938, ebd.
[32] Vermerk der Reichskanzlei, 2. 6. 1938 sowie Meerwald an Stuck, 21. 6. 1938, ebd.
[33] Vermerk der Reichskanzlei, 31. 8. 1938, ebd.

Einzelne möge sich offiziell gegen den Einheitsstand aussprechen. Schließlich gelang es ihm, auf welchem Wege ist nicht zu klären, den bayerischen Innenminister, Adolf Wagner, auf seine Seite zu ziehen. Wagner, als Gauleiter Vorgesetzter des Münchener Parteigenossen Schmid, ließ den neuen Reichsdentistenführer zu sich ins Staatsministerium des Innern kommen. Er warf ihm barsch vor, was ihn denn eigentlich dazu veranlaßt habe, ohne seine, Wagners, Einwilligung, den Landesdienststellenleiter des Reichsverbandes, Wenz, abzusetzen. Wenz habe sich doch nichts zuschulden kommen lassen, sondern sei lediglich ein Anhänger Schaeffers. Schmid habe dadurch eine Nationalsozialisten nicht würdige Disziplinlosigkeit gezeigt. Schließlich sagte Wagner: „Nun kommen wir zum Schluß. Sie tragen den Blutorden ... Was Sie aus dem Blutorden gemacht haben, ist eine Diffamierung und Herabsetzung des Ordens." Schmid begann daraufhin zu weinen und rief: „Meine Ehre lasse ich mir nicht nehmen!" Daraufhin warf ihn Wagner hinaus [34].

Der Gauleiter ließ über dieses Gespräch einen Aktenvermerk anfertigen, den er Frick und Hess zuschickte und den er überdies zur Veröffentlichung freigab. Der Reichsinnenminister ließ daraufhin Schmid fallen [35], der dann selbst um seine Beurlaubung bat. Erst jetzt, nachdem beide Reichsdentistenführer ihr Amt verloren hatten und die Angelegenheit vollständig verfahren war, entschied Hitler am 16. November 1938, daß beide Berufsorganisationen selbständig zu erhalten und die Ausbildung in beiden Berufen getrennt zu organisieren sei. Die Aufsicht darüber sollte der Leiter der Kassenärztlichen Vereinigung, Grote, zusammen mit Hitlers Zahnarzt, Blaschke, übernehmen. Er erklärte ferner Schaeffer, Schmid und Stuck für persönlich unantastbar und unterband so weitere peinlich Parteigerichtsverfahren und Gestapo-Festnahmen [36].

Der Reichsarbeitsminister hatte inzwischen im Januar 1938 die Zulassungsfragen von Zahnärzten und Dentisten zu Krankenkassen erneut aufgegriffen, in Einzelheiten weiter präzisiert, aber im Kern die bestehenden Verhältnisse beibehalten. Frick legte schließlich 1939 einen Gesetzentwurf mit Kompromißcharakter vor, der den Dentisten das Füllen, Entfernen und Ersetzen von Zähnen sowie die örtliche Betäubung zugestand, den Zahnärzten darüber hinaus die Behandlung schwerer Fälle und Operationen. Hitler akzeptierte jedoch den Entwurf nicht, so daß das Problem weiterhin in der Schwebe blieb.

Ein Vergleich der Interessenkonflikte von Rechtsanwälten/Rechtsbeiständen/Syndici und von Zahnärzten/Dentisten zeigt folgendes:

[34] Vermerk SS-Oberführer Baurs, 1. 11. 1938, ebd.
[35] Vermerk der Reichskanzlei, 19. 11. 1938, ebd.
[36] Vermerk der Reichskanzlei, 15. 11. 1938, ebd.

1. In beiden Fällen handelte es sich um soziale Verdrängungskonflikte im Bereich der Mittelschichten [37], wobei eine neue, aufsteigende Akademikergruppe sich offensiv gegenüber einer älteren, in der Regel schlechter ausgebildeten Berufsgruppe verhielt. Unmittelbares Ziel der Auseinandersetzungen bildete die Abänderung von Gesetzen und Rechtsverordnungen: zum einen der Zivilprozeßordnung und der Rechtsanwaltsordnung, zum anderen der Reichsgewerbeordnung. Die Methode war nicht neu, sondern in der Weimarer Republik schon angewandt worden.

2. Beide Verdrängungskonflikte setzten schon vor der Jahrhundertwende ein, verschärften sich aber nach dem Ersten Weltkrieg aufgrund der Wirtschaftskrisen und der rasch anwachsenden Zahl der Akademiker. Nach 1933 wurden sie lediglich mit neuen Etiketten und einem ausgewechselten Personal fortgesetzt. Weder die Ideologie der „Volksgemeinschaft" noch die Diktatur Hitlers vermochten sie zu verhindern. Sie traten erst im Rahmen der allgemein veränderten

[37] VO über die Zulassung von Zahnärzten und Dentisten zur Tätigkeit bei den Krankenkassen vom 12. 1. 1938. Im Bereich der Interessengruppierungen aus der Mittelschicht gab es noch weitere Arten von Lobbyismus. So bat der Reichsverband der Deutschen Rauchwaren-Firmen, Sitz in Leipzig, 1933 und 1934 wiederholt in an das Reichswirtschaftsministerium und an Hitler unmittelbar gerichteten Schreiben um durchgreifende Förderungsmaßnahmen (etwa Erleichterung des Handels mit der Sowjetunion), wobei die Stadt Leipzig den Verband unterstützte, da sie befürchtete, sie könne ihre Bedeutung als „Weltpelzmetropole" verlieren. Die Rauchwarenindustrie hatte nicht nur große Sorgen aufgrund der Folgen der Weltwirtschaftskrise. Die antisemitische Politik des Nationalsozialismus hatte schon bis Herbst 1933 zahlreiche Rauchwarenhandelsfirmen in jüdischer Hand, etwa ein Viertel der Branche, zur Auswanderung nach London und Paris veranlaßt und so den gesamten Gewerbezweig erheblich geschwächt. Zudem kamen Befürchtungen auf, die starke jüdische Rauchwarenindustrie im westlichen Ausland könnte zu Boykottmaßnahmen gegen die Deutschen übergehen. Der Verband warnte daher vor einer antisemitischen Politik. (Korrespondenz von 1933/34. BA: R 43 II — 313 Fol. 1). Hier geht es also nicht um einen Verdrängungskonflikt, sondern um die Durchsetzung von Hilfen des Reiches für einen notleidenden Industriezweig, dessen Probleme z. T. erst der Nationalsozialismus geschaffen hatte. Ein weiteres Beispiel bieten die Aktivitäten des Reichsstandes des Deutschen Handwerks 1933, die darauf abzielten, eine große Steuerreform zur Entlastung des Handwerks und der Mittelschichten in Gang zu bringen. Der Verband verfaßte dazu eine Denkschrift, deren Veröffentlichung die Reichsregierung unterband. Der gesamte Vorstoß wurde schon 1934 vom Reichsfinanzminister mit dem Hinweis auf die Haushaltsprobleme des Reiches bei der Finanzierung der Aufrüstung abgeblockt (Korrespondenz im BA: R 2 — 20 396). Hier handelt es sich ebenfalls nicht um einen Verdrängungskonflikt, sondern um die Bitte um steuerliche Entlastung einer sozialen Gruppe, die durch die Wirtschaftskrise in Bedrängnis gekommen war. Die Bemühungen sowohl der Rauchwarenindustrie als auch des Handwerks zeigten keinen Erfolg, da sie zentralen Zielen der nationalsozialistischen Politik, Antisemitismus und Aufrüstung, zuwiderliefen und beide Gruppen politisch relativ schwach waren.

sozialen Verhältnisse im Zweiten Weltkrieg in den Hintergrund, um allerdings nach Gründung der Bundesrepublik wieder aufzutauchen.

3. Die gleichgeschalteten Verbände und nationalsozialistischen Berufsorganisationen betätigen sich in diesem Rahmen keineswegs als Disziplinierungsinstrumente eines totalen Führungsstaates, sondern als Lobbyisten. Womöglich ist gerade diese Funktion bedeutsamer als die der Disziplinierung.

4. Die Methoden und Abläufe beider Konflikte sind allerdings verschieden. Die Rechtsanwälte bedienten sich der Reichsrechtsanwaltskammer, des Bundes Nationalsozialistischer Deutscher Juristen und der NSDAP zur Beeinflussung des Reichsjustizministers. Ihr Verhalten ähnelt dem einer Interessengruppe in der Weimarer Republik, die ebenfalls die Staatsorgane mittels Verbänden und Parteien für sich günstig zu stimmen suchte. Die Syndici versicherten sich der Unterstützung ihrer Arbeitgeber, der Banken und Konzerne, insbesondere aber der Reichsgruppe der Deutschen Industrie, um ihre Interessen beim Reichsjustizminister durchzusetzen. Die Zahnärzte und Dentisten trugen dagegen ihren Konflikt nicht nur mit rüden verbalen Mitteln aus, sondern sie versuchten wechselseitig, ihre Anführer zu diskriminieren, die Verbände zu schädigen und zu zerschlagen und sich der Disziplinierungsinstrumente der NSDAP, des Parteigerichts und der SS, der Gestapo, zu bedienen. Sie traten beim Reichsinnenminister nicht als Bittsteller mit argumentativen Methoden auf, sondern waren bestrebt, ihn mit Hilfe Hitlers, Himmlers, Heß unter Druck zu setzen, Frick sah sich nicht in der Lage, den Konflikt selbständig auf dem Gesetzesweg zu beenden, sondern er mußte die politische Entwicklung und die Entscheidung Hitlers abwarten. Hitler fällte zwar im Juni 1937 eine Art von Entscheidung, aber die beiden Interessengruppen kümmerten sich nicht darum, sondern operierten mit seinen Äußerungen relativ willkürlich. Vielmehr versuchten sie, Hitler mit Hilfe einer Camarilla (Blaschke und Brandt für die Zahnärzte sowie Baur für die Dentisten) zu beeinflussen. Die Rolle Hitlers in dieser Angelegenheit ist undurchsichtig. Er äußert sich zum Problem in einer Unterredung mit Wagner unter vier Augen, bei der nur Bormann Zeuge war, eine Unterredung, die Schaeffer ohne genaue Kenntnis ihres Inhalts autoritativ für sich auslegte. Stuck widersetzte sich jenen Äußerungen Hitlers, obgleich er von Wagner gut informiert worden war. Hitler schob dann eine endgültige Entscheidung vor sich her, bis die Gefahr entstand, daß das Ansehen beider Berufsorganisationen litt. Er ordnete schließlich einen Kompromiß an, den er aber selbst wieder relativierte. Diese Haltung ist schwer zu erklären: entweder liegt ihr das von ihm häufig angewandte „divide et impera"-Prinzip zugrunde oder aber Hitler war in gesellschaftlichen Fragen inkompetent, was er durch Verzögerungen und Kompromisse zu verschleiern suchte. Ich tendiere zum zweiten Erklärungsmuster, denn erstens ist das Machtverteilungsprinzip in diesem Falle sinnlos und zweitens lassen Hitlers Äußerungen während des Konfliktes sowie seine einschlägigen Erörterungen in „Mein Kampf" und in den „Tischgesprächen" eher auf seinen gesellschaftspolitischen Diletantismus schließen.

443

5. Die Unterschiede in den Vorgängen bei den Rechtsanwälten/Rechtsbeiständen/Syndici und bei den Zahnärzten/Dentisten lassen sich zunächst zeitlich erklären. Die Rechtsanwälte agierten in erster Linie 1933—1935, die Zahnärzte dagegen 1937—1938. Zwischen beiden Phasen liegen offensichtlich Strukturveränderungen des Regimes, Machtverluste bei den Reichsministerien und Machtzunahme auf seiten der SS, die auch eine Transformation der Interessenkämpfe zur Folge hatten.

III.

Es erhebt sich die Frage, ob die Interessenkämpfe gesellschaftlich bedeutsamer Gruppen in der gleichen Weise wie die schwacher verliefen. Die Umorganisation der wirtschaftspolitischen Spitzenorganisationen ab 1933 ließ eine Reihe von latenten Interessenlagen in doppelter Beziehung virulent werden: 1. als Abwehr von Beeinträchtigungen des bisherigen „Besitzstandes" und 2. als Versuch der Ausnützung günstiger Gelegenheiten zur Verbesserung von Positionen. Ein Beispiel für eine Abwehrhaltung bieten die *Industrie- und Handelskammern* (IHK) sowie ihr Spitzenorgan, der *Deutsche Industrie- und Handelstag*. Am 1. Juni 1933 trafen sich Vertreter von 20 IHK in München, um Maßnahmen zur Abwendung heraufziehender Gefahren zu beraten. In den Augen der Versammelten zeichneten sich drei Gefahren für die künftige Position der IHK ab:

1. Die Auflösung der IHK und die Übertragung ihrer Aufgaben auf die Fachverbände der Wirtschaft;
2. die Zusammenfassung der IHK mit den Handwerks- und Landwirtschaftskammern und
3. die Aufspaltung in Handels- und Industriekammern, wobei der Landhandel abgetrennt werden sollte.

Die Konferenzteilnehmer in München fürchteten einen Zwei-Fronten-Krieg gegen die Fachverbände, insbesondere gegen die schwerindustriellen Fachverbände einerseits und gegen den im Aufbau begriffenen Reichsnährstand andererseits. Sie beschlossen daher die Abfassung einer Denkschrift, die dem Reichskanzler persönlich zugeschickt werden sollte [38]. Der Tenor der Denkschrift drückte die institutionellen Interessen der Kammern aus. Er war traditionalistisch im Inhalt, wenngleich nationalsozialistisch im Vokabular. Im einzelnen hieß es: ein Monopol der Fachverbände würde die Interessengegensätze in der Wirtschaft verschärfen; die besondere Funktion der Kammern aber ergebe sich aus ihrer Eigenart, die naturnotwendig dazu führe, Interessengegensätze, wie sie in der Wirtschaft nun einmal unvermeidbar seien, nicht zu verschärfen, sondern

---

[38] Denkschrift vom 13. 6. 1933. BA: R 43 II — 325.

auf der Grundlage des räumlich Gemeinsamen zusammenzufassen und auszugleichen. Dies liege ja auch im Sinne der „Volksgemeinschaft". Wenn „das Räumliche" erhalten werden solle, dann sei eine Zusammenfassung der IHK mit den Handwerks- und Landwirtschaftskammern abwegig. Der Handel aber sei die Absatzorganisation der Industrie und daher, im Gegensatz zum Handwerk, funktionell mit ihr verbunden. Es komme also darauf an, den bestehenden doppelten Aufbau von Fachverbänden und IHK zu erhalten, wobei zwischen IHK und Reichswirtschaftsrat Landeswirtschaftskammern eingeschoben werden könnten [39].

Im Herbst 1933 tauchten tatsächlich Gefahren für die Kammern auf. Einerseits hatte Hitler dem Deutschen Industrie- und Handelstag verboten, weiterhin Fragen des „ständischen Aufbaues" zu erörtern, andererseits gingen der neugeschaffene Reichswerberat, der Reichsnährstand und der Reichsverkehrsrat davon aus, daß alle Personen und Firmen, die bei ihnen Mitglied waren, ihre Zugehörigkeit zu den Kammern verlieren sollten [40]. Der nationalsozialistische Präsident des Deutschen Industrie- und Handelstages, von Rentelen, bemerkte zu dieser Lage auf einer Sitzung von Vertretern vorwiegend mittelständisch orientierter Kammern und dem sächsischen Gauleiter Mutschmann, das sei ein unhaltbarer Zustand, denn dann könnten die Kammern nicht wie bisher die Gesamtwirtschaft vertreten. Er hoffe jedoch, mit dem Reichswerberat und dem Reichsverkehrsrat ein Arrangement aushandeln zu können; über den Reichsnährstand sei er jedoch nicht informiert. Auf jeden Fall führe das Verbot der Reichsregierung zu Unverträglichkeiten. Der Industrie- und Handelstag könne nämlich nicht mehr tatenlos zusehen. Es genüge nicht, bestimmte Vorschläge den Ressort-Ministern allein zu unterbreiten, es bestehe vielmehr eine unbedingte Notwendigkeit, die Aufmerksamkeit Hitlers auf diese Angelegenheiten zu lenken, um die Kammern als „Grundpfeiler des ständischen Aufbaues" zu sichern. Von Rentelen bat dann die Anwesenden, ihm freie Hand zu geben. Er selbst werde in allernächster Zeit die sich ihm bietenden Gelegenheiten nützen. Vor allem die in ländlichen Gebieten liegenden Kammern beklagten sich über den Reichsnährstand; sie kämen gegen den Einfluß Darrés nicht an [41]. Sämtliche Anwesenden spendeten überdies Mutschmann lebhaften Beifall, der sagte, man müsse jetzt den Kampf gegen die großen Konzerne aufnehmen und das mittlere Gewerbe schützen. Insgesamt waren sie sich einig, die kleineren Kammern sollten nicht zu großen zusammengefaßt werden, da sonst die Interessen der Großwirtschaft überwiegen würden.

Es ging also bei diesem Konflikt keineswegs allein um organisationspolitische Verbandsinteressen einiger ehrgeiziger Funktionäre, sondern um die Behauptung

[39] Ebd.
[40] Sitzung des Präsidiums des Deutschen Industrie- und Handelstages am 11. 12. 1933. BA: R 11 — 366.
[41] Siehe ebd.

der mittleren Industrie und des Handels gegenüber der Großindustrie und der Landwirtschaft. Handel und mittlere Industrie waren besorgt, daß eine Beseitigung oder tiefgreifende Umgliederung der Kammern die Durchsetzungsmöglichkeiten ihrer Interessen beeinträchtigen könnte.

Im Winter 1933/34 trat eine für die Kammern alarmierende Entwicklung ein. Die emsigen Aktivitäten von Rentelens hatten keinen sonderlichen Erfolg gehabt. Jedenfalls sah ein am 8. März 1934 dem Reichskabinett vorgelegter Referentenentwurf des Reichswirtschaftsministeriums über die IHK eine dreistufige Vertikalgliederung vor. Es hieß in der Begründung: „In der Mitte steht die Kammer, darunter die Zweigstelle ohne besondere Rechtspersönlichkeit, darüber gegebenenfalls ein Zusammenschluß der Kammern als öffentlich-rechtlicher Körperschaft." Kleine Kammern konnten demnach zu Zweigstellen herabgedrückt werden; sie waren dann keine öffentlich-rechtlichen Körperschaften mehr. In den Zusammenschlüssen konnte vielerorts die Großwirtschaft dominieren. Der Industrie- und Handelstag sollte aufgelöst werden [42].

Der Industrie- und Handelstag schickte als Entgegnung schon am 10. März einen eigenen Gesetzentwurf an Hitler, in dem er die Gesamtvertretung der Kammern sowie der Handelskammern im Ausland für sich beanspruchte [43]. Am Morgen des 13. März erhielt jedoch von Rentelen, für ihn, wie er sagte, völlig überraschend, vom Reichswirtschaftsminister die Nachricht von einem am 27. Februar verkündeten Gesetz zur Vorbereitung des organischen Aufbaus der deutschen Wirtschaft [44]. Obgleich das Gesetz keine ausdrücklichen Vorschriften hinsichtlich der IHK enthielt, war von Rentelen beunruhigt. Er stieß sofort die bestehende Tagesordnung einer für den Nachmittag des gleichen Tages anberaumten Sitzung des Präsidiums und Beirats des Industrie- und Handelstages um und ließ die neu entstandene Lage, „diese Art des ausschließlich fachlichen Aufbaues der Wirtschaft", erörtern. Erregt sagte er: „Das Gesetz kam auch uns, die wir bis in die letzten Tage hinein mit den maßgebenden Stellen in ständiger Fühlung waren, und die die Interessen der Kammern auf das Entschiedenste vertreten hatten — ein vollständiger Gesetzentwurf für ein Reichsgesetz über die

---

[42] Entwurf vom 8. 3. 1934. BA: R 43 II — 324.

[43] Gesetzentwurf des Deutschen Industrie- und Handelstages vom 10. 3. 1934, ebd.

[44] Gesetz zur Vorbereitung des organischen Aufbaues der deutschen Wirtschaft v. 27. Feb. 1934, RGBl. T. I, S. 185. Das Gesetz ermächtigte im § 1 den Reichswirtschaftsminister, u. a. Wirtschaftsverbände zu errichten, aufzulösen oder miteinander zu vereinigen und Wirtschaftsverbände als alleinige Vertretung ihres Wirtschaftszweiges anzuerkennen. Es nahm den Reichsnährstand aus seinem Geltungsbereich aus. Überraschend am Gesamtvorgang ist, daß von Rentelen erst am 13. 3. von dem schon am 27. 2. verkündeten Gesetz erfahren haben will. Entweder hatte das Ministerium ihm bewußt die Information vorenthalten und ihn im Verein mit den Fachverbänden überspielt, oder aber er selbst kannte den Vorgang zwar, wagte sich jedoch nicht, seine Einschätzung der Niederlage gegenüber den Kammern einzugestehen und tat daher so, als sei er der Düpierte.

Kammern war von uns ausgearbeitet und schriftlich und mündlich dem Reichswirtschaftsministerium vorgelegt worden — durchaus überraschend ..." Die an
diesem Tage erfolgte Regelung entspreche dem von den Kammern vertretenen
dualen Wirtschaftsaufbau nicht, sondern beschränke sich auf die fachliche Seite
der Wirtschaft. Es fehle jeder Ansatz, den Wünschen der Kammern zu folgen.
„Wir müssen uns damit abfinden", fügte von Rentelen resignierend hinzu, „daß
von heute ab die ganze Wirtschaft einen klaren Aufbau erhalten hat und daß
die deutschen Handelskammern und die Art ihrer Arbeit in dieser Gliederung...
noch keine klar erkennbare Aufgabe erhalten haben". Es bestehe die Gefahr,
daß die neuen Gebilde in die Arbeit der Kammern eingreifen würden. Von
Schröder (Köln) entgegnete, nun müsse eben das Präsidium schleunigst bei der
Reichsregierung fordern, daß die neuen Gebilde sich auf ihre fachlichen Funktionen beschränkten. Hecker (Hannover) meinte, an diesem Tag hätten die Kammern eine schwere Niederlage erlitten; dann redete er mit von Rentelen „Frak-
tur". Der jetzige Präsident des Industrie- und Handelstages sei eben gleichzeitig
Vertreter anderer Gruppen und könne sich nicht mit aller Kraft den Kammern
widmen. „Wir sind dadurch in unserer Stoßkraft lädiert!" Auch habe ein Empfang beim Führer nicht den erwünschten Erfolg gehabt; der Vortrag von Rentelens sei nicht glücklich gewesen. Leute der praktischen Wirtschaft gehörten an die
leitenden Stellen der Kammern. Es müsse ernstlich erwogen werden, die Führung
des Industrie- und Handelstages auszuwechseln. Hecker stand nicht allein; auch
andere Mitglieder des Gremiums waren wohl überzeugt, die Kammern hätten
den Interessenkampf gegen die Fachverbände verloren, und gaben die Schuld
daran der schlechten und ineffektiven Lobbyarbeit des Präsidenten. Von Rentelen verteidigte sich gegen diese Vorwürfe mit den Worten, er sei zwar kein Mann
der praktischen Wirtschaft, er stehe aber in engsten persönlichen Beziehungen zur
Reichsleitung der NSDAP. Er kenne eben die Methoden, nach denen man dort
am besten arbeite. „Die Schlappe, die wir erlitten haben", sagte er wörtlich,
„beruht nicht auf mangelnder Aktivität ... sondern darauf, daß der politische
Einfluß der großen Verbände, ebenso wie früher, ein sehr viel stärkerer ist als
der der Kammern." In seinen Augen war er wohl auch stärker als der der Reichsleitung, zu der er ja gute Beziehungen unterhielt. Von Rentelen lehnte es ab
zurückzutreten. Er setzte sich mit dem Argument durch, im Kampf der großen
Gruppen könne das Pendel wieder zurückschlagen. Immerhin, sagten die Versammelten, bewege sich der Präsident „auf dem glatten Parkett der Politik". Sie
überlegten anschließend neue Strategien der Interessenwahrung: Verbindungs-
aufnahme mit den Gauleitern, Einflußnahme auf die Auswahl des Führungs-
personals der neuen Wirtschaftsorganisationen, um in intensiver Zusammenarbeit
mit den Fachgruppen die Interessen der Kammern wenigstens auf Umwegen
durchzusetzen. Abschließend versprach von Rentelen, mit aller Energie die Interessen der Kammern zu vertreten [45]. In der Tat schrieb er schon am 16. März an

[45] Sitzungsprotokoll vom 13. 3. 1934. BA: R 11 — 368.

nalsozialistische Verbandsfunktionäre. Im Hintergrund stand das Bestreben, Handel und mittleres Gewerbe in eigener Interessenorganisation zusammenzuhalten, um so beiden gegenüber den Fachverbänden und den großwirtschaftlichen Interessen ein eigenes Gewicht zu verleihen. 2. Die Industrie- und Handelskammern mußten sich gegen den Reichsnährstand zur Wehr setzen, der gerade in der Anfangszeit des Dritten Reiches eine politisch starke Position besaß und sich ausgesprochen expansiv verhielt. 3. Der Interessenkonflikt endete nach einem langen Hin und Her, bei dem von Rentelen keine sonderlich gute Figur gemacht hatte, mit einem von Hecker ausgehandelten Kompromiß, der die seit 1933 schwankende Position der Kammern stabilisierte, jedoch nicht verbesserte. 4. Die einzelnen Kammern schoben 1933 von Rentelen als Lobbyist und Fürsprecher nach vorne, da sie sich von seinen Beziehungen zur Partei Vorteile erhofften. Sie kritisierten ihn jedoch hart, als sie merkten, daß sein und der Partei Einfluß auf den Reichswirtschaftsminister nicht ausreichten, um ihre Interessen zu wahren. Vor allem vermochte von Rentelen in der Ära Schmitt kaum Erfolge zu erzielen. Der Kompromiß von 1935/36 beruhte wohl eher auf dem Ansehensverlust des Reichsnährstandes mit Darré an der Spitze und der eher konservativen Haltung Schachts in Fragen der Wirtschaftsorganisation.

IV.

Der im folgenden dargestellte Interessenkonflikt bildet gewissermaßen eine Ergänzung und Illustration des IHK-Problems, wenngleich er sich auch auf einer gänzlich anderen Ebene abspielte. Es handelt sich um die Auseinandersetzungen zwischen der eisenschaffenden und der eisenverarbeitenden Industrie um die Preisgestaltung. Allerdings soll hier nicht die ökonomische, sondern lediglich die politische Seite des Problems angeschnitten werden.

Die eisenschaffende Industrie war angesichts des sich abzeichnenden Konjunkturaufschwunges und Rüstungsbooms 1933 dazu übergegangen, die Preise zu erhöhen. Dabei war die Stimmung im Reich für sie nicht günstig. Schon auf der Friedrich-List-Konferenz im Februar 1933 in Bad Oeynhausen hatte der Nationalökonom von Beckerath die Monopolpreise und Überkapazitäten der Eisen- und Stahlindustrie heftig kritisiert, wobei er Zustimmung aus den Reihen der NSDAP bekam [53]. Am 9. September 1933 führte der „Völkische Beobachter" in einem Artikel unter der Überschrift „Preiserhöhungen seit Mai 1933" einen Frontalangriff: es hieß darin, die kartellierte Eisen- und Stahlindustrie habe besonders hohe und zum Teil unbegründete Preiserhöhungen vorgenommen, bei Stahlformguß z. B. um 100 %, bei Stab- und Formeisen um 46 % und bei ge-

[53] Vorstandssitzung des Vereins Deutscher Eisen- und Stahlindustrieller am 7. 12. 1933. BA: R 13 I — 106.

schmiedetem Stahl um 50 %[54]. Der Artikel schlug Wellen. So ergriff in Anlehnung an eine Äußerung Darrés der Reichsobmann für bäuerliche Selbstverwaltung, Staatsrat Meinberg, auf einer Kundgebung die Gelegenheit und drohte: „Wenn ich nun weiter an manche Preiserhöhungen denke, die ganz bestimmte Wirtschaftskreise in der letzten Zeit vorgenommen haben, so fiebert es einem förmlich danach, diese Verbrecherbande ins Konzentrationslager zu bringen"[55].

Der Verein Deutscher Eisen- und Stahlindustrieller war über die Entwicklung der Stimmung ausgesprochen besorgt, zumal nun auch das Reichswirtschaftsministerium bei einigen Waren Preisermäßigungen wünschte[56]. Die Besorgnis des Verbandes formulierte Ende 1933 Reichert: „Die oberste Führung in unserem Reich und Staat, A. Hitler, ist so mächtig, wie wir es selbst bis vor einigen Wochen und Monaten noch nicht für möglich gehalten hätten. Es kommt nur darauf an, daß ein Mann mit so vielem gesunden Menschenverstand, wie er (sic!) auch aus seinem Buch (Mein Kampf) spricht, an seiner Stelle wirken kann. Dazu wollen wir in unserem Kreise mit beitragen, damit bei dem großen Kampf der ‚Götter zweiten Ranges' diejenigen allmählich siegen, die in gesundem Menschenverstand es mit dem Führer oder den Führern der Industrie aufnehmen können"[57]. Der Verband bemühte sich zunächst sehr darum, weitere kritische Äußerungen in der Öffentlichkeit zu unterdrücken, wobei ihm das Reichspropagandaministerium, das die Verbreitung der Rede Meinbergs verbot, und auch die Reichswehr (... „die Landesverteidigung habe ein Interesse an der Schwerindustrie") behilflich waren. Reichert rühmte sich geradezu seiner ... „guten Beziehungen, ich hätte beinahe gesagt: der alten Beziehungen zu dem neuen Ministerium für Propaganda und Volksaufklärung ..."[58].

Erfolg hatte er in erster Linie auf politischer Ebene, jedoch nicht bei Wirtschaftspartnern der eisenverarbeitenden und der mittleren Industrie, die die allgemeine Verärgerung über die Eisen- und Stahlindustrie auszubeuten gedachten. So beschwerte sich im Oktober 1933 die IHK Kassel mit Unterstützung des Deutschen Industrie- und Handelstages beim Reichsstand der Deutschen Industrie über die Eisen- und Stahlpreise. Einige Zeit später beklagte sich die Firma Wigger & Co. unter Umgehung der zuständigen IHK Dortmund, die ja doch nur schwerindustrielle Interessen vertrete, beim Rußland-Ausschuß der Deutschen Wirtschaft ebenfalls über die Eisenpreise, zumal die Hüttenwerke gewöhnlich Walzeisen der deutschen Maschinenbauindustrie zum doppelten Preis verkauften, zu dem sie es ans Ausland lieferten. Die Wirkung dieser Politik sei, daß

[54] Völkischer Beobachter vom 9. 9. 1933.
[55] Berliner Börsen Courier vom 19. 9. 1933.
[56] Reichert an Poensgen, 27. 9. 1933. BA: R 13 I — 406.
[57] Reichert auf der Vorstandssitzung des VDESI am 7. 12. 1933. BA: R 13 I — 106.
[58] Bericht Reicherts am 7. 12. 1933, ebd.

die mittlere Maschinenbauindustrie Exportaufträge verliere und daher in der „Arbeitsschlacht" keine Arbeiter anstellen könne [59].

Der Verein Deutscher Eisen- und Stahlindustrieller versuchte die Verwürfe zunächst zu leugnen oder zu zerreden, zumal das Reichswirtschaftsministerium die Klagen aufgriff und dazu überging, in dieser Angelegenheit Druck auszuüben. Auf einer am 29. Mai 1934 abgehaltenen Besprechung stellte Ministerialdirektor Heinze, den Industriellen Poensgen, Flick, Klöckner und Reichert, für alle vier überraschend, einige bohrende Fragen. Man müsse nun, erklärte er, das brennendste Problem erörtern, die Absatzverhältnisse in der Eisen- und Stahlindustrie. Vor allem müsse überlegt werden, welche „Konsequenzen" sich aus der günstigen Produktionsentwicklung und dem Absatz an Eisen für die Abnehmer ergäben, und wie es mit allgemeinen Preissenkungen stehe. Poensgen erwiderte, dies würde das größte Unglück sein, denn dann würde das ganze Geschäft mit einem Schlage am Ende sein, schließlich hätten die Konzerne noch Anfang 1934 Verluste gehabt und erst ab März verdient; die Ausfuhrerlöse seien schlecht [60]. Poensgen vermochte Heinze nicht recht zu beeindrucken; dieser entgegnete, der Minister gehe davon aus, daß die Industrie, die eine Belebung des Absatzes zu verzeichnen hätte, die Preise senken müsse. Der Minister werde jedoch nur Druck ausüben, wenn die Industrie mit sich nicht allein fertig werde. Poensgen: „Wir werden alleine fertig werden" [61]. Umgehend geschah jedoch nichts. Das Problem spitzte sich stattdessen 1934 in einem alten, immer wieder auflebenden Streit zwischen der eisenschaffenden und eisenverarbeitenden Industrie zu: dem Streit um die sogenannte „Frachtgrundlage Oberhausen" als Kalkulationsbasis der Eisen- und Stahlindustrie, die gerade für Firmen weitab vom Ruhrgebiet erhebliche Verteuerungen der Preise zur Folge hatte.

Die badische Industrie- und Handelskammer Karlsruhe leitete die nächste Runde der Auseinandersetzungen ein. Sie überredete den badischen Finanz- und Wirtschaftsminister, beim Reichswirtschaftsministerium mit dem Ziel zu intervenieren, die Frachtgrundlage für die süddeutsche Industrie von Oberhausen nach Neunkirchen/Saar zu verlegen, und schrieb dem Industrie- und Handelstag, die Interessen ihrer Maschinenfabriken sprächen gegen Oberhausen. Gerade die ungünstige geographische Lage des Bezirks erfordere dringend billigere Frachtsätze [62]. Einige Wochen später erhob die sächsische eisenverarbeitende Industrie in den „Leipziger Neuesten Nachrichten" vom 7. August 1934 im Verein mit der IHK Leipzig die Forderung, die Frachtgrundlage von Oberhausen nach Wei-

[59] IHK Kassel an den Reichsstand der Deutschen Industrie, 19. 10. 1933 sowie Firma Wigger an Rußland-Ausschuß der Deutschen Wirtschaft, 7. 12. 1933. BA: R 13 I — 406.
[60] Besprechung am 29. Mai 1934 im Reichswirtschaftsministerium. BA: R 43 I — 407.
[61] Siehe oben.
[62] IHK Karlsruhe an Deutscher Industrie- und Handelstag, 23. 5. 1934, R 43 I — 429. Das Schreiben ging am 1. 6. 1934 an den VDESI.

mar zu verschieben [63]. Poensgen war über die publizistische Aufmachung des Vorstoßes verärgert; es sollten tatsächlich beim Reichswirtschaftsministerium Schritte unternommen werden, um eine ungehemmte Erörterung über derartige Fragen zu unterdrücken, schrieb er an den VDESI [64], und Klönne (Dortmund) meinte, in Deutschland herrsche ein immer stärker werdender Regionalismus; die Aufträge gingen auf Anweisung der Reichsstatthalter nicht an die eisenschaffende Industrie [65].

Die eisenschaffende Industrie blockte insgesamt ab. Die Lage war für sie günstig, da sich im Herbst 1934 eine Umorganisation des Eisenhandels, des Bundes Deutscher Eisenhändler und der Avi, als Vertreter der Eisenverarbeiter, abzeichnete, wobei Interessengegensätze auftraten [66], die beide hemmten. Gegenüber dem Reichswirtschaftsminister und dem Reichskommissar für Preisüberwachung aber, die auf Ermäßigungen drängten, argumentierte der VDESI, an den Preisen sei nichts zu ändern, da im Zuge der Wirtschaftsbelebung die Kosten gestiegen seien [67]. Die Gesamttaktik trat in einer Besprechung der Spitze des VDESI mit dem neuen Reichskommissar für die Preisüberwachung, Goerdeler, am 12. Dezember 1934 deutlich hervor. Poensgen erklärte, die Eisen- und Stahlindustrie mache keine großen Gewinne, denn sie müsse die Verlustjahre ausgleichen und für die Rüstung investieren. Goerdeler blieb skeptisch und fragte, ob in den vorgelegten Selbstkostenrechnungen auch alles enthalten sei. Er drohte mit Nachprüfungen. Poensgen entgegnete, dies geschehe schon seit längerem, worauf Goerdeler meinte, die Kontrolle sei oberflächlich oder zum Teil schon vor drei Jahren vorgenommen. Die Bevölkerung verlange Preissenkungen, insbesondere auf dem Baumarkt. Poensgen erwiderte: „Eine Preissenkung kann man nur im größeren Kreis der Industrie diskutieren. Geschieht dies, dann sagt jeder seinem Händler, er soll nicht mehr kaufen". Reichert sekundierte Poensgen, es entstehe dann der Eindruck einer Deflationspolitik wie unter Brüning, die die Investitionsneigung lähme. Hier lag eine versteckte Drohung mit dem Produktionsstreik vor [68]. Goerdeler versuchte einige Tage später eine Pressemitteilung zu lancieren, wonach er Preise der Schlüsselindustrien senken wolle. Es gelang jedoch dem VDESI mit Hilfe des Reichspropagandaministers und Staatssekretärs Funks, die Mitteilung zu unterdrücken [69]. Am Preissystem änderte sich zunächst bis zu den Preisstopp-Verordnungen wenig.

[63] Verbindungsstelle Eisen für Schrifttum und Presse an Poensgen, 14. 8. 1934, ebd.

[64] Poensgen an Niebuhr, 10. 8. 1934, ebd.

[65] Klönne an Reichert, 18. 8. 1943, ebd.

[66] Leipziger Neueste Nachrichten vom 10. 1. 1935.

[67] Reichert an Poensgen, 10. 12. 1934. BA: R 43 I — 407.

[68] Verhandlungen Goerdeler mit Poensgen, Wolff und Klotzbach am 12. 12. 1934. BA: R 13 I — 407.

[69] Vermerk Steinbergs, 27. 12. 1934, ebd. Der publizistische Einfluß des VDESI läßt sich auch an anderen Beispielen belegen: 1935 hatte ein Hauptmann Schmid eine kritische

1. Die Eisen- und Stahlindustrie vermochte insgesamt gesehen Forderungen der eisenverarbeitenden Industrie nach Preissenkungen (direkte oder über die Frachtgrundlage indirekte), denen sich der Industrie- und Handelstag, eine Reihe von IHK und aus allgemeinpolitischen Gründen auch der Reichskommissar für Preisüberwachung anschlossen, durch drei schon von 1933 angewandte Verfahren zu verschleppen: 1. die Unterdrückung des Problems in der öffentlichen Diskussion mit Hilfe des Reichspropagandaministers, 2. die Verschleierung der Kalkulationsgrundlagen gegenüber dem Reichskommissar für die Preisüberwachung und 3. durch die Drohung mit einem Produktionsstreik. Die politische Stärke der Eisenindustrie beruhte auf der Rückendeckung durch die Reichswehr.

2. Der Verein Deutscher Eisen- und Stahlindustrieller fungierte in diesem Zusammenhang als Lobbyist, der zuweilen alte Beziehungen zu den Ministerien für sich ausnutzte. Die Umorganisationen von 1934 änderten daran wenig, zumal das Führungspersonal dasselbe blieb.

3. Die IHK kamen mit ihren Interessen im behandelten Zeitraum gegen den VDESI und seine Konzerne kaum an, obgleich sie zum Teil die Unterstützung der NSDAP und der Landesministerien auf ihrer Seite hatten.

Die vier vorgelegten Beispiele lassen folgende Schlußfolgerungen zu:

1. Im Dritten Reich setzte sich trotz Gleichschaltung und Führerstaat eine Reihe von vornationalsozialistischen Interessenkonflikten fort. Sie traten dann vor allem in ein Stadium der Virulenz, wenn das Regime sie bei Umorganisationsvorhaben oder bei seiner Aufrüstungspolitik tangierte.

2. Die „gleichgeschalteten" Vereine und Verbände waren nicht nur Disziplinie-

Studie über die Wehrwirtschaft im I. Weltkrieg („Kriegsgewinne und Wirtschaft") vorgelegt, die auf heftige Ablehnung bei Vögler gestoßen war. Reichert intervenierte dann im Auftrage Vöglers bei der Wehrmacht, wobei zunächst zum Vorschein kam, daß Schmid Quellen des Reichswehrarchivs in Potsdam benutzt hatte. Aufgrund dieser Information hatte er der Eisen- und Stahlindustrie vorgeworfen, sie hätte im I. Weltkrieg mehr Eisen erzeugen können, wenn sie die Belgischen Hüttenwerke in Betrieb genommen hätte. Sie habe ferner die Verknappung der Rohstoffe ausgenutzt und Stahl mit hohem Gewinn an neutrale Staaten ausgeführt, wodurch Munitionsverknappung in Deutschland eingetreten sei. Reichert stellte das in Abrede und meinte, nach den früher üblichen Verleumdungen der SPD, KPD und des Zentrums gegenüber der Eisen- und Stahlindustrie, lege er Wert darauf, daß solche Angriffe (wie Schmids) unterblieben. Die Wehrmacht versprach, weitere Veröffentlichungen und die Quellenforschung im Reichsarchiv einzustellen (Vermerk Reicherts Okt. 1935. BA: R 13 I — 602). — Ein weiteres Beispiel stellt der Fall des Nationalökonomen Prof. Paul Schulze-Kiesow dar, der im Rahmen einer Studie über die Auswirkungen der „Frachtgrundlage Oberhausen" auf die gewerbliche Raumordnung des Reiches sich mit Unterstützung Bernhard Köhlers lange vergeblich sich beim VDESI um einschlägiges Zahlenmaterial bemühte (Korrespondenz Schulze-Kiesow. BA: R 13 I — 430).

rungsinstrumente und Transmissionsriemen des Führerwillens, sondern auch Lobbyisten, die die Reichsleitung der NSDAP, die Ministerien oder einzelne prominente Funktionäre und Beamte für ihre Interessen einspannten oder es zumindest versuchten. Je schwächer eine Interessengruppe war, desto stärker mußte sie sich um Fürsprecher bemühen. Die eisenschaffende Industrie war jedenfalls bis 1935 noch in der Lage, auf die Ministerien unmittelbar mit Hilfe des VDESI (später der Wirtschaftsgruppe) einzuwirken. Dieser Sachverhalt legt eine Differenzierung des Begriffes „Gleichschaltung" nahe; die Gleichschaltung wurde bereichsweise durch die Interessenpolitik überholt [70].

3. Bei keinem der Beispiele ist deutlich auszumachen, ob die NSDAP eine für die jeweilige Angelegenheit anwendbare Konzeption besaß. Sie spielte im Fall der Eisenpreise sogar nur am Rande eine Rolle. Die Partei scheint dagegen insbesondere für Interessengruppen aus den mittleren Schichten der Gesellschaft (Ärzte, Rechtsanwälte) eingetreten zu sein, was jedoch weiterer Bestätigungen bedarf.

4. Die einzelnen Interessengruppen konzentrierten sich in sämtlichen Beispielen auf ihre unmittelbaren, begrenzten Interessen. Informationen darüber, ob sie auch weitergehende politische Ziele verfolgten, bieten die Quellen nicht. Dies legt den Schluß nahe, daß die NSDAP und Hitler vor allem in den politischen Bereichen ungehemmt aktiv werden konnten, die nicht durch vorhandene Interessengruppen schon besetzt waren, z. B. in der Juden-, der Sicherheits- und Kulturpolitik.

5. Hitler selbst war lediglich am Zahnärzte/Dentisten-Konflikt unmittelbar beteiligt, ohne ihn endgültig zu bereinigen. Er wurde zwar auch während der anderen hier untersuchten Auseinandersetzungen hin und wieder angeschrieben, entscheidende Reaktionen seinerseits überliefern die Akten jedoch nicht.

[70] Der Begriff „Gleichschaltung" bedarf auch der Form nach einer weiteren Differenzierung. So hat eine Staatsarbeit von Günter Abels über „Die Gleichschaltung der Vereine und Verbände im Raum Düsseldorf" ergeben: „Gleichschaltung" kann bedeuten: 1. Auflösung und Vernichtung von Vereinen etc.; 2. Auflösung und spätere Wiedergründung; 3. freiwillige Anpassung der Statuten und dann weitgehende ungestörte Fortführung des Vereinsleben; 4. Umorganisation durch die Partei; 5. Anpassung und dauernde Beeinflussung der Ziele des Vereins; 6. Eingliederung in einen Reichsverband bei Erhaltung der Vereinszwecke und 7. ungestörtes Fortbestehen.

Summary

Nationalist propaganda seemed to suggest that the nation's welfare as defined by the leadership and embodied in the community of the people *(Volksgemein-schaft)* had absolute priority over sectional interests benefiting particular social groups. Consequently, all existing pressure groups were dissolved or 'co-ordinated' in the sense that the management was replaced by partyfaithfuls who would toe the line whenever necessary in the public interest. Even after the war the view still prevailed that the Nazi regime had been largely successful, by means of constant pressure and intimidation, in silencing all voices representing private interests. The question arises, however, as to whether this was indeed the case as far as professional and commercial interest groups were concerned, considering that recent research has revealed such an amount of conflict and in-fighting between the various personalities and institutions in the Third Reich.

In order to find out what the real state of affairs was under the cloak of social harmony, the author takes a close look at two allegedly weak interest groups of the middle class professions, representing the lawyers and dentists, as well as two big business lobbies, the Confederation of German Chambers of Industry and Commerce, and in particular the Association of the Iron and Steel Industry, which antagonised the rest of industry by raising the prices of its commodities in May 1933. Lawyers and dentists were engaged in a long-standing battle, which had begun around the turn of the century, to exclude the less qualified practitioners of their profession who had no university degree to their name. All these interest groups aimed at changing legislation and professional regulations in their favour and promoting their interests in different ways, but to the same ends as in the Weimar Republic. The lawyers relied on their professional bodies set up under the new regime, whereas the dentists tried to further their aims by more unconventional but not untypical methods, lobbying the political personalities and institutions of the Third Reich.

All four examples support the suggestion that in spite of official disregard for sectional interests, old social conflicts continued to exist and even intensified when the regime gave preference to other priorities such as rearmament. The 'co-ordinated' pressure groups did not only function as instruments of coercion in the hands of the government for prompt fulfillment of the *Führerwillen,* but remained at the same time lobbies in a traditional sense, trying to influence the Party headquarters, Government departments or important personalities of the regime. The lower the leverage the more effort was necessary to gain the support of a powerful spokesman. The iron and steel producers were still in a position, at least up to 1935, to put immediate pressure on government departments. This suggests that the term *Gleichschaltung* was less comprehensive than one might have expected and needs to be qualified in the case of each organisation. It is difficult to determine whether the Party had developed practical solutions to deal with social conflicts as they emerged. As far as the pricing of iron and steel was concerned its role was only of marginal importance. It looks as though the Party showed more concern for the problems of the middle class professionals than for big business. However, this impression requires further confirmation. All organisations dealt with in this article seemed to pursue only their own narrowly-defined aims. There is no evidence in the sources to suggest that they had any more far-reaching political ambitions. From this one might conclude that Hitler and the Party were able to extend their activities, without opposition, into those areas where they did not come up against certain pressure groups, e. g. the treatment of the Jews, security or cultural policies. In all this Hitler's position appears to be very elusive and withdrawn. He certainly did not hasten to take up issues and settle them. Only in the case of the dentists did he intervene, but without solving the problem.

Abkürzungsverzeichnis / List of Abbreviations

aA	agrarpolitischer Apparat
ADAP	Allgemeine Akten zur deutschen auswärtigen Politik
AfK	Archiv für Kommunalwissenschaften
AHR	American Historical Review
AO	Auslandsorganisation der NSDAP
APA	Außenpolitisches Amt
A/SS	Allgemeine SS
AVfK	Archiv des Vereins für Kommunalwissenschaft
BA/BAK	Bundesarchiv Koblenz
BBB	Bayerischer Bauernbund
BBG	Berufsbeamtengesetz
BDC	Berlin Document Center
BDM	Bund Deutscher Mädel
BM	Bürgermeister
BNSDJ	Bund nationalsozialistischer deutscher Juristen
BVP	Bayerische Volkspartei
BRÄndG	Beamtenrechtsänderungsgesetz
CEH	Central European History
DAF	Deutsche Arbeitsfront
DBB	Deutscher Beamtenbund
DBG	Deutsches Beamtengesetz
DDP	Deutsche Demokratische Partei
DGT	Deutscher Gemeindetag
DGO	Deutsche Gemeinde-Ordnung
DIHT	Deutscher Industrie- und Handelstag
DVO	Durchführungsverordnung
DVP	Deutsche Volkspartei
Enag	Energie A.G.
EVS	Energieversorgung Schwaben
GG/GuG	Geschichte und Gesellschaft
GL	Gauleiter
GWU	Geschichte in Wissenschaft und Unterricht
GStA	Geheimes Staatsarchiv, Berlin
HfK	Hauptamt für Kommunalpolitik
HJ	Hitlerjugend
HStA	Hauptstaatsarchiv
HZ	Historische Zeitschrift
IfZ	Institut für Zeitgeschichte, München

IHK	Industrie- und Handelskammer
IMT	International Military Tribunal
JCH	Journal of Contemporary History
KBF	Kreisbauernführer
KdF	Kraft durch Freude
KPD	Kommunistische Partei Deutschlands
KZ	Konzentrationslager
LAB	Landesarchiv Berlin
LBF	Landesbauernführer
LGF	Landwirtschaftliche(r) Gaufachberater
MGM	Militärgeschichtliche Mitteilungen
NPL	Neue Politische Literatur
NS	nationalsozialistisch/Nationalsozialismus
NSBO	Nationalsozialistische Betriebszellenorganisation
NSDAP	Nationalsozialistische Deutsche Arbeiterpartei
NSLB	Nationalsozialistischer Lehrerbund
NSV	Nationalsozialistische Volkswohlfahrt
OB	Oberbürgermeister
OBF	Ortsbauernführer
OKH	Oberkommando des Heeres
OKW	Oberkommando der Wehrmacht
Osaf	Oberste(r) SA-Führung/Führer
OT	Organisation Todt
PAV	Personalabbauverordnung
Pg	Parteigenosse
PK	Propaganda-Kompanie
PO	Politische Organisation der NSDAP
ProMi	Propagandaministerium
PVS	Politische Vierteljahresschrift
RBF	Reichsbauernführer
RBG	Reichsbeamtengesetz
RdErl	Runderlaß
RDI	Reichsverband der Deutschen Industrie
REM	Reichsministerium für Ernährung und Landwirtschaft
RfA	Reichsamt für Agrarpolitik
RFM	Reichsfinanzministerium
RFSS	Reichsführer-SS
RGBl	Reichsgesetzblatt
RGO	Reichsgewerbeordnung
R/RK	Reichskanzlei
RMdI	Reichsministerium des Inneren
RMEL	Reichsminister für Ernährung und Landwirtschaft
RN/RNSt.	Reichsnährstand

ROL	Reichsorganisationsleiter der NSDAP
RS	Abteilung „Research" des BDC
RSHA	Reichssicherheitshauptamt
RVK	Reichsverteidigungskommissar
RWE	Rheinisch-Westfälisches Elektrizitätswerk
RWM	Reichswirtschaftsministerium
SA	Sturmabteilung
SADV	SA-Dienstvorschrift
SD	Sicherheitsdienst
SPD	Sozialdemokratische Partei Deutschlands
SS	Schutzstaffel
StA	Staatsarchiv
Stellv. d. F.	Stellvertreter des Führer
VAF	Verwaltungsamtsführer
VDA	Vereinigung Deutscher Arbeitgeber
VdesI	Verein der deutschen eisenschaffenden Industrie
VjhZG	Vierteljahreshefte für Zeitgeschichte
VO	Verordnung
VoMi	Volksdeutsche Mittelstelle der SS
VSWG	Vierteljahresschrift für Sozial- und Wirtschaftsgeschichte
WTB	Wolffs Telegraphisches Büro
ZPO	Zivilprozeßordnung

Personenregister / Index

Veröffentlichungen des Deutschen Historischen
Instituts London
Publications of the German Historical Institute London

Band 2

Lothar Kettenacker (Hrsg.)

Das „Andere Deutschland" im Zweiten Weltkrieg
Emigration und Widerstand in internationaler Perspektive
The "Other Germany" in the Second World War
Emigration and Resistance in International Perspective

1977, 258 Seiten, Leinen, ISBN 3-12-910490-9

Band 3

Marie-Luise Recker

England und der Donauraum 1919—1929
Probleme einer europäischen Nachkriegsordnung

1976, 324 Seiten, Brosch., ISBN 3-12-906850-3

Band 4

Paul Kluke, Peter Alter (Hrsg.)

Aspekte der deutsch-britischen Beziehungen
im Laufe der Jahrhunderte
Ansprachen und Vorträge zur Eröffnung
des Deutschen Historischen Instituts London
Aspects of Anglo-German Relations through the Centuries
Addresses and Papers given at the Opening
of the German Historical Institute London

1978, 83 Seiten, Leinen, ISBN 3-12-910930-7

Band 5

**Wolfgang J. Mommsen, Peter Alter,
Robert W. Scribner (Hrsg.)**

Stadtbürgertum und Adel in der Reformation
Studien zur Sozialgeschichte der Reformation
in England und Deutschland
The Urban Classes, the Nobility and the Reformation
Studies on the Social History of the Reformation
in England and Germany

1979, 392 Seiten, Leinen, ISBN 3-12-911890-X

Band 6

Hans-Christoph Junge

Flottenpolitik und Revolution
Die Entstehung der englischen Seemacht
während der Herrschaft Cromwells

1980, 368 Seiten, Leinen, ISBN 3-12-911830-6

Klett-Cotta

Gebhardt — Handbuch der deutschen Geschichte

Hrsg. von Herbert Grundmann
9. Auflage

Band 4

Die Zeit der Weltkriege

Verfaßt von
Karl-Dietrich Erdmann

1. Teilband
Der Erste Weltkrieg — Die Weimarer Republik
1973, XII, 329 Seiten, Leinen, ISBN 3-12-902540-5

2. Teilband
**Deutschland unter der Herrschaft des Nationalsozialismus 1933—1939
— Der Zweite Weltkrieg — Das Ende des Reiches und die Entstehung
der Republik Österreich, der Bundesrepublik Deutschland und der
Deutschen Demokratischen Republik**
1976, X, 576 Seiten, Leinen, ISBN 3-12-902550-2

Gesamtband 4
1976, XI, 906 Seiten, Leinen, ISBN 3-12-902740-8

Der Band beginnt mit der Darstellung des Ersten Weltkrieges und der
Weimarer Republik. Er reicht sodann bis zur Entstehung der Bundesrepublik Deutschland, der Deutschen Demokratischen Republik und zu
der Bildung und den Anfängen der Republik Österreich. Die Epochen-
wende um die Jahrhundertmitte bezeichnet mit dem Jahre 1949 zugleich die Schwelle, bis zu der für die Forschung auch archivalische
Quellen heute zugänglich werden. Neben den Kapiteln über die nationalsozialistische Zeit, den Zweiten Weltkrieg und die fünf ersten Nachkriegsjahre werden Fragen der Wirtschaft und Gesellschaft, des Bil-
dungswesens und der politischen Geistesgeschichte verstärkt einbezogen.
So spiegelt das Werk aktuelle Interessen der Forschung.

Klett-Cotta

DATE DUE

MAY 1 2003			
GAYLORD			PRINTED IN U.S.A.